端木愷校長紀念集

——紀念先生一百晉一歲冥誕

國家圖書館出版品預行編目資料

端木愷校長紀念集:紀念先生一百晉一歲冥誕／東吳大學發展處主編.——初版一刷.——臺北市：東大，2004
面；　公分

ISBN 957-19-2779-1　(精裝)

1. 端木愷－傳記

782.886　　93013691

© 端木愷校長紀念集
——紀念先生一百晉一歲冥誕

總策畫　端木愷校長紀念集編輯委員會
劉源俊（召集人）　劉兆祐　端木儀民
卓遵宏　黃兆強　謝政諭　陳啟峰
封面題字　徐　震
主　編　東吳大學發展處／謝政諭
執行編輯　余惠芬
編　輯　黃淑暖
校　對　徐小燕　陳玟君　陳逸雯　黃昭明　黃淑暖
鄭淑芬　謝明秀　謝婉怡
發行人　劉仲文
編輯著作財產權人　東吳大學　東大圖書股份有限公司
發行所　東大圖書股份有限公司
地址／臺北市復興北路386號
電話／(02)25006600
郵撥／0107175-0
印刷所　東大圖書股份有限公司
門市部　復北店／臺北市復興北路386號
重南店／臺北市重慶南路一段61號
初版一刷　2004年8月
編　號　E 781191
基本定價　貳拾貳元
行政院新聞局登記證局版臺業字第〇一九七號

ISBN　957-19-2779-1　(精裝)

端木先生二十二歲攝於上海。

2	1
4	3

1. 端木先生旅美求學時期留影。
2. 端木先生（右一）旅美求學時期留影。
3. 端木先生二十四歲攝於廬山。
4. 端木先生四十四歲攝於上海。

2 | 1
3

1. 端木先生尊翁璜生先生，攝於北伐前。
2. 端木先生與家人攝於台北銅山街寓所。（左起三子傑民、次女倩民、端木先生、三女儷民、端木夫人）
3. 端木先生參加三女儷民東海大學畢業典禮。

端木先生攝於台北仁愛路寓所。

1
2

1. 民國七十四年，端木先生及夫人與家人合影。（後排右起姪仲民、三子傑民、次子偉民、長子俊民、長女儀民、次女倩民、三女儷民、內姪孫女陳邦禧、外甥女鄭曉霞、三媳陳春蘭）
2. 端木先生與孫女攝於台北仁愛路寓所書房。

民國九十年六月三日，端木先生孫女游子凡女士在美國紐約舉行婚禮，與家人合影。（後排右四為先生長女儀民、右七為次子偉民、左二為三女儷民、左八為長子俊民）

2 | 1
3

1. 民國十七年，端木先生（左二）應程天放先生之邀任國民革命軍軍官團政治教官，右一為賴璉（景瑚）先生。
2. 端木先生（前）任職安徽省民政廳廳長時與同事合影。
3. 端木先生（後排中）與行政院同事合影。

2 | 1
3

1. 民國二十九年八月十二日，中央政務巡視團合影於建水。（前排坐者左六為巡視團主任蔣作賓，左八為端木先生）
2. 民國三十二年十一月十九日，上海申報全體董事合影。（左一為端木先生）
3. 民國三十五年六月，抗戰勝利，監察院于右任院長（前排右五）首次蒞滬歡迎紀念。（後排左五為端木先生）

抗戰勝利于院長首次蒞滬歡迎紀念
五年六月
唐乃康題

1. 端木先生（右一）參與選舉投票。

2. 復旦大學同學會校友合影。（第一排左五為于右任先生，第二排右一為端木先生）

1. 端木先生（前排左一）與紐約大學校友合影。
2. 端木先生（前排右二）與台灣省政府主席黄杰（前排右四）及來訪外賓合影。

3 | 1
4 | 2

1. 民國五十五年九月二十二日，台北市報業新聞評議委員會會議全體出席人員合影。（前排坐者左二為端木先生）
2. 民國六十一年，端木先生應邀參加「第一屆國家建設研究會」歡迎茶會，與行政院蔣經國院長（左二）、俞國華先生（右二）、梅可望先生（右一）晤談。（照片由梅可望先生提供）
3. 民國六十二年十一月二十二日，出席亞洲暨太平洋地區經濟合作發展會議(Conference on Self-Help in Pacific-Asian Development)。（右二為嚴副總統家淦先生）
4. 民國六十四年十二月二十七日，端木先生應國民大會憲政研討會之邀，以「現代憲政的新趨向」為題，發表演說。

一九七七年
7 th
I.C.W.
1977 CONFERENCE OF

3	1
4	2

1. 民國六十六年四月八日，太平洋文化基金會成立三周年酒會。（右四為端木先生，時任基金會董事長，左三為基金會執行長李鍾桂女士）
2. 民國六十六年九月，第七屆中日韓三國教授會議(1977 Conference of Sino-Korean-Japanese Professors)在台北圓山飯店舉行，端木先生（前排右六）以太平洋文化基金會董事長身分出席。（前排左二為基金會執行長李鍾桂女士）
3. 民國六十八年九月十五日，端木先生訪歐參加西班牙法學會議，在羅馬與周書楷大使（右）及聲樂家呂麗莉女士（左）合影。
4. 民國六十八年十一月十四日，蔣經國總統在總統府以茶會歡迎出席六十八年第二次國家建設研究會的學者專家。端木先生以總領隊的身分在茶會中講話。

壽
德宏化育

3	1
4	2

1. 民國七十年一月二十五日，國防部組成大學校長金門訪問團，端木先生（前排右三）受邀擔任領隊。（同行包括羅雲平、梅可望、廖英鳴、張明哲、郭南宏、郭為藩、阮大年、潘維和諸校長）
2. 民國七十一年，端木先生八秩壽宴，獲中華民國私立教育事業協會頒贈「德宏化育」匾額。
3. 民國七十二年十一月二十日，端木先生出席第二十二屆亞洲專利代理人協會(Asian Patent Attorneys Association, APAA)年議會，攝於台北來來飯店會場。
4. 民國七十二年，端木先生主持中華民國阿拉伯文化經濟協會新春聯誼晚會，先生時任該會理事長。

4 | 1
5 | 3 | 2

1. 民國四十八年十月，端木先生（右二，時任東吳大學董事）參加東吳大學女生第一宿舍破土典禮。（右四為東吳大學董事長黃仁霖先生、左一為東吳大學法學院院長石超庸先生、左二為東吳大學董事會常務董事查良鑑先生）
2. 民國五十六年，端木先生與東吳大學董事長孫科先生（中）及東吳大學法學院院長石超庸先生（左）合影。
3. 民國六十年六月，端木先生主持東吳大學五十九學年度畢業典禮。
4. 民國六十年，端木先生參加東吳大學旅港校友會年會，代表董事長孫科先生致贈校友會執行委員會主席呂昌庚校友（右）感謝狀。
5. 民國六十年十一月二十三日，東吳大學與韓國明知大學締結姊妹校簽約儀式。（左二為明知大學校長俞尚根博士）

BALL 1971
義敦母校

1
3 | 2

1. 民國六十二年九月七日，由端木先生擔任領隊，代表全國大專院校至成功嶺探視暑訓學生。
2. 端木先生自美返國，東吳大學教職同仁至松山機場迎接。
3. 民國六十四年，端木先生與東吳大學同仁合影於學校招待所前。（右起吳幹院長、劉源俊主任、端木先生、楊其銑副教務長、李熙謀院長、王之教務長、李善主任）

1
2

1. 民國六十五年三月，東吳大學七十六周年校慶園遊會，端木先生與學生合影。
2. 民國六十五年五月三十一日，端木先生接待美國南美以美大學Galvin女士。（右二為呂光院長）

3	1
4	2

1. 端木先生（右二）與O.B. Fanning, Director of Public Relations, Florida Conference, United Methodist Church（左一）; Bishop T. Otto Nall(左二)；Dr. Victor L. Rankin, Director of Missions, Florida Conference（右一）合影。
2. 民國六十五年九月三十日，美國大學校長一行三十餘人訪問東吳大學，端木先生（右一）親自接待。
3. 民國六十六年三月，端木先生主持東吳大學七十七周年校慶暨運動大會。（中坐者為東吳大學董事長楊亮功先生，左一為東吳大學校友會會長王紹堉先生）
4. 民國六十六年聖誕節，攝於東吳大學安素堂，左一為東吳大學馮家豪校牧。

4	3	1
5		2

1. 民國六十七年一月十一日，日本拓殖大學校長豐田悌助夫婦（右四、五）訪問東吳大學。（右三為東吳大學張培揚教務長）
2. 民國六十七年三月二十五日，端木先生主持東吳大學中正圖書館奉獻典禮。
3. 民國六十七年四月，端木先生訪問日本大阪藝術大學，琢本英世校長（右一）親自接待。
4. 民國六十八年四月二十三日，東吳大學企業管理學系與國華廣告公司建教合作簽約儀式，由端木先生與國華廣告公司總經理許炳棠先生（左）共同簽字。
5. 民國六十九年三月十五日，端木先生代表東吳大學授予嚴前總統家淦先生榮譽文學博士學位。

3 1/2

1. 民國七十六年六月三十日，端木先生喪禮，東吳大學師生及校友會致祭，主祭者為陸潤康先生。
2. 民國八十六年五月三十日，端木先生逝世十周年。東吳大學於外雙溪校區安素堂舉行追思會，先生子女與來賓合影於安素堂前。
3. 民國九十三年五月六日，東吳大學主辦「一位政治家・律師・教育家的風範——端木愷先生紀念座談會」，出席來賓於東吳大學國際會議廳合影。

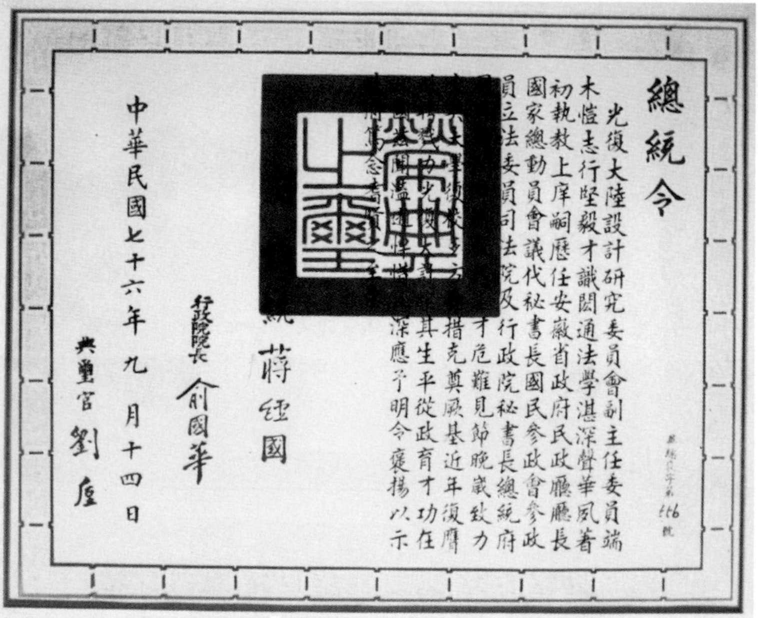

總統令

華總(一)字第666號

光復大陸設計研究委員會副主任委員端木愷志行堅毅才識閎通法學湛深聲華夙著初執教上庠嗣歷任安徽省政府民政廳廳長國家總動員會議代秘書長國民參政會參政員立法委員司法院及行政院秘書長總統府[illegible]才危難見節晚歲致力[illegible]措克奠厥基近年復膺[illegible]其生平從政育才功在[illegible]深應予明令褒揚以示[illegible]念者[illegible]

總統 蔣經國

行政院院長 俞國華

中華民國七十六年九月十四日

典璽官 劉垕

總統褒揚令

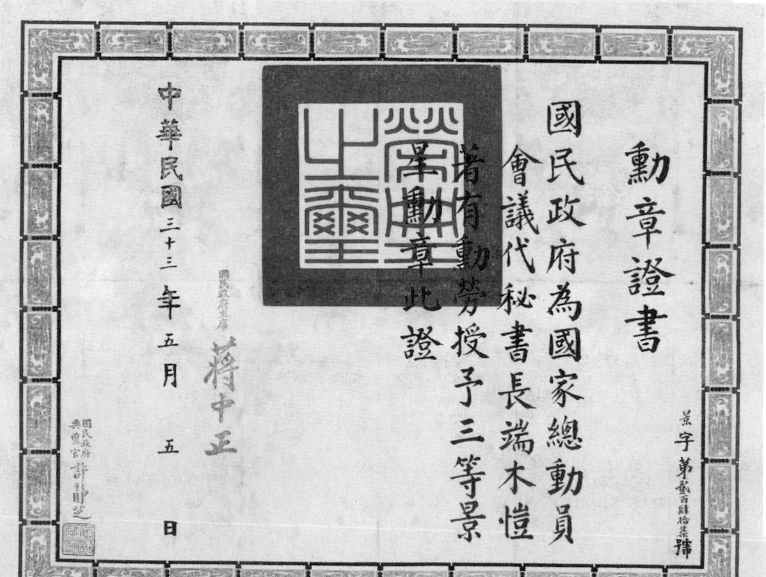

勳章證書

景字第貳百肆拾柒號

國民政府為國家總動員會議代秘書長端木愷著有勳勞授予三等景星勳章此證

國民政府主席 蔣中正

中華民國三十三年五月五日

國民政府典璽官 許靜芝

三等景星勳章證書

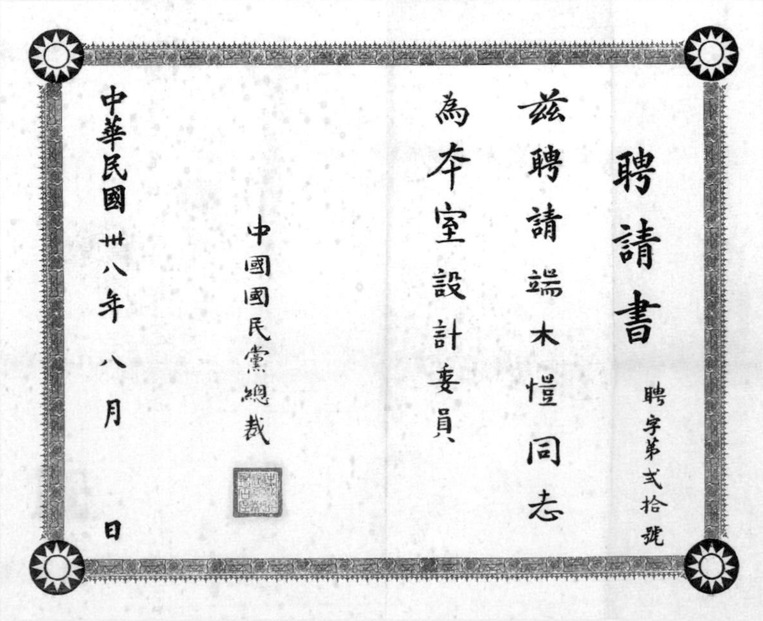

聘請書

聘字第貳拾號

茲聘請端木愷同志

為本室設計委員

中國國民黨總裁

中華民國卅八年八月 日

中國國民黨總裁辦公室設計委員聘請書

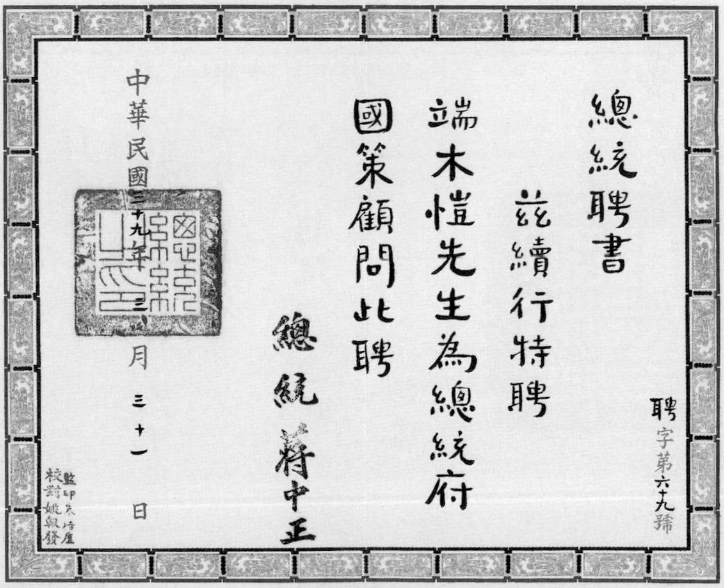

總統聘書

聘字第六十九號

茲續行特聘

端木愷先生為總統府

國策顧問此聘

總統蔣中正

中華民國三十九年三月三十一日

監印朱培厘
校對姚叔發

總統府國策顧問聘書

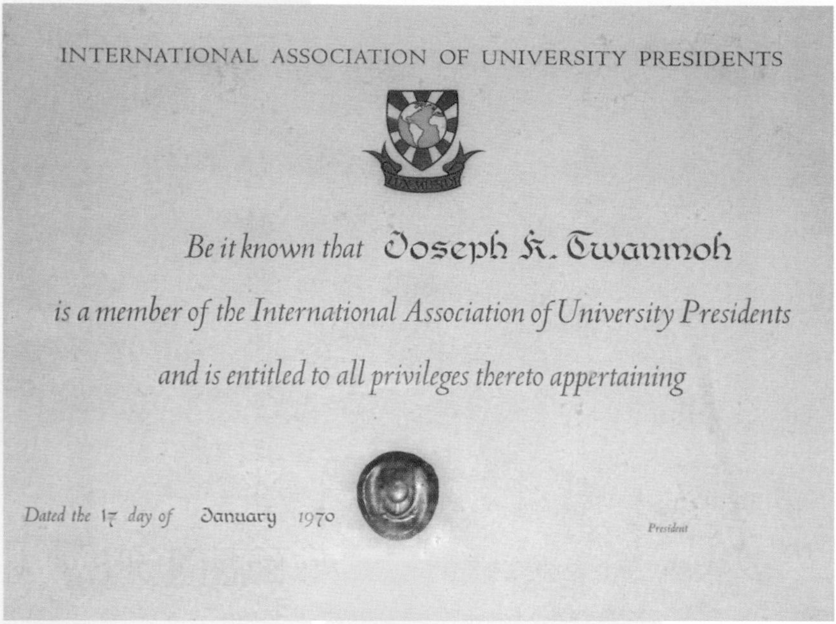

INTERNATIONAL ASSOCIATION OF UNIVERSITY PRESIDENTS

Be it known that Joseph K. Twanmoh

is a member of the International Association of University Presidents

and is entitled to all privileges thereto appertaining

Dated the 17 *day of* January 1970

President

國際大學校長聯合協會會員證書

任命令

特派端木愷為中央選舉委員會委員。

總統 蔣經國

行政院長 孫運璿

中華民國六十五年六月十二日

特字第1928號

劉祖生

中央選舉委員會委員任命令

行政院獎狀

中央選舉委員會委員端木愷
辦理七十二年增額立法委員
選舉，策劃選務工作，周詳
完備，圓滿達成任務，殊堪
嘉許，特頒獎狀，以資激勵
。

院長 孫運璿

中華民國七十三年一月廿七日

台七十三人政秦
02309

行政院獎狀

獎狀

端木愷弟兄在本教會
於中華民國七十六年度擔任
董事之職任內
熱衷聖工殷勤事主特頒
此狀以資鼓勵

台北衛理堂教會
伍東衡牧師

所以我親愛的弟兄們，你們務要堅固不可
搖動，常常竭力多作主工，因為知道你們
的勞苦，在主裡不是徒然的。
（哥林多前書十五：58）

主後一九八七年七月五日

台北衛理堂獎狀

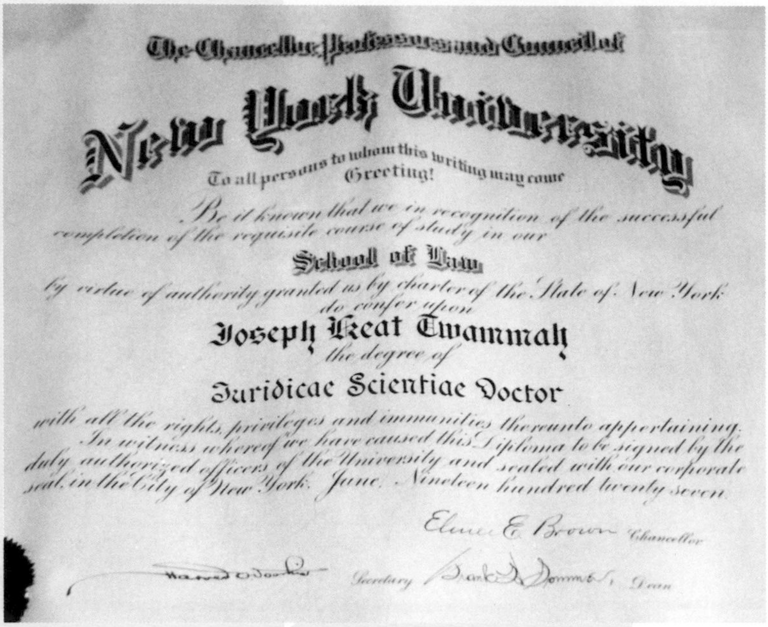
The Chancellor Professors and Council of
New York University
To all persons to whom this writing may come
Greeting!
Be it known that we in recognition of the successful completion of the requisite course of study in our
School of Law
by virtue of authority granted us by charter of the State of New York do confer upon
Joseph Keat Twammah
the degree of
Juridicae Scientiae Doctor
with all the rights, privileges and immunities thereunto appertaining.
In witness whereof we have caused this Diploma to be signed by the duly authorized officers of the University and sealed with our corporate seal, in the City of New York, June, Nineteen hundred twenty seven.
Elmer E. Brown Chancellor
Secretary Dean

紐約大學博士學位（J.S.D.）證書

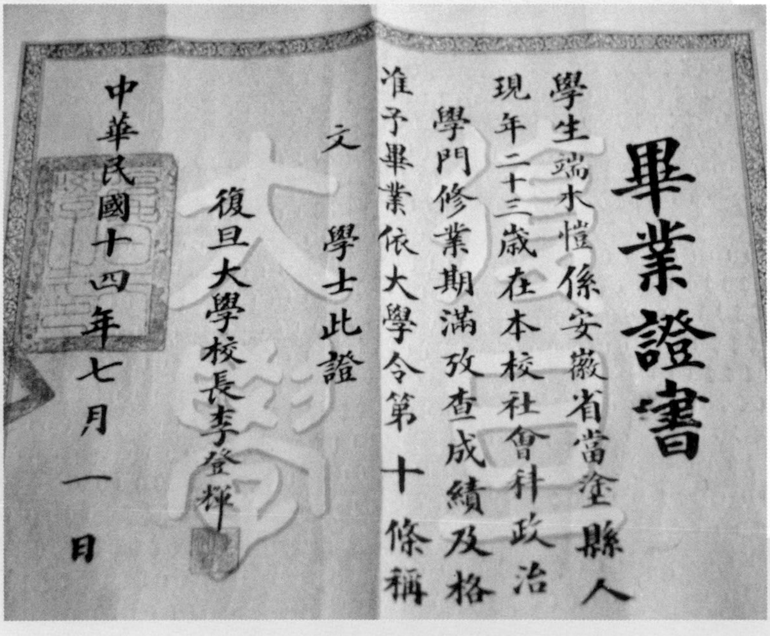
畢業證書
學生端木愷係安徽省當塗縣人
現年二十三歲在本校社會科政治
學門修業期滿攷查成績及格
准予畢業依大學令第十條稱
文學士此證
復旦大學校長李登輝
中華民國十四年七月一日

復旦大學文學士畢業證書

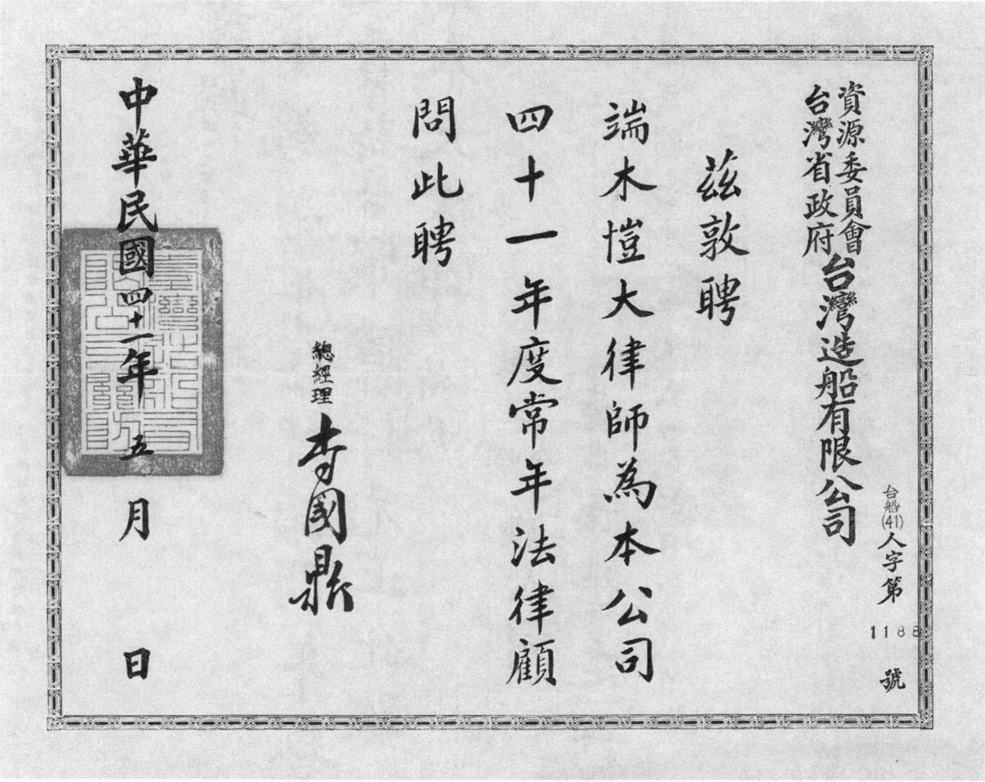

資源委員會
台灣省政府台灣造船有限公司

台船(41)人字第1188號

茲敦聘
端木愷大律師為本公司
四十一年度常年法律顧
問此聘

總經理 李國鼎

中華民國四十一年五月 日

台灣造船有限公司常年法律顧問聘書

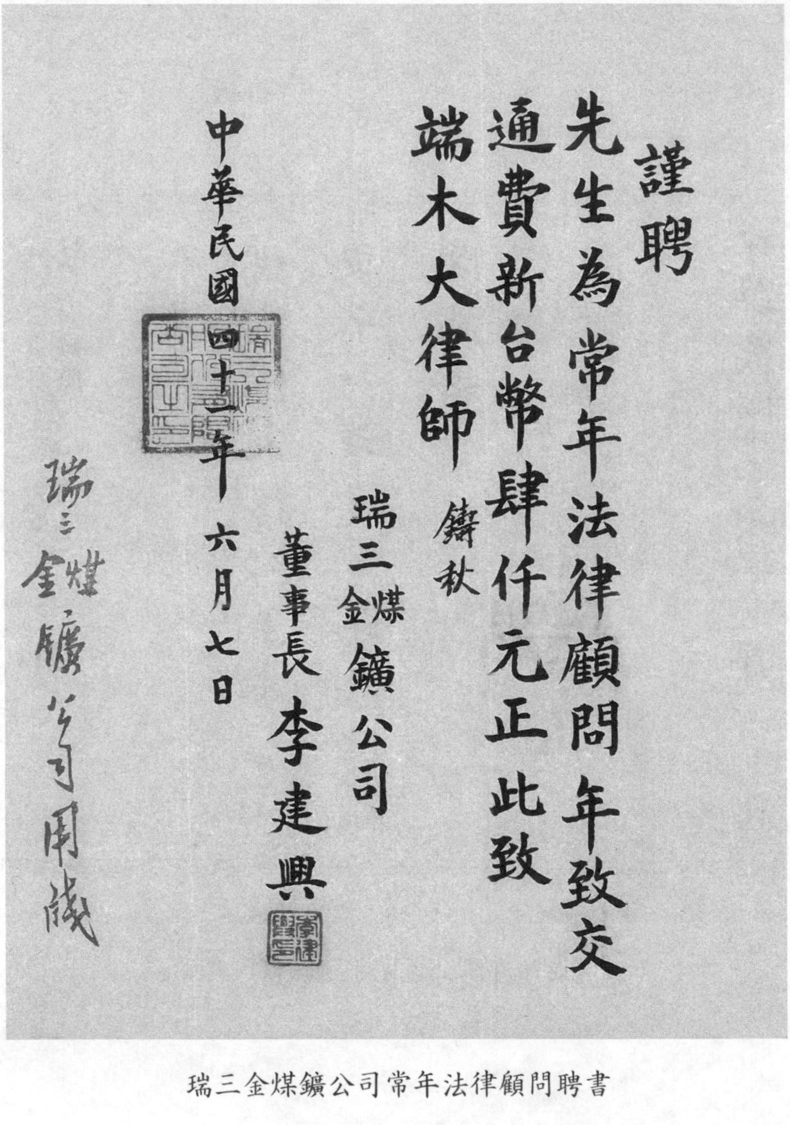
謹聘
先生為常年法律顧問年致交
通費新台幣肆仟元正此致
端木大律師 鑄秋
瑞三金煤鑛公司
董事長 李建興
中華民國四十二年六月七日
瑞三金煤鑛公司用箋

瑞三金煤鑛公司常年法律顧問聘書

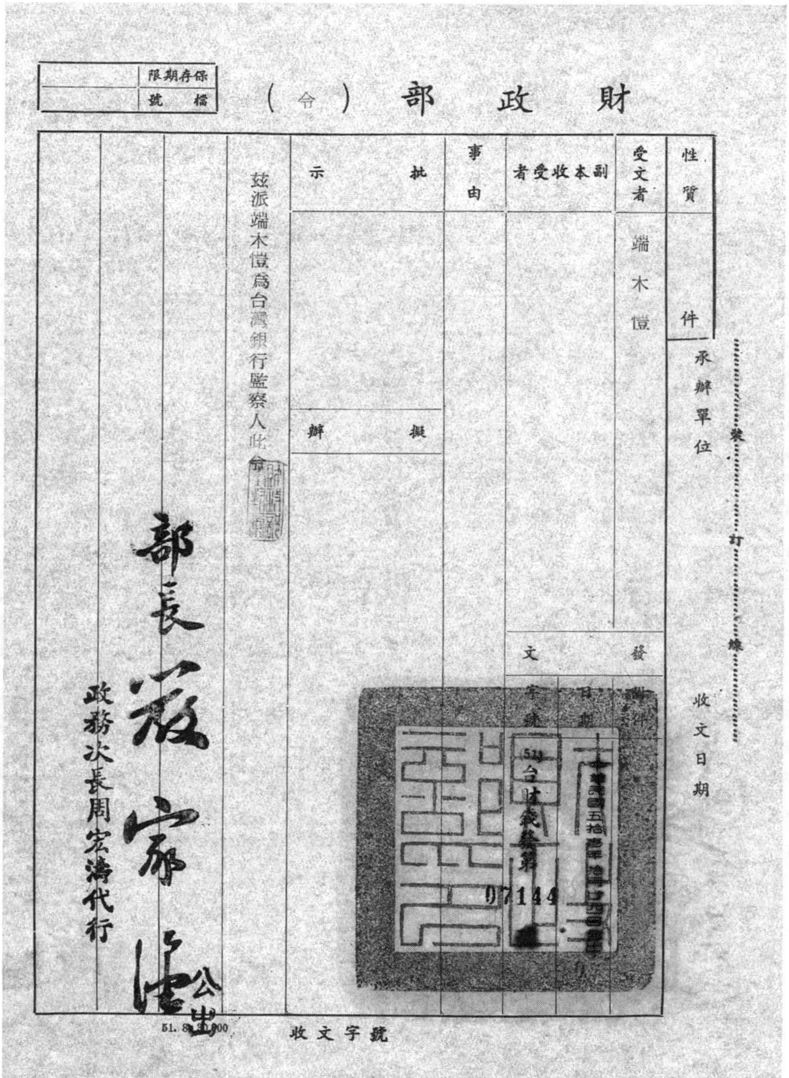

保存期限
檔號

財政部（令）

性質	受文者	副本收受者	事由	批示
件	端木愷			

擬辦

承辦單位

發文日期：中華民國五拾壹年……
發文字號：(51)台財錢發第07144

收文日期

收文字號

裝訂線

茲派端木愷為台灣銀行監察人此令

部長 嚴家淦

政務次長周宏濤代行

台灣銀行監察人派令

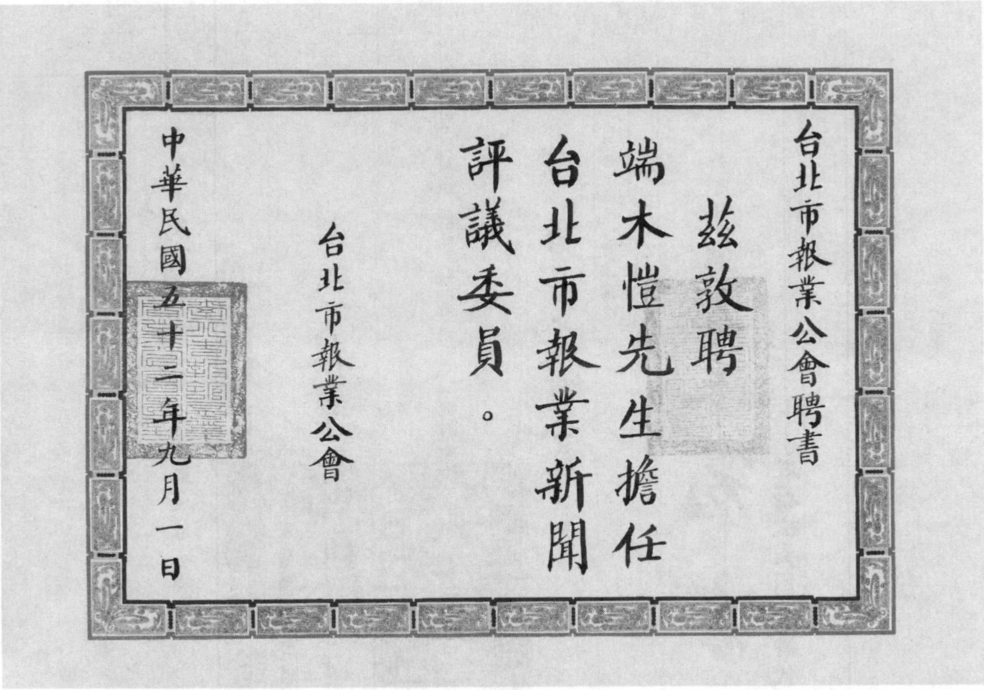

台北市報業公會聘書

茲敦聘

端木愷先生擔任

台北市報業新聞

評議委員。

台北市報業公會

中華民國五十二年九月一日

台北市報業新聞評議委員聘書

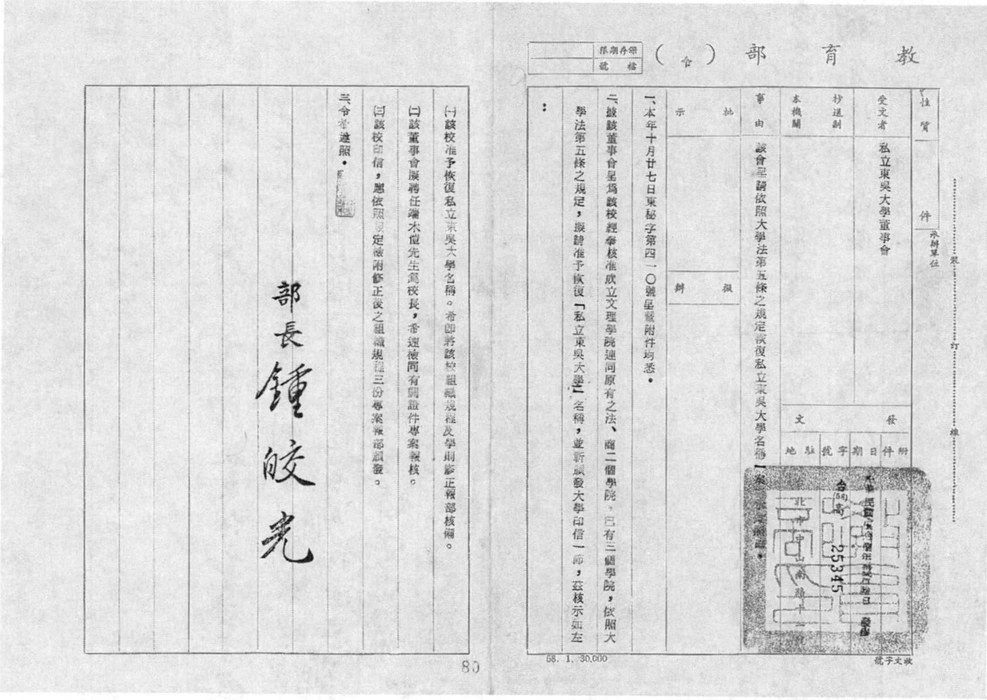

教育部（令）

檔號
保存期限

受文者：私立東吳大學董事會

副本
抄送

本機關

事由：該會呈請依照大學法第五條之規定恢復私立東吳大學名稱一案

發文
日期
字號
附件

一、本年十月廿七日東秘字第四一〇號呈暨附件均悉。

二、據該董事會呈為該校經奉核准成立文理學院連同原有之法、商二個學院，已有三個學院，依照大學法第五條之規定，擬請准予恢復「私立東吳大學」名稱，並新頒發大學印信一節，茲核示如左：

㈠該校准予恢復私立東吳大學名稱。希即將該校組織規程及學則修正報部核備。

㈡該董事會擬聘任端木愷先生為校長，希速檢同有關證件專案報核。

㈢該校印信，應依照規定檢附修正後之組織規程三份專案報部頒發。

三、令希遵照。

部長 鍾皎光

58. 1. 30,000

80

教育部核准東吳大學恢復「私立東吳大學」名稱公文

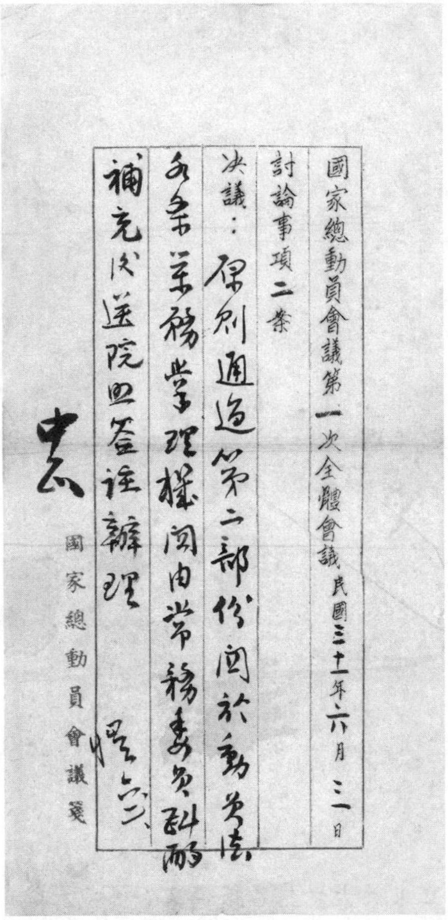
國家總動員會議第一次全體會議 民國三十一年六月三日
討論事項二案
決議：原則通過第二部份……
補充後送院照簽註辦理
中正
國家總動員會議箋

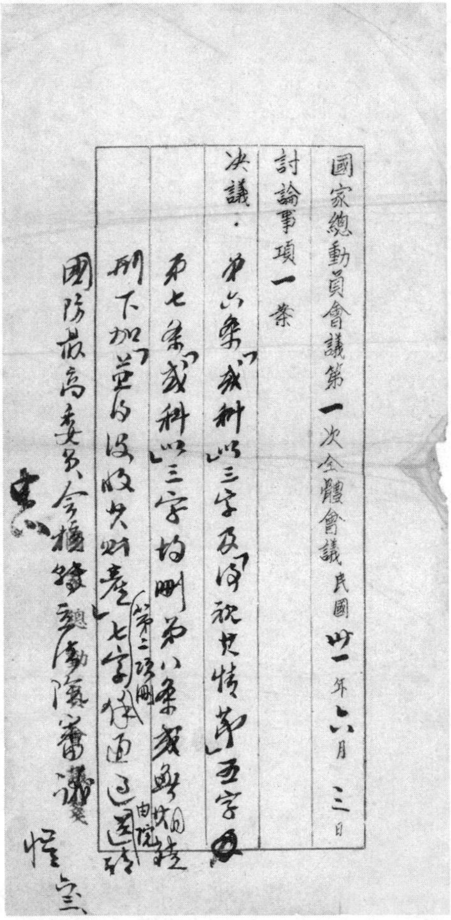
國家總動員會議第一次全體會議 民國卅一年六月三日
討論事項一案
決議：第六條「或科以」三字及……
第七條「或科以」三字均刪……
國防最高委員會……
中正

國家總動員會議第一次全體會議紀錄手稿（端木先生記錄呈蔣中正委員長核閱）

丁亥夏書贈
端木先生　陳璧君記
於吳門獅子口獄中

丁亥立秋日校讀一過　忍寒居士記

丁亥夏大熱冰如夫人以國事繫吳門獄中終日據小几鈔書自遣汗涔涔浹背既為端木律師手寫雙照樓詩詞藁竟復語余曰自前歲吾家遭難老身而外逮吾兒女若婿若在襁褓中之外孫皆牽連入獄乃端木先生挺身為吾兩子及婿任辯護不特不受費而往來於京滬吳閶行旅所資亦由自出有心哉若人也老身無以為報惟竭其血汗之所注勉寫汪先生此集以表感激之微誠而已余惟汪先生憂國之情與四十餘年所從事實歷吾中華亘古未有之變局其難言之痛自可於諸篇什絃外得之而夫人之所以手寫此本以貽端木先生者其微旨當為端木先生所默喻伸公道而重人權明是非而雪冤抑此固法律家之神聖責任而為舉國人士所共欽挹者也於是乎書
中華民國三十六年八月四日忍寒居士謹識於吳門獅子口獄中

陳璧君手跡及忍寒居士《雙照樓詩詞藁》題記

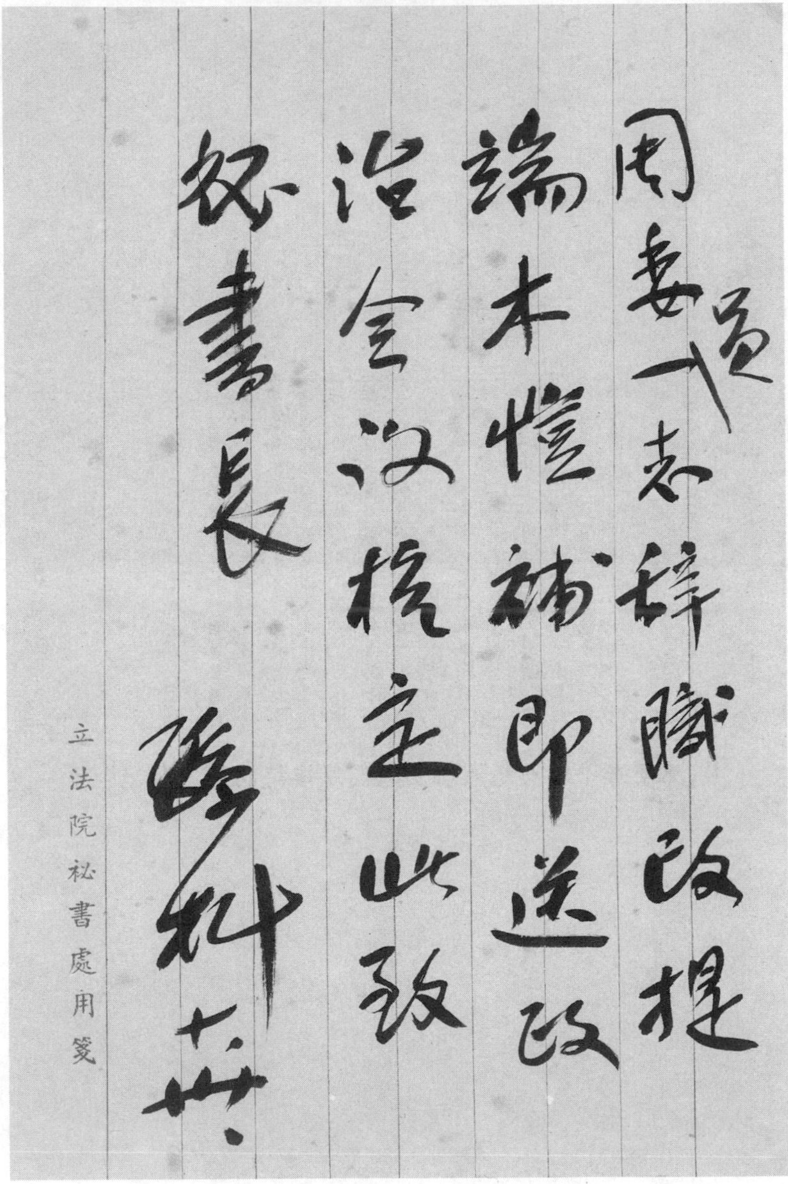
此致
秘書長
孫科
立法院秘書處用箋

孫科先生信函手稿

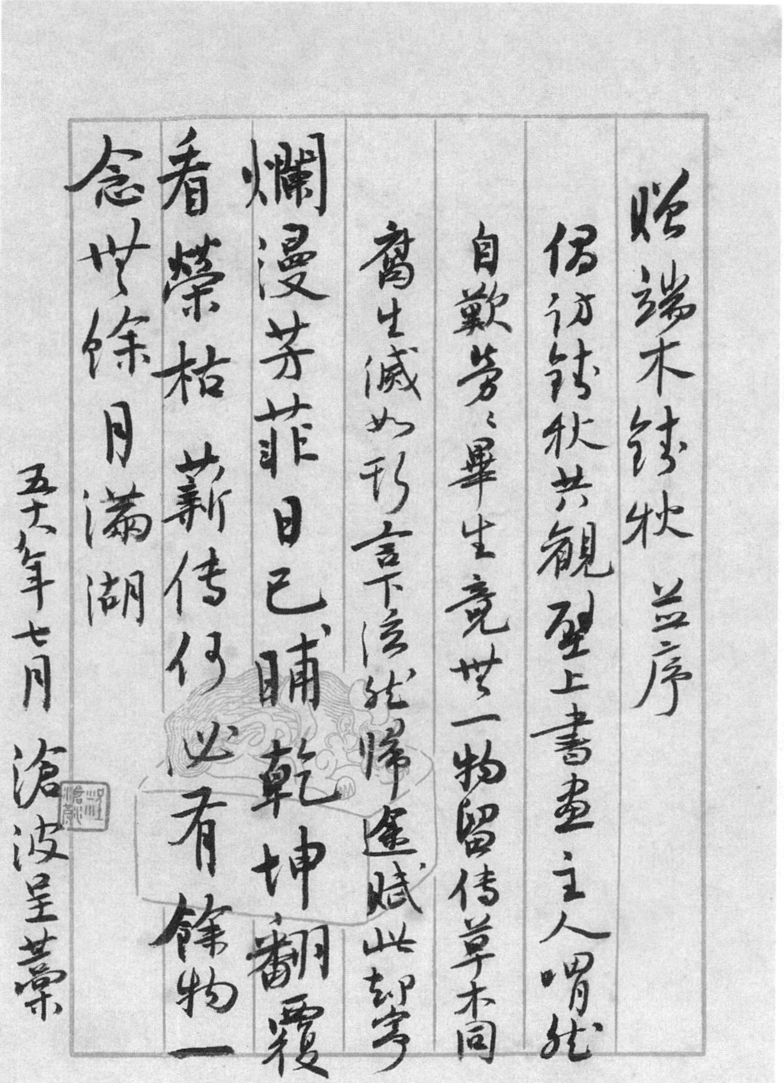

贈端木鑄秋 並序

偶訪鑄秋共觀壁上書畫主人喟然自歎勞勞畢生竟無一物留傳草木同腐生滅如形言下泫然歸途賦此却寄

爛漫芳菲日已晡乾坤翻覆看榮枯薪傳何必有餘物一念無餘月滿湖

五十六年七月 滄波呈稿

程滄波先生致端木先生信函手稿

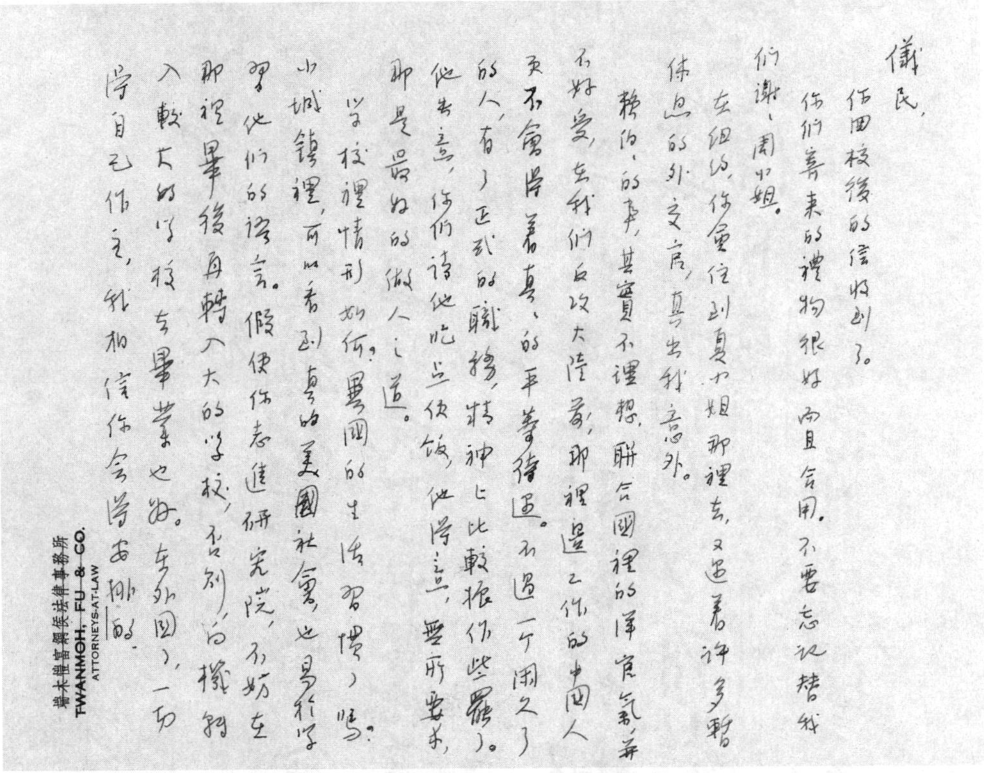

儀民,

你回校後的信收到了。

你們寄來的禮物很好而且合用。不要忘記替我們謝謝周小姐。

在紐約,你會住到夏小姐那裡去,又過著許多暫休息的外交官,真出我意外。

懇伯伯的事,其實不理想,聯合國裡的洋官氣,並不好受,在我們反攻大陸前,那裡還是你的中國人更不會得著真正的平等待遇。不過一個閑之了的人,有了正式的職務,精神上比較振作些罷了。他出意,你們請他吃點便飯,他得意,無所要求,那是最好的做人之道。

學校裡情形如你們異國的生活習慣了嗎?小城鎮裡,可以看到真的美國社會,也易於學習他們的語言。假使你志進研究院,不妨在那裡畢業後再轉入大的學校,否則,可擬轉入較大的學校去畢業也好。在外國了,一切學自己作主,我相信你會學安排的。

端木愷傅錫長法律事務所
TWANMOH, FU & CO.
ATTORNEYS-AT-LAW

家書手稿之一

台灣與你去時無大分別。你離開才一年，自然不會有什麼變化。就要開國民大會，改選總統，當然還是蔣先生連任。大家以推測誰是副總統，那有什麼大問題呢。何時反攻，本是真的問題。對此總統以下皆有決心，不過時間上難預測。

復興中國的責任是大家的，但是你們青年人的責任特別重。我們這一輩人沒有做好，再做下去也不能好多少。培養你們便是我們[illegible]的唯一方法。希望你和弟弟，都不要錯過這大好的機會。

偉民怎麼樣了。他早有轉學的意思，進行至何程度。明訂說學校考試對他很不好，他的基礎差，成績不好，也不是壞，祇希望他能不斷的努力，逐漸進步。你母親對你甚記掛，但是很放心，對小弟弟便又念又急。望你下次來信時詳告。

家裡一切都很好，我們的身體很健，頸背

端木愷富綱侯法律事務所
TWANMOH, FU & CO.
ATTORNEYS-AT-LAW

痛早就好了。勿念。你母親精神，都是因為能從你們能用功的回信。在偉民的轉學問題解決前，恐她又會睡不安穩了。

寶寶比媽，快高半個頭了。蔭蔭功課還好，也不那麼好笑了。三三在學校裡又遇見一位不喜歡他的先生，其實他現在也很懂事了。我對他們都沒有太管得嚴，可是三三常到半夜回來，我不能不責怪他。寶寶好寶貴，他這個年齡問題最大。

常出去講演吧。這樣練下去，你要成演說家了。

去年你說同學想要總統的照片，等國民大會後看機會試試，先不必對你同學們講。

祝快樂進步

父 一、一六.

端木愷富綱侯法律事務所
TWANMOH, FU & CO.
ATTORNEYS-AT-LAW

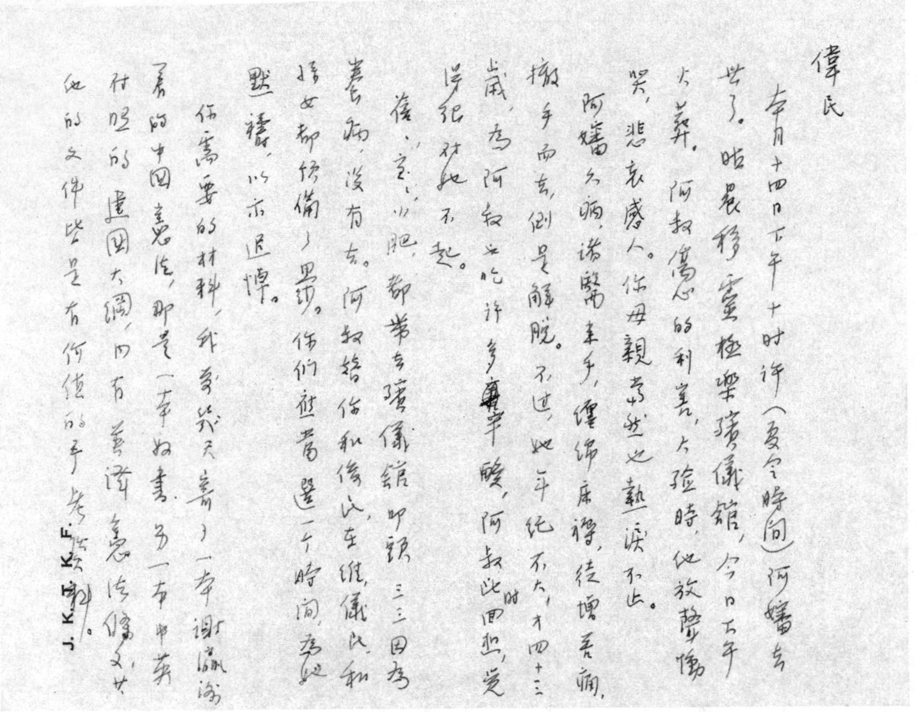
偉民
本月十四日上午十时許（夏令時间）阿嬸去世了。昨晨移靈極樂殯儀館，今日上午火葬。阿叔傷心的利害，火殮時，他放聲慟哭，悲哀感人。你母親黯然也熱淚不止。
阿嬸久病，諸醫束手，纏綿床褥，徒增苦痛，撒手而去，倒是解脫。不过，她年紀不大，才四十三歲，為阿叔之[illegible]許多年[illegible]晚，阿叔此時回想，覺得很對她不起。
蓓、宜、小肥，都常去殯儀館叩頭，三三因為表病，沒有去。阿叔替你和倩民在繼、儀民和梅文都預備了黑袖。你們應當選一个時間，為她默禱，以示追悼。
你需要的材料，我買几天寄了一本謝瀛洲著的中國憲法，那是一本好書。另一本中華付印的遠因大綱，內有關憲法條文，其他的文件也是有价值的手寫資料。
J. K. T. K. F.

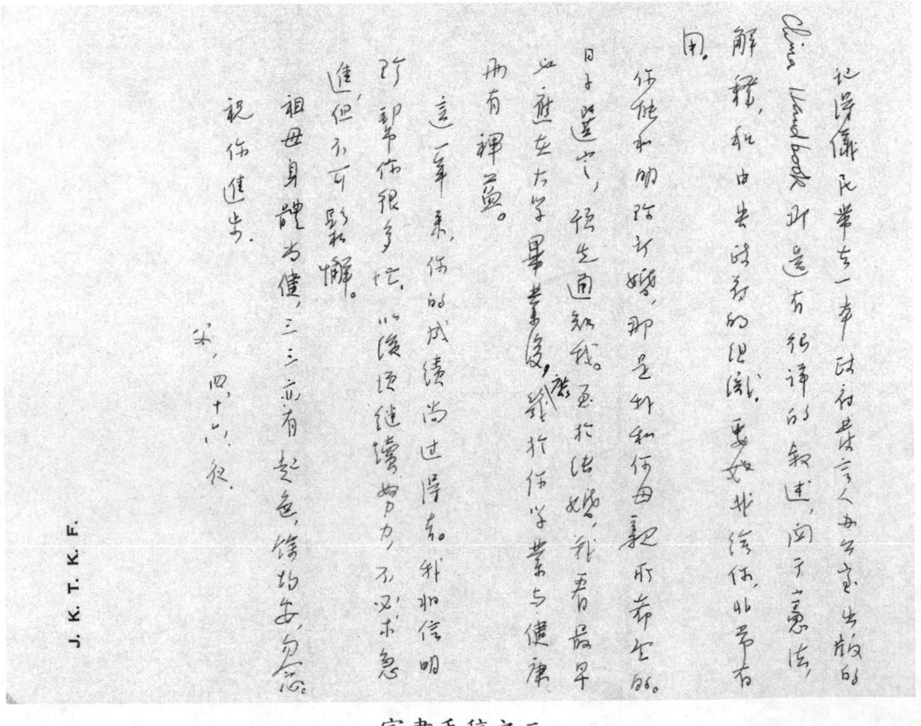
記得儀民常去一本政府對外宣言出版的 China Handbook 那邊有很詳的敘述，關于憲法，解釋，和由政府各部的組織。要如能給你，非常有用。
你能和明珍訂婚，那是我和你母親所希望的。日子選定了，儘先通知我。至於結婚，我看最早也應在大学畢業後，於你学業与健康兩有裨益。
這一年來，你的成績尚过得去。我和倩明對幫你很多忙，以後須繼續努力，不必求急進，但不可鬆懈。
祖母身體尚健，三三亦有起色，諸均安，勿念。
祝你進步。
父，四十六，夜。
J. K. T. K. F.

家書手稿之二

J. K. T. K. F.

儀民

你轉學到紐約，常和哥、妹、相聚，我更心安。薛先生為你取得全部獎學金，太可感了。他也是我來台的同學，不過往來不多，想不到他會給你極大的幫助。貴成小姐的介紹有很大的關係。附信他們兩位的信，她一時沒有時間，可先轉寄去。

你讀數學改室内設計，我都贊成。一定要到好。只是小哥、讀工，是否基礎不够，太吃力。我不是反對他讀工，但能成功，那是很好的。我怕他太感困難，會失去興趣。等他試試看罷，希望他不太勉强。

你母親身体很好，我們常去看電影，看電影院都有冷氣，可以坐得住。她每晚寫字，用功的很。寫給你的信不是進步多了嗎。

J. K. T. K. F.

我的業務不太忙，還得去。閒時看書，不過消磨時間而已，但是老了也得進修，因為學問是無止境的。

三三得子了，半竹。長得非常高，更顯得呆像。二十了，還是孩子樣。蓓、宏、都很好，都愛說話，吃飯時話更多。

祖母更見老了。照舊管東管西，從不停，但是精神不如前，上下很不方便，可是不肯息。

支票一張，你存着，能補些必需的費用。

嫂、做事，只要小孫有需担負，那也很好。哥、還在校嗎。工作必須努力，在劇烈的競爭下才能生存。再已到上課，身体吃得消嗎？能多讀點書，自然好，慢、的來，兩年讀完以外還有精神不够，你不必过分，斷時停學，將來還有機會。再說，自修也可有成就。

祝好。

父 𦵏

家書手稿之三

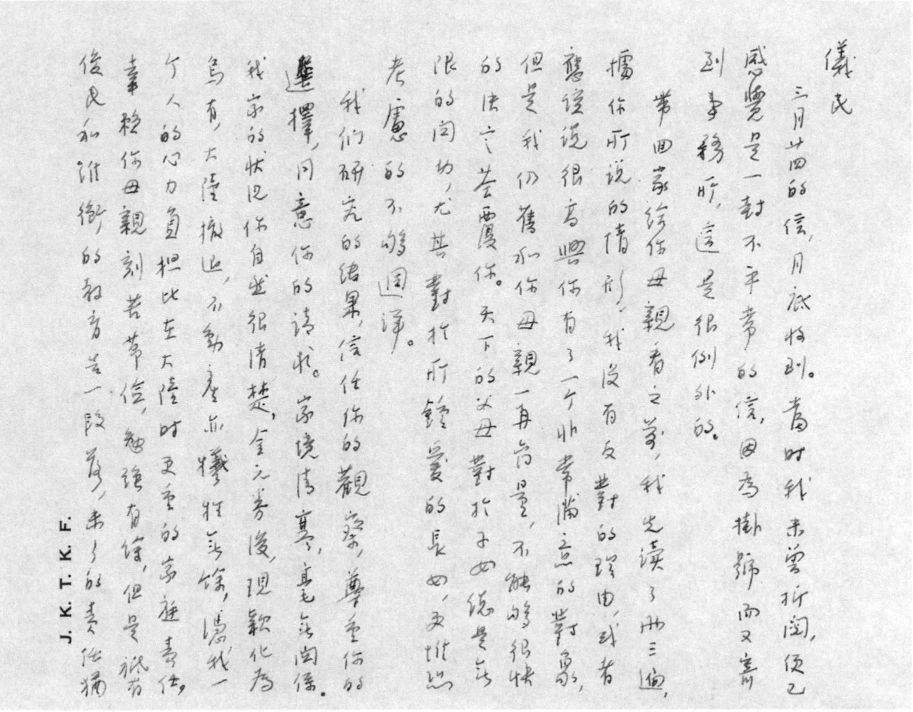
儀民
三月廿四的信，月底收到。當时我未曾拆閱，便已感覺是一封不平常的信，因為掛號而又寄到事務所，這是很例外的。
第四前給你母親看之前，我先讀了兩三遍，據你所說的情形，我沒有反對的理由，或者應該說很高興你有了一个非常滿意的對象。但是我仍舊和你母親一再商量，不能夠很快的決定答覆你。天下的父母對於子女總是無限的關切，尤其對於所鍾愛的長女，更难以考慮的不夠周詳。
我們研究的結果，信任你的觀察，尊重你的選擇，同意你的請求。家境清寒，毫無問係。我家的状況你自然很清楚，全家來台後，現歉化為烏有，大陸撤退，不動產盡犧牲無餘，憑我一个人的心力負担比在大陸时更重的家庭責任，幸賴你母親刻苦節儉，勉強有餘，但是祇有後民和訓衡的教育告一段落，未了的責任稍
J. K. T. K. F.

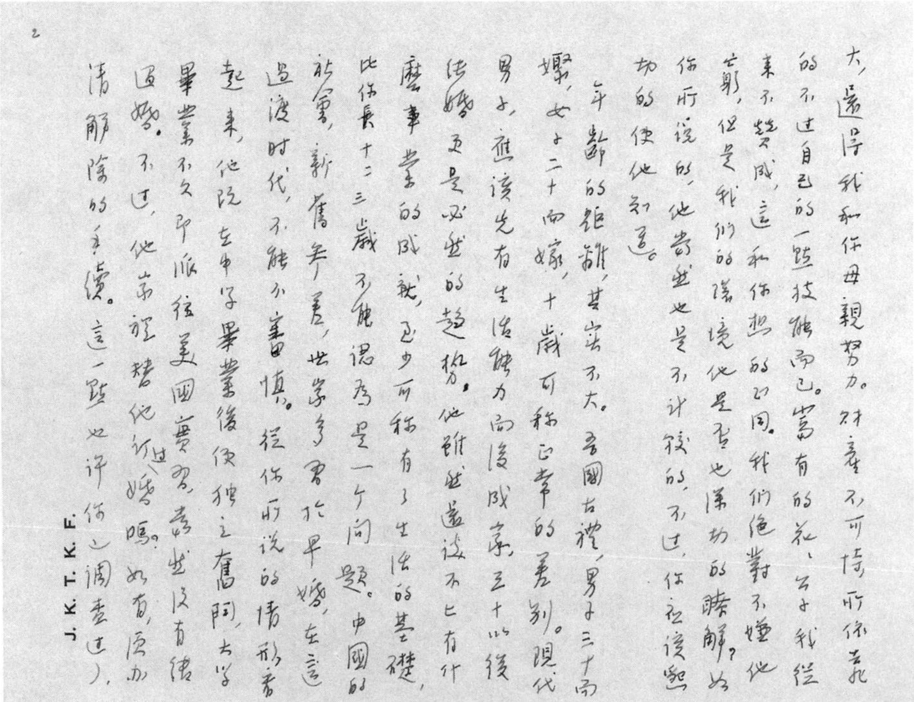
2
大，還得我和你母親努力。好在不可待所你在的不过自己的一點技能而已。富有的衣、字我從来不贊成，這和你想的一同。我們絕對不慊他窮，但是我們的環境他是否也深切的瞭解？如你所說的，他當然也是不計較的，不过，你應使切的使他知道。
年齡的距離，其实不大。吾國古禮，男子三十而娶，女子二十而嫁，十歲可稱正常的差別。現代男子，應該先有生活能力，而後成家，三十以後結婚更是必然的趨勢。他雖然還談不上有什麼事業的成就，至少可稱有了生活的基礎，比你長十二三歲，不能認為是一个問題。中國的社會，新舊交遞，世家多習於早婚，在這過渡时代，不能不審慎。從你所說的情形看起來，他說在中學畢業後便獨立奮鬥，大學畢業不久即派往美國實習，當然沒有結過婚。不過，他家能替他订過婚嗎？如有，應加清解除的手續。這一點也許你已問查过），
J. K. T. K. F.

家書手稿之四

3

但是我們想到的，不能不向你提起。

每一个人都有他的特殊性格，任何一位性情，思想，与嗜好完全相同的人為你，幾乎是不可能的。朋友，無論如何親密，不難保相當的互敬，熱戀期間更不惜犧牲讓步。一旦結婚，終身的共同生活下去，許多小地方，在婚前不易發現的，會引起很大的問題。所以結婚前必須看清對方有無隱服的癖性，如有，是否為我所能容受？結婚後便得相諒相忍，不可過分的挑剔吹求。這是雙方面的，但應慎之於始，方克有終。

上面所說，不是我們還有什麼保留，我們沒有見過這个人，無從批評，但是我們相信你，完全同意你的請求，同時，告訴你應該注意的事項。你自己決定。

至於結婚的時間，如果你覺得[illegible]已成熟，並有需要，我們自不反對九月舉行。但是你認為再互相觀察，增加了解，較為相宜，那看你們兩個考慮。求學全仗立志，結婚

J. K. T. K. F.

4

不一定有妨礙。你記得方姐姐嗎。她婚後出國，生了三个女兒，都能繼續學業，且有成就。你有全部獎學金，其他所需不大，在你大學畢業前必需的費用，我們自當照舊供給，決不使你分心。

兄弟姊妹，各有前途，各有環境，各自選擇，各自決定。你的婚姻問題，哥哥們來信，皆未提過，我們也不另外徵詢他們的意見。但是你在美結婚，實際之婚人必為長兄，應已預告。也許他們与你的男朋友很熟習，聊有認識。你們的見解，你不必受拘束，却也可供參考。希望你儘可能和他們商量。

我和母親信任你的歡喜，尊重你的選擇，同意你的請求，我們永遠愛你，祝你幸福。我們還在常去做禮拜，我們為你禱告，祈求上帝幫助你，保護你。

父，四月三日夜半。五三

J. K. T. K. F.

儀民

昨天上午接到你母和你的信，中午回家看見蓓蓓從美寄來的一封信，知道你有信告訴她，你母為她去澳哭了一場。可憐的作母親的人，交通又無縮短了世界的距離，子女們天南地北，使她顧此失彼，我自身無術，永遠心懸數地，寢食不安。

昨天我的信上彷彿說到以後便要去桃園，請告訴她，我決不會瞞著她悄悄送走。定定還有兩年畢業，她可去信，有無機會，都是問題。

如果你母再陪你們一年半，我相信蓓蓓會到美國去，她如過了年便回國，不妨繞個圈子去澳洲看看蓓蓓，她跟我吃了大半輩子的苦，子女都成立了，讓她多玩幾個地方，多看看，她一手扶養大的兒女，我難道要多花一點旅費。

我希望她能有永久住居權，正是因為她這次出國治病，又看到迪孫，心理上得著無上的安慰，感觸良深，盡可能保持她再去的機會。我現在臺灣很簡單：(一)看到你們都能自立，(二)你母能有來回與老伴與子女之間的自由，(三)上面的二件事做到)，一旦反攻，我可以毫無顧慮，不計名義地位，到前線去拚條老命，(四)在反攻前後，能儘情的週遊世界一次，(五)六十五以後，假還活著，能在大陸的青島或湖海的瑞士隱我餘年。

香港紀好，但不要那種殖民地的氣象。美國法國度假，現在一直去他們都不歡迎，何去去隨想聞。

閑話少說，多多勸慰你母親。

祝好

父 十一、五

蓓蓓行前，三兄妹的照片寄一張給你母

家書手稿之五

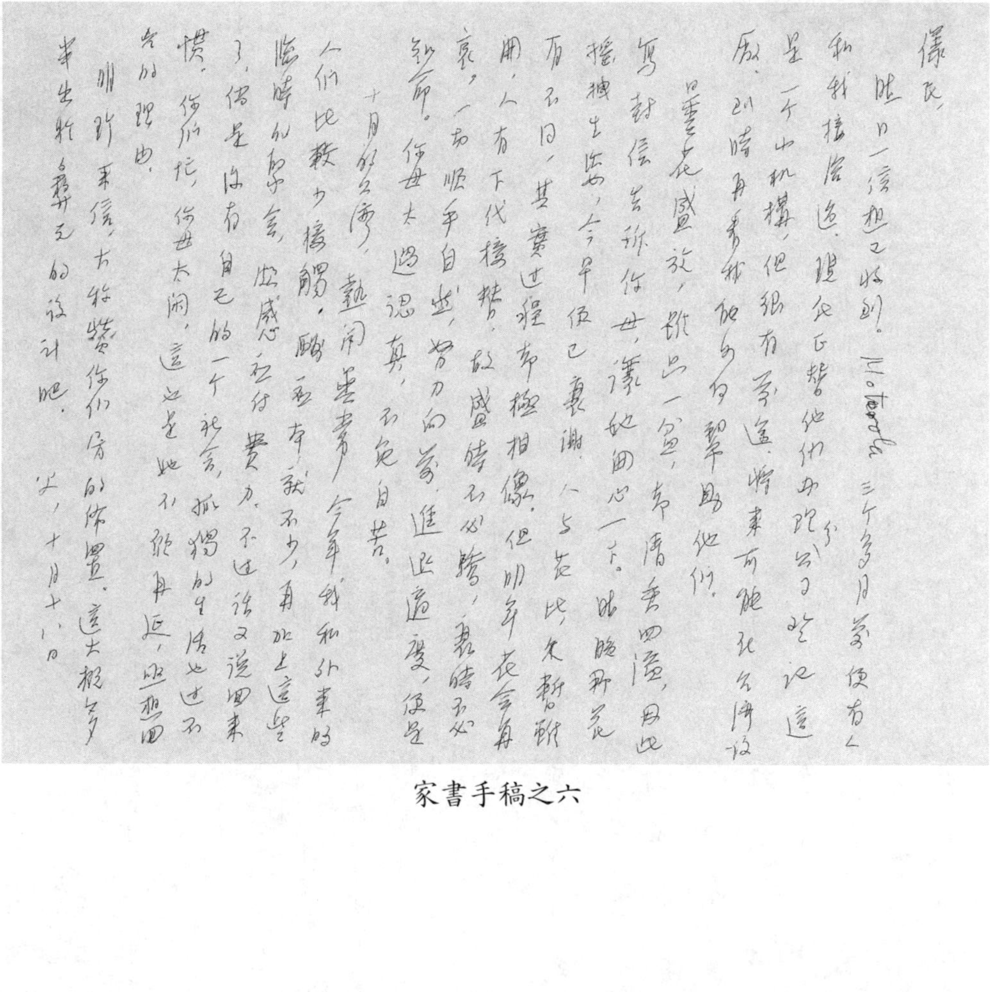

儀民，
昨日一信想已收到。Toronto 三個多月前便有人
和我接洽過，現在正替他們出點子。這
是一個小機構，但很有前途，將來可能在台灣設
廠，到時再看我能否幫助他們。
曇花盛放，跳出一盆，甚清香四溢，因此
寫封信告訴你母，讓她開心一下。昨晚那花
搖曳生姿，今早便已衰謝。人與花比，不暫
有不同，其實過程都極相像。但明年花會再
開，人有下代接替，故盛時不必驕，衰時不必
哀，一切順乎自然，努力向前，進退適度，便是
知命。你母太過認真，不免自苦。
十月的台灣，熱鬧異常，今年我和外來的
人們比較少接觸，酬應本就不少，再加上這些
臨時的聚會，總感不付費力。不過話又說回來
了，但是沒有自己的一個社會，孤獨的生活也過不
慣。你們忙，你母太閒，這也是她不能再返，只想回
台的理由。
明詩來信，大稱讚你們房的佈置，這大概多
半出於鑄兒的設計吧。
父，十月十八日

家書手稿之六

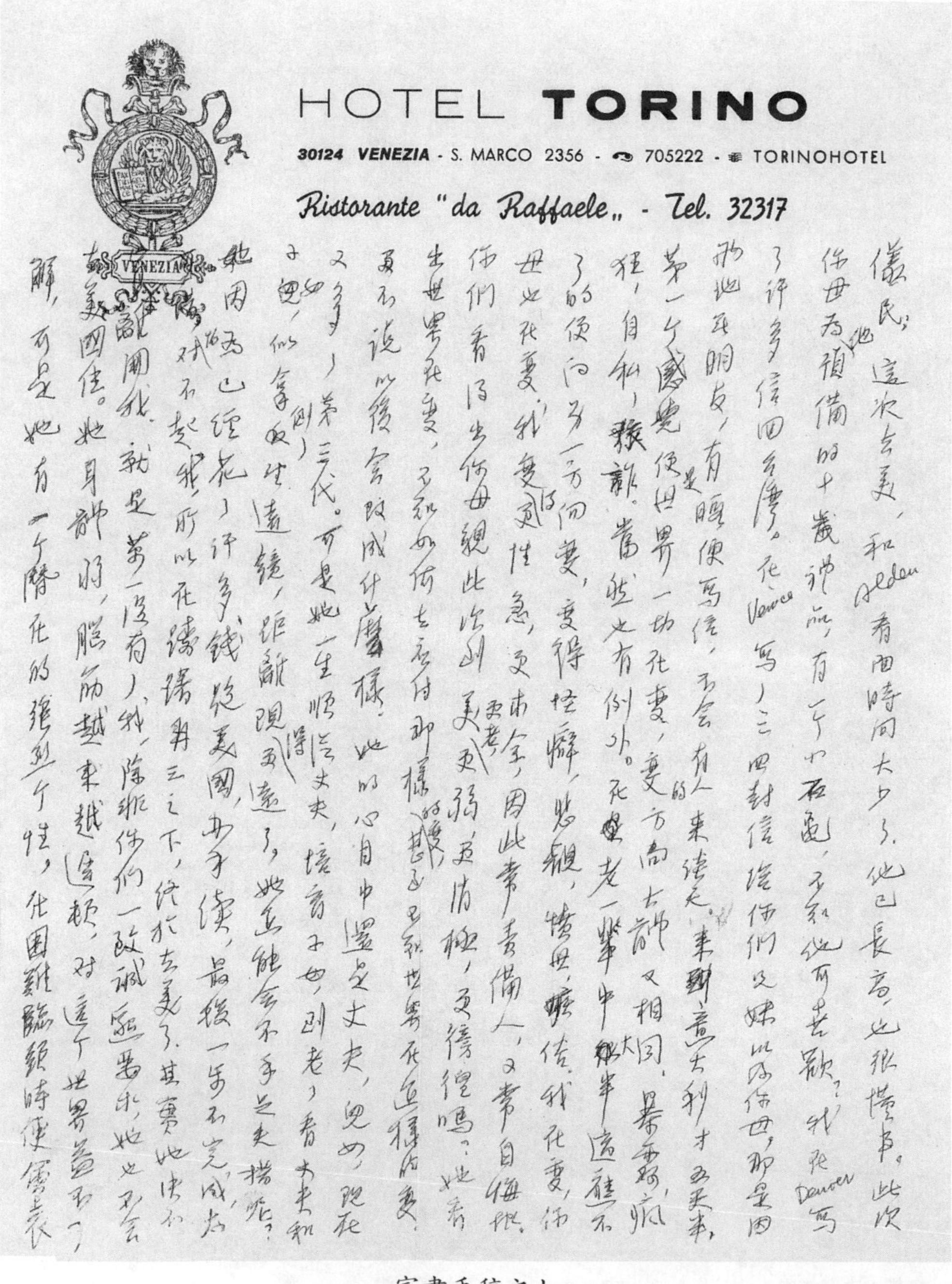

HOTEL TORINO
30124 VENEZIA - S. MARCO 2356 - 705222 - TORINOHOTEL
Ristorante "da Raffaele" - Tel. 32317

儀民：這次去美，和Alden看面時間太少了。他已長高，也很懂事。此次
你母為他預備的十歲禮品，有一个小石雕，不知他可喜歡？我在Denver寫
了許多信回台灣。在Venice寫了二、四封信給你們及妹妹和你母，那是因
為此地無朋友，有暇便寫信，不会有人來談天。來到意大利才五天來，
第一个感覺是使世界一切在變，變的方向去前又相同，暴露，瘋
狂，自私，猜詐。當然也有例外。在老一輩中大半還是不
了的，便向另一方向變，變得怪癖，悲觀，憤世嫉俗。我在變，你
母也在變。我是更性急，更不全，因此常責備人，又常自悔恨。
你們看得出你母親比從前更老，更弱，更消極，更彷徨嗎？她看
出世界在變，不知如何去應付那樣的變，甚至不知世界在這樣的變。
更不說以後會變成什麼樣。她的心目中還是丈夫，兒女，現在
又多了第三代。可是她一生順從丈夫，撫育子女，到老了，看未來和
子女，似乎都成了遠鏡，距離現得遠了，她是能会不手足無措呢？
她因為已經花了許多錢辦去美國的手續，最後一步不完成，太
對不起我，所以在躊躇再三之下，終於去美了。其實她決不
離開我。就是第一沒有人，我，陪伴你們一致誠懇要求，她也不会
去美國住。她身體弱，腦筋越來越遲頓，對這个世界益不了
解，可是她有一个矜持的強烈个性，在困難臨頭時便露出來

家書手稿之七

跑出來。抗戰奉老攜小，溯江而上，由湖北而湖南，擺又繞到貴陽轉重慶，那份艱苦不去說她。祖父的病，她衣不解帶，伺候藥餌，那份辛勞也不去說她，每有空襲，她總是扶老攜小，自己殿後，都是冒着生命的危險。平常膽小到怕見老鼠，獨住一房，隔壁無人，便睡不覺，這樣的人，必要時那份勇氣，而且長期的維持着，真不知她那裡得來的。至於以後如何，是一個謎。我總以為再往別處去再過了，事實上也過不動了。在她，上已無老，下則你們都已成立，至於第三代，那是你的事，而且在美，在可預見之將來不會有什麼災難，她於是必有放心不下的一個人。但是她會不掛念你們嗎。那又絕不可能。談理論，她會說「兒孫自有兒孫福」，談感情，二代三代都是她的骨血，又怎能放的下？你們中，那一個境遇差一點，便心痛那一個，其實並無偏袒。當年偉民，想化三三，正是一個道理。可是她現在身體弱，腦筋差，也多少有點不正常。以後，在辦手續期間可能住在你那裡多，有個毛病就是窮，這在你們家的原因之大者。用中國舊時倫理觀念，會遷就。你得多照顧她。

毅元

父，八月卅一日

序

劉源俊

綜觀端木故校長鑄秋先生的一生，他過得多采多姿。他是一位出色的從政者、成功的律師、傑出的教育家；也是了不起的國民外交家、難得一見的社會賢達。

他有愛心，能包容；有勇氣，肯擔當；有智慧，見長遠。藏在他內心深處的，應是儒家的修養、基督的精神與愛國的情操。

端木故校長主持東吳校政十四年，在董事會中服務二十多年，對東吳大學在台發展影響至深。他以無私的奉獻，留給後代一所務實、開明而臻於完整的學府，感召了許多後進為這樣的一所風格獨樹的學校戮力盡心。

去歲適逢端木故校長百歲冥誕，《傳記文學》雜誌社與本校合作特於五月、六月兩號刊出專輯，共收十五篇文章。本校同仁經與端木儀民女士數度研商，乃有再接再厲出版本紀念集之議。端木故校長做事往往不欲人知，很少留下紀錄；他晚年的兩位主要秘書又皆已辭世，平生事蹟及紀念文章均散置各處。本校發展處——特別是企劃組的同仁，乃窮索遍尋，想盡辦法蒐羅補全，終於藉這本紀念集的問世，勾勒出一位大人物的輪廓。

相信這本紀念集的內容對研究中國近代史及中華民國在台灣奮鬥史的學者有幫助，更對台灣民辦高等教育及東吳大學往後的發展有長遠的啟示作用。

未來希望有後進更能憑藉這本紀念集的素材，從事進一步的研究，而撰寫學位論文，乃至寫出一本完整的「端木愷先生傳」，當更能彰顯端木故校長的不朽功德。

端木愷校長紀念集

——紀念先生一百晉一歲冥誕

Commemoration Dr. Joseph K. Twanmoh

Compiled for the 101th Anniversary of Dr. Twanmoh's Brithday

照片、證件、手書　**Photographs, Documents, Copies of Hand-writing**

序　**Preface**

上卷　Volume One

講演詞　**Texts of Speeches**

詩文　**Poems**

碑傳・輓詩　Biographical Inscriptions, Funeral Elegies

碑記・壁記　Biography in Inscriptions and Wall Plaques

書序　Book Prefaces

報告　Reports

訪問及談話錄　**Records of Interviews and Talks Given**

信函　**Letters**

學術論著〈社會科學大綱——法理學〉

Fundamentals of Social Sciences -- Jurisprudence

附錄　**Appendix**

下卷 Volume Two

端木愷校長紀念集

——紀念先生一百晉一歲冥誕

目次

詩　文

【碑傳・輓詩】

【碑記・壁記】

【書　序】

【報　告】

訪問及談話錄

信　函

端木愷校長紀念集
——紀念先生一百晉一歲冥誕

目次

下卷

傳記

【親　屬】

上卷

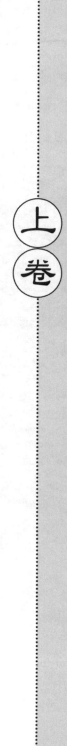

【講演詞】

發揚東吳校訓

——養天地正氣　法古今完人

各位先生，各位同學：

前些日子，負責校務的幾位先生，來邀請我，希望對諸位同學說幾句話，我實在覺得無法推辭。像我們這種人，一天到晚都在忙，但忙未必就有價值；一天到晚在講話而所言又未必可聽。要想對各位在這優秀學府中求學之際，說幾句有意義的話，實在是有負各位期望。好在東吳有的是資深望重人士，他們經常與諸位同學相處在一起，以他們高深的研究知識與豐富經驗，他們一定可以滿足各位進入大學來追求學問時，所懷抱的希望。今天，假使我所講的許多話，如果與各位資深望重先生的意見不謀而合，則屬我的萬幸。假使不幸我的話與各位先生相左時，還請各位同學要尊重各位資深先生們的意見才是。

在我進校門之際，我還不知道該與諸位講些什麼才好，教務長即告訴我「談談東吳校風好了」。因此，今天在此，我與諸位同學講講東吳的精神罷！

在座任何一位老前輩或者先生一定對東吳都有一種個別的看法，而我也不例外。但是東吳有一種共同的精神則是為大家所共同承認的，那便是「養天地正氣，法古今完人」。這兩句話大家都是熟悉的，但是我懷疑各位是否對這兩句話深思熟慮過，對它涵義是否體會過？大家在學校中，經常是在為應付教授的課程，在三年級以下，經常是在求考試的通過，到了三年級以後，則大家又想得更遠了，想到如何就業的現實問題上，因此，各位會給我一個答覆，「沒有時間來思考這兩句話」。

大家進大學之目的，無非是尋求智慧，而也就是追求真理，真理之獲得不亦就是所謂正氣，完人嗎？各位在學校中，從各個科系去尋求專門知識，如現有系別分，計有會計、經濟、法律、政治、及外文中文等，在今天這個社會裡，分工分得很細，因此各學校也不得不配合實際而分為許多專門科系，各位可以憑你們興趣而尋求你們專有知識。但各位所學的，無非是要以配合各種專有知識，來解決許多問題，而獲得真理，並非藉專門知識來規避許多事實。我是一個學法律的人，而且是以法律為生活工具的人，在我認為學法律的人，是為求以法律來解決問題，來尋求真理，求證據；而不是藉法律來掩蔽某種事實。所以一個人除了學識外，還要有高度精神修養才是。

西方有句古話：「一個好精神應在一個好青年。」因此在我記憶中，有時我會感覺到很煩惱、很苦悶。因為我們做律師與醫生都有著共同感覺，總覺一個病人，非到了緊要關頭時不去找大夫，有的人即使找了大夫，而他也未必能將病況告知大夫，使得大夫不知要花多少時間、多少精力去尋求這個原因，甚至有時如在黑暗中摸索似的。因此，總覺得時間被浪費了，精力被耗費了。做律師也是一樣，很多人都是到了必要階段，才求我們為他解決問題，使得時間和精力似乎都覺得在浪費。可是一個人的健康，與一個真理之獲得，在醫生及律師看來，是絕對重要的，萬一有時我們不耐煩去聽他們支破零碎的繁言雜語時，對他人而言，在精神上將不啻是一個嚴重的打擊，而這也就違反了我們學這種知識的宗旨。因此，我們的崗位上任務，即是在於聽他們的話，而幫他們解決困難。因為我們知道公道是至高的，如果公道不得伸張，豈不傷天害理？這就是為什麼肯聽別人的叨擾之語，而不覺厭煩，這可以說是義務，也是興趣。在醫生而言，為什麼他們花時間求取病源，研究病理，也就是為了這個緣故。所以我們東吳之所以要以這兩句話為校訓，實有其重要的意義。

我們知道，東吳是一所大學，但將法學院不設在蘇州校本部，乃是中國傳統上對法律都有一種鄙視，而研究法律的人，似乎也有一種不良的觀點，所以，被大多數教人稱之為「訟師」，說句更不好聽的話，是「棍」。這是因為有人專門靠法律來胡為，來為非作歹。還有人認為這是官府所做的事，而民間不需要。但是，大家都知道，任何人都是有錯誤的，因此任何一種人為的行為均有缺點的，因此政府的組織也是有錯誤的。所以國家能夠永遠存在，而政府組織卻在不斷地改進中。假設法律只是為官府所把持，為少數人利用，而大多數不了解、不使用，則大家勢必受到法律的害處而享受不到法律的益處。所以很多人不願到政府中服務，而願意深入群眾服務，其原因也在於此啊！美軍在台地位協定之所以拖延如此漫長時間，將近七年，才得簽約，根據我所知道，其中有兩點，大家雙方爭執不下，這是東西雙方精神互異的地方。第一：起訴前應否請律師問題。在美國人看來，一個病患，要確立他的病況，首先得讓他自己有個自述，並診斷他的病情才是。一個罪犯，檢察官要起訴他的罪狀前，至少讓他有一個辯護自述的機會，使得內情得以知悉才是，但是中國則否。第二個問題，是法官判決後，檢察官不得上訴問題。在中國，如果宣判無罪，檢察官可以不服上訴，一旦判罪，則人民可以不服上訴。但是，在美國觀點看來，一個法官在國旗之下，在莊嚴的場合下，鄭重宣判某人無罪後，檢察官又有何身份與資格再上訴呢？他是代表什麼身份來上訴呢？上訴是人民的權利。結果，幾經談判，我們允許在台美軍享有這兩種權利，但這構成了不平等條約，因為美軍享受我們一般國民所未享有的權利。所以今天大眾仍然尊崇 國父孫中山先生，因為孫中山先生其遺囑中提到廢除不平等條約的話，我們在舊不平等條約廢除之後，一個新的不平等條約又產生了，這是何其痛心耶。話又說得遠了，不提吧！

因此，我們東吳法學院的要求，就是訓練出大批受過宗教訓練的律師來為社會服務，即使他們沒有宗教訓練，至少也該有宗教意念才可。

任何事都有他一定的規律，一定的變化，即是文學中的對句亦一樣。而物理化學等學問，更是不用提了。

就如同草書，一般人以為這是最簡便、隨便的文字。可是，真的就是如此嗎？試問大家，有幾個人懂得草書？有幾個能寫好草書？草書也是有一定規律的啊！因此規律是我們任何一個人所必需認識，也必需要尋求的。

法律中的「律」是一種人為的規定，因此，我在前頭說過，人為是有錯的。一個人為的規律一旦違反自然的趨勢，則人為律，將是無法立足的。今天各位已從地位、身份等階級對立的關係，演變成為契約的關係。所以，大家可以憑自己的能力去考文學，去唸自己喜歡的書，但是，在從前時代中的人辦得到嗎？今天這個社會，分工分得很細，使我們無法對每一種學識有所精通，可是話又說回來，假使沒有如此分工，我們的研究能夠仔細嗎？但是大家在研究時，我想，我們應該注意到各種學識間相互的關係，不應抱殘守缺。就是我們做律師，我們也感覺到需要許多其他知識，諸如自然科學、心理學等。例如我曾接到一宗案子，一位醫生過失殺人。當時就要考慮到這個人病源何在？這種病有幾種現象？如何醫？而當時我就感覺到，我的學識不夠用，而我曾找了好幾本醫學字典，才感覺到稍微能說些話，幫些忙了！又有工程師過失致人死亡的另一件案子發生時，也是這種現象。

所以，各位進大學唸書，一定要了解到進大學是什麼？「大學」一詞，在牛津字典及韋伯大辭典上，均有一個相同的意義，在牛津大字典上的意義是，一群學生與教員的總體，為追求更高學識的組織。大學有權利賦予各位文憑學位，但是大學最重要的目的，乃在追求更高的學問，也就是追求真理。在中國古書中，也有「大學」一詞，但是他的解釋與今之意義不同了。可是中國《大學》上對「大學」的解釋，不失為我們在一個大學中，求學者的目的。《大學》中云：「大學之道在明明德，在親民，在止於至善。」又云：「知止而后有定，定而后能靜，靜而后能安，安而后能慮，慮而后能得。物有本末，事有先後，知所先後，則近道矣。」我們的學習，乃是追求真理，止於真理。同時《大學》中又云：「古之欲明明德於天下者，先治其國，欲治其國者，先齊其家，欲齊其家者，先修其身，欲修其身者，先正其心，欲正其心者，先誠其意，欲誠其意者，先致其知，致知在格物。」諸位今天在學校所做的事，只是在格物致知，這種格物不是死方法，而是要活的道理，要窮事物之理，如果這個道理一天追求不到，則吾等責任也就一天完結不了。各位今天所學的，誠然，比我們從前所學的，多得多了，因為歷史累積下來的經驗，加上啟示的妙奧，足使大家費神。但是大家不能放鬆，還有下一代來接替我們。《三國演義》上開頭便說：「天下合久必分，分久必合」。早前各種學問到今天都分開了，而且分了再分，似乎有支離破碎之感，但是，大家要知道，儘管分，我們還是要將它總合起來才是有用的。所以我們東吳是要培養正氣，培養完人，希望各位同學努力才是。

原載：民國五十六年元月一日《東吳季刊》第九卷第二期

民國七十七年《端木鑄秋先生逝世周年紀念專輯》

週會訓言

——民國五十九年

今天的週會，訓導處給我的題目是「校長訓話」。似乎校長和各位永遠是處於相對立的局面，像現在你們在下面，而我高高在上，似乎註定我永遠訓話，你們永遠受訓。其實天下一切事情都是相對的，相對並不是壞的。古來即是陰陽對立，現在的生活，要離開電，就不能做任何事，夜晚靠電發生光亮，新的建築物也要用電來調節，我們一切均要靠電來生活。但是電有陰電，有陽電，才能發生力量，所以亦是對立的。父母、子女亦是處於對立的，天下有沒有以子女為敵的父母呢？相反的以父母為敵的子女卻有。

中國子女非常尊重父母，父母年老一定由子女奉養，現在是否仍有幾分之幾的程度，未得而知，但是父母對子女沒有不愛的。這一半是天性，一半是義務，人類是靠這樣遺傳下來的。而禽獸亦會愛護其子女，人之所以為人就在於受愛護後，能有感覺。你們在小的時候，父母即養育你們，餵牛奶，換尿布，任何愛清潔的父母即使有了小孩，都會不怕骯髒，為子女餵牛奶、換尿布。當小孩開始說話而能喊爸爸、媽媽時，內心是何等的快樂。當小孩可以走路，父母不一定要他走，怕他身體受到影響，發育會不健全。知道一樣事情，父母馬上告訴子女第二樣，但是長大以後，父母常常無法解答子女提出的問題。

今天，非但校長，全校的教職員，均與學生處於相對立。同時，學校中的教職員，就以如同父母對子女的態度來對待你們，這一句話不是看不起你們，教員總是希望大家能多知道一些，但同學們時常會提出令學校無法答覆的問題。今天，學校中的教職員是同樣的，我們雖不能像父母般的管教你們，但我們能夠像父母一般供給食物，將食物弄得清潔，有營養。沒有替你們換尿布，但能注重浴室的清潔，飯廳的乾淨。雖然不教你們走路，但可以教你們如何走正當的路，有時會禁止你們亂去不該去的地方。這一切完全有如父母對子女一般。可是，小孩不知道父母對他們的約束，學生不知道學校的苦心，不願意接受管教。但你們並不如小孩那般的單純，你們是經過競爭而進入大學的，你們一定自己能知道用功，因為如果不知道用功，便不可能考上大學，更不知道做學生的責任。

我擔任校長職務已有兩個月，我真以父母對子女的態度對待你們。我到學校的第一天，即注意到你們的飲食，換句話說，就是要為你們準備牛奶，你們父母託付我們，我們即有責任注意伙食問題。第二個工作，是注意你們的廁所，即是為你們換尿布。這兩件事，我相信已託付得人，我請到了前台南家專許伯超校長當訓導長，羅中楊先生當總務長，這兩位好的奶媽，就要看你們如何和他們合作了。第三件事，我將注意到你們的生活，你們的言語。走路方面，諸位是不是能夠了解有些地方不能去，你們還不夠資格去？國家合法准許的地方，成年人是可以去的，但是有些地方儘管合法，也不是人人可以去的。拿學校來說，我們有音樂的課程，必有鋼琴設備，彈鋼琴是不錯的，但不是人人可彈，唯有學琴的人可彈，不會的人僅可欣賞。學校將來有理學院物理系、化學系的實驗室，不是每人都可以去的，也就是說，實驗室具有危險性。社會上許多地方同這個相等。我們不願意我們同學在歌廳、在舞廳、夜總會出現，不是說你們不合法，但你們現在是準備為國家服務的時候，我們不願你們受到任何損害，不願國家受到損失，國家的前途就在你們青年人身上，如果分心於歌廳，花了學費，而去舞廳，如何對得起父母對你們的盼望？如何對得起這些教職員苦口婆心教導你們？等你們成功之後，每一行、每一業均有它的娛樂，但我亦不希望你們去那些地方。現在，如果東吳同學常在歌廳出現，常去跳舞，這樣，我認為是一種侮辱。將來各位如果想有成就，我是不希望你們去那些地方。

現在，我除了為你們準備牛奶、換尿布，要你們吃的時候吃，該走路的時候才走路，干涉你們的自由，培養你們高尚的品格，如果拿父母的錢上夜總會，將來只有做乞丐。我親眼所見，十多年前，我的一位同學，當時揮霍無度，非常活躍，今天他卻向我要錢，為什麼？大家都有同等待遇機會，而他墮落了。我不希望將來有東吳學生向我借五元，雖然我不希望每位同學均能為東吳有所貢獻，但亦不希望對她有損害，只希望各位同學將來都能夠在外面表現良好，良藥苦口利於病，忠言逆耳利於行。我很幸運還不至於向人討飯，但我已感到對不起父母，因為我沒有能夠做到他們對我的期望。所以我願意犧牲我的一切，而到東吳做一個窮校長。就是要影響青年，將來能為國家有所貢獻。

現在我為你們準備牛奶，怕你們肚子餓，將結束我的談話。今後請你們不要嫌我的嘮叨，不要怕太嚴，有任何意見，儘管批評學校。現在限於經費，有的尚未做好，這要請各位同學原諒。但是假如我們有很好的老師、參考書，而同學們不看，不利用，這又有何方法。我願意聽到同學們嫌書不夠，而不願意有一層灰在上面，我希望因受批評而高興，不希望不受批評的傷心。

原載：民國七十七年《端木鑄秋先生逝世周年紀念專輯》

將相無種

社會學是一門歷史不是一百五十年的新科學。一八三七年法國哲學家孔德 (Auguste Comte) 第一次在他的不朽巨作《實證哲學》(Positive Philosophy) 一書中用了一個新字 Sociologie，旋為英國的密勒 (J. S. Mill) 所採用。

如果將社會學看作研究人群關係的一種學問——實際上可以這樣說——那麼它應該與人類歷史同樣久遠。但是它的成為一門科學卻是十九世紀末葉之事。斯賓塞 (Herbert Spencer) 的《社會學原理》(Principles of Sociology) 第一卷於一八七六年出版，其最後一卷則在一八九六年才問世。斯賓塞的書在德國和法國引起很大的注意，尤其法國認為那是孔德的工作的延續，在美國的大學那更是一部廣泛被閱讀的書。

美國對於社會學的發展貢獻極大。一八九一年新創的芝加哥大學在第二年便設立了社會學系，到第五年便刊行了美國社會學雜誌 (American Journal of Sociology)，一九〇五年美國社會學會 (American Sociological Society) 便又成立了。

科學是互相關連的。社會學非但與其他的社會科學，如人類學、政治學、經濟學以及歷史、法律、宗教、教育等之間有密切的關係，即是自然科學中的物理、化學、生理、生物等，也各有其對社會學的影響。特別是生物學，它的遺傳理論有一度對社會學發生了直接而強烈的反映。

遺傳的想法可說是古已有之。從事畜牧與種樹的人都懂得如何利用遺傳。許多學者探求討論遺傳學理，直到達爾文 (Charles Darwin) 於一八六八年出版了他的《訓豢下動植物之變異》(The Variation of Animals and Plants under Domestication) 才有了一套理論的系統。百餘年來續有很多以遺傳學成名的學者。

《呂氏春秋》所稱「種麥得麥，種稷得稷」，以及佛經上的「種瓜得瓜，種李得李」，雖指因果報應而言，卻也含有遺傳的意義。至於俗語「龍生龍，鳳生鳳，耗子的兒子會打洞」，更是遺傳一詞的最粗淺而也最正確的解釋。這寥寥十二字真是神來之筆。

遺傳當然有其真理的存在。但是要說一個受精的卵（或稱蛋）裡的單細胞所含二十四對染色體，由於其「基因」的配合式樣，便決定了動物甚至人的個性、顏色、體格，以及智、愚、賢、不肖，實不免太籠統。一八五九年達爾文在他的一部更重要的著作《物種原始》(Origin of Species) 裡提出了「物競天擇」的原則，強調本能之漸進不居，當然也承認後天感染的習慣在有限的範圍內亦有遺傳的可能。

逆水行舟，不進則退。生存競爭的形勢正復如是，因為競爭的結果必然是「優勝劣敗」，「弱肉強食」。此即達爾文、斯賓塞所謂「適者生存」的道理。在這個世界上，獸與獸間的鬥爭，淘汰了許多獸類，人與獸鬥又淘汰了許多獸類，終於獸類要依賴人才能生存。家畜固由人豢養，野獸也須由人去保護，否則若干獸類很快就將絕滅。然而獸與獸間以及獸與人間的鬥爭遠不如人與人間的鬥爭慘烈。國破家亡，族誅種滅的史實，其有記載者眾多，令人不忍卒讀。

達爾文的《物種原始》堪稱集十九世紀中葉生物學家們學說之大成，在生物學界掀起了一次大的革命，卻並沒有真正的解開物種之謎。一九二九年英國的名數學家，也是傑出的天文學家靳工(Sir James Jeans) 出版一本《環繞著我們的宇宙》(The Universe around Us)，裡邊有幾個有趣的數字，地球的存在已有約三十億年，地球上有生命約三億年，地球上有人類約三十萬年。在這三十萬年中原人如何變成現代的人，雖經地質學家與考古學家到處掘發，尚不能湊成整套的化石足以表現進化的全部過程。三十萬年以前原人如何變來徒有推測，卻無明證。

然而他的學說被人歪曲利用，在最近六十年間便製造了許多史無前例，慘絕人寰的悲劇，而且還在繼續進行中。和他同時代的馬克斯(Karl Marx)所倡導的「唯物史觀」和「階級鬥爭」便是誤解了「物競天擇」，而以之為立論基礎的。德國兩大狂人威廉第二與希特勒，一在一九一四年發動第一次世界大戰，一在一九三九年發動第二次世界大戰，也可說是誤解了「物競天擇」而引起的日爾曼民族優越感在作祟。

第一次世界大戰的果實現在唯一還保存著的祇有蘇俄的共產政權。第二次世界大戰實際上是以中國的對日抗戰為其序幕。日本以「大和民族」自詡，它的所謂「大和精神」又何嘗不是狂妄的民族優越感？它的敢於對華侵略，蓄意南進，那又何嘗不是誤於自信「已優必勝，人劣必敗」？第二次世界大戰由於德日瘋狂的野心家標榜反共，樹立極權，先與民主國家作戰，消耗了反共的力量，而民主陣營的主要國家缺乏具有遠見的領袖，在反納粹極權的戰爭中培植了共產極權。在歐洲，盟軍解救了蘇聯的危亡，蘇聯卻不費一兵一卒奪取了第一次世界大戰後所有被解放而獨立的國家，並且佔領了東德。在亞洲，蘇聯接收我東北，轉授共匪，又把從美國援助的軍械全部給了共匪，幫助共匪，對抗中央。美國不明真相，強事調停，更予共匪巧取豪奪的機會，乘我八年抗戰罷弊之餘，竊據了大陸。越韓復國了，卻被蘇聯分去了它們的北部，建立傀儡政權，再由中共支持它們南侵。韓國與越南的南北戰爭實在是民主與極權的國際戰爭，經過情形大家都很清楚，不必詳述免得太超出本題的範圍。總括的說一句，第二次世界大戰到現在究竟是否可認為已經結束了，還沒有人能肯定的答覆。而共產國家的鬥爭清算，無人否認其為家常便飯。

不容忽視的是戰時戰後如何救濟傷殘，安頓流亡，補充物資，調節生產。更重要的是破壞了的秩序如何恢復，摧毀了的道德如何重建。這些都是嚴重的政治和經濟問題，也同樣是嚴重的社會問題，需要社會學家運用其智慧共求解決之道。

我們在前面提到物競、天擇、遺傳、變異、以及本能與習慣，我們都不能否認其間有真理之存在。但是遺傳固屬有限，變異亦非無窮。嚴幾道譯赫胥黎 (T. H. Huxley) 的《天演論》(Evolution and Ethics) 有言：「有生者生生，而天之命若，曰使生生者各肖其所生，而又代趨於微異。」那無異說，萬物的變異各向其同類的方向進行，並非甲類可以變成乙類。換一句話說，植物永為植物，動物永為動物。我們無論如何培育，不能使馬變成驢子，使猴子變成人。馬驢交配，其子為騾，而騾不育，不能有後。狼與犬配而產「狼犬」，其實非狼非犬，亦狼亦犬。最大的原因是狼 (Canis lupus) 與犬 (Canis Famibaris) 在生物裡同屬一類。犬本野生，為人豢養，已成為家畜，馬 (Equus Caballus) 與驢 (Equus Asinus) 也屬同類，不過，形態與體積的差別較狼犬更為顯明。足見物的分類是人就可見的自然現象所為，此其一；人所發現的自然原則每有例外，此其二。歸根結底，人對自然的認識仍屬有限。

生物學在這一百年之間也發生了許多變化。就拿遺傳來說罷，在十九世紀學者們的研究是為闡明進化的過程，而在二十世紀則是為了它本身的意義及其實用。Genetics，譯稱遺傳學或發生學，是英國生物學家貝德生 (William Batson) 新創的字。他在一九一三年出版的一本書，即題名為 Problems of Genetics。遺傳學家的工作是為了將實驗室裡求得的結果推行於畜牧與園藝方面的品種改良。施之人便又涉及到優生學上去了。優生學 (Eugenics) 也是十九世紀的產物，是一位英國學者格爾敦 (Sir Francis Galton) 在一八八五年開始使用的名詞。

無論遺傳或優生，都著重在先天的授與。舉凡身體膚髮，以至性情氣質，無不受之父母，甚至若干行為亦是與生俱有的所謂本能。鳥會飛，馬會跑，貓捕鼠，雞鳴晨，都是本能。人的高矮、胖瘦、強弱、俐鈍，也是得之遺傳，出自本能。優生學很重視人與環境的關係，認為卑賤窮困的小戶兒童生育的多，養活的多，愚蠢的也多。閥閱富庶的大家兒童生育的少，養活的少，可是聰穎的卻多。在優生學者的看法，不健全的應該禁其繁殖，如同拔去田園裡的莠草一樣。

在歐美，優生非但成為一個社會運動，並且許多國家以法令取締所謂不健全的人結婚或生育。這與計畫家庭及計畫生育不同。優生以淘汰貧賤的大眾為目的，計畫為增進各色人等的幸福之手段。科學家為求對同類的人多所瞭解，而以動物作試驗，不幸竟使人類受到與家畜同等的待遇，當非始料所及。

遺傳真有那麼廣大的績效嗎？本能真有那麼奇妙的作用嗎？似不盡然。

生物學的發展影響了社會學，也影響了心理學。過去大家認為心理學是一門社會科學，現在幾已全部生物學化，變成一門自然科學了。有一號稱行為學派的心理學，起初是心理學的革命運動，後來乾脆脫離傳統的心理學，自行命名為行為學(Behavioral Science)了。行為學派否定遺傳，也否定本能。行為學派的創始人是美國加州大學的華生(J. B. Watson)。一九一三年他在心理學雜誌上發表一篇〈行為主義者觀點的心理學〉(Psychology as a Behaviorist Views It)，翌年出版了一本書叫作《行為：比較心理學導論》(Behavior: An Introduction to Comparative Psychology)。在陸續發表了若干論文之後，又在一九二八年出版他的《行為主義》(Behaviorism)一書。我們可以說他一手建立了行為派的心理學。

一位中國學者郭任遠，在西方以Z. Y. Kuo著名，有兩篇論文，反遺傳、反本能，態度顯明，在心理學界傳誦一時，迄今猶常被引用。一篇發表於一九二一年題為〈放棄本能〉(Give up Instincts in Psychology)，一篇發表於一九二四年題目是〈無遺傳的心理學〉(A Psychology without Heredity)。他的著作甚富，比較重要的為一九二三年完成以中文寫的《人類的行為》及一九六七年以英文出版的《行為發展之動力》(The Dynamics of Behavior Development–An Epigenetic View)。

研究行為的學者在最近五十年間有許多位，我祇舉華生和郭任遠兩位，因為他們是行為學派的前驅。像Max

Meyer, K. S. Lashley, A. P. Weis, W. S. Hunter, B. J. Skinner 等非不重要，但此時此地不暇介紹他們了。生物學我祇提達爾文和赫胥黎，社會學我也只提起斯賓塞，蓋取其代表性。華生和郭任遠的聲譽比這幾位前一世紀的學者還相差甚遠，但我相信他們在心理學史上有他們應得的地位。

郭任遠和華生並不完全一致。郭年較輕，更為急進，更為澈底。譬如華生稱意識為「潛伏的行為」，郭任遠則根本否認意識的存在。

照行為論者的主張，遺傳祇能奠定身體的形態與構造的輪廓，而形態與構造還會因環境的影響有所變異。在母胎中並不能免於環境的壓力。郭任遠在他的《行為學的基礎》裡說：

「比方受精的蛋最初的構造也許可以說是遺傳的結果，但是到了這蛋和環境的刺激（外界的和體內的）發生關係以後，牠的構造就不能說是遺傳的了，因為牠受到刺激以後，牠就發生反應，刺激和他的反應都能變化牠的原有的構造的，所以此時的構造祇可說是原有的構造加上因環境的刺激和牠自己反應所產生的變化的總數。刺激元素是繼續不斷的，所以身體的構造的變化也是繼續不斷的。因此，我們祇可說身體的構造是有機體和環境接續不斷的互相交涉、互相作用所產生的變化結果。這些結果是自受精的時候到完成為一個成熟的生物所經過的時間中一點點地積合起來的。」

由此我們可以斷言，生物的發生、成形，基本還是那一個受精的卵。不過生物學的觀念變了。早前以為構造決定作用，現在則以為作用影響構造。早前以為構造與環境是相對待的，現則認為二者是相倚相承的。

構造控制行為，從表面上看來，似乎是不應有什麼疑問的。有足才能走路，有手才能舉重，有目能視，有耳能聞，毋待討論。構造有欠缺，行為便不完整，因此有瘸子，有色盲，也不待贅。行為是因為身體的構造中有了某種器官而自動自發的嗎？那又不然。一切的行為皆是對刺激而產生的反應，這是行為派的公式。腸胃空虛便收縮，於是需要食物，嘴便發生吸取食物的動作。看見美麗的花而想取得，於是走向花，再用手去攀折。這是刺激與反應公式的例證。舊式的心理學以動機或目的來解釋行為的所以發生，行為派認為不夠科學。腸胃因感覺餓而想吃，便去吃。看見花而想折，便去折。這是傳統的所謂本能，行為派說是機械的作用，腸胃因饑餓才收縮，不是因收縮才饑餓。至於嘴的吸取食物，方法不止一種，其使用，或由經驗，或由學習，是後天的獲得，不是先天的本能。嬰兒吮乳，是經驗。母親將乳頭放進他的口中，他吮了便有乳汁流入。以後一感饑餓沒有乳頭，也會嘴作吮狀。有了牙齒，咬與嚼是機械的動作，但是如何運用到吃飯上去還賴大人教導。

反遺傳與反本能的科學根據是否確實可靠，生物學家和心理學家還在聚訟紛紜，莫衷一是。但至少打破了人類種族與階級優劣的偏見。行為派的學者們作了許多動物在出生前和出生後行為發育的試驗。出生前的太深的涉及胎胚學，現在不適宜去談論它。出生後的試驗可在此地舉一兩個例。

一、貓與鼠的社群行為

1. 一新生小貓與一老鼠同在一個籠中長大，前者常跟隨著後者。

2. 二小貓與一老鼠同在一個籠中長大，貓與貓較親近，但不敵視老鼠。

3. 在小貓未遇見其他小貓之前和同伴的小鼠發生了親密的關係，後來再遇到別的小貓會發敵視態度，或攻擊對方，或保護小鼠。

用同樣方式可以培養狗與貓，或狗與鳥，或貓與鳥間的感情。在家庭裡貓狗和平相處的事例是常見的。

二、動物的食物習慣

1. 三組小狗，每組二十隻，第一組食物全部豆漿或熟豆，第二組全部水果和菜蔬，第三組包羅萬象，魚、肉、牛奶、蔬菜俱全。任何一組都加適量的維他命，礦物質和鹽。六個月後結果如下：

第一組中十八隻不進新的食品，餓了二十四小時也是如此。另二隻二十四時後略進新食品，但拒絕魚、肉、蛋和牛奶等。

第二組十四隻不進任何新食品。三隻除魚、肉、或蛋外，略進新食品。另三隻除了動物的蛋白質外什麼都吃。

第三組除了苦、酸或腐壞的食物外，什麼都吃。

2. 三組小貓，每組十五隻，第一組全部大豆，第二組青花魚飯，第三組各種食物，六個月後結果如下：

第一組完全蔬食。

第二組不食其他魚類。

第三組什麼都吃，不餓也吃。

由上可見無一種動物是天生蔬食，或天生肉食的。食物的選擇實是在環境中養成的習慣。

動物不同類的尚可友善，為什麼人類要互相敵視呢？非洲的黑人大批被逼移殖美國充任奴隸。博大仁慈的林肯總統為了解放他們不惜一戰，但多少年了，黑人還是被歧視。事實證明，有機會受教育而加入所謂上流社會的黑人，無論宗教、教育、政治、軍事各方面，都可能比一般白人成就更大。再說婦女吧，目前有好幾個國家女子當權。婦女一向被視為弱者，而這幾位女子表現的比許多男政治家堅強有為。這不是對重男輕女的觀念最大的諷刺嗎？

橘適淮為枳，地氣使然，何關遺傳？地氣用現代語來說便是土質，也是一種環境。美國有一部兒童愛看的電影叫做「人猿泰山」，描述一個失落的小孩在猿群中長大，翻山越嶺，攀樹躍林，矯健速捷，不亞猿猴。可是他不能人言，但知長嘯。與猿相處，親若家人。這雖是編造的故事，卻不違反我們所知的科學原則，那就是說環境足以移人，本能不盡可信。

諺語「將相無種」，那是從歷史上的事例所得的結論。固然許多政治家、著作家、音樂家、演說家，以及各門各類的學者，還有英雄、偉人他們大都系出名門，祖先不乏超群拔萃之士。但是開國立朝的帝王也有不少是出身寒微，草莽起義的。

韓愈在他的河清群公房公墓碣銘裡所言「目濡耳染，不學而能」，是自相矛盾的。目濡耳染不就是最好的學習機會嗎？專制時代倡優皁隸的子弟，不准應試仕進，不得不世代相襲，永為倡優皁隸。現在的工商社會已無此限制。凡經濟狀況許可的莫不競送兒女去受高等教育，學習的機會不比富豪子弟少，而可能比一些紈袴刻苦勤奮，成就更大。今日的問題不在人的出身貴賤，而在社會家庭與學校的不相配合。整個社會，許多家庭，聲色犬馬誘惑孔多，放辟邪侈橫行無忌，這對青年真有目濡耳染，不學而能的效果。

學校的力量那裡抵得住龐大的社會和無數的家庭？況且一般的學校較好的多側重技藝，忽視倫理，其次的不免因陋就簡，搪塞敷衍，它們對青年的影響會更比不上社會與家庭。這是教育上的大問題，也同樣是很大的社會問題，希望貴會的許多專家提出高明的意見和辦法，針對時弊力謀補救。

附記：

三月半，在一個午餐席上，楊理事長告訴兄弟，五月十一日中國社會學社要開年會，並約兄弟講演。他很誠懇的一再相邀，兄弟不敢答應，因為對社會學絕對是門外漢，但又不敢不答應，因為楊先生是兄弟向來敬尊的一位學者，正在聘請他主持東吳大學新設立的社會學系。事務紛繁，答應了楊先生之後，並無時間準備講稿。四月間出國一次，回來已是五月初。一夕，快十點鐘，坐在房裡，不能不想想講演的事了。偶爾抬頭，看到近來朋友送的書橫七豎八的堆在書架子上，便去整理一下，順手檢出郭任遠先生的幾冊遺書是他去世後他夫人送給我的，不禁想起民國十二年郭先生成名回國，到了上海，我接他下船，往青年會午餐的情形。那是我們初次見面，開始交談便建立了以後的友誼。繼續想下去，郭先生先後任教復旦大學、浙江大學、中央大學，曾任復旦大學心理學系主任和浙江大學校長。行政分心，研究工作比較減少。對日抗戰期間，往美國耶魯大學及華盛頓大學短期從事研究，旋在英美各大學巡迴演講，並為抗戰宣傳。民國三十二年回國，我們在重慶見面。他積勞致病，幾乎不治。癒後成立了一個心理學研究所。勝利復員，不旋踵又再過流亡生活。民國五十二年由美前往香港定居。兄弟有一段時間常因法律事務往還港台之間，成為昔日舊友和他僅有接觸的一人。在他的四個房間的公寓裡，走廊上，客廳裡，鋼絲籠中養了不少的小動物，還有很多古典音樂的唱片。由那可見他研究的興趣不衰，以及他消遣方法。民國五十九年最後一次和他見面是在香港半島酒店。兄弟住在那裡，他與其夫人來看我。他的夫人告訴我，他的心臟病很嚴重，但是他仍不斷的做他的研究。兄弟回台後才一個多月便接到他逝世的電報。郭先生生於一八九八年，逝於一九七〇年，比華生（一八七八—一九五八），小二十歲。華生直到中年生活安定，專心研究。後來轉業，也過的很舒適。郭先生則奔波勞碌，客死海外。假使環境互易，郭先生必成就超過華生。兄弟在沉思中忘了整理書籍，也忘了講演，便坐著睡了一夜。

第二天接到楊先生的通知，貴會年會延期六月一日舉行，兄弟大大的鬆了一口氣。一鬆便鬆到二十幾。前兩天才匆匆的找了一點材料，草成這篇凌亂不成章法的東西。不暇修飾，便拿來獻醜，臨時安上一個「將相無種」的題目。其實，兄弟所想的和所講的完全來自對郭先生的思念。因此，將題目改為「懷郭雜談」亦無不可。

謝謝楊理事長給兄弟在此地講話的機會和光榮。謝謝大家聽兄弟講話的耐心與容忍。

（民國六十三年六月在中國社會學社年會專題演講）

出席美國聯合衛理公會海外宣道委員會報告

這個所謂「海外宣道委員會」，不是委員會會議，是委員會所召集的一個會議，是徵詢各方面意見的一個會議；這個會議的名稱因為西德代表的要求，現在已經將美「海外」改為美國以外了。

我們台灣教會並未想到在很短的期間或者在三、五年內就需要自立，可是在一九六九年九月，紐約差會曾經派來一個叫做「磋商委員會」，這是我的翻譯，它的原名叫 Consultation Team。Consultation 的意思是諮詢、磋商，所以我名之曰「磋商委員會」。在這個「磋商委員會」到來以前，羅愛徒會督曾經邀約很多人做了許多準備，把許多問題都從長考慮研究，預備他們來諮詢磋商的時候，以便有所答覆。可是等到這個磋商委員會來到之後，我們所有的準備工作卻都沒用上，因為他們一來就宣告說從一九七三年以後美國差會對台灣衛理公會的一切幫助都要撤退，換句話說，一九七三年後我們台灣教會應該能夠自立。當時有一部份的人感覺這是一個晴天霹靂，我個人向來固然有自立的主張，但事情突然而來，也感到惶然。我們雖然應互相幫助，可是幫助一個人的時候，總希望有一天能夠自立，而非永遠是個依賴者。我們台灣教會從美國朋友、美國弟兄姊妹得到幫助成立了許多衛理公會教堂，但是我們不應該永遠依賴美國教會，我們應當有一天自立起來。說到這裡使我們想起一件事實，就是台灣在我們從大陸撤退來以前，好像沒有衛理公會的組織，我們初到台灣的時候並沒有看見——除掉我們從大陸來的人之外——有任何衛理公會的兄弟姐妹，所有教會都是其他宗派的教會，很多都是從加拿大來的，從美國來的極為稀少。等到我們來台灣後若干年，也就是在東吳大學復校後第二年，黃安素會督才開始領導一批由大陸來台的衛理公會教友在台北成立教會。我記得很清楚，第一次的崇拜就是借市內東吳大學那個簡陋校舍的教室舉行的；算起來，中華衛理公會在台灣的歷史到現在為止，也不過十七、八年，實在相當短暫。大家要知道已經有五十年以上的歷史，甚至有五百年以上歷史的國家的教會到今天還沒能夠自立，甚至於不贊成自立，而像我們還不足二十年的教會就自立，可見美國的教會很重視我們，看得起我們，認為我們的成長力量超過任何國家。

因此，在去年（一九六九）十二月召開的臨時年議會也作了一個決定，就是說從一九七三年以後我們要盡一切力量來自立。我臨走的時候曾經請示我們兩位教區長，看看我在海外教會宣道委員會上應該說些什麼話，我應該說我們台灣教會所要說的話；而很抱歉的是，在上屆年議會上我報告東吳大學概況之後，因為個人有事，先行離會，所以討論經過情形我不很清楚。承蒙兩位教區長和幾位平信徒領袖會商之後，給我幾點指示：

第一、我們台灣的教會決定從一九七三年之後自立。仍採年議會制，負責人為會長。

第二、與美國衛理公會之間仍保持主內肢體關係，彼此關切，互相幫助。台灣教會如在專門人才或其他方面，有所需要時仍請美國世界差會幫助。

第三，如果自立以後美國不再派遣會督來，則我們希望在一九七三年以後，羅會督仍舊留在中國做為一個顧問會督，當時所用的英文名詞是 Advisory Bishop。

於是我帶了這些意見到了美國，參加海外教會宣道委員會。會議是按地區分組討論的；有非洲、歐洲、東南亞等地區。其實，每個地區的報告都早已經做好了，我發現連衛理宗派發源地的英國教會都要求不要自立，整個歐洲國家的教會都不贊成自立；願意保持原有的狀態；非洲也不贊成自立，要求保持原有的狀態；惟獨亞洲國家的報告贊成自立；非但贊成自立，並且說明自立之後可以結合別的教會成為聯合教會，而消除衛理公會的名稱。我在那裡說過一次話，表明我不反對教會合一運動 (Ecumenical Movement)，可是我反對太早使衛理公會消滅。我的解釋是——我相信這也是我們台灣弟兄姐妹的解釋——我們要想有一個大的運動，總得有一個單位做基本才能夠有所活動，為了服務，為了人類，為了上帝，可以沒有「我」；但是為了工作，要聯合大家共同工作，就不能不從「我」開始。

當時海外宣道委員會負責人泰勒會督跟我談話，他說沒有人可以教你們自立，除非你們願意自立，並問我要不要提出帶來的書面報告，他說可以有權不提出來，但若是提出的話，他就當然有義務替我提出來。當時我說我奉命而來，現在無法請示，不過我們台灣有自立的決議，而且那個「磋商委員會」已經宣告一九七三年後自台灣撤走一切幫助，撤走之後，我們的教會不能夠消滅，既然不能夠消滅，我們就應當自立。我們不必管有沒有許多教堂房舍，就是沒有禮拜堂，我們還可以在露天做禮拜，耶穌最初傳教時不也是露天的嗎？我當時還表示希望能夠在人員方面，在特種技術上給我們幫助，泰勒會督對我說應該可以做到。現在已經自立的教會，沒有一個不接受援助。所謂「自立」並不是要完全斷絕交通，斷絕往來，更不是全部斷絕援助；我回答說如此我們希望的可以辦到，我更應提出來。當時「磋商委員會」五人中的一位鍾博士對我說：「自立是你們自己的事情，是不能強迫的」。我說：「承你的厚愛宣佈撤退，所以我們不能不自立，何況自立是我們的意願，即使你們不宣布撤退，有一天我們也要自立，我們不願永遠成為一個依賴者。在經濟方面中國政府接受美國很多援助，現在中國政府也分出一部分力量到非洲去做援助工作。我們一面接受援助，一方面也做點援助他人工作；這是人類互相幫助的精神，也是基督互愛的精神。」所以到達美國以後，雖然知道可以不贊成自立，但是我們並不因此就撤消我們的請求，尤其這個請求是我們年議會決定的。最後海外宣道委員會決定了幾個要點：

第一、今後的工作還是向教會合一運動方面而努力去做，希望有一天許多教會能在上帝名義，主的指導下聯合起來共同活動。

第二、各地教會自立之後，可以聯合其他教派成立一個聯合教會。

第三、今後衛理公會世界性的會督會議的性質要試加變更，包括自立以後各國家的教會組織。

第四、參加世界組織的人當以會督為主，但自立以後的國家沒有會督時，則以主席為參加代表人。

第五、參加會議者之費用由各教會自行負擔。

至於總會 (General Conference)，我們預先並未預想到，所以沒預先派好代表，正好樂威廉先生休假回美，因此就委託他做台灣的代表。又承會督的厚愛，幾次邀我坐在他的位置上；我們衛理中學的梅翰生主任應婦女組織邀請，參加了總議會，但並不是以台灣代表的身份參加的。他們婦女組織活動，有一個日程表，梅主任受過嚴格的訓練，而且正在負責訓練青年，所以他處處言行一致，各種會議從不缺席。我為了東吳大學利益起見，分了點時間去與各方面洽商，有幾次會議因此沒能參加，不過該大會所討論的有關海外組織的結論和我們海外宣道委員會本身的結論，差不多完全一致，其他問題有些固然很值得重視，比如黑人問題，墮胎問題等，但大都是美國內部問題，我想我不必在這裡報告。至於婦女活動，雖然美國嬉皮之風盛行，許多男人看上去簡直像女人，但我這個近七十歲的人沒辦法能變成女性，參加她們的活動。在美國很多人探詢我的學校情形，我對他們說我的學校學生很多，我雖不認識那一個學生姓張或姓李，但是我知道我的學生男生是男生，女生是女生；到目前為止，我的學校還是校長同教職員管理，學生並沒要求參加，不過他們有個學生自治會，也有他們的活動。在美國青年問題極為嚴重，我們中國幾乎也受了點影響，最近警察大剪年青人的長髮，有人批評這是警察國家的作風，人民連留頭髮的自由都沒有；諸位容我說一句題外的話，這也是一件悲觀的事實，恐怕這世界將來會全部變成警察國家呢？諸位應該還記得當詹森總統還是副總統的時候，曾代表美國總統來華訪問，我們總統親自到機場去迎接這位貴賓，我們為這位貴賓準備了一輛防彈轎車，但是他卻要坐敞篷車，要和歡迎人群握手，此舉深受國人讚賞。這次在總議會中有一次大家忽然鬧了起來，說是為什麼我們一個民眾集會裡面有聯邦調查局(FBI)的人員參加呢？當時我深覺此事不太可能，可是鄰座一位先生說的確有，他說目前問題很多，有人想搗亂會場，所以聯邦調查局就派了一些幹員來防備，當時我說了一句笑話，我說恐怕「警察國家」的定義要重新寫過了。我又問他說現在尼克森總統出門時坐不坐敞篷車呢？他說那怎麼可以呢？總統是國家元首，如果再有一個被刺就太不成話了。所以諸位想想看，共產黨到處搗亂，已使一個真正民主自由的國家不能維持社會秩序，在大學裡有時還得派警察來維持秩序，在民間組織裡有情報員或調查員來參加暗中活動；一個民主國家元首過去要和外國人民握手，現在對其本國人要防備周嚴，幾同人民隔絕，這樣下去，將來會成什麼世界呢？

求主的恩典，使人類能維持世界和平，不要為共產黨赤化。教會的自立不自立不是個問題，教會的窮富不是問題，諸位不要把眼光放在美國以後如何幫助我們，而要放在美國如何得到神的恩典，使它認清世界大勢，不要為共產黨欺騙，不要使全世界變成奴役世界。近幾天，為共產黨虐待十四年的魏恩波先生到了台北，他告訴我們有很多天主教或新教的傳教士在大陸，在歐洲許多鐵幕國家深受共產黨徒壓迫欺侮，可是反看目前還有人夢想要同共匪來往，要同中共建立關係；如果民主國家可和共產集團交往，那我就不了解當年耶穌為什麼不與魔鬼合作，聽其指使，而拒絕表演祂的權能。這些人為什麼不想想看這是不是基督徒應該做的？不過，諸位，我對這些人沒有恐懼，沒有輕視，我同情他們，我希望大家為他們禱告，並希望大家為自己的工作努力。

※本文採自一九七〇年七月二十四日台灣（臨時）年議會的紀錄。美國衛理公會海外宣道委員會（英文簡稱COSMOS）

原載：民國九十二年三月《感恩．更新與使命——中華基督教衛理公會在台設教五十週年特刊》

Speech at the Honorary Doctorate Conferring Ceremony

The Honorable Matsunaga, Excellencies, Ladies and Gentlemen:

I am very happy to have the opportunity of officiating at the ceremony at which the honorary dectorate of laws will be conferred upon the Honorable Congressman Spark Masayuki Matsunaga by our university. This is the third honorary doctorate ever granted by our university to persons of accomplishment and distinction since its establishment on Mainland China and the first one since its reactivation in Taiwan. So far as my knowledge goes, the first one went to Dr. Wang Chung-hwei, a Chinese jurist of world renown for his outstanding academic achievement in the science of law and his great contribution to world peace and justice. He was the first foreign minister of the Republic of China. At one time he served as a justice of the world court. His English translation of the German civil code so fittingly and beautifully done is still being used by many American law schools for the study of German civil law.

The second honorary doctorate was offered to Dr. Tung Kang, one-time chief justice of the Supreme Court of the Republic of China, for his complete mastery of Chinese law and top performance of his duty. The Honorable Congressman Matsunaga will be the third recipiant of the honorary doctorate. He richly merits such an academic honor not only for his remarkable academic achievement in the field of law but also for his great contribution to the cause of justice and humanitarianism. It goes on record that while in public service he has voiced the grievance of the oppressed and extended a helping hand to the distressed. It is to his credit that racial discrimination against American citizens of oriental parentage has been eliminated through legislative procedures.

It is particularly significant for Soochow University to confer upon the Honorable Congressman the degree of Doctor of Laws in two major aspects: First, as a Christian educational institution, Soochow University is closely associated with American faith and tradition. Since the close of the Ching Dynasty, Christian missionaries of various denominations have made their way to Mainland China in ever-increasing numbers. Aside from preaching Christian gospels, they have done much to stimulate cultural exchange between East and West. Secondly, legal studies, especially Anglo-American and Comparative Law, have been a unique feature of Soochow's academic program.

The institution of law and the expression of humanitarianism are the two characteristics that mark the achievement of civilized society. Law functions as a regulatory force in maintaining social order, while humanitarianism effects mutual understanding among people. Both are indispensable to attaining a world in which mankind can live in peace, sympathy, and brotherhood.

The Honorable Congressman Matsunaga, through his legislative efforts and humanitarian consideration, has fully revealed the ideal goal toward which human beings have been struggling. Let this event serve as an example of what we can achieve with conscientious endeavor. Thank you.

（講於民國六十二年八月二十五日頒授松永正行榮譽博士典禮中）

Role of the Republic of China for Peace in Asia

At a time when the world is faced with the scourge of Communism which ignores human dignity and is bent on the destruction of our traditional moral values and cultures, it is imperative that all countries that are peace loving and dedicated to human freedom should work together to stop the further spreading of this scourge. You know fully well of the long and hard struggle the Republic of China and its people have made in this respect. Allow me to avail myself of this opportunity to express to you our sincere appreciation for the generous sympathy and support which your country has extended to us over the last few decades.

As you know, we are a people with a very long history, an ancient culture and a high order of national moral integrity. Especially, our country is a nation with a history of more than two score and five years in fighting Communists. All of us share feelings of high honor and we experience an upsurge of inspiration as we recall the magnificent feat and accomplishments of our founding fathers. Unfortunately at the turn of the mid-century, it was an unprecedented tragedy that we had to fight hard to avoid the Chinese mainland being trampled. But it was a failure. Twenty-five years have passed since the Chinese Communists' occupation of the mainland. Their crisis of overt and covert power struggle has led to internal disruption. The pace of deterioration is accelerating. We are convinced that the crisis of the Peking regime is reaching a climax and that its collapse will come sooner than is generally expected. On the other hand, twenty-five years of dedication and preparation in this revolutionary bastion have assured us of the final victory. We have helped to curb the spreading flame of Peking's external aggression and joined in safeguarding the security of the Asian and Pacific region. The experience we have gained in these endeavors will be of inestimable value in reconstructing the whole of our country when we have returned to the mainland.

For the last two and half decades, the Chinese people have been resolutely engaged in anti-Communist struggle from the bastion of Taiwan, from overseas areas and on the Chinese mainland. We are carrying out the struggle because it is our duty to save our nation and safeguard the world. We mean to discharge this obligation no matter what the circumstances. We shall continue and intensify this struggle. Whatever else may happen in the world, our determination in the liberation of our people can never be shaken. This truth has heightened our confidence in the final victory of our anti-Communist revolution and encouraged us to further exertions in order to fulfill our sacred responsibility in consummating the undertakings of national recovery and reconstruction. In the end we shall assuredly roll back the Communist tide and terminate the terrible and continuing danger confronting mankind.

Once again, I wish to remind the world that the Communist occupation of the mainland constitutes not only the greatest tragedy in Chinese history but also the gravest threat to all mankind. The attainment of world peace and security and the prevention of nuclear holocaust both depend on the timely success of Chinese national salvation. We shall fight for the things which we have always carried nearest our hearts—for democracy, for the right of the people to have a voice in their own government, for a universal dominion of right by such a concert of free peoples as will be able to bring peace and safety to all nations and make the world itself at last free. To such a task we can dedicate our lives and our fortunes, everything that we are and everything that we have. One and all, the people understand the necessity for unity and struggle. This unity and struggle will lead to the establishment of a new China. A new horizon of promise has been created for the Chinese people.

The democratic nations and their people will have to rise and resist Communism if they are not willing to accept Communist enslavement and rule. The steadfast and unwavering anti-Communist stand of the Republic of China should provide an inspiration for the free world and an object lesson for the proposition that only through unity and strength can the free nations withstand the concerted attack of the Communist aggressors. Strength is subjective because it is in our hands and we must put up a ceaseless struggle, with determined faith and solid unity to deal with the present adverse international situation. It serves as a shining light in a black fog. And we shall be proud to prove it toward all who are in fact loyal to their neighbors and friends in the hour of test.

As we look well back over the first years of Post-War period, the Republic of China did exert, and has since then been exerting, all its influences in an effort to avert another war that would destroy human civilization. It is necessary to point out that in 1944 before the Dumbarton Oaks Conference was called to consider the blue print of the future world organization, the Chinese Government was of the view that, the maintenance of peace and security only was not enough to create conditions under which the welfare of all peoples might be promoted and the rule of law established. Peace could not be maintained by power alone and peace could endure only under the rule of law.

As one of the four powers which had participated in this Conference, China took the opportunity to state its views and make specific proposals on the structure and functions of the World organization. On the basis of the above-stated broad objectives, the Chinese delegation raised seven points for special consideration. A number of these were accepted by the other sponsoring governments and were presented jointly by the four sponsors at the San Francisco Conference. Besides, China made also specific contributions to some of the more important provisions of the Charter at the San Francisco Conference.

It was foreseen at its very outset that the Charter of the United Nations would form an important part of the international law of the future and that it was essential to promote the spirit of law and justice. A peace not based on law and justice would be an uneasy and unstable peace. And there was always the danger that peace and security might be achieved without justice. The Chinese delegation proposed, therefore, that the statement of the purposes of the organization should contain a specific provision that the adjustment or settlement of international disputes should be achieved with due regard for the principles of justice and international law. With regard to this all-important chapter of the Charter, China's chief concern for justice and peace finally led to an improved insertion, which reads: "in conformity with the principles of justice and international law," in Article I (1) of the Charter.

Building a structure of peace—a structure that will stand—requires patience, dedication and realism. Working at peace means more than long hours of careful deliberations. It means weighing carefully what our real interests are, not only as citizens of our own country, as citizens of Asia, but also as citizens of the world.

As we review our national affairs in the past twenty-five years, we can be proud of our nation's record in international and foreign affairs. The seat of China in the United Nations and its specialized agencies was legally represented by the Government of the Republic of China. It is because the Government of the Republic of China under President Chiang Kai-shek that represents all the Chinese people is the only legitimate government. It is true that in the year of 1971 we suffered some diplomatic setbacks, including the withdrawal from the United Nations. Despite its withdrawal from the world organization, the Republic of China in the last two years was able to concentrate its efforts on strengthening the bilateral relations with its friendly countries, not only in the diplomatic field but also in the economic, technical and cultural fields. In sharp contrast with Peking, the Republic of China remains an important factor in promoting peace and prosperity in the free world, particularly, in the Far East and Pacific region.

All peace-loving peoples of the world welcome a theory of "dynamic justice," which is the new foundation of peace. Peace is not a treachery. Peace is not a lie made into a system. A great number of people emphasize the need of "a dynamic justice instead of a static justice." This implies a timely warning that in advocating peace one must not sacrifice the principle of justice. It is happily possible where public opinion commands and insists upon full information concerning all the nation's affairs.

A steadfast concert for peace can never be maintained except by a partnership of democratic nations. No autocratic government could be trusted to keep faith within it or observe its treaty obligations. It must be a league of honor, a partnership of opinion. Only free peoples can hold fast to their purpose and pledge their honor to a common end and prefer the interests of mankind of any narrow interest of their own.

On the other hand, Peking's performances of a violent and militant nature in the United Nations since its entry have disillusioned even the most ardent sympathizers and supporters of that regime. It is interesting to note, however, that there is now existing in the United Nations a kind of nostalgia about the days when China was legally represented by the Government of the Republic of China.

1971 was a great array of challenges to the destiny of the Republic of China.

It was due to the rampant appeasement and international confusion and bewilderment in that year that the world situation is now full of turmoil. It was also chiefly the trend of international appeasement that had swayed over many countries to vote for Peking's entry into the United Nations. They failed to realize that Peking's entry meant the beginning of the end of the United Nations.

A chain of unhappy events occurred in that year. President Richard M. Nixon made the trip to the Chinese mainland with the hope that it might relax tensions in the Asian and Pacific region and bring a "generation of peace." The effects caused by the visit of President Nixon are actually opposite to what he expected. And the countries in the Asia and Pacific area will be among the first ones to suffer from its aftermath. The main motivations behind the invitation of President Nixon for a visit may be manifold. But above all, Peking intended to take advantage of the various contacts and exchanges to increase its infiltration and subversion against the United States. By entering such contacts and exchanges with the Chinese Communist regime, it is tantamount to inviting wolves into one's home.

The Government of the Republic of China believed that President Nixon was well cognizant of the unscrupulous nature of the Peking regime and its notorious habit of using negotiation as a means to carry out its intrigues of infiltration and subversion vis–a–vis free nations. He was wise not to relax his guard against such intrigues. So President Nixon has on numerous occasions reassured the Republic of China of his desire to maintain existing Sino-American friendship and to honor all the treaty commitments. The Chinese Government trusts the President's reassurance in the statement that "with the Republic of China we (the U. S.) shall maintain our friendship, our diplomatic ties, and our defense commitments" and that President Nixon will live up to the solemn assurances that he has repeatedly made. Our nation is gratified by this reassurance.

The United States has important treaty obligations to the Republic of China. It has no intention of abandoning these obligations. While the U. S. continues to respond favorably to indications of reduced hostility and finally, removed restrictions in regard to Peking, it will continue to stand behind firm commitments to the Republic of China. In the final analysis, the United States is and will remain a Pacific power with responsibilities, interests and commitments in the area to uphold.

The shifts at the great turns of world's history are of particular significance to us. The 1970s are a time of great progress in many areas. They are also a time of great agony—the agonies of war, of inflation, of rapidly rising crime, and so on. Our nation has made significant progress in these first years of the 70s. Now, 1973 is with us. It holds precious time in which to accomplish good for this nation. We must not waste it, although I know diplomatic pressures upon us in the near future years will still be great. We have encountered so many difficulties and hardships. It is, indeed, a hard herculean task, but we have to fight it forcefully with a view to breaking through the deadlock of the diplomatic front.

As we look to the future, we find encouraging progress in our foreign relations with the Asian countries. Looking further into the future, we must maintain the strength necessary to deter war and aggression. Strong military defenses are not the enemy of peace. They are the guardian of peace. We can say today that the year 1973 can be the year in which the Republic of China may make the greatest progress in 25 years toward achieving our goal of being at peace with all the nations in Asia as well as in the world. In other words, in our foreign policies, we have entered a new era. The world has changed greatly in the past two years, our policy has been carefully and deliberately adjusted to meet the new realities of the new world we now live in. We make only those commitments we are able and prepared to meet . Our commitment to freedom remains strong and unshakable. But others must bear their share of the burden of defending freedom around the world. It is just as President John F. Kennedy said, in his inaugural address, " We shall pay any price, bear any burden, meet any hardship, support any friend, oppose any foe, to assure the survival and the success of liberty."

On its part, the Republic of China has the utmost confidence in overcoming all difficulties and in triumphing over all dangers. We shall continue to strengthen ourselves through calmness and dignity as well as to keep the destiny in our hands. No matter how dangerous is the international tempest, President Chiang Kai-shek's strong and brilliant leadership will be our guarantee for final success and victory. Pershaps, it is now time for us to test the real value of the United States.

The Republic of China can well be proud of its response to the challenges of this period. The international position and diplomatic influence of the Republic of China depend more than ever before on the strength of its economy and the healthy expansion of its economic relations with nations abroad. As we all know, however, these challenges are coming with increasing speed and frequency in today's fast-moving world and we must continually re-examine the ability of our systems to meet these new developments—not only within the economic sphere but in the political arena as well. We believe the Republic of China will be among those trading nations achieving the greatest benefits from these developments. Its economic record in 1972 was among the best in the world.

The Republic of China is now one of the largest trading nations in all of Asia. And you can have full confidence in its future. This confidence is obviously shared by many others. There was a short period of uncertainty entertained by Japanese investors after Communist China was admitted to the United Nations.

Then there has been a dramatic change. It is significant that European firms are now beginning to show an increasing interest in developing business and financial ties with the Republic of China. The reason is that Taiwan is a place where you can do business in a peaceful and safe way, the success of the local industrial processing zones, the efficiency of Taiwan labor force, and the transportation facilities available, etc. I am convinced that Taiwan is a "show case for the world."

For instance, in the case of the textile industry, we have changed from an importing to an exporting nation. The main reason was due to the low prices as a result of low labor costs. We are exerting unceasing efforts in improving our techniques and raising the quality of the goods.

Back in the 1930s, one of the best selling novels in the United States was entitled "Oil for the Lamps of China." Today there might be a new best seller entitled "Taiwan Lamps for the World." Certainly the rapid growth of the decorative lamp industry in our country is another success story of the Republic of China.

Rather we will seek areas where interests coincide and confrontation can be avoided, pressures lessened, communications and trade opportunities opened up. All this can be expected to take time. Chinese leaders are not looking for a miraculous change, but rather for a steady evolution in the right direction. This is part of the major efforts of the Republic of China to bring about a generation free from a major war.

A number of trade agreements have been signed by the Republic of China, which has played a leading part amongst the developing nations. The Republic of China has won a prominent place in the community of these nations. In its remarkable achievements in improving the living standards in Taiwan, the Republic of China has acquired a storehouse of knowledge on the development techniques valuable to the other emerging nations of East Asia, and already applied in countries of East Asia and Africa. It is our hope that increased communications and trade can lead to better understanding and a more firmly based world peace.

We should stress the fact that the international situation is not having any effect on either investments or overseas trade. I believe that this progress will enhance the international prestige and influence of the Republic of China and make it a beacon of progressive economic, social and political development. Needless to say, these developments bode well not only for the nation's response to challenges of the present, but for the prospects of stability and peace in Asia as well.

We believe that the only way to seek enduring peace is to seek it through honor and justice. To negotiate ceasefire with the aggressors is to encourage aggression. In the past the peace negotiations between the Chinese Government and the Communist insurgents enabled the latter to infiltrate the nation with their agents, which eventually brought about the total loss of our mainland. Likewise the truce in Korea enabled the Communists to unleash their armies to prey upon Vietnam. The truce talks on Vietnam in turn, enabled the Communists to swallow up Northern Indochina. The Korean and the Vietnamese wars thus became the testing ground for final victory between the democratic nations and the Communist Bloc nations in the employment of long range strategy. It is also a classical example of subversive and anti-subversive warfare. Both the United States and the Communists have gambled everything for a victory. If the United States should lose in the Vietnam war, its policy of containment will be bankrupt and if the Communists should lose, then Communist strategy of stirring up trouble everywhere will be doomed. We must all realize that the Vietnamese war is not an isolated war and it affects the security of all democratic nations, especially that of the Asian nations which should immediately be united in erecting an anti-Communist dike to deal with the situation. Both of them are wars in the mainland of Asia. Both of them are wars on which the Chinese were involved, directly in Korea and indirectly in South Vietnam, where the Chinese Communists are militarily supporting the North Vietnamese.

These are bitter lessons of history. The memories of such events are still fresh in the minds of many people and no one should be hoodwinked by it. We must never let them be repeated.

Two world wars, the Korean and Vietnamese conflicts and countless smaller confrontations are evidence that without a strong concerted effort for peace, there would not be any future peace in the free world.

It was not on a sudden impulse that the Peking regime acted in entering the Korean war under the cover of people's volunteers. It was a war determined upon as wars used to be determined upon in the old, unhappy days when peoples were nowhere consulted by their rulers and wars were provoked and waged in the interest of little groups of ambitious men who were accustomed to use their fellow men as pawns and tools. To Peking, people are nothing but tools of the Communist regime. Self-governing nations do not fill their neighboring states with spies or set the course of intrigue to bring about some critical state of affairs which will give them an opportunity to strike and make conquest. It is a war against all nations. The challenge is to all democracy.

Each nation must decide for itself how it will meet it. The choice we have made for ourselves has been made with cautious counsel and judgement befitting our character and our integrity as a nation. We are glad to fight thus for the ultimate peace of Asia and for the liberation of its peoples.

It is time for a review of our position. Any review needs to be made in light of the fact that the democratic countries still live in a world side by side with predatory ones.

In these crucial moments, it is appropriate that we take stock of our national situation without excessive pride or excessive humility. Ours is a nation politically free, economically vigorous and socially adaptable. The achievements of this year have demonstrated the soundness and stability of our political process. The economy of the Republic of China is once again on the upswing, although many economic trials and challenges still lie ahead of us. And our social structure is meeting the test as we seek to adapt our traditional principles and moral values to our rapidly changing society. It is said that the future of man will be determined by his ability to cope with an accelerating rate of change. We Chinese have been known as a people who can both precipitate and adapt to rapid change. This capability is today being put to the test as never before in the Republic of China.

As we apply ourselves to the manifold tasks that face us at home, we do so in the full knowledge that our own well-being and the peace of the Asia depend on our continued partnership with international friends. The Republic of Korea has always been such a friend. I wish to express our gratitude for the cooperation and friendship of the Republic of Korea.

The Republic of Korea has achieved remarkable progress in political, social and economic fields since the end of the Korean War. I am proud to know that you have all contributed so much toward such progress and prosperity by first building a democratic bastion upon the constitutional ground. Especially your signal success in fighting to end aggression through the rule of law is a striking example of how an Asian country can attain its independence and development in an atmosphere of freedom and democracy. For this I wish to express our profound admiration.

The Republic of Korea and the Republic of China are close friends and neighbors. We have similar historical background and cultural heritage. But, unfortunately, we have encountered the same bitter experiences, having been trampled upon and devastated by the communists during the past two decades and more. The peoples of Korea and the Republic of China share the same ideals and are similarly dedicated to the cause of freedom, justice and peace. This identity of purpose has been a part of the tradition which unites our two countries. The bonds of brotherhood forged in the gallant defense against communism still bind us today again in our continuing struggle towards the triumph of our supreme common cause of justice and human decency. We will together press on to win the victory, peace with honor and progress for mankind.

Our two countries are firm believers in freedom and democracy. And our two Governments seek the parallel objectives of upholding our own national independence and safeguarding world peace. Today we are allies in the maintenance of peace in this part of the world. Because of these reasons, ties of friendship and cooperation that already happily exist between our two nations have become closer and closer with the passage of time. This has been fully demonstrated in terms of our political, economic, cultural, agricultural, technological and scientific cooperation, from which our two countries have both benefited a great deal.

In conclusion let me emphasize that our two Governments and peoples have cooperated, and will continue to do so in a wide spectrum of endeavors. We will continue to improve our relations on a steady and expanding basis. As contacts increase, friendship and understanding between the Korean people and the Chinese people will sure increase. I am fully confident that the excellent relations between our governments and peoples will continue to flourish in the years ahead.

（講於民國六十二年六月八日韓國明知大學「亞洲問題檢討會」）

Talk for Foreign Students in Chinese Studies

As president of Soochow University it is my privilege and my responsibility to speak to you here today.

Soochow University is named for a city near Shanghai at the mouth of the Yangtze River, called Soochow. It was a cultural center for the lower Yangtze region and therefore interested in education. A little more than 75 years ago, American Methodist missionaries from Tennessee began Soochow University there.

Unlike most American universities, in this 75 year history, Soochow University lost its entire physical plant twice. It lost all buildings, laboratory equipment, library books and records, first to the Japanese and a second time to the Chinese communists. The second time it lost not only its physical plant but all gifts and endowments, even those that had been sent to the United States for safe keeping. You can probably guess how crippled Harvard or Yale or your own college would be if it had had to pass through such a turbulent history.

Refugee alumni on Taiwan, as soon as they could feed their families, began the difficult task of rebuilding the entire university. We received important but limited support from American friends, although some tried to persuade us to give up the attempt lest we become a heavy financial burden to them. We persisted, and the Soochow University you see today is the result of these efforts. We hope you enjoy its modest facilities and treat it with respect. It is not as good as we would like, but it is important to us for it is all we have.

Like all American universities, it has some strong departments and some weak departments. In its early history its biology department and law school were the most respected parts of the university. At the present time I believe that our newest department, the music department, is probably the best. This program to which you belong, the Chinese Studies Program for Foreign Students is a relatively new program. Let me tell you why I am interested in it.

For almost five hundred years, British university education lasted three years (not four); at graduation the student received a BA, or later, a BS degree. But most students, all the serious ones, were expected to spend a fourth year touring Europe. British education was not complete until the student had spent a year in Europe. But this European tour was for students, not for tourists. A well-educated professor that was familiar with some of the languages and much of the culture lived with and directed the activities of a small group of students. He knew the museums of Paris and Rome, the German universities, the sights of Athens, the history, the literature, the good restaurants, the good foods, even the most interesting entertainment. The students received a year of on-the-spot immersion in European culture. This, not the degree, completed their formal education.

Many American educators have taken up this same idea, but, as is often the case, they give a new American name for an old European idea. Americans call such things, "cross-cultural studies". And like the English before them, they think that such studies have an important place in a well-rounded education.

I agree with these Americans so completely that I am interested in helping them achieve their goals. I believe that first-hand physical contact with Chinese culture helps your university to give you a better-rounded education.

The English were right in stressing that familiarity with Europe is necessary for a well-rounded understanding of Western culture. But the Americans are right in insisting that there are cultures outside of Western culture that are well-worth studying. I am proud of Chinese culture, not just because I am Chinese, but because I think Chinese culture deserves it. Chinese culture has given the world silk and porcelain, paper and printing, gunpowder and the compass, Chinese art and Chinese restaurants. These are found and respected in every country of the world, by non-Chinese as much as by Chinese.

I hope that some of you will be so stimulated by your contact with foreign culture that you will be able to make major contributions to American education. Seventy-five years ago a young Dane fell in love with the eskimo culture of Greenland. He continued his studies and teaching at Columbia University and thus began the study of anthropology—an important department in major American universities. Benjamin Lee Whorf, an insurance inspector, learned so much about the intellectual world of the Hopi Indians that he was invited to teach linguistics at Yale. Ezra Pound fell in love with the Confucian Classics and made them popular for many students of American literature. At present there are two Westerners in Taipei doing significant work in Chinese calligraphy: Andy Unger, the son of the American ambassador and Jacques Decaux, a French journalist. Both of them have had several exhibitions of their work in Taiwan.

I hope that some of you will become equally infatuated with some aspect of Chinese culture, and by your industry and your excellence, make some contribution to American education.

（講於民國六十五年東吳大學所舉辦之外籍學生中國文化研習班）

【詩文】

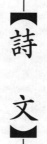

碑傳・輓詩

懷念孫哲生先生

孫先生是一位手不釋卷的學人，識見高超的政治家，不屈不撓的革命者。他的身世非常，功績豐偉，自有國史為他立傳。但也儘有後世是法的遺風徽音，而為正史所難盡涵，甚或未為一般人所知的，在此故舊凋零殆盡之際，再不蒐記，恐將永遠埋失，那實在太可惜了。

在追隨孫先生的人中間，時間上，我不是最後的，卻是最短的；但我自認是感受知遇最深的一個。從他的肯用我、信任我，尤其容忍我，我不能不佩服他的氣度恢廓，世罕其匹，不能不有一言，以誌追念。

我雖早在民國十二年夏天去廣州晉謁　國父時便認識孫先生，匆匆數面，未作長談。十八年以後同在南京，除了偶在公眾場所相見，並無交往。戰時在重慶，我常奉命代表行政院列席立法院法制與財政兩委員會備諮詢，有時遇見孫先生，但仍很少談話。勝利前夕，我改任國民參政會參政員，勝利復員回到上海執行律師業務，卻在制憲國民大會中與孫先生交換過幾次意見。隨後，孫先生聽說我準備競選立法委員，竟發表我為訓政時期最後一屆立法委員。他那樣做，完全為我日後競選鋪路。對於我這個和他毫無淵源的人如此關切，實在意外。我因為要保持自由職業的資格，不便接受政府的任命，堅辭未就。但是我對孫先生怎能無感激之情。

三十七年十二月孫先生組閣，這個重要新聞，我當然十分注意，可是夢想不到會與我發生關係。一天下午，王亮疇先生找我，一見面便告訴我，他向孫先生推薦我擔任幕僚工作。我不禁大笑，衝口言道：「孫先生幕中人材不缺，您怎可推薦我？碰壁了吧？」誰知王先生很嚴正的說：「不要開玩笑。我提出你，鐵城首先附和。哲生反問我，『端木，他肯不肯？你問過他了嗎？』我說：『我可以代他答應。』現在要看你是否讓我碰壁了。」

這真使我惶恐了。王先生接著又說：「這個局勢，哲生臨危授命，你去幫助他，不要推諉。你們雖不夠熟悉，但我相信你們會處得好的。」我無話可說，只有同意。王先生立刻與孫先生通電話，且把話筒遞給我。我聽見孫先生聲音「鑄秋兄，亮老告訴你了。這樣最好。大家都不要說客氣話。今晚六點鐘你來我家便飯，有許多事要談。」就這樣，我一個到那時還不知道孫先生家門向的人變成他最親近的助手。

孫先生告訴我已定和待商的閣員名單，我當然不能有何意見。談到副秘書長，孫先生給我一張紙條，上面寫了二位競選未成的老立法委員姓名，他說：「想你都認識，你選一個。」我請他決定。他說：「將來和你合作，還是你斟酌比較好，你也不妨另外覓人。」這兩位老立委其實我都很熟，能力強，文字好，只是各有背景。為求平衡，最好兩人都用或都不用。副秘書長只有一位，我必得行後一策，乃藉孫先生囑我另外覓人的機會，建議挽留原任梁穎文兄。實際上在那蒼狗白雲瞬息萬變的當口，很多事意外發生，本不重要，但如不知底細，未能迅速處理，或處理不當，便會演成大的麻煩。確需要一位一年半載親歷各種發展而長於肆應如穎文之人比較方便。孫先生聽了我的理由，表示首肯，於是解決了我們間的第一個問題。也因此使我了解孫先生之為人朗爽。

端木先生與孫科先生（右二）。（新聞局攝）

孫內閣壽命只有三個月，在這短暫的三個月內，總統下野，首都南遷，多少大事，關係國運，以其不在本文範圍之內，不去敘述。李德鄰以副總統代行總統職務，急切求和，形同乞降，與孫先生的意見動輒相左，彼此也少見面。我奔走府院之間，處境極其困苦，倘不得孫先生的信任，那真進退維谷了。過去沒有跟孫先生做過任何事，也不曾有過什麼接觸，在這艱險錯雜紛更微妙的政局中，孫先生用了我而信得過我，固然是由於王亮疇先生的說項，也只有孫先生的氣度才能做到。

有一件似乎是小事，我最不會忘記。新年前一個晚上，我向孫先生請示公事後，他問我有無參事或秘書缺，說他想要為他的長子治平補一名額，並且加上了一句：「跟你學習辦點事。」我因為治平的資歷相當，未多考慮，答應即辦。但次日我和人事處長王友蘭商量，他就在我桌上拿起六法全書，翻出公務員任用法，指著條一，明定機關首長的三等親內血親或姻親不得在同一機關任職。這位處長沒有說話便鞠躬而退。我將經過報告孫先生，他笑著說：「這是我在立法院長任內制定的法律，怎可不遵守？作罷！作罷！」我還說：「容在其他機關設法。」孫先生卻說：「這不是急事，慢慢再談。」

美援運用委員會主任委員是由行政院長兼任的，該會秘書長出缺，我舉薦張肇元先生擔任，並且讓他兼一名委員。過了些時，張先生請專任委員，辭去秘書長。在研究他的繼任人選時，張先生提出治平。孫先生立刻說：「我兼主任委員，治平不能做秘書長。」張先生問：「為什麼？」孫先生說：「你查查公務員任用法就知道為什麼了。」在任內以後就沒有機會再談治平的事。

以上所說的話，在那個時候，的確是一件小事。但那是我印象最深，永難忘記的一件事。從那件小事，我體驗到向孫先生說話，只要站在理與法上，不用力爭，即會被接受，小事如此，大事也不例外。

匆忙的三個月，我們之間，很和諧的度過。

民國五十年　國父百年誕辰，孫先生回國。我向東吳大學提議請孫先生為董事長，他慨然同意，而且非常熱心。東吳今日的規模，強半由孫先生的鼓勵與領導所致。在台灣八年，我們交往較密，但那三個月卻是我一生中最足珍惜的一段時間。

原載：民國六十五年十二月十五日《東吳校訊》第十八期

陳之邁先生碑石小傳

先生番禺人，生於天津。粵儒東塾先生之曾孫。民十七年畢業於清華學校，遊美獲哥倫比亞大學哲學博士。歸國先後任清華、北大、南開、西南聯大、中央政校教授。廿七年因蔣廷黻之薦，任職行政院。卅三年奉派駐美大使館參事，後升任公使。四十四年起歷任駐菲、澳、紐、日、羅馬教廷兼馬爾他等國大使。駐節外邦，凡卅五載。

先生學者從政，公餘寫作甚勤，早年為獨立評論撰稿，並曾主持編務；五十二年起為傳記文學撰稿，達百餘篇。寫作範圍包括外交、政治、歷史、文化、藝術等。中外文專著計十餘種。先生不僅以外交傳，其著述尤永垂不朽也。

原載：民國六十七年十一月號《傳記文學》第三十五卷第五期

陳之邁先生事略

先生廣東番禺縣人，曾祖蘭甫諱澧，世稱東塾先生，道光舉人，於天文、地理、詞章、聲律之學靡不精究，所著《東塾讀書記》、《漢儒大義》、《說文聲表》、《東塾集》、《東塾雜俎》等書，均傳世不衰，曾為學海堂長，育材甚眾。先生之先德慶龢公字公穆，為蘭甫公長孫，親承東塾先生之訓誨，中光緒年優貢，後棄科舉，留日習法政，宣統末年任檀香山總領事。民國既立，曾為北京政府外交部秘書、參事等職。仕途迍邅，晚年隱居平津，以輯印東塾先生遺書為志。先生於民國前四年七月二十六日，生於天津市，幼承庭訓，嚴厲逾恆，慶龢公令習國學，抄書點書，日有定課。東塾公遺教以通鑑傳家，先生幼時以硃筆圈讀之通鑑，即東塾公累世傳家之物也。民國十七年，畢業於清華學校，旋赴美國習歷史政治，十八年獲渥海歐州立大學文學士，二十三年獲哥倫比亞大學哲學博士，歸國後歷任北京、清華、南開、西南聯大及中央政治大學等校教授，二十七年因蔣廷黻先生之薦，受任行政院參事，是為先生從政之始。

先生之學，先以國故植基，及受新知，融鑄中外，無門戶見，其在北京講學上庠之餘，協助胡適之先生諸賢，編印《獨立評論》，其後與事者星散，先生又獨任其勞者達二載，所刊文章，於國是頗多諍議，盡學人報國之責也。迨應召服公，忠愛勤勉，又能恪守公僕之份，此非一曲之士所能為矣。先生在政院，位非顯赫，輔弼實多。魏伯聰先生使美，於民國三十三年請調先生襄理使務，國府主席蔣公親為召見，派任駐美大使館參事，先生事業遂於茲發軔。於時全球兵燹，大戰方酣，中美相依，事尤迫切，先生以其學養人望，折衝於樽酒之間，奔走協商，交歡朝野，伯聰先生倚畀至深。洎戡亂軍興，河山色變，先生倡率美邦記者團，首次翩然訪台，使其對我士氣人心之堅定增加了解，從而逐漸轉變彼邦對我之輿情，皆先生居中策劃之功也。

民國三十九年，政府以先生有勞，加駐美使館公使銜，先後代表國家出席聯合國會議多次，當斯時也，政府方以蘇俄資助共匪叛亂之罪行，控訴於聯合國，總其責者為駐聯合國大使蔣廷黻先生，控蘇案始於三十九年九月，至四十一年終獲大會通過，艱苦搏鬥，蓋歷數年。先生自始與其事，舉凡資料整理，文獻草擬，大多出自先生之手，事重責大，不求人知，蔣大使之奏捷聯國，先生之勞績有足多焉。

民國四十四年，奉派為駐菲律賓國特命全權大使，四十八年使澳，五十年兼使紐西蘭，五十五年使日，五十八年駐節教廷，六十年兼駐馬爾他國大使職，六十七年一月內調東歸，凡使海外三十有五年，星軺所及，功亦隨之，方圖息隱國門，以著述自娛，竟以勞瘁致疾，於同年十一月八日溘逝於榮民醫院，傷已。

先生之使菲也，值大陸新挫之秋，僑情激蕩，眾議紛紜，菲國政府於我僑胞權益，多所阻梗，先生以其睿智，促使菲政府於民國四十五年三月，聲明華僑有權在菲設立學校，使僑校困難因之解除。繼於四十七年十一月二十八日復與菲外長塞拉諾聯合發表聲明，同意基於人道處理逾期遊客懸案，凡事之繁劇而難能者，先生率能處之裕如也。及其使澳也，彼邦時無使節駐華，交雖存而禮未備，先生孤身奮戰，協和各方，首謀促成澳國外長巴維克於五十一年六月訪華，至先生卸職辭歸，澳府終於民國五十五年六月恢復駐華使館。其在日，先後協辦日本首相佐籐榮作於民國五十六年九月，與我先總統蔣公在台舉行會談，及同年十一月，我國防部長蔣經國先生應邀訪日。先生於日本歷史文化研究至深，日人禮重彌殷，因以一等旭日大綬勛章贈其行。其在教廷，歐陸盡成迷暗之局，先生特設「羅馬中國文化中心」，展覽歷史文物，國情近況，傳播反共信念，卓立重圍之中，獨伸大義於天下，可謂不負政府之重寄矣。

先生為人樂易而善助人，於藝術最為喜愛，其先人本精鑑賞，所藏骨董書畫甚富，先生繼其志，珍存清末民初書畫特多，每至使所，輒舉以展出，觀者踴躍，咸曰：此中國文化也。辨藝尤精，出使教廷之暇，即至羅馬著名教堂潛研建築、雕刻、壁畫，久之皆能考證其源流，於文藝復興時期之諸作家，尤歷歷指數如家珍焉。著有《中國繪畫》（英文）、《中國書法》（英文）、《中國政府》、《政治學》、《澳紐之旅》、《天主教流傳中國史》、《蔣廷黻的志事與平生》、《荷蘭高羅佩》、《舊遊雜憶》及《旅日見聞》等書。偶以散文寫平生交遊，悉刊《傳記文學》。先生名滿天下，所與過從者皆當世賢豪，文章所述，略不涉及己事，而先生之志事，亦略可於中窺見。先生所著《蔣廷黻的志事與平生》一書，引庾信哀江南賦為序曰：「昔桓君山之志事，杜元凱之平生，並有著書，咸能自序」，數語可以總敘先生之著述矣。晚而益謙，治學益勤，愛國之心益切，而先生已矣，夫何可贖哉。

原配黎憲初女士，清華大學英文系畢業，生子歆，美國米昔根大學太空物理學博士，娶徐培根將軍之女振容，康乃爾大學生物化學博士；女歌，現在加州大學修文學博士學位。黎女士於民國四十二年八月以癌症逝於美國，先生哭之痛，有文紀之。繼配趙荷因女士，其先德趙國材先生，為留美學生監督，造就青年有功。女士侍先生宦遊，自先生之病至其化去，終日侍其側未嘗離，子女在美，弗及馳歸，遵禮成服，守先生之囑也。先生之長兄之達，留德，習土木工程，服務津浦路；二兄之逵，留美，習貨幣銀行，任職銀行界，均先逝，謹為之略，以為修國史者備。

原載：民國六十七年十二月號《傳記文學》第三十五卷第六期

許紹棣學長輓詩

上庠燈火記相親，回首春申已隔塵，
歷劫尚餘老眼在，白頭來哭白頭人。
（余與君早年同學復旦，相知彌深。）
「合作」仁風本可尋，少年遠具百年心，
平生高義今何似，離亂人間恨更深。
（君倡合作運動，始於求學時代。）
宦途小旅有休名，化俗江南禮樂清，
退向六橋橋畔住，使君家隔一湖程。
（君任浙江省政府教育廳長有年。）
儷影晴窗筆有花，詩書鴻案慰征車，
閨中絕妙丹青手，畫出人間第一家。

（君之夫人孫多慈女士，為當代著名畫家。）

沉陸中洲恨可知，逃秦未許便棲遲，
高言一出群情伏，正是先生絕痛時。

（君任立法委員，以言匡時。）

老學填詞繼正音，小山風味稼軒心，
遺篇重讀塵襟濕，落日中原雨雪深。

（君晚年始學填詞，每成一篇，即以寄余。）

「蓄鬚」比我已嫌遲，示我新詩一笑之，
「老醜」與君同老矣，那堪老淚弔君時。

（君病後蓄鬚，以詩調我，有「老醜」之句。）

垂老何期竟鼓盆，浮漚身世本無痕，
他生若是真能卜，信可雙歸故里門。

（君之夫人先逝。）

襟懷坦蕩即心安，閱世君能物外看，
自在去來人未識，任他滄海起洄瀾。
（君篤信基督，久而益誠，病中禱告，直至彌留，是蓋有得於道者。）
哀樂塵勞大夢醒，草堂人去月冥冥，
山陽笛罷黃壚靜，一鶴歸雲嶺自青。

原載：民國六十九年十一月二十五日《中央日報》

先室陳季蘋女士哀辭

先室氏陳，諱季蘋，民前六年十月廿八日生，十八歲來歸於余，鴻案相莊凡六十有四年，於民國七十五年八月一日以心臟衰竭猝然奄化，其病其死，余方在醫院療疾，子女恐余驚悼，囁嚅不敢告，越二日始委婉道其母噩耗，余初不能自信，久之方知為真，因於枕上慟哭，老淚沾巾，愴然不知何以為懷，子女環護防意外，乃於枕邊重訴生平以自舒其悲。

陳氏之先，世居安徽石埭，洪楊之亂，避難於當塗江寧間之小丹陽鎮，遂為江南人。遷徙之際，產業盡失，託跡商場，賴以營生，久之，卓然能自樹立，為一鄉之望，至少志公慷慨尚義，能急人之難，生六子三女皆有成，先室季蘋，其最少者也。生未數歲，民國肇建，既長來歸，先大人漁濱府君，方奔走革命，兵敗，避難滬上，生活艱苦，新婦任炊爨事，備嘗辛勞。其後北伐成功，余自海外歸國，服務樞府，稍能以俸給贍家，當國家開啟新運，舉國方篳露藍縷共赴事機，余位卑祿薄，僅足以仰事俯蓄，籌謀彌縫其間者，一家歡愉，無吁嗟愁怨之聲，先室之功不可沒，其雍和謙沖之德，尤不可及。

抗日事起，中原鼎沸，余隻身匆隨政府播遷，先室攜幼扶老，先經湘鄂西南諸省，間關涉險，前赴陪都。於時兵火遍地，干戈載道，人命之賤如蜉蝣，羈旅之苦如飄萍，以孱弱之微躬，為一家之依繫，提攜挈抱，險象環生，雖在困境，不為告貸將助之呼，以貽患於友人，備歷百劫而抵渝，及余至重慶，深夜迎晤，恍如隔世，先室告余曰：「君以舉家老幼十數口相付，今幸闔家無恙以是報君，亦可以無大過乎？」夫護持老弱，衝冒不測於承平之秋，萬里徬徨，壯夫猶歎其難濟。先室自東徂西，出死入生，以一弱女子躬冒鋒鏑，使其良人能一意於國事，其智勇為不可及已。

既至陪都，先君忽以中風之疾纏綿床榻，戰時醫療奇缺，又復短於資財，飲食湯藥，皆先室操持其間，勤而無怨，久而弗怠，余以從公在外，不能時時定省，內外艱難，先室一身當之。及先君棄養，祭掃以時，家風不替，余所以能勉為孝友，蓋由先室之能勉為賢婦也。

抗戰功成，舉室東歸，余辭公職，執律師業於上海，期以勞瘁之身，稍獲小休，先室恬澹之性，實有以成之，方是時也，戡亂之戰方酣，幣制改革，金圓券出而每況愈下，先室以平日節儲之金飾，悉以兌換金券，欲以個人杯水之輸，屬望國家撥亂反正，余庸碌疎闊，先室秉質謙退柔婉，往往能補余之失於無形，持理不悔，內助實多。

三十八年戡亂戰局逆轉，先室以余方佐理政院，不遑顧家，因預挈子女及親友子弟之託以撫養者，渡海來台，張羅既畢，余始卸職耑歸，一門團聚，又慶更生，回視兩次國難，再番遷徙之勞，盡由先室一肩擔之，余固自愧，轉覺欣然，若先室者可謂之賢而能者乎？

居台稍久，生活粗安，先室節儉持家之性，一仍舊日，老境漸增，健康未減，常喜白首之約，可以預期，近數年余以病廢，凡施行開刀手術達四次，進出醫達十數次，先室扶持在側，日夕不離，或倚門迎送，或相伴住院，一榻相隨，幾忘衰老，視余病稍減則大喜，稍增則大憂，稍重則大泣，蓋懼余之一瞑先逝也。七十五年七月下旬，余初以感冒，轉為肺炎，先室親為整裝強令入院診療，病院與住宅相距僅一街，步行往來，片刻可達，余性不耐煩，視住院為畏途，先室慰之曰：「但去勿憂，秋氣漸涼，待君一二日即歸，此後便可無病」。余方信其言，稍作寬慰，入睡無夢。八月一日下午先室忽對其子女撫胸言心胸不適，家中立送至對街余所養痾之中山醫院求診，不待醫至，已入彌留，余寓居七樓，矇然不知生死關頭，而為最後之一訣。翌晨，紅日上窗，方怪其遲遲未至，孰知時僅一宵，幽明異塗，嗚呼傷哉。余年逾八十，先室少余二歲，平生體質雖弱，然以善於珍衛，始得延年，當余之呻吟病榻，自信必將溘先朝露，不意垂暮之年。尚不能免於傷妻之痛，哀哉！先室晚年篤信基督，朝暮讀經，每餐必禱告，虔敬之至，天心遂通，使其無疾而化，福壽全歸，神之所以報施善人者亦云厚矣。他生之約如可卜也，重逢之日或可待也。

先室誕三男：俊民、偉民、傑民，三女：儀民、倩民、儷民；另撫育甥姪多人，皆各能自立，享年八十二歲，以中華民國七十五年八月二十日卜葬於台北市近郊陽明山之麓。嗚呼，言有盡而情無窮，淚將枯而石或爛，鼎鼎百年，轉眼空花，嗚呼哀哉！

夫端木愷　泣述

碑記・壁記

東吳大學教育推廣中心碑記

我東吳大學教育推廣中心，位於台北市城中區延平南路書院段，據地四百七十八坪，地價總值新台幣一千零七萬七千一百四十五元。地以下一層，地以上七層；八層面積總計二千零六十三坪，造價總值新台幣兩千五百萬元有畸。經始於民國六十年元月，六十一年元月落成。凡經濟、法律兩研究所，商學院夜間部與文書英語電腦等訓練班，胥置於此，蓋為在職青年之便於深造，社會之便於利用。本校教學設備，學校施教兼亦廣及社會，此教育推廣中心所由而命名也。是望我同學於和樂絃誦之餘，毋忘歷屆校友之熱愛母校區盡艱難，與夫美國基督教衛理公會之或時資助，斯有此崇樓傑構之矗立也。抑自民國前十二年蘇州創校，民國四年法科分設上海旋改稱法學院，四十年以補習學校復校於台北市漢口街，四十三年奉教育部核准正式復校，四十七年校本部定基士林外雙溪以迄，是中心之設置，歷屆同學無不精勤奮勉，務置校風於醇美，是以蜚聲南北，為海內外所共欽重。似此在處如一傳統無殊是，尤有望於此中同學者也。

校長端木愷撰記

中華民國六十一年元月穀旦

超庸館碑記

我東吳大學科學館記落成，命名曰超庸館。超庸者，故校長石先生之諱也。先生主校政歷十一年之久，於任內疾歿。外雙溪校址即先生一手之所奠定，此中溪山雄秀，林木鬱蒼，尤以面對故宮博物院國寶庋藏之地，舉世欣慕之區，遂令東吳益增勝概，學子於此弦誦遊息，何幸如之。由於石先生之認真辦學，全力以赴，於是人傑地靈，爭輝並美，東吳遂於艱難締造之中，學風迅臻醇美。又汲汲於科學教育之發展，先生之夙志也，故科學館以為命名，俾與先生之所以貢獻於東吳者同垂久遠。經於民國六十一年十月十一日先行破土，典禮由基督教亞洲高等教育聯合基金董事會秘書長勞比保羅博士主持之。上項基金會於是項工程支持最力，其次則屬國際基金會與同學會也。次年三月始正式興工，至九月落成，地下層暨一二三各層，合共一千一百三十餘建坪，實費新台幣一千一百五十九萬兩千元，負債約七百五十一萬六千餘元。愷當躬承其艱續效奔走之勞。

校長端木愷撰記

中華民國六十二年仲秋穀旦

東吳大學中正圖書館壁記

愷以民國五十八年任校事，距教育部令准復校於今址已十四年。衡慮困心，求不隳前賢之功。度當務之緩急，次第施為，差有所成。若圖書館原設偪窄，漸不周用。六十四年春，相拓丕基，鳩工興建，時值　先總統蔣公逝世，追維至德，覆幬萬方，亟宜昭垂，弘茲作育。迺恭舉尊諱，額為館稱。資眾之力，三載工竣，樓高九層，佔地通為二千兩百坪，費新台幣四千萬。庋藏閱覽，咸得寬舒，莊生有云：作始也簡，將畢也巨。由本校之今視昔，不為作始；期來日之遠到，不為將畢。是則愷所事事，亦曰：居其位竭其勞而已。爰鑱樂石永此堅造。

校長端木愷譔

中華民國六十七年三月穀旦

東吳大學城區第二大樓壁記

本校既設城區部，初築第一大樓，十載以還，來學日增，科系日繁，樓所容置究有度限。適得地仟餘坪，近第一大樓夾道相當，償時值逾伍仟萬元，六十八年十月十一日肇建此樓，七十年三月三十一日工竣，高八層，出地上者七通，計面積為肆仟建坪，工程設備合費新台幣一億七仟萬元。凡法商兩學院、研究所各系、夜間部、圖書分館以及教職員研討治事之所，胥集其間。夫一事之興，定志與力，又當益以不倦，則雖萬難百折，視若無阻可也。故行者常至，為者常成。愷生平樂事，幸未苟失，持以自敦，率者在是，懸以屬望來人者亦在是。爰刻堅石用紀經始。

校長端木愷撰記

中華民國七十年三月穀旦

書序

序徐道鄰《中國法制史論集》

徐道鄰先生的遺著《中國法制史論集》付印前，徐夫人葉妙暎女士命我寫一篇序。她總是因道鄰先生和我都修習法律，而且他生前又對我情款特洽關係。不錯，我們非但都是修習法律的，並且都還一生為了法治不斷的努力。離開大陸以後，他治學，我讀律，仍然沒有脫出法律的範圍。分別在他的興趣偏向於中國古代法制，我則局限於現行法令。他以其研究所得著為文章，有助於國故的整理與文化的傳播，而我祇不過寫幾張訴訟狀換取公費而已。物質上的收入固然我遠多於他，但精神方面，他的貢獻與酬報高出於我者，便如天淵之不可以道里計了。不意妙暎女士卻指定我為其遺著作序。

道鄰先生和我論交足四十年，當他自歐洲學成回國，在一個偶然的機會中我們見面，一經介紹，立談良久，同懷感傷，便相傾倒。此後我們曾一度同事；而在南京，在重慶，住處又距離很近，但是直到大戰結束前，卻少有往來。值得一提的，乃是遇到困難，我們總在一塊，互相依持。這不能不說我們二人之間冥冥中有一份因緣存在。否則在道鄰先生的朋友中，學問才氣高我倍蓰者不知凡幾，交深迹密勝我倍蓰者又不知凡幾，何以我們這兩個性格迥異，交淡如水的人，反倒成為同聲相應，同氣相求的患難之交呢。四十年風雨同舟，一旦永訣，他又是落寞異邦，長眠海外，此情此景，尚復何言？抑又何可無言？既有妙暎女士之命，那我更不能不言了。

抗戰末期道鄰先生任行政院政務處長。勝利之後，我回上海不久，再去重慶，他正準備控告馮玉祥，我竭力勸阻無效。他將辭呈與訴狀同時提出，前者批准，後者駁回，這是意料之中的事。道鄰先生不是不知訟之不可得直，更不是不知時效，程序上的一個致命傷，是最易為檢察官利用的武器。知其不可為而為，所以盡孝，不願引起政治上可能的誤會而不惜棄官，公私分明，利害不計，正是他為一般人不可及之處。那時，敬佩他的人偶亦可遇，批評譏笑之聲則隨處可聞。道鄰先生默然承受，一無表示。在他，既已盡其我，於心已安，得失毀譽，何動於衷。等我的事處理完畢，他便悄然的和我同機飛滬，暫度平靜閒散的生活。

其實道鄰先生寂寞一生，從未得意。八年抗戰期間，他歷中外，亦有獻替，他的職務變動甚大，其性質每不相同，從表面上看起來，似乎也很活躍，很宣赫。但是沒有一件事能使他久於其位，更說不上舒展他的抱負了。我相信，縱無控馮一案，他那個政務處長也是幹不長的。當我們結伴在野，比鄰而居，他以書報消遣，手不釋卷。有一天同濟大學校長丁月波（文淵）先生忽來約我去兼他們的法學院長。我答道「同濟應保持傳統。由一個學英美法的人主持同濟法學院，殊無意義，不如覓一位留德法學家比較適宜。」月波先生稱是，遂改邀道鄰先生。在同濟他的言論風采，冠絕一時，但是我知道教書是違反他的志願的。

民國三十六年四月，中央改組台灣行政長官公署為省政府，道鄰先生因曾到過台灣，應邀出任秘書長。那年秋天是徐太夫人的七十大壽。七八月間我來台作客，道鄰先生迎我於基隆港外。我由北而南，沿路遊覽，直達高雄。本還預備隨同主席魏伯聰（道明）先生前往花蓮，因南京來電，要我晉京一行，便提前結束台灣的旅程，乘機而歸。行前，道鄰先生托我籌辦在上海為太夫人祝壽，我自是義不容辭。半個月後，道鄰先生乘船回滬，卻已辭掉秘書長職務了。徐太夫人的壽慶，我原希望由台灣銀行上海分行承擔大部分的事務。經此變化，我便找中國紡織公司總經理束雲章先生，約了幾位「中紡」的友好相助。束雲章先生是在他任中國銀行西北區行經理時，由朱騮先（家驊）先生介紹給道鄰先生和我認識而成為朋友的。束雲章先生急公好義，古道熱腸，那次他和我的確將徐太夫人的壽做的相當光采。事後，道鄰先生將壽堂的照片和禮品（當然花籃除外）帶回徐州奉獻太夫人，並又補祝。我相信徐太夫人一定很高興。但在道鄰先生的心頭不免另是一種滋味。

行憲後，道鄰先生在江蘇省政府任秘書長。不及一年，首都淪匪，蘇府人員撤至上海，無形解散。上海失守，他未及撤退，翌年繞道華北，逃往香港。迨奉准入台，已身無分文，到機場接他的，祇我一人。事實上也祇有我知其行期。我見他提著簡單的行李踽踽下機，回想他三年前初次來台為行政長官的上賓，再次來台則是新任省府秘書長，而這第三次來台，卻成了一個困乏委頓的難民。往事歷歷，實不勝白雲蒼狗之感。

然而天資茂異，學力深厚，少年時代即以「敵乎友乎」一文傳誦中外的道鄰先生，究非常人。他逃離魔掌，來到台灣，豈能無人注意？他自己又豈甘頹廢消沉，無後作為？於是記者的訪問，講演的邀約，形成了一陣熱鬧，也增加了他不少的煩惱。其時正有一些朋友發起在香港出版一《自由人》三日刊，約他寫稿，他不談政治，專研學理，陸續介紹了「語意學」的大義，集成一書。他又和陳伯莊先生合辦了一個《學術季刊》，旋又主持了編譯《讀者文摘》，皆因經費不濟，維持不久，但水準均高，享譽一時。這是他真正從事著述的開始。在台灣大學和東海大學執教，更加深了他對研究與寫作的興趣，顯然他已決心在立言方面下工夫了。

道鄰先生乘桴浮海，攜眷赴美，從事宣揚中國文化，是受西雅圖華盛頓大學之聘。他十多年來成就，已為國內外學者所公認。但一年約滿後，他便沒有固定職業。遷往米昔根，六年之久，以短期講演和兼任授課勉維生活。而他簞食瓢飲，奮鬥不懈。那時情況，用他民國五十九年在芝加哥和我見面時告訴我的話來形容，真是「忍人所不能忍，受前所未嘗受」。他的夫人妙暎女士本是台大法律系畢業，找到一個小事，工作之餘，改修數學。她得了碩士，取得中學教員資格，在米昔根一所中學任教，極受歡迎。道鄰先生贊她勇敢賢淑，他說有一個時期家庭完全靠她維持。

民國五十九年夏季，華盛頓大學終於再聘道鄰先生去任教，並且給他長期聘約。那當然是他所樂於接受的。他的夫人一時擺脫不了米昔根的職務，他一人先去西雅圖，過了一年安定但寂寞的生活。等到他的夫人帶著一子一女前往和他團聚時，他已用分期付款方法預先買了一座住宅。去年八月教育部邀請道鄰先生回國，為他安排了一個遊覽講演的節目。他懷念故國，持病來台，飛行疲恭，已無力勞動。他先住旅館，嗣又搬來我家。原期暢聚，藉故契闊，不意五日之中酬應不絕，他撐持不住，便提前返美。臨別猶約於一年以內台北再見。十月間他來信說病已痊癒，即可上課。那知兩個月後，在耶誕前夕，他竟與世長辭。在他有了華大的長期聘約時，有了屬於他自己的家時，有了可以更多作學問工夫的良好環境時，他卻突然逝去。說他死無遺憾，誰都不相信。但是死在毫無恐怖的自由空氣中，死在充滿希望的聖誕歌聲中，死在家人友好環侍中，也可算得幸運了。

道鄰先生的夫人是同濟大學時期醉心於他的弟子之一。東渡來台，在台灣大學他們續為師生，終成眷侶。妙暎女士聰慧果毅，對道鄰先生幫助極大。他們二人的婚姻應該是道鄰先生一生坎坷中最足安慰的事。今年暑假，我因事去美，八月初旬回國，特地繞到西雅圖去看妙暎女士。她帶著男女公子開車到機場接我送我，竭誠的招待我，表現得非常堅強理智。但從她的神態上可以看出她的一腔悲痛，滿腹辛酸。她在西雅圖兩所中學為兼任教師，勉可生活。道鄰先生的遺產，除了四壁圖書和一幢款未付清的住宅外，無一長物。她卻一肩負起兩個兒女由中學到大學的教育重擔。如果她回米昔根，便立刻可有一個較好的位置，更優的待遇。但是她不願在這個時候離開道鄰先生埋首之所。她決心讓男公子受最優良的教育，送他去哈佛或史丹福大學。母子研商的結果，先選擇了史丹福，因為三藩市與西雅圖間飛機一小時可達，呼應比較靈便。將來，她一定會送這位少君去東部完成他的學業的。她這樣做豈止對得起道鄰先生而已。

妙暎女士在安葬了道鄰先生之後，計畫整理他的遺著。朋友們都熱望其早日完成問世。她將這工作托付王靖獻先生。王先生畢業於東海大學，留美取得哲學博士學位，在華盛頓大學任教。他是年輕一輩中與道鄰先生最接近的一位，去年他們二人便是結伴回國的。道鄰先生常在我面前盛讚王先生的才學人品，認為他將來必然大有成就，道鄰先生一生從不輕易對人有所期許，王先生是很少的例外中之一。妙暎女士麻煩王先生編印道鄰先生的遺著，確是選對了人。王先生也極盡責，很快的就將他有關中國法制史的文章蒐集了二十篇，另有附錄，藉以略示道鄰先生的淵博以及他的文采。

時間是最冷酷無情的。道鄰先生逝世的噩耗最初傳來，朋友們驚相走告，泫然太息。現未期年，大家對他懷念已經沖的很淡，快到遺忘的階段了。他的著作出版後，他便永遠活在無論識與不識的讀者的心裏，不再受時間的淘汰了。

（民國六十四年八月）

東吳大學《法律學報》發刊詞

本校創立於蘇州，自清光緒二十六年（一九〇〇年）迄今，已屆七十五周年。民國四年（一九一五年）制憲運動瀰漫全國，朝野一致提倡法治，本校亦於上海崑山路設立東吳法科。以期訓練法律人才。

東吳法科為促進法學之研究，自民國十一年（一九二二年）起，發行《法學季刊》(China Law Review)，每年四期，作為師生發表法學論著之園地。至一九三七年，中日戰起，東吳法科在上海勉強維持，《法學季刊》出版亦時有斷續。迨一九四〇年，遂完全停刊。

昔之《法學季刊》，每期分中英文兩部份，包括論著、書評、判例及法規等等。中文部份乃以介紹西洋法律思想，與外國法制為主。英文部份，除我國及一般法律思想之闡釋外，著重說明我國司法制度之發展與法典之修訂。其目的在使外人瞭解我國當時之司法進步概況，以促使早日拋棄領事裁判權。

《法學季刊》由校內學生在教授指導下，擔任編輯工作。稿件除來自中國法學家外，亦有來自在華及在英美之外國法學家，如美國領事法庭庭長、羅馬法專家 Charles S. Lobingier，名律師 N. F. Allman，及後來在美國 Michigan 大學任教授之 W. W. Blumes 等。中國法學家、法科同學嗣在校任教者，如吳經熊、梁鋆立、章任堪、丘漢平、桂裕諸先生，均歷年經常撰稿，目前諸氏均在台北。

季刊英文部份，在國外法學界享譽甚隆。最近（一九七五年）由美國國際法及比較法方面最大法律刊物出版家，紐約 Oceana Publication, Inc. 公司，經徵求本校允准後，重新影印刊行，尤可見國際法學界，對《法學季刊》永久價值之重視。

值玆欣逢建校七十五周年，緬懷《法學季刊》過去之績效，亟思有以為繼，用特發刊東吳法律學報，由本校法律學研究所編輯，該所研究生參加工作，研究所及大學部法律系同仁共同協助撰稿。第一期付梓在即，略述發刊旨趣，弁諸卷首。

（民國六十五年元月）

東吳大學《文史學報》發刊詞

本校自清光緒二十六年創立迄今，已屆七十五周年，造就人材，貢獻於國家人群者多矣。大學教育之宗旨，為傳授高深學術；本校為促進學術研究風氣，曩在大陸，曾先後發行《東吳學報》及《法學季刊》，分別刊載文史及法學論著。後以政府遷台而停刊。

民國四十年，本校在台復校，由補習學校而法學院而完全大學，辛苦經營，亦二十有五年矣，今已有文、理、法、商四院，計共十八學系。原有《東吳學報》，亦于四年前恢復發行，內容除文史以外，兼及社會科學。此次為紀念建校七十五周年，特將內容再加擴充，分編四集，陸續刊行，並按學科性質，定名為《文史學報》、《法律學報》、《社會學報》、《數理學報》。

本集為《文史學報》，專載文學、史學、哲學、藝術等論著。茲以付梓在即，略述發刊旨趣，弁諸卷首。

（民國六十五年三月）

序王家楣《律師生涯三十年》

王君家楣，與余為舊友，相共治律有年。其人嚴正勇進，忠於所業，舉直措枉，袪蔽復明，使來者情有所伸，去者心有所感，三十年律師生涯，其所以正人心，辨是非者不能悉數，案牘之勞，使君之目病矣。君於每年九九律師節，刊文報章，抒布心志，自舊檔案例，時聞近事，擇其尤具代表性者，就法律立場，詳加評論，寓理於事，傳道於文，初不以目之病也息其智慮，斗室勞謦，靈光明照，斯書之出，益足以盛瞶瞶之世情矣，余將拭目以俟之。

端木愷序於東吳大學
中華民國六十七年初冬

序張海、萬槤合修《當塗縣誌》

當塗舊為太平府治，晉書地理志以為古塗山之國；輿地紀勝以為永嘉南渡，江北當塗之流人，過江僑立當塗縣，於是江南始有當塗之名，徙北地之當塗來江南者蓋自東晉始。及後鼎革頻仍，遷徙離合，迄無定所；其地左天門，右牛渚，大江濤翻，雄關屏立，古籍所謂當塗采石之險，甲於東南者。自南唐以降，或軍治、州治、至元之路治，而孫吳之前軍，東晉之備戰，胥皆以此為重鎮。

余生於斯土，未長即去其鄉，四方寄旅，極少歸時，迨于役京畿，故居密邇，偶一耑歸，攀其高峰，臨其深淵，追撫古昔英雄奔馳攻守之遺跡，文人逸士觴詠流連之餘韻，六朝煙雨，萬古關河，慨然想見吾鄉賢豪之功業，而於虞允文之以采石抗金，尤三致意焉。

民國多故，京畿數經兵燹，吾鄉盛衰亦因之為進退，至大盜禍國，寇師南侵，國軍忠義將領，吾鄉天險以禦京邑，奮戰不屈而死者屢有所聞，湖山英靈，先後相接，又豈僅為吾當塗一邑增色而已！乃自中原板蕩，當塗俱與沉淪三十餘年，世變日亟，而國運亦與之為轉移，收京澄清之功，雖無可疑，然遊子思鄉之情，正日增而月累也。鄉賢趙詠吾諸公，於是而有重印當塗縣誌之議，海外遐荒，文獻不足，因以故宮博物院珍藏乾隆十五年木刻版當塗縣誌為藍本，標點鉛印，附以喪亂以來鄉賢有關述作，以為未來重修新誌之參證。書成，吾鄉之旅台者，相與酌酒而慰，展卷而讀，按其圖則曰：此宇內江山之勝處也；按其邱則曰：此吾先人廬舍之所在也；觀其風土人物之美，益思父老沉淪之痛，因而相與勵其蕩滌重歸之志焉，是為序。

中華民國六十八年八月當塗鑄秋端木愷　時客陪都之台北

為「傳習」二字進一解

陽明先生講良知之學，與門人相互問答，暢其要旨，由其高弟徐愛輯成《傳習錄》三卷行世。語錄之體，晤自論語，佛學東來，師弟講習，多以語錄體成書，宋明大儒以語錄刊行者尤多，而以陽明之《傳習錄》，流傳最廣。

「傳習」二字，謂師傳生之意，論語學而篇：

「吾日三省吾身，為人謀而不忠乎？與朋友交而不信乎？傳不習乎？」

「傳習」是兩件事情，論語集註說：「傳謂受之於師，習謂熟之於己。」師傳、生習，二者密切配合，才能成其所「學」。以陽明知行之說喻之，「知」是所「傳」之「知」，「行」是所「習」之「行」，傳習合一，即是知行合一，此意在陽明《傳習錄》中再三強調：

問：惟精惟一，是如何用功，先生曰：惟一是惟精主意，惟精是惟一的功夫，非惟精之外，復有惟一也，精字從米，姑以米譬之，要得此米純然白，便是惟一意，然非加舂簸篩揀惟精之工，則不能純然潔白也。舂簸篩揀是惟精之功，然亦不過要此米純然潔白而已，博學、審問、慎思、明辨、篤行者，皆所以惟精而求惟一也。（傳習錄上）。

依此說法，「惟一」是「行」的目標，「惟精」是「知」的工作，二者原為一體，不可截為兩段，推而論之，「傳」是「習」的準則，「習」是「傳」的實踐，是以陽明又說：

「人須在事上磨練，做工夫乃有益，若只好靜，遇事便亂，終無長進。」（傳習錄下）

在事上磨練的東西，即是師所傳授的東西，此磨鍊即是「習」，孔子說：「學而時習之」，「時」字最緊要，時學時習，即知即行，至於「不亦悅乎？」乃是傳習有得的結果了。四庫全書簡目作者永瑔謂：陽明之學，「確然有自得之處，亦確然有自立之處」，自得是理上工夫，自立是事上工夫，換句話說，有所得而後能傳，有所立而後能習，此是要求於「師」道者。進一步則傳而後能得，習而後能立，此是要求於「生」道者。傳習的關係，即是師生關係，然此並非易事，「傳不習乎？」曾子尚列為每日三省的項目，其難可知。

本校哲學系，輯師生講學要言，亦名曰「傳習錄」，學步前賢，用意至善。哲學問題，亦深亦淺，「君子之道費而隱」（中庸），「費」指用之廣，「隱」指體之微，這是澈上澈下、兼內兼外、即傳即習的學問，說理不能實踐，或實踐不能知理，皆走了一半，不可視為全程。我認為凡是可「傳」者，應是可「習」者，凡是該「習」者，即是當「傳」者，華嚴宗講「事理無礙觀」，傳習工作，就要做到「事理無礙」，然後才能「事事無礙」和「理理無礙」。

不過在傳習過程中，有一點值得商酌，學貴自得，其要在自反、自發，傳習之間，有一個古老的原則，黃梨洲說：

「胡季隨從學晦翁，晦公羽使讀孟子，他日問季隨，至於心獨無所同然乎？季隨以所見解，晦翁以為非，且謂其讀書鹵莽不思，季隨思之既苦，因以致疾，晦翁始言之，古人之於學者，其不輕授如此，蓋欲其自得也。」（明儒學案一）

「不輕授」不是不授，而是「不憤不啟，不悱不發。」（論語述而）而是「力不能問，然後語之。」師之所傳，在「扣之以小者則小鳴，扣之以大者則大鳴。」生之所問，在「如攻堅木，先其易者，後其節目。」（均見學記）晦翁了不肯直說，不但沒有做到「小扣小鳴」，而且更具有困知勉行的深意。釋門說法最忌道破，並非不能道破，而是要由學者自得於心，自破於境，自道於口，才能印證其境界，凡此，如不經過傳習的精密層次，決不能辦到。理不在多，貴能融通，事不畏難，貴能篤行，傳習之事，已盡於此。

原載：民國七十一年四月東吳大學哲學系《傳習錄》第一期

報告

呈蔣中正總裁在港所得觀感並附具芻議

摘由

事由：端木愷同志縷陳在港所得觀感，並附具芻議，敬備參考由。

職於上月下旬，因央航飛機案至港會商法律問題，曾抽暇與孫哲生、錢新之、歐陽惜白、彭君頤、許汝為、張向華、張任民暨旅港立監委及文化工商各界人士等卅餘人，先後晤談，綜合各方意見，似有足供參考者，謹陳如左：

甲、據在港所得大陸消息，「共匪必敗」已為多數人共有之信心。其原因，：一為匪黨幹部離心；一為殘暴政策之反映。職意為收拾大陸人心起見，宜：

1. 除少數元奸、巨憝及在港澳劫持國家財產者，罪大惡極，應列舉姓名，依法嚴懲外，其餘淪陷份子，凡無積極行動，及將來可以將功贖罪者，似宜早定寬赦辦法，預為公佈，以收安緝之效。

2. 除在台現行反動份子，應予立即依法制裁外，其餘留滯大陸者，即使根據情報，對之有所處分，似亦不必立即沒收其在台之財產。

乙、港澳人士雖份子複雜，意見紛歧，然其反共心情，大都一致，祗以過去聯繫之不足，致力量分散或互涉猜疑，前洪、雷兩同志赴港訪問，辛勞備至，一般影響甚佳，但以經久契闊，立求團結，自非易事，或以形跡較疎，偶爾接觸，難以深入。職意反攻大陸事繁任重，僅恃台省一地之人力物力，似有未逮，除爭取友國而外，對於國內外反共人士，自亦宜儘量結合。現在若干留港人士，即將有所組織，其力量之大小，固

猶待查考，而勢之形成已不容諱言，與其聽其成長，不如加以聯絡運用，以示我之博大。職意對港澳人士，似可

1. 隨時公開派人至港澳聯繫，其方式不妨採用正式代表或私人資格前往，其人選以與港澳中堅份子私誼較厚、聲望較隆者充任。
2. 所派人員最好就政治、軍事、文化、工商等分別遴選派充，俾同氣相求，結納較易，並酌撥的款，供其運用。
3. 在港澳之本黨同志，不乏奮發有為之士，請就地取材，准予參加組織，俾能甄別指導。

原函附呈

敬呈者：

職因央航飛機案，民航公司由倫敦聘請大律師國會議員蒙克頓爵士(Sir Walter Monckton)到港出庭，約職會商法律問題，於三月下旬飛港，往返六日之間，曾抽暇與孫哲生、錢新之、歐陽惜白、彭君頤、許汝為、張向華、張任民及旅港立監委員、文化、工商界人士等約三十餘人，先後晤面。綜合各方情形，似有足供參考者，謹陳如左：

〈甲〉據在港所得大陸消息，「共匪必敗」之信心已為多數人所同具。其原因：一則為匪黨幹部之離心；一則為殘暴政策之反映。蓋匪黨素以參加萬里長征者為基幹，而若輩類皆無賴無知，幸竊高位者，極盡驕奢；慾壑未填者，輒生怨懟。向所謂坦白批評，近已相視以目，新進份子益自猜疑，加以恐怖殺戮，人人自危，遂致群情憤慨，舉盼反攻。然亦有幸冀其不敗者，一則為匪之基本死黨，一則為我留置之員。屬匪

之死黨，無論矣，我之員，屬之甘心附匪者，亦無論矣。惟若干人員及工商人士，或以先事遣散，或以臨時倉卒，或以室家累重，或以資財產業膠著不及，或不能隨政府撤退者，所在多有。原其本心未必同情匪黨，然或被威脅，或迫生計，不得已而為匪工作。當此反攻前夕，忐忑其心，深懼光復後之不能見容，乃轉冀其僥倖不敗，藉以苟延殘喘。職意以為，對收拾人心方面似宜：

㈠除少許元奸巨憝及在港澳劫持國家財產者，罪大惡極，應與列舉姓名，依法嚴懲外，其餘淪陷份子，凡無積極行動，及將來以功贖罪者，似皆宜早訂寬赦辦法，預為公佈，以安緝之。

㈡除在台灣現行反動應予立即依法制裁外，其留滯大陸者，即使根據情報對之有所處分，似亦不必立即沒收其在台些許之財產。蓋此輩既罪嫌待證，而將來未嘗不可望其為助於我，且使之過受挫折，反足激以大部份陷區資財甘心資匪，未免得不償失。是以現在此種財產之查封，似宜暫行停止，庶可遠結人心，圖其後效。

〈乙〉港澳人士雖關係複雜，意見紛歧，然其反共心情大都一致。惟以過去聯繫不足，遂爾力量分散或且互涉猜防，使少數野心者流，得有乘便機會發生不良影響。前此洪、雷兩同志赴港訪問各方，辛勞備至，一般印象大體甚佳，顧或以經久契闊，立求團結，自非易事；或以形跡較疏，偶爾接觸，難以深入。竊意反攻大陸，重振政權，事繁任重，純恃台灣一地之人力、物力，良有未逮。是則除爭取與國而外，於國內外各地之反共人士，自亦宜儘量結合，自厚力量。現若干在港人士，即將有所組織，其力之大小固猶待考，而勢之形成則不容諱言。與其忌言之，否認之，轉以聽其成長，毋寧聯絡之，運用之，且以示我之博大。故職意今後對港澳方面似宜

㈠隨時公開派人聯絡，其方式不妨採取正式代表及以私人資格前往二種。正式代表以與港澳若干中堅份

子淵源較深、私誼較厚，而在某種方面身望較隆者充之；以私人資格前往者，以人事較熟、方面較廣者充之。

㈡所派人員最好就政治、軍事、文化、工商等，分別適應遴選派充，俾其同氣相求，結納較易。凡此人員名義或殊，任務則一，舉以爭取向心為標的，並酌撥的款供其運用。勞來匡直，許其相機，往復溝通，秉承有自，則結合之效，當得漸宏。

㈢就地取材參加組織。本黨同志散處港澳者為數尚多，誠不乏奮發有為之士。職前自港返台，曾有報告，並懇與以組織運用。現此輩黨員仍多未得來台，倘能甄別指導，使就地參加彼等組織，幸獲運用之效，固自大佳。即或不能，亦得以蒐集情報以為因應之計，是較之忌言否認，為可收積極之功能。

上陳兩項，為職短期在港觀感所得，敬述管見。伏候

鈞裁謹呈

總裁

職端木愷謹呈　四十、四、十

國史館典藏，《蔣中正總統檔案》，〈一般資料〉。由國史館提供。

【訪問及談話錄】

專訪端木校長

《東吳》訪問稿

經由刻意的安排，我們於三月十八日上午十時，在校長室展開了這個訪問。

我們全體同學對於目前學校建校情形都很關心，是不是可以請校長為我們談談這方面的情形？

所謂建校，範圍很廣，就目前說來，在工程方面成立了推廣中心，大概去年年底動工，據推測，明年二月才可能完工（雨天除外），開工後，你們都知道，農曆年前後雨水很多，建業公司對東吳工程已很努力，雖說雨天，也照樣進行，雖超出預定二十一天，但相信在下學年秋季十月可能有三層房屋可以使用。這一建築完全是為了推廣教育。而夜間部將搬至城內，因為辦夜間部也是推廣教育的一種。

另外電腦推廣中心已將成立，供日夜校同學共同使用，以後還想招收短期訓練班，以培養人材，接著預備成立的三個中心是：1.秘書訓練中心2.語言訓練中心3.其他在職人員訓練中心，還預備繼續開工科學館，這也是應理學院需要。在這裡我還要附帶說明成立理學院的理由。

1.在我未來之前，學校裡已經成立了數學系，數學系不可能不涉及物理，但是成立數學系之初，未曾考慮物理方面的問題，而我在聯考之後，才擔任校長職務，因此，如無物理系，數學系又不能辦，且化學物理又有係，所以我增加了這兩系，也藉機成立理學院，以符合大學學制。

東吳校本部在蘇州已有相當聲譽的理學院，當時院內有生物系，尤以生物化學為最有名。而東吳之復校，陸來台校友共同努力而成，他們都很希望能恢復學校舊有的規模，我也希望在科學館造成之後，再成立生物學系。

可不可以再請校長談談將來學校的抱負發展，有什麼新計畫？

剛才所說的有一部份就是新計畫，當然不是立刻可以實現的，所以目前還不能有具體的計畫，不過本校仍無正式的圖書館，我希望在推廣中心和科學館完成後，再籌建圖書館。將來體育設備也要增加，如：游泳池、體育館……這些都在計畫之內，也就是說我們以這些計畫，請求捐助，而以建科學館為絕對優先。

聽說本校將要有音樂系的增設，不知何時才能實現？

是有這個計畫，但暫時還無法實現，因增加一個系，須要有人、有設備、有錢，這三個條件。雖說音樂系的設備要比物理化學系花錢少，但最低限度，也要有幾架鋼琴，學校現在捐到幾架，如星島日報胡仙女士捐了二架，這都是黃奉儀教授努力的結果，過去黃教授在本校義務幫忙，但除非她有時間再繼續在東吳三年，才有成立的可能，否則不易找到接替的人。

關於學生學養方面，可否請校長給我們一點指示？

東吳學生的優點是無論課程，或者一般生活方面的管理很嚴格，但缺點是讀書風氣不夠，但從某方面看來，圖書館有雜誌室，不須任何手續，而看的人並不太多，在圖書館內部看書，也不麻煩，且自盛館長到任後，圖書館日夜開放，看書的人並不多，也許過去上課的鐘點太多，時間不夠支配，而從去年起我們把學分減少到教育部所規定的學分，其減修的目的，一則減輕教師的負擔，一則也是增加學生閱讀課外書籍的時間。

校長平時公務很忙，在閒暇的時候，都作那些消遣；可不可談談，也好給我們同學做個參考典範？

我過去應酬很多，現在幾乎連用飯的時候，也忙著談些公務，當然還有許多私人的事情需要應付，所以剩下的時間也不多，我較經常做的運動，就是打高爾夫球，通常在早上五點半到六點的時候，因為這樣可以不妨害其他工作的時間，晚上有空，不免看些雜誌書報。

在輕鬆的氣氛下，我們結束了這次的訪問，感謝校長，在百忙之中，抽空為我們回答這些問題，使我們對學校目前的情況，及將來的計畫，有了更進一步的了解，同時對學校的前途，也更具信心。

原載：民國六十年《東吳》第五十一期——慶祝青年節特刊

東吳去來

——專訪端木愷校長

《東吳》訪問稿

一、大學生活——過去和現在的比較

談志願問題

在大陸時，大學的人數不多，一般多半在千人以下，幾百人而已，不像目前台灣動輒萬人；因為競爭不激烈的緣故，考大學沒有現在這麼緊張，半世紀前的大陸時代，根本就想像不到「聯招」這兩個字眼，那時入學考試，是選一所大學報名應考，選那系便考那系，考取與不取都是那個系，不像現在有十個八個志願，這系不上可取上那系；況且一個人的志願，在年輕的時候，到底能不能真正代表興趣與志向所在，這很難說，但是事實上有很多學生中途轉系；先學農，再學商，後改成讀文學；就我自己來說：我先學文，又換心理學，再研究政治學，最後攻讀法律，所以現在大家談論聯考沒顧到志願，理論上是對的，但實際而言，並不盡然如此。台灣目前的現象形成一窩蜂的往大學的窄門擠，似乎完全談不上志願，若有的話，其唯一的志願就是進大學，等到進入大學後，方感到興趣不合，於是急著轉系，但轉系亦有所困難，轉系不成的話，可能抹煞了學生在某方面的才能，甚而造成身心不和諧，這是值得憂慮的事。

教育方針

就東吳來說，那時和現在的確不同，現在點名很嚴格，在大陸時根本不點名，採榮譽制度(Honor System)，考試不監考，且缺課的情形很少，缺課到若干時候，用不著學校規定停止考試，因為那時若缺課一兩個禮拜，就讀不下去了，這也許是教育方式不同的關係。教員上課時，第一天先介紹大概情形，然後指定課本要學生研讀並報告心得，然後教師再補充些不甚了解和容易疏漏的地方，使學生的眼光不致太狹隘，因此若有幾堂課沒上，便趕不上進度，覺得難以繼續就讀了，不像現在亦得規定超過時數 1/3 不得參加考試。因為是榮譽制度，考試沒人監考，大家不好意思作弊，這是一種風氣，若有人會問：那為什麼以前行得通，現在就不能實行了呢？此乃因為考試監考的嚴格，是以前人的經驗，覺得有必要這麼做，現在延繼著這個制度，要改變的話，實在有所困難，諸位想想：如此嚴格的點名和監考，也有同學缺課、作弊，如果把這些制度取消，不是一句話，也不是很短的期間便能把一種習慣，一種作風改變過來的。再說大陸時代，上大學的人不多，所以不進大學倒覺得無所謂，而且不是為了進大學而進大學。目前，固然我們自己也辦大學，我總感覺大家沒把教育分成若干個段落，今之中學教育完全按照大學聯考的趨勢，成為進大學的準備學校，沒把中等教育視成一階段，這樣的結果便鼓勵大家進大學，升高中乃是為了進大學，若不進大學則教育沒結束，這是錯誤的觀念。財富的增加促使進大學的人數增多，人數的增加是社會的需要；很多成功的事業家自己很可能沒受過教育，完全由於經過奮鬥，經過努力而有成就的，所以大學教育並不真正必需。與其大學生個個都考慮將來畢業後的出路，不如在進大學之前做個考慮；不進大學能做些什麼？大學本來就應該注重素質和思想，以培養更高的涵養，但是目前卻往往忽略。

活動方面

就我個人經驗，以前活動範圍沒現在這麼多，影院、舞廳、咖啡館很少，生活較簡單，活動範圍不外乎校內的各種聚會、運動兼及討論社會問題，所以不像現在有這麼多問題青年，也可說那時的環境不會造成太多的問題青年。除了參與校內的活動、運動外，大家自由研究、自由討論的風氣很盛，因那時正值思想奔放的時候，大量的外國思想輸入，學生著重在比較方面，而當時中外的距離較今為大，衝突也較多。譬如對於婦女纏足問題，常成為男女同學辯論的題目。翻開當時雜誌，幾乎每期都有討論中西文化的融合問題，現在同學間若討論纏足問題，未免太幼稚，換句話說，那時正是舊式文化接受了西洋思想的輸入之後，膠著也可說，矛盾也可說，衝突也可說，在這方面可證明時間印證了很多事情。

有幾件事情我記得特別清楚，那時上海、東南各大學的球類比賽，是大家興趣集中所在，現在的足球比賽，除了踢足球的人外，其他的同學好像不太熱烈，當時的校際足球賽，幾乎是全校總動員，把它當作一件大事，勝利的球隊趾高氣揚，失敗的學校則痛哭流涕。那時的體育沒現在這麼極力提倡，但是學生一有空便運動。我不是運動員，但我常陪運動員練習，他們練短跑我也跑，練長跑我也跟著跑，雖然我短跑沒他們快，長跑沒他們久，但如此我也達到了運動的目的，也盡到我鼓勵同學運動的義務，提高運動員的興趣，像我這樣的人很多，當然也有許多同學一天到晚看書，舊式的學生整天穿長褂，從來沒穿過短衣的也不少。

服役觀念

我想今天大家極想進大學，實與兵役有關係，女生不說，男生多半如此，就最近來說，根據教育部規定，某一狀況之下，就得遭受退學，為了退學找我的學生，不是為了因退學而耽誤了求學的機會，而是退學後就得當兵去了，如此一來，大學便變成兵役的逃避所，這和大學教育的目的太相反了。征兵是國家的制度，姑且不去批評它，但是怕服兵役的心理，實在令人不解，現在是安定時期，並不打仗，大家也知道二年兵役之間不會發生戰事，也不會有危險，那何必怕它！其實恰相反，真正打仗時，青年倒不怕，只要對青年說：國家現在需要你犧牲生命，那青年絕對會奉獻出來，若說青年怕死，那青年更不會承認，明知道不會打仗，又沒有死的機會，那又何必怕當兵？就我的想法，當兵有的是好處：生活有規律，而且身體的鍛鍊對於緊急應變的機警都可由軍訓學會。例如入學前成功嶺受訓，試想入伍前與結訓後的差別如何？很顯然的，高中時散散漫漫，回家後看到父母便撒嬌，入營後，無嬌可撒，頭幾天飯吃不飽，棉被也鋪不好，兩個禮拜後，飯吃得多，床也鋪得好，內務很齊整，生活的規律便建立起來了。在軍中要你在適當程序內冒險，其目的有二：一是歷險不驚，二是在冒險時知道如何應付，所以說一個受過軍事教育的人如遇到火災，他知道保持穩定及如何逃命，而未受訓的人便會慌張，容易發生危險，所以當兵是有好處的，那又何必怕它？如果是為了延緩兵役而進大學，那未免把大學教育看得太不正常了。

出國與出路

以前大學的人數不多，除了極少數有錢的子弟把大學教育當做生活照例的一部份外，其他的學生都是為了求學問，而今許多學生把進大學當做一種趕時髦的玩意，讀完初中就得進高中，高中畢業後就必須進大學，如果不這樣的話，就好像落伍一樣，不是完全為自己的興趣求得更高深的學問；且畢業之後，無論能不能出國，都得做出國的準備，如此亦成了一種風氣。當時除了清華是留美預備學校外，其他學校的畢業生出國的很少，也沒有不出國就是極限的觀念，更沒有把出國當做像現在大家共同追求的目標。清華是庚子賠款後，以美國退還的款項興辦的教育文化機構，最初清華不是大學，是個留美預備學校，由清華畢業後，到美國多半由三年級開始讀起，因為不回國的留學生很少，從來沒發生過回不回來的問題，所以現在所有的現象，好像當時感覺沒這麼敏銳，而且也沒把學位看得很重要，老一輩很多成名的學者，心志所在，讀書而已，按部就班的求取知識而不拿學位，總之也可說當時留學生多半有本身的目標。

有人說在台灣出路最好者為台北工專，因一般工廠所需要的是中下級人員，非高級人員，故工廠不歡迎大學畢業生，大學生注重學術方面的工作，實際的工作不如工專畢業生，這是值得討論之事。希望以後大家不要把大學教育視成一種履行的事情，小學後入中學，中學後進大專，大專畢業後出國，但以後就沒了。當然美國就業機會很多，可容易找到職業，但這也沒絕對把握，現在也變了。大學生的出路問題，世界各國都在考慮。那些不需要進大學而勉強進入的學生造成出路的困難，因人數太多而且所學不精；因此進了大學後，我認為有幾條路可走：1.在一、二年級時便要考慮是否大學四年要繼續讀下去，若不適合的話，可轉到專科，學一門專業還來得及。2.轉系的方法要放寬些，使學生有適當的科系就讀。3.如果要讀大學，就得好好的讀下去。我不是強調大陸時的大學生多好，我讀書的時代，敷衍了事，勉強畢業的也有，不過問題沒有現在如此嚴重罷了。東吳向來很嚴格，大陸時，在上海拿法科來說，法科只有三年，但法科之前，得經過考試，起碼讀二年大學，那時得先到蘇州讀三年後再到東吳上海法科讀三年，總共六年，拿兩個學士學位。很多學生是大學畢業後，再到東吳法科就讀，這是受美國的影響，儘管如此，畢業後人數只剩三分之一，有的畢不了業，大部份自動退學，一年級走了一部份，第二年又走了一部份，畢業時就只幾個而已。現在教育部一面想辦法增加就業機會，一方面勵行淘汰制；此制度並非故提高學校聲譽，實乃牽涉到一些學生是否應該繼續就讀，這是值得考慮的。

二、東吳聲譽

社會地位

本校在過去同一般教會學校無分別，畢業生可說很少有特殊的人才，可是在社會上都能成為中堅分子。以前在校本部（蘇州），成就最大的是生物和化學，所以二十多年前剛由大陸撤退時，台灣各校生物、化學教授大都是東吳畢業。在司法界來說，東吳校友多半從事律師事業，做法官的校友不多，就上海而言，校友在律師界特別多，影響力也特別大，有少數從事司法界工作的校友，成就倒很高。學術界可以說沒太特殊的人；教育界也舉不出傑出的校友；在政治界，好像東吳學生對政治的興趣比起一般大學，可說是很不濃厚，比較知名的學者：如吳經熊校友，他在外國文學、哲學、法理方面就很高。今在美國教美國法律只有東吳校友，人數不算太少，很可惜這些校友不能回來，若回來也將近退休了。我所知道在美國教法律的校友大部份教外國法律，很少教中國法律。

熱愛母校的精神

旅外的校友，我覺得他們對母校的愛護比一般學校要強烈，在國內，同學會沒有當時復校前的校友，情況顯得不太熱烈；在台灣有母校存在，並不覺得可貴，但在國外則不然，校友感到失而復得之物更加寶貴，在台灣的東吳校友艱辛的把東吳復建起來，因此他們感到很親切，更願意對東吳有所貢獻，儘管力量不一定很大。就我個人經驗，我在台灣和東吳的關係很淺，在剛復校開辦時，我教過書，只教了一學期，所以畢業的同學對我不認識，更談不上感情，不過我到美國時，每個地方都受到台灣畢業校友殷勤招待，他們對我的照顧，沒有私人理由，乃完全由於對母校的關切。

東吳的特點在於嚴格，無論是在大陸時，不點名、不監考，還是很嚴格，現在台灣換了一種方式，也是很嚴格，所以東吳的學生不像其他大學的學生好壞懸殊很大，較為平均，正因為如此，離開學校後，更加懷念母校，在學校時嫌太嚴，不過以後便會覺得很有道理。

三、未來的展望

學校政策

點名制度因鑑於沿襲已久，無法取消，而座位固定乃為了要配合點名而不得不如此，座位固定，教員要認識學生也較快，如此亦可聯絡師生間的感情。提到學生和教員的接觸少，可多設助教以幫助疑難解答，加強輔導功能，燈光、聲音方面的問題亦以加強控制而解決之。

本校注重國文和英文是有原因的！因為語言是表達的工具，「工欲善其事，必先利其器」，中國人怎能離開中文呢？在交通事業，各國貿易發達的今天，本國會受到外國的影響，而現在英文已成為世界語言，所以為了打好基礎，本校加強英文的教導。

現在每班人數很多，這是不得已的，因為1.學生增加，2.教師人才不夠，3.幾無專任教員，大部份教員在外兼課，人才不足和待遇問題也是重因，學校經費不多，無法請太多的專任教員，再則不願搶別校的教師。至於理學院，得聘請留學青年，數學、物理、化學各系，亦得設專任教員。

美化環境

建設方面，限於經費問題，得按部就班慢慢的來，如理學院、男、女生宿舍的完工及音樂館的興建，乃一步步的發展，隔音設備可望完成。至於計畫興建的圖書館、理學院第二部份及游泳池、體育館，都是將來必須完成的工程，本校因限於校園面積，故只能夠長條形的擴充。現在校內還有些工程尚未完工，待完工後，將道路完全修好，再加強花樹的栽培與保護以美化校園，使東吳有更理想的讀書環境。

對畢業生的期望

談到對於畢業生的期望：

1.不要好高騖遠，該腳踏實地；不要以為自己是大學生，稍微低一點的工作就不願意做，一個能挑一百斤的人，挑九十斤最好，勉強挑一百〇五斤那很費力，能老挑九十斤而慢慢鍛鍊，將來很可能挑得起一百五十斤，如果一下子便想挑一百〇五斤，那可能就會被壓倒，所以寧可遷就些。

2.不要希望做特出的人，不該為特出而特出；在實驗室裏，和一般人做同樣的工作，可能有特殊的發現，也是由普通的實驗而來，所以為了成特殊的人而做特出的努力是不實在的，再說社會需要的是中堅分子，若只有少數特出人物而無中堅分子，那也毫無貢獻，我不反對出國，但不該存有他人出國，自己不出國便覺得沒面子的觀念，出國後若一無所成回來，那比在國內就業，打基礎還不如；最後希望畢業生能互相勉勵，互相扶持，發揮東吳優良傳統，爭取更高的榮譽。

※後記：校長的談話，實可喻為「平易近人、如話家常」，諸君讀完此文後，必有同感。同時謹對校長能在日理萬機中抽空接受採訪，致最虔誠的謝意。

原載：民國六十三年六月《東吳》第六十一期

把東吳邁向理想化

——訪端木校長談東吳的理想

《東吳》訪問稿

□學校經費收支情形如何？

△學校收費都是按照部的規定，其中學生活動費乃代收性質，學校有監督之責，無支用之權。一般而言，在教育部規定範圍內，縱不能少收，也絕不願多收，因為收費乃不得已的事。

就學費一項，每年收入光支付教職員薪水就不敷三百萬元，原因乃是我們學生人數較少，並且儘量聘專任教授的緣故。

另外雜費過去有餘，現在不足，乃是因為生活程度提高，水電紙張，百物皆漲，而雜費調整無法趕上物價上漲指數，有以致之。有人批評點名制度是我們收支不敷的一大原因，我覺得這種看法不夠客觀——也許有點關係，但很有限，我們還是不能因噎廢食，取消點名。

在這種入不敷出的情況下，除了募捐之下，就不得不求助於貸款，學校在近幾年為增加設備、建築，向銀行貸款最高曾達四千餘萬元，到目前稍好，還積欠約三千萬新台幣。另外，我們教職員沒有退休金，石故校長為了保障他們退休後的生活，乃採取一種互助存款的方式，按月在他們的薪資中扣減大約五%，學校配儲相等的金額，存到銀行，這筆錢是不可動用的。但石故校長時期，學校即已先行借用，按銀行利率付息。好在，這筆相當於退休金的款項，不必一次付清，也不會屆時虧欠。

□在這種拮据的情況下，教會、校友會是否有所資助？

△東吳雖然是教會學校，但教會的幫助並不大。復校成功，校友出力最多，許多捐款也直接或間接的由他們募來。我們知道：發動復校的這批校友，大都是大陸淪陷後遷出來的難民，他們的財產都丟失在大陸上，因此東吳能建設到今天的規模已經相當不易。何況他們出來時都在四、五十歲左右，過了近三十年，衰老的衰老、退休的退休，已無餘力再奉獻給母校，將來學校勢必要依賴台灣畢業的同學來支持。

□是不是可能組織校友，勸募經費？

△學校當然需要校友幫忙，但以我們的立場言，對校友只能「勸」募，而不能要求。海內外的校友會早已經成立，但如何支援學校，須靠同學自動自發，很難由學校主動去做。尤其在校同學，對他們發動捐款，有如勒索，對於學生、家長的心理都有不良的影響，我決不願意那樣做。目前，在香港與本省的校友會已有籌募的計畫，學校並派有專人負責聯絡。當然，有許多學校的確花了相當大的經費來聯絡校友，但我們須知道：學校目前是收支不敷，而求助於校友，如果開支一筆龐大的費用，來加強校友的組織與聯絡，而不能達到預期的效果；將不免有「偷雞不著蝕把米」之虞，沒有把握的事情，我們也不能不多考慮。

□學校是否能給學生更多的自由？譬如說：刊物的審稿、批評的自由？

△我無意限制學生的言論自由，可是我很感覺奇怪，我常和學生會餐，給諸位言論自由，要求大家發表意見，可是卻很少人發言，為什麼不利用機會口頭發表，而一定要見諸文字？你們一定願意那麼做，我也不反對，我之所以把東吳半月刊改由學校自辦，而另由學生會出版雙週刊，便是方便大家自由的議論。學生的活動，包

括刊物，都需要輔導，輔導的範圍，不是我一人所能任意規定。而且，我又有一種看法：我認為對的，我才做，我認為不對的，我不會做。我所決定的事，我可以接受批評，似乎不應自已再來批評，否則我會顯得沒有立場。刊物分開，一個由學生會自辦，發行人不是學校的負責人，那麼批評的主體與客體便有所分別。從校長到工友，我並不覺得學生不能有批評的自由，但要有事實根據，善意的批評。

目前課外活動指導組的審稿，只是站在督導的立場，而不能說是限制你們的自由。台灣目前的情況較為特殊，尤其許多年輕人都不免偏激，並且容易受煽動性文字的蠱惑。所以學生的意見儘管可以自由表達，但表達的方式宜當研究一下。

□可是我們訪問前校長施先生時，施先生曾指出：學校中的行政人員和學生之間經常太過於冷漠，意見無法溝通。

△施先生是為東吳復校奔走最熱心的校友，也擔任過補習學校時代的校長，他說的話自然是經驗之談，不過就目前教育的情況來說，校長經常有許多應做的工作，實在不太可能放下一切來和學生生活在一起。並且你們可以計算一下：東吳有五千學生，在一學期的百日當中，校長是否可能有多少時間能和每一個同學談話。別說校長，即使你們的系主任、教授也很困難。

可是我還是經常邀一整班同學午餐——沒有人要求我這麼做，前人也不曾這樣做過。只是我私下覺得，可以在這一個多小時當中聽聽同學的意見。當然，同學的意見並不一定都被採納，不能接受的，我會站在學校的立場，告訴同學原因，儘管原因並不一定使同學感到滿意。可以採納的，我都盡量採納了，譬如說各棟教室、宿舍增加自動飲水器，校內各處裝置電話亭，和圖書館延長開放時間，都是同學的建議被學校採行的結果。

而學校的原則是，主動的在各方面做到使同學更滿意，就男生宿舍和女生宿舍的開放熱水浴為例，即使同學不反映，即使增加若干支出，學校為顧全同學的衛生，仍然盡心求好的做了，所以學校負責人對學生並不冷漠，和學生的意見亦絕非無法溝通。倒是幾位老學長，如施先生等，我不能時時拜訪，經常請教，不免有冷漠隔閡之感，這是我應設法改進的。

□就課外活動方面呢？

△我舉救國團做例子，學生要上山，要下海，這些活動的事，誰都不願意辦，但救國團毅然下手同時辦得有聲有色，令人不得不佩服。凡辦活動總難免麻煩，出了問題難免要負責任。就如你們所謂「夜遊」，晚上不睡覺到外面亂走，又沒風景可看，又危險，我如何能不反對？如果說辦露營，還值得贊同。學生課外辦活動，是件有意義的事，但不能設計一些奇奇怪怪的活動。你們辦國劇社、登山社、讀書會，我何嘗反對過？我們是基督學校，而和尚、尼姑照樣來演講，天主教同學也可以利用校內的安素堂望彌撒，從許多角度來看，學生的課外活動是已經有相當大的自由了。

□學校在擴建方面是否有什麼計畫？

△目前，最重要的是圖書館，我們現有的圖書館乃是借用著禮拜堂的一部份，從建築規模，到藏書數量，到設備各方面來說，都夠不上一個大學圖書館的水準。我的理想是希望能建一個容納一千二百人的圖書館。

在此必須先說明：我無意使東吳過份膨脹，希望能維持到六千人左右的規模。其所以圖書館要能容納一千二百人，即是按照使這六千個學生每天能輪流在圖書館裏待兩小時來計算的。我想：一個學生若能在課餘上兩小時圖書館，也不算不夠了。

像這樣的一棟圖書館，據估計，要六十五萬美元。地點已經找好，並且早就開始募捐了，但目前因遇到經濟萎縮，捐款的反應並不太好，所以確定的動工之期，尚無法肯定。

□是否考慮用貸款的方式來建築呢？

△如果我們動輒依賴貸款，那麼將來如何償還呢？何況目前還欠了三千多萬新台幣的債務。但如果我們能控制大部份的經費，貸款還是可以考慮的。我以為貸款只能在某些設備不能不立刻增加，某棟建築不能不立刻動工，或物價上漲不能不立刻完工，這幾種情況下才可行。

□現在圖書館在門口派人檢查書包，好像是在侮辱學生的人格似的。

△在天真純潔的學生看來，那確有侮辱人格之嫌，但如果學生有更多的機會去看看國內外更多的圖書館，便知潮流大致如此，很少例外，這乃是順應圖書館的開架作業，有以致之。

但譬如說：出國越境，在機場海關，過去只檢查行李，現在還要搜身。早先我也相當不滿，久而久之，覺得人在團體中，為了大家的安全，有許多事情便不得不將就忍受了。倘使很嚴重的把圖書館檢查書包看成侮辱人格，那麼擴大來說，點名、監考，無一不可說是在侮辱人格了。不要把事情看的太過嚴重，退一步想，澄清一下嫌疑又有什麼不好？

□學校在增設學系方面，有什麼構想？

△我想一個大學如果沒有哲學系，實在是很大的欠缺。但目前我們沒有設哲學系，亦無非是經費上的困難，及教授的聘請也不太容易，除此，我們還得替學生的出路著想，總不能培養太多的哲學家，增加就業的困擾。所以將來哲學系即使開辦，也只能像音樂系一樣，招收一、二十個學生。然而即使學生只有一、二十人，我們也得聘請足夠教一系課程的教授，和準備給他們上課的教室，這些倘若沒有足夠的經濟後盾，還是不太容易實現的。

另外在理學院方面，我也計畫增設一個生物學系，現在大家有一個錯覺，以為東吳最有名的是法律系，其實在大陸上辦的最成功的應該是生物學系，不過因唸法律的人大都從事自由職業或政治工作，易於表現，聲名較著，無形中便將生物系的成就掩蓋了。理學院目前只有物理、化學、數學三個學系，缺少生物學系，還不能說是一個完整的理學院。

除了前述兩個學系之外，學校目前不作其他增系的計畫。不過有一件事實必須顧到：學校的教育政策常受社會需要的因素所改變。譬如說：現在工商發達，需要國貿人才、需要企業管理人才，那麼就增加國貿系、企業管理系。又譬如說：外文系我們未嘗自認為辦得夠成功，但外面的評價卻相當不錯，教育部因此委託我們辦歐語中心，而歐語中心最少就需要英德西法四種學系，目前學校只有英德語系，而法文、西班牙只列為選修課程，所以將來有可能提前成立法西兩語文學系。

有時候，我們想添一個系，好久都添不成功，不積極想添的學系卻添成功了。這種情況很難由我們完全控制。

□那麼是不是可以設輔系來補救？

△我們計畫了很久，並且我個人亦贊成輔系的理想。但教務處研究了以後認為有許多困難：(1)上課時間不

容易協調。⑵教室不容易容納。⑶人數不容易控制，萬一……我知道有許多學生會選讀了以後，中途退掉，又將如何處理？⑷學生對於選擇的輔系也許和本科無從配合……等。所以今年我們暫時不開輔系。

但我想這事情應該可以逐步實現，或者，我們會先開放兩三個學系試辦看看！

□怎樣才是理想化的東吳？

△我完全贊成一個理論：「一個大學並不一定因為地積廣大，學生眾多、學系林立便是好大學。而是說要有獨特的風格，很蓬勃的學術風氣，和一種專業化的趨向，畢業生在社會上要比別人出色，才是最重要的。」所以我前面談到：我希望東吳除了生物系和哲學系之外應避免增加別的學系，也就是說：不要過度龐大，學系應該求精、而不是求多。

□談到專業化的趨向，法律系是否應該有帶頭作用？

△當然，法律系在過去是有很優良的傳統。但目前在台灣，就客觀環境而言，辦好法律系並不是很容易的事，法律系學生要懂的事情很多，過去在大陸上，我們鼓勵三年先修，許多法律系學生都是在別的學校畢了業，再來投考，學習的重點偏於比較法，尤其是英美法。但現在的學生都偏重在司法實務方面，可以說：無論在理論或關係學科方面的接受都很不夠充分。這方面教育部和學生本身又全都不贊成增加修業年限，所以目前的情況要辦好法律系，需要相當大的力量。本校法律系目前就分司法和比較法學兩組，而比較法學組卻不能偏棄本國法，比較法方面的不足，只好依賴研究所來補足了，我們的法學研究所便是為加強比較法而設的。

□關於如何提高讀書風氣。

△我想東吳研究讀書風氣目前還不夠好，主要原因在於同學還不太懂得怎樣各自研究。我常常要求各系減少必修學分，而增加課外閱讀的份量。事實上，什麼都開課教授，什麼都只學到一點點皮毛，並不一定好，如果能訓練學生自行閱讀的能力，那麼教育才更有價值。

原載：民國六十四年五月《東吳》第六十三期——建校七十五年紀念特刊

訪校長 談東吳

《東吳》訪問稿

引 言

六十三期的《東吳》登載一個專題——「把東吳邁向理想化」，文章的開始就是「訪端木校長談東吳的理想」，是文中提出了當時東吳所存在的種種問題，由校長來說明解決的方法，同時也指出來學校努力的方向。事隔兩年，我們就當時的問題再次訪問校長，目的是希望藉著這次機會，讓同學們知道前後兩年中，學校為大家做了些什麼，以及打算做什麼，一方面我們也把同學們的一些看法及意見提供給校長做參考。此外，為了方便一、二年級的同學，我們在某些問題前面，大略地敘述了校長登在六十三期東青的談話內容，同學們也容易做個比較。

1. 學校財務狀況

在六十三期東青上，校長對這個問題的答覆大致如下：學校收費都是按照教育部的規定，由於學生少，而且儘量增聘專任教授之故，所以每年學費收入，光支付教職員薪水就不夠三百萬元，在這種入不敷出的情況下，還得增加各項設備，就不得不求助於貸款，因此積欠了三千萬的外債。

至於現在學校的情況，校長表示學費的收入仍然不夠用來付教職員的薪水。理由是：「學雜費調整，薪水也跟著調整」。但是，可喜的是：債務雖然存在，債款卻在逐次減少中。而學校的各項建設也並未受到影響。

有些同學主張廢止點名制度來節省一部份開支。這個問題，校長表示不予考慮。點名制度對學校本身，並沒有具體的好處，對同學們讀書卻有相當的效果，如果僅僅是為了減少開支，學校是否也要減少專任教職員的聘請？這是說不通的。

2. 學校擴建計畫

六十三期「東吳」出刊的時候，學校最重要的計畫是建造一棟能容納一千二百人左右的圖書館，但是因為當時經費上的困難，遲遲未能動工。

如今，這座頗具規模的圖書館，已經在積極興建中，並且增蓋教師研究大樓，校長只希望這兩項工程能夠順利完成。此外，尚無其他新計畫，一旦圖書館及教師研究大樓完成後，具體的建設將告暫停。因為東吳是私立大學，經費來源大部份靠捐款，不像公立大學，有國家撥給固定的經費預算，一切計畫都要視捐款的情形而定。可是新近在城區購買的土地也不能長期廢置。

3. 學校讀書風氣

校長在六十三期東青上，曾經表示：「東吳的讀書風氣目前還不夠好」，二年後的今天，校長仍然認為如此——也就是說，讀書風氣距理想還差得太遠，很多同學連所使用課本的作者是誰都不知道，也不懂得如何去找有關的參考書，更談不上自動自發的去研究了。

我們就此「讀書風氣之所以不能提高，是否與學校環境有關？」來請教校長，校長並不否認這個事實，目前學校的確沒有提供一個好的讀書場所，所以學校建造一所新的圖書館，目的就是要補救這個缺憾，新圖書館可以容納一千二百人，假設每個學生每天在圖書館花兩個小時，十個小時就可以供六千人使用。校長說：「現在讀書風氣不好，學校和學生都有責任，等圖書館建好以後，必須由學生自己負責了！」居時，希望大家都能充分利用新圖書館，共同培養出良好的讀書風氣。

4. 校長與學生的接觸情形

校長總是儘可能地找機會與學生們接觸，例如：請學生們吃飯，或經常在校園裡巡行，都是為了能夠多接近學生。

校長認為接觸學生的目的，在於知道同學們的想法，而非接受要求，因為同學只是提出要求，縱然是合理的要求，學校也得考慮到各種實行上的困難，有些時候，校方已經採納同學的意見去做，卻也不是當天就能做好的，同學們不必操之過急，也不要認為校長不重視大家的意見。學校的原則，就是「主動的在各方面求進、求新。進與新無止境，希望同學永無滿意的時候！」

5. 關於超修學分費的問題

校長的意思：如果是同學因為不及格而重修，以至於超修學分，學校當然有權收超修學分費，因其他原因以前未修，而現在補修，以至於超修者，也有理由收超修學分費，以未超過一個學期所修學分之最高限額，單純的因重修或補修而收超修費，校長並不贊成，決計設法協調改善。

6. 關於宿舍熱水的供應

目前，學校宿舍星期假日是不燒熱水的，很多住校學生都大感不便，關於這個問題，校長的答覆是：假日住校生外出的很多，不需要每一棟宿舍都燒熱水，以後學校計畫在星期假日，男生宿舍、女生宿舍各燒一處熱水，以供同學使用。但是筆者認為，似乎大部份住校同學，家都是遠在外縣市的，假日外宿的機會不大，每天供應熱水的要求並不為過。相信校長在瞭解真實情況後，本著便利學生的原則，一定會有合理的解決方法。

7. 商學院同學的困擾

「上學簡直跟上補習班一樣！」幾乎所有商學院的同學都抱怨，除了上體育課之外，跟校本部的接觸少之又少，類似這種情況四年下來，要求他們對學校有向心力，真是大有疑問。校長表示以往商學院一年級學生仍在校本部上課，就是為了補救這個缺憾，但是學生人數漸漸增多，教室不夠分配，只得讓商學院同學全部在城區部上課。國立大學在城區校舍上課的也不止一所。最近學校在城區附近又買了一千多坪的土地，打算再建一樓，日後把法學院高年級也遷到城區部，再將商學院一年級同學遷回本部上課，這樣一來，同學就不至於在剛進大學之門就與校園生活脫了節。

8. 校長的呼喚

東吳的學生，大多淳良、安靜，卻缺乏自動自發的精神，經常發表意見，提出建議的總是少數人，其他則成了名符其實的「沈默的大多數」，縱使鼓勵他們發言，仍然不聞不問。希望以後同學培養自動而積極的精神，而不只是一味的抱怨，校長室總是歡迎同學們來的。

9.結　語

憑心而論，東吳實在說不上是一所理想的大學，沒有寬廣的校園，沒有宏偉的黌舍，沒有這個，沒有那個，沒有的太多了。但是，東吳有你，有我，有來自全國各地的八千學子，在這裡吮吸智慧的泉源、咀嚼知識的青叢，同春風之沐化，共炎日之灼煉。儘管，我曾埋怨少了體育館，你正咀咒收超修費；但，安素堂前、臨溪路上，以至於望星橋下，東吳總也給我們不少的愉悅與歡欣。東吳的校友們在社會上頂天立地，出類拔萃，不也在在多有，他們不曾後悔曾為東吳人，我們又何須抱怨！校長並不否認學校距理想還有一段距離。理想固然值得追求，而困難也不是一天可以解決的，凡事豫則立，只要大家共同努力，總會有那麼一天的。

原載：民國六十六年六月《東吳》第六十七期

發揚東吳傳統精神

——創校八十周年感言

《溪城》雙週刊訪問稿

東吳大學最初在台復校，除了法學院外，只有政治、外文及中文等系，自端木校長執掌校政以來，增設了理學院、社會系、歷史系、音樂系，尤其是哲學系的增設及微生物系（校長本意乃是要設生物系，但教育部因為一般生物系的出路問題，希望將之改為微生物系，校長也認為至為合理）的申請成功，了結了校長多年來的心願。

校長所以特別要設哲學系及生物系的用意乃因大學教育應該同時重視學術與思想的研究，而一切學術的最高境界免不了歸於哲學，所以一個學校應以哲學為基礎。

至於增設生物系之緣故，乃因本校大陸時代便以生物學著稱，故東吳在台復校，必定要設生物系以保持我們原有優良的傳統及長處。此外生物學是許多重要科目的基本，例如醫學、又如環境衛生，在在都離不開生物學，這便是校長欲設生物學之本意。至於為何遲至今日才設生物系，端木校長表示，東吳大學在台復校，情況至為艱苦，不論就人力方面或財力方面，力量都非常有限，故復校後第一先恢復法學院，再慢慢擴充到其他科系。校長對東吳做如此大之貢獻卻謙虛不敢言進步，只是盡他個人的能力及職責。

目前校長並沒意見再增設別的系，但自校長任職以來便想擴展外文系為英語、日語及德語，現在城區部有歐語中心，但歐語中心不能僅限於英語、德語，一定要有西班牙語及法語。為了充實歐語中心，更為了歐語中心已有相當基礎，將來若再設系，可能要求增設西班牙語及法文系。還有校長表示此次本校的東語系，正式改為日語學系，並不意味著還要再辦其他的系，而是名實相符，名至實歸。

此外，在端木校長任內，成立了理學院，成立音樂系，並為造音樂教室捐了一筆錢；另外圖書館的建造，更是本校學生的一大福音，為喜好研究學問的同學提供了一個好去處。以前的圖書館太小，附屬在教堂裡，現在這座中正圖書館可容納學生一千二百人，藏書量多達五十萬冊之多，有個如此好的讀書環境，相信東吳的讀書風氣會更盛，學術程度會更提高。

校長談到同學所關心的點名制度，並提出他的看法，他說點名制度不是保守問題，而是邏輯問題。若不點名，怎能知道誰缺課？若是取消，拿什麼代替？每件事情都有原則，此一原則一定要維持得住，這才是辦教育之道，藉著教育來為國家培養一批人才，為國家效勞，備復國建國之用。

說到對學生的期望，校長不但希望同學們能對國家、社會有所貢獻，更希望我們能瞭解東吳復校艱苦的歷史。復校是大陸遷台同學的意思，既無政府的經費，也無外人捐贈錢財，完全憑著同學的一股熱忱，終於排除萬難為培養國家人才而復校，此乃東吳精神之所在，希望大家效法著此一精神。所謂「創業維艱，守成維艱」，東吳現今如此的成果絕不是一朝一夕，或僅靠少數人的努力所可達成的，因此我們更應該以無比的毅力和誠心，來維持光榮的傳統，來開創更輝煌的前途。繼往開來的重任就在我們這一代東吳人的肩上了。

端木校長表示：愛國是要合乎時間和空間的要求的，必須平時不論何時何地都能注意到任何小節，不忘將自己的力量貢獻給國家社會。在對外作戰時，則是最實際而且明顯的表現時刻，為了國家，縱是犧牲財產性命也在所不惜。日常生活中，如遵守交通規則；看電影時人人排隊守秩序；遇有病痛傷患能互相幫助等，都是社會基本的要求，也都能表現出一個國家的教育程度。各位同學身為大學生，接受了高等教育，若在馬路上仍橫衝直撞，這和沒受教育的人有何分別。因此，愛國是必須符合空間及時間的需要，平常隨時隨地皆可表現愛國的情操與精神。大學生所受的高等教育可分兩方面來說；就實用方面說，當然是比別人高明，就研究學問說，大學只是個開始，大學乃是通才教育，根本談不上專精，所以，若想要求取更高的學問，勢必有待進研究所或是出國深造了。這就好比工程師和工匠的差別是在工程師不僅擁有工匠的技術，並且能夠根據學識上的經驗，進一步的研究，以創造發明是同樣的道理。

至於談到政治，端木校長表示，基本上他並不反對學生參與政治，但若沒有必要，則學生的職責乃在求取學問，惟有多讀書，努力充實自己，使自己的學識豐富，才有資格過問政治。端木校長並指出，很多人批評國父的三民主義不好，但批評者讀的書不但不能超越，甚且不如　國父所讀所學的多，哪有批評的資格？青年人切忌遇事衝動，因為莽撞行動會因經驗不足、認識不夠，造成無法彌補的過錯。

原載：民國七十七年《端木鑄秋先生逝世周年紀念專輯》

【信函】

家書七十通

儀民：

廿四的信今午收到，前天寄給老三哥轉交你的信收到了嗎？我很高興，那麼多人歡喜你。俞大夫和他的太太都非常熱心，他替你打針，真好極了，我同意你做他們的乾女兒，倘再到港我一定去他們家玩，先代我謝謝他們。

陳張兩位伯伯不用說，一定把你當自己的女兒看，陳伯伯真是看你長大的，張伯伯爽直熱忱，他為你忙一點倒沒有什麼關係，只是把張奶奶的衣服拆了，送你花邊，那太不好意思，但是長者賜，你須領謝，更應當向張奶奶道謝。

潘太太最會買東西，我猜到你們找着她，她一定不怕麻煩，為你們打算的十分周到，潘先生在香港嗎？若在，為我問候他。

你收了許多禮，把你母親的路費都賺回來了。厚大衣，短大衣，都是必需的。實用的東西，你們儘管買好了。你母親向來節省，難得到一次香港，我決不怪她用多了，而且她也不會浪費的。我希望她喜歡什麼便多買點。

傅家和我們是親戚，不能和陳伯、張伯等老朋友比，本應客氣些，禮貌不可疏忽。旅館錢以後自應自己付，不可太打擾人家。你的大嫂平均七個月寫一封信回娘家，未免太懶，雖然他們要做事和照應孩子，總不至沒有寫信的時間，再說寧可短點，但應常寫。你到美國，可以告訴他們，雙方的父母都掛念他們，盼望他們多寫信。

薄扶林道的王小傅先生家去過嗎？不可忘記，行前務必去一次。

我實在不能去港接你母親。請她等你去後，不妨再住一二日，旅店或者陳能才先生家都可。王家也一定歡迎她，只是言語不通，太不方便。住旅店，白天和潘太太，還有余大夫，隨便談談走走都成。余大夫有事，但是五時以後，他們夫婦便閒空了。現在她一定都忙着你的事，你走了，她可買些自己或弟弟、妹妹們的東西。

你母親回台以後，我會好好的照應她，你放心好了。你們長大了，都會離開我們，將來我們一對老頭子老太婆便只能互相作伴了。你須記住，父母對你的期望。

祝你快樂

父　一、廿七夜

（民國四十二年）

儀民：

十六日下午四時三刻便接到張伯伯的電報，欣悉平安，住在百樂門，離開傅伯伯家近，很好。你母親要買什麼，勸她買好了，不必心痛，她真難得買東西，更難得到香港。你遠行，非但你母親難過，我也很不放心，一切你須自保重。其實小鳥羽翼半滿了，都要離開老鳥的，你已成年，況有哥哥嫂嫂在美，不是無照應，但是做父母的心總是不能輕易放開。我抱歉不能來接你母親，你知道環境不容許我在你母親未回來時又走開，好在張伯伯他們會送她上飛機，CAT的人也會關照她，我一定親往機場接她。買大衣等事不妨去麻煩潘太太，尤其那兩面穿的短大衣本是她代辦的，托她方便些。王家早點去好。祝你平安快樂。

老爸 廿三日

（民國四十二年一月）

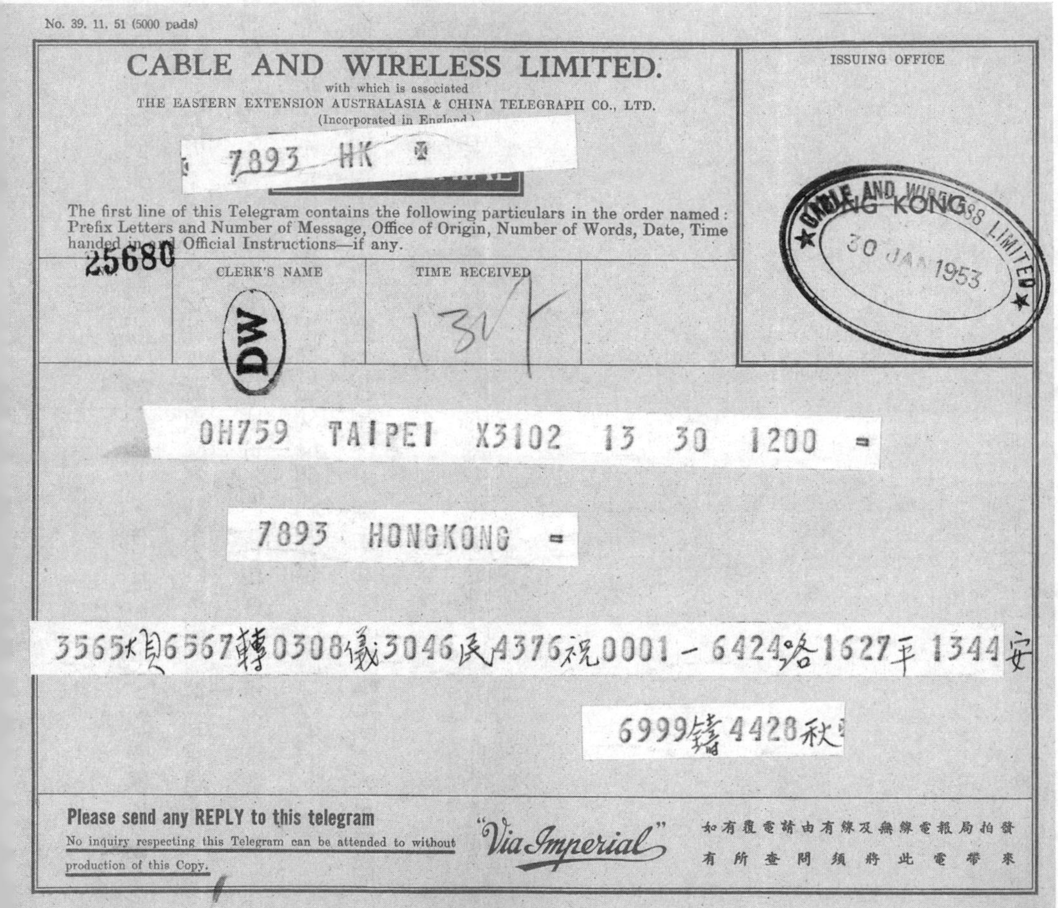
No. 39. 11. 51 (5000 pads)

CABLE AND WIRELESS LIMITED.
with which is associated
THE EASTERN EXTENSION AUSTRALASIA & CHINA TELEGRAPH CO., LTD.
(Incorporated in England)

7893 HK

ISSUING OFFICE

CABLE AND WIRELESS LIMITED HONG KONG 30 JAN 1953

The first line of this Telegram contains the following particulars in the order named: Prefix Letters and Number of Message, Office of Origin, Number of Words, Date, Time handed in and Official Instructions—if any.

25680

CLERK'S NAME	TIME RECEIVED
DW	1317

0H759 TAIPEI X3102 13 30 1200 =

7893 HONGKONG =

3565烺6567轉0308儀3046民4376祝0001－6424洛1627平1344安

6999鑄4428秋

Please send any REPLY to this telegram
No inquiry respecting this Telegram can be attended to without production of this Copy.

"Via Imperial"

如有覆電請由有線及無線電報局拍發
有所查問須將此電帶來

儀民：

信都收到了，哥哥嫂嫂那末對你好，我非常安心。你告訴倩民的很對，別以為美國什麼都像電影上做的那樣舒服，美國人的生活比中國人勤儉得多。俊民夫婦這種體驗是於他們很有益的，我相信你也會慢慢的練習着料理自己的事。哥哥嫂嫂處處關切你，你也須同樣的關切他們。

你母親回來便病了，陰曆過年才好的，你的幾封信比姜大夫的藥方效力更大，其次便是孫女的照片，她將它靠在床前桌子燈旁，一看見便不呻吟而開心的笑了。

她在香港用的錢，我一點沒有說太多，可是她自己還覺得心痛。她一生儉省慣了，這也難怪，等她恢復健康，一定照你所說的，常陪她出去走走，或者看看電影，你放心吧！我不會虧待這位「老太婆」的。

你進學校的問題，讓哥哥嫂嫂和周小姐替你決定吧。美國的情形我很生疏了，再說相距太遠，無法為你考慮，他們都很喜歡你，一定會替你顧慮周全的。

二姑爹的事雖非意外，可極傷腦筋，正在過年的時候，能夠瞞着奶奶一個時期也好。我還不算老，家庭負担儘管重，總勉強應付得過去。外界不明瞭的人說有錢，我只能不理，反正我無愧於心。只是阿叔呀，姑爹呀，這兩年真使我啼笑皆非。大概是命運吧，承受之外有什麼辦法？這些事我自會竭力的料理，你們倒不必躭心。

俊民不忘向學，我高興極了，這比任何安慰都大。你讀書素來很用功，我也不會不放心。小哥哥的問題我還得不着答案，他這多年來，老是不能安定，他的計畫，無論就學、就業，我都願遷就他，但是無恆，怎會有成就？希望你們，尤其周小姐，多寫信勸戒他。

香港的張老伯、俞老伯都關懷你，有信給他們嗎？不要讓人覺得你離開了便忘記他們。張老伯地址是 Ground Floor, No8, Honoi Road, Kowloon, Hong Kong，他的名字寫 Mr. W. L. Chang 便行。俞老伯由潘太太轉好了，潘的地址 Mrs. H. Pan. Apt. 204, 2nd floor（中國稱三樓）No 8, Sunning Rd. Hong Kong 最好都寫上中文地址、中文姓名，潘太太那裡也應去一封信。

哥哥嫂嫂忙，不能多寫信，傅老伯那裡，你應該替他們說明。傅就快去日本了，但香港家裡總還有人，老三哥的日本地址你知道嗎？我想你可以問嫂嫂。

常寫信回家。　祝你好

父　二、十八

（民國四十二年）

儀民：

接四月十三日來信，曉得你為了功課，哭過一次，我很難過，媽媽雖沒有說什麼，她心裡一定比我還更掛念着你。你出國的時候，我就感覺你會哭的，幸有哥哥嫂嫂在那裡，使你不太寂寞，否則你會哭得更多。

美國大學的功課不見得怎麼困難，只是文字的工具你不熟練，慢慢的你能習慣的，其他一切生活方式也都可學習出來的。國家的地位當然不是你們今日的責任，那是無可奈何的。不過你們的行為和成績也能影響人家對你們的觀念。忍耐點，有一天我們回大陸了，國家的地位自然會提高的。

才三個多月，你已經很進步了，你知道生活是需要奮鬥的。你知道節省，這當然半由於你的環境──直接所接觸的環境，也一半因為我不能充分接濟你的原故。中國不是有很多少爺小姐們在美國過着比一般美國人還舒適的生活嗎？在家的時間，你雖不曾有很多的物質享受，思想上你似乎不曾給予經濟力量應有的重視。現在你改變了，我極高興，我不會笑你小氣，因節儉與小氣不同，反過來浪費也不是大氣，你一定會已經瞭解其間的分別。

偉民很僥倖，獲准簽證，昨早已動身了，大概他在香港住一星期，補充一點衣飾，十日左右便可和你們見面了。你們那麼主張他出去，我自當盡我的責任，促其成行。只希望他能安定下來，努力讀幾年書，他不是不聰明，簡直很聰明，只可惜誤用他的聰明，以至荒誤了十年的光陰。總算他有志竟成，現在達到他初步的目的了。如何利用這難得的機會，我相信你們都會設法影響他的，但是最後還須他能覺悟，下決心，才有用處。

大哥哥的問題務必解決，此時回來，真是為你所說，便是失業。這兒的情形你是很知道的，待在家裡想繼續研究一個什麼問題都不可能，設備、材料與空氣，都不是那會事。既到了外國，多學點，將來對國家便多些供獻。美國的法律，例不溯既往，他的事實發生在新辦法之前，請求於新辦法之前，應該不至無法可想，他服務的地方能幫助設法嗎？

你廿七的信，勸我做外交官，雖然想的不錯，但是你們太天真了。十八年前，還未抗戰呢，政府本要派我出去，我因雙親已老，子女俱幼，全帶走不行，丟下又不行，婉卻了。現在的情形無大變化，而且奶奶更老了，把她交給誰呀？我為一家人口眾多負担重，不能從政，放棄快三十年的歷史，在台苦熬着執行律務，已經三年多了，你想我還去求人，討外交官做麼？我雖然無職務，但是我與這個政府卻也分不開，偶爾還到香港去，也是因為事實的需要。我的根據地，仍舊是台灣，除非回大陸，我是不會離開台灣的，更不會取巧討一個名義出國，帶着一家人，以官避難。

唯以我不願離開，才竭盡一切力量，送你們兄妹出國，免得躭擱你們的前途。我一向反對青年大學未畢業就留學。在上海我的經濟狀況比現在強的多，但是我不想送你們任何一人出國，正是這個道理。此地只一大學，設備也不完美，尤以容量有限，競爭太烈，你們能讓出一個名額，便是利己利人，我才不堅持我的主張，有機會便送你們走了。可不要忘記你們是中國人，惟有中國強起來，你們才有出路。

托管之說，儘有人主張與活動，美政府已正式否認。世界正在變化中，將來的情形很難預料，我確信自由國家和共產集團絕對無法兩立，總有一天要解決的，時間的問題而已。等你畢業的時候，我大概可回大陸了，等着勝利後，我們在大陸見吧！

你叫偉民給你和俊民一人二百元，你補助大哥哥的先還給你，大哥哥繼續求學，我也幫助一點。你暑假找着事，便學點生活技能，我和你母親都很贊成。下學期全部獎學得不着，半獎也比沒有好。明年我想我還可以寄點錢給你，我知道你會留着慢慢的用的。

上個月去港，托陳克文伯伯寄兩本英漢辭典給你和大哥哥，小哥哥自己買一本帶去。字典是最有用的，任何字稍有懷疑，便應求教字典。

你母親的字大有進步，每晚苦練，這也是為了和你通信的關係。

保重，祝你健康快樂。

父 五月三日

（民國四十二年）

儀民：

接來信，知你已開始新的工作，初次的經驗，大家都是一樣。二十七年前，我在紐約做過菜館的 Head Waiter，那第一次接受人家的小賬時的神情，現在回想起來，猶極清楚。一個青年能自食其力，以工作所得完成學業是最為寶貴的。你不是以現在的事為終生職業，暑假中求一點收入，同時得一點經驗，祇要不大吃力，我不反對。

你在短短的半年中，已很知甘苦，足見離開父母，便不能不奮鬥。

偉民很有天資，過去夢想着去美，而不肯用功作一點準備的工作，此次再不覺悟，他絕不會有前途，但是他如果肯努力，則還有很大的可能。我曾有信給他，鼓勵他，下學期你們在一個學校，更盼你多勸告他。

你在外一切須自小心，尤不可飲酒。我相信你對事對人都很有辦法，但酒可使一個人失去自己控制自己的力量。不要以為小飲無關，大醉是由小飲開始的。

偉民到美前你給我的一封信，我沒有給你母親看。你母親看到會難過的。父母對兒女都一樣看待，你很聰明，知道如何相處，我非常高興。你很快將偉民送走，真是好極了。

你和小哥哥的錢通融着用。你曉得如何節省，偉民糊塗起來，會得忘其所以的，我實在還是對他寄托很大的指望，你須和周小姐監督着他一點，同時在語文方面也須幫助他。

有什麼特別需用，我當然有接濟你們的義務，我還不老，小病已癒，不要太為我擔心。這一大家，不，應該說是三家，人口眾多，我不苦幹，有什麼保障扶養你們。等你們學業有成，自立有方的時候，我自然會休息的。

祝好

父　七、八

（民國四十二年）

儀民：

你回校後的信收到了。

你們寄來的禮物很好而且合用。不要忘記替我們謝謝周小姐。

在紐約，你會住到夏小姐那裡去，又遇着許多暫休息的外交官，真出我意外。賴伯伯的事，其實不理想，聯合國裡的洋官氣，並不好受，在我們反攻大陸前，那裡邊工作的中國人更不會得着真真的平等待遇。不過一個閒久了的人，有了正式的職務，精神上比較振作些罷了。他失意，你們請他吃點便飯，他得意，無所要求，那是最好的做人之道。

學校裡情形如何？異國的生活習慣了嗎？小城鎮裡，可以看到真的美國社會，也易於學習他們的語言。假使你志進研究院，不妨在那裡畢後再轉入大的學校，否則，伺機轉入較大的學校去畢業也好。在外國了，一切得自己作主，我相信你會得安排的。

台灣與你去時無大分別。你離開才一年，自然不會有什麼變化。就要開國民大會，改選總統，當然還是蔣先生連任。大家只推測誰是副總統，那有什麼大關係呢？何時反攻，才是真的問題。對此總統以下皆有決心，不過時間上難預測。

復興中國的責任是大家的，但是你們青年人的責任特別重。我們這一輩人沒有做好，再做下去也不能好多少。培養你們便是我們贖罪的唯一方法。希你和哥哥都不要錯過這大好的機會。

偉民怎麼樣了。他早有轉學的意思，進行至何程度。明珍說學校當局對他很不好，他的基礎差，成績不好，也不足怪，祇希望他能不斷的努力，逐漸進步。你母親對你是記掛，但是很放心，對小哥哥便又念又急。望你下次來信時詳告。

家裡一切都很好，我們的身體很健，頭暈病早就好了。勿念。你母親稍胖，都是因為聽說你們能用功的關係。在偉民的轉學問題解決前，怕她又會睡不安穩了。

寶寶比媽媽快高半個頭了。蓓蓓功課還好，也不那麼好哭了。三三在學校裡又遇見一位不喜歡他的先生，其實他現在也很懂事了。我對他們都沒有太管得嚴，可是三三常到半夜回來，我不能不責斥他，學好學壞，他這個年齡關係最大。

常出去講演嗎？這樣練下去，你要成演說家了。

去年你說同學想要總統的照片，等國民大會後看機會試試，先不必對你同學們講。

祝快樂進步

父　一、一六

（民國四十二年）

（原件見「照片、證件、手書」第42、43頁）

儀兒：

廿五日的信，昨天下午收到，這真不算慢了。

去年此時，你母親還陪着你在香港，也就是你獨個兒對社會的開始，轉眼便是一年了。十六那天，你母親嘰咕不停，想念着你和她離開家時的情形。她告訴我，許多人留你在香港過農曆年，你考慮了一夜，覺得遲早在動身的時候媽媽總會哭，與其新年頭上讓她流淚，不如年前走，你便那樣決定了行期。你的記憶當然更清楚。

你真的長大了。非但知道如何照應自己，而且相當的瞭解一切處世的方法。看你所說在一個冷天早上穿的衣服，便表明你很實際，不像一般女孩子，祇愛漂亮，不肯多穿衣。你對小哥哥的看法極有道理。Amy 來信，問我關於偉民轉學的意見，你們在外國的行動，尤其像她所說的那些原因，我如何能遙控指揮，我唯有讓你們三人商量決定。既然你們認為好好的讀半年再轉學，我自很贊成。離開了家，你竟比一個男孩子有辦法，有定見，真安慰。

對於偉民，現在的環境是他一生的大關鍵。過去的荒疏過去了，但所以會荒疏的原因，還不是不能把握現在。如果不能認清環境，努力補救，再荒疏下去，便注定一無成就。但是補救也得按步就班，不斷求進，不可急燥。倖進絕無成功之理。他的許多困難，固然不便一一向先生說明，但是在抗戰時期，正應上中學的時間去從軍，由陸軍而海軍，以致自然科學與外國語的基礎沒有做的穩固，這個理由是很大方的，儘可對 Mr. Tripp 講。早前偉民不肯聽我的話，此時我相信他有點後悔罷。其實學文學武，我都無成見，卻怕他文武都不成，那才可怕。現既決心讀書，過去流年的一段，在生活史上未嘗不是有益的經驗。尤其在美國，告訴人過去因抗戰而從軍，縱不是很是自傲的事，至少也不羞恥。

你的東西都很斟酌過才寄回來的，所以很切實用。圍巾質料非常好，只是太漂亮了。金錢不易，你們往後的需要我不見得能充分接濟，一切須節省，還是不要常寄東西回來，留着多買幾本有價值的書。台灣現在差不多新玩兒都買得到，稍為貴點，其次，香港帶也不太不方便。

大哥哥勉強獨立，雖然他的工作沒有多的意義，但在競爭劇烈下，一個中國人能不斷的向上，也就差可滿意了。能藉這個機會研究一下他們一個大企業的組織與管理，以及日常處事的方法，那便很有價值。

再三天便是農曆新年，今年十二月小，祇廿九天，陽曆二月三日農曆元旦。祝你們開心進步。

父 一、卅一

（民國四十三年）

Mrs. Shreve 的信收到了，就替你母親覆

偉民：

本月十四日下午十時許（夏令時間）阿嬸去世了。昨晨移靈極樂殯儀館，今日下午火葬。阿叔傷心的厲害，大殮時，他放聲慟哭，悲哀感人。你母親當然也熱淚不止。

阿嬸久病，諸醫束手，纏綿床褥，徒增苦痛，撒手而去，倒是解脫。不過，她年紀不大，才四十三歲，為阿叔也吃許多辛酸，阿叔此時回想，覺得很對她不起。

蓓蓓，寶寶，小肥都帶去殯儀館叩頭，三三因為養病，沒有去。阿叔替你和俊民，在維，儀民，和孫女都預備了黑紗。你們應當選一個時間，為她默禱，以示追悼。

你需要的材料，我前幾天寄了一本謝瀛洲着的中國憲法，那是一本好書。另一本中英對照的建國大綱，內有英譯憲法條文，其他的文件皆是有價值的參考資料。

記得儀民帶去一本政府發言人辦公室出版的 China Handbook 那邊有很詳的敘述，關於憲法，解釋，和中央政府的組織，要她找給你，非常有用。

你能和明珍訂婚，那是我和你母親所希望的。日子選定，預先通知我。至於結婚，我看最早也應在大學畢業後，庶幾於你學業與健康兩有裨益。

這一年來，你的成績尚過得去。我相信明珍幫你很多忙。以後須繼續努力，不必求急進，但不可鬆懈。

祖母身體尚健，三三亦有起色，餘均安，勿念。

祝你進步。

父 四、十六，夜

（原件見「照片、證件、手書」第44頁）

儀民：

你們的「美國母親」收到你母親的覆信了吧？我們請她對你們從嚴管教，西諺Spare the rode Spoil the child和中國的棒槌之下出孝子一語意思正同。你怕嗎？

明珍和偉民訂婚，你母親特別開心。當然她盼望男有好媳婦，女有好姑爺。父母對兒女的心都是一樣的。可是我們不贊成偉民太早結婚，至少不應在大學畢業前有家室之累。

阿叔出來不止一年，雖有一個小事做着，尚不能完全負擔一家生活。阿嬸久病，前天去世，我當然有為她料理身後的義務。簡單的喪禮，也還像個樣子。今日下午火葬了。餘詳給偉民的信中。

你母親這一陣子真辛苦極了。阿叔所有都要請教她，而她又重於感情，什麼都得勞神。我也覺得很累，可比你母親好得多了。

張伯伯那裡常去信嗎？他對你真太好。你信上常有別字，他糾正你，應該記住。他還替你們訂了香港的中國報，使你對遠方事，尤其本國，不要變成太隔閡。

偉民要寫報告，我記得你帶一本China Handbook，是發言人辦公室發行的，那裡邊有關於中央政府組織的詳況，你找出來借給他，可以省許多事。

你們遠遙異國，雖都成年，實欠閱歷，一切總宜小心謹慎，勿太大意。

三三好些了。祖母仍健。棓棓寶寶還是那樣，只是寶寶長的更高了。

祝好

父　四、十七
（民國四十三年）

儀民：

你轉學到紐約，常和哥哥嫂嫂相聚，我更心安。薛光前為你取得全部獎學金，太可感了。他也是我東吳的同學，不過往來不多，想不到他會給你極大的幫助。當然夏小姐的介紹有很大的關係。附給他們兩位的信，如一時沒有時間，可先轉寄去。

你讀數學或室內設計，我都贊成。一主一副也好。只是小哥哥讀工，是否基礎不夠，太吃力。我不是反對他讀工，倘能成功，那是很好的。我怕他太感困難，會失去興趣。等他試試看罷，希望他不太勉強。

你母親身體很好，我們常去看電影，在電影院都有冷氣，可以坐得住。她每晚寫字，用功的很。寫給你的信不是進步多了嗎？

我的業務不太忙，過得去。閒時看書，不過消磨時間而已，但是老頭子也須進修，因為學問是無止境的。三三復學了，半修。長得非常高，更顯得呆像。二十了，還是孩子樣。蓓蓓寶寶都很好，都愛說話，吃飯時話更多。

祖母更見老了。照舊管東管西，終日不停，但是精神不如前，上下很不方便，可是不肯息。

支票一張，你存着，貼補點必要的費用。

嫂嫂做事，只要小孩有處托負，那也很好。哥哥還讀夜校嗎？工作必須努力，在劇烈的競爭下才能生存。再正式上課，身體有無影響？能多讀點書，自然好，慢慢的來，兩年讀完LLM不遲。精神不夠，便不必過分，暫時停學，將來還有機會。再說，自修也可有成就。

祝好。

父　十、廿九

（民國四十三年）

（原件見「照片、證件、手書」第45頁）

儀兒：

你居然寫英文詩了，雖係初學，卻還可誦。韻略有問題，大致不差，意境甚好，形式的修練，多讀多作，會有進步的。

半工半讀，不太吃力嗎？能進一個好學校，辛苦點也值得，但須注意健康，不可負擔過重。

薛老伯的好意是可感的，他的少君是另一件事，我覺得你沒有什麼不對。台灣帶點東西送光前先生，是我們一點表示，送去，代我致意。

錢小姐托的事，不想再麻煩張先生，第一你乾爸爸的環境現不大好，第二，他和錢家比我還熟，所以最好不麻煩他。我另想法，請香港 Wilkinson & Grist 律師事務所代辦。你可將此信所附一副件交錢小姐寄給他的親戚，持往香港花旗銀行 (The National City Bank of New York Building) 三樓該律師事務去付。不憑副件是取不到的。我不直接寄，自有原因，是不得已的。

台中朱君處已去函，等他來，便代賴老伯辦他所囑之事。

替你做的大衣，即可由港逕寄。

祝好

父　十二、六

（民國四十三年）

儀民：

你們的信都收到了。

一江山的淪陷，舉世重視，七百多游擊健兒的壯烈犧牲，誰個聽了不悲憤填膺。台灣的安全，我們相信，還不成問題。但是大陳不免要撤退，在政府，格於環境，事非得已，何嘗不痛心。

侈居異域的人，對於祖國的一切，自更關懷。你們的難過，懸望，我是想像得到的。但我不希望你們太惦記着家。既出國求學，應以學業為重，復仇雪恥，需要熱忱與決心，也需要學識與能力。耐性的學，便是為將來準備。家裡的情形，不是分心，徒苦無益，不如以學問報答國家，報答父母。

去年十二月卅一日朱君復先生晉升空軍中將，他夫人日來台北，向我取去賴伯伯囑為轉交的東西，她給我一張收條，是寫好了帶來的，故未註明品名件數，她收到很高興，無異是一項賀禮。我因受賴伯伯的托咐，才為轉交，收條未寄給你。以為賴伯伯可以相信我。現在他既然懷疑，要寫信去問，我特將收條附寄，你可以給他看。

小哥哥書讀得到底怎樣了？他決心學工，是可欣然的，我只怕他基礎不夠，遇到困難，又中途而廢。

家中如故。無論如何，我們必與國家同休戚，除了等候適當的時機跟隨政府打回大陸，沒有第二條可走的路，因此我們很安心。暫時也不打算遷移到外縣去，俟有必要再說。你母親身體很好，我去年冬天，精神稍差，但無病痛。祖母更衰老了，雖然還是管東管西，究竟一日不如一日，快九十的人了，隨時可起變化，這是我最躭的一件事。人總有不覺的時候，你母和我會有警覺的。

不盡欲言，祝好。

父 一、卅一、五五

（民國四十四年）

儀民：

三月廿四的信，月底收到。當時我未曾拆閱，便已感覺是一封不平常的信，因為掛號而又寄到事務所，這是很例外的。

帶回家給你母親看之前，我先讀了兩三遍，據你所說的情形，我沒有反對的理由，或者應該說很高興你有了一個非常滿意的對象，但是我仍舊和你母親一再商量，不能快的決定答覆你。天下的父母對於子女總是無限的關切，尤其對於所鍾愛的長女，更惟恐考慮的不夠週詳。

我們研究的結果，信任你的觀察，尊重你的選擇，同意你的請求。家境清寒，毫無關係。我家的狀況你自然很清楚，金元券後，現款化為烏有，大陸撤退，不動產亦犧牲無餘，憑我一個人的心力負擔比在大陸時更重的家庭責任，幸賴你母親刻苦節儉，勉強有餘，但是祇有俊民和維衡的教育告一段落，未了的責任猶大，還得我和你母親努力。財產不可恃，所依靠的不過自己的一點技能而已。富有的花花公子我從來不贊成，這和你想的正同。我們絕對不嫌他窮，但是我們的環境他是否也深切的瞭解？如你所說的，他當然也是不計較的，不過，你應該懇切的使他知道。

年齡的距離，其實不大。吾國古禮，男子三十而娶，女子二十而嫁，十歲可稱正常的差別。現代男子，應該先有生活能力而後成家，三十以後結婚更是必然的趨勢。他雖然還談不上有什麼事業的成就，至少可稱有了生活的基礎，比你長十二三歲不能認為是一個問題。中國的社會，新舊參差，世家多習於早婚，在這過渡時代，不能不審慎。從你所說的情形，看起來，他既在中學畢業後便獨立奮鬥，大學畢業不久即派往美國實習，當然沒有結過婚。不過，他家裡替他訂過婚嗎？如有，須辦清解除的手續。這一點也許你已調查過了，但是我們想到的，不能不向你提起。

每一個人都有他的特殊性格，企求一位性情，思想，與嗜好完全相同的人為你，幾乎是不可能的。朋友，無論如何親密，不難保相當的互敬，熱戀期間更不惜犧牲讓步。一旦結婚，終身的共同生活下去，許多小地方，在婚前不曾發現的，會引起起很大的問題。所以結婚前必須看清對方有無潛服的癖性，如有，是否為我所能容受？結婚後便須相讓相忍，不可過分的挑剔吹求。這是雙方面的，俱應慎之於始，方克有終。

上面所說，不是我們還有什麼保留，我們沒有見過這個人，無從批評，但是我們相信你，完全同意你的請求，同時，告訴你應該注意的事，讓你自己決定。

至於結婚的時間，如果你覺得愛已成熟，事有需要，我們自不反對九月舉行。倘是你認為再互相觀察，培養，增加瞭解，較為相互，那看你們如何考慮。求學全仗意志，結婚不一定有妨礙。你記得方娘娘嗎。她婚後出國，生了三個女兒，卻能繼續學業，且有成就。你有全部獎學金，其他所需不大，在你大學畢業前必要的費用，我們應當照舊供給，決不使你分心。

兄弟姊妹，各有前途，各有環境，各自選擇，各自決定。你的婚姻問題，哥哥們來信，皆未提過，我們也不另外徵詢他們的意見。但是你在美結婚，實際主婚人必為長兄，應已磋商。也許他們與你的男朋友很熟習，都有認識。他們的見解，你不必受拘束，卻也可供參考。希望你儘可能和他們商量。

我和母親信任你的觀察，尊重你的選擇，同意你的請求，我們永遠愛你，祝你幸福。我們現在常去坐禮拜，我們為你禱告，祈求上帝幫助你，保護你。

父　四月三日夜半
（民國四十四年）

（原件見「照片、證件、手書」第46、47頁）

彝元的照片，希望你快點寄一張來，你母親盼之尤切，你知道一個快做丈母娘的人的心理，不能說姑爺的面貌都不曉得。

我的事務所早搬到南陽街三十號，來信誤寫信陽街，下次注意。

程天放老伯赴美在華盛頓大學(Seattle)講學。我託他替我匯六百元給你，將哥哥的地址給他了，你問哥哥有無收到。他去已月餘，倘尚未匯到，可問賴伯伯要程伯伯的地址，直接去信一催。

張萬里伯伯的事務所也早搬了，寫信給他還是寄他家為妥「九龍河內道八號地下」。大衣收到了嗎？來信未提，念！

你需要預備些什麼東西，盼來信，衣服還是托香港朋友做了寄給你。

父又及

儀民：

你的信都收到了。像片照的很好，尤其看那張穿旗袍的一張，你的確是個大人了。

你和你大哥哥的婚姻，在我不脫世俗的想法，一個是長男，一個是長女，尤其還有高年的祖母在坐，很希望能在國內莊嚴偉大的教堂，或豪華富麗的飯店，如上海的華懋與國際，舉行隆重的典禮。不幸抗戰後由川復員東返，喘息未定，又因赤焰，遷徙流離。在艱苦中，你們能發奮出國，終身大事，定於客地，非但一切從簡，甚至你母和我都不能參加。我勉強的對你們的教育盡了我的責任，此外別無力量。自思一生奔波，於國無益，於家有損，苦了你的母親，苦了你們兄妹，不禁感慨萬千。

俊民已經有他自己的家。紐約的生活不易，但願他能維持得住，然後慢慢的發展。你也快有你自己的家了。但是你學業尚未完成，盼望你不中途而廢，將來能有你自己的事業。弟弟妹妹也快長成了，我還不能算衰老，雖不再有野心大志，總得竭力將他們培植起來。

你祖父在清末便加入同盟會，辛亥革命，癸丑討袁，他都有供獻，民十以後，在廣為追隨國父，惜因病，回家休養，沒有參加北伐。他以書生投筆從戎，當然志在救國，我很慚愧，服務三十年，不克繼承先人，蟄居讀律，苟全性命。祇希望你們兄弟姊妹將來有為，不負國家。

偉民這個人不笨，只是過去基礎太差，喜歡動，心不能安定。赴美以後，似乎變得好點，究竟如何，我看不見，也不敢有所判斷。他和你感情最好，你多勸戒他，切不可再耽擱了，更不可在外國出醜。其實，他如果努力，是可有成就的。

父　四月卅日
（民國四十四年）

你母親正在替你計畫做幾套衣服，儘管你不要求，我們總得盡我們的心。你知道你母親也是最疼愛你的，路途遙遠，無法置辦什麼裝奩，四季衣服，決不可少。

她還希望我給你壹千元，這也正是我的意思。除了衣服，其他物品用具，不便托人帶，也很難寄，而且稅重，或者增加你們的負擔。現款對你們比較實惠，購置或儲蓄，聽你們自己計畫。

你有什麼意見和希望，盼來信，能做到的，我一定答應你。

又及

June 1, 1955.

Dearest Daughter,

On the 25th ultimo I informed you by cable of the impossibility in procuring the entry permit that you requested. I would have sooner written to tell you the reason but the attendance to your mother in hospital prevented me. The result of her operation has been very satisfactory. As medical treatment is since yesterday no more necessary. She has come back home. Of cousrse she needs a good rest, but I believe she will recuperate before long. Now I can quiet down and write a word to you first, my dear.

I applied for you more then a once to the provincial peace preservation Headquarters for an entry permit good for a year and half and was denied. The authority afterwards made it known to me that the issuance of any entry permit for such length of time is beyond their power. They expressed also the wish not to be applied for one of the ordinary type in view of the newly decided policy to disperse civilians in anticipation of air raids by the communists from mainland.

College education, for which you were admitted into the United States, is as every body understands a four-year course. You have been there only two and half years. Before the completion of your education, I do not see any reason that the Immigration office should refuse you the righr of residence. Probebly they are appreheusive that you may because a burden to the American Government. But you can assure them you are not and will not be. Nor to say the Scholarship awarded you by the Marymount college, my deposit with the National City Bank of New York is more than enough to cover your expenses for both the undergraduate and post graduate work. There is your brother who is in employment of the

Amercian. Air line, is also in a position to support you. So your see, you are not at all alone and helpless. The Immigration Office ought to have nothing to worry.

I am enjoying the best of my health, although I am as busy as ever. I have found a piece of land facing the high way in Tsin tang(清潭). It is in the other three sides surrounded by very big mountains. The view there is beautiful. I am going to put up a simple building there and to move the family over in case of exigency.

Wishing you every success,

Your effectionate

Father

彝元：

端節前後，偶嬰小極，接五月廿九信，念日未覆，實緣病困。現已痊可，行動如常矣。內人每晨受深度X光治療，頗形疲乏，再半月幸將停止，惟調理仍需時日耳。

兒女成年，意志獨立，婚姻學業，應予自由。儀民閱歷雖淺，智慧薄具，其所愛好，必非庸俗，況出士族，自有根基，遠道聞訊，殊為欣慰。

九月結婚，當可同意，日期可自當擇，但盼決定後，早為函告，此間亦須略事準備。重洋阻隔，不克親自赴美主婚，當囑俊民，就近代表。

本月四日，內人適已出院，家人小聚，藉誌慶祝；待內人稍復健康，再宴親友，值茲時艱，亦不擬大舉也。着重精神，不求形式，極有見地，甚覺同感。

聯合國成立十週，建樹可數，冷戰延長，徒苦中國。恢復大陸，急切難求，翹首西望，不盡悵惘。台灣朝野不以苟安為滿足，秣馬厲兵，誓雪大恥，先盡在我，天必不棄。

復國需人，建國尤需人，留美青年，不乏才識之士，宜謀團結，互相激勵，努力修養，以備大用，尤盼與儀民共勉之。

此祝幸福

鑄秋手啟
六月廿八日
（民國四十四年）

儀民：

你問我婚禮規模的意見，我考慮了很久，不能決定。我實在不願你的婚禮太簡單，但也因世局和環境的關係，不容許太舖張。你很明白，多花錢請人家吃了飯，還會捱罵。折中一點罷，一般客人，茶點招待，晚上你們可以請少數知己的人會餐，這樣既不太浪費，也不太冷落。

我知我有多少朋友在美國。實際上，比較交情深點的，只有蔣廷黻，陳之邁，張純明，張平群，賴景湖，五位中賴老伯是最早的朋友，也是你們從小認識的。此外，胡適之，于野聲（即于斌）兩位先生還算熟習，是否請他們二人，你自己斟酌。可能有別的朋友，我因大家沒有通訊，說不出了。當然，夏小姐和她的哥哥夏晉麟老伯，都應該通知的。薛光前先生，我想你可以寄一張喜柬給他。

你母親現在進步很快，照完X光，發了一星期高熱，四天前已平復，溫度正常，飲食漸增，只是身體還弱，大約再調半月，便可行動。

暑假likely蓓蓓考得很好，三三差點，勉強及格，寶寶還不壞，慶保小學畢業了，省中沒有考取，不久再試市中。

你的住址不定，哥哥又常不在家，嫂嫂也做事，怕掛號會退回。所以囑偉民明珍分別一個匯四百元，一個匯三百元給你，我直接寄一張四百元支票，托徐太太轉交。需數的一百元是祖母給你的，其餘是我和你母親給你的。

結婚確定九月十日嗎？偉民來信，說是三日或十日，究竟那一天，快來信，我可以在此地也像大哥哥結婚那樣請幾桌客。

祝你幸福

父字　八月二日
（民國四十四年）

儀民：

寄到事務所和家裡的信都收到了。偉民電報說十六日去紐約，當然你們已經見面了。我很希望他能住到九月十日你婚禮以後再走。

移民局手續辦好了嗎？往後當不至再因居住權問題發生困難了。在外面所得的經驗告訴你們自己國家不富不強，個人便也處處吃虧，你們應該更努力，先在學業上使人知道中國人不是低能的，將來尤須為國家效力，掙回這口氣。

你的婚禮從簡，在今日的環境中是應該的。我現在能給你的錢不多，你當瞭解我的情況。至於外邊人喜歡瞎說，那祇可不理。彝元也不必去和他們辯駁，你也不必解釋，何必浪費時間精神呢？

給校長的信，你面遞吧。

祝好

父 八、十六

程其保幫助過你，應當請他。

（民國四十四年）

儀民：

你所需的証明書做好了。關於地址，我特別週到，將事務所和家都寫上。因我不知你曾否向公司填寫過我的地址，如填了，更不知你填的那一個。這一類文件，照例應填明地址，我寫兩個，便不會與你所填有不同的可能了。

公証須當面辦，我的文件美國 notary public 不會肯簽証。我已請此間美使館簽証了，此事你便不必再去找 notary public。

彛元客氣，祇要一件大衣，但是香港寄樣子均有困難。那裡的中國裁縫，只會模仿，自無圖樣。希能在美量好尺寸，歡喜什麼樣子，在雜誌上翦一個下來，寄給我，我即可轉港照做。前年俊民的大衣是這樣做的，你有一件大衣不是也這樣做了嗎？

你的旗袍已做好一件航寄出去，此時你應已收到。大小如何？需要改嗎？快來信，羅先生月餘即行，趕快才可托他帶去。

有位李潮年先生，經濟部商業司長，出國考察。他如到紐約找你們，可和他詳談一切問題。他和我很好，在東吳時，我教過他一學期書。見面，你們稱他 Dr. Lee 好了。熱的很。不多寫。祝你們好。

父 八、廿

（民國四十四年）

儀民：

彝元和你的信收到了。祖母的逝世，在意料中，也在意料外。快九十歲的人，機能衰退，隨時有一病不起的可能，但在清早起身，吃過飯，做着事，頭一低下，便失知覺，廿分鐘內撒手而去，實太突然。天氣酷熱，準備毫無，倘不是有朋友，有殯儀館，便簡直不知怎麼辦。

你母親傷心過度，又極疲乏，祖母遺體大殮時，她幾乎昏過去，開弔後回家，她便病倒，休息了三天才痊可，但是瘦了不少。這回寶寶真懂事，大有用處，不比三三蓓蓓弱。祖母危急時，三三蓓蓓都去學校，只有寶寶一直守在旁邊。那天我小病初癒，還未上班，阿叔恰巧來打電話；否則只有你母親一人在家那便不堪想像。

祖母一向喜歡你，你當然傷心。但你已結婚而美滿，祖母也放下一條心。你和彝元相親相愛，努力向上，便所以慰祖母在天之靈。你應當做床被供飾終之用，你的母親已代你做了，沒有使你失禮。

偉民的結婚不必改期。家鄉習慣，如果環境不容許孫兒女守制一年，便須百日以內舉行婚禮。他非長孫，更可從權。最初我記錯了，以為應過百日，曾代另擇日期。頃已速函偉民說明，要他仍照原訂九月二日結婚。周府對此，已表同意。他們房子配到很不容易，明珍已住進去，我不願他們的計畫受到影響，免在異國，增加不便。

道鄰老伯的妹婿李芳桂在華盛頓大學教書，去秋休假，回國在台大授課一年，現又去美。徐姑姑一同來去，我有兩張支票，一共五百元，是給偉民的，交她帶轉，周伯母有二件手飾，也交給她。她會寄給你的。徐姑姑名「櫻」，李伯伯的姓名拼音為下：Prof. Li Fang-Kwei 住址是

215 E. 47th Street

Seattle-5, Washington

我的身體很好，工作如故。雖然祖母的喪事開支不小，但這總是免不了的一筆費用，暫時緊點，還可應付。最近我從英國定購兩部大書，一是Cambridge Modern History，一是Oxford History of England每部十四冊，每天看一點，足夠一年多消遣了。

三三蓓蓓出國事不敢樂觀，儘量準備，相機辦理。如果能走，應有的費用，我當然籌給他們。現在除了子女的教育還有什麼需要我煩心呢。

祝雙好

父 六、廿八

（民國四十五年）

儀民：

接來信，知道彝元的母親病了，你須格外體貼，好好的安慰他。偉民的結婚，當然免不了也麻煩他，可是他此時的心情，萬非不得已，不可增加他的精神上或體力上的負擔，你更不可因哥哥的事疏忽了對他的關切。明珍的妹妹明珠月底飛美，可能在九月二日中午趕到紐約。如果她有電報給你，你須去接她一下。明珍那天不會有空，一個人遠達異國，尤其紐約，無人接太苦了。周家對我們一向很客氣。再說周老伯一定很感激，如果你去接她。

家裡小修理了一下，你母親覺得這樣心裡要安點。我現在住在祖母早前的房間裡，免得likely和寶寶怕。天氣酷熱，你母親非常累，但是他心理上很健康，對偉民的婚事，自是感到安慰的一大原因。

祝好

父 廿二

（民國四十五年八月）

儀民：

接來信，知道彝元到法國去了。兩個星期是很容易過去的。哥哥添了一個男孩，你母親非常開心。懿如已不會說國語，希望這個孩子將來不至不能和祖母直接談話。你哥哥為什麼又另外找事呢？待遇較高，當然好，但是那個新職業性質為何？是否穩定？都以為念。他的負擔日益加重，在美國那個社會裡是閒不得，閒不起的。

你今年可以畢業了嗎？畢業後的計畫怎樣？彝元雖然事業已有相當基礎，你畢業後能分擔一點家庭的責任，也可使他更在事業上努力，而不至為生活所困。我相信你一定會有好的安排的。

三三在兵工學院預備學電機，軍電民電實在沒有分別，兵工學院的設備或較台大更新更完備。蓓蓓在政大，對國文系不大滿意，倘有機會仍想送她出去。寶寶才進高中，還有三年才畢業，不必太早為她打算，到那時看情形再說。

偉民結婚了，為了明珍的職業而隨同遷至N.J.與你們雖離近點，彼此便於照應，到是很好的。

你母親胖些了。我也不覺得老，照樣事務所坐坐，偶爾出庭，並不太忙，在家看書時反多些。勿念

祝你幸福。

父字 二、廿八

（民國四十六年）

May 14, 1957

Majorie Dear,

Mr. S. T. Weng of Wah Chang Corp. called on me day before yesterday with the photos you asked him to bring to us. Your mother and I were happy at seeing Daval and you both so healthy and gay in the pictures.

Mr. Weng said he was busy and ready to leave for Tokyo in a day or two. As I was given to understand in the course of our conversation, he used to visit Taiwan once at least in every two years. I told him to let me know earlier when he comes again so that I may enjoy more of his company. Anyone who is from the States and knows you, I wish not only to meet, but also to get better acquainted with whenever possible, in order to hear from him more of you. Particularly this Mr. Weng, being Daval's colleague for many years, I presume is one of his close friends. Besides, I have been well impressed by him during our brief interview.

I have a client in New York, McKee Development Corp, for which I have handled the registration of five patents. They owe me a small sum of US$25.50 which I directed to be paid to you. I send you herewith a copy of my letter to Dr. Ralph H. McKee, president of said corporation. But you are not to take the trouble of making any collection. I believe they will settle it with you before long.

Another thing I like to tell you is that Daval wrote to us a letter while he was in France. It was received no sooner than the one of yours containing the news of his return to New York. I hope he does not mind an acknowledgment so long delayed.

It has been always my intention to write oftener to you and your brothers. My work has become much heavier since uncle Yao's departure

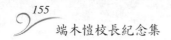

which took place in early February. Registration of trademarks and patents, drafting legal documents and other foreign correspondence which were formerly all conducted by uncle Yao must be taken care of now by myself. However, I shall try to minimize the effect of official duty on the correspondence with my children.

I can still bear to be industious. I feel I am safe and sound as ever. Blood pressure went up a little higher by the end of last year. A few days rest in Center Clinic brought it down almost to normal level. There is some fluctuation very occasionally, but of negligible degree. I have started playing golf recently upon doctor's advice. This will certainly do me much good.

Your mother is recuperating herself wonderfully. She looks even younger than before her operation. Her mental improvement is none the less commendable. She spends hours in reading and writing everyday. I really admire her perseverance.

What worries me is your uncle. Your uncle has been out of job since last October. He resigned from China Shoe Company to join PX of MAAG a year ago. The office of Foreign Relations of the Minister of National Defence denied him concurrence which is required for MAAG employment. He got to quit after worked there six months. Of course I am willing to help him. But under the present circumstances, I am afraid there is not much that I can do, except "economic aid" which can not solve his problems but be a burden on me.

With love and blessing,

Father

儀民：

你的信，請帖和照片都收到了，你母親一聽見你要畢業，開心得不得了，老早就吵着寫信給你道喜，偏巧蓓蓓寶寶都忙着預備考試，我白天在這一個多月常開庭，晚間又多酬應，便耽擱了。

你穿的一件旗袍，闊的花邊，據你母親說是張萬里老伯送你的，如果他看見這張照片，一定高興。他的母親今春去世了。他的太太昨天到台灣，跟女兒住中部，因為中靄（張小姐名）台中農學院畢業，在台中酒廠做事。張老伯一人留在香港，非常寂寞。他疼愛你這個乾女兒超過自己的兒女，我希望你把那張照片寄一張給他。他現在的地名是

Mr. Wan Li Chang
P. O. Box 5448, Kowloon
Hong Kong

你母親和我想送你一架鋼琴為你大學畢業的紀念。大哥哥那裡有四十元，已有信要他給你，另一張姚先生的支票四十六元，抬頭人是偉民，亦要他背書後送給你，連你那裡所存，共約一百五十元，尚差多少，你來信告知，我便補給你。

你母親說你結婚快二年了，還沒有送過姑爺一點東西。我想，此地有一家皮鞋店叫 Kurnfort（康福）上海搬來的，許多美國人回去都大批的定，因為 hand made，而且工作細穿得舒服。你母親現亦在那店裡做鞋子。彝元鞋子穿什麼號碼，我可定二雙給他。要什麼顏色，什麼式樣，望來信。或者，在香港替他做一套美國料子的衣服，尺寸顏色，寫來亦可。衣服是否合身，比較有問題，但是大衣易容點，做大衣亦行，冬季的還是秋季呢？你們商量好寫信來。一鞋一衣如何？

你暑假多讀點書很好。工作是不是算定了呢？

流行病家裡你母親，蓓蓓和小肥都很輕微的傳染上，熱度不高，稍感疲倦，祇休息兩天便好了。三三利害點，請假回家住了三天。在那全城驚惶的時候，我家是最幸運的了。

今天熱度室內到了九十度。今全球熱浪很高的時候，這也不算什麼了。

我們身體都很好，藥，台灣供給不缺，價錢也不太貴。你不須帶來。我們如有需用，再寫信給你。

你們的朋友來，一定招待他們，阿元還未走成。他們口福或者好，還趕得上吃他的菜。

祝你幸福，

父 七、十四

（民國四十六年）

儀民：

昨天蔣廷黻先生回美國去了。你母托他帶了五件旗袍給你，（還酒曲十粒），他一定在你收到此信之前到達紐約。你的住址已抄給他，最好，你們打個電給他。他的地址可以問張純明或梁鋆立兩位先生。

周老伯告訴我，明珍大概十九回台。偉民說他不便干涉她的行動自由，不能阻止她。實在他已三十歲的人了，一切應該可以自已考慮決定，父母不能永遠將子女看作孩子，他不便干涉明珍，當然也無人可以干涉他。

賴伯母說賴老伯或韻玫要帶點錢給她，大概百元左右，如果交給你了，速函。賴伯伯的其他朋友轉託的就婉卻了罷，不必為人家費事。

張萬里先生來住了一個多月。老得多了，精神還很健旺。還是那末熱心，那末大方。月初回港，或許五月再來。

此地前兩天始熱起來，但是晚上還涼快。蚊子多了，不掛帳子便不能睡。今晚有雨，明天可望溫度稍低。寶寶非常用功，每天不到十二時半不睡，有時到一點多，除了月考，又在準備畢業大考，大學入學聯考，老怕不行，瘦得利害。

你母親身體還好。左臂自開刀後有點變形，比右臂粗了約一倍。天氣變化時，便腫漲，醫生看過，認為無礙，但也無法治療。

我還是那樣，在家看書時多，事務所一去坐上三四小時，不太忙，也不太閒。酬應多，但疲倦了便躲開。身重未增，血壓尚平。可勿念。

彝元近來身體好嗎？需要什麼可來信。

父　四月十一日

（民國四十七年）

儀民：

桂先生回國，談起你們都好，尤其讚揚彝元，你母與我極為安慰。Lloyd 來電話，據說接到 Ruth 的信，你們將於明日去費城和伊見面。他們來台後，因為彝元的關係，與我們往來很多，很親切。他們的小女兒 Nancy 更健談。不久 Ruth 回來，必又有許多關於你們事可談，你母親一定非常願聽，希望一個個字的翻譯給她。

我們都照常的生活，我身體不算壞，血壓偶高，祇需要休息一兩天，立即平服絲毫無礙，望勿念。

Ray-O-Vac Company, a Division of The Electric Storage Battery Company 欠我商標登記費 U.S. 參佰四拾元，我要他們寄給你代收。此款暫存你處。如果偉民真的畢業，繼續讀 Master degree，便給他做學費。

天熱，不盡欲言。

祝好。

父 七月三日

（民國四十七年）

儀民：

十日函收悉。未告你母。

RAY-O-VAC 九日來信，說款已寄，茲將他們給你的信的副本再抄一份給你。如未收到，請速為我去函查詢。RAY-O-VAC 款收到後，你替我給俊民八十元，是還偉民所借，給偉民一百二十元，餘暫存，我或許會買點什麼，再行函告。

明珍回家生產，我已去信不同意，周家也不贊成。我同周家的理由不一樣。我認為一個人結了婚，便應自主門戶，不可再依賴父母。況且台灣的房子，你知道，沒有明珍住處。明珍更不應跑回周家，他們住在鄉下，交通不太方便。明珍也不可有依賴她父母的思想。父母無不愛子女，但須鼓勵子女獨立，不能鼓勵其依賴心。不過我又答應偉民，等明珍生產，一定給他五百元。因為在維頭生，給了五百元，對二媳婦應和大媳婦同等待遇。

聽說你工作很辛苦，Ruth 還說你瘦了一點。可是凡是我的朋友，看見過彝元的，無不說他好，賴景瑚，劉愷鍾，李潮年，桂公綽，異口同聲，未有例外。你的婚姻如意，年青時，生活的關係辛苦一點，是不可避免的。將來你們必更幸福。但你們應該知道保重，健康是幸福的泉源。

俊民久無信來。他們好嗎？我相信你和俊民都是不願意向我訴苦的。我也不怕你們苦，因為我也是從苦中掙出來的。我祇希望你們的身體須善自珍攝。

慶寶考高中，聯考未取，哭了一天。我答應他進私立高中，一定供給他，祇要肯好好的讀書。

小肥畢業高職，已在銀行裡找到小事。三三今日考大學，不知結果如何。蓓蓓寶寶都很好。

祝你們事事如意。

父 七、廿九

（民國四十七年）

儀民：

𨀎𨀎三三的出國問題，很不易。一則因三三是壯丁，不容出國。二則你們已三人在美，𨀎𨀎雖不難取得一張護照，簽証太有問題。好在她再二年便大學畢業了。那時再說吧。並且她很有意去英國。

又有巴西一律師應寄我美幣六百四十元，已函囑匯給你。存在你那裡，等明珍生產時送五百元去。

聯合國的國際法修訂部門的負責人梁鋆立先生 Dr. Y. L. Liang 是我東吳同班。來台觀光，托帶一小皮箱給你，等他動身時，再函告。

父 八、十五

（民國四十七年）

儀民：

蓓蓓已放假回家。還是那麼胖。再過幾天要準備寫畢業論文了。他在東海比一般學生舒服，因為四五位教授是我的老友，輪流的約她去吃飯，尤其徐道鄰老伯更照顧她。

今天寶寶高中畢業了。全校第二名，祇偷偷的告訴了蓓蓓。我問她的成績，蓓說出來，我才知道的。快一年了，她預備中學畢業考，大學入學考，每晚不過十二時不睡，勉強她休息一下，放下書，還是口中念念有詞，聯考期近，這幾天更緊張了。

三三又高又瘦，每週大約回家兩次，洗浴，換衣服。讀書情形我無法知道，說話與小時候毫無分別，我常聽不大懂。他二年半後才畢業，比蓓蓓晚畢業，（入伍耽擱半年，休學耽擱一年）。畢業後不怕失業，但也算正式軍人，很少自由。

Phillip 長大了不少，出牙，發過幾天寒熱。回國以後，人人看見都抱抱他，尤其周家人多，又特地雇用了一個下女照應他，於是漸漸的喜歡抱着，不像早前肯乖乖的早睡下了。

你母親的病（乳癌）已無問題了。開刀照電，經過四年，未有變化，而且體重增加，真是很不多見的現象。祇是左臂因血脈不能暢流，長得特別肥大，天氣突變時，尤腫脹不便。

大家都很掛念你。做事之後，身體感覺如何？明珍說彝元很知道照應你，我們聽說極慰。凌鴻勛是我的老同事，老朋友，也是工程界耆宿。他在你們家吃飯，他一定會詳細告訴我他的觀察。

俊民偉民最近見面嗎？偉民的職業問題有解決方法了嗎？

Ray-O-Vac Company 有二百元，Getz Bros. Co. 有一百八十元，Ivan P. Taskof 有五十元，南菲的 Dr. W. A. Hahn 有一百九十二元半都說匯給你，收到後來信告知。我須回人家信。

八日所寫信，未畢客來，一耽便是六天。這幾天酷熱，最高到九十八度。我不喜風扇，更不喜冷氣，搖搖扇子，不做事還好，一動便滿身大汗。頂苦是晚上酬應，打上領帶簡直像透不過氣來似的。

故宮選印名畫三百種，都是精品，張萬里老伯他們在香港設的一個開發公司總經銷，他三月裡來，忙了一陣。現在已發售，想他更忙了。一百五十美金一部，恐怕買的人不會多。

等你回信。

父 七、十四

（民國四十八年）

儀民：

十一月你寄的東西，農曆除夕才收到。有幾件旗袍，倩民她們一定說不是你的，下次來信，盼有說明。俊民的聖誕卡片也是才收到。

你照片顯示你在開刀前後，稍有變化。你暫時休息，調養身體，那是很對的。前兩天有一位李叔民先生的女兒來台，說看見你過，是嗎？這位小姐胖的可以。

明珍預備回國住些時，周家說她想將孩子帶來給老的看看，偉民來信說是周家希望她回來，我真不明白是誰的主張。

附給偉民一信，轉寄去好了。我真不願再過問他的事，祇是不忍不提醒他，瞞人是無效果的，責任須自己負。

祝你們好。

父　二、十一

（民國四十九年）

儀民：

二日信收悉。移民局函抄本以前未收到過，不知何故？昨寄一信，英文寫，預備你送移民局，收到否？移民局函仍附還，或許你有用處。

六十天，應該是六月廿八到期。昨天的信如不合用，須怎樣改法，速來信，當照辦，立刻付郵。其入境證仍在申請，倘能取得，自當寄給你，隨你如何應付。

維衡回台後，終日在外，深夜始歸。三三蓓蓓我總以為常有信給你們，誰知他們竟很懶，以後必令每週一信，分別寄給你和兩個哥哥。

蓓蓓似乎不便用移民的辦法。倘無獎學金部份補助，去了，也是你們的累，那我不願做。好在還有一年才畢業，慢慢進行再說。

祝好。

父　五、十三

（民國四十九年）

儀民：

去年和月初的信都收到了。沒有立刻覆你是因為我所考慮的，不止你所問的。先說票錢。在台灣購買來回票，限於中國人而在台有親屬者。「中國人」是指現有國籍而言。所以原屬華人，現入外籍，祗持有外國的護照，便不是「中國人」。但是不買來回票，仍可通融，那就是說由親屬在此地代買由美來台的單程票，將來回美，再另購去的單程票。這樣犧牲來回票的一折利益。合算起來，不是沒有便宜，祗不過少一點而已。

以上答覆了你所要知道的，但是我所考慮不在此，而在另一件事。

你結婚後護照改過沒有？倘是你仍舊拿了學生護照，那便太值得考慮了。因為本國人入境，一下飛機，護照便收去，給一張收據。等離開時，再去請領護照。1. 如果一個學生回國，便無理由再請出國的。2. 如果你因彝元是大陸淪陷前去美，十多年已取得美國國籍，你們結婚你也取得美籍，兩人俱持有美國護照，那末回去決無問題。3. 如果你現持中國護照，但已更改為張彝元太太，隨着你的丈夫，由公司根據與台灣任何一機構的契約派來台灣，事畢即回美，那需與台灣機構說明，你來，回美，我想也可以無問題。

至來回票不來回票，問題小。你能來小住，這一點旅費我可以送你，而且也還送得起。

我所提出的，你最好再與中國領事館接洽一下。

我也許太慎重了。但是今日環境特殊，你是結婚了的，不能不詳細想清楚，做清楚，免得臨時周折弄得不愉快。

祗要來了，回去無問題，你母和我都渴望和你一見。

祝好

父 二、十六

（民國四十九年）

儀民：

四月廿八日信收到後，事繁未覆。今日在家獲五月十三日信，讀函為了賴伯母的九十元，迄未弄清楚。現在告訴你，寶寶信上說的九十元，便是三月間韻玫托你的九十元。今年沒有第二個九十元，此筆錢是四月間交賴伯母的。

幾個錢你代收着，如何處置，聽你的便。至於你做幾件衣服，不應算賬。已付的，仍算你一份，將來再結算。

二嫂來，你母當然非常高興。我能看見孫子也覺是一種安慰。蓓蓓前天還特為請假回家看姪兒。你又做事了。你和俊民各開刀一次，儘管美國醫藥好，恢復都需充分的休息。為了生活和興趣，你們應該做事，但不可影響健康。

俊民讀會計，這也是很好計畫。在美一個外國人讀法律，好也無大用。會計是實用的。法律和會計相濟，更有用。他要台大學分單，畢業証明書和教育部的中學畢業証明書，我寫信托人，兩個多月才辦清，前天寄給他了。

寶寶真用功，每晚不至十二時半不睡，預備畢業後考大學。昨晚蓓蓓硬拉她去圓山飯店俱樂部看了一場電影，是招待會員的，每星期日都有，我和你母常去。我很想找個機會送蓓蓓和寶寶出國，目的地加拿大，寶寶想學物理，你看那邊什麼學校好。

有位劉文騰，我在安徽一位老同事的姪兒，去年到美國，看見了彝元，回來又很誇獎他，大概彝元很會說話吧。

祝好

父　五、十七

（民國四十九年）

儀民：

又很久沒有寫信給你了。你寄回來的舊衣服蓓蓓大感興趣，因她大部份可穿。本月廿五日台灣光復節，各校放假，那是星期五，所以她星期四下午回家，星期六課少，請一天假，星期天下午返校。寶寶簡直是個小猶太，彷彿衣服永遠不會壞，她說，「將來小姐姐出國，這些衣服便留給我穿」。

三三還是那末說話不清楚，一付蠢像。可是高高的個兒，穿衣服倒蠻好看，有時披上他那身呢軍裝也很神氣。他學電，確是有實用的，不過須真學得好，否則更糟。他似乎讀書並不十分用功。軍事學校規定住校，我也無法管他。其實，就是在家，也難時時刻刻看住他。

你母親身體胖了許多，只是那條左臂受開刀影響，特別變粗，舉止不易尤不能吃力。你帶來的藥，她經常吃，心理上的效力比藥力還大，因為是長女孝她的。她一向重視兒女，現在格外的將心腸全部放在兒女身上。你們的信她總一讀再讀，照片更如珍寶般的保存起來。每晚抱着一本看圖識字的英文課本，大用功，年紀大了點，記憶力差，進步慢，但毅力可佩，亦有成績。我猜想她（一）為孫子將來見面，不至完全互不瞭解，（二）如有機會或想赴美看看兒女，她常說，「來人都說我們姑爺好，但我還未見過，連孫子孫女，我不認識」。

我一切如故，儘量少辦案子，只求夠開支。讀書消遣，在家時多。體重去年稍輕，今年又回復一百八十磅。血壓近頗正常。睡眠較變延長。用餐小飯碗一碗半麵，每日吸二十四五支烟。早前我日耗紙烟一鋁罐多，現減不止一半，不是怕癌，而是為了心臟，不願他多受刺激。

有一張八十元的支票，是古巴開來的，附給你，我已背書，指明付你，倘有困難，經過彝元或那位的銀行戶頭便不會有問題。姚律師的支票，放在朋友處，我一直忘記拿來，現亦寄偉民轉你。連前的二百元，都是送你的。

姑爺的大衣尺寸，怎還未寄來，快寄，或者可趕在聖誕節前做好寄出。

祝好

父　十、卅

（民國四十九年）

儀民：

信收到了，你母親沒有問題了，蓓蓓可發生阻礙，還在交涉中。

湯太太的錢，我打電話去台糖，找到了胡庭芳女士，她一點都不曉得，雖然她說她與湯太太是姑嫂。我告訴她可隨時來取，但她多日未來。想是寫信回家問去了。湯太太的支票你取出存着。

現在囑將下列各款送給你代收：

一、Socony Mobil Oil Company, Inc.，經手人是 F. Aley Allen 先生 US$785 正。

二、Ray-O-Vac Company，經手人 Rolf N. Olsen 先生，US$200 正。

你們的住處也夠好了，尤是此時不宜搬家。你母和蓓蓓不需要很大的地方。

你走後，家裡確很冷靜，天又冷了，更多感覺。你母膀子吃藥後，軟多了，似乎可有奇蹟發生。

我沒有再病過，近來稍忙，為了那 Socony Mobil Oil Co. 要來投資的事。現在要他們送給你的七百八十五元是初步的費用。

寶寶轉系後，功課趕不上，特別是微積分和物理，苦死了。

祝好。

父 十二、十
（民國四十九年）

胡女士剛才來過了，她已收到美國的信，所以來取去了。

儀民：

聽說你已恢復工作，很不放心。雖說美國醫藥設備完美，手術高明，但是充分的養息仍舊是極其重要的。既然你已去上班，希望你還須注意體力反應，不可過於操勞。

偉民娶妻生子，有了負擔，我想他更會瞭解他的責任。上次你轉給他的五百元，是我與你母為他的頭生子補貼。賴伯母回國探母，住在高雄，前天我因案南下，她和我談了一個下午，使我更明瞭你們兄妹的情形。她沒有勸我如何做，但使我瞭解我應如何做。

她非常賞識彝元，當然同樣的稱贊你。她說她願意以彝元為她女兒擇婿的標準。我從她的談話中得着極大安慰，知道我的大女兒的婚姻是美滿的。你在家驕養慣了，出國以後，由於年齡和環境，能夠吃苦，能夠忍耐，彝元又能體貼，而且像長兄似的教導你，我聽了怎不高興。

Ruth 前天約我們吃飯，她還不知你病的事。她很關切你，但是她說你欠她一封信。他們一家生活的好極，Nancy 越像大人了。維衡經商失敗，夏天我介紹他去 CAT，就在 Hoen 手下做事。其實是他們向我要人，我才舉荐他去試試，試的結果卻很好。他也不像剛從韓國回來時，那末瘋瘋癲癲了。Lloyd 很喜歡他。

三三回兵工學院了，他並不很情願。我不是一定要勉強他，可是他別校考不取，繼續進兵工學院總比失學好。況且他學電，那裡的設備，在台灣是最新最全的。將來，他必在軍事機關服務，待遇低，可是我想，祇要真有能力，生活總是可解決的。我相信我還會設法送去出國，不至使他的機會少於哥哥們。

寶寶中學畢業後，等一年，蓓蓓東海也可畢業，我預備讓她去 Canada，因為去美人太多，簽証不易。加拿大離美近，暑假可去看你們。那裡的學校不壞，或者做事更方便也未可知。你贊成嗎？我這樣計畫，行得通與行不通，且看將來。

祝好

父字　十二、十八
（民國四十九年）

儀民：

昨天上午發出給你母和你的信，中午回家看見蓓蓓離港前寄來的一封信，知道你有信告訴她，你母為她去澳哭了一場。可憐的作母親的人，交通工具縮短了世界的距離，子女們天南地北，使她顧此失彼，分身無術，永遠心懸數地，寢食不安。

昨天我的信上彷彿說到以後便要安排寶寶，請告訴她，我決不會瞞着她將寶寶送走。寶寶還有兩年畢業，如何走法，有無機會，都是問題。

如果你母再陪你們一年半，我相信蓓蓓會到美國去。她如過了年便回國，不妨繞個圈子去澳洲看蓓蓓。她跟我吃了大半輩子的苦，子女都成立了。讓她多玩幾個地方，多看看她一手扶養大的兒女。我願意多負擔一點旅費。我希望她能有永久住居權，正是因為她這次出國治病，又看到兒孫，心理上得着無上的安慰，感觸應當盡可能保持她再去的機會。我現在願望很簡單：(一)看到你們都能自立，(二)你母能有來回與老伴與子女之間的自由，(三)上面的二件事做到了，一旦反攻，我可以毫無顧慮，不計名義地位，到前線去拼條老命，(四)在反攻前後，能悄悄的周遊世界一次，(五)六十五以後，僥倖還活着，能在大陸的青島或歐洲的瑞士渡我餘年。香港很好，但不喜那殖民地的氣氛。美國生活程度太高，況且個個想去，他們卻不歡迎，何若去擠熱鬧。

閒話少說，多多勸慰你母親。

祝好。

父 十、五

蓓蓓行前，三兄妹的照片寄一張給你母

(民國五十年)

(原件見「照片、證件、手書」第48頁)

儀民：

你母親回來已半個月了。她的身體大有進步，這是你前年竭力和彝元主張她去美治療的結果。她在四個小孩心中，特別喜歡外孫，雖然她從沒有公開的承認過，但從她不時在無意間誇贊外孫的神情中可以看出。

你母親去國一年，你家添了一個小孩，此地走了一個菩菩，大學畢業了一個三三，大學生多了一個慶寶，寶寶長成像一個大人，我多了些白髮。此外，我的生活，我的環境毫無變更。

你再度就業，擔任電腦工作，聽說很有興趣。一般都說，美國是兒童的樂園，壯年的戰場，你們的辛苦努力，我是可以想像得到的。我很擔心，上次你開刀，經過很大的危險，後來生產，又失血過多，而且傷了腿，是不是宜乎煩重的工作。

在兒女中，比較你的性情最像我。口快心直，叫人看着很鋒利，其實結果還是自己吃虧。心直是美德，我們應當保持。口快是缺點，你須竭力改善。前年，你臨行，我曾一再對你說，你的脾氣須改得和緩些。我年紀大了，一直在吃着口快的虧，所以特別告誡你，我知道修養不是一件容易的事，但我仍舊希望你儘量注意，儘量容忍。無論父子，兄弟，夫婦及朋友之間，增進感情的方法不外互相讓步，互相諒解，互相容忍。

我與你母四十年相處，全仗她能原諒我，她的忍耐是很驚人的。偶爾她也僵持一下，那是極少有的，我因她總對我讓步，所以我又受到感動，而能遷就一點。你太像我了。此後須多學一點你母。

人老了，說話便嘮叨，但還是為你們好。

彝元很能幹，認識他的人都對他有好評。他的態度，語言，行動都很溫和，這是他吸引人處。我與他相處時間太短，所知亦淺，祇覺他也有像我的地方，那便是用錢相當大方對朋友肯結交。

現在你們有了孩子，很快他就要長大，你看見Cathy在襁褓中，現在她進學校了。你在小的時候，還在家裡，和現在的 Cathy 差不多大。看見寶寶出世，此時寶寶大學快畢業了。你們的孩子也要這樣由小而大，小學，中學而大學。換言之，你們的責任便一天比一天重大。可能他大學沒有畢業的時候，你們或因年齡或因健康而須退休。所以我盼望你們兩人都得看遠一些，早為將來打算。聚蓄是必要的，不是勸你們小氣，祇是此後不能不略事節約，為了你們和你們的孩子。

又嘮叨了一大堆，客來，以後再談吧。

祝好

父 三、十八

（民國五十一年）

儀民：

我在日本，老三哥陪我玩了很多地方，也花了不少錢，使我很不安心。回來看見你們兄妹和孫子們的卡片。彝元和你送我的襯衫我非常喜歡，是禮物中最滿意的，大概是彝元選的吧？

我六十，你也三十了，你出世正是上海一二八作戰的那一年，在南京住了三年，我天天抱着你，抗戰在重慶，你隨大家住在鄉下，平均我十天才看見你們一次（因為有兩星期回家一次），勝利後在上海也有三年，但是你住在學校裡，來台，你已長大了。記得你在我五十一歲時出國，十年間回國一次，我已衰老，你也是結了婚而獨立謀生的人了。時間過的真快。現在我有四個孫男女，你做了母親了。

你的生日，你母和我想送你一件好點的呢大衣。在我存在你處的錢裡取貳佰元，自己去買，質料要好，式樣要大方。希望你四十的時候你母和我再能送你更好點的東西。

蓓蓓在澳洲環境並不太好，陳伯伯和陳伯母照應她像自己的女兒，但是館裡人事複雜，很不易處，她很想到美國去，有哥哥姊姊，她和自己親人一齊才快活。可是她不能不尊重陳伯伯的意見，他不肯放她就走，而且手續也不容易。

我想由你用她 Harriet Twanmoh 的名義，存貳仟伍佰元到銀行裡，開一個支票戶，Specimen card 寄給她簽名。必要時她可取用。如去美，有這樣一筆存款也方便些。她可能下半年不拿薪水，或者拿的很少，仍舊在大使館工作，我和陳伯伯的關係，不能不犧牲一點。因此，替她準備點錢是有必要的，我相信她不會亂花。

許伯伯匯給你壹仟元，我的錢中你撥得出壹仟伍佰元嗎？倘是買了股票，在跌的時候不要賣，不久總會再漲回些。我還沒有告訴蓓蓓這個計畫，望你趕快來一信，我們決定了，再通知她。

你取得國籍後，來台一行，並帶外孫來，那是我求之不得的。但是聽說華僑回國，不論有無別的國籍，必須用中國護照，而美國是禁止用外國護照的，這個問題不弄清楚，不可隨便行動，好在時間還長，打聽明白再去，同時你也可向紐約的中國領事館查訊一下。

你來，旅費我非但可供，而且可補助一半。你是我的女兒，是大女兒，這不成其為問題的。我無非為了盡我對家庭的責任，早沒有作事的興趣了。三三已畢業，現已就業。出國不簡單，蓓蓓雖在澳洲，我應為她策劃一番。寶寶畢業總得使她也跟着哥哥姊姊走。你母和我已老，辛苦努力，莫非為你們打算，計較些什麼。

祝你們快樂

父 六、十四

（民國五十一年）

儀民：

彝元和你的信收到都已很久了，這一陣子特別忙，尤其心定不下來，也有閒空的時候，卻不能安靜的坐着寫信。

CAT 駕駛員案昨天辯論終結了，看情形會判罪，但是當事人和公司各方都認為我盡了我最大的努力，表示滿意。我自覺也是盡了責任了。

你母大概在稖稖結婚後便會回台灣了。她是廿世紀的人，可是受了很深的十九世紀的中國教育，一個典型的賢妻良母。她的家庭觀念是她當年對祖父祖母那樣的恭順隱忍，那樣的伺候服事。這固然由於她的性情修養，也只有像她那樣全部精神時間都用在兩位老大人和幾個小孩子們身上才能做到。你們自力生活，有你們另一種環境，那能學得了她？還有一樣，她極像祖母，便是不在身邊的她最關心，比較不得意的她最痛惜。你能了解她，便不會以她對你的苛求而難過了。我的偏激很像祖母，你的急燥很像我。我不過從小到老，一直做事，沒有真閒過，經歷的太多，也就想得透，看得穿，我最喜歡你，不止為你是大女兒，更為你能像我朗爽，熱心，肯吃虧，其實你母還是非常疼愛你。現在卻將疼愛你的心移向毛頭身上，那還不是因為他是你的兒子？在另一方面，你母性子也是很偏激的。在祖父母面前，以及對待我，她幾十年壓制自己，對你們，自然她希望得到一些補償，只是她不了解你們不是不想使她快樂高興，而是環境有所不許。唯此如此，她是更值得同情的。

稖稖的婚姻，我知道你很為難，不表示意見，你母怪你不關心妹妹，表示意見不一定合乎你母的胃口。其實只要她和稖稖能意見一致，還不就行了？形式上，俊民是大哥哥，為婚禮主持人。你說的不錯，兄弟姐妹長大，各有各的天地，不能和小時相比。游允中和稖稖將來能像彝元和你這樣，我便心放下了。婚禮如何舉行，實非太大的問題。

你替我買的點股票，替我保留着。那末多兒女，還是你替我做了點事，現款壹千二百元，我送給你們了，你結婚時，我正是一生挫折最大的時候，總覺虧待了你。這幾年，母親，哥哥，妹妹，往往來來，更不免使你賠墊不少，無從說明。蓓蓓結婚，你更不能毫無花費，我寄錢給你也是為此，並非要你支配蓓蓓的結婚費用。現在我將一千二百元分配如下：毛頭二百，彝元和你各五百。這你不許再來信推辭。免得我不舒服。如何用法，是你們的事，我不管了。

傅老三是有良心的，六年前我去日本，他一再提起在上海時，我怎樣教導他，怎樣幫助他，許多事我早忘記了的。俊民一離婚，他立刻來信，聲明我們間的關係不受影響。送你母一千元是小事，那份心意確可贊許。

你的腿痛好了沒有？還常吃 aspirin 嗎？以後常來信，短點不要緊，幾個字都是給我安慰。

父　正月廿三日
（民國五十六年）

儀民：

五日函悉。寫了一封信給蓓蓓，寄你家轉，不知是否能在十七日以前到。更不知她是否肯聽我的。

你母此生，大處無不吃虧，小處偏要固執，自尋煩惱，反落得不易服侍的名聲，真是何苦來？辛苦的將兒女扶養成年，省衣節食，教育他們，羽翼長成，不能不飛，飛了便各有去處，各有環境，各須應付，各成習慣，這都是不可避免的。蓓蓓結婚，很巧她在那裡，蓓蓓也很漂亮的表示一切尊重你母的意見。其實，如果她不在美國，還不是由蓓蓓和允中自行商量辦理？當年俊民和你，不也都結了婚嗎？她說尊重你母，我看很夠了。我做你母，必仍還讓她自己決定，樂得大家開心。請客的事，既然當晚請客五桌，頭一天晚由俊民和偉民請他們二位新人，也是很好的安排。話是這樣講，我如自己在場，僵持起來，我也會生氣，那我又怎能怪你母。

有一位 Honitck 帶來兩件球衫，一件藍色，極好，一件蛋青，是女用的，高領圓肩，留着送人。

匆匆不盡，即問近好

父　八、十二

（民國五十七年）

儀民：

最近和你與倩民通信較多，因為你們都有具體的問題我必須答覆。先是蓓蓓，關於此地如何與游府接洽，請那幾位親戚，如何登報等等。後來你搬家，打聽阿花。其次寶寶，她從歐洲回英，收到她所要的文選和唐詩，問起「反切」等文字學上疑難。俊民和偉民信很少來，我也就少寫去，但也個多月一封。你們在美本來八個，現在九個，和我通信，我只一人，平均一月一信，便得九封信。我有我的業務，有推脫不了的酬酢，有越來越少越是珍貴的老友，時間不敷分配，所以我不感寂寞，卻感不能處處週到，可是球不少打，大雨例外；睡眠不減，倦了便躺下百事不問。

你母回國，我自歡迎。我說陰曆年，是誤會她要為我提前，倘是她想家，那爽性回來過她的生日比較合理。至於她的手臂，我猜想，不會嚴重，也不可能再有很大的近步。再治療下去亦不會有特殊效果。但是你知道她對你們，愈是不滿，愈是痛惜，誰稍有病痛，她便會吃不下睡不覺，而怪其他的人不夠關心。蓓蓓婚後忙於建家，你和偉民忙於新居，俊民忙於女友，她感覺到被疏忽了。一旦真回台，便又這個不舍，那個難分，尤其毛頭，自襁褓靠緊她床前睡大的，她放得下才怪。你要我寫信給蓓蓓，囑咐她向你母叩頭，她和允中頭叩了，我可想不到叩頭的地點成為問題。你要我寫信，迎接你母回國，我也寫了。可不知是否合她的意。你們對你母沒有一個不是想使她快樂，只因生活環境，不能全猜到她的意思，而她因語言的隔閡與行動的不便，處處需人，不免容易煩惱，一切的一切，都是受了時間與空間的影響。

有一位吳老太太，聽說人家請客，常找她幫忙做菜，她只想維持一個人的生活，在兒媳的激刺之下，想易相處，年紀不過六十左右，身體應不太弱，你有無想到請她長期相助，她的地址，你們在美的中國人，就有處可問。最好你母回台前找到她，她的丈夫是老太爺的朋友，她的兒子是三三的同學，你們稱她一聲吳老太太便行了。

連着三個颱風都未侵襲本島，但帶來降雨不少。孔誕在星期六，兩天休假便在風雨中過去，害得我球也打不成。

石校長的逝世，對我是件大事，但也過去了。石伯母一直對石老伯的獻身學校，忘己忘家表示不滿，現在可終日以淚洗面，淒苦萬狀。幸而有個學校，一切喪葬，由我招呼學校實際負責辦理。身後哀榮，石伯母很感動，我也對得起老友了。

父 九、廿九

（民國五十七年）

你母信仍寄你轉較妥。

儀民：

所有在國外的孩子們，你來信最少，禧禧說你又忙又累，使我非常掛念。你母雖在美，也比較在你們家住的時候多，但是她的手不能做什麼事，對你幫助不大，偉民回來，談起彝元的健康不如前兩年，我更懸繫。

俊民偉民都有同樣的一個論調，在國外十幾二十年，還是靠薪水吃飯，自己沒有一個事業。我勸他們須忍耐須知足，他們便覺得我不了解。其實我何嘗不希望你們飛黃騰達，名至實歸？但是在這亂世，非常的成就，並不靠非常的才智，而是在冒險，在機會。你們較熟的李國欽，沒有大戰，沒有美國大量需要中國鎢的和桐油，他會有什麼事業，什麼財富？曇花一現，他身後，又還有什麼值得稱道的遺留？沒有大戰，沒有歐洲的衰落，艾森豪憑什麼做聯軍統帥，更憑什麼做總統？麥克阿瑟的軍事，文章，能力，口才，無一件不比艾森豪強，可惜他早生了十年，晚歲又不幸遇到一個土老頭兒杜魯門，儘管譽滿天下，不免悒鬱以終。我有兩個朋友，一個徐可亭（堪），你們聽說過的，戰前協助孔祥熙整頓銀行，改革幣制，抗戰期間主持糧政，供應軍需民食，功不下蕭何，富亦可連城，現在卻賴朋友接濟，勉強生活。又有一位劉航琛，四川財閥，資產不下二三千萬美金，重慶三個銀行，一個電力公司，他都是最大股東，其他煤礦工廠，不勝枚舉。大陸撤退前，任經濟部長，竟未照應自己的事業，為了多發了員工福利金，到台灣被彈劾，以貪污起訴，打了三年多官事，宣告無罪，可是個人也等於破產。現在靠兒子從美國寄兩個錢養活他。總算他的兒子比徐堪的好了不知多少倍。這後面三位，一位美國大軍人，二位中國大官，都有才幹，有事業，但均晚年淒苦。美國西部淘金，南部探油的人，現在的大富翁固多，但是慘敗潦倒的更多，只是我們不知道其姓名而已。再說大事業必有幫手，所謂一將功成萬骨枯，多少無名英雄才烘托出一位大將，其實真正不朽的應該是那些無名英雄。在這亂世，能一家團聚，平安渡過一生，辛苦點，能不愁衣愁食，便是無上幸福。

少年得志的，恆多不能終生不衰，前後比較，徒增苦痛。我的一些老朋友，仍健在，仍常往來的已經不多，但都還經濟上過得去，只有的留戀過去，不滿現實，牢騷不已，生趣索然。最近又有幾位新下台的朋友，看他們那股失意的神情，真是可哀！惟幼年艱苦，壯年閱歷，中年後起來的人，才真是站得住的。縱然不能大發，至少憑本事可以生存，很 decent 很 dignified 的生存。你們不應恢心，不應牢騷，更不可倖進，不可冒險，最重要的，維持思想技能，不使落伍，維持精神健康，不使衰退，四五十歲的人還是前途無量。

我二十歲結婚，同時加入革命黨，便很活動，小有聲名，以後教書從政二三十年雖無大成就，大供獻，總也算一帆風順，不落人後。五十歲那一年一個大打擊，換了別人，可能便站不起來。那兩年的業務與收入，我從未向你母詳細說過，其實幾乎不能維持，但我咬緊牙關，埋頭奮鬥，表面上照舊仍嘻嘻哈哈，花天酒地，全仗我的身體精神能維持得住。這十五年談不上事業，總不失去自己的立場，離開政治，總還有自己的地位。只是苦了你們，雖然出國，不能完全依賴我接濟。也正因為此，才培養了你們獨立的精神與習慣。劉航琛不倒楣二十年，大富翁的兒子，可能自己不能生活，更不必談奉養乃父。我不足為你們效法，但李國欽，徐可亭，劉航琛（他們三位一度是好朋友），可供你們借鏡。新年休假，隨便和你談談，不要嫌我嘮叨。

寶寶來信，又提毛頭，我也想他的很。

父　農曆年初二

（民國五十八年）

儀民：

今天事務所下午稍清閒，一位幫辦梅先生住在北投，豪雨斷路，未來上班。也許別的人都受交通影響，不能出門。因此我便再寫封信給你母親，免不得她聽到台北大水而不放心。

台灣的下水道越來越糟，繁榮越盛，平常眼不見處越退化。這是市政當局最頭痛的問題，需非短時間能夠解決的。但再惡化下去情形便會非常嚴重。颱風未來，雨已災，颱風真來了，怎辦？

毛頭的兩位阿姨，一個嫁了，一個遠在英國，這對他來說，不是小事。他和小阿姨分別已久，可不一定會淡忘得了。寶寶來信，也常提到毛頭，可見她心裡也很想念這個孩子。從抱在手裡看他長大印像當然極深，感情也更濃厚。

我感覺寶寶很想家，不過她很能隱忍。這個暑假，她既未能去美參加蓓蓓的婚禮，又未能回台看看這個家，她心裡一定很難過。我每週必接到她的信，可是我沒有時間每信皆覆。

新居部署告一段落了嗎？毛頭想必很滿意一個有院子的房屋。

父 十、一

（民國五十八年）

儀民：

十一日信收悉，你母的心事，你先告訴我，我再寫信，這樣密切的合作，如果還不能使她開心，那不是她難伺候，而是我們父女太笨了。

她在美國住久了，不會舒服的。思想習慣的距離比年歲大，這是無可補救的。如果她願意去英國，讓她看看兩年多未見的寶寶，然後回台，那最理想。她去了也不可能久住，至多一週半月而已，你不要鼓勵她，免她途中有所不愉，又來怨你。

本來，對老年人而言，台灣最適宜。我首先不願到美國去，便是我也不習慣那種生活方式。這幢破房子住了二十年，雖比重慶的山頭，上海的花園，都小的多，但比較你們的公寓以及現在的新屋總寬暢些，再加上廚司，小下女等等，她不會太寂寞，也不會恐懼。我已表示歡迎她回來，你們還是讓她回來吧，日子長了，她想你們，或你們想她，她會再去美國。

三三的朋友，有一位叫吳光叔K.S.Wu，他的異母長兄叫申叔，已故，父名忠信，字禮卿。

今天寄了兩打罐頭食品，十四罐茶葉給你們，兩大罐茶葉是唐小姐和王太太送的，特別好的，不可轉送人。

父　十、十七

（民國五十八年）

儀民：

這幾天我正忙，Motorola 的 Laudy 來電，星期一（廿八）到台清早九時要見我，已覆電同意。便準時等候，屆時一窩風來了三人，一見便問：「你能在本週內辦好我們的投資申請嗎？」我很不高興的告訴他們：「不可能，第一，我很忙；第二，你們的事不簡單；第三，翻譯尤其專門術語，俱需要時間。」L先生說：「哦，你不能全部時間辦我們的事。」我說：「沒有一個律師能以全部時間辦理一個當事人的事。」我隨覺這樣太使人難堪，便又說：「必要做的事，自會按時辦理，不會耽擱。譬如你們分公司的登記，便有二個問題，希望你們釐清一下，立刻就可以辦。」他們說：「那乃是另外一個人負責。」我說：「你們只負責投資部份是嗎？有許多表格填好了嗎？」他問我：「收到了最近的信嗎？」我說：「沒有。」L拿出一大本預擬的文件，隨便一翻，非無問題，我說：「得詳細讀後才能提供意見」。隨後談了些別的，彼此不太相投，他們便走了。行前問我最低投資款，我一時誤將五百萬說成五十萬，他們去後，即寫了一短信聲明更正，送到旅館給L。當日中午收到L的信，即是那一大本文件，略一流覽，又發現許多問題，他們如不再來，我也懶得去研究了。

除了很少數人外，一般美國人總以為自己了不起，有效率，恨不得今天到，明天便一切就緒，準備發財。台灣有幾位專辦洋務的律師，對外國當事人飛機場接送，陪着上酒家，用蔡家兒子的話，「白天兼祕書，晚上兼導遊。」我真無法學習。亦惟如此才能連絡好，然後大開公費。但結果很少不是不歡而散。

兩個月前一個朋友介紹我一位外國淘金者，談的倒很融洽。第二次和一個 Las Vagas 的律師與二個所謂技術人員來，討論設廠，一股流氓象，東挑剔，西批評，而他們自己拿出的文件，錯誤百出，前後不符，被我訓了一頓而去。第三次和一個有 M.D. 學位的醫生來，大道其歉，事情只得辦下去。等登記完成，我不再接受顧問聘約，推說太忙，免再衝突。

日本人要來投資合辦造船廠，連日上下午開會，那囉唆，就無法形容，不過表面很客氣，究竟大商人的訓練與氣度不同。這件事必至年底可望有成，加上CAT的空災案件未了，還有些小事在辦，也夠我應付了。

我公開對中外來賓說「我已半退休」。儘量避免太麻煩的案子和不順眼的當事人。晚上常和幾個老朋友小聚閑談，早上打打球，只求生活安定，絕不希望發財。總算命不太壞，經過許多波折，還身體健康，衣食無慮，很能知足，故不辛惱。前年用你母親和我自己的名字，各買一點Matual Fund，那時你們在英，俊民婚變，便以偉民家為通訊處。現在你們又都搬家了，須更換地址，你母的部份如何辦的，偉民想會照應她。你母的數目比我的大（三萬元），這是我贈給她的養老金。但願能再替她增加點。買Fund明知不合算，但比較可靠，不必自己煩心。尤其對你母方便，對我省事。我一生為人，就是不會為自己打算。但也過了六十多年。本想六十五歲退休，現在自動延長改為七十。這點Fund便是我的退路。

你母回到你處沒有，一封信她來時轉給她。

父　十、廿九

（民國五十八年）

儀民：

最近幾每個星期都和你們兄妹們通信，也不記得對那個多那個少以及說些什麼了。收到聖誕卡，只是今年沒有裝置聖誕樹，贈品也等你母回國再補送了。修房子很花費時間和精神，別的方面便能免則免了。

Fink 的父親前三年死了。他母親幾乎每年來過年，總要和我見面，總問到你。小 Fink 和媳婦很孝，在外國人中可算例外。

吳光叔寄來聖誕卡，還提到你們去看他母親的事。他說他們老太太住的已很習慣，當然有所謂而發。人都要面子，那是很自然的。

美國人快進入月球了，二次世界大戰以後，什麼都一團糟，但科學的進步卻是驚人。以美國的財力，利用各國的人才，再不佔先一步，真說不過去。這一次太空的成就，替 Johnson 總統掙了很大面子。

我一切都很好，不必記掛。告訴你母，去年的鹹肉還未吃，今年的已托人做了，她還可將兩年的鹹肉比較一下。

彝元的身體好嗎？你的腿痛有無發過？孫子長高多少？均常在念中。

父 十二、廿六

（民國五十八年）

儀民：

太久沒有寫信給你了，你母去美前後你的信都已收到。雖然我不曾寫信，卻常想念你們，我非常高興，你母和你互相稱贊，都說對方的脾氣改好了。

本來你最能瞭解別人，也最肯為別人設想，只是口直心爽，有時說話沒有考慮對方如何感受。這一點極其像我。因此，我也吃過很多虧。所幸，四十多年奔走於外，明朗的性情，服務的精神，為人的熱忱，有很多事實，有很多受者，儘管吃虧，還未跌倒不起。我有自知之明，也就不再在政治上求進。律師不是我所喜愛的，然而做了，而且以此為生，便不得不盡力。在同一地方，同一房屋，同一職業，同一氣氛中過了二十年，固有譽多於毀，卻有滿腹辛酸。現在我老了，已由強制變成自然，激動變成平靜，我不再顧慮自己，卻顧慮兒女，尤其你，因為你最像我，最易受誤解。我不知萬一你也像我受到重大的打擊時能否承得住。你母說你進步了，不像先前，動輒大聲叫喚，我很安慰。如此，瞭解你的會更歡喜你，誤解過你的人會原諒你，也就是說，減少受誤解受打擊的機會。

你母親嗎，一個在十九世紀舊中國遺留下來的鄉村家庭中長大，鄉村的紳士人家是你們未見過，也不會想像得到的。至於在她結婚生男育女後的生活，你是親見的，多病的祖父，暴燥的祖母，加你的為祖母偏愛的姑媽與表姊表兄，以及你的急性子的爸爸，那個日子她忍受了，而且半個世紀之久。她怎能不深沈？不悒鬱？又怎能在下意識中無反感？不求償？她病後我照顧她是應該的，她似乎出於意外。前年為了歡迎她回國，將她臥室特別裝修了一下，她更出意外。現在她才對她的丈夫放心，現在她心上有一個毛頭，現在她又感得女兒女婿對她實在好，(你們一再打電話，彝元去接她)，胸中當然就開朗了。她的身體，她的習慣，在美總不十分適宜。今年，我希望她在端午後，中秋前回台，如果她願意提前，請她自己決定。

寶寶就到美國了，我一向對人誇耀我在美洲，歐洲，澳洲，亞洲，除了非洲，都有兒女，現在都集中到了美國，真是大勢所趨，無可反抗。寶寶拿了Ph.D.。她是一個有傲骨無野心的人。唯其傲，做什麼？不肯後人，因此，縱無野心，都受環境的推移而完成她的化學的最高學位。記得嗎？說她對化學最相宜還是你和楛楛的偶爾的一句話。她由國文便轉入化學，仍舊四年畢業，忙的要死，成績卻不如理想。出國受了許多波折，尤其許多學校不接受她的申請，我設法使她去德，經過英國是因為你恰巧在那裡，就那末在英住下，進了I.C.，這是你對弟妹們愛護和熱心的表現。她如不出國，frustration 對她的影響便太大了。那是她已表面沈靜，實際非常煩悶，心情是很不利的，現在她總在教育一方面吐了一口氣。

毛頭由英去美，語言上的困難，小孩子容易解決，倩民在坎布那學的不列顛音調，我想，可能還沒有全改掉，寶寶的那一口倫敦話，俊民稱為「京片子」，不知會駭壞多少美國人。英國文字和語言現在很受美國的影響，但口音卻不會改變。不像我們在台灣，所謂國語早已「台化」。一般家庭主婦，喜歡學下女的國語以為好玩，終於自己同化。小學教員現在都是台灣長大的，從小和本地孩子們相處，只會說台化國語，又去教下一輩，我遇見好幾位廿多歲的北平人，也說台化國語。

寄一張未完全決定的行程給你，定了再告。

彝元身體應注意。人到中年，切忌過勞，一感疲倦，便須休息。

毛頭想我去美國看他嗎？他想點什麼東西。

父 二、廿四、夜

（民國五十九年）

儀民：

昨日一信想已收到。Motorola三個多月前便有人和我接洽過。現在正替他們辦理分公司登記。這是一個小機構，但很有前途。將來可能在台灣設廠。到時再看我能如何幫助他們。

曇花盛放，雖只一盆，卻清香四溢，因此寫封信告訴你母，讓她開心一下。昨晚那花搖拽生姿，今早便已衰謝。人與花比，久暫雖有不同，其實過程卻極相像。但明年花會再開，人有下代接替。故盛時不必驕，衰時不必哀，一切順乎自然，努力向前，進退適度，便是知命。你母太過認真，不免自苦。

十月的台灣，熱鬧異常。今年我和外來的人們比較少接觸。酬應本就不少，再加上這些臨時的聚會，頗感應付費力。不過話又說回來了，倘是沒有自己的一個社會，孤獨的生活也過不慣。你們忙，你母太閒，這也是她不願再延，亟想回台的理由。

明珍來信，大稱贊你們房的佈置。這大概多半出於彝元的設計吧。

父　十月十八日

（民國五十九年）

（原件見「照片、證件、手書」第49頁）

儀民：

來信久未覆。東吳事，本希望三個月期間另覓替人。但是替人找不到，只得做下去。另一方面，律師每個案子都得用腦，而且有時非常煩擾，再不預備再辦出庭事件了。像CAT那架飛機失事一案，鬧了許多閒氣，費了許多精神才辦好，那種苦惱無法形容。現在東吳落在手中，真是勞碌命。

你母為你找女工，用盡心事，非常困難，還在試，成否難說。其實，現在台灣本身女工已成問題，來源日少（工廠和大飯店需人多待遇高），需要日大（有地位都成富人，不做下女，反用下女），而且不願接受「下女」這個名詞了，一個個都是「小姐」。在大陸，習慣上也是「老媽」，「小大姐」，「媽」也「姐」也無非客氣。日本稱下女，台灣續用，如今一般心理變了，稱呼好聽無關係，壞在由「有」變「無」。

彝元和你的健康我極以為念。接近中年，務須保重。我的孫子想又長大了些，學鋼琴學Violin都是好事，但不可使他太累。你母預備再去美小住，半為國籍，半也為想孫子。

父　十一月三日

（民國五十九年）

儀民：

回來收到的第一封美國信便是你寫的。這次赴美，為時雖暫，能一家團聚，也是二十年來難得的機會。尤其毛頭，那麼和我親熱，很使我留戀。

節儉是美德。但在美國長大的孩子，太計算錢，這亦環境使然，我最安心的是沒有影響他的本性惇厚。儷民長大了。雖然外表還像個孩子，已有她主見，但是在大家都當她是孩子的空氣中，她似乎也無法不做一個孩子。

三三和我談過了，是我引起的。他說滿十年準可退役，不需外力幫助。退役後以他的經歷和台灣電子工廠之多，絕對可以找到相當的事做。

學校的問題多的很。我不怕煩，走一步算一步。做人做事，只求心安，無法計較成敗。在中國辦教育只是一個窮字，尤其東吳，既無強硬的教會背景，又不願以學店方式解決財政困難。但我還是相信可能有我的做法。

家裡只走了一個司機，學校有人代替，慢慢找人，並不着急。反正來台以後翻佣人已成習慣，不足擔心。想像大陸舊時代動輒十年八年的雇用下去已無可能。更不能像老陳媽一家戰前的關係，戰後還自動找上門。事務所以唐小姐為中心，律師有王伯伯，和一位東吳的武先生，再加一男一女半工祕書（也是東吳的）頗能應付，暫可維持。

我一路旅行，不感疲乏，回家以後恢復打球一切如故勿念。

彝元看過幾次醫生了，結果為何，念之。

父　六月十一日

（民國六十年）

儀民：

這次去美，和Alden見面時間大少了，他已長高，也很懂事。此次你母為他預備的十歲禮品，有一個小石龜，不知他可喜歡？我在Denver寫了許多信回台灣。在Venice寫了三四封信給你們兄妹以及你母，那是因兩地無朋友，有暇便寫信，不會有人來談天。來到意大利才五天半，第一個感覺便是世界一切在變，變的方向大體又相同，暴露，瘋狂，自私，狡詐。當然也有例外。在老一輩中大半適應不了的便向另一方向變，變得怪癖，悲觀，憤世，嫉俗。我在變，你母也在變。我變得更性急，更求全，因此常責備人，又常自悔恨。你們看得出你母親此次到美更老，更弱，更消極，更徬徨嗎？她看出世界在變，不知如何去應付那樣的變，甚至不知世界在怎樣的變，更不說以後會改成什麼樣。她的心目中還是丈夫，兒女，現在又多了第三代。可是她一生順從丈夫，培育子女，到老，看丈夫和子女，似拿倒了望遠鏡，距離現得更遠了。她怎能會不手足失措呢？她因為已經花了許多錢跑美國，辦手續，最後一步不完成，太怕對不起我，所以在躊躇再三之下，終於去美了。其實她決不會離開我，就是萬一沒有了我，除非你們一致誠懇要求，她也不會去美國住。她身體弱，腦筋越來越遲頓，對這個世界益不了解，可是她有一個潛在的強烈個性，在困難臨頭時便會表現出來。抗戰奉老攜小，溯江而上，由湖北而湖南，換公路到貴陽轉重慶，那份艱苦不去說它。祖父的病，她衣不解帶，伺候年餘，那份辛勞也不去說它，每有空襲，她總先安頓老小，自己殿後，都是冒着生命的危險。平常膽小到怕見老鼠，獨住一房，隔壁無人，便睡不着覺，這樣的人，必要時那份勇氣，而且長期的維持着，真不知她那裡得來的。台灣以後如何，是一個謎。我總不會再別處去再闖了，事實上也闖不動了。在她，上已無老，下則你們都已成立，至於第三代，那是你的事，而且在美，在可預見之將來不會有什麼災難，她於是只有放心不下我一個人。但是她會不掛念你們嗎？那又絕不可能。談理論，她會說「兒孫自有兒孫福」，談感情，二代三代都是她的骨血，又怎能放的下？

她對你們中，那一個境遇差一點，便心痛那一個，其實並無偏袒。當年偉民，現在三三，正是一個道理。可是她現在身體弱，腦筋差，也多少有點不正常。以後，在辦手續期間可能住在你那裡時多，有個毛頭也是願意在你們家的原因之大者。彝元也有中國舊時倫理觀念，會遷就。你得多照顧她。

父 八月卅一日
（民國六十年）

（原件見「照片、證件、手書」第50、51頁）

儀民：

我又來香港了，去年在香港過的正月初十，今年卻在香港過元宵。這兩年真和香港有緣。United Board of Christian Higher Education in Asia 在港舉行一個 Work Shop。東南亞十幾和這個 UBCHA 有關的大學校長都偕同財務董事與教務負責人來參加。我把會議的工作交給了同來的兩位，自己大半時間在和有希望捐錢的東吳校友聚餐談話，雖不太辛苦，也不閒空，加上張萬里和關德懋兩位老伯，時間頗不敷分配。

四月半 Methodist Church General Conference 邀我出席，如成行，五月初便順道接汝母回台。那時想她必已拿到公民証。苦等了五年，來回跑了三次，取得 Citizenship 也免得以後手續的麻煩。如果這次口試，他們竟然挑剔，拿不到手，我看也就算了。

再到美國一次，真懶得多跑了。這三年，可謂「驛馬」大動，尤其去年，環繞全球，旅行五次，在飛機上過了百餘小時，也有些厭倦了。不過，你母如果想等倩民生產，那我便九月再去美國接她，正好到台灣過我們五十年結婚紀念。（很抱歉，我可能記錯時間，這得問問你母親了。）

家裡問題真不少，一個廚司和男工還未搞清楚，女工又發生動搖。我的辦法現在是誰要走便走，絲毫不去強留。找不到人，我就到外面去吃飯洗衣服，房屋清潔外工來做，也難不了我。然而那不過時間問題而已。慢慢地，多幾個錢，總可解決。

將來，相當時日的將來，台灣會有一天像歐美一樣，家庭工人不再存在，什麼都得自己動手，這是工業化的當然現象，大家應有警惕和準備。人不望未來看，老是夢想過去，必然是悲哀的。也許只是有這一觀念的朋友們，以至我所接觸的年青人，還不認為我已落伍。

彝元的眼睛現在情形如何了？你的腿病是否有進步？Alden 長的更高了吧？還是那末好勝嗎？這些，我都

明天我回台灣去了。Love to Alden

父　三月四日

（民國六十一年）

儀民：

很久無信給你，你的情形從偉民和明珍談話中得悉梗概，作父母的對兒女永放不下心，但也無能為力，只有盼望你遇事多考慮，謹慎為之。

唐小姐也帶着兒子去美國了，這是風氣。我家原在澳洲的倩民，在英國的儷民不也都到了美國嗎？何況現更有許多人又多了一層顧慮？唐小姐很能幹，會利用環境，對我確很忠實，一直很盡心竭的為我工作。臨行是我向領事館寫信，給了她一點助力（証明她是旅行）。她答應我三四個月必回台。至於她的兒子，她說希望能在美國住下去。

她說過經過舊金山，可能借住你家。她在洛山磯等地有朋友，可以寄托小孩，不成再試試東部，那裡她有一個最好的朋友紀小姐，也在我事務所短期幫過忙。不曾想到你很熱心，很快幫她兒子找到學校，並且暫時可在週末回到你的住處，我一聽說，便知其非長久辦法。

我當然盼望唐小姐回來（一）事務所總是老人好，（二）對領事館我也有點責任。但是我不願，而且反對，以你照應她的孩子為她回台的交換條件。替人家帶孩子責任太大，你母和我都極愛Alden，但是我仍送他回美，便是你母精神不濟，深恐照應欠週，對張家負不起責任。你如願替唐小姐帶孩子是你的事。一成為她回事務所的條件，我便也有責任。她家的兒子很可寶貴，我可不能分擔絲毫責任，比Alden我們更擔不起。

其次，她回來工作，是她和我二人之間的事，絕不可涉及第三人，無論這第三人的身分為何。上海人所謂橋歸橋，路歸路，權利義務各自分明，不可弄得混淆不清。她寶貴她的兒子，我無可批評。利用一切關係為她兒子的前途打算，也是人情之常，但那和她回事務所工作是在我看是完全兩件不相關連的事，更不可再牽進一個人。她是一個很聰明的人，這個道理應該一說就懂。

因此，你和唐小姐之間如何決定，絕對不要考慮我和我的事務所。唐小姐那裡我會另有信給她。在台灣一天到晚不知忙些什麼。沒有半小時可以安心做一點自己的事。現來韓國開會（亞洲專利代理人會議，我湊員而已）是一個休息，已寫了好幾封信。

七月可能再去美國，確定時間再告。

祝你們好

父　四月廿一晚

（民國六十四年）

大丫頭：

你的一個電話，害的我們這大總領事，忙的不得開交。首二日的情形已經函告，不贅。昨天下午三時半不到，他便開車去 St. Paul 神學院，替我搬了那個箱子，安頓好，送到 Crown Center Hotel，Kansas 最好的旅館，一個大房間，打了折扣，只要二十六元。晚上他們夫婦約一位華籍名教授和他太太五人上一個最着名的 Golden Ox Res. 餐館吃牛排。我堅持不喝酒，省了他五十餘元。

今天上午我需要休息，拒絕他來。睡到十點鐘起來，簡便 Continental Breakfast 後，逛逛旅館裡面所包含的一座小山，有疊石瀑布，奇花異草，消磨一個多小時。這是近多年難得一次清閑。房間面對新市區，就是領館的同一地主的財產，和領館有地道可通，俯視旅館的游泳池，一早便有人游泳，形形色色泳裝，亦是眼福。可惜我四十年沒有游過水，否則也可一試。

中午仍覺很飽，又回掉了總領事的邀約。我不能使他陪我，不去辦公。相信等我午睡後，他一定會來，今晚想請他們吃一頓飯，不知是否搶得過他。

有信給唐小姐，同意她不回事務所。這也是順水人情，你說是嗎？凡是人，都會為子女煩惱，她們夫婦更特別寶貝那個兒子，希望將來他們不至失望。子女在美國寄錢回台灣養父母的相當多，但父母來美與子女同住的卻很少能和諧快樂。時代的變化，思想的距離，習慣的互異，都是不可避免的困難。唐小姐如果自己另打出一個天下，那是她的幸運。不過，她要什麼事業，你可不要投資。縱能成功發財，也難免誤會磨擦，似乎犯不上。

唐小姐有個好朋友許隱小姐很能幹，中華陶磁公司是她創辦的，很成功。不幸和丈夫鬧翻了，她在紐約做點貿易，也小有成績。她的想法做法都與唐不同。如果她們合作，或有可為。但我不鼓勵你投資。我是中華陶磁的顧問，也是她個人的顧問。也許在紐約見面，且看她如何影響唐小姐，她是很熱心想幫唐小姐的，她認為唐小姐在美還可奮鬥一下，她們兩人自海南島同時跟軍隊退到台灣，同時在空軍工作過，可稱患難之交，相知最深。

方才吳祖禹（上次誤寫為「虞」字）來電話，又要去機場接一個立法委員，當然是我的熟人。總領事真不易為，單言接送，就夠麻煩的了。今晚這頓飯，大概變成我陪立委了。作主人的錢又省了下來。

在家不寫信，出門卻有時間寫信了。所以旅行在我是休息，你們不必掛念我。

除非 Alden 要跟我上 Seattle，否則你千萬不要去那裡。那是舊遊之地，有前任紀總務長，有徐伯母，還有 Washington University 的法學院長研究所長，照呼我的人太多了。

父　七、廿六

（民國六十五年）

儀民：

來信收悉。你的計畫，購兩座房屋，你母和我都很贊成，當然也很樂意幫助你做成。何時需要，告訴我，立即寄給你，毫無困難。

你母一定要我警戒你，一切謹慎，千萬不可拿錢與人合夥，讓人經手做生意，我的經驗，自己不能全部時間與精神去招呼，信任別人，都無好結果。最糟的是金錢朋友兩俱損失，也可說十九是如此。自己去做，既非內行，也易吃虧。購買房屋，只要地點適中，不是那墾荒的長期計畫，比較可靠。

你母的意思，這個五萬，將來一半還她，一半送你。她的她留作自己用，你的你留作忠磊大學教育費的一部份。這樣分配，他們祖孫兩人最實惠。你也不算吃虧，我卻落了空。不過，我也非常願意接受她的意見。一舉而使三人開心，我又何樂而不為？

這一陣子我們為新公寓的室內裝修常和一位徐先生接洽，她很有興趣，提出許多意見，我一概聽她和徐先生去決定，當然除了我自住的一間，那是照我的需要佈置的。

我們很平安。秋老虎長了點，便在家開冷氣，少出去走動。

祝好

父　八月卅日

（民國六十五年）

儀民：

你從華府回到西岸後給我的大概和我給你的信相左了。

先說你母親病況，最初是我感冒傳染給她，是在十一月底，王廷甫醫師（饒醫師出國後的我們請的家庭醫師，心臟專家，當然也長於一般內科）因她自始就有一度左右的溫度，用了許抗生素口服劑和針藥不退，咳嗽多痰，介紹胸腔專家謝醫師和防癆中心欒主任會診，多次驗血，驗痰，共認可能T.B. 十二月中旬住進台大醫院，院長楊醫師也是肺病專家，亦認定是T.B.，治療半個月，溫度下降，睡眠安穩，已於本月四日回家，現一切正常，惟尚虛弱。一個多月，日夜兩班護士照應她，昨天起不用晚班，日間還有一位護士十二小時陪着她。再過一兩天便無需要。T.B. 現在不是嚴重問題。醫藥進步，有口服特效藥，半年一定可以痊癒。

馬伯樂先生辦銀行，我前函同意用你母親名義認購一股，我不願以我自己的名義認股，是因為（一）在美現款有限，我還需用，（二）避免傳出去，受人批評，五萬會被人說成五十萬，甚成五佰萬，實不犯着。此際人皆敏感，更應謹慎。

我不貪財，也不聚財。每次國家有重大變化，我總是丟的精光。上帝的恩賜，我非但一家沒有受過饑寒，而且生活的很豐厚。我與這個政府的關係太深切。有這個政府，我不做官，不愁無生活。在台三十年，來時空空，還遭遇波折，頭十年卻也平平過去，辛苦點，可未向任何人叫苦或借債。當中十年業務較好，稍有盈餘，其實有限。外傳我發了財，我不必否認，否認人也不信。好在在台未做官，無人敢說我貪污。後十年做了東吳校長，人心還有是非，個個知道我賠錢。浮沈一生，最後獻身教育，也不算壞的歸宿。

我有多少錢唐秀文應很清楚，她為我管了二十年的事，事務所以及其他一切收入和支出都是她經手，甚至家用也是她經手。她勸我買地買房子，我沒有聽她，如果聽了她，可真發點小財了。

你來電話，我不在家。今天俊民來電話，是你母親自己聽的，小肥今天晚飯後來，已經覺得她比昨天又進步了。上午她起床需人扶持，晚上便可自己獨個走幾步，則浴室來回。我和她房間相連，有一個門，日夜不關，她一舉一動，我都聽見。昨夜她起來兩次上廁所，很少咳嗽。今晚她九時半睡到此刻快十二點，未醒未咳。我下午睡了三個多小時，預備夜裡照顧她。看樣子，不會有什麼問題了，我也去睡了，不再寫下去了。

倩民和儷民來信，兩家都在大哥家過聖誕吃大嫂燒的菜，倩民說儷民忙的很可憐，本來工作以外還有家務，現在多一個孩子，事便更多。儷民在也叫苦，不過沒有像倩民說的她那末辛苦。

你的事情怎麼樣了。同一公司在西岸的機會有無消息，甚念。告訴忠磊我很想念他。

父　一月五日夜

（民國六十八年）

昨夜你母親睡得很好。三時醒了一次，上廁所後便一直睡到早上七時，溫度保持三六度零六或八之間。一起來便嚷嚷肚子餓。幾天來已經喫乾飯，每餐半碗。

一月六日晨

儀民：

來信收悉。公司你服務的部份，東西歸併去德州，對你自是不便，尤其才建築了自己的房子。但是IBM的事放棄是可惜的，人地生疏，只是時間問題，稍久，總會有可往來的人。我不是主張你絕對的不離開IBM，怕的是在舊金山再找一份與現在相等或更好的職務，不太容易。但千萬不可輕易投資，和人合做買賣。

當然你不是小孩子，會有你的安排。為父母的總不能不為你們牽腸掛肚。

關於你母的行動，你的信不夠清楚。不知是指乘蓓蓓一家去港之便回西岸，抑或跟他們去一次香港，我想你母東西海岸兩頭跑已夠疲倦，如果再到香港，不如逕回台灣。

因是我去歐計畫尚未確定。我不至於一個人走，到處也會有人接送。到是這個家，交給誰，才真是問題。很希望你母在八月前回來。在給她的信裡，我表示的很明白，她會給你看的。

聽說你母很想家，老了，出門總覺不便。我已四年不遠行，只去東京和香港一次，那在現在算不了什麼，可也不願時間太長。

台北久雨，前天才放晴，不太熱，但是溫度稍高。我飲食睡眠都好，勿念。後再續，祝安好。

父　六月三日
（民國六十八年）

儀民：

來信收悉。

能在IBM西岸機構中調一個職務最理想。換到別的公司去，將以往的年資犧牲掉，未免太可惜。

馬伯樂先生想組織一個銀行，以他的經驗和關係，應前途很可樂觀。用你母的名義購一股，我很同意，但我自己沒有意思投資。

我交給你，替你母經管的錢，已超過十萬。第一次你借三萬，我對你說，還一半，作為你母親的，另一半送給你作為補助忠磊的教育費。後來什麼Fuud收回了貳萬捌千，加上我原存在你處大約肆仟，你母今年春天交給你的五千，一共五萬多一點，九月初我又交你五萬，共計十萬掛零。這是我在美所有的將近一半，也是我為你母親養老的準備。

我信託你，因為一、你是我和你母親親手抱着長大的長女，二、這二十來你母赴美大部份的時間都住在你家，而且很習慣，三、忠磊從小睡在她的床前，祖孫感情特別濃厚，最重要的，言語可通，交談無礙。將來，如有必要，她一定會和你一塊住。

她的這有限的幾個錢，你可全權經管運用。在台灣，她用不着這個錢。偶爾去美國，只要我在，總還可以供應她，也不至動用很多這筆錢。彼此年紀都衰老了，我不能不替她設想，不能不替她部置一下。我希望將來她能夠省下一些，分給你們兄弟姊妹做個紀念。

回頭再說馬先生的銀行計畫，我覺得你母認購上一股也就夠了，或者你和你母合購一股。但不可你母的錢一半以上投入這新設的銀行。

回國已兩個多月，一直很忙，會議筵約太多，很累，最近辭謝許多飯局，但是從國外來的卻又不能不請客，真有點不暇應付。

寫了許多關於錢的事，不是和你算賬（能當然也要到時算算），是告訴你，為你母，我所盡的心力。我也希望將來我也能留點紀念給你們。

忠磊對大學生活已習慣了嗎？

不多寫，即問近好

父　十二月九日夜

（民國六十八年）

儀民：

函悉。五月六日下午七時傑民會乘我的車子去桃園機場去接你。

來時可替我再買兩件襯衫，一件雙袖，一件單袖，照上次帶來的一樣，我很喜歡，也很合用。那是Christian Dior牌子，全白，本色條紋，領圍14 1/2，袖長三十一或三十二。別的什麼都不要。

唐秀文那邊聽他去好了。他如未買，不必再買，如已買，我還是要，並付他錢。我相信他買的不會很好，但也不至於不能穿。

忠磊大概長的很高了罷？很記掛他。不忘記攜帶他最近的照片一張來。很可惜，他不能和你一道來。

不久晤面，再談，不多寫了。祝好

父　四月廿日

（民國六十九年）

一九八二年六月下旬談話簡錄

一家團聚，三十年來尚屬首次，際茲時會尤為難能，實應感謝上蒼深厚恩賜。余當以餘年，宏揚聖道，以為報答。

余子女六人，此外，爾母一手撫養，無殊已出者，尚有維衡，仲民，邦禧等三人。邦禧輩分特低，但無礙於其被視為我家之一員。三人亦均以此家為其家，關懷照料，極形親切，尤以邦禧在台工作，往來最密。

爾等都已中年以上，立業成家，各有子女，但均不忘反哺，善盡孝道。余去歲患病，勢態嚴重，在美者陸續回國，侍奉湯藥，祇儷民生產不久因余制止未來。偉民明珍交遊廣闊，酬應繁忙，平時除星期午餐外，甚少晤面，余病中則每日必去醫院伺候，明珍尤勤。出院後半年之間，聯絡醫生，安排檢查，明珍實獨任其勞。爾等茲文為余生日聚集台北。余雖不喜言壽，只為爾等孝心所感，不拒小筵。

余今年屆八十，爾母小兩歲，實祇相差十八個月。來日無多，惟不知大限孰先。一般經驗，女壽較長，我家尤然。值是我早已決心為爾母作一安頓，俾其殘年生活無慮，身後亦有以為爾等留念。余雖不欲其在經濟上為子女之累，更不願其在精神上有衣食仰人之苦。今日約集爾等，並使在台媳婦共同參加，即為宣佈將此一經爾母同意所作之計畫開始實施。

汝母現已籌有約美金三十萬元（存在美國），台幣肆佰萬圓（相當於美金壹拾萬圓）。就為爾等九人留念而言，爾母身後給與子女六人各美金伍萬圓或台幣貳佰萬圓，維衡，仲民，邦禧三人減半。此款在爾母生前不得視為爾等所有自不待言。上述分配，只是預計，汝母自仍保有支配之全權。（余雖深信爾母不至有何需要動用此款本金，但亦不能不作萬一可能之準備。此一附帶聲明，原則上本無必要，但為避免爾等偶或誤聽誤解，不妨贅述。）長子俊民，長女儀民，各多給美金兩萬圓，作長孫劍如，長外孫忠磊教育費用。為實際需要，劍如部份亦已預付。目前余最掛慮之問題為爾母之美金誰為經管。研究再三，決定分別委託三個女兒。理由有二：

一、我若先爾母而去，爾母與女兒同居之成分為多。母女交談，易傾心腹，縱有爭辯，不傷感情。婿非岳家人，不必，且多不願，過問岳家事，與岳母接觸較少，不易摩擦。媳則不同。媳確婆家人，無法不問婆家事。婆媳同為女性，若干方面較母與子更形親近，因之亦多見解相左，造成不和之機會。實則婿對岳家財產與媳對翁姑之財產，同屬無分，故對其處理皆無越份主張之權利。但外孫男女卻又與孫男孫女之權義相等。此點一般人多不明瞭。但俊民與維衡所學皆係法律，應所熟知。余及爾母之此項措施，即為不使婆媳之間為此有限之財產發生歧見，影響感情。

二、兒子三人之環境亦都不宜，俊民家庭複雜，負擔沈重，公餘兼職，工作繁忙，實不忍為爾母加重其責任。偉民回國以來，職務迭更，近調香港，家眷同去，工作關係，不時旅行，亦不便再使其為爾母分心勞神。傑民從未出國，就業在台，勉可生活既無儲蓄，更無外幣。其不宜經管爾母之事，自不待言。

三個女兒經管之數額依次比例約為三、二、一：即儀民拾五萬，倩民拾萬，儷民伍萬，各以經管人本身名義存在銀行生息，不得為其他投資。每年應付爾母六分半利息（每百元年付利息六元五角），多出部份，除補貼經管人所得稅外，即為其酬勞。爾母遇有特殊需要，動用本金，任何人不得異議。

以上各節，為余與爾母共同決定處理爾母之有限財產。今日公開使爾等周知，爾等不得有何意見。

本簡錄於同年九月補記，由余與爾母共同簽字影本送爾等九人，各存一份。

一九八二年九月　端木愷
陳季蘋

原件存端正法律事務所

經管母產綱要（倩民經管部份）

一、倩民經管美金壹拾萬元，於爾母身後與俊民平分，各得伍萬元或汝母動用本金後其賸餘之半。
二、倩民經管期間，應以其本人名義存入銀行生息，每年年終給付爾母六分半利息，超出部份除補貼倩民所得稅外，即作為經管酬勞。
三、倩民經管期間直接對爾母負責，向爾母結算利息，不受第三者干預。
四、爾母遇有必要，如沈痾久病，自得動用本金，倩民亦得商同儀民儷民以本金供應爾母。
五、動用本金時倩民應通知俊民。
六、倩民在經管期間設不幸遇有意外，由爾母決定全部或部份移轉儀民或儷民經管，允中應遵辦。
七、保管期間設不幸俊民遇有意外，其於爾母身後應得部份，倩民屆時平均分給懿如劍如姊弟。
八、本件由余與爾母共同簽字，分別影存俊民、儀民、倩民、儷民各一份。

一九八二年十月　端木愷
陳季蘋

原件存端正法律事務所

儀民經管母產綱要

一、儀民經管美金壹拾伍萬圓，於爾母身後儀民自留一半（柒萬伍仟圓），分給偉民、維衡、仲民一半（亦柒萬伍仟圓），三人平分，各得貳萬伍仟圓，倘爾母生前因有需要動用本金，則以其賸餘，照上述比例分配。

二、儀民經管期間以其本人名義存入銀行生息，每年給付爾母六分半利息，超出部份之利息，除補貼儀民所得稅外，即作為經管之酬勞。

三、儀民經管期間直接對爾母負責，向爾母結算利息，不受第三者干預。

四、爾母遇有必要如沈疴久病，自得動用本金，儀民亦得商同倩民、儷民以本金供應爾母。

五、動用本金供應爾母時，儀民應告知偉民、維衡、仲民。

六、爾母可隨時決定提前將偉民、維衡、仲民於爾母身後應得部份移轉與各該本人，儀民奉到爾母通知，應即儘速遵辦。

七、經管期間，偉民、維衡、仲民三人設有一不幸遭遇意外，其於爾母身後應得部份，屆時（即在爾母身後）儀民應分別給與「惇如」或「勤儒與威瑪」或「思明」。

八、儀民在經管期間設不幸遭遇意外，忠磊應以其所經管之半給與偉民、維衡、仲民三人平分（現有本金應為各貳萬伍仟元），其餘一半忠磊自行保留。

九、本件由余及爾母共同簽名，分別影存儀民、偉民、維衡、仲民各一份。

端木愷
陳季蘋
一九八二年十月

原件存端正法律事務所

偉民：

下附給倩民儷民二人信的影本，留下來，本預備另行寫信給你和俊民作參考用的。近因聲帶發炎加劇，人也疲乏思睡，竟耽擱了半個多月。其實，要說的在她們的信裡全說了。處理的方法有所分別。是成年的第三代直接給他們自己，未成年的交其母管理。對你和俊民適用後者。現在你要做的是將Phillip的銀行和地址，他的戶名，帳號種類詳細開來，我可將支票直寄該行代收，以免週折，比較更安全。

上週的信想你已收到。

你由儷民轉付的利息，她已有信來，經已照辦。汝母這次給第三代是贈予，不要利息。她的用心，你去信Phillip代為說明，我就不再寫信了，現在中文常忘記如何寫法，更不用說英文了。

你們的利息自明年起，減為四分，即每百元年利四元，前函已詳。不贅。問好。

父字　十月十七日
（民國七十一年）

儀民：

來信均收悉。忠磊的一百元來源如此：傑民送他上飛機，發現他有用剩的台幣四千元，便帶回交給爾母。因有唐秀文回美之便，爾母便託她帶一百元還忠磊，清一筆賬，兩不吃虧，也未討便宜。

早幾天，唐小姐兩次託人帶來肥皂，藥膏等物，都已收到。前天又接到她的信。便時你給她一個電話代我謝謝她免得我寫信。

附寄三個文件，(一)是給俊民的信，(二)我的談話簡錄，(三)倩民經管母產綱要，都是影本。倩民回美，告訴了俊民，她所經管的有他的部份。過了幾天，俊民要倩民寫一個筆據給他，並且提到萬一倩民遭遇意外的問題。因此我不得不以書面說明一切。給俊民信和談話簡錄，九人皆有關係，各給影本一份。倩民經管綱要牽涉你三姊妹，故亦寄三人各一份。

你所經管，包括了偉民、維衡、仲民，也關係到倩民、儷民，我也寫了一個綱要，內容大體相同，另函寄給你們六人各一份影本。

父 十一月三日
(民國七十一年)

儀民：

廿八日的信收到了。傷風好了嗎？氣候到處很壞。台北傷風很流行。我和汝母也流了幾天清鼻涕，所幸未曾成病，不藥即癒。

維衡的結婚，馬家並不直說，所以汝母有點將信將疑。維衡在香港來個一次電話，和汝母談東說西，卻把他結婚的事忘了未提，親婚來台，匆匆兩天，只來吃過一頓飯，總算親口告訴你母，正式稱舅母了。

我們一家，到現在，還是你的英文最好，在美國讀大學是最大的原因，進的大學聲譽和教學也很有關係。

我們學校要換一付新電腦，各種廠牌爭競劇烈，電話，拜訪，不斷的分別進攻。所以我說電腦無腦，卻有無窮的煩惱。我暗中早已決定採用IBM，因為牌子最老，貨色可靠，做法也最規矩，而且現在價錢也減下不少。暫時還未公開宣佈，只有副校長等三四個人知道我的趨向。但至遲週內總得決定宣佈。IBM 分公司新 Office 本月八日開幕，他們希望那天能決定。

轉眼又是農曆新年。家裡正忙着炒八寶菜和其它食品。所謂新年不外乎是吃。

偉民調往香港，星期天中午少一個人來吃飯，過年更不熱鬧了。可是傑民的兒子長大多了，很胖，動作大，也很好玩，只是還不會說話。

不寫。問好。

父　二月四日
（民國七十二年）

俊民，偉民，儀民，傑民，倩民，儷民：

去年，你們都在台北，我為你們的母親作了晚年生活的安排。

今年六月我辭去東吳的職務，八月移交。隨後又辭掉一些社會團體的理事長名義。對東吳，我盡到的責任，也奉獻了我的心力。對那些團體我也做了應做的一切。

現在，應該為我自己的餘年也計畫一下。經過很多時間的考慮覺得還是仿照去年為你們母親所定的老辦法較妥。一則免得我再為有限的幾個錢煩心，親自去注意存放和帳目等事項。二則倘或一旦我突然而去，你們對我所留下的數目與所在都不清楚，根本就取不到，雖然不多，卻不必白送給銀行或他人。

我剩下的大概美國可分給你們兄妹五人每人伍萬元。傑民在國內，給他等值的台幣。此款劃撥給你們之後——大致在新年左右——便是你們的了，但我希望在我有生之日，你們祇委託銀行運用生息。我更要你們每人每年供給我參仟美元，傑民則折合台幣。

這在大體上顯然是抄你們母親的老文章，但意義卻大不相同。為你們母親準備的錢是委託你們三姊妹代為保管，必待她身後才能移歸你們所有。你們替她生利，定期付息，那是她自己的錢，而且她辛苦照料長大侄兒，外甥和內姪孫女，每人也各有半份，以作遺念。我的方面祇分給你們兄妹六人，交付之日便即移轉所有，成為你們的財產。我也要你們每年每人各給我參仟美元，但卻不是利息，乃是規定你們各分擔一部份我養老之需，讓你們稍盡反哺之責。我不願見父子（女）間的關係形成商業化。這個做法至少保存一點中國固有的倫常觀念與色彩。

你們的銀行名稱，地址，以及你們存款的種類（支票或儲蓄），戶名，賬號等儘快來信，寫清楚，最好打字，便於辨認。我決定年內先各給你們（傑民給台幣除外）美幣肆萬元，明年三月前再各壹萬元。

你們給我的每人參仟美元，自一九八四年四月起，每四個月各付壹仟元，直接存入我銀行支票戶內。銀行及地址如下：

CITIBANK,
INTERNATIONAL SERVICE DIVISION.
P.O.BOX 2230, NEW YORK, N.Y.10043.
U.S.A.

我的戶名是 JOSEPH K. TWANMOH，戶頭是 CHEQUE ACCOUNT，帳號是 10167576。那個是我和你母親共同的帳戶，她也可開支票取款。你們三姊妹應付她的利息也可直接存到同一銀行同一帳戶裡去，比較方便。

你們付美元的五個人可以商量一下，如何分別每個月皆有壹仟元存入我的銀行，我開支票才有個數目可以計算。當然每次你們向我的銀行存款，應有信告訴我。

從這封信你們可以體會到我是在作結束的準備。上帝的恩典，你們母和我都己八十。以前目的健康情形來看，似乎還有段塵緣未了。但人生有來必有去，有聚必有散，本乎自然，不必妄求，亦不必憂傷。有機會，有時間，有精神，預先作個準備總比沒有好。

父字　民國七十二年雙十節

原件存端正法律事務所

偉民：

下附一信影本，你看過便知。當時沒有寄給你，因為不確知你的地址，同時有個錯覺以為你短期內會來台北。

儀民回美，約再二週便再來台。她應該會和維衡仲民見面。至於你，她如何將錢交給你，你們以通訊或電話商量。你是囑咐她年底以前辦理。但為銀行結賬關係，或者會延至明春，那看你們之間如何協議了。

另外一函另寄，與此事無關。因影本太厚，外寄較便。

秋熱且潮濕，很不暢服。輕微感冒，但人極疲倦，不盡一二，即問近好

父　雙十節後二日

（民國七十五年）

俊民：
倩民：

一九八二年十月所訂「經管母產綱要倩民經管部份」中規定（第七項）只有在某種條件下，方由倩民（或允中）將該款伍萬美元於爾母身後，平均分給懿如劍如姊弟各貳萬伍仟元，否則全部交付俊民。

民國七十二年（一九八三）雙十節我又分別給你們兄弟姊妹各伍萬美元，支票開出便是你們所有，只在我有生之日付點利息而已。不像爾母還保持所有，她可動用本金（雖然我信其不至有動用的必要）。

在這個情形之下，俊民和其他弟與妹一樣，已經把握了伍萬元（數目實不大，只因我不善賺錢，沒有更多的留給你們）。爾母與我為確保她的五萬元能夠將來為懿如劍如取得，決定把倩民經管母產辦法略為修正，改為不論任何情勢，此款（倩民經管的伍萬美元）於爾母身後即由倩民（或允中）直接分交懿如與劍如各貳萬伍仟元，不用經由俊民轉付。爾母如果認為提前給付懿如與劍如比較適宜，她囑咐倩民，倩民便應遵辦。

上面所說的，事實上去年已面告俊民，俊民自無異議，今年也告訴了倩民，倩民更無意見。（父母處理自己的財產，兒女能有啥個意見，遑論異議？）原來應該早以書面正式記明，以免記憶日久容或有誤，只因我近年行動遲頓，懶於執筆，耽擱經年。又將聖誕，忽忽補此一函，以清手續，並由汝母和我共同簽名。

父字。

一九八五年十二月四日

陳季蘋
端木愷

原本存端正法律事務所

家書附記

端木儀民

在編寫一個人的專輯時，家書似乎是一個重要的部分。從家書中可以看見一個人真正的生活與思想。在這個亂世，我們子女與父母親真是聚少離多，原因當然不外乎經濟、交通與時間。因此父親對我們的教導經常透過寫信。遺憾的是，數十載的光陰，兄弟姊妹們因為就業或搬遷等因素，信件均已遺失或殘破不全。有的則是因為過份珍藏而無法完整保留，例如我的堂弟仲民，非常珍惜父親給他的一封信，每日放在皮夾中，因經常摩擦，時間一久竟成碎片，最後不得已只得丟棄。

如今只有我，當初出國的時間較早，父親寫來的信，我都習慣性的放在一個盒子裡，因此保留了絕大部分的信件。這些父親給我們的平凡家書，真實呈現了父親教養子女的苦心，更不時可見他老人家憂國憂民的情懷。每每翻閱，總陷入深深的思念，有着對父母親無盡的感恩。

遺　囑

TO ALL TO WHOM THESE PRESENTS SHALL COME

I, the undersigned James H.S. Liao, Legal practitioner duly licensed by and registered with the Ministry of Justice of the Republic of China, having my office at No.2, 2nd Fl., Lane 27, Lin-Yi Street, Taipei, Taiwan, do hereby certify that the signatures of Joseph K. Twanmoh, Chang Shu Jen, and Lan-Fen Yang Chen on the attached LAST WILL AND TESTAMENT are genuine and authentic.

IN WITNESS WHEREOF I have hereunto set my hand and Seal on this 12th day of December, 1986.

Taiwan
City of Taipei
American Institute in
Taiwan, Taipei Office

James H.S. Liao
Attorney-At-Law

Subscribed and sworn to before me,
Robert A. Rastetter, Special
Notary (PL 96-8) at Taipei, Taiwan,
duly appointed and qualified this
day of DEC. 1 2 1986, 19

Robert A. Rastetter
Special Notary (PL 96-8)

LAST WILL AND TESTAMENT

KNOW ALL MEN BY THESE PRESENTS:

I, Joseph K. Twanmoh, a national of Taiwan, R.O.C. with address at 137 Jen Ai Road Sec. 4, Fl. 9-1, Taipei, Taiwan, hereby revoke all former Wills and Testamentary dispositions hithertofore made by me and declare this to be my last Will and Testament in connection with my Daily Cash Reserve Account No.38008824 and Current (checking) Account No.10167576 with Citibank, N.A. in N.Y. U.S.A.

1. I direct that all my debts, including my funeral expenses, expenses of my last illness and expenses of the administration of my accounts hereinabove, be paid by my executor hereinafter named, out of the first moneys coming into his hands and available therefor.

2. After the payment of the debts and expenses as mentioned hereinabove, I give, devise and bequeath the rest and residue of my accounts hereinabove in equal shares unto my sons Mr. Thomas Twanmoh, Mr. Harris Twanmoh and Mr. Jin-ming Twanmoh, and my daughters Ms. Marjorie Twanmoh, Mrs.Harriet C.T. Yu and Mrs. Li-ming T. Han for their own use and benefit absolutely.

3. I nominate and appoint Mr. Winfred W.Y. Lee, an Attorney-At-Law, Equitable Law Office in Taipei, Taiwan to be my Executor of this my Last Will And Testament.

IN WITNESS whereof I haveunto set my hand and seal this 12th day of December, in the year One Thousand Nine Hundred And Eighty Six.

Joseph K. Twanmoh

Witnesses

Chang Shu-Jen
Ms. Chang Shu Jen

Lan-Fen Yang Chen
Ms. Lan-Fen Yang Chen

致劉源俊君書八通

源俊仁兄有道：接奉十月十八日

惠書，欣悉

台端將於明年六月獲物理學博士學位，爾時擬返國長期任教本校，並將盡力於祖國科學之發展，高義宏謨，心佩曷已。弟竭誠歡迎，屆期

惠臨，何幸如之。本校物理系於去秋隨理學院同時成立，現有二年級學生，科學館正積極籌建之中，市區推廣中心大樓完成後，當可興工也。本校待遇副教授月約新台幣肆仟元，茲決以寵惠講座奉聘，年酬新台幣肆萬元，兩共年約新台幣玖萬元。

仁兄如不嫌其菲薄而屈就，並擬以代系主任相借重，至盼早日

示復為幸。近月以來，冗務蝟集，以致尊函稽復，萬分歉然。專復　順頌

旅祺

端木愷　拜啟
十一月五日
（民國六十年）

源俊仁兄惠鑒：接誦十一月廿六日

大函，獲悉吾

兄將接受本校物理系副教授之聘，至深欣慰。本校物理系係在初創階段，僅有一、二年級學生各乙班，共九十餘人，擔任物理科目之教員計副教授、講師各二人，助教三人，所開課程均照教育部之規定。茲附上課程表乙份，敬請參閱。吾

兄主張本校物理系之教育應與實用相配合，並須選擇一二具有實用價值之重心，作為長期發展之準則。所見至為正確，曷勝欽佩，今後盼能付諸實施。又本校校園備有公寓式之教員宿舍，吾

兄蒞校後自當設法配住，知關

廑注，併以奉聞。耑此　並頌

時祺

端木愷　敬啟

十二月七日

（民國六十年）

源俊仁兄：

昨函諒達。茲略補充如下：

一、Ph.D. 何時可以拿到？預備何時回國？

二、教部規定 Ph.D. 以副教授開始，並非逾格。惟又規定各校設教員資格審查委員會，用意在憑證件，評定等級。文憑取得望即賜影本，以便完成手續，正式敦聘。

三、建議向教育部申請回國任教願至東吳（可說明「因知該校需要物理教授」），如此將來可請部補助旅費。申請最好詳告其何時進何校，得何學位及何時回國。

回國工作者一人能有法學或社會學背景最為適合，惟講師資格（行政任務可酌支辦公費）待遇不過新台幣參仟元，連同其他名目，亦不能越過四千元。私立學校最苦為財務困難，待遇菲薄。匆匆即頌

年祺

弟端木愷　拜

十二月十日

（民國六十一年）

源俊吾兄大鑒：愷應邀來美出席一項會議，一週內啟程，預定四月廿八日由 Atlanta 赴紐約，乘 NA. Flight No.468，到達時間 1410，住 Waldorf，在紐約停四天，盼有機會把晤一敘。闊忱不一，順頌

勛安

弟端木愷 拜啟

四月七日

（民國六十一年）

源俊先生惠鑒：此次赴美，獲機晤談，快慰奚似。關於敦請

先生為本校六十一學年度理學院物理學系專任副教授一節，聘期照例係自本年八月一日至明年七月卅一日。待遇方面前已函告，一俟奉到有關證件當即辦理聘約及報部手續。茲又洽得本校商學院同意另聘　尊夫人為該院企業管理學系講師，並盼能將願授何項科目見示，以憑參辦為荷。耑此　並頌

時祺

端木愷　敬上
五月廿六日
（民國六十一年）

源俊吾兄惠鑒：月前在美暢談為快，歸後即煩理學院長逕與
台端通信，昨奉
手教，獲悉業已通過博士學位一切考試，遊聞之餘，曷勝忭慰。耑此函賀，並頌
暑祺

弟端木愷 拜啟
六月八日
（民國六十一年）

源俊仁兄惠鑒：紐約領
教，至為快慰。理學院長李熙謀（字振吾）先生所有通信，均承交閱，深佩
卓見。惟　尊夫人所愛及所能擔任之課程未荷開示，當望
來函酌列，下學年（一九七二秋季）本校新聘企管會計方面講師，均不止一人，安排課程需要參考也。又在 Waldorf
承
介令友，當時適有他客約會，匆匆不及暢談，歸後檢查行篋，卡片眾多，歉難記其姓名。可否再煩
酌示其學位經歷（包括姓名）專長，俾與有關院系負責人洽商延攬機會。勞
神之處，容當面謝。
台端完成 Ph.D. 所需手續，茲再申賀。證明文件已轉振吾院長，並
聞　此頌
雙安

弟端木愷　敬啟
六月十二日
（民國六十一年）

源俊先生惠鑒：昨接六月廿一日

手教，敬悉一是。關於　尊夫人任教事，商學院已同意於下學年度排定「管理會計」一課。彭曉明先生亦有來函，昨已去函請送有關證件，俾便辦理約聘手續。茲附上聘約貳紙，即請　查收。專任副教授之待遇因受講座原有金額之限制與計算上之關係，未能達滿一整數為歉，容當另謀補救。本校下學年度學生將於九月廿三日正式上課，八月底回來仍不為晚，知關

廑注，併以奉聞。耑復　並頌

暑祺

弟端木愷　敬啟
六月廿七日
（民國六十一年）

致吳幹教授書十通

貞奮吾兄：

此次出國，校務偏勞代理。

六年前接長本校多承鼓勵，六年來略有建樹，尤仗大力。

本校聲譽之起，實始於城區大樓的興建。那片基地，假使不是五十九年弟出席美國衛理公會海外教會會議短期離台之際，吾兄不避嫌疑，力排眾議，當機立斷，毅然買下，等我回來，可能猶豫，則大樓何從而來？六十二年十一月亞洲太平洋區經濟自助會議及六十四年四月亞洲基督教大學校長會議的輝煌成就，本校實主其事，大大的提高了本校在國際間的地位。倘非吾兄全力倡導，親自籌備，又怎得順利舉行？

以上不過舉其犖犖大者。你對本校的貢獻，其多難以數計，其大無以形容。本校的興衰榮辱，實已與你不可分開。故弟嘗言，本校可以無弟，不可無兄。

但有一點不容忽視，即在私立學校法施行之前，校內負行政職責者在董事會內佔四分之一以上席次，而董事長實際由弟自兼。那時可以說是權力責任集中弟之一身。吾兄一切為校所作所為，其有待弟認可者，弟無不認可，其毋須弟過問者，弟便不過問，蓋弟當擔得起也。為使吾兄對於校政績享充分的自由，弟在計畫改組董事會時，曾主張弟專任董事長，由吾兄繼任校長，或弟留任校長，吾兄改任董事長。但這兩個辦法，你都不贊成。你的理由，你的考慮，弟不能否認有相當根據，所以不敢相強。結果我們都退出了董事會。

今昔異勢，若干問題不得不重行評量，或改變途徑，方克因應。這現實環境的需要，並非弟對吾兄之尊敬、估價、信任，稍有減低。且二大原則弟必堅持，一為本校不可無兄，一為吾兄為校努力的效果務予保持，更予加強。

首先弟提出「電子計算機中心」問題，吾兄立感不愉，激動逾恆。這也難怪。「電計中心」完全是你為了促進建教合作，迅速償還機價，而建立的。你的辛勞，你的苦鬪，你所忍受的委屈，你所經歷的艱難，如果我都不能了解，甚至對你懷疑，易地而處，我會憤怒，而不止於不愉，會傷心，而不止於激動。不過你如冷靜的想一想，便應明白，「電計中心」是在間接有據，正式無案，隸屬不明，地位含混，組織無定制，待遇無標準，預算不具，決算不備，收支無表報，盈虧無確數，而門戶嚴緊，內外隔絕的狀況下，存在三年。憑著你的剛強性格與奮鬪精神，憑著我的權責集中，翼覆堅實，才得迴護「電計中心」三年的存在。私立學校法施行後，弟固不再有領導董事會的身分，吾兄亦在董事會失去其直接的影響力。新法的主旨即在劃分權責，強化管理，學校的收入與支出，預算與決算，董事會要查，教育部也要查。你我面對的問題，不在我對你的信任之加減，不在「電計中心」的帳是否經得起查，而在該「中心」過去三年的資產負債，盈虧損益，何以不列入學校的預算和決算？在以後又將如何列法？換言之，弟已無再行迴護此一自成體系而實無體系，無意獨立而形同獨立的特殊化「電計中心」的能力。也就是說，不是我對你信任動搖而要考核「電計中心」，而是我須準備如何去接受董事會與教育部的考核，如何使董事會，教育部，以及不知內情的全校師生對你和我的信任不至動搖。

九月十五日承轉示（實於十八日看到）八月五日陶鴻傑先生所簽「為本中心六十三會計年度財務狀況摘要補述」一件，下附所謂「資產負債表」及勞經魯先生之同年度「決算暨財務摘要」。這是三年來第一次看到有你和鴻傑先生簽名的「電計中心」財務報告，雖極簡略，總甚於無。往年也有一張資產負債表，只有勞經魯先生的圖章，而勞先生是你認為不知電計，不明業務，甚至不懂會計的人，他的報告當然不足代你或陶先生的意見，也就是說，不足視為「電計中心」的報告。在名義上，勞先生乃奉吾兄之命，兼充「電計中心」會計之人。他的會計報表，未經吾兄簽名或蓋章，弟不能不顧層次，予以接受，但可作為參考材料而已。此次陶先生的簽是為駁勞先生的「摘要」寫給你的，你又轉給我，這表示你們正式否定了勞先生的全部報告，並其參考價值亦予取消。

陶先生的簽有三大要點。一、「電計中心」人員不分晝夜埋頭苦幹。這你已向我提過多次，我無理由不相信。二、勞先生的「摘要」所言不實。這雙方各執一詞，孰是孰非，難於判斷，暫惟存疑。三、在「帳面」上盈餘已達壹佰肆拾餘萬。這與勞先生的報表相符。但「帳面」與實際是否一致，為二人爭執之點，弟亦不能妄贊一言。但從陶簽看出另外幾點，觀察有誤，影響論斷，應速改正，不宜因循。

一、電子計算機列入「電計中心」資產，供給學生實習，所以要學校補助「電計中心」保養費。「電計中心」用了學校的電子計算機，卻向學校算帳收費，此乃一般人所不易瞭解的。電計機為校產，政府准其免稅進口，主要的是供教學之用，故應交還學校。「電計中心」使用電計機按成本向學校繳費，電計機由學校自行保養，才是正當辦法。

二、中信局保證電計機價款是學校的債務，應由學校償還。「電計中心」所付使用成本及有盈餘時的撥補款項，皆可利用。縱不使用或無盈餘可撥，學校仍須償還。乃現由「電計中心」越俎代償，其款源又大都借自學校，實是化簡為繁，治絲使紛。學校償債手續的正常化，便減少「電計中心」的特殊化。如此更足表現「電計中心」對學校的貢獻，消除一般人對「電計中心」懷疑。

三、「電計中心」無正確之成本，此見陶簽，非出勞口。電子計算機的功能為可做出最精密的計算。「電計中心」以電計機提供服務，它自身的成本反無正確計算，天下之諷刺寧有大於此者？你一再主張全校會計、學籍一律電計化，反應冷淡。弟曾宣佈先由城區做起，因三年來你是「城區部主任」，轄有商學院、夜間部、推廣中心以及「電計中心」，足夠一試也。不意「電計中心」在你直接全權控制下竟亦未電計化，且無正確成本計算。電計化與否，弟不覺其關係重要。重要的是有一個正確計算成本的方法（或公式）為日後「電計中心」給付學校成本的標準。

四、本校有「電子計算機學系」，是一個正當的，經常的教學機構。其成立要件是須有電子計算機，而不是須有「電計中心」。學校收了學雜實習等費，便應負擔一切教學支出，包括教師鐘點、學生實習、打卡機與實習卡用紙。「電計中心」從事建教合作，為學校開闢財源，應在明處補助，不當在暗處賠貼，費力勞神，反招猜忌。何況成本無正確的計算，誰佔便宜即難有肯定的評判。以後，「電計中心」使用電計機應照成本，以時數計算，給付學校；上課或實習，如由「電計中心」代為安排，仍應以學校名義個別聘請，按鐘點致酬，這樣才能帳目清楚，權義分明。

五、「電計中心」人員本未納入學校系統，良以職稱不同，待遇不同，「電計中心」全權自理，責任自負，便可不受學校章則拘束也。開始聘用陶鴻傑、萬文哲、劉藹亭，三位先生在「電計中心」任職時，你曾要求我在你的條子上簽了一個名，卻未經過人事室。其餘人員進退，概無文書送閱，亦未口頭告知。吾兄不欲煩弟，而弟亦從不干預。現陶簽涉及程式實習指導人員薪資負擔，是將「電計中心」與「電計學系」的人事混合，不無紊亂系統之處。當時陶兩處兼職，但求方便，未計後果。吾兄主持大計，不問細節，未加注意，以至今日演成問題。此時改正，猶未為晚，且可收補救過去，部署未來之效。

總之，「電計中心」在不知不覺之間養成了一個極不正常的思想，便是認定電子計算機是屬於「電計中心」的。你的原意，我很了然，設立「電計中心」是以其收入為校償債，至多五年可以還完。不幸，電子計算機裝置的地方撥作「電計中心」，更不幸，又誤列電計機為「電計中心」資產，於是在「電計中心」逐漸產生一種意念，認為電計機是真的成為「電計中心」所有了。「電計中心」的想法，第一步是債還清了，便奉獻給學校一套電計機。第二步是電計機永屬「電計中心」，學校方面的電子計算機學系由「電計中心」以其餘力協助辦理。第三步是「電計中心」接收了電計機，也接收了學校一切有關電計機的債務，同樣也應接收學校一切有關電計機的收入，甚至匯率差額亦成「電計中心」的收益。基於此一前提，「電計中心」便直接去還中信局到期的保證價款，甚至向學校借錢去還，而不核算電計機使用成本給付學校，讓學校自去償還。基於同一前提，「電計中心」保養電計機而由於協助教學關係向學校收取保養費，「電計中心」為了學生打卡租用打卡機而向學校收取租金，「電計中心」指導學生實習支出人員和材料費而向學校收取補助費。陶簽告訴我們三年學校向學生收了伍佰玖拾餘萬元實習費，撥補「電計中心」的才參佰餘萬元，等於前者的六折，意謂是學校賺了「電計中心」的。其實，連同電計機和一切教學工作全交還學校，「電計中心」祇管建教合作方面的業務，雙方就不會有這個帳可算，自然便不會有什麼爭執。

「電計中心」雖然特殊化，究竟是學校的一部份，就算它是一個胼指，也血肉相連，不能獨立。陶簽不過是以「電計中心」本位主義為出發點，他總沒有將電計機變成任何個人所有的意圖。實際亦無此可能。你該同情他，我會諒解他。然而抱著另一種本位主義者（這種人太多了）看了此簽，不免誤解，必有責難。記得在五年前策劃城區大樓時，也正在計議擴建語言中心，我曾請楊其銑先生報告擴建增收的實習費三年足敷償還擴建用款。你立刻表示學校財務統收統支，不能割裂。義正詞嚴，全場肅然。陶先生如果再多受點你的薰陶，他的氣質，理解與做法，會有更多的潛移默化。

基上總結，一、「電計中心」應為一個純粹的業務機構，集中精力對外發展，以高度的效率，精確的工作，從事建教合作，推廣電計功用。二、「電計中心」的人事經費不納入學校系統，免受干擾。它的員額待遇自成體系，自行負責，自力自存，自給自養。三、「電計中心」使用學校電計機，按照成本（包括折舊、維護、房屋、水電等直接與間接成本），以小時計算，給付使用費。業務收入，開支有餘，除酌提公積金（不超過五分之一）外，一律撥補本校，但不負直接為本校償債之義務。四、打卡機專供教學之用，由學校（當然電子計算學系與總務處會同）租用，給付租金，「電計中心」人員不予利用，以免影響學生實習，但業務上有需要時得商得電計學系同意指定使用時間並按成本給付使用費。五、「電計中心」使用本校房屋（不包括電計機室，因電計機係校產，應有房屋安置）亦按折舊、維護、水電及特別裝備等計算成本，給付使用費。最好非工作上必要人員不必進入「電計中心」所使用之本校房屋。六、「電計中心」協助電計學系教學，如授課，程式實習等，提供人選，由學校個別聘請，給付鐘點費，不與其所任「電計中心」工作混淆。七、電計機的管理保養原則上自應由學校負責。如有與「電計中心」合作或請其協助或委託代管之必要時，亦應訂定具體辦法，務須權義分明帳目清楚，免招嫌疑，杜絕物議。八、凡以本校名義購置之機器材料交還學校，「電計中心」得付費使用。九、過去三年金錢往來定一公平辦法折算充抵。如「電計中心」充抵後，對學校尚有欠款（包括實習銀行借款）應在一年內清償，並按銀行利率計息。如「電計中心」超付學校，即作為撥補本校之款，記載明白，保持紀錄。十、「電計中心」之設立定期五年，自六十一年七月一日起至六十六年六月卅日止。期限屆滿六個月前「電計中心」主任得商請學校當局核准酌量延長之。

淺見，上述原則，有待補充，其實行，可使「電計中心」繼續存在二年，達成吾兄之五年願望，或尚有延長之可能，而過去三年之缺失亦獲彌補，不至有人再翻舊帳。吾兄萬不可以為「帳冊俱在，儘可詳查，問心無愧，無所恐懼」。須知三年舊帳一旦有人主張徹查，吾兄與弟立將尊嚴盡失，威信掃地。爾時，對內如何領導？

在外何堪評論？陶簽成本既無正確計算，他項何能必其毫無失誤？倘遇吹求，故意挑剔，雖不直接詰質吾兄與弟，但對陶或其他經辦人員嚴追窮究，吾兄與弟尚能直得起腰，抬得起頭耶？三年時間，不為短暫，單就無預算無決算一點，或就校債不自償，墊款「電計中心」代還一點，或就校購電計機轉作「電計中心」資產，本校使用反須付費一點，以及其他任何一點，董事會或教育部提出問題，吾兄與弟如何答覆？此弟所以一再強調安排現在，妥籌未來，亦即保護過去也。

與吾兄數度懇談，幸荷大體同意，且囑約陶鴻傑先生再商。「電計中心」要政吾兄之信賴陶，亦猶學校要政弟之信賴吾兄也。所不同者弟於私立學校法之目的，之作用，之爭論，之折衝，之通過，之以施行細則補充加強，及其後校內外情況之發展，知之綦詳，爰亟謀求無損於對吾兄之信賴又能適應新興環境之道，而吾兄與陶對此不暇注意，遂有隔閡耳。弟遵命約陶，並邀伯超兄參加，擇要釋明，陶頗能領會，允即根據所談草一計畫。時逾一旬，乃以駁勞之八月初旬舊簽呈轉，用意不過就其立場有所辯解而已，但並不能代替正式報告。弟於九月廿七日飛美，陶先生之計畫弟不及研究是為遺憾。

此際惟一希望為吾兄在代理校務期間詳商許陶兩位，共決「電計中心」新辦法，自行核定，自付實施，自開新局，自樹楷模。若待弟回國辦理必有謠言，誣弟與吾兄衝突，甚且謂弟更進一步排擠清華，則對學校，對吾兄，對弟，均大為不利。

凡弟所求，不外合理，公平，且已顧到事實，不損吾兄保有「電計中心」之宏願。若此最低限度的方法竟不蒙諒解，不予採納，為顧全友誼，保存校譽，弟當考慮讓賢，以明心跡。但我們聯合，學校可繼續發展。分則將步中部某校後塵，逐漸萎縮，大為可惜。

臨穎徬徨，順頌

雙安。

（民國）六四年十月初自舊金山航寄

貞盦兄：

拜讀廿四日手書，既感動，又興奮。你我之間，不可有隔閡，亦不應有隔閡，學校一切全賴你我同共努力，何堪隔閡？一切為校，你我毫無私心，何至隔閡？然而隔閡卻在若有若無之間，究竟為有為無，只在你我不在別人，你我互疑其有，便有。你我互信其無，便無。你如此坦誠，表明其無，何能再有？我焉得不感動，不興奮？

我對電子計算機中心之所顧慮，不是業務盈虧，不是人員待遇，亦不是行政系統，而是因其三年有半無預算，無決算，無業務報告，無收支簡表，以至學校呈報董事會與教育部之會計文書上亦只得對「電計中心」略而不提。久略，謂為故意，如何解釋？謂為疏漏，如何補救？此所以年來，自私立學校法頒行，我深感不安的原因。

我們不止一次商談此事。無可否認，費過許多腦力，經過許多不協，總算得著一個結論，那便是我在去年十月初自三藩市所寄一函中記述的大要，你我去年年底共同決定的繼續委託辦法，和我今年二月十九日中午宣佈的幾個原則。最基本的是確定機器是學校「所有」，准「電計中心」使用，收取「使用費」，過去三年半，收了九百八十九萬三千元，以後按時計算，按月收費。這樣，便不必再去追問學校何以未要「中心」編造預算、決算、業務狀況等報告，這樣才能把過去與未來一刀切斷。

機器不是「中心」所有，何勞「中心」折舊，以往基於一念之差，居然據為所有，逕行折舊。請想，折舊不外兩個作用，一、提現，為將來汰舊換新之準備，二、虛記，表示財產價值之減低。現在發覺，機器自始是校產，並未合法轉讓給「中心」，學校收回產權，「中心」繼續使用，則「中心」如係「現金」折舊，豈肯將現金贈與學校，現為「虛記」，怎能要求照數轉入校帳？況且，拖泥帶水，與我一刀切斷的原意完全相反，在我，真料不到，你我可互相讓步，而「中心」的中堅分子竟那麼強硬，決不放棄「所有」的觀念，利用「中心折舊」，「學校轉賬」的手法，表示「中心」將其「所有」機器「送」給學校，來維持其「立場」。這種精神，我佩服以外，無話可說，但是我有我的立場，我絕對不能採取這個辦法，換言之，「中心」的折舊我不准轉入校帳。所幸，你已囑咐巫永森先生照十九日中午我宣佈的原則辦理，你的忍讓，你的大方，我非但感動，也很感激。「中心」的人終於聽你，足見對你的忠實，亦大可安慰。

這件事就如此結束了，餘下幾個小問題，如商學院講座基金存單何時改為校名，基金來源如何出帳，「中心」

如何方便，如何辦理，我沒有任何意見，但望不要久延，免生枝節。

嗣後，使用費每月何時結算，何時付款，所欠學校及實習銀行本息分若干期償還，每期若干月，請「中心」

儘速提出，庶幾按時實行，無所爭執。

你不覺得我們心中無芥蒂，形象很疏遠嗎？多見面，多談談，我想是有必要的。下週找個時間，午餐或早餐一聚。

弟 愷 拜上

二月廿九日

再欲補充者：

不知那位向你提出查帳主張，此刻殊無必要。拋除「機器折舊」，帳上仍有盈餘，便是實盈，合法的盈。必保留「機器折舊」才有盈餘，便是虛盈實虧。何必查？「中心」自給自養，能付使用費，能分期償還所欠學校及實習銀行本息，是以行動表顯實蹟，自屬有盈，否則為虧，何待查？

「中心」的財務，不算穩固，是我的印象。給付學校九百八十餘萬元，其中二百餘萬是以 CDC 之債還 CDC

之債，尚欠學校貳佰萬與實習銀行四百萬，則其出於建教合作收入者只一百萬元，但我看來，總比無此百萬元好。

我是希望「中心」有盈的。虧了，對我有何益處？此時查帳，無異鼓勵「流言」。何苦？如果「中心」自行查帳，千萬不要牽進我去。

再聲明一句，無人向我建議查帳，我反對此時查帳，我只注意以後的使用費和學校及實習銀行欠款的償付，現無計較「中心」盈虧之意。

（民國六十五年手書）

長函係十一全代大會前後所寫。重感冒中，自讀一遍，何時奉上，殊難決定。廿八日承賜電話，指示兩點：一、電計中心定予結束。結束後如何辦理有待面商；二、結束務宜和善處理，彼此開心，不可吵架。則凡所必談，長函大都包括，堅持製影留底後即行呈閱。但就指示兩點，略作聲明如下：

一、結束係照尊簽「電子計算機中心建教合作業務委託處理辦法」之規定，其最後時間為六十六年六月三十日，不以結束後之辦法為先決條件。換言之，無論結束後如何辦法或有無辦法，明年六月底必須結束。商談為公與我之間事。彼此不偕助手。但須有證人，便利調和，證人請伯超、興周擔任。此外不許任何他人參加。談有結果，筆之於書，共同簽字，以備向校務會議或董事會報告。

二、否決裕隆四年續約亦係根據尊簽「委託處理辦法」所定限期。通知裕隆正為避免誤解，保護雙方，絕無吵架之理由與可能，公安心可也。

吵架大致發生在不睦的對等雙方間。公與我全心為校，利害一致，意見縱不盡合，正所謂君子和而不同，毫無不睦，何從吵架？且今日之局，尊荷抬舉，我忝為校長，在符合政府法令與董事會議決範圍內，校政我不得不作決定。你一向支持我，當然會尊重我的職責，又何從吵架。

今春陶鴻傑參加公與我間談話，忽以質詢的口氣發言，「劉藹亭已脫離電計中心，我見其不時來校，來必到會計室。他為何要來，憑什麼資格來？」陶劉堪稱對等，似不和睦。但學校為公開園地，出入自由。劉一度任教，自有熟人，來校訪友，有何不可。當時劉如在場，而又缺乏涵養，可能吵架。劉不在，公與我恕陶年輕，均不云理，所以無架可吵。此番商談，既限公與伯超、興周及我，更不會吵架，公可安心。

貞奮兄道祺

弟愷 頓首再拜

（民國）六十五年十一月三十日

貞畬兄：

近來弟為若干雜務及私事甚感煩惱。頗思遁世，環境未許。學校日常問題，強打精神，勉力應付。關於電子計算機中心委託處理之結束，日前曾有萬言長函，痛論一切。正在考慮何時封發，乃承電約面談，遂覺暫無必要。惟其中四至七頁表明弟對結束之態度，可作商談之基礎，特為摘奉。不寧中所寫，語氣措詞均欠斟酌，希勿計較。更有亟欲陳明者，如期結束一節，固早決定，無可伸縮，但弟之尊敬吾兄，在任何情況之下，絕不稍減，努力為校，惟恐不及，多年合作，心意相同，既無個人利害，自無可能影響感情。肅頌

道祺

弟愷 載拜

（民國）六五年十二月二日

貞龕兄：

今天下午暢談三小時，不能有更好的結果，尤以彼此瞭解，互無嫌隙，最是欣慰。同意各點簡記如下，聊以備忘。

一、你對電計中心經營五年，心願即了，為善盡教學任務，增加學生實習機會，本已有意結束委辦建教合作業務。我既決定不再延展，你同意如期於六十六年六月底結束。

二、電計中心的經營，你認為大有成就，我不謂然。觀點不同，看法遂異。留待電計中心結束報告，自有事實證明，此際不再討論。

三、屆期結束（即六六年六月底），電子計算機及一切財產由我派員接管。人選由我全權全責決定。

四、電計中心曾於盈餘中提出新台幣兩佰萬元撥充商學院講座基金，經我同意，應係校款，歸屬學校保管。但因該中心已以其名義存在台灣第一投資信託公司，存期關係暫時未能改為學校戶名。你既保證該款到期交與學校，改以學校名義定存，我當保障其用途，不予變更。

五、結束屆期，現有人員即行撤離本校城區大樓。至於此等人員如何處置，由你根據委託處理辦法全權全責自行辦理。

這個備忘也許你不認為必要，我如此做，非無理由，但絕不是對你的諾言有絲毫不信任之處。你我都是近八十的老翁，健康倖尚不惡，記憶則已銳減。今天談話中，你否定陶鴻傑對我抗議劉藹亭不時來校一事之時，你不在場，事隔已久，孰是孰非難於證明。但是你堅稱裕隆契約是在書面上有三個月事前通知即可終止契約的規定。若不是當時我手邊有陶鴻傑十月五日原簽（經你署名於六日轉來）的影本，提出給你看，上面明明寫著「雙方口頭承諾……」云云，豈不又成千古疑問？古人嘗言，勸筆免思，此一備忘，亦師其意耳。

你希望在你辛苦辦理結束時，我不要干擾你，我無此意，自無問題。過去三年除了常談到何時結束，我實未問過電計中心的事。例如，電計中心應有人員編制，送我備查，從未送過，我也未問過。你說，人員在有業務時多用，業務減少時便減裁，以免浪費，故多寡不定。我聽了很高興，原來用人是根據業務契約的。十一月六日陶鴻傑簽「查職以往所簽契約皆於明（六十六）年六月前失效……僅土地銀行續約一案係於六十七年四月失效」云云。那麼現有六十餘人的遣散，問題便不會有太多困難了，我自然為你高興。

唯一須考慮的只有土地銀行一案，我尊重你，等你先提不妨礙六六年六月底結束的辦法，我再研究，我想你一定會在寒假中或春季開學前提出具體辦法。到相當時候，我再提與你，你當不認為我是干擾你吧？

有一件事我不能不查問，在我絕非對你有絲毫干擾的意思，而且不會使你受影響，那就是現仍有效之建教合作契約的查閱。縱使不結束，承你情，也認為我有查問建教合作契約的權利，並已囑陶鴻傑送給我看。我會等他，並不斷的以書面催促。但我不得不再作聲明，以免又有人飾詞挑撥。

有若干問題你所提到的，我都在月前所寫長函中也提到。我的看法自多不同。雖說為你安心辦理結束，現不再去討論，但我的已有的看法如不告訴你，供你參考，似乎故意保留，有欠誠實，那就不夠朋友，所以長函仍另封奉達。措詞用字，多欠斟酌，再請原宥。

以後隨時謀面。下午如來校更願到府叨擾一杯咖啡。專肅　並頌

晚安

弟愷　再拜

（民國）六五、十二、三、夜半。

商學院電子計算機中心吳兼主任：

本（六六）年二月十四日函及附件均悉。所稱各節分覆如下：

一、會計報告　該中心六十五年十二月卅一日以前帳目自請會計師審查，積極準備結束，甚佳。該中心現距結束時間不足五個月。今年六個月之賬目應併前作一總報告，以見全貌。俟此一總報告提出後當即轉請董事會核備，至勞經魯先生之報告，當時係以該中心會計身分所為，既被兼主任所否定，在法律上即不具備正式文書之資格，本人未便併提董事會，免滋紛擾。倘兼主任必欲併提，不妨以董事會財務委員名義逕自為之，但必說明勞係兼主任自用之會計，並非學校派駐中心之人員。兼主任更須注意，勞只報告迄未公開，董事會更不知勞為何許人。

二、兼主任職責　該中心係本人應兼主任之請求而成立，並同意授權兼主任在自給自足之原則下全權全責辦理。口頭約定為期五年，六四年十二月兼主任簽來「電子計算機中心建教合作業務委託處理辦法」正式規定有效期間至六六年六月三十日終止。本人早於六五年四月以前向兼主任表示五年限期目的既達（實際超過兩個月，因係六十一年四月一日開始也），不再延長，兼主任亦表示願意如期結束。本人六五年八月以後所有手條均祗重申如期結束之決定，未在「電子計算中心建教合作業務委託處理辦法」中兼主任自定之條件外有所要求。最近，手條祗是對兼主任簽擬結束兩法之一答覆，仍著在「電子計算機中心建教合作業務委託處理辦法」範圍內由兼主任自行全權處理。兼主任函稱「校長關於中心結束之歷次指示無法貫徹」云云，不知何指，顯有誤解。要知無論根據口頭約定或書面規定，兼主任之責任必在該中心如期結束後方得解決，而結束中心正是兼主任自請成中心時即已負有之責任。現五年限期將滿，望速辦理結束，所有經管之機器、財產、簿記帳本、造具清冊由兼主任簽章移交，屆時學校指定之接收人員，以清權義，而全始終為要。

愷　（民國）六六、二、廿二

貞翕兄：

巫永森先生出國進脩，極為贊同，經費來源請改為由電子計算機中心盈餘項下撥付，其理由如左：

一、講座基金，顧名思義，乃為應聘來校授課之教授而設，未便改充補助教授出國進脩之用。

二、「商學院講座基金」之支配，自應尊重商學院意見，當以人選為限，不可顛倒「出」「入」，進退失據。

三、現有募來之講座不過每月照原薪增加三千餘元，出國進脩補助多至三十餘萬元，縱使學校別有財源，距離驚人，必引起問題，院院援例，尤難應付。

四、據六十四年十二月尊簽「電子計算機中心建教合作業務委託處理辦法」之十，「建教合作業務收支每半年結算一次。如有盈餘，除酌提工作人員獎金及福利外，其餘全部作為學校研究發展基金以及商學院人員進脩之用」。去年既報告尚有盈餘一百數十萬元，以其四分之一提作進脩經費，即敷遣巫永森先生出國費用。

五、嗣後，既按月以電計機、房屋、水電等使用費給付學校，又每半年有盈餘撥交學校，指定四分之三為研究發展基金，四分之一為進脩費，則必全校敬佩。他院叨光，更無要求援例之餘地。

六、研究發展基金屬於全校，進脩限於商學院人員。以純益四分之一由「中心」主任支配，應在「委託辦法」授權範圍之內，無需校長批准。而「委託辦法」之授權既經校長書面為之，是對「中心」主任在授權範圍內之行為仍有共同責任。

近日校務之外，復忙於太平洋文藝會，授予韓國法務部長黃山德名譽學位，聯招試務，不暇晉見。兩案不願久懸，又非電話中三言兩語所能說明，特函奉達，尚希斟酌。

弟愷　再拜　三月三日半夜

（民國六十六年）

貞畲吾兄：

二月十四日，君辭商學院電子計算機中心主任兼職，口頭表示，希望商學院長本職一併擺脫，其時已近農曆新年，除面致慰留外，曾就書面簡覆。頃整理書桌，見有三月五日期君之「辭呈」，紙色雖新，實係去年舊件。茲謹歸趙，藉表悃忱。並重申依重之意。

商學院長非但本年度君不能辭，以後仍須勞神。東吳需君，君非不知。

東吳復校，君首執教，忝與締造，厥功豐偉。石故校長在職十年，君為輔佐，實主大計，遷建校舍，擴張院系，不仗籃簍，鮮克有成。石逝，桂崇基先生繼任，期年辭去。時君為資深校董，愷蒙錯愛，提名說項，遂長本校，於茲八載；倖免隕越，端賴督教。回憶民國五十八年八月八日，風雨淒其，隻身到校，總務長通知在校職工集合見面，即行就職，毫無儀式。不數日，颱風肆虐，兩度入境；本校正當其衝。地塌山崩，損失綦重，職員宿舍兩幢幾毀，搶救脩理，耗資二百數十萬。庫空如洗，羅掘俱窮。倘無老成指導，愷將何措？嗣知學雜費收勉敷日常開支尚有不足。而圖書儀器之添置，基於需要，均不容緩。因應艱難，猶於接事之第一學年度購買城區基地，代價一千四百八十餘萬元。翌年度興建城區大樓斥資約三千萬元。再下年度增設電子計算機，所費又一千萬元。三年之間新債逾五千萬元。皆君當機立斷，毅然決行，非愷以一新到之人所敢貿然為之者。東吳今日薄具規模，實受君賜。

債務無論新舊，愷忝為校長，責無旁貸。頻年乞討募化，足跡遍海內外，所獲美金不逾百萬，台幣不足千萬，胥賴台港同學與美洲教會之支持，愷殊不敢自詡有功。而科學、語言、音樂等特種教室與設備，以及學生宿舍、教師住宅，俱應平均發展，未許偏枯，雖亦勉力應付，次第完工，圖書館並已接近告成階段，其中辛酸，舍君孰知？捐款之來，時間數額多不確定。支出則不然，必賴銀行透支，以資週轉，尤於寒暑假期間青黃不接，最為困難。君苦為校董兼司庫，現為董事會財務委員，皆淵源於商學院之本職。多年來，借約票據，莫不由君與愷共同簽署，連帶保證。君與東吳之關係如是其深，為東吳所負之責任如是其重，君何忍棄東吳而去？愷又何能任君舍東吳而去？

至於君為推廣建教合作業務苦心孤詣，創設商學院電子計算機中心，自兼主任。君自定期五年，瞬即屆滿。到時結束，一經移交，兼職自然解除，固不待辭。

提前奉上六十六學年度聘約，庶幾秋季大計，便於就教。

弟愷　拜

（民國）六十六年四月二日

貞龠尊兄有道：中央日報所刊我校廣告，計蒙台詧刊前未先就

教，罪甚。廣告作用不外宣佈電子計算機中心之結束，以見我校為加強教學，不惜犧牲之一貫方針，兼於左右

提倡建教合作，發揮電計功能之深心與夫在校內多年辛勞之至意，申致謝忱。廣告提及中國電腦發展運用中心，意在使社會瞭解該中心之技術水準及服務精神，其與本校原設機構並無遜色，此於未來業務之開展或不無小補。想賢者當亦不以為忤也。倘有不妥之處，尚希俯宥。不盡一一，肅頌

雙安

弟端木愷　再拜

（民國）六六、九、二

貞侖吾兄有道：本校於四十三年奉准立案之初，
尊駕即應聘講授經濟學旋兼經濟學系主任，協助石故校長擴建校舍，增添設備，及後以校董兼司庫因應調度，
貢獻非常。五十六年起任商學院迄今已逾十年，私立學校法公布，董事會改組，膺選為財務委員，睿智所被，
作育功多。其於城區房屋之籌建，電腦機器之購置，尤為勞瘁逾恆。弟以菲材，
高明夙賴，惟久以事務相煩，不得專心學術，重違雅志，愧疚良深。三年前
左右曾一再請辭行政職務，以便從事述作，當以艱難之會依仰方殷，乃蒙
勉允續賜匡扶。然每念
七八高齡猶為瑣細勞神，實非所以待大賢之道，是以敢請今秋息勞輟講，改以教授兼領商學院名譽院長，聘期
兩年。山居原址與中正圖書館比鄰，跬步往還最宜檢閱，便請安心撰述，期以兩載完成鉅著，屆時交由學校印
行，版權仍歸著者，藉為祝賀八十嵩壽之禮。名山事業晚而能成，以逆夙願，諒必係
賢者之所樂為也。酬庸悉準教授成便眷舍不改崇禮如常。遇有大事仍必諮諸老成，治學之聘，或益得優游於議
壇與工商之間。弟俟仔肩稍息，亦將相隨以退耳，聘書附陳，尚祈荃詧。專此　祇頌
鐸安

弟端木愷　再拜

（民國）六七、六、廿六

致商學院電子計算機中心書一通

商學院電子計算機中心：

一月廿三日所簽結束辦法，匆匆批覆，意有未達，茲再略予補充，秩序不依原簽，或有為原簽未曾論及者，藉示因果牽連之關係云爾。

一、徹底改組　「東吳大學商學院電子計算機中心」（以下簡稱「現有中心」，限本文件用）於民國六十六年六月三十日結束後，另行成立「東吳大學電子計算機中心」（以下簡稱「未來中心」，亦限本文件用）。前者係應商學院吳院長之請求，為從事「建教合作業務」而設，由吳院長自兼主任，純以利用本校電計機器，招攬業務為目的。後者則以發揮電算功能，協助教學任務為宗旨，體制上不宜商學院長兼充主任。兩者異趣，故必徹底改組，更換名稱，以明區別。

二、日後部署　「未來中心」成立有待。但因其必與電子計算機學系打成一片，學系為主，中心為副，故其技術人員之配備，工作範圍之限制，均應俟與商學院長及電算學系主任研討決定。原簽越俎代謀，以其不屬「現有中心」結束事宜，毋庸贅論，惟所言不無見地，足供參考，准予存查。好在吳兼主任解除兼職後，仍係商學院長，且已推荐郭瑞嵩先生為下學期及下學年之電算學系主任，經照聘在案。吳院長資深望重，驗富識廣，過去及未來，全校發展多賴策劃指導，而電算之教學與行政，恢復正常系統後，亦仍在其管轄中，憑其五年致力建教合作業務之經驗，對本校今後電算之途徑與作法，其意見必益受尊重也。

三、業務移轉　超過「電子計算機中心建教合作業務委託處理辦法」（以下簡稱委託處理辦法）規定期限（六六年六月三十日）之契約移轉其他電腦機構，更換新約，便利「現有中心」如期結束，可以同意，並希迅速辦理。至於所稱「不能更換者」，據吳兼主任面告，祇提到土地銀行一家。所擬「仍由東吳名義簽發作業收款收據，……作業……轉交有關電腦中心承製，校方得合理扣除小額作為捐助金」云云，是否妥善，殊堪研究。第一，以教育機關面對公營機構為不誠實之表示，一旦發現，何以自處？縱不發現，於心何安？第二、學校出據收款，自必入賬，又以何名義轉付其承製之電腦中心？若謂轉委辦理，則自有電算機器，不予使用，而假借名義，圖利他人，如何解釋？

暫時不成熟之構想認為可以考慮之方法有三：

1. 由本校或「未來中心」與現有承辦土地銀行業務之製作人員訂立短期雇用契約，以履行該行工作為期，期滿終止。此最合法合理，但恐非利害關人所能同意。

2. 由本校或「未來中心」與有關電腦中心（兼主任負責介紹）訂約，供給本校製作人員，實際上本校除電算機及房屋水電等成本外，收入餘款全部作為該電腦中心酬勞，製作人員薪津歸該電腦中心負責，與本校無涉。此為中策，但仍須使用本校電算機。

3. 除電算機部份，其餘作全部委由有關電腦中心承製，此與第二方法實質無異，所不同者前法為供應技術人員，後法為技術服務。

此節不妨從長計議，暫懸不決。

四、人員去留　照原簽分為兩點，先談遣散費。

1. 人員遣散，如兼主任認為有發給遣散費之必要，可在該中心盈餘中撥用，或所提獎金中支付。其故有三：

㈠該「現有中心」有此財力。截至六十四年底，該中心請巫永森先生核算，實盈新台幣壹佰肆拾餘萬元。

六十五年根據一至十一月月報盈餘新台幣二十七萬餘元。此外尚有所提獎金與福利金不在盈餘帳內。㈡兼主任動用中心款項毋需本人核准，亦向未報經本人核准。兼主任自定經本人同意之委託處理辦法，中心一切由「兼主任全權處理，自給自足。」中心員工之「聘雇、待遇、與終止聘雇均由中心兼主任自行處理之」，本人無干涉之權。㈢學校無此義務。該中心財務既應自給自足，用人又自行處理，其經費之預算決算以及人員之編制進退，從未報告學校，名在校內，實則獨立。今值接近結束，員工可向兼主任要求遣散費，兼主任無轉向學校要求之理。截至六十四年底該中心業務收入三千餘萬元，掌握CDC貸款三百四十萬元，兩共三千五百萬強。付學校九百八十萬元作為使用費（電計機及水電房屋），但其中包含償還CDC二百四十萬元，故學校實得七百四十萬元。另外中心尚借學校一百三十餘萬元，借實習銀行四百萬元，共為五百三十餘萬元，未還。換言之，三年間中心總收入四千餘萬元。而學校只得七百四十萬，卻借出五百三十萬元，兩抵餘額，不足折舊。該中心負責人如不提如何償還欠款，反向學校索取遣散費，於理固已無據，於心抑又何忍？該中心盈餘，據委託處理辦法，「除酌提工作人員獎金及福利外，其餘全部作為學校研究發展基金以及商學院人員進修之用」。今既分文未解繳學校，聽其支應遣散員工之需，已屬從寬，應知滿足。

2.留用部份人員之實際困難約有數端：㈠「未來中心」不自辦總務與會計，即無雇用事務人員之需要。㈡學校待遇依照規定，不容破壞，而「現有中心」人員之待遇學校無案，必不相當。值是之故，不如該中心自行遣散，移用於有關電腦中心。其有適宜本校工作俱有資歷者，俟有需要另再依照人事規則，個別簽辦。

五、製卡機　實習需用製卡機幾組兼主任知之必詳，倘不願以商學院長身分逕作決定，可俟電算學系郭主任回國再議。

以上係就一月廿三日原簽之批覆，補充說明。前批遣散費應呉兼主任自行籌辦，與本件所言正同，不過詳略之別而已。倘有其他問題，希隨時面談。

愷

（民國）六六、一、廿九

致巫永森教授書二通

永森兄並轉少屏、忠良、經魯三兄，惠群女士：

電計機及箱型冷氣機乃學校購買，由學校收回。「中心」當年誤辦為其財產應即註銷。收回後又何折舊為學校之事，無庸「中心」過問，我亦不能承認「中心」之折舊，學校與「中心」是一事，但為二而一，一而二之狀態，非為界限，且須分明，不可拖泥帶水。

學校收回財產故與「中心」間無帳可轉，「中心」代償債款現改為使用費，應在「中心」內部帳上沖轉，不影響校帳。

「中心」交還電計機與箱型冷氣機後，其本身帳目如何處理，學校不必過問，更不必考慮將來查帳問題。這才是所謂快刀斬亂麻。

上開原則不容變更，否則校帳便不真實。對「中心」，愷實無偏見。但如為「中心」帳務上之便利而使校帳欠實，使愷與吳院長同受誤解與批評，愷寧□（編案：疑作「辭」）校長，不願遷就區區之意，尚希諒察。

弟愷　拜

二月十九夜七時筆

（民國六十六年）

永森兄：

書悉，十九日晚間蕪函所言各節，只是對同日午間宣佈原則之4作一補充說明，並非聽信流言而發，希勿誤會。原則4抄錄如下：

「根據上開原則，學校與『中心』間就六十四年十二月底現狀結束一切，彼此無帳可轉，不應再提任何問題。」

當時台端表示，「如帳上前後記載不符，將來查帳恐難被承認。」弟答「查帳一節不必顧慮，所謂內部轉帳（弟意係指「中心」內部轉帳）技術可由會計人員洽商辦理。」想台端必尚記得。

台端協助「中心」帳，係受吳院長託付。弟聞之極表贊同，蓋鑒於台端學養夙所欽佩也，今後「中心」由吳院長全權處理建教合作業務，按月按時數給付學校使用費。「中心」為建教合作而設，業務範圍內事（包括人事、財務等），弟絕對不稍加干涉。兩者之間，關係單簡，台端照顧會計，應無困難，似亦不必謙辭，仍請商承吳院長處理。

稍暇，再奉邀面談。專此，不盡一一，順頌

教祺

弟 愷 筆

二月廿三日

（民國六十六年）

致楊其銑教授書一通

其銑吾兄：

十七日晚間，舍下暢談，一切陰霾，消散盡淨，實兩年來，未有之快事，貞瘉甚至認為電計中心，隨時可告結束，最後彼此同意維持委託處理辦法所定一年半之效力，決於六十六年六月結束。其無偏私，無成見，光明磊落，弟深為感動。

衰老之年，朋友日稀，得一綦難，失一極易，況東吳艱巨，貞瘉與弟之所共負，合則俱成，分則同敗，何可稍存意氣，影響大局。

對於電計中心，二人著眼之點，弟不否認，確有距離。貞瘉經濟學家，目的為重，弟一生讀律，程序是尚，一不願以程序妨害目的，一不願為目的忽視程序。但此距離已獲補救，即委託處理辦法是也。

據此辦法，在有效期間內，電計中心之業務、財務、人事、庶務概由商學院長兼主任全權全責，自由處理，除使用學校所有電子計算機，按時付費以外，日常行政不與學校發生關係，目的程序，皆在貞瘉手中，弟無庸過問，有效期滿便告結束，更不復有目的或程序之可言。

辦法中有二項，為免糾紛，不宜施行。第四項授權電計中心「使用東吳大學名義」，但限其「以學校名義行文應先經校長核行」。所謂「核」與「行」，包括准駁、更改。換言之，最後決於校長也，電計中心援引此項授權，倘以已 cut and dried 之文件送來請簽字，而弟核審，認為不可，不如不送。不送，弟無從核，無所決，貞瘉可逕自行之。送核，弟不認可，貞瘉反不便自行。援引與否，操之於電計中心。不援引即不施行，此蓋為電計中心著想。

辦法第九項規定「電計機使用情形學校隨時派員檢查之」。第一再考慮，不派為宜。派員前往，必檢必查，否則不盡職。既檢既查，必有意見，否則難覆命。意見不免有批評，批評不免有反正。所報不佳，信應有所處置，不信亦應再查，在電計中心視之，皆可謂為聽信流言。此項施行與否，操之在弟。不派員即是不施行。

上述二項不予施行，與委託處理辦法之精神並無違背，且有實益。其他規定俱極明白，共同遵守，誠實履行，絕不可能再有問題。弟之最大願望在電計中心順利進行，至六六年六月，順利結束，使此三「六」之日成為東吳電算教育史上一大紀念日，屆時貞侌與弟亦可進退自如，無所顧慮矣。

兄去，貞侌與弟之間，少一可無話不談之人。弟當努力自制，決不化友為敵，形成孤立。貞侌與弟雖著眼點稍有距離，但有委託處理辦法為基礎，彼此避免引用「四」「九」兩項，順利可期，吾兄大可放心也。

此信不妨與貞侌共閱，藉示弟之悃忱。

弟 愷 再拜
四月十四日
（民國六十六年）

致侯家駒教授書一通

家駒兄：

電子計算機中心不成問題之問題，知者又多一閻振瀛兄。

貞盦先生要求成立此一中心從事所謂建教合作業務，自行屈就小小一主任，自定限期五年。期滿結束，事屬當然應無問題，而竟成問題，實為奇談，不值一笑，就問題以論問題，不過商學院電子計算機應用科學系下之一小小行政問題。擴大言之，只不過校長與該中心兼主任間之一某觀點問題。故弟雖不願小題大做，盡使人知。最初祇偶徵詢許伯超兄意見，蓋許為貞盦先生四十餘年老友，經貞盦先生介紹前來本校，初任訓導長，嗣充夜間部主任，且曾由貞盦先生主動邀其協助該中心事務，對人對事，均極了然也。

六四年底批准貞盦所簽繼續委託辦法，明定六六年六月三十日屆滿。由於前三年盈虧，貞盦先生不滿勞經魯先生之報告，另煩巫永森先生重為結算。愷與巫談話，限於會計，不及其他。貞盦先生復訴之於楊其銑兄，楊願作橋樑，疏解歧見，其經過與結果盡在六十五年四月十四日愷致其銑兄函，已邀青覽，不贅。

去年暑假，愷通知貞盦先生，早作準備，如期結束，於是文件往返，形成所謂問題。然愷除伯超兄外，仍未向他人談過，貞盦先生又訴之左右及張培揚兄，兄等轉詢於愷，始將有關文件影陳，且請勿告外人。兄等為學校，為朋友，熱情可感，在愷以為有兄等從中處理，不成問題之問題，當又可不成問題矣。

昨晨振瀛兄突來告，貞盦先生招見，向其訴說電子計算機中心問題，並批評愷對教務訓導之措施。世無完人，愷尤紬劣，既深自不滿，更不敢望人之滿足於我。貞盦先生為本校元勳，其有批評，當係為校，愷應反省。

所謂中心問題振瀛兄本無所聞，為使其明瞭前因後果，爰將去年四月十四日致其銑兄函，十一月廿五日致貞奩先生之長函，今年一月廿三日貞奩轉來該中心陶執行秘書所簽結束辦法，及愷一月廿九日批覆等四個文件影交。（後加六四年十月自寄吳函共五件）

今後愷本一貫做法，絕對不與無關人員談論此事。但貞奩先生如自動先與任何人談論，而其人又轉而與愷談論時，愷即將五個文件影文，藉以表明愷之立場。特此奉達，聊當備案，愷一切處於被動地位，尚希亮察。順頌

教祺

弟愷拜

（民國）六六、六、十一

影送教務處張培揚先生夜間部許伯超先生

關於吳幹教授「備忘錄」之說明

對於以商學院前電子計算機中心兼主任吳幹先生名義所發「備忘錄」之聲明

七月三日收到六月三十日期的「有關電子計算機中心結束之備忘錄」，讀後，深信其雖用吳先生之名，必非吳先生所為，因

1. 全文打字，蓋有吳先生印章，未經吳先生簽名，有違吳先生一貫作風；
2. 行文與語氣俱不似吳先生筆法；
3. 所舉事例，有為吳先生親手處理者，竟與實情不符。

「備忘錄」列舉五點，茲為剖析如左：

一、「備忘錄」志在否定吳先生為「兼主任」，蓋不欲其被視同職員，開頭便錯。

1. 抗戰期間，某公以集團軍總司令主某省省政。省有訓練團，其任務為提高民眾保警智識，加強地方保警力量，隸屬民政廳。某公重視其事，自兼訓練團主任，於是一切紀錄皆以某公為兼主任，結業文憑亦以兼主任名義頒發。教官學生晉見，省卻「兼」字，逕稱主任，有稱總司令或主席者，反見生疏。員生莫不以某公兼主任為榮，某公亦自以兼主任為樂。吳先生既為本校購置電子計算機，在商學院設立電子計算機中心，從事建教合作業務，重視其事，自兼主任，吳先生不辭辛苦，學校聽其發展，在該中心服務之員工，又皆吳先生之所一手羅致，樂供驅使，擁戴為榮。吳先生既自願自動請兼主任，何所用，甚忌諱？

2.學校非官署，不甚重視形式，但非無規律須共遵守，非無記錄可資查考。否則幾至凌亂，何以為教？吳先生之兼主任，雖無聘書，但有各種文書足以證明。六十一年四月十七日，六十四年除夕，校長分別批准之「電子計算機中心行政處理暫行辦法」及「電子計算機中心建教合作業務委託處理辦法」即均有記載。此二文件極關重要，蓋五年以來電子計算機中心之存在，之經營，吳先生之坐鎮，之運用，不憑此二文件即不能認為合法也。吳先生何肯在充分利用此二文件以後否認由此二文件而取得之兼主任？至於「派令」，則本校向無此物。

3.學校尊重教師勢所當然。然教學與行政相輔相成，不容偏忽。教師負責教學，職員負責行政，有任務之分別，無地位之尊卑。教師職員一律聘用，足徵平等。重要職員由教授兼任，亦所以顯示其兩面一體。課外活動組與體育衛生組隸屬訓導處，在編制上與總務處之庶務組，圖書館之編目組並立。但該兩組主任必由教授兼，其基本條件與各學院院長同，亦與校長同，不因兼職稍受影響。吳先生以教授兼商學院長兼系主任再兼電子計算機中心主任，本職為教授，何嘗因兼職影響其崇高？

4.吳先生之自請兼任見諸前述兩「辦法」，自承應聘又見於其自簽之兩辭呈。一遞於六十四年十二月二日，略稱「本人自受聘兼任電子計算機中心主任，已三年有餘。現……請辭去此項職務，以便專心教學。此呈校長。」一遞於六十五年三月五日，文曰，「幹近來不斷失眠，體力減退，……懇請辭去電腦中心主任及商學院院長職務……此呈校長。」不須簽而簽，不須呈而呈，吳先生實已以職員自居。但此對吳先生無毫厘之損，對校長無毫厘之得，相反的，適足以見吳先生之虛懷謙德。吳先生之所以為吳先生，其在斯乎？

5.兼職不兼薪，乃國家政策，社會通例，吳先生焉得不知？吳先生在本校支教授薪，商學院長僅有職務加給（或辦公費），不另有薪，其兼經濟系主任，並加給亦無。其他學院教授兼系主任及院長莫不如是。電子計算機中心兼主任亦後如是。圖書館長（此「備忘錄」舉為比較者，謂吳先生「也不若圖書館主任領有一份薪水」云云）自應有薪水，但現出講師兼，亦不兼薪。王之先生曾兼代館長，分文不拿。無不爭而爭（如派令）不應爭而爭（如兼薪），陋矣！謂其出自高雅如吳先生者之口，不可信，亦不忍信。

二、「備忘錄」意圖拒抗移交、點收，而所據理由俱難成立，具有虛構事實之處。此豈吳先生所屑為？

1.「六十五年前一切收支均由學校城區部所謂實習銀行統收統支」一語不實。稱「六十五年前」當指六十一年三月電子計算機中心成立後至六十四年十二月三十一日止之一個時期。查實習銀行城區行係於六十二年三月間方奉商學院長命籌備，同年四月一日成立，晚於電子計算機中心一年有奇。銀行本身尚未曾有時如何為人代辦收支？此不實者一。銀行可代客戶收款付款，但不能逕為統收統支。玩弄名詞，散佈錯覺，此不實者二。

2.「六十五學年後，每一筆收支即有一筆賬目呈校。」此語不實。六十五年起該中心有月報，只列各項收支總數，不可能有每筆收支帳目。例如某個月內，收入部份，業務收入共若干，利息收入共若干，支出部份，材料支出共若干，薪金支出共若干而已。倘言每筆，必為收入方面，某月某日收某公司某項工作費用若干，某銀行某項存款利息若干，支出方面，某月某日付某人獎金若干，某店某貨代價若干。凡此只能載入明細帳，何有可能一一隨時呈報學校？任意誇大，焉得真實？

3.該中心六十五年雖有月報，未照規定提出半年結算報告，更無年終決算。縱有半年結算，年終決算，該中心現既結束，會計仍應移交。月報不能代替決算，決算不能代替帳冊，此乃常識。所應移交點收者正是帳冊單據，又有何「難於領悟」？

4.「電子計算機中心之一絲一毫均為學校所有」，本非任何人所能否定。「無時無刻敢以之據為己有」，此亦無待聲明。但學校所有不必在學校直接佔有之中。學校直接佔有者亦皆有人使用。使用人即負保管之責，使用完畢仍應移交學校指定之人。電子計算機中心機器財產，在該中心控制中，亦即在兼主任控制中。學校雖有清單，曾經清點，仍由該中心保管使用，直至結束。結束之日是否完整，有無缺失，學校自應考查。兼主任自應向學校指定接受之人造冊移交，便其清點。

三、「備忘錄」妄以電子計算機為該中心人員赤手空拳賺來，真是喧賓奪主，倒果為因。扯上商學院同仁，更屬無稽。

1.本校之有電子計算機，無可疑為吳先生一人之功。實說，吳先生以商學院長身分，自行代表學校洽購電子計算機，未經授權，貿然簽約，不無逾越。校長特予支持，迅速追認，乃對吳先生充分信任，絕對合作之表示。此事，當時商學院各系主任以及教授副教授無一預聞。然則吳先生之外，其餘同仁有何功過可言？至於電子計算機中心，乃電子計算機訂購以後，吳先生始為建教合作而創設。該中心人員固與建教合作業務之興衰盈虧具有深切關係，但不可能謂其對於本校之先期訂購電子計算機有何影響。

2.電子計算機中心開辦之時已有本校新建大樓二層之半，有已購置之電子計算機一套，有CDC貸款新台幣三百四十餘萬元，借其使用。旋又向學校借出二百零九萬餘元，實習銀行借四百餘萬元。有房屋，有設備，有營運資金九百五十餘萬元，似此，猶稱赤手空拳，試問天下尚有富戶否？

3.本校實習銀行確係商學院籌辦，不止顧名思義被人認為如此也。最初由商學院教授賀其燊先生倡議，繼由商學院長吳先生指派商學院講師鄭世津先生籌備。六十一年四月中旬成立，校長不在國內。鄭世津先生簽請吳院長批示，聘鄭世津先生為經理，總務處杜上元先生為副理，王之先生代理校務，簽字核可。

實習額定二名，吳先生之所決定。吳先生並兼理事長。六十二年五月吳理事長改聘賀其燊先生為經理，紀正光先生（時任總務長）為副理，鄭世津先生為顧問。以上均有文卷可考。

四、「備忘錄」特別提起勞經魯先生之身分與周傳聖會計師之查帳報告。

1.校長六十六年二月廿二日經兼主任吳先生覆函，內有「勞經魯先生之報告，當時係以該中心會計身分所為，既被兼主任所否定，在法律上即不具備正式文書之資格」等語，即已說明該報告非以學校會計室副主任身分所為，不容混為一談。倘勞以學校會計室副主任提出之報告，其內容非兼主任所得否認，其法律性亦非校長所得否認。吳先生係立法委員，為政治上要人，係經濟學會會長，為學術界名流，係東吳大學商學院長，為教育家，係大宇公司董事長，為大商人，尤於東吳大學電子計算中心兼主任尚未交卸之際，又擔任財團法人中國電腦發展運用中心董事長，與勞先生比較大小尊卑雖分別甚大，情形則有相似之處。若將吳先生立法院發言而擇其勉可移接者斷章取義，時謂與大宇有關，或又謂中國電腦發展運用中心有關，非但公私不分，簡直天下大亂矣。

2.勞經魯先生報告該中心四年虧損近三百萬元，周傳聖會計師報告盈柒佰萬元。其實尚有巫永森先生之一查帳報告，亦稱有盈餘，但與周會計師數目不同。三人所據皆該中心帳冊，故「討公道」之最簡便方法為該中心之帳冊再徹底查過。該中心五年經營，建教合作業務收入約五千萬元，「流至何處，到了何人之手」（此備忘錄用語），亦準備要一公道否？

五、「備忘錄」終於表明吳先生委請陶鴻傑先生代辦移交。

1.當年某公之以總司令兼主席之尊而兼訓練團主任也，由於軍書旁午，日理萬機，雖亦不時親往團部指示大計，日常事務需人照料，乃仿中央警官學校例，置教育長一人實際負責。訓練團有預算，有報銷，有決算，依法呈報，依法審核，則皆以教育長名義行之。吳先生今日之辦法，蓋與某公當年不謀而合。所不同者，某公曾提省府會議核定有案，吳先生之委託其執行秘書，未經事先報告學校，只是私人間之相授受耳。

2.吳先生究係明白事理之人，故謹守分際，遵行體制，派人代向電子計算機應用科學系移交，負責到底，毫不含糊。該一所謂「備忘錄」實與吳先生所想所為不相符合，僅用吳先生之名，本不值一辯，惟因其慣用類似之名詞，作不實之陳述，足以淆亂部份不明真象者之視聽，特簡略為之剖析，亦以見吳先生之為吳先生。嗣後再此類文件，無編用何名義，一概不理。

弟端木愷　手啟

（民國）六六、七、廿九

附有關「備忘錄」幾個文件影本及說明

一、六十四年十二月二日吳先生親筆簽名請辭電子計算機中心兼主任之簽呈，此可見吳先生確為兼主任。

二、六十五年十二月五日（係三月之誤）吳先生親筆所寫「懇請辭去電腦中心主任及商學院院長職務」之呈文下有校長致吳先生信。吳先生雖謙遜以職員自居，校長則未以職員相待，且對吳先生異常推崇與尊敬。

三、六十一年四月十九日鄭世津先生請派實習銀行人員之簽呈及吳先生之批示，批示內容如下：

「經理鄭世津，副理杜主任，業務主任（請總務長洽商同鄭先生辦理），會計主任（請會計主任商同鄭先生辦理），實習輔導員（請會計系巫先生決定一名，黃珍琪講師決定一名）。吳幹，四月十九日。」

既置實習輔導員而無學生實習，是何原因，卷無記載。但查此節並無妨礙。⑴未向學生收取實習費，故不影響其應享之權利；(2)實習銀行衹為員生服務，絕不對外營業，非有機密不願人知，並非故意拒絕實習；(3)在吳先生主持下，已建立良好制度，每半年結帳一次，每年度辦理決算，盈餘解繳校庫，未嘗截留分文，亦非不堪實習。該行之經營方式實經得起批評或挑剔。商學院無銀行系，或不免對實習銀行之實習疏於注意。財教兩部充其量對此一點可有煩言。其責任商學院負得起，校長亦負得起。銀行與商學院之關係總無可懷疑。

四、六十二年三月十日鄭世津先生簽呈，關於城行名稱，人事、津貼諸問題，吳先生批「內容同意」。城行人員皆吳先生所派。

五、六十二年五月二日吳先生以實習銀行理事長名義聘賀其燊先生為實習銀行經理，紀正光先生為副理，並改聘鄭世津先生為顧問，三件文稿，均有吳先生親筆簽名並用章。

六、六十二年七月十日吳先生親批於該月三十一日召開實習銀行理監事會之函稿。

「備忘錄」以吳先生之名所提問題，從檢討吳先生所行所為之文件已得充分答覆，愛吳先生者千萬勿再開吳先生玩笑。

致許伯超教授書一通

伯超吾兄：

別有日矣，思念為勞。

開學以來，諸事尚稱順利。宏孝兄不計待遇，屈就人事，老成持重，貢獻特多，現正研整舊習，建立制度，但望院系之間能相諒解，以免事倍功半。貞禽兄自電計中心結束，對弟迫懷疑忌，尤因弟以學校名義刊登一「私立東吳大學為結束商學院電子計算機中心啟事」之廣告深為不滿。在弟以為來去光明，應無不可告人之處，本校既已結束該中心，停做其原有業務，而由貞禽及原班人馬另設機構，移轉接辦，為使外界瞭解其關係與分別，公開聲明，彼此有利。廣告措詞對貞禽祇有稱頌，毫無貶抑，附上一份，敬請賜閱。

介煜兄覆PCF信，謂須待明年一月始能來台。務煩轉告在一個月前函示確期，以便準備招待。吾兄赴美前，弟曾有言，假期長短，請自決定，但不可辭職，總盼本學年內回國。時近半年未敢敦促速歸蓋由於此。培揚、宏孝兩兄各就其本職幫助極大，但對一般問題，尤其城區與商學院情形尚不甚明瞭，弟頗感咨商乏人，遂益想望行旌之早返。一月間與介煜兄結伴同來，則弟所至禱。不盡欲言，祗頌

旅祺

弟愷　再拜

十一月十五日

（民國六十八年）

致呂光院長書一通

曉光院長吾兄道席：關於所請自下學年度起退休一節，校方基於崇老尊賢之旨，自當同意照辦，庶可頤養餘年，惟回顧過去卅年來
台端對東吳之深厚貢獻與犧牲，誠然有目共睹，除代校方敬致感佩之忱外，為表示酬庸起見，學校決定參照英美大學法學院院長退休制度，下學年度聘請
台端為專任教授兼榮譽法學院院長（Dean Emeritus），按月支領教授最高待遇，聘書另奉，並設榮譽院長辦公室，希望不時到校提供卓見，以匡不逮。尚祈俯允為荷。專此　順頌
道安

弟端木愷　拜啟

（民國）七十年　月　日

致傅在源先生書十二通

在源：

經年不晤，甚念。報載東京大風雪，希保重。台灣亦較往年為冷，濕度減低，反覺舒適。去歲九月割治攝護腺，經過良好，現在一切正常，心臟未再衰退，堪釋遠念，久未旅行，亦不思動。但學校以外尚有其它不能不應付之瑣事，相當忙碌，不感寂寞。世局動盪，將來可慮，尤以能源問題更為嚴重。治標不易，治本尤難也。

不盡欲言，即問　雙安

愷　啟

一九八一年、一、十二

在源：

一病經年，近漸痊可。有勞遠座，並賀藥物，情深似海，無限感念。

兩年以來，府上大事，疏忽少禮。尊翁、令堂與在緯安葬美西，因囑儀民就近獻花奠祭聊誌哀思。在緯生活嚴謹，一無嗜好，尚在盛年，染癌逝世，實出意外，尤為悼惜。

魚翅極好。忙中不忘惠我珍品，足見厚愛。

匆匆歲月，忽焉八十，在渝與吾弟論交，倏亦四旬，人事滄桑，世局日非，回首往昔不勝感慨。

三十年來吾弟異國奮鬥，事業有成，大非容易。年屆花甲，尚希節勞，注意健康。

不盡欲言，即頌

雙安

愷　拜

四月卅日

老三：

久未通信，甚念。暑假前窮半年之力，辭去東吳大學的職務，八月一日交卸，但零碎問題卻一直到最近才弄清楚。還有一些民眾團體，如團結自強協會，中阿文經協會之類的理事長的名義也都推卻。現在真可在家養息，不須奔走勞形了。

東吳校長不知不覺竟擔任了十四年，用盡了我的社會關係和友好情誼，總算沒有交白卷。新任校長楊其銑先生有一封給美國基督教亞洲高等教育聯合基金會的信，告訴他們，我捐贈壹仟參佰萬元新台幣，一幢價值壹仟萬的住宅和籌募的故宮紫檀木家具一套，以半價售給故宮博物院，得款貳仟參佰萬，全部在臨去之前供獻了，共肆仟陸佰萬元新台幣。此信影本附寄一份給你。

美國對我支持較多的有四個團體，一是前面所說基督教聯合基金會，一是衛理公會（舊名美以美會）海外播道會，一是洛山磯的東吳之友社，一是國際教育基金會（名稱甚大，其實很小，但其主持人對我極好）。四者之間，東吳之友社精神支援居多，募集書籍的力量較大。其餘三者不斷的有金錢資助。若理學院的房屋設備，音樂系的教室和視聽教室的興建與擴充，學生宿舍的增建，他們都有幫助。楊校長的信是讓他們知道我們不是完全依賴他們，在我臨去之際便有那樣的奉獻。其前其後當然國內熱心人士更會有更多的支助。

我不禁感謝神的恩典，朋友的厚愛，以共同的力量，完成了我對東吳的心願，而將一切榮譽歸在我的名下。

三年前我常到日本。除了一九六二年戰後第一次是專為遊覽而去的，餘均因赴美過路，或亞洲專利代理人協會開會，或赴一個學校之約，行色匆匆，時間甚促。現在閑空了，但身體還需調養。再過些時，等覺得健壯，當再到日本，打攪你一些時日，玩個痛快。

不盡一一，祝好，並問候 Joan。

鑄秋　九月十日

在源老弟：

書悉。過獎，愧不敢當。今後當遵囑儘量養息，善度餘年，釋念為禱。明春如無俗務阻撓，頗思東京一遊，屆時自必叨擾。

弟台半年以來，奔走勞碌，盼多保重，業逾耳順，便煩珍攝。

前附楊校長致Lauby函影本，對忝籌捐款項，兩個二千三百萬相加竟誤成二千六百萬，以四作二詞由其助理鄧臨爾去信更正，聲明總額應為四千六百萬。此等簡單算術，亦不免錯誤，想見起稿，繕寫以致核對，無處不應審慎，他事尤然，不止文書而已也。

貴公司熱心公益，巨資捐贈慶應，欽佩異常。慶應藥學夙負盛譽，將來遊日，當往檢查，惟又煩勞神安排耳。

今日中秋，祝佳節快樂

鑄秋　九月二十一日
（民國七十二年）

在源：

別後，耽擱半小時有餘始起飛。三小時半後抵台北。飛行平穩，晚餐豐盛。基金會人員登機迎接，入關順利。返舍茶點談話，不覺疲倦，請釋遠念。

旅日雖才五日，破費你實在太多。內子尤甚感謝你，特別是對我的招呼，比任何子女都週到。她說，去日本，因為有你，她十分放心。這一次，病後出國，到東京避開香港，她非常高興，香港熟人太多，難免勞累。

令岳健康至為懸念，通話寫信務代致意。

匆匆不盡，即頌　雙安

端木愷　手啟
十一月廿九晚
（民國七十二年）

在源：

你約我到歐洲去，我很高興。偶爾談起，希望秋天前往，內人堅決反對。她認為長途旅行於我固然不宜，於你增加累贅，也應避免，她的理由我無法否定。好在有的是時間，慢慢再說吧。

轉瞬農曆新年。我預備過了元宵即去香港小住三四天，九或十日（三月當然指陽曆而言）動身，準十四日回台。仍住半島。如果來得及，煩囑人代購一點魚翅，送到半島。來不及，亦無所謂，這不是什麼必要的東西。

令岳健康如何，為念。

天時不正，歐美號稱富庶的國家，竟凍死不少人。暴力盛行，又舉世皆然，東京、台北似乎後來居上。至於高利吸收存款，大額多方集會，然後倒債，還自覺有理，則台灣卻非東京可及。

儀民將在台工作兩年，在我的樓上租了一座公寓，其實除了外出，還是常在我家，非但吃飯，甚至晚上也睡在樓下。她那吵勁，你可想像得到，我家現在有多熱鬧。

我日本回來後精神較前更佳。睡眠飲食，不異常人，只是走路稍慢而已。日本檢查的結果和此間相同，可釋念。

時常麻煩你，至感不安。順祝　新年快樂

愷　拜
（民國）七四、二、十八

在源：

書悉。歐洲之旅，你已計畫週詳，盛情可感。可惜說服內人，大非易事。她平時很少反對我的主張，一般都是犧牲已見，聽我決定，惟於長途旅行一點，堅持不讓。（這也是最好二三年才為此）其實飛行她便不贊成，赴日去港，她能同意我一人行動已是讓步了。

半島幾十年第一次答覆我NO. 現已改住其對面的Sheraton，房間定好了。我是三月九日（星期六）上午九時一刻乘華航去港，十四日（星期四）下午一時半離港回台。陳曉清君不必來接我（偉民會接我），行李很單簡，無何不便。車子更不需要，㈠停車困難，㈡我活動範圍很小。等需用時我會通知他。

此行也不會買很多東西。一般用品台北都有的買，小如英製藥品，我有醫師是朋友可代辦，同樣，有需要時我會與陳聯絡。

魚翅多少到港再與陳君面洽。請告訴他，我改住Sheraton，不在半島，免他找不到我就行了。

匆頌安好

鑄秋 手啟

二月廿六日

在源：

來信收悉有日，疏懶未覆，歉歉。報載日本多處風災地震，相續為患，不知你可受到影響，為念。台灣今冬稍冷，其實有限，大家都不習慣，感冒流行，我幸無恙。而且最近健康頗有進步，身重略增，步履方便。惟嗓音失調，語言低沉。好在現既不去學校講演，又不往法院開庭，故於生活行動並無妨礙。三年有餘，蟄居台北，未稍離境，時間一久，便不想動，曾有兩次出國的機會都推卻了。能不出遠門還是避免的好，究竟一切已不復當年矣。

Cathy 生了個男孫，我竟有了第四代。她母子均安，感謝神恩。

信債愈積愈多，決心每日寫兩封信，以免親友惦記。不盡一一，即問雙安。

愷　啟

三月十六日

（民國七十四年）

在源：

自港返台，瞬即一月又半。健康良好，卻精神不振，以致一直沒有寫信給你。農曆新年以來，連續陰雨，濕度極高，頗為難受。最近一週晴時居多，氣溫稍長，人也就舒適了。在港，陳曉清君代贈魚翅，又送飛機，殷勤可感。回來方知坂元秀憲君又帶來野鴨紅酒，疏於接待，煩代致意。

在維帶著女兒和外孫前來小住，使我看到第四代，可是她母女卻辛苦了，尤其時間的差別，還未完全適應，回美便要上班，實在可憐。

儀民在台工作為期兩年，才過四分之一弱。年紀不小了，還是那樣心直口快，看來是改不了的了。

不盡一一，即問雙安。

鑄秋　四月廿五日

在源：

上週一個晚上，我飯後靠在椅子上閑目假寐，坂元君來，司機開門以為我睡著了，竟未請他進來飲杯茶。我知道了，電話約他便餐一敘，他次日只有上午十至十一時得空，再過一天便須去台中，很忙。我祇得第二天上午十時去看他，送了他兩條領帶，並托帶給你兩瓶據說是極品茶葉，聊表心意而已。

紅酒現在很少用，帶進來不易，每人限一瓶，而一飯動輒三瓶以上。本地可買，貴而欠佳。我茲尚有將近十瓶，留著偶爾高興，一家三四口喝一瓶，尤其晚飯時確是一種享受。我本不善飲，病後更有顧忌，少許紅酒，醫生卻不反對。

農曆年後，嗓音再度失調，看過幾位名醫，效果甚微，但一致認為並無惡性，可以放心，少說點話，倒是養神之一道。

公司房屋擴建，何時興工？何時完成？為念。東京氣候如何？望你們保重。

鑄秋　七月廿二日

在源仁弟：

來信收悉已有日。秋熱，易感疲乏，久置未覆為歉。

報載東京大阪間空難，死五百餘人，是屬慘劇。祝禱乘客中無貴公司人員。

倩民偕婿攜帶二女孩來台渡假，惜須繞道歐洲，未能便道赴日拜訪。

此間一信用合作社多年違法營運，數字驚人，監察委員調查，牽涉多人，部長辭職已有兩位。高級人員受處分者十五位皆由於疏於監督，未盡厥職。

日本一汽船公司破產，河本敬夫辭職，其對政治影響必甚重大。

每日閱報，非戰爭即暴動，或劫機或殘殺或爆炸或縱火，而饑荒倒債亦多人為，我不知成何世界。

日本早成經濟大國，現又增加軍備，且積極偽造歷史，欺騙後代。我雖年邁退休，在家養病，無職無守，不問外事，但知覺尚存，難忘過去。八年抗戰，身歷其境，為公為私，豈能免於憤慨。

不盡一一，即問近好。

愷 拜

八月十六夜

在源：

前天下午剛寫了一封信給你，跟著便有電話說你帶了東西來，準晚上八時送到。夜飯後，吸完一枝煙，一過八點，人便來了。交到一瓶精裝 Camus Cognac 和一大片魚翅（發開可供五、六人食用）都是此間難得的。來的這位日本人到舍間已有幾次，我對他頗有好感，因為(1)他為業務來台，時間匆促，卻又煩他忙中抽空前來舍間，(2)他的態度謙和誠懇，且善言詞，英文表意有條，(3)此次談起，他是你的公司創設的那一年生的，與公司同歲，現在公司服務，非常愉快，更增加我對他的印象。

很抱歉，他的姓名我不記得，也難查考，希望下次來信務必告訴我，或附一張他的名片。他再來時我一定小小的招待他一下，藉表謝意。

台北前幾天稍微冷了一點，但未低於十度。昨天又溫度回升到廿左右。其實冷熱關係不大，麻煩的是溫度太高，開了熱氣便又太乾燥，而且一般家庭很少有熱氣，生活在一個社會裡，還是從眾為妥。

此祝雙安。

鑄秋　十二月十一日

【學術論著〈社會科學大綱——法理學〉】

社會科學大綱——法理學

（上海黎明書局發行於民國二十年代）

端木愷

(I)法律與社會

(一)語源

(二)法律的線度

(三)法律的定義

(四)法律與社會的進步

(II)法學之歷史的發展

(一)所謂「法家」

(二)希臘法學思想

(三)羅馬法

(四)近代法學的起源

(五)近代法學的五大宗派

1. 分析派法學

2. 歷史派法學

3. 哲學派法學

4. 社會哲學派法學

(1) 社會功利派

(2) 新康德派

(3) 新黑智爾派

5. 社會學派法學

(III) 法律的基本概念

(一) 直道

(二) 法律與道德

(三) 權利

(四) 人

(五) 行為

法 理 學

(I) 法律與社會

㈠ 語 源

法所以衡平去不直。❶「法」古文作灋。《說文》：「灋，刑也，平之如水，從水，廌所以觸不直者去之，從廌。」❷《釋名》：「法，逼也，莫不欲從其志，逼正使有所限。律，累也，累人心使不得放肆也。」〈釋詁〉：「法，常也。律，法也，常也。」❸法與律彼此在訓，含義大致相同；分析起來，可以得著三個意思：❹

❶拉丁 Jus，德文 Recht，法文 Droit，都兼指「權利」、「正義」與「法」而言，含義不明，是一缺點；惟國文與英文無此弊。在英「法」為 Law，「權利」為 Right，「正義」為 Justice。

❷《說文》，「廌，鮮角獸也，似牛一角。古者決訟，令觸不直者。」

❸「法」雖與「律」同訓，但也不是毫無分別。「法」等於英文的 The Law，「律」等於英文的 A Law or Laws。「法」(The Law) 是一個抽象的名詞，或指法律的全部而言。英儒邊沁 (Bentham) 嘗說 Law or the law, taken indefinitely, is an abstract or collective term, which, when it means anything, can mean no more or less than the sum total of a number of individual laws taken together。律 (A Law or Laws) 是某時代某地方或某件事的法律。《大學衍義》補：「律之言，昉于虞書。蓋度量衡受法于律。積黍以盈，無錙銖爽，凡度之長短，衡之輕重，量之多寡，莫不于此取正。律以著法，所以裁判羣情，斷定諸法，亦猶六律正度量衡也，故制刑之書，以律名。」

❹王振先著《中國古代法理學》，說法的語源含有三種意義：㈠法刑也，含有模範之意；㈡法者，平之如水，從水，含有均平之意；㈢法從廌，所以觸不直者去之，含有正直之意。其實二與三兩條，意思是一樣的。

⑴法律是一種規範　《易》，〈繫辭傳〉：「見乃謂之象，刑乃謂之器，制而用之謂之法。」都是表示規模之意。刑，就是鑄器的型。刑从井，从刀。一則表示井井有條，秩序不紊；一則表示介畫差等，均齊不亂。所以說：「灋刑也。」

⑵法律是求公平正直的　法律要使人事像水一樣的均平。《說文》：「律，均布也。」段注：「律者，所以範天下之不一，而歸於一，故曰均布。」法律要使人事像繩一樣的準直。法與式同訓。《說文》：「式，法也。从工弋聲。」又說，「工，巧飾也，象人有規榘。」段注，「直中繩，二平中準，是規榘也。」

⑶法律是有強制性的　言法，每不離刑。《說文》：「刑，剄也。」慎到說：「斬人肢體，入肌膚，謂之刑。畫衣冠，異章服，謂之戮。」我國古代祇有刑法。《尚書》有五虐之刑。唐虞不用刑而象刑。至于鄭之「刑書」，晉之「刑鼎」，為我國最古的法典，也都以刑稱。李悝的《法經》，蕭何的《九章律》，名稱雖改，內容仍偏重在刑的方面。❺

法治的意義，當時沒有明瞭，只曉得用刑罰來壓不正的行為。❻《書經》：「凡民自得罪，寇攘，姦宄，

---

❺李悝的《法經》共六篇：㈠盜法，㈡賊法，㈢囚法，㈣補法，㈤雜法，㈥具法。蕭何的《九章律》，本于《法經》，而加「戶」、「興」、「廐」三篇。後代編纂法律，雖有增減，可是總不曾出此範圍。

❻法律雖不應偏重刑，但就逼人欲，累人心一層而論，卻與法治精神吻合。法律是一種社會的現象，一面保護個人的自由，一個維護團體的秩序。縱慾放肆，根本上與共同生活的原則衝突。所以我們只能承認法權，而不能承認所謂自然權。法國革命前的自然主義者，說自由是天賦的人權，那是當時的環境所造成。總理說：「比方外國人說，中國人像一片散沙……就是個個有自由，人人有自由。人人把自己的自由擴充到很大，所以成了一片散沙。」（《民權主義》，第二講第二段）所以我們「要打破各人的自由，結成很堅固的團體。」（《民權主義》，第二講第五段）要達到這個目的，便不能不利用強制的法律。

殺越人於貨，暋不畏死，罔其憝。」《漢書》涿郡太守鄭昌上書：「立法明刑者，非以為治，救衰亂之起也。」，「寇攘」、「姦宄」、「殺越人於貨」，都是「從其志」，而刑則逼之，累之。使有所限。

㈡法律的線度

上面所說，乃是從字源上所看出之法律的意思，也可以說是法律之理想的目的。然而規範與公正的目的，並不是法律獨有的。宗教道德何嘗不是規範？何嘗不求公正？然則法律究竟是什麼呢？卻是一個很難解決的問題。大法學家如滂德 (R. Pound) 也不敢回答。研究法律，得注意法律的「三個線度」。(Three Dimensions of Law)

法律的三個線度 (Three Dimensions of Law) 便是：

⑴時間 (Dimension of Time)；

⑵範圍 (Dimension of Scope of Validity)；

⑶法律點 (Dimension of Point)。

抽象的法律，雖不是不存在的，但如馮德 (Wundtl) 所說：「抽象的人，照法律哲學所假定，從未存在於任何時間與空間」，至少我們可以說：「抽象的法律，照法學家所假定，從未存在於任何時間與空間。抽象的法律，屬於精原境界 (Realm of Essence)，而不屬於實在境界 (Realm of Actuality)。」❼無論什麼法律，總脫離不了時間、範圍與法律點三個線度，猶之人脫離不了種族與國籍的關係。

⑴時間　宇宙間的萬事萬物，是離不開時間與空間的。如果沒有時間與空間的設想，便不會有經驗，也不會有歸納。久度與廣度不是像堅質與重量那樣要借事物來表現的，雖沒有事物，時與空仍舊存在的。❽柏

❼吳經熊著 Judicial Essays and Studies, p. 1.

格森(Bergson)以為「實在」就是時間，它是造成生命與意識的原料。❾具體的法律也受時間咀嚼。非但各時代有各時代的法律，繼續有效的法典，意義與效力，每因社會情形的變遷，而得著新的解釋與運用。西班牙民律有法律只能以新法變更，其他相反的習慣等不能使之失效的規定。史凱烏納(Scavola)批評它說：「這個規令，能夠完全遵照施行嗎？我們懷疑它。一條法律廢棄不用，而相反的習慣成立的時候，那是因為那條法律不合當時急需，和當時人們的意思，立法者雖有使人遵守的權力，也是徒然。」❿時間是不速之客，自動的會到法律的館邸中去的。關閉在前門外，它便由後門偷進去。⓫

(2)範圍　範圍是並存(Co-existence)的區域，換一句話說，便是空間問題。合質的每部必定佔據一個空間。具體的法律，就它的管轄權而論，在空間是有範圍的。這個效力的範圍(Scope of Validity)就是法律的第二線度了。我們常聽到「大陸法系」、「英美法系」的名詞，又聽到日本法、蘇俄法等名詞，都是表示它們在地域上的效力範圍的。但是我們沒有聽到過那種法律，有無限的管轄權的。把這些法律的個體列開，立刻可以看出它們各個的特殊狀態，於是我們可以說中國的法律是如此的，美國的法律是如彼的，日本的法律是這樣的，蘇俄的法律是那樣的。把並存在空間的法律提開，便不再有什麼法律了。

(3)法律點　一切法律都與事實有密切的關係，因為法律是以事實做根據的。這個事實，即所謂法律點。從學理上講法律的三個線度，是同樣重要的。但就一般人講，法律點比時間與範圍格外重要。平常一個人，談到

❽Martineau, Types of Ethical Theory Vol, I, p. 473.

❾卡爾著《柏格森變之哲學》(劉譯)第八十九頁。

❿Scavola, Derecho Civil, I, 130, 131, Quoted in Wu, op, Cit. pp. 2–3.

⓫吳經熊著前書第三頁。

法律問題的時候，或者更正確一點說，因為發生了法律上的競執，而要知道的時候，絕不會問過去的或外國的法律，那是我們可以常識推斷的。然而如果不把事實說明白，絕不能求得滿意的答覆，或竟得不著什麼答覆。譬如說違反契約問題，就得先知道契約上特殊的規定，其次研究所違背的情形，然後才能判斷法律上的責任。世界上沒有無事實的法律。但是法律不是先事實而存在的。法規只是「表面的」法律，可以從它的裡面找到法律的概念，而不能得著法律的究竟。只有法院的判決，對於該案的事實而言，才是實在的法律，有拘束該案當事人的效力。[12]然而法院既有推翻過去的判決之權，以後發生的事實，又不會完全與前案相同。那末，我們要想知道一種新事實的法律，也只有從各方面推測以求應有的結論罷了。所以有人說，法律無非是預言 (Predicting or Prophesing) 法庭對於一件事實所要說的。[13]的確，我們日常所談的法律，只是一種預言，有時專家的預言會錯的，然而這正足以證明法律點之不易求得與其重要。

㈢法律的定義

具體的法律，雖有時間、範圍與法律點三個線度，但是我們把各種的法律一一的研究起來，便可以找出其間的共同性質，如同我們看過各種人之後，便可以得著「人」的抽象概念一樣。

因為各人的觀點互異的緣故，大家對於法律所下的定義也各不相同。[14]按照歷史的程序，法律的概念，最

[12] Cardozo, The Nature of Judicial Process, p. 126.

[13] Holmes, Collected Papers, p. 173.

[14] 參看 Garies, Introduction to the Science of Law, pp. 10–12. note; Holland, Jurisprudence(13th-Edition), pp. 20–21 以上二書，搜羅名家之法律定義甚富。

初為「神意說」，而後有「自然說」，有「命令說」等。史推爾(Stahl)主張「神意說」，要明瞭法律的性質，須知它是神所創設的一種偉大制度，用以規定一切關係之整個的規則。[15]謝昔羅(Cicero)主張「自然說」，法律以自然的原則為根據；反乎自然法則的立法，便不能有效。[16]卜納克斯董(Blackstone)主張「命令說」，法律是國家最高權力為命是禁非而設的行為規則。[17]其他各人的界說很多，此地不能一一的舉出，並且沒有地位可以一一批評，不過隨便舉幾個例，以見一斑罷了。

現在的法家，對於法律的定義，依然聚訟紛紜，莫衷一是。也許在學理上，法律永遠不會有一個完全的定義。然而這並不足為怪。法律是進化的。為時與空所限制的人，只能看到滋長不息的法律之階段或片面，至多只能說明部份的真實罷了。可是現代美國大法學家何墨士(Holmes)說：「我說一件事是真的，我的意思就是我不能夠不相信它。」[18]任何法律定義，祇要不違背時代和社會的精神，並且有實際的影響或效力，便不能否認它的價值。哲學家總以為他的哲學是完整而有組織的，但是事後往往發覺他的哲學完全是建築在磐石上的。信仰的人們，卻繼續不斷的努力，並且建築的很有成效。雖然這個基礎不穩固，總有天要傾倒，但尼采說：「它仍舊有質料的價值」(Value of Material)[19]。

---

[15] Philosophie des Recht Vol. II Book 2, Pt 1, Chap, 1.

[16] De Leg, I, 6.

[17] Commentaries, I, 44.

[18] Holmes, Collected Legal Papers, p. 304, Quoted in Wu, op, cit, p. 48.

[19] Nietzsche, Human, All too Human. p. 105.

現在「神意說」大家視為無稽了，「自然說」被功利主義推翻了，「命令說」也受歷史上事實的反證了，它們所存留的只是歷史的或質料的價值而已。社會科學受了人種學和生物學的影響之後，漸趨重於實際的社會關係。法律的觀念也因之而起變化。滂德說：「現代法律科學，最重要的進步，便是改分析的態度為功用的態度。」⑳社會的價值成為現代法律的要素了。

總括起來，我們可以說，法律是國家制定或容認之人類社會共同生活中，必須遵守的行為規範法則。

這個定義，沒有把法律的來源說出，也沒有提起正義的含意。然而來源是一個歷史的問題，決不是定義裏面所能包括的。至於正義，只是法律所想達到的目的，可是法律更重要的功用，是確定社會的關係，指示行為的軌道，有的事，在法律上毫無錯誤，從理論上道德上觀察起來，竟會不對的。我們現在所要說明的，誠如葛雷(Gray)所說，一個國家或人羣組織的法律，不是一種思想，乃是實際存在的東西，它不是什麼合乎宗教、自然或道德的，也不是什麼應該如何的，只不過實際上現在是如此的罷了。㉑所以大家都知道法律是司正的工具，而同時大家又都承認惡法依然有法律的效力。

這個定義裏邊，有幾點我們應當注意的：㈠規範，㈡威權，㈢制裁。大凡二個以上的物體同處時，或並列、或連接、或堆砌，必定有一個方式，才不致紊亂。星辰的運動，季候的來往，鳥獸的生滅，草木的榮枯，各以其道，宇宙間的一切現象，看著紋然雜呈，茫無頭緒，其實皆有一定的規範。廣義的法律，可用作任何規範的總稱。自然界有自然法(Law of Nature)㉒。社會科學裏面也有借用法律一名詞的，如邊際效用律(Law of Marginal

⑳Pound, Administrative Application of Legal Standards, Quoted in Cardozo, The Nature of Judicial Process, p. 73.

㉑Gray, The Nature and Source of Law, p. 213.

Utility)、效率遞減律 (Law of Diminishing Return)。但是狹義的法律，只是指人類行為的規範而言。「人是政治的動物」，不能脫離社會單獨生存，同時人與人間的接觸，不免有衝突爭鬥的事情，假使沒有一種規範，沒有約束，便永不會和平。法律劃定權利義務的範圍，社會的共同生活，便有規則有秩序。所以墨翟說：「天下之人異義，是以一人一義，十人十義，百人百義，其人數滋眾，其所謂義者亦眾，是以人是其義，而非人之義，故交相非也。」㉓又說：「天下從事不可以無法儀。無法儀而其事能成者，無有。……百工為方以矩，為圓以規，直以繩，正以縣。無巧工不巧工，皆以此五者為法。巧者能中之，不巧者雖不能中，放依以從事，猶逾己。」㉔

行為的規範法則，不止法律，但是法以外的行為規範法則，是消極的。法律有確定的威權 (Determinate Authority)，其他規範便不如此。有時社會的風俗習慣，雖然不是法律，對於人們的行為，竟能發生比較法律更強有力的影響。美國因為勵行大規模工業制度，各地的日用品，差不多都是一個式樣，不知不覺間，養成了一種時尚。有一次，一個法國人在美國的鄉間演講，第二天新聞紙上，關於演講的事情，衹記載了十幾行，而關於演講人的帽子，卻記載了一欄半，因為那時美國盛行黑帽子，而他卻戴了茶色的帽子。然而像這種習俗，勢力

㉒所謂自然法 (Law of Nature or Natural Law) 有二種解釋，在自然科學界，為自然現象的公例，如吸引律 (Law of Gravitation)、相對律 (Law of Relativity)。在法學裏自然法卻有一種特殊的意義。滂德說：「自然法律一名，法家用之于一種特殊意義，其內容包含三事：其一，由哲學的倫理學的法律研究所發見之原理；其二，當應用於社會時，此類原理，應成為約束行為，及調節人類相互關係的基本原理；其三，當應用于國家時，此類原理，應成為規定義務與權利的法律之基礎。」見雷譯滂德《法學肄言》Pound, Introduction to the Study of Law 第十五頁。

㉓《墨子・尚同篇》。

㉔《墨子・法儀篇》。

雖大，我們祇能承認它的不確定的權威 (Indetermiuate Authority) 罷了。㉕奧思丁 (Austin) 說：「法律是命令」㉖，就是因為法律有威權，不過命令一詞用的不大正確。法律有了確定的威權，便有拘束力，可以強制執行，不比無確定威權的規範法則，遵守與否，任人自由。

威權是個抽象的東西，看不見，摸不著。要使人感覺到法律的威權，而嚴格遵守，就不得不假借具體的方法，以表顯威權的所在。否則，法律不能收效，雖有也等於無。韓非說：「法者，憲令著於官府，刑罰必於民心，賞存乎慎法，而罰加乎姦令者也。」㉗這句話很足以說明法律的特性。所謂「賞存乎慎法，而罰加乎姦令」，就是制裁 (Sanction) 之最好的一個解釋。一般人以為制裁專指刑罰而言。其實，無論為賞為罰，凡足以保障法律的實效的，都是制裁，不過在刑罰方面，表顯的格外明瞭罷了。制裁不是有了法律以後才創造出來的。一切規範行為的法則，若宗教、若道德，皆有制裁。善善惡惡，乃是人的本性。良心的歉仄，地獄的假設，及其他一切所謂報應，都可名之為制裁。然而生時的安慰和歉仄，死後的天堂與地獄，都未免太空泛，惟有法律上的制裁是確定的。所以威權與制裁，又互為因果，不可缺一。

法律之所以有威權與制裁，其來源為國家之主權 (Sovereignty)；主權照布丹 (Bodin) 說，是「國家對於臣民的最高權力，本身不受法律的限制。」㉘憲法為一國的根本大法，一切法律都不能與憲法衝突，但是憲法是主

㉕Holland, Jurisprudence(13th edition), pp. 28–29.

㉖Austin, Lecture on Jurisprudence, Vol. I, p. 11.

㉗《韓非子・定法篇》。

㉘Bodin, De Republica, Book I, chap. 8, 見 Coker, Readings in Political Philosophy p. 230. 關係主權之各種定義參看 Garner, Political Science and Government,(1928), ch. VIII.

權的產兒，得依主權的意志而變更。在學理上主權可以從二方面觀察，一是所謂法律的主權 (Legal Sovereignty)，一是所謂政治的主權 (Political Sovereignty)。法律的主權，指能以法令表現國家的最高意志，能夠不顧一切所謂神意、道德及輿論。白萊斯 (James Bryce) 說：「在一個常人的眼光中，主權者是一個或一些人，他或他們的意志，能夠操縱全國，站在上面，使別人照著他所定的方法做去。但是在法律家的眼光中，便須有一個更明晰的概念。他以為主權者不是別人，而是誘法律以效力，有置備通則權的人。此種人，是法律的主權者，是代表法律的概念的。」㉙更明白一點說，法律家只知道立法權，只知道服從立法者所製定的法律，不管它的內容如何。在政治上，一切設施，便不能不顧到正義、道德、輿論或利害的影響。然而這種分別，在表面上看起來，似乎合于科學的精神，其實是很牽強的。主權既是一國最高權力，便不能有二個並立。麥凱泥 (Mokechnie) 說：「法律主權者的意志，應為政治主權者的意志之表現。假使民意能由法律的主權者，正確的表示出來，民權才有效果。」㉚近世的公法家，如狄驥 (Duguit)、拉司基 (Laski) 等，主張主權多元論。拉司基主張一切權力，都有限制。人民之所以服從國家，並不是對于政府在法律上有服從的義務，而對于公認的正義，在道德上有服從的義務。他又說：「國家的意志，即是為民眾所接受之政府的意志。」㉛薩文尼 (Savigny) 說：「古代的法律為國民精神的直接表現，後來社會生活繁頤，法律漸漸的複雜，才假手於法律專家，于是成為國民精神的間接表現。㉜」可見離開了人民，便無所謂主權，更不應該有法律的與政治的二種主權。

㉙Bryce, Studies in History and Jurisprudence, Vol. II, p. 505.

㉚Mokechnie, The State and the Individual p. 131.

㉛Laski, Grammar of Politics, pp. 29,56,57,63.

㉜Savigny Vom Beruf unstrer Zeit, pp 8,11,13, Quoted in Berolzhemer,The World's Legal Philosophies(Translation by Jastrow) p. 213.

法官律師之恪守成法，正所以尊重主權，尊重人民。成法是主權的具體表示，雖然後來大家對它不滿或懷疑，在沒有經過合法手續確定變更之際，我們何能妄自以推測修改成法呢？所以我們一面承認法律的後面有主權在，同時我們只能以國家正式製定的或認可的為法律。

(四) 法律與社會的進步

「法官」或「律師」二個名詞中的任何一個，在我們的眼前或耳邊現出來的時候，我們立刻會聯想到頑固守舊上面去，至少，大家認為法律是不容易變更或進步的。葛祈偉 (Kirchwey) 批評一般人要從法律中求進步說：「實際上，法律對于進步，幫助極少，簡直可以說沒有。為什麼希望把民意放進法律中去以求利益呢？」[33]誠然法律是個很固執的東西。梅因 (Maine) 也說：在進步的社會中，「社會的需要與社會的意見，時常走在法律的前面一點。我們可以將二者間的缺口拉攏的極近，但是永遠有一個重離的趨勢。法律是定的；我們所說的社會是進步的。人民之福利的大小，全賴這個缺口合併的程度如何。」[34]然而痛責法律罪惡的勒朋 (Le Bon) 雖然憤然的說：「與其立法不如休息」，他卻緊接著聲明：「法律不盡有害」，並且承認在一定需要時，法律是有益的。[35]法律與社會的需要及社會的意見之隔離，不是沒有方法調和的，法律的設定 (Legal Fiction)、衡平 (Equity)、與立法 (Legisiation)，都足以補救成法的錯誤，引合社會的趨勢。法律的內容與法律家的思想之受社會潮流的影響，在歷史上，可以找出很古的證據來，羅馬法便染有希臘淡泊哲學 (Stoic Philosophy) 的色彩。

---

33 Kirchwey, Law and Progress, Quoted in Todd, Theories of Social Progress, p. 352.

34 Maine, Ancient Law, Fifth edition, p. 23.

35 勒朋《政治心理》（馮譯）第四十一至四十二頁。

法律非但隨著社會的進步而進步，並且對于社會的進步，有極大的促進力。從個人方面講，我們在上面已經說明，法律確定社會的關係。人類的集合，不外二種原因：㈠潮流的驅迫，個人在群眾中是黏性的，不能脫離群眾，便不能獨異；㈡自動的合作，以團結的力量，求共同的目標。[36]但是不論怎樣集合起來的，「人類社會的第一個要件，便是每個分子須知道他能從別人的行為得著什麼，這種公正的希冀，不應該失望。」[37]我應當從別人的行為中，希冀什麼呢？有法律告訴我們。我們如何能夠不失望呢？有法律保護我們。這一步工作，原始的法律已經作到了。古代的法律，雖然很多迷信，與不合理的，但是至少，使得一個團體的內部，趨於一致。否則強姦弱，智姦愚，社會中只有恐慌，沒有安樂了。

從團體方面講，機體的存在，顯然的須有組織。組織越堅固，越精細，機體地位越高，這個原則，是生物與社會共有的。一個社會的文明與野蠻，只要比較他的組織之繁簡，就可知道。法律便是一個重要的測驗。哥克諾夫(Korkunov)稱法律為構成社會組織，維持社會調協的元素，使並存的人們享受自由的幸福，劃定利益競爭的界限。[38]社會失去組織或調協，便沒有進步的可能，將來的希望，必為目前的危險所打破。

我們應當記住一件事，法律是社會思想的果實，而不是社會思想的種子。國家和法律的產生，無論是什麼原因，浩布思的「恐怖說」、梅因的「習慣說」、或邊沁(Benthem)的「功利說」，人類的組織與規範，總是滿足一種慾望，或達到一種目的的工具。社會的思想到了成熟的時候，便參入法律中而具體的表顯出來。在這一點上，法律與社會的進步又發生密切關係。思想不向前走，法律便沒有進步，法律不向前進步，思想便不能實現。[39]

[36]Baldwin, The Individual and Society, P. 45.

[37]Carter, Law, Its Origin, Growth and Function. p, 18.

[38]Korkunov, General Theory of Law(English Transl.) pp. 323 ff.

有時思想走的很快，而法律走的很慢，非但自身落在思想的後面，並且牽制社會的進步。這的確是法律的缺點，我們不能否認。然而我們須知道法律進步遲緩的原因，實由於古代宗教與法律的混合。這種事實，梅因認為阻礙了人類進步的大部份。㊵戚雷（Cherry）說的更清楚：「沒有別的事情能像法律與宗教混合那樣妨礙法律的進展。法律的條例之神聖的識見，使法律受著強硬的障礙，失去變更的餘地。」㊶歐洲的法律自從脫離宗教而獨立之後，進步的非常之快，可惜實際上有許多地方，還免不了宗教的影響。現在一般人迷信法律萬能，猶之古人的迷信神鬼，這種迷信，便是一種宗教觀念。天下絕無有利無弊的事，利害的發生，全看我們使用的方法如何。勒朋說：「立法者深信法律之萬能，不明社會苦痛之原因，而以為法律可救其苦痛，表決無數無時或息之法律，公布之後，憤法律之無效也，重新立法，期在必行。」又說：「吾人應知一種民族不能採用心理不同之法律。羅馬法曾經德國採用者也，然採用之時，已變為德國法。英國憲法，採用之國亦夥，然實行者，惟英國而已。」㊷社會的狀況和民族的心理，為一切組織的基礎，而神意的觀念，和萬能的迷信，恰巧與這兩

㊴美國國家印務局出版的 Lessons in Community and National Life 裏面關於美國礦業法史有段很有趣記載，足以證法律是如何發展的，現在譯在下面：「我國這般冒險的人民，（按，即指採礦者而言）應付一切急變，像他們的同胞和祖先一樣，謹慎、迅速而誠實，他們的舉動，造成了許多慣例和規則，成為礦工常法 (Miners Common Law)，內容精明切實，含有舊大陸慎重編製的礦業法典以及後來聯邦立法所訂的法典中最好的原則。」(Quoted in Judd. The Psychology of Social Institutions p. 321) 由此看來，如果沒有「這班冒險的人民」之努力，礦業法典便不易產生；沒有礦業法典，其他採礦的人們，必定要感覺許多困難。

㊵Maine, op cit, p. 74.

㊶Cherry, Growth of Criminal Law p. 40.

㊷勒朋《政治心理》第四十頁，第四十二頁

個條件相反。如此而求法律與社會之完全相合，怎能做到呢？

所幸，號稱頑固的法律家，尚能觀察輿情，用判例與解釋來補救上述的缺點。社會學與心理學發達之後，立法者與司法者又多了許多參考的資料，國家的法律與社會的思想相輔而行，互為進步，兩者之間的缺口，必能銜接起來的了。

(II)法學之歷史的發展

(一)所謂「法家」

古今法家，門戶繁多。我國原為世界最大法系之一，因受儒道二家哲學的影響，重視禮教，鄙夷法律，以至消風匿跡，失去原有的地位。然在周末，學術昌盛，一時主張法治的頗不乏人，即《漢書藝文志》之所謂法家。其中人物，若管仲、申不害、商鞅、慎到、尸佼、韓非等，各有遺著，發揮所見，雖不免後人偽造附會，卻也不可一概抹煞。管仲、申不害、商鞅，是實行的政治家，他們的書，大概是假的；但是他們勵行法治，確可無疑，而他們的政策，對於慎到、韓非等影響，亦難否認。[43]

法家對於法的觀念，與西洋思想很多不謀而同的地方。

第一、法家主張法律宜公佈。所以韓非非但說法是著於官府的憲令，他並且說：「法者編著之圖籍，設之於官府，而布之於百姓者也。」[44]《商君書》如果不是假的，那便說的更明白：「諸官吏及民間有問法令之所

[43]胡適《中國哲學史大綱》，卷上，第十一至十七頁，第三百六十至三百六十三頁。

謂也，於王法令之吏，皆各以其故欲問之法令明告之，各為尺六之符，明書年、月、日、時，所問法令之名，以告吏民。……天下之吏民，無不知法者。吏明知民知法令也，故吏不敢以非法遇民。」㊺公布法律，為當時思想所不容。晉鑄「刑鼎」，孔丘大為嘆惜說，「晉其亡乎！失其度矣。……民在鼎矣，何以尊貴？貴何業之守？」可見那時的刑律，都聽貴族操縱，人民知法，他們便無事可做了。

第二、法家主張法宜均齊。《尹文子》：「法有四呈，一曰不變之法，君臣上下是也；二曰齊俗之法，能鄙同異是也；三曰治眾之法，慶賞刑罰是也；四曰平準之法，律度權衡是也。」可見他們要一天下之義，使刑賞之法，有律度權衡那樣的公正無私。所以慎子佚文說：「法者，所以齊天下之動，至公大定之制也。」「壹天下之義」，是墨子的尚同主義，要使「上之所是，必皆是之；上之所非，必皆非之。」荀子對墨子的評語：「有見於齊，無見於畸」，可以用來轉贈法家。然而法家並不固執不變，他們的法律進化論，實為最主要的思想。

第三、法家的進化論，對於時間的變遷，認識的很清楚。韓非說：「今有構木鑽燧於夏谷氏之世者，必為鯀禹笑矣；有決瀆於殷周之世者，必為湯武笑矣；然則今有美堯舜湯武之道於當今之世者，必為新聖笑矣。是以聖人不務循古，不法常可，論世之事，因為之備。」㊻又說：「法與時轉則治，治與世宜則有功。」㊼《商君書》：「三代不同禮而王，五代不同法而霸。」又說：「前世不同教何古之法？帝王不相復，何禮之循？伏羲神農教而不誅，黃帝堯舜誅而不怒，及至文武，各當時而立法，因事而制禮。禮法以時而定，制令各順其宜。

㊹《韓非子．難三篇》。
㊺《商君書．定分篇》。
㊻《韓非子．五蠹篇》。
㊼《韓非子．心度篇》。

……治世不一道，便國不必法古。」[48]儒道諸子說一句話，必引證堯舜，走一步路，必模仿先王，保守復古的空氣，迷漫宇內，商鞅韓非排眾說，倡變法，這種精神，多麼雄壯！識見多麼透澈！

第四、法家主張法宜平等。在法律的面前，不應有尊卑之分，貴賤之別。尹文說：「法行於世，則貧賤者不敢怨富貴，富貴者不敢凌貧賤，愚弱者不敢冀智勇，智勇者不敢鄙愚弱。」[49]韓非說：「法不阿貴，繩不撓曲，法之所加，智者弗能辭，勇者非敢爭。」[50]《商君書》說的更清楚：「聖人之為國也，壹賞，壹刑，壹教。……所謂壹刑者，刑無等級，自卿相將軍，以至大夫庶人，有不從王令，犯國禁，亂上制者，死罪不赦。有功於前，有敗於後不為損刑，有善於前，有過於後，不為虧法。」[51]

法家的思想當然不是沒有缺點的，但是如果大家努力的研究起來，一定可以發揮而光大之，可惜被傳統的禮教主義與消極思想所塞閉，竟至無人注意。

㈡希臘法學思想

古希臘不以法律出名，但就思想一方面講，一切的西洋學術，都推希臘為始祖，法學也可在希臘找出根源來。[52]希臘哲學中的客觀與主觀兩個相對主義，在法理學上，都應當占相當的地位，在應用方面，即所謂理想

[48]《商君書．更法篇》。

[49]《尹文子．大道篇》。

[50]《韓非子．有度篇》。

[51]《商君書．商刑篇》。

[52]關於希臘哲學中法理思想請參看 Berolzheimer, The world Legal Philosophies,(English translation by R. S, Jastrow) p. 46–77.

法主義，與人定法主義。

客觀主義的主要人物，當推斐薩哥拉斯 (Pythagoras, about 582–500 B.C.)。他以數理哲學，論客觀的正義，稱正義為「等數的自乘」(Equal Multiple of Itself)。[53]主觀主義者希拉克里脫斯 (Hericlitus, about 535–475B.C.) 懷疑任何事物的實在，以為世上祇有發生與消滅，換一句話說，除了變化之外，世界上便什麼也沒有了。所以他的一派人，極端的反對客觀正義，以致引起詭辯派的無數糾紛。直至蘇格拉底 (Socrates) 的哲學成立，才把極端的主義推翻了。

蘇氏並沒有完全回復客觀主義，也沒有固定的理想善惡，他拿善良的常態市民為標準，以判斷行為之是否正當。他的門徒柏拉圖，承受他的衣缽，將哲學建築在倫理的基礎上面。他的正義觀念，以維持國家社會的秩序和安寧為中心。他不但建設了理想的正義觀念，並且主張國家以法律實現這理想的正義。亞利斯多德繼續柏拉圖的思想，而在日常生活中求實驗。亞利斯多德以為國家是先人而存在的。人是構成國家分子，人間的正義與快樂，惟有經過國家才能達到目的，所以人必須服從國家的法律而不能有主觀的正義。

總之，希臘的哲學是排斥個人主義的，只有整個的國家，而不有單獨的個人。雖然亞利斯多德之後，也有主張個人主義的，甚或主張所謂正義，無非是強者的表示。[54]但是大致的趨勢，還是注重於調和全部，以客觀

[53] 等若自乘為 2×2=4；3×3×3=27；4×4×4×4=256 代表正義的為一個特別的數，照斐氏的哲理說起來，應為㈣。斐氏的數理是以「一」至「十」的數字為限的，而「十」又是從「四」得來的，因為一加二加三加四便是「十」(1+2+3+4=10)，「四」尤其可以代表等數自乘的觀念，一與十之間的等數或方數，言偶祇有四，言奇祇有九，所以「四」正可代正義，參看 Berolzheimer, The World Legal Philosophies, p. 53–53.

[54] Epicureans 鼓吹個人主義 Soeptics 反對固定的正義觀念。

的法律，維持人群的組織。

(三)羅馬法

羅馬的現實法極其發達，而法理的學說極為消沉，羅馬始源於農村社會，生活粗簡，思想閉塞，沒有像希臘那樣光明燦爛的哲學。羅馬的法律，也極剛厲嚴刻。原始的羅馬法裏面，談不到什麼法律哲學。然而到了「市民法」(Jus Civilis)時代，便與以前不同。在整個的羅馬法律史中，可以看出法律進化的精神與其程序。以現實法學作基礎的法理學，實開源於羅馬。而且羅馬以私法著名，不像希臘的哲學過分缺乏個人自由的觀念。這種私權的保障，實為法律界一個重要的供獻[55]

離開了羅馬的現實法，而言法理，謝昔羅要算最重要的一個人了。謝昔羅不是一個有創作的才能的人，他的哲學，並非是他自己的，他只是希臘與羅馬思想的媒介，把希臘的理想哲學引入實行的羅馬罷了。他的方法，受了亞利斯多德的影響，而他的思想，則居於淡泊學派。他的哲學，立足在倫理學上，他不從羅馬的現實中求法理，而在人性(Human Nature)中求法理。他以自然為至善，以謹慎(Prudentia)、公正(Justitia)、慷慨(Magnan-irritas)、節制(Moderato)為美德，主張為公共的利益而犧牲。謝昔羅的全部哲學，雖然受了希臘深刻的影響，但是他知道如何適應羅馬的情形，所以他的理論，很能得著熱烈的接受。

(四)近代法學的起源

近代法學起源於文藝復興時代之羅馬法的研究。[56]歐洲自查爾門(Charlemagn)亡後，成了混戰的局面，政

---

[55] Lobingier, The Evolution of Roman Law. p. 6–7.; p. 7–9.

治紛亂，法律衰微。法律的學問，幸而有幾個私人，努力保全著，才不致消滅。他們在「文法學堂」(Grammar School) 裡，講授羅馬法，後來漸漸地喚起公家的注意，改為正式大學 (Universitas)。其中最著名的為博羅格納 (Bologna)。

博羅格納法學家的方法，起初偏重在解釋羅馬法的條文，因此他們以注釋學派 (Glossotors) 著名。[57]這種方法的發達，有很多原因，主要的為：㈠注釋是文法學堂的原則；㈡吉士丁尼恩 (Justinian) 編纂《羅馬法典》時，主張嚴格禁止寬泛的解釋；㈢研究舊學，實有注重解釋以求其意義所在的必要。本來注釋 (Gloss) 只不過用相同的名詞，解釋艱難的字。隨後他們又進了一步，就原有的意義加以發揮，然而依然毫沒有批評其中，注釋的方法，好處在能從原文中求它的真意。但是後來注釋的文章太多了，大家反棄去原文，而在釋文中間接的找羅馬法了。而況他們的思想非常拘束，不能有新的發見，一心只想刻板式的恢復吉士丁尼恩 (Justinian) 的法律，不知那時情況已與羅馬時代不同。因此，注釋派的勢力，便衰落下來。

繼注釋派而起的為評註派 (Commentators)。[58]在十三世紀的後葉，注釋派正在登峰造極的時候，評註派已經產生。他們又稱論理派 (Dialecticians)，或求實派 (Practicians)，總之表示與注釋派相反。他們對於古羅馬法用論理的方法，批評討論，有時甚至跡近詭辨。這種精神本是很有希望的，不幸他們誤入歧途，染了經院的色彩，以至瑣碎粗俗，失去了科學的價值。然而他們注重實際狀況時代精神，卻也不可謂無相當價值。

---

[56] 關于法律科學的始原，參看 Calisse, History of Italian Law, Vol. I, Adopted as Part II in the General Survey of Continental Legal History, pp. 87–174.

[57] General surery of Continental Legal History, pp. 135–142.

[58] 前書第一百四十二至一百四十七頁

(五)近代法學的五大宗派

近代法學，自十八世紀末葉到現在，已經成熟的，有五大宗派。十九世紀有三大派：

(1)分析派(Analytical School)—代表人物奧思丁(Austin)、賀蘭(Holland)。

(2)歷史派(Historical School)——代表人物薩文尼(Savigny)、梅因(Maine)。

(3)哲學派(Philosophical School)——代表人物康德(Kant)、黑智爾(Hegel)、葛勞士(Kranse)。

現在有二大派：

(1)新哲學派，即社會哲學派(Social Philosophical School)——此派又可分三派：(甲)社會功利派(Social Utilitarian School)，代表人物耶令(Ihering)；(乙)新康德派(Neo-Kantian School)，代表人物史丹默納(Stammler)、狄月丘(Del Vecchiv)；(丙)新黑智爾派(Neo-Hegelian School)，代表人物顧勒(Kohier)。

(2)新歷史派，即社會學派(Sociological School)，代表人物歐立(Erhlich)、何墨士(Holmes)、滂德(Pound)、卡多梭(Cardozo)。

在醞釀中的還有一派，所謂新分析派(Neo-Analytical School)，代表人物在德國有烏爾祺(Wurzel)，美國有郭克(Cook)，中國有吳經熊[59]。

以上各派除新分析派還在少數學者的努力之中外，目前聲勢最大的要屬社會學派，然而各派都互有長短，不能說新的就是對的，舊的就是錯的。現在為篇幅所限，不能一一細述，且把各派的內容，講一個大概。

1.分析派法學

---

59 見陸譯《社會法學論署序》

分析派的學者，以已經發達的法系為研究的材料，用比較與分析的方法，找出其間共同的目的、系統、和原則。奧思丁稱普通法理學為現實法的哲學(Philosophy of Positive Law)；並說它「不是直接的注重立法的科學。它所直接注重的，為各種現實法系共有的原則。」[60]所以分析派的法理學乃是研究法律所規定的一切關係，而不是研究規定一切關係的法律。[61]滂德曾經把分析的特點分列出來：

(1)此派僅就已發達的法系而研究。

(2)此派認法律為立法者有意識的造成之物。

(3)此派認定法律背後必有強制力，束縛力之存在；以為法律之權威端賴有司法機關之執行而始成立，所以無強制機關者，皆不得謂之法律。

(4)此派認國家之法令為正宗的法律。

(5)此派之哲學理論觀念多偏功利主義及結果論。[62]

德國法學家甘托洛維資(Kantorowicz)譏諷分析派說：「法學者最流行之理想，為一最高之法官，曾受有高深學術之訓練者，高坐於皋皮之上，而有極精密複雜之思想機械為其利器；國家法典，陳列於其座前，無論何種真實的或假定的案件，皆可質之於彼。彼將運用其純粹的邏輯與祕密的技能，——惟其本人所能了解——示汝之絕對準確之判決，為當時立法者之所預定者。」[63]這完全是對所謂「主權者之意志即為法律」之論而發的。

---

[60] Austin, Lectures on Jurisprudence. p. 33.

[61] Holland 說「It(Jurisprudence) deals rather with various rules which are regulated by legal rules than the rules themselves which regulate those relation.」

[62] 滂德《社會法理學論畧》（陸譯）第四十五。

分析派的命令說，就已成熟的法律系統而言，極切實際。但就立法方面而言，以法律為意識的製造品，未免武斷不合事實。研究法理，絕對不能偏向演繹。倘是把一切新的現象，強納入舊的原則中去，結果必致忽略法律的目的，而為形式所拘束。然而分析派站在現實法的立場上，打破道德的觀念，用冷靜的分析方法，探求法律的基本概念，亦自有其不可輕視的價值。

2. 歷史派法學

歷史派在德國和英國，方法上，很有出入。德意志的哲學空氣非常濃厚，歷史派的法學家，受其熏冶，治學每不脫哲學的，甚至玄學的意味。英國為分析的法理學之故鄉，邊沁與奧思丁的影響及勢力甚大，歷史的法學原來只是分析法學的補充方法，對待哲學派時，往往與分析聯合戰線。

歷史派的根源，可回溯到十六世紀初葉意大利學者顧嘉(Cajas, 1522–1599)。但至十九世紀德國學者薩文尼出，方在法學界自樹異幟，蔚然成一宗派。在理論方面，他們大概傾向於黑智爾的哲學。推其原因，半由於當時黑智爾的哲學風行全歐，半由於二者反對立法的心理根本相同。那時，法國根據自然法則，編製法典，德國也高唱以法律統一國家之論，薩文尼提出反抗的議論說：「歐洲」的全部，被盲目的求進熱所衝動。時代的重要，社會組織的自然發展，以及其他一切在歷史的理解，完全失去了。」[64]他否認法律為忽然或武斷的產物，而認它為國民的活動與表顯。[65]即所謂法律為民族精神之發見基於民族之法律的確信。

[63] Kantorowicz. Gnaeus Flavius, Die Kempf of die Rechtswissenchaft, p.7, Quoted in Pound, utlind of Sociological Jurisprudence. 此是陸敘伯博士的譯文，陸君的筆法古奧，和本文的體裁不合，但是原文不在手邊，所以不敢隨意更改，免得失去原意。

[64] Savigny, Vom Beruf unsrer Zeit für Gesetzgebung und Rechtswissenchaft, pp. 6–7, Translated by R. Pound in "Interpretations of Legal Histroy," p. 15, N, 1.

歷史派指出法律的時間性與空間性。他們並不是一定反對法典，但是他們以為立法並不能有什麼新的創造，不過將舊有的原則整理頒布而已。因為他們太偏重歷史與習慣，於是引起伯倫智利 (Bluntschli) 的批評說：「因了解吾人之立足而研究已往，固為治學所必要，惟為決定吾人前進之方向，而考量將來，固亦有同等之重要者也。一切法律惟為現在者，方有真價值。若既往者除卻其影響於現在者以外，固無何種價值也。若將來者，則除卻其已有一部包含於現在以外，亦尚未有其實在也。是故所謂現在，實乃既往與未來所相結而成。惟有現在乃為真實的。然而歷史派則往往忽視其一部份焉。」[66]穗積重遠對於歷史派有很正大的批評：

(1)其著眼於國民特性也固宜，然遺忘法律上尚有人類通性之事，不無遺憾。

(2)其視民族即國家，以言乎「一民族，一國家，一法律」之理想，固有一面理由，然不必與過去及現在之實際一致，歷史派轉不免有「非歷史」之譏。

(3)法為法律確信之定義，係循環法。如不承認法律觀念之預先存在，即不能如此立論。但如承認法律觀念之預先存在，則結局仍歸著於一種之自然法。

(4)法律為國民精神之議論，與實際不合。習慣法或可如此說明，但所謂「法曹法」及制定法，則不必皆然。

(5)說明法律之發達性，固為歷史派之大貢獻，然法律之永久性亦不宜忽視。又如謂法律應為無意識之發達，不應為有意識之發達，其論失於狹隘。……

(6)歷史派最注重習慣法為其議論當然之結果。然現代各國之趨勢，則與此相背而馳。[67]

---

[65] Savigny, Op. cit, cited in Berolzheimer, Op. cit. pp. 212–313.

[66] 見陸譯《社會法理學論畧》第十四頁。

[67] 穗積重遠《法理學大綱》（李譯，第六十六，六十七頁按穗積重遠的批評與滂德所說相同，他的《法理學大綱》是以滂德的書為藍本編的。）

3. 哲學派法學

哲學派的方法，在法學上，歷史最古最久。本來，人人都有一個哲學，不過自己不覺著。各派的法學，當然也有他們的哲學。此地所說的哲學派，乃是指研究法律的特殊原則，而評判其理論上及道德上之根據的學者而言。此派的理論極其龐雜，所以滂德說：「與其謂之一個派別，不如認一羣之哲理派。」[68]

近代哲學派法學盛行於十七、十八兩世紀，他們以為在理性中有超然的法則存在，可為人事的標準。格老秀斯（Grotius）在他的《戰爭與和平法》中，力證所謂自然法的真實，他說自然法與神的存在，沒有關係，無神，自然法還是存在的。[69]照他的見解，法律有三個特點：㈠公正，㈡具體的法權，㈢現實法。

自然法理論的基礎為契約論，國家的起源為社約，國家的主權，在民；人民的平等自由，應為自然的原則。這種理論，在盧騷的《社約論》裏說的清楚。中古以後，君權膨脹到極頂，所以便有社會契約之說，主張君權基於人民之契約，可以由人民加以限制。

自然法說，在法國最占勢力，在德國亦有相當的地位。但在德國漸趨向玄學的理想主義。到了康德便將自然法理論推倒；康德的國家源始論和自然派，並不完全相反，但他竭力證明國家不是人類意志的產物，而是意志之內在的理性的反應。他說：「人民之將其自身組成國的行為，其實只造成一個觀念，——一個決定行為如何才能合法的觀念，——就是原始的契約。由此契約，各個人民為了要使自己成為公共團體的分子——即所謂國家的人民，——而享受自由起見，放棄他們的外部自由。這不可以說個人為此對國家犧牲了他一部份天賦的自由，但是他放棄了一種粗俗無法的自由，而再於合法的狀態中求得不可侵犯的自由，——因這種法律的隸屬，

[68] 陸譯，滂德前書，第十七頁。

[69] Hugo Grotius, De jure Belli ac pacis, I. 10.

是起源於他自己的、立法的、意志的。」[70]

康德是個人主義者，主張人有內在的意志與天賦的自由，同時他又是法治主義者，堅持倫理的真義，在犧牲理性的生物，應當敬愛自己與鄰友，理性是目的，而不是方法，行為不能與法律的原則符合，便不應有。[71]

德國哲學法學，到了黑智爾時代，更是登峯造極，他的思想是純理的，他以為凡是存在的就是理性，所以對于存在的認識，是哲學的問題。[72]他在法律哲學序裏說：「哲學的政治家的任務，不是建築一個思想的國家，也不是指導政府如何執政，乃是指明對於國家的性質如何可以得著瞭解，如何可以解釋。」他是一個歷史的哲學家，認為政府與法律是進化的。

進化的主體為人的意志，起初意志是主觀，但到後來便得著了客觀的身分；主觀的意志為個體之武斷，與不道德的意志；客觀的意志，為全體的道德意志。道德便是實現的自由，人在法律上，不能當作一個自然的人，而是全體的一部份，個人必須超越偶然的體個之存在，而溶解於全體之中，才能發揮真的意志而達到「世界之絕對的最後目的。」(The Absolute Final Purpose of the World)

哲理派的法學家，總括的說起來，都是偏於理想的未來，與分析派之偏重現在，歷史派之偏重過去，同犯過激之弊。然而哲學的方法，有時雖不免神祕玄奧，理性化的功效，確也不在小處。一般講法學的人，每拘泥法律的外表，程式，以致忘記了程式之為實現公道正義的工具。哲學派提倡法理注意目的，正足以救濟形式過量的危險。其實上面已經說過，各人的法學思想，以及各國的法系中，無不自有一種哲學的根據。分析派和歷

[70] "Metaphysische" etc., p. 148.
[71] Kant, Grundlegung, p. 52.
[72] Grundlinien der Philosophie des Rechts, p. 13.

史派何嘗能跳出哲學的範圍。但是哲學派過於趨向抽象，以至空泛籠統，不切實際，而且易於流入苛刻謬誤。

4. 社會哲學派法學

由玄想的哲理法進學而為社會法學，其間曾經過社會哲學派的階級。社會哲學派可謂歷史的方法與哲學的方法之混合物。現在分別述其大略如左：

(1)社會功利派　邊沁以增「大多數之最大幸福」(The Greatest Happiness of the Greatest Number) 為法律的目的，為社會功利派之起源。耶令的學說成立之後，社會功利論，更大放異彩，耶令否認法律的原則和制度，能聽其盲目的自由發生作用。自然界的現象中心是「因」(Because)，社會的現象中心是「為」(in Order to)。[73]石頭落下來「因」它失去支持，人作一件事「為」他有個目的，人不會無所為而為的。

個人的基本意念為保衛生存。生存有三個條件：

(甲)我為自己而生存；

(乙)世界為我而生存；

(丙)我為世界而生存。

從前二個條件上，人得著他的權利；從第三個條件上，世界加人以義務。人不能單獨為自己而生存。個人的生存，實有賴於他人。欲求達到個人生存的目的，必使個人的生存有益於社會。商人創設鐵道公司，股東的目的各不相同。一種股東，目的在永久的投資；其他一種股東，只做股票交易，今日買進，明日有利，便又賣出；第三種為地主或廠家，希望鐵道可以便利他們出品的運輸；另有一種股東，因在對待的公司中有資本，所以加入新辦的公司，以保安全；最後還有市政團體，入股之後，便可主張路線的選擇，使有利於市政的發展。

[73] Ihering, Law as a Means to an End,(Transl. by Husik), p. 10.

純粹為著交通的目的，只有政府。政府之准許公司的成立，是為著國家人民的便利。簡單的說，各方面的興趣不同，目的不一，然而彼此都有互相連帶的關係。

熙熙攘攘的世界中，人類的生活，好像永在那兒衝突競爭，然而實際上，彼此互相合作，非常和諧，這是什麼緣故呢？研究起來，便知是國家和法律的維持而已，用耶令的名詞，便是社會機械 (Social Mechanics) 的作用。他說：「假使缺乏這種社會的機械，誰能保證社會所依賴的活動勢力，不會有一天停止其工作，或對社會的目的，取仇視的態度呢？」[74]

耶令的方法，在法學上別開生面，所以司登保 (Sternberg) 說：「自從耶令確定法律的根本問題，以為法律概念是為人而設的，不是人為法律概念而生的，法律學方始建築在堅固的實在主義的基礎上面。這種基礎亦為各種科學，尤為應用科學之所需要。法律決不能不與現實方面常生接觸，因為法律學的大問題，即在於如何才能適應現在必需要的公正與是非。至於所謂公止與是非，又必須納入有系統的科學秩序中，然後法律方能盡它的職志，而適應當代人類的發展。」[75]

耶令說法律的目的為和平，而得著和平的方法乃是戰爭。法律永是爭鬥的結果，所以人有為自己的權利而爭的一種義務。

(2)新康德派　物極必反，古今相同。分析與歷史派興起，哲理派便漸歸消滅。然而社會組織複雜糾紛，欲求隨機應變，以達公道的目的，立法者不能不設定種種原則，使司法得於實用的時候，能斟酌引援。十八世紀的自然法則派，夢想可以依照空洞的公平原則，改造法律的全部，對於法律制度之過去，毫不注意，離事實太

[74] Ibid, p. 72.

[75] Algeméine Rechtslerc, I. 190.

遠，所以它的失敗，正是意中的事。歷史派否認人類可以意識助長法律之進步，一味的死守著舊有的材料，亦復矯枉過正。在此情形下，新康德派便應運而生。這個運動發動於戈漢 (Cohen)、辣都泊 (Natorp) 繼其後，至史丹默納而大成。

史丹默納不要建築永遠而絕對的公平原則，但他也不「刻舟求劍」、「守株待兔」似的拘執於歷史上的成規。我們在法律上所應解決的問題，他以為是「在何種情形之下，可以在一條特別的法律中，表現客觀的正義。」[76]史丹默納解決這個問題的方法，便是求相對的與時代的正義，並設定一種生生不息，能隨時代自行變化的自然法則。他之所謂自然法則，不是空中樓閣的幻想，所以他說：「各種自然法的理論，不外各以自己的主張，計畫其含有永不變更，絕對有效之內容的理想法典。然而我們的目的，是要找出一種具有普遍效力的方法，可以支配、批評，並取捨隨時代而發育，因經驗而變化之法律原則的材料，務使其合於客觀正義的性質[77]。」

史丹默納主張法律正義，須與社會理想吻合。社會為有自由意志之人類的團體，所以團體中個人的目的，應當調協。準此標準，史丹默納定下四個大原則

(甲)一個人的意志，不可受他人之武斷意志的壓迫。

(乙)每個法律上的要求，須使負有義務的對手人，能保持其生存為條件，方可成立。

(丙)一個人不能無理由的被擯除於共同利益之外。

(丁)法律上所賦予的處置權之行使，須以受處置者仍能保持其生存為條件。[78]

---

[76] Stammler, Theory of Justice (transl. by Husik), p. 21.

[77] Ibid, pp. 89–90.

[78] Ibid, pp. 161,163.

史丹默納的四大原則，一面為立法的前提，一面為司法的條件。換一句話說，無論是修訂法律，或引用法律時，他以為都應當拿這四大原則做標準，以求有效的客觀公平。

(3)新黑智爾學派　德意志哲理的法學之失敗，使得黑智爾的治學方法減色不少。然而歷史的治學方法，實自有其不可泯滅的價值。運用黑智爾的歷史方法，對法律作精密的研究者，便是新黑智爾派。其領袖人物，當推顧勒(Kohler)。

顧勒的學問異常淵博，非但精於法律史，並且對於比較法律也有很深刻的研究。他以新康德派為缺乏歷史價值的法學，而主張法律為文化的現象。他說：「法律的要件，就是文化的要件；法律的組織，必須能與文化大體吻合，並且要能一面助長文化的種子，一面排除反動的分子。」[79]

有人說顧勒的法律思想，是向著古代的「城市國家」(City-state)路上，倒回去走的。因為他說：「只有在一種制度之下，每個人皆有一個位置與工作，現有價值皆各有其保護，而新的有以促進時，人類的文化，才能觀察的著。」[80]這種見解，與柏拉圖的「理想國」很有相髣髴的地方。其實，二者之間，根本上有一個分別。希臘哲學家的意思中，是一個理想的「定的社會」時代略有變更，便會感覺不合而有重行分配的必要。顧勒的意見，便不是這樣的。在他，以為文化是向前移動的，而且是「有秩序的進步」的。他說：「它(按，即指文化而言)的發展，如是的進行，所以新的種子，是包含在固有的文化之中的。在一個生長，一個消沉之際，新的價值，就由舊的裏面不絕的產生出來。」[81]

[79] Kohler, The philosophy of Law(transl. by Albert), VI, part 1.

[80] Ibid, 1, part 6.

[81] Ibid, 1, part 5.

法律與社會的關係，至為密切，所以法律必與現存的文化相符。法律猶同藥材，必須得對症而發，才有收效的希望。若是用錯了的時候，雖然那味藥的本身是很貴重的，也難免要闖禍。我們不必強求什麼理想的社會，然而為著保持現有的文明，以及促進將來計，人類的活動，不能沒有秩序，人類的行為，不能沒有限制。法律便是過去之文化的產物，現在之文化的保障，未來之文化的動力。因此，顧勒主張治法學必先了解一民族的既往與現在的社會政治狀況，及其與法律系統之關係。他以為法律史最能使人認識法律精神之所在，法律哲學到了顧勒時代，更趨重於社會化了。

5. 社會學派法學

社會學派的法理學者，是拿法律的典章、原則、制度當著社會的現象，而作比較的研究，並批評其與社會狀態，及社會進步所發生的關係。他們的方法和主張，分析起來，照社會學派的大宗師，滂德的見解，有五大特點：[82]

(1)他們注重法律的作用，而不甚注重其抽象的內容。

(2)他們以為法律是社會的一種制度，得以人類聰明、智慧，時時努力，加以改良，所以他們即以求得如何努力的最善方法為職志。

(3)他們注重於法律之社會的目的，而不甚注重於法律的力量。

(4)他們主張應將律例用為執法者的指導，以求達到社會的公平目的，而不以律例看作呆板的模型。

(5)他們的哲學觀念，極其龐雜，其始為積極哲學，晚近多帶社會哲學的色彩。社會學派的由來甚久，遠因應當推崇孔德(Comte)的「實證哲學」。社會學派的法理學，雖然近來已經稱一

[82] 陸譯滂德《社會法理學論畧》第一百十一頁。

種獨立的法律科學，實際上終不能脫離社會學的關係。從歷史上說起來，社會學派的發展，可分四大時期：(1)機械論時期，(2)生物學時期，(3)心理學時期，(4)統一時期。[83]

(1)機械論時期　孔德為實證哲學的始祖，他自稱為實證或積極主義(Positivism)。明白一點說，他以為智識只限於現象界，人只能研究各種現象，及其互相間的關係，以歸納的方法，求得合乎需要的近似智識。[84]在孔德的哲學中，由簡而繁的基本科學為數學、天文、物理、化學、生物學。生物學包含生命的三大現象：①有機體，②動物，③智慧與道德。在這第三個現象中，便應包括法律與政府，但是在實驗哲學中，這些都是社會學的問題。如此，他發明了一種新科學，最初他稱作社會的物理學(Physique Sociale)，後來又稱為社會學(Sociologie)。根本上，孔德是個數學家。那時代科學思想，集中在物質宇宙機械性。因為法律與政府不能引用自然科學的方法，所以他便以社會代替國家，以社會生活代替法律與經濟。

法律學之受孔德機械論的影響，與歷史派的治學方法很有關係，因為社會學與歷史派之研究法律，都是從進化方面窮其變化，並斷定法律之所以變化，實與社會本身之變化，是互相連帶的。如此，舊有之固定的是非觀念與立法的理想主義，便根本推翻。誠如施模兒(Small)所說：「社會現象必隨人類之自然現象，與人類互相關係之自然現象而定。」[85]亞丹姆司(B. Adams)說：「法律乃是由生存競爭而起之各種力量的衝突而成立之結

[83] 前書，第七十七頁。

[84] 孔德就哲學或方法之異同將人類發展分別為三大時代：(一)為神學的或神祕的時代(Theological or Mythical Stage)，萬事萬物歸之于神；(二)為玄學的或抽象的時代(Metaphysical or Abstract Stage)，以思想家的信仰與觀念為中心；(三)為科學的或積極的時代(Scientific or Positive Stage)，此時代的主要點便是物的最終性是不可知的，人從研究現象上所得的只是近似智識(Approximate Knowledge)而已。Cours de Philosophie Positive, Vol. I, p. 8.

果。人的要求，既必由單一的喉舌，才能表現，於是各種力量，便不得不混合。這樣成功的混合，我們稱他為主權者的意志。法律之為主權者的意志，與離心力和向心力之互相牽制而成的恆星軌道是一樣的。所以法律與行星的軌道，皆為必然的結果。」[86]

(2)生物學時期　社會學經過了達爾文的進化論，而到斯賓塞時代，生物學的色彩，非常濃厚。法律學者，也開始用生物學的眼光，來觀察事物。大別起來，生物學的社會法學，亦可分為三類：①理想的，②人種的，③經濟的。[87]生物學的理想見解，是以生存競爭，與適者生存為法律制度之發展的原則。那便是說，法律史乃是一部思想衝突史。因為各種思想互相競爭，凡能證明其與社會的需要及環境為最適宜的，便能生存。照李嘉德(Richard)的解釋說來，這乃是社會性和反社會性的律例、制度與理論的衝突，前者促進社會團體的存在，而後者乃是一種障礙。[88]近代法學家狄驥也說：「照正義與法律做，便是按照合於社會性的做。」他並且說：「一個法律上的義務，便是須做一種有社會價值的事，禁止反社會的事的一種義務。」[89]

人種的生物論，起於古代民族的法律制度之研究。黑智爾便是主張以種族解釋法律史之最早的一人。耶令便用這個方法研究羅馬法的起源。[90]梅海(Muirhead)復把這種思想在他的著作裏，傳到英國。[91]

---

[85] Small, General Sociology. p. 86.

[86] B. Adams, Centralization and the Law, p. 23.

[87] Pound, Interpretations of Legal History, p. 85.

[88] Richard, Les Origine de l' idee de Droit, cited in Pound op. cit., p. 86.

[89] Duguit, Les Transformations generales du Droit prive, 24–29 Quoted in Pound, op. cit., p. 86.

人種與人文地理，固然可以供給我們許多材料，可用作法學的工具。然而倘以此為唯一的材料與工具，就未免和偏重任何一種方法，同陷於狹隘的缺點。施模兒說：「如果我們單以在未曾發展時期中的人，為可以供給研究人類性質方面主要材料，而忽略此人之周圍一切可利用的證據，實未免錯誤太甚。」㉒那末，單以一種人的社會制度，為可以供給研究法律系統的唯一重要材料，豈不一樣錯誤？所以杜度農 (Tourtoulon) 極力反對說：「人種雖和個人一樣，也各有其遺傳性的影響，但法律乃完全是社會的事，而不是個人的事。法律為人羣的產物，由羣的方面所發放出的思想，便無從再受生理方面的影響。……所以人種在制度方面，實無影響，無論黃種、白種、以及黑種，倘有同等的發展，處在同一的地位，亦產生毫無分別的法律，但是從各人的顏色上說起來，依然有黑白之別。」㉓

然而杜度農也未免過甚其詞。個性混合於羣之後，固然另外成立一種羣性，但個性未必就因此而完全消滅。如此，又豈能說法律與人種毫無關係？富業 (Febr) 說：「人類超乎種族之外，必定還有共同有效的條件，支配法律的產生。……完全殊異的民族，有時法律上不少同性之點，亦祇能以普通的人類基礎為解釋而已。」㉔反

㉐耶令說古羅馬法是兩元的；一面是宗教制，以神意 (Fas) 為中心，以水火為表現；一面最威權利，以正義 (Jus) 為中心，以武力為表現。前者發源於沙賓人 (Sabine)，後者發源於羅馬人。(Geist de Romischen Rechts I, 19) 其實，法律在原始時代之有宗教與政治二大源流，差不多各地皆然，並不是羅馬有的，Pound, Interpretations of Legal History, p. 76.

㉑Muirhead, Historical Introduction to the Private Law of Rome. 1.

㉒Small, op. cit., p. 100.

㉓Tourtoulon, Les principles philosophique de l' Histoire du Droit, p. 5.

㉔Fehr, Hammurabi und das Salishes Recht, p. 136.

過來說，各民族之自有其特性，當然是沒有問題的了。現在許多種族複雜的國家中，不是常鬧內部思想紛亂，法律不易統一嗎？

經濟史觀以法律制度為階級爭鬥的結果。法律與經濟的關係，本甚密切，所以馬克斯的學說，便有侵入法律學的趨勢。然而法律的精神，既不完全寄托在財產權中，法權復不單是社會上最有力階級，因經濟的動機而決定之意志的表現。滂德批評經濟史觀說：「我們試把歷來法庭判決的內容，考察一下，便知法庭與法律的理想主義之創立或適用，往往超脫於有力階級，或普通社會中任何階級的觀念之外。其間或有為某種有力階級所設立之純粹法律習慣，但經法庭用科學的方法引用發展之後，結果每有反為那個階級本身的障礙的。」[95]

(3)心理學時期　心理學之成為科學，馮德的影響很大。照馮德看來，法律的原始，乃是一個種族心理的問題。他以為法律並不一定需要國家的，在一切的社會團體及人羣組織中，皆有發生法律的可能。馮德的見解，與戚克(Gierke)的主張同是側重團體意志的。戚克說：「人之所以為人，因為有羣。羣不但能增加生存者的勢力，而且永遠繼續，不隨個人而生滅，所以羣能聯合過去與未來使成一氣。」[96]法律所需要的，只是團體的存在。這個理由，很足攻破奧斯丁之國際公法，不是法律的偏見。

以心理解釋法律的學者，如業令聶克(Jellinek)，闉德(Tarde)，皆占很重要的地位。業令聶克論法律有三大要點：

①法律為世人互相對待的外行規範；

②法律為從一個已經外現的權力所發生的規範；

[95] 滂德《社會法理學論畧》陸譯，第七十五頁。

[96] Gierke, Das Deutsche Genosseuchafts recht. Vot. I, 1. Quoted in Pound, "Sociological Jurisprudence".

③法律外現權之保證而有拘束力。[97]

至於闡德乃主張以模仿與同化為社會生活之主因的第一人。[98]

(4)統一時期　社會學派法理，現在可謂登峯造極了。學者何墨士(Holmes)、畢祺祿(Bigelow)、滂德(Pound)、愛米詩(Ames)、梅得蘭(Maitland)，皆為國際間的名家。而且大家都感覺到各派學說，應該聯合一致，使社會法學，達到大成之境。滂德認為自十九世紀之末，社會學派已到大一統的時期了。[99]其實，實驗的科學精神，還不十分充實。新分析派諸子，正在努力工作，將來定可在法學界中，放一異彩，使研究法學的人們，更多一精密的方法。學問之道無窮，法學亦必與時俱進。以上所述，不過就過去及現在說一個大略罷了。

(III)法律的基本概念

(一)直　道

前面已經說明，法律的目的為正為直，並且零碎的，也將直道討論過。[100]現在講法律的基本概念，開宗明

[97] Jellinek, Allgemeinie Staatslehre, 325. cited in Pound, op. cit.

[98] Tarde, Les Lois de l, Imitation. pp. 46–65. cited by Berolzheimer, The World Legal Philosophies, p. 443.

[99] 滂德《社會法理學論畧》，第一〇三至一〇六頁。

[100] 直道為Justice的譯名。Justice一字的譯名甚多，如正義，公道之類。本文前幾節裏，隨意採用，未嘗確定。現本「觸不直者去之」的訓義，譯為直道。

義，應先將直道具體的說明，雖然它是不容易說明的。現在姑且一步步的逐漸破解一下。

我們首先要明白，直道有二個方面：一為自然的或倫理的直道，一為法律的直道。就倫理方面論，如包爾遜(Paulsen)所說，直道是一種「意志的傾向及行為的方式，此種傾向與方式，常趨於深自損抑，不願擾害他人的生命及利益，復隨力之所及，妨阻他人的橫逆相加。」[101]抽象一點，自然的或倫理的直道，是一種理想，法律的直道，乃是法庭所督促維持的，也可以說是自然的直道之實現。但是自然的直道與法律的直道，並不一定吻合。直道或為合法而不是自然的，或為自然的而不合法的，或為合法而自然的。薩爾蒙(Salmond)在他的名著裏面，曾列出對於自然的直道之三個誤會，並加以糾正。[102]

(1)自然的直道與理想法　我們切不可以為自然的直道便是法律的直道之理想，或至善的方式。法律不一定要承認一個自然的直道，第一因為許多所謂自然的直道不宜由國家來施行，第二雖有可由國家施行的自然直道，卻又不宜定在嚴密的法律之中，至多，只能聽法庭酌量情形分別採納。[103]

(2)自然的直道與積極的道德　自然的直道不是積極的道德。積極的道德是社會輿論所贊許的行為規範。它的制裁，雖說是社會的而不是法律的，但是它與自然的直道之關係卻同法律的直道一樣。

(3)自然的直道與自然法　自然的直道不是積極加於人類之一種有束縛的規範制度。在人類思想史中，一種自然法的觀念，在倫理、宗教、政治、以及法律學上，很占有一部份重要的地位。自然的直道便是以自然法為

[101] Paulsen, Ethics, chap. 9. 見雷譯《法學肄言》(Introduction to the Study of Law, by Pound)　第九頁。

[102] Salmond, Jurisprudence. 7th edition, pp. 60–62.

[103] 民法總則第一條「民事，法律所未規定者依習慣，無習慣者依法理」，所以一切理論，只要是不違反法律的精神的，在法律未規定之時，法庭即可用為判決的根據。

根源的。但攷自然法與自然的直道之積極說的來歷，大約不外二種原因：第一種是以自然法為神的意志與命令。第二種以自然、理性或良心為後盾，雖然擺脫了神的觀念，但仍保持原有的積極性。這樣空洞無據的論調，早就不能存在了。我們如果將自然法的積極性拋卻，只拿它作為一種哲理，那未嘗不是有益於法律學的。但照這樣，我們便應確信自然的直道是無積極性的。

自然的直道與法律的直道之有時衝突，乃是因為法律就事實立論。須知人與人以及人與社會或國家間之相互關係的調和，必以實力及社會程度為標準，不是純持理想所可做到的。思想的進步快而事實的進步慢，所以法律的原理原則之造成，往往的落在直道的理想後面，而法庭所遵照的，有不能越出實體法的範圍之外。所以浩布思有「威權造法，而非直理造法」之言了。然而所謂威權造法時，何嘗能不仰仗直理，故意違反倫理的直道呢？但所謂直理，所謂直道，不是任何人所能獨斷，必以社會情況為歸依，由國家發表罷了。

自古以來，直道的理論之最足以支配法家思想者，為「保證個人自己的最大自由」。人為社會而犧牲一部份的粗淺的原始自由的目的，是要求得社會的安寧，與保障全體的自由。那末，凡於社會沒有妨礙的個人自由，便應極力擴大了。斯賓塞說：「每個人皆可照他的意志自由行動，只要不侵犯別人的均等自由。」[104]可是這也只足以解釋立法時的情形罷了。只要立法之初，不違背這個原則，法律終不失其為「司直的工具」。施模兒說：「沒有人能預知一條法律所能造成之利弊的轉移為如何。它的目的，許是正直的；它的最近的效果，許是正直的；但是它的將來的效果，許是不直的。」[105]

[104] Spencer, Ethics, Vol. II. p. 46.
[105] Small, General Sociology, p. 605.

(二)法律與道德

法律與道德在原始時代，本是一事。羅馬的法家，雖把法律提出道德之外，但也沒有劃分一個清楚的界限。中世紀宗教勢力膨脹，又將二者混合起來，直至十七世紀之末。其實，法律固然不應與道德混雜在一起，但是將它們互相獨立起來，也不免是一個錯誤。現在先講它們的分別。

法律與道德的基本異點，在於道德指示利益估價之標準，而法律劃定利益實現之範圍。一個人的目的很多，但是他的能力有限，實現全部目的奢望，有時不能不放棄，至少，須有緩急輕重的選擇。這種利益估價的標準，便是道德的規範，也就是促進人類各種目的之實現及決定其關係的法則。個人不遵守這種規範，非但有破壞本人全部之調協的危險，並且有影響社會全部之利益的危險。然而人與人間的利害衝突時，決不是用同一道德標準所能解決的，於是不得不利用第二種方法劃定人的活動範圍，救濟人間的利害關係。這便是法律的工作。準此，又可推論道德與法律的異點多種：

1. 法律規定人與人間的關係，所以不能支配個人本身以內的各種關係；道德支配自身的一切，使人對自己擔負一種義務。

2. 法律以二方相對為條件。所以一方面解除對方人的義務時，對方人的義務，即行消滅；道德不以他人的利益為條件，所以雖然於他人的利益毫不相干，道德上的義務還是存在的。

3. 法律上，有義務同時必有對待的權利存在，故權利消滅，義務亦消滅；道德不與權利對待，故其生滅不以權利為條件。

4. 法律有外力作用，可以強制支配人的行為；道德完全良心作用，不能以外力為制裁。

5.法律為社會的法則；道德只是個人的法則。

法律與道德，在法律系統已有充分發展的國家中，可以劃分清楚，但也只是立法與司法的劃分而已。即此，也有困難發生。滂德列舉法律與道德在施行法律之際，有三點可以接觸：1.審判立法 (Judicial Legislation) 2.解釋 (Interpretation) 3.判別 (Discretion)。[106]審判立法，本盛行於英美法系中，但現在已不甚重要。我國採用大陸法制，崇尚法典，審判立法，更無地位。而且它與道德的關係，和判別相同，所以此地不加討論。現在所要說的，為解釋與判別二點。

解釋所以銓注條文的真義。因為典籍繁重，所以修訂法律，要在簡明。但是人事複雜，所以引用法律，務求詳盡。若沒有解釋，必不能達到運用法律之美滿的效果。解釋並不是僅文義銓注，又必須探討法律的原理及精神，並且要注意時代情形、地方狀況及案情事實。解釋屬於司法範圍，法官解釋法律，第一要設身處地，揣摩當時立法者的心理；第二要本此心理，擬具一切可能的正當解釋；第三要揆情度理，選用其中最公平、最適宜的一個解釋。根本上的一個原則，便是誠實。武斷、臆測、曲解，都應忌諱。可是誠實固甚空洞，解釋的選擇更不容易。沒有道德為之協助，豈不要發生極大的危險？

判別乃法官的一種極重要的權力。法律固然以排除「個見」為要務，萬不可免的判別，也竭力減小其適用的範圍，將一切案的受理及處分，規定不厭其詳，既禁止判別的濫用，復以高級法院為糾正機關。但是決獄斷案，到處少不了運用個見的判別。在此，又發見了道德與司法的關係了。

[106] Pound, Law and Morals, pp. 51–54; 54–57; 62–66.《法學肄言》第二十二—三十頁。

(三)權利

人生以衣、食、住、行，為四大要素。要達到此四者的完全目的，對於1.人生及身體，2.財產，3.家宅，4.名譽，5.自由，五項利益，非有切實的保障不可。法律為維護這五項人類生存的要素起見，所以認許並創設各種權利與義務。

權利是什麼呢？中山先生說：「權就是力量，就是威勢。那些力量大到同國家一樣，就叫做權。力量最大的國家，中國話，說列強；外國話，便說列權。又機器的力量，中國話，說是馬力；外國話，說是馬權。所以權和力量，實在是相同。有行使命令的力量，有制服羣倫的力量，就叫權。」[107]然而中山先生所說的力，不是暴力，中山先生之所以反對君權，就因為他是暴力的緣故。他所說力量，是由思想和信仰產生出來的。[108]英儒賀蘭(Holland)說，權利「是一個人之影響『他人的行為』的能力，影響的方法不以個人的力量，而以社會的公論或威勢。」[109]

權利有二種：一是自然權利，一是法權。自然權，滂德說：「乃是我們以為應當得著的利益，以及人類的要求而為我們認為應當得著滿足的。」[110]自然權與法權的分別，在於前者只有公論的認可，而後者為法律所予的能力。法律只是根據人類的利益，保護我們之所謂自然權的一部分。蓋瑞史(Garies)說：「關係與利益不是

---

[107]《民權主義》第一講第一段。

[108]《民族主義》第一講第一段。

[109]Holland, Elements of Jurisprudence, 17th edition, p. 82.

[110]Pound, Spirit of Common Law, p. 92.

命令與禁條（或者簡單說一條法律）所創造出來的，猶之花園不是園子的圍牆所創造的一樣。利益只受法律的限制，在限制以內，得有保障，在限制以外的，則不然。正如圍牆以內的空間，不因牆而失去它的空間性質，受保護的利益，離開保護，依然不失其為利益。」[111]文慈雪 (Windscheid) 說，法權有時為法律創設出來的。[112]單就權的一方面而言，固然如此，但是從利益方面觀察起來，則不然。一切法律的關係，莫不有一個利益的事實為其背景。因婚姻而發生的權利，有許多是法律創造出來，但是實際上，是因婚後雙方的利益，需要一種保護而已。

權利與義務是對待的。義務也可如權利，分為自然的或道德的與法律的二種。「凡人對於一事，因其為人羣的、公眾的，或私家的利益所關係，且已得社會所有道德觀念所承認之故，務欲實行或務欲不行，道德的義務，即在是。」法律的義務，是因同上的利益，「已得國家以法律之力為之維持之故，不能不行，或不能不止。」[113]法律的權利與法律的義務完全相合，有一種權利，必有一種相對發生的義務。但是有許多義務，是絕對的，那便是說，義務的存在，並無權利與之對立。對於未出世的嬰兒之權利，人們有不可侵犯的義務，但是嬰兒既未產生，不能說他是權利的主體，所以這種權利，是絕對的。同樣的，如果一張匯票遺失了，暫時並沒有人拾著，在這暫時間，承受人的義務，是可以說是絕對的，因承受人的付款義務，不因匯票之遺失而消滅，而在匯票遺失期間，又無人有領款權。

各種人的權利，因其年齡、性別、住所及宗族與社會的地位，互有差異，因為他們的行為能力與利益關係，

---

[111] Garies, Introduction to the Science of Law, p. 92.

[112] Windscheid, Lehrbuch de Pandektenrechts, 37, cited in Garies, op cit., p. 31 N. 1.

[113] 滂德《法學肆言》第三十七頁。

是各不相同的。但是這種分別，並不一定是不平等的。法權既以保護人的利益為目的，所以不能不顧及實際的需要。至於地位的分別，完全以一國的政治史為定。如貴族、平民、奴隸，每有不可雜亂的界限。這種分別，在政治權利上，表現的格外清楚。

政治權也是法權的一種。平常我們說法權時，大概指私法權而言。政治權乃是公法權，就是指國家授之於其國民之一部分或其全體的參加政府事務的權力。古代的法律上，能享有政治權的人極少，差不多成為貴族的特權。

近代政治漸向平民的大道上走去，對於人民的權利，極力推廣。私權的享受，非但沒有自由人與奴隸的分別，一切級階以及外國人都可為私權的主體。政治權除了外國人之外，各種人民，也是一律的。私權又可分二種，一是對世權，一是對人權。下列為此二種的內容。

1. 對世權：

甲 人身的安全，

子 生命，

丑 身體，

寅 健康，

元 肉體的，

亨 精神的。

乙 人身的自由，

子 集會，

丑　結社，

寅　言論，

卯　出版，

辰　居住，

巳　信仰。

丙　親族關係。

丁　私有財產。

2. 對人權：

甲　出於契約的。

乙　出於債務的。

丙　出於信託的。

丁　出於侵權行為的。

㈣人

人為權利的主體，亦為法律的客體，因為法律的權利是賦予人的，也就是對抗人的。但是法律上之所謂人，不單指自然的人而言，人為團體也在內。所以法律人有二種，一為自然人，一為法人（Juristic Person）。自然人之為權利的主體，賀蘭說，他須具有二個必要的條件：「1.他必為人類，那就是說，㈠他必須不是妖怪。……㈡他必須生下來是活的，雖然不一定有繼續生存的可能。㈢他必須沒有失去生命。2.他一定要經過國家承認為一個人。」[114]賀蘭所以要提出第二個條件的緣故，乃是因為在奴制之下奴隸，雖然是個自然人，但在法律上是當財產看待的。

自然界，除個人以外，沒別的東西可以成為權利的主體了。動物的行為，所以無所謂合法或違法。雖然古代有以法律制裁動物的殺人罪的，但已早成為過去的史料了。現在法律之執獸主使負牲畜侵害他人的責任，更是完全以人為立場的。禽獸固然也有牠們的關係與利害，但在法律上，毫無地位。法律是為人而設的。法律有時禁止人對禽獸作虐待的行為，也只是為了人或人道的觀念罷了。

自然人的權利能力，以出生之後，死亡之前為限。[115]有許多主張胎兒亦有權利，如承受遺產遺囑等等。[116]但此也不過因為胎兒之生產只在短促時間，暫為保留其權利而已。至於死亡，又可分為自然死亡，與法律死亡二種，法律的死亡，乃是法院因特種情形，於人生死不明之際，所為的死亡宣告。法律死亡與自然的死亡有同等效力。

自然人有能享受權利而無能行為能力的。能力之喪失，有為全部，有為受限制。喪失全部行為能力者，為「禁治產人」。限制能力者，為「準禁治產人」。古代法律，不輕易以行為能力給人，所以有充分能力的，只有極少數特殊階級。現在已經不然。除了實際上確無能力之外，大家都有法律上的能力了。現行法上，只有「未滿七歲之未成年人」，及「心神喪失，或精神耗弱，致不能處理自己事務者」，為禁治產之無能力人。「滿七歲以上之未成年人」為限制能力人。[117]不久之前，吾國的婦女，還是準禁治產人，只有限制行為能力，現在已同男

[114] Holland. op. cit., pp. 95–96.

[115] 民法總則第六條「人之權利能力，始于出生，終于死亡。」

[116] Blackstone, Commentaries, I, 132; Salmond, op. cit., 111.

子平等了。所以民法總則第十三條第三項之「未成年人已結婚者，有行為能力」的規定，對於男女的效力，是完全一樣的。

法人為「財產或人的團結，在法律的眼光中，有權利與義務的能力，換一句話，便是由法律給予一個地位。」[118]法律創設一個法人，是給予一種真實的東西，一個人格。可是這種人，除了他的本身是實際存在的以外，所謂人格，只是一種假設。

法人有二種。1.為社團，以社員為構成分子，如自治團體，營業機關。2.為財團，以財產為構成分子，其來源為捐助。

法人資格之取得，也有二種方法。1.國家之特別許可，或特種法律之規定。2.符合普通法上之條件。[119]

法人因左列原因之一，喪失其資格：

1.預定之成立時間屆滿；

2.預定之事實發生；

3.社員三分二以上之可決；

4.因情事變更，致組織目的不能達到時，得由主管官署解散之；

5.法人之目的或其行為，有違反法律、公共秩序或善良風俗者，法院得因主管官署、檢察官或利害關係人

---

117 民總第十三條、第十四條；未成年謂未滿廿歲（民總第十二條）。

118 Holland. op. cit., p. 97.

119 民總第二十五條「法人非依本法，或其他法律之規定不得成立。」民總第四十五條「以營利為目的之社團，其取得法人資格，依特別之規定。」

之請求，宣告解散。

(五)行　為

人之權利與義務的表現，全賴行為。行為 (Act) 即指控制事變 (Event) 之人的意思的表示。這個定義，似乎很浮淺，但更進一步的研究，乃心理學及生理學的職務。在法律上，這樣一個定義，已夠應用了。

行為有內隱和表現的分別。內隱的屬於心神，表現的屬於肢體。思想為內隱的行為，言語為表現的行為。每一個表現的行為，皆有一個內隱的部分。「行為內隱的時期，因最後的決定而終結。其表現乃為內隱得自然之助而見諸外界。」[120]所以心算是內隱的行為，等到算出來之後，寫在紙上，便是表現的行為。然而每一個內隱的行為，不一定有表現的結果。因為人是時常思想過了，就放開的。法學所要研究的是表現的行為。這並不是說內隱的完全不管，但是單純的內隱行為，便應劃歸道德。

行為是兼指作為 (Commission) 與不作為 (Omission) 而言的。法律有時積極的要我們做一件事，有時消極的禁止我們做一件事，當為而不為，不當為而為，都是錯誤的行為。一般的見解，以為行為單指積極的作為，而不把消極的不作為包括在內。假使我們將行為看作如此狹義的，在法學上，便將引起無數的不便利處。

根據上述的界說，更進一步將一個行為分析一下，我們便可以得著左列的三大元素：

1. 意思 (Will)；
2. 意識 (Consciousness)；
3. 意思的表示 (Manifestation of the Will)。[121]

[120] Ihering, Derzweck in Recht, 1, p. 32, Quoted in Holland op. cit, p. 107.

意思為一切行動的始原。意思的器官之組織，及其運動的狀態，不是我們範圍之內的事。但意思之發動的原因，就是刺激，卻是我們應當注意的。譬如甲被他的同伴痛罵了一陣，氣憤之下，便將罵的人殺了。又如乙因強盜到他家裏開槍強劫，而將強盜殺死。甲乙都是有了殺人的意思而殺死人的，但是他們的動機不同，所以甲犯殺人罪，而乙為自衛，不犯殺人罪。

因受脅迫之反違意思的行動，在法律不算行為。惡劣的社會上，每有恐嚇威逼人簽字的事。這種字，簽了也不能作準的。雖然字是自己簽的，並且先有了簽字的意思，但是這個意思，完全是強迫出來的，並不是常態之下的真意思。所以急迫、輕率、或無經驗，而表示的意思，可以撤消其法律行為，至少，可以減輕其責任。[122]

每個意思的現象，必伴有智慧的現象。意思的直接結果為肢體的行動，但是連串下來，一切必然的影響，差不多都可預料得到。我們拋擲一枚炸彈，不止於臂的激烈動作，與手的突然放開，就這樣把炸彈拋出，同時必想到炸彈是可以殺人毀物的。人倘是沒有這種意識能力，便不能有法律的行為。所以七歲以下的兒童和心神喪失的人都無行為能力，他們的意思表示，也無效。

意識能力，會暫停止的。醉人的精神錯亂，常有看見。日常生活中，因不知或誤會而引起的糾紛，更是極平常的。然而在這種狀態之下的行為，不能完全免去法律上的責任。我們不能推說不知窗外有人，或者誤會槍是空的，所以放的好玩，而逃脫殺人罪。但是不知空煙瓶中被人裝進炸藥，丟在垃圾桶裡，而炸裂時，是可以不負責任的。不知或誤會法律，更不能成為寬恕的理由。法律是假定人人都知道的。

意志的表示，為行為之最後而且也是最緊要一個元素。行為的第一二兩方面，離開了第三方面的表示，不

[121] Holland. op. cit., p. 108.

[122] 民總第七十四條。

能引起什麼責任，也無所謂合法不合法。單有殺人的意思，而沒有舉動，又有誰能知道呢？而且法律是側重事實上的結果的。毀壞名譽罪是一件很重大的事，但是被害人沒有受著什麼損害時，責罰是很輕的。有的雖不必要結果，至少，表示是不能缺的。謀亂固不必亂，但總要有了謀，才能證明一個人是在謀亂。

意思表示的方法很多，言語、文字、舉動，都是表示意思的工具。但是意思的解釋，應探求表意人的真意，不能拘泥于所用的辭句。[123]從舉動推測人的意思，尤須慎重。刑律上規定「非故意之行為不罰」。[124]所以行使偽造文書的犯罪，必須知道該文書為偽造而故意行使，始能成立。倘是不知是假的，于訴訟時向法庭提出作證，在法理上說起來，便不能斷為行使偽造文書。[125]然而行為的結果影響于社會的利害，雖然出于無意，卻也不能聽其完全不負責任。法律對于過失仍是有制裁的。換一句話說，有意識的人一舉一動都應自己注意，以免不幸的事實發生。

意思表示可以由人代理。無行為能力人的意思表示，依法無效，但法定代理人可以「代為意思表示，並代受意思表示」。[126]有行為能力人更可自動委託代理。例如本家財產，不是子弟卑幼所有，不得尊長的同意而私行處分，乃是無權行為，依法律無論契約相對人是否知情，其物權移轉契約概屬無效。「但有代理關係者，不在此限」。[127]「因為管理家務之卑幼，與尋常卑幼不同；其處分財產，當可推定其已得尊長之同意。」[128]那便是說，

[123]民總第九十八條。
[124]刑律第二十四條。
[125]前大理院七年上字二三三號判例。
[126]民總第七十六條。
[127]前大理院四年統字二二八號判例。

卑幼管理財產有代尊長為意思表示之權。這個代理之來源，出于尊長的委託，雖然有的處分並沒有預先求得尊長的同意，或竟為尊長所不滿，也可發生效力。

意思表示不必直接達出，默認也同屬有效。假如有人要買一件東西，賣主一面將貨物交出，一面將定價通知買客，買客無異議的承受了貨物，在法律上即可推斷買客對于賣主所定的物價已合法表示同意，雙方便沒有再主張增減的餘地了。[129]

參考書

(一)重要原文參考書

分析派

Austin, J., "Lectures on Jurisprudence", 5th edition.
Gray, J. C., "The Nature and Sources of the Law", 2nd edition.
Holland, T. E., "Elements of Jurisprudence", 13th edition.
Salmond, J. W., "Jurisprudence", 7th edition.

---

[128] 前大理院五年上字二一〇號判例。
[129] 前大理院三年上字六七八號判例。

歷史派

Maine. H., "Ancient Law."

Savigny, F. C., "Vam Beruf unsrer Zeit für Gesetjgebung und Rechtsmssenchaft".

社會哲學派

(甲)社會功利派

Ihering, R. von., "Der Zweck im Recht"，該書第一卷由 I. Husik 譯成英文，為 "Law as a means to an end." Scherz und Ernst in der Jurisprudenz, 13th edition.

(乙)新康德派

Stammler, R., "Wirthschaft und Recht".

"Lehre von dem richtigen Rechte."

"Lehrbuch der Rechtsphilosophie."

(丙)新黑智爾派

Berolzheimer, F., "System der Rechts. und Wirthschaftphilosophie". 該書之第二卷由 R. S. Jastrow 譯成英文為 "The Worlds Legal Philosophies".

Kohler J., "Lehrbuch der Rechtsphilosophie", 由 A. Albrecht 譯成英文為 "The Philosophy of Law".

"Moderne Rechtsprobleme."

社會學派

Cardozo, B. N., "The Nature of the Judicial Process".

"The Growth of the Law".

Ehrlich, E., "Soziologie und Jurisprudenz".
"Grundlegund der Soziologie des Rechts".
"Dies juristische Logik".
Holmes, O. W., "Collected Legal Papers," pp. 168–202.
Pound, R., "The Spirit of the Common Law".
"Introduction to the Philosophy of Law".
"Interpretations of Legal History."
"Law and Morals".

㈡間接材料參考書

何思楨，《近代法律哲學之派別和趨勢》，（《東方雜誌》，第二十六卷，第一號）。
陸鼎揆譯，滂德《社會法理學論略》。
Dunning, W. A., "Political Theories from Rousseau to Spencer."
Getell, R. G., "History of Political Thought".
Pound, R., "Jurisprudence"，載在 Barnes 主編的 "History and Prospects of Social Sciences" 一書中。
Patterson, C. P., "Recent Political Theory Developed in Jurisprudence"，見 Merriam, Barnes 等所編的 "Political Theories, Recent times"，第一百四十一頁至一百七十七頁。
Vinogradoff, P., "Historical Jurisprudence".

【附錄】

附錄一：傅在源先生致端木愷先生書一通

鑄師鈞右：奉接九月十日
手諭，敬聆拜悉。吾
師早歲學成歸國，効勞政府，八年抗戰，備極辛勞。共黨竊國，退居台灣，執行律務，主持公道，造福人群，保障人權。旋長東吳，教育英才，百年樹人，社會得益，年逾八十，始行退休。一生行為，捨己為人，令人欽
仰，可稱完人。今後務請
善養天年，注意健康，是為至禱。生於年始拜違
芝輝，時切孺慕，五月間去歐，返京以後，工作繁忙。八月間到港一行，內子仍留居香港，將於下週回來，定於十月二日同赴紐約，轉往中美多明尼共和國，辦理請領護照事宜，大約十月十六日可以返抵日本。年終則擬去港兩週，其他時期均在東京，吾
師健康恢復　大駕東來，至為歡迎。倘有定期，務請及早
示知，以便安排旅行日程，並建議或可在日作一精密之身體檢查。此間慶應大學附屬病院，敝公司最近曾捐助日金三千萬圓，醫師中頗多知友，必可盡心醫治，提供休養方法之意見也。鶴俟
光降，諸容面稟，不盡一一。敬請
福安
伯母大人前叱名請安

生在源叩上　九月十三日

附錄二：《雙照樓詩詞藁》題記

忍寒居士

丁亥夏書贈

端木先生　陳璧君記

於吳門獅子口獄中。

丁亥立秋日校讀一過　忍寒居士記

丁亥夏大熱，冰如夫人以國事繫吳門獄中，終日據小几鈔書自遣，汗涔涔浹背，既為端木律師手寫《雙照樓詩詞藁》竟，復語余曰：「自前歲吾家遭難，老身而外，逮吾兒女若壻若在襁褓中之外孫，皆牽連入獄，乃端木先生挺身為吾兩子及壻任辯護，不特不受費而往來於京滬吳間，行旅所資，亦由自出，有心哉若人也，老身無以為報，惟竭其血汗之所注，勉寫汪先生此集，以表感激之微誠而已。」余惟汪先生憂國之情，與四十餘年所從事，實歷吾中華亘古未有之變局，其難言之痛，自可於諸篇什絃外得之，而夫人之所以手寫此本，以貽端木先生者，其微旨當為端木先生所默喻。伸公道而重人權，明是非而雪冤抑，此固法律家之神聖責任，而為舉國人士所共欽挹者也。於是乎書。中華民國三十六年八月四日，忍寒居士謹識於吳門師（編案：「師」實為「獅」之誤）子口獄中。

（原件見「照片、證件、手書」第39頁）

下卷

【傳記】

端木鑄秋先生行述

先生諱愷，字鑄秋，先世自中州南遷家於安徽之當塗，尊翁漁濱公參與革命建國積功升至少將。先生於民國前九年四月十八日生，幼年隨家居，中學時代識戴季陶、居覺生、王亮疇諸公，甚得稱賞。五四運動起，學潮擴至上海，屢為學校代表，奔走呼應，遂被迫離校。後入復旦大學攻文學，繼入東吳大學習法律，畢業後赴美獲紐約大學法學博士。十七年返國，初任國民革命軍軍官團政治教官；十八年，任安徽教育廳秘書兼科長轉任安徽大學法學院院長暨中央大學教授；二十年，於首都初執律師業；二十二年，任行政院參事；二十五年，籌開制憲國民大會，於選舉規程多所製訂；旋於抗戰事起，安徽省政府流徙四方，先生應召任民政廳長；政府西遷，復召返政府；三十年，任政院會計長；三十一年，國家總動員會議成立，國民政府主席兼任秘書長，先生以副秘書長兼代秘書長職務，艱難之會建樹極多；勝利前夕任國民參政會參政員；三十六年，當選立法委員，時王公亮疇出長司法院，先生遂辭立委而以秘書長職佐理院務。

三十八年，孫哲生先生組閣，秘書長懸而未決，因亮疇先生之荐任其事，先生堅不欲就。亮疇先生曰：國難已深，安忍別有選擇乎？不得已從之，訏謨定策，萬世利賴，而先生皆捨去不顧。以布衣入台，政府屢徵先生任公職，皆不就，重執律師業於台北。析微理繁，排紛息訟，宏才雄辯，譽著當時，一時呼號求援者咸往來於先生之門焉。

初，東吳海內外校友倡議在台復校，先生參與最力，先後擔任同學會會長、董事會董事、代理董事長；五十八年，被選為校長；七十二年，辭校長，重任董事長以至八十五歲謝世，近四十年之心力悉付東吳。先以校友自力恢復法學院，繼爭取美國基督教衛理公會亞洲基督教大學聯合董事會，以及海內外人士之支持，逐漸恢復大學建制，分置文、理、法、商四學院及夜間部，並相繼成立研究所，碩士、博士班多所，擴展困難，經營尤苦。校長任內，屢次奔走國外，多方募款。古稀之年，隻身遠遊，提囊挈杖，霜鬢飄拂；師生之希望繫之，學校之前途賴之。其治校也以學術付院、系，以行政付處、組，但綜大綱，兼求溝通。學系施教，重質而不求量；意見博求，重是而不飾非。每週分與學生餐敘有定制，定期分與教師晤談有餘歡。作始無一囊之蓄，將畢乃成百年之功；迨卸校政又復盡以私儲、圖書、住宅悉贈學校，其於東吳可謂終始其事矣！

夫從政育材皆先生報國大業，每受命於國步艱難之會，成功於無形至微之際。嘗自謂一生只辭職而不求職，只任怨而不避怨。在政府之臨危受命，在學校之化無為有，皆係辭職而不能，任怨而不避者，終能奮其才智以建事功也。善屬文，不肯多事著述，無以窺其學術之精湛；惟言行一本所學，情性出於誠，望之儼然，即之也溫。平日論人才特重儒俠相資，理事互用，以為善治學者不必能理事，善保身者不必能成事；以斯語證之先生，其氣質品格，當在理事之中，儒俠之間乎！

先生娶陳氏諱季蘋，十八歲來歸，誕子女六人，八十二歲辭世；先生於七十六年五月以癌症不治亦相繼捐館，享年八十五歲，上距夫人之化去僅十閱月耳！先生命世人豪，功業著於國史，謹述其與本校有關者勒石於壁，以為師生之瞻仰云。

王紹堉　楊其銑　謹記

中華民國八十年十二月

端木愷先生行述

韋仲公（蓮堂）

先生諱愷，字鑄秋，安徽當塗人。當塗舊為太平府治，《晉書》以其地為古塗山之國，輿地紀勝以為永嘉南渡，江北當塗之流人，過江僑立當塗縣，於是江南始有當塗之名。其地左天門，右牛渚，大江濤翻，雄關屏峙，而采石磯之險要，尤甲於東南。自南唐以降，或為軍治、州治，至元之路治，若孫吳之前軍，東晉之備戰，清代末葉湘軍之水師，胥以此為重鎮。

端木之先世，原籍中州，隨宋室南遷，遂居當塗。先生尊翁漁濱先生，初以教讀為志。迨清政日敗，革命之思潮方起，因棄書從軍，歷任管帶、標統之職，參與革命建國大業，積功薦升第一軍少將旅長，戍衛京畿浦口、采石之間，其勳功意氣，蓋得力於江山之助發者多焉。

民國二年，討袁失敗，漁濱先生隱居故里，偵騎迭至，日夕數驚，乃挈家避難上海。先生生於民前九年四月十八日，自幼去鄉，隨親遷徙於京滬等地，住上海尤多，而終以當塗為籍，不忘桑梓，蓋母氏之教也。初入英籍教士所創麥倫書院，繼轉城中（編案：「城中」實為「澄衷」之誤）中學，值五四運動起，學潮擴至上海，先生與焉。識開國元勳戴季陶、居覺生、王亮疇諸公，革命思想益堅，屢為學校代表，奔走呼應，因被迫離校，轉考復旦中學。後入復旦大學攻政治，同時又入東吳大學習法律，並接受基督教義，遂以基督徒終其身。畢業後，申請留學美國哥倫比亞大學。既就道，至紐約短貲，改入紐約大學攻讀，獲法學博士學位。十七年返國。時北伐功成，百廢待舉，應程天放先生之邀，任國民革命軍軍官團政治教官，承漁濱先生之志焉。

民國十八年，程天放先生任安徽省教育廳長，堅邀先生任祕書兼科長，是為從政之始。未幾，程氏轉任安徽大學校長，復邀先生任法學院長。其時學潮激盪，幾及全國，政府機關借重先生者極多，曾轉任農礦部祕書、專門委員、中央大學教授等職。民國二十年，執律師業於首都，牛刀初試，卓爾有聲，然先生大器，豈能遂止於此哉！二十二年起，終應行政院之命，任政務處參事，以學懋績優，久不能去。二十五年，政府籌開制憲國民大會，以內政部部長蔣作賓先生兼任選舉籌備委員會主任委員，邀先生兼任第三組組長，策訂選舉規程。事屬初創，例無可援，先生以其湛深學養，參稽事理，殊多創獲。其時華北情勢特殊，辦理國民大會代表選舉多所顧慮。二十六年，蔣作賓部長偕同先生專赴華北宣導政令，幾經協調，圓滿返京。旋以七七事變遽起，全民浴血以衛國家，籌備選舉之議遂寢。先生其時所策畫之法規，頗多為後來選務所援用者。

抗戰既起，蔣作賓先生出長安徽省政，邀先生任民政廳長。於時省境皆敵，鐵蹄縱橫，省府播遷六安，處境至苦。先生間關涉險，撫慰死生，雖當無可如何之境，仍作不可為而為之計。政府既西遷，工作繁劇，復思先生，因重返政院，以赴時艱。三十年，任政院會計長。三十一年，設立國家總動員會議，掌理人力、物力動員及物價管制，於國脈民命，關係至巨，以先生為副祕書長，旋令兼代祕書長職務，知遇至深，倚畀尤重，而先生益奮勉效力，多所建樹。勝利前夕，奉派國民參政會參政員。戰後返滬，重為律師，心至怡悅，以為疲憊之身，可以稍事休息矣。

三十六年，應各方之請，競選立法委員。既成，王亮疇先生出長司法院，以祕書長畀先生。迫於公誼私情，遂棄立委，再返公職。三十八年，孫哲生先生奉命組閣，祕書長一職懸而難決，因亮疇先生之薦，承乏其事。先生本堅不欲就，亮疇先生曰：「國難已深，安忍別有選擇乎？」不得已從之。蓋自初入政院至是凡三度歸來。時大盜禍國，中樞搖蕩，先總統　蔣公引退離京，飈風驟雨，危在朝夕。先生輔弼孫揆，與總統府祕書長吳禮卿先生籌謀，由副總統以代總統名義主持政府，遷都廣州，繼續戡亂。大計既定，禮卿先生辭職，孫揆與先生亦蕭然繼去，歷時雖僅數月，國家萬年不拔之基，實奠於此。及後先總統　蔣公繼起領導，法統重張，中興之運，日起有功。　蔣公知人之明，老臣謀國之忠，蓋歷史重要之頁也。

先生既去政府，旋即奉派行政法院院長，辭不就。隨樞府入台，奉聘總統府國策顧問，重執律師業於台北。時中國航空公司及中央航空公司飛機事件起，案情複雜，牽纏尤廣。先生受命辦理訴訟，爬梳解析，每週往返台港，與香港、倫敦等地律師研究論辯，東臨滄海，西望大陸，任重心苦，無逾此時，事終勝訴，譏謗隨之。五十一年起，盡卸黨政公職，專心治律。政府念先生功，六十八年，聘為光復大陸設計研究委員會副主任委員。七十年，復膺選中央評議委員，並受社會推戴，擔任太平洋文化基金會董事長、團結自強協會理事長，領導國際學術交流及全民反共事宜，政府之所以酬庸，社會之所以崇敬者亦云至矣。

先生早歲負笈東吳，壯而奔走國事，固未嘗須臾忘其少時絃誦之地。政府既以台海為中興基業，生聚教訓，需材孔多，東吳海內外校友倡議在台復校，先生參與最力。先後擔任同學會會長、董事會董事、代理董事長，五十八年被選為校長，至七十二年辭校長職，重任董事長，以至謝世，近四十年之心力悉付東吳。初以校友自力恢復法學院，繼復爭取美國基督教衛理公會、亞洲基督教大學聯合董事會以及海內外人士之支持，逐漸恢復大學建制，分置文、理、法、商四學院及夜間部，並相繼成立研究所碩士、博士班。擴展固難，經費尤絀，校長任內，屢次奔走國外，多方籌募，古稀之年，隻身遠遊，行李輕簡，霜鬢飄拂。其所募得之款，師生之希望繫之，學校之前途賴之。其治校也，以學術付院系，以行政付處組，但綜大綱，兼重溝通。學系施教，重質而不求量，每週分與學生餐敘有定制，不厭其煩。作始無一囊之蓄，將畢乃成百年之功。迨卸校政，又復盡以私儲、圖書、住宅悉贈學校。先生之於東吳大學，可謂終始其事矣。

夫從政育材，皆先生報國之大業，每受命於國步艱難之際，成功於無形極微之中。志節忠貞，謙沖忍讓，嘗自謂一生只辭職而不求職，然職事既來辭亦極難，故雖以耄耋之年，仍復「隨緣報國，量力助人」。其執業律師也，一秉服公之旨，以端正社會風氣及法治精神為信念。受理案件，取捨嚴明，紓解冤屈，無敢肆意，凡有涉外案情，悉以國家利益尊嚴為前提。法學精湛，辯才無礙，乃其餘事，國人聞端木律師之名，無不為之慕仰稱道者焉。

先生娶於陳氏，諱季蘋，十八歲來歸，鴻案相莊，近六十年。上侍翁姑，能盡其孝，誕三男：俊民、偉民、傑民，三女：儀民、倩民、儷民，皆有成。先生年逾八十，耳目聰明，步履清健。近歲以胃癌、喉癌，先後住院切治三次，體力始稍弱。夫人侍疾週慎，無敢或離。民國七十五年八月，伴隨先生就醫，及返宅，夫人立談而化，享年八十有二。先生哭之痛，於病榻口授夫人行誼為文紀念，自是鬱鬱，益杜門謝客。七十六年端午節前三日，晨起暈蹶，急送中山醫院診治，終以肺癌導致心臟衰竭，於國曆五月三十日上午八時辭世，上距八十五歲生辰不及兩週，入院僅三日，去夫人之化去亦僅十閱月耳。初，先生之尊翁漁濱先生棄養於重慶，臨歿告先生曰：「毋令我孤留西蜀也。」太夫人歿於台北寓所，亦囑先生他日務令合葬故土。先生暮年屢為言及，愴然不樂，蓋世變無止，山河破碎，恐終無以告慰先人於泉下也。今者先生亦已大去，陽明佳城，先生所卜，江海水接，日夕可通，英靈不泯，其將隨侍尊人重遊於當塗采石之勝者歟！

先生黨國忠貞，精幹寬和，出處事功，史自有書。善屬文，不肯多事著述，無以窺見其學術之精微。惟言行一本所學，性情一出於誠，望之儼然，即之也溫。平日論人才，特重儒俠相資，理事互用，以為善治學者不必能理事，善保身者不必能成事。以斯語證之先生，其氣質品格當在理事之際，儒俠之間乎？先生往矣，非僅一人一家之慟而已也。

原載：民國七十六年十二月《國史館館刊》復刊第三期
民國七十七年《端木鑄秋先生逝世周年紀念專輯》

端木董事長生平事略

《悼念鑄公董事長特刊》編輯委員會

端木前校長，諱愷，字鑄秋，安徽當塗縣人，生於民國前九年四月十八日。上海復旦大學文學士，東吳大學法學士，紐約大學法學博士。

民國十七年，先生應聘復旦大學，擔任法學教授，並接受程天放先生之邀請，擔任國民革命軍軍官團政治教官。十八年，程氏任安徽省教育廳長，力邀先生任法學院院長，此時先生年方二十七歲。這一段期間，學潮激盪，幾遍全國，先生為中央政府借重頗多，曾轉任農礦部秘書、專門委員及中央大學法學教授等職。

民國二十三年，先生辭卸教職，於南京執業律師。二十二年起，出任行政院政務處參事。二十五年，行政院開制憲國民大會，以內政部部長蔣作賓先生兼任選舉籌備委員會主任委員，邀先生兼任第三組組長，策訂選舉規程。二十六年，蔣氏出掌安徽省政，邀先生任民政廳長。三十年，任行政院會計長。三十一年，政府設立國家總動員會議，掌理人力、物力動員及物價管制，先總統　蔣公兼任秘書長，先生受命為副秘書長。不久，代理秘書長職務。三十三年，抗戰勝利前夕，膺選為國民參政會參政員。三十四年，返上海重執律師業。三十六年，先生應各方之請，競選並當選立法委員。三十七年，王寵惠先生出掌司法院，特邀先生擔任司法院秘書長。三十八年，孫科先生奉命組閣，寵惠先生推薦先生為行政院秘書長，輔弼孫揆。後奉聘為總統府國策顧問，時先生年四十七歲，同時執業律師於台北。

五十一年起，先生辭卸一切公職，專心於律法之鑽研。五十三年，本校董事會決議推舉先生代理董事長。五十六年，董事會改推孫科博士為董事長。五十八年八月，先生繼桂崇基先生為本校校長。六十三年，董事長孫科博士因病逝世，職務由先生暫行兼代。迄六十四年春，董事會改選，推楊亮功博士為董事長，先生仍繼續主持校政，至七十二年退休。七十三年，董事會改選，推先生任董事長。其間，於六十八年，應政府聘為光復大陸設計研究委員會副主任委員。七十年復膺選為中國國民黨中央評議委員，並受社會推戴，擔任太平洋文化基金會董事長、團結自強協會理事長等職務。

先生早歲就讀本校，專研法律，飽學深思。民國四十年，東吳旅台同學會鑒於本島大專院校不多，失學青年日增，乃倡議在台復校，先生參與甚力，先後擔任同學會會長、董事會董事、代理董事長，五十八年擔任校長，至七十二年解校長職，重任董事長，以至謝世。近四十年之心力，致力於本校之發展與建設。早初以校友自力恢復法學院，隨後極力爭取美國基督教衛理公會、亞洲基督教大學聯合董事會以及海內外人士之支持，於其校長任內恢復完全大學建制，分置文、理、法、商四個學院及夜間部，並相繼成立研究所碩士、博士班。

先生於校長任內，屢次奔走國外，多方籌募資金，對校務之奠基與發展，擘劃經營，不遺餘力。就職以來，校務蒸蒸日上，使東吳大學學生人數、學校基金、校園建築，以及圖書、儀器等設備，均年有增加，不僅嘉惠學子，並且為國儲才。尤其令人感佩的是，先生於民國七十二年退休校長職，將其儲蓄、圖書及住宅，悉數捐贈予本校，此犧牲奉獻之精神，足以為我全體東吳人之典範。

先生鑽研律法，並留學西洋，學貫中西。早年擔任教席，作育英才。嗣後許身從政，歷任政府要職，每受命於國步艱難之際，忠貞重節，其為人處事不計個人利害得失，堪作楷模者不勝枚舉。

先生一生只辭職而不求職，民國二十七年，安徽省政府改組，雖主席再三挽留，先生仍辭民政廳長。三十二年度先總統　蔣公知遇及倚重，委任國家總動員會議秘書長一職，先生以該會兼管物價，關係國脈民命至鉅，謙辭不就，僅允諾以副秘書長身分暫代秘書長職務。三十八年，即任行政院秘書長後，政府發佈先生出任行政法院院長，先生亦堅辭不就。這些例子，均足以反映先生謙沖忍讓，只辭職而不就職之風範。

先生高風亮節，自奉甚儉。其執業律師，受理案件，取捨嚴明，尤以辯才無礙著稱。執業其間，紓解冤屈，定紛止爭，兼及社會風氣之端正及法治精神之提昇，凡有涉外案件，無不以國家利益及尊嚴之維護為前提。

先生遇事冷靜從容，待人寬厚。其為人也，望之儼然，即之也溫。先生凡事重法紀：講效率，對部屬要求甚嚴，惟不忘通權達變，兼顧情理。對晚輩後進之栽培與提攜，不遺餘力。晚近專注於教育事業，不計個人得失。先生老我謀國，高瞻遠矚，每於校務繁忙之餘，以校長名義或太平洋文化基金會董事長身分，邀請歐美學術界人士及國會議員與助理來台訪問，對促進國際學術交流以及增進外籍人士對我國之瞭解與友誼，貢獻良多。

先生畢生奉獻國事，更值得我東吳人效法學習。先生離去，非僅一人一家之悲慟，更為我東吳、我國家之遺憾！

原載：民國七十六年六月三十日東吳大學《悼念鑄公董事長特刊》

端木愷先生略傳

董淑賢

端木愷，字鑄秋，清光緒二十九年四月十八日（一九〇三年五月十四日）生於安徽當塗。父漁濱，初以教讀為志，迨滿清朝政日益腐敗，革命思潮方興未艾，棄書從軍，參與革命大業，積功薦升至少將旅長，戍衛京畿浦口采石之間。民國二年，討袁失敗，鑄秋隨親遷徙於京滬等地。初入英籍教士所創麥倫書院，繼轉城中（編案：「城中」實為「澄衷」之誤）中學。八年，五四運動起，學潮擴至上海，鑄秋參與學生運動，並結識政壇名流戴季陶（傳賢）、居覺生（正）、王亮疇（寵惠），革命思想益堅，屢為學校代表，奔走呼應，被迫退學，轉入復旦中學，後入復旦大學，專習文學，同時又入東吳大學，攻讀法律，並接受基督教義。畢業後，申請留學美國哥倫比亞大學，既就道，至紐約短貲，改入紐約大學，獲法學博士學位。十七年返國，應程天放之邀，任國民革命軍軍官團政治教官。

十八年，程天放任安徽省教育廳長，邀鑄秋任秘書兼科長。未幾，程氏轉任安徽大學校長，復受邀任法學院院長，其間並曾轉任農礦部秘書、專門委員、中央大學教授等職。二十年，執律師業於首都。二十二年，應行政院之命，任政務處參事。二十五年，政府籌開制憲國民大會，以內政部部長蔣作賓兼任選舉籌備委員會主任委員，邀鑄秋兼任第三組組長，策訂選舉規程，參稽事理，殊多獻替。二十六年，與蔣作賓同赴華北地區，宣導政令，幾經協調，因華北情勢特殊，不宜辦理國民大會代表選舉，籌備選舉之議遂寢。

同年七月，抗戰初起，蔣作賓出長安徽省政，邀鑄秋任民政廳長。時日寇已入侵皖境，省府播遷六安，處境艱苦，鑄秋間關涉險，維持政府政令。十一月國民政府西遷重慶，鑄秋受命重返行政院。三十年，任政院會計長。三十一年，設立國家總動員會議，掌理人力物力動員及物價管制，鑄秋任副秘書長，旋兼代秘書長職務。三十四年，勝利前夕，奉派國民參政會參政員。戰後返滬，重操律師業。

三十六年八月，任行政院糧食部政務次長；十二月任立法委員。三十七年六月，王寵惠出長司法院，以秘書長畀鑄秋，遂棄立委再返公職。三十八年一月，孫科組閣，受邀任秘書長。時共黨全面叛亂，中樞動搖，蔣公下野，鑄秋輔佐院長，籌謀由副總統李宗仁以代總統名義主持政府。旋奉派行政法院院長，辭不就；十二月隨中央政府來台，任總統府國策顧問，重執律師業於台北。時中國航空公司及中央航空公司飛機事件發生，中國、中央兩航空公司停在香港機場之七十餘架飛機遭香港政府扣留，案情複雜，牽連尤廣，受命辦理訴訟，每週往返台港，與香港、倫敦等地律師研究論辯，歷時數載，遭扣留之該批飛機終於得以悉數歸還我國政府。然亦以此事含冤受謗，五十一年起，盡卸黨政公職，專心律師業務。其執業一秉端正社會風氣及提昇法治精神之信念，受理案件，取捨嚴明，紓解冤屈，凡有涉外案情，悉以國家利益尊嚴為前提。

五十八年，任東吳大學校長。六十七年十二月，撰〈陳之邁先生事略〉乙文，發表於《傳記文學》三十三卷六期。六十八年，聘為光復大陸設計研究委員會副主任委員、團結自強協會理事長，領導國際學術交流及全民反共事宜。同年十一月發表〈陳之邁先生碑石小傳〉乙文於《傳記文學》三十五卷五期。六十九年五月，於海外學人月刊發表〈軍事審判所表現的法治精神〉乙文。七十二年，辭東吳大學校長職，重任董事長。七十六年端午節前三天，晨起暈蹶，急送中山醫院診治，終以肺癌導致心臟衰竭，於五月三十日辭世，年八十有五。

東吳於四十三年八月奉准在台復校，先行設置法學院，後得美國基督教衛理公會、亞洲基督教大學聯合董事會以及海內外校友之支持，於五十八年二月恢復大學建制，分設文理法商四學院及夜間部，其後並陸續成立研究所碩士、博士班，因經費短絀，校長任內，屢次隻身前往世界各地，多方籌募。迨卸校政，盡以私蓄、圖書、住宅捐贈校方，嘉惠學子。

元配陳季蘋，生子女六人。鑄秋善屬文，不肯多事著述，著有《社會學入門》。

原載：民國七十六年八月號《傳記文學》第五十一卷第二期

（行政院）第三任秘書長端木愷先生

東吳大學秘書室資料

端木愷先生，安徽當塗縣人，生於民前九年四月十八日，上海復旦大學文學士，東吳大學法學士，美國紐約大學法學博士。民國十七年，先生受母校聘，任復旦大學法學教授。十八年，出任安徽大學法學院院長，作育桑梓法學人才。旋復應中央大學聘，任法學教授。民國二十年，先生辭卸教聘，執業律師。民國二十二年，出任行政院參事。二十六年，任安徽省政府民政廳長。翌年返復旦大學任法學院院長，仍任行政院參事。三十年，任行政院會計長。三十一年，任國家總動員會議副秘書長，旋代理秘書長職務。三十三年，膺國民參政會參政員。三十六年，任立法委員。三十七年七月出任司法院秘書長，嗣調任行政院秘書長。三十八年受聘為總統府國策顧問，同時執業律師。五十八年，出任東吳大學校長。並任文化復興委員會委員及太平洋文化基金會董事長。嗣又兼光復大陸設計委員會委員。六十九年冬參加發起團結自強協會，當選為理事長。

先生早歲專研法律，並留學西洋，學貫中西，飽學深思。早年擔任教席，作育英才。嗣後許身從政，歷任政府要職，每受命於國步艱難之際，忠貞重節。其為人處事不計個人利害得失，堪作楷模者不勝枚舉。

先生一生只辭職而不求職。民國二十七年安徽省政府改組，雖主席再三惋留，先生仍辭民政廳長職。三十二年受先總統知遇及倚畀，委以國家總動員會議秘書長職，先生以該會兼管物價，關係國脈民命至鉅，謙辭不就，僅允以副秘書長身分暫代秘書長職務；三十八年卸任行政院秘書長後，政府發表先生出任行政法院院長，先生亦堅辭未就，均足反映先生謙沖忍讓，只辭職而不求職之風範。

先生高風亮節，自奉甚儉。其執業律師，受理案件，取捨嚴明，尤以辯才無礙著稱。執業期間，紓解冤屈，定紛止爭，兼及社會風氣之端正及法治精神之提昇。凡有涉外案件，無不以國家利益及尊嚴之維護為前提。

民國五十八年，先生於東吳大學人事青黃、倥傯之際，出長校務，先生擘劃經營，不遺餘力。就職以來，校務蒸蒸日上，先奉准恢復大學建制，下設文、理、法、商四學院，嗣增設夜間部及研究所，復排除萬難，籌措資金，在城中區興建大樓兩座，使東吳大學學生人數、學校基金、校園建築，以及圖書、儀器等設備，均年有增加，不僅嘉惠學子，抑且為國儲才。

先生遇事冷靜從容，待人寬和深厚，其為人也，望之儼然，而即之也溫。先生凡事重法紀、講效率，對部屬要求甚嚴，惟不忘通權達變，兼顧情理。對晚輩後進之栽培與提攜，更不遺餘力。晚近專注於教育事業，不計個人得失。先生老成謀國，高瞻遠矚，每於校務繁忙之餘，以校長名義或太平洋基金會董事長身分邀請歐美學術界人士及國會議員與助理來訪，對促進國際學術交流以及增進外籍人士對我國之瞭解與友誼，貢獻卓著。

原載：民國七十七年《端木鑄秋先生逝世周年紀念專輯》

Equitable Law Office: Dr. Joseph K. Twanmoh

EQUITABLE LAW OFFICE
2. 2ND FLOOR, LANE 27, LIN–YI STREET
TAIPEI, TAIWAN (REPUBLIC OF CHINA)
Telephone: 3218079, 3219723, 3519519
Cable Address: "Jekato Taipei"

General Practice. Patent and Trademark Law. Investment and Corporation Law. International Trade and Financing Law.

DR. JOSEPH K. TWANMOH, born Anhwei, China, 1903; admitted, 1932, Nanking, China; 1945, Supreme Court of Taiwan. Education: Fu-Tan University, Shanghai, China (B.A.); Soochow University, Shanghai, China (LL.B.); New York University, U.S.A.(J.S.D.). Counsellor, 1934–1937, 1938–1941, Comptroller, 1941–1942 and Secretary-General, 1948–1949, Executive Yuan. Civil Commissioner, Anhwei Provincial Government, 1937–1938. Deputy Secretary General, 1942–1943 and Acting Secretary-General, 1943–1945, National General Mobilization Council. Member, People's Political Council, 1945–1946. Member, Legislative Yuan, 1947–1948. Secretary-General, Judicial Yuan, 1948. Advisor to the Presidential Office, 1949–1952. President, Soochow University, 1969— . Member: Taipei Bar Association. Languages: Chinese, English and French.

（轉載自美國出版之 *Martindale-Hubbell International Law Directory*，介紹端正法律事務所。）

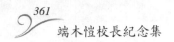

Who's who in ROC: Twanmoh, Joseph K.

TWANMOH, JOSEPH K. 端木愷

V. Chmn., PCRM 79–; Pres., Soochow U. 69–; Chmn., Bd. Trustees, Soochow U. 85–; Attorney-at-Law 49–; b. Anhwei Apr. 7, '03; *m.* Chen, Chi-ping; 3 *s.*, 3 *d.*, *educ.* BA, Futan U.; LL.B., Soochow U.; J.S.D., New York U.; Prof. of Public Law in Various U.; Counsl., Exec. Yuan 32–37; Civil Comr., Anhwei Prov. Govt. 37–38; Counsl., Exec. Yuan 38–41; Comptroller, Exec. Yuan 41–42; Acting Sec.–Gen., Nat. Gen. Mobilization Coun. 43–45; Mem., People's Pol. Coun.; Legal Practitioner 45–46; Mem., Legis. Yuan 47–48; Sec.–Gen., Jud. Yuan 48; Sec.–Gen., Exec. Yuan 48–49; Pres., Cent. Admin. Court 49; Adv. to the Pres. 49–52; Legal Practitioner 49–69. *Publ.: Introduction to Soc. Scs.* (in Ch.); Magazine Articles; *Add.* Soochow U., Waishuanghsi, Shihlin, Taipei.

（摘錄自 *The Republic of China 1986: A Reference Book*, Who's Who in ROC）

【端木愷（鑄秋）先生年譜簡編】

端木愷（鑄秋）先生年譜簡編

主編　余惠芬
編輯　黃淑暖

先生名愷，字鑄秋。父諱璜生，號漁濱，母唐（嗣徽）氏，弟悌，字鏡秋，大姊荘，二姊萱，三姊蒓。妻陳季蘋，子俊民，偉民，傑民，女儀民，倩民，儷民。

民國前九年（清光緒二十九年　公元一九〇三年）　一歲

四月十八日（陽曆五月十四日）　先生誕生於安徽省當塗縣。

先生尊翁漁濱先生，乃清末舉人。初以教讀為志。迨滿清朝政日敗，革命思潮方起，漁濱先生棄書從軍，參與革命大業，終日勞累奔波。因家無祖產，生活全靠母親唐太夫人，以手工女紅維持家庭生計。唐太夫人因持家有道，漁濱先生得以無後顧之憂，全心投入革命事業。太夫人慈母身兼嚴父，教育先生頗為嚴格。

民國前七年（清光緒三十一年　公元一九〇五年）　三歲

是年　先生尊翁漁濱先生加入中國同盟會。

案：孫中山先生於清光緒三十一年（一九〇五）六月十七日由歐洲抵日本橫濱。孫先生與留日之愛國份子議立聯合各方革命同志之革命統一組織。當月二十八日，孫中山先生在東京召開中國革命同盟會籌備會，孫先生被推舉為主席。會中議定此團體定名為「中國同盟會」，簡稱「同盟會」，以「驅逐韃虜、恢復中華、創立民國、平均地權」為誓詞。同年七月二十日下午二時，假東京赤坂區日人坂本金彌邸，舉行中國同盟會成立大會，通過同盟會章程，公推孫中山先生為總理，後創辦「民報」為機關報，海外各地分會亦相繼成立。同盟會成立後，一方面策動軍事上的起義活動，一方面加強革命的宣傳。革命成功，民國建立後，同盟會由秘密之排滿組織，轉為公開之政治活動團體。民國元年八月，改組為國民黨，同盟會遂告結束。

民國前二年（清宣統二年　公元一九一〇年）　八歲

是年　先生尊翁漁濱先生參與孫中山先生革命大業之舉，遭鄉人向清廷告密，消息走漏，危急全家生命安全。唐太夫人乃緊急將先生藏匿於稻草車中，交託親信將先生運出當塗縣城，輾轉抵達上海，後唐太夫人亦抵上海，母子會合。（參本紀念集：端木儀民、端木儷民〈我們的父親與祖母、母親〉）

民國元年（公元一九一二年）　十歲

是年　孫中山先生於一九一一年十二月二十九日當選中華民國臨時政府首任大總統，是年元旦於南京宣誓就職。先生尊翁漁濱先生於是年任國民革命軍第一軍參謀長，兼第一旅旅長，戍衛京畿浦口、采石之間。

弟悌生於上海。

民國二年（公元一九一三年）　十一歲

是年　二次革命討袁失敗，先生隨親人遷徙於京滬等地。初入英籍教士所創麥倫書院。

案：民國元年二月十二日，清帝宣布退位，臨時首任大總統　國父孫中山先生隨即辭職，二月十五日，臨時參議院選袁世凱為第二任大總統，政府遷至北京，袁氏於該年三月八日在北京宣誓就職。民國二年，時全國大選，由同盟會改組之國民黨在國會參、眾兩院議席中大獲勝利。袁氏擔心不利於己，乃於三月二十日買兇刺殺國民黨代理理事長宋教仁。孫中山先生時於日本考察，聞訊急速返滬，主張立即起兵討袁，因黨內同志有異議而作罷。袁氏又於該年五月，違法向五國銀行大舉外債，以備誅除異己。國父再謀起兵討袁。七月討袁軍興，各地相繼響應，短短兩個月即告失敗，是謂「二次革命」。因民國二年歲癸丑，故亦稱「癸丑之役」。

民國八年（公元一九一九年）　十七歲

是年　五四運動起，學潮擴至上海，先生參與學生運動，屢為學校代表，奔走呼應，被迫退學，轉入澄衷中學。

案：民國八年五月四日，以北京大學學生為首，領導全國知識青年，發起了一個影響頗鉅的運動。當時第一次世界大戰剛結束，二十一個協約國於民國八年一月十八日起，在法國巴黎召開和會。中國亦為對德宣戰的協約國之一，北京政府乃派陸徵祥等五人組成全權代表團出席巴黎和會。會中日本要求繼承德國在山東的特權，英、法等國與日本密約在先，美國復無法主持正義，竟明白規定於對德合約之中。消息傳回國內，群情激憤，奔走相告，無不歸咎於民國七年「膠濟換文」中有「欣然同意」字樣。與換文有關之前後任駐日公使陸宗輿、章宗祥及曾向日本洽訂「西原借款」的交通總長曹汝霖等人備受輿論指責。五月四日北京各校學生約四千餘人在天安門廣場，舉行示威大會，散發傳單，手持「誓死爭青島」、「賣國賊曹陸章」等標語，高呼「還我山東」、「內除國賊，外抗強權」等口號。受到北京學生愛國情操的感召，全國各地學生紛紛響應抗議活動，上海工商界、南京、天津、福州及長江沿岸各市，自六月五日起相繼罷工、罷市。強大的輿論壓力，迫使北京政府釋放被捕的學生，曹、陸、章三人辭職，巴黎和會代表團在六月二十八日，逕自決定拒絕在對德合約上簽字，並向政府提出總辭職。五四運動雖然是一場政治衝突，但其所引發的新思潮對現代中國的影響卻是意義重大的。

民國九年（公元一九二〇年）　十八歲

六月　入復旦大學攻讀中文，後轉讀政治，於民國十四年七月獲文學士學位(B.A.)。

民國十一年（公元一九二二年）　二十歲

六月　入東吳大學攻讀法律，於民國十四年七月獲法學士學位(LLB.)。

是年　先生與陳季蘋女士在上海結婚。季蘋女士生於民國前七年（一九〇五）農曆十月二十八日，為安徽石埭人士。

民國十二年（公元一九二三年）　二十一歲

是年　加入中國國民黨。

民國十四年（公元一九二五年）　二十三歲

八月　赴美國哥倫比亞大學修讀，抵美後因財務困窘，於次年九月改入紐約大學。先生在美求學期間，為籌措生活及學費，曾做碼頭勞工，後因受傷乃經友人介紹擔任華爾道夫旅館茶房領班(Head Waiter)。

是年　長子端木俊民在上海出生。

民國十六年（公元一九二七年）　二十五歲
六月　獲紐約大學法學博士學位(J.S.D.)。
民國十七年（公元一九二八年）　二十六歲
是年　應程天放先生（時任中央軍官團政治總教官）之邀，任國民革命軍軍官團政治教官。
民國十八年（公元一九二九年）　二十七歲
是年　程天放先生任安徽省教育廳廳長，邀先生任秘書兼科長。
程天放先生轉任安徽大學校長，邀先生任安徽大學法學院院長。
任中央政校、中央大學、復旦大學、東吳大學等教授，教授公法。
次子偉民在上海出生。
民國十九年（公元一九三〇年）　二十八歲
八月　任農礦部祕書。
民國二十年（公元一九三一年）　二十九歲
六月　辭農礦部秘書。
是年　任中央政治會議特務祕書。
執律師業於首都南京。

民國二十一年（公元一九三二年）　三十歲

三月　南京市政會議議決，國難時期，房租一律對折，由市政府警察廳警備司令部布告周知。乃有十五區部份房主反對。先生以房客聯合會顧問身分，從法律的角度談房租減免問題。先生認為，南京為警備區域，故設警備司令部，值此緊急時期，社會經濟困難，物價房租倘不限制，市內秩序豈能無虞。軍人不干預政事，係平時原則，遇有緊急需要，宣布戒嚴，人民之基本自由尚得取締，遑論其他。

民國二十二年（公元一九三三年）　三十一歲

七月　受聘擔行政院參事至三十年五月。

是年　長女儀民在上海出生。全家由上海遷居南京。

民國二十四年（公元一九三五年）　三十三歲

十二月二十五日　先生時任行政院參事，是日晚間與南京憲兵司令谷正倫乘車赴崑山等地，勸慰上海赴南京請願學生返滬。自北平學生發生請願事件以後，各地紛起響應，一片愛國熱忱，頗博一般同情，惟有人竟乘機紛起圖謀不軌，京、滬、漢各警備司令部屢次查獲反動傳單、標語。國民政府據報後，以治安可虞，除明令京、滬、漢三地宣布戒嚴外，一面並令軍事委員會，轉令三地警備司令部，自當月二十六日上午一時起切實執行戒嚴命令。

【國民政府戒嚴令】

疊據淞滬警備司令、南京警備司令、武漢警備司令等呈報，自北平學生請願事件發生以來，竟有奸徒乘機紛起，圖謀煽亂，以致人心浮動，治安可虞，亟應令行軍事委員會於必要地區，宣佈戒嚴，以維秩序，仰即知照，此令。

受到北平學生的感召，上海數千名學生於二十五日，分乘兩列車陸續抵崑山，準備向中央請願。其中搭乘第二列車之同濟職校及同濟大學學生六百餘人，經教育局長潘公展、教育部特派乘飛機來滬之秘書馬宗榮、教育局科長蔣建白、市黨部教育局職員十餘人及縣長彭百川開誠勸戒，並應允將學生六項請願，轉呈中央採納：一、反對華北偽自治；二、維護領土完整；三、取締修改華北課本；四、懲辦壓迫學生愛國運動者；五、撫卹華北受傷同學；六、討伐殷逆汝耕等。同濟職校學生頗為動容乃決定返校。後同濟大學校長、教授及家長陸續抵崑山共同勸慰，大學部學生亦決議全體返校。搭乘第一列車之復旦等校學生二千餘人是日抵崑後並未停止，繼續前進過蘇州於次（二十六）日抵無錫。先生與谷正倫司令於二十五日晚間十時二十分乘車趕往懇切勸導。終於在二十七日，學生一致贊同允諾回滬。二十八日京滬、滬杭兩路列車恢復原狀，上海各大學已恢復上課秩序。整起學生請願事件圓滿落幕。先生於二十八日晨乘車返京向行政院報告解決經過。據先生向記者表示，此次上海來京請願學生經剴切開導，對政府維護學生真正愛國運動已深切明瞭，故一致贊成返校復課。政府相關人員一路尾隨學生苦心勸導，隨行的少數憲兵，均係徒手並未攜帶任何武器。處理過程完全用和平手段，此為學生感動願意回校的原因。

是年　三子傑民在南京出生。

民國二十五年（公元一九三六年）　三十四歲

七月　政府籌開制憲國民大會，命內政部長蔣作賓兼任選舉籌備委員會主任委員，先生奉派擔任國民大會代表選舉總事務所第三組組長，洪蘭友為第一組組長，張道藩兼第二組組長，策訂選舉規程。

九月　印行〈法理學〉，收錄在《社會科學大綱》一書中，由黎明出版社印行，初版年月待考，當月印行四版。

民國二十六年（公元一九三七年）　三十五歲

五月十五日　先生以國民大會代表選舉總事務所第三組組長身分，陪同內政部長蔣作賓北上視察。視察範圍以華北各省市為限，視察事項除一般的內政狀況外，亦包括對各地辦理國民大會代表選舉情形之考查。同行人員還有內政部民政司長蔡培、科長孫軼塵。

七月　蔣作賓先生出長安徽省政，邀先生任安徽省民政廳廳長。

是年　次女倩民在南京出生。

民國二十八年（公元一九三九年）　三十七歲

是年　父漁濱先生逝世於重慶歌樂山。

民國二十九年（公元一九四〇年）　三十八歲

九月　任行政院政務巡視團川滇黔主委。

民國三十年（公元一九四一年）　三十九歲

五月三十日　行政院會計長胡邁調任湖南省政府財政廳長，遺缺由先生（時任行政院參事）暫代。

民國三十一年（公元一九四二年）　四十歲

四月　國家總動員會議成立，先生受命擔任副秘書長。

案：抗戰期間，國民政府為集中運用全國之人力、物力，加強國防力量，貫徹抗戰目的，制訂「國家總動員法」，於民國三十一年三月二十九日明令公布，五月五日實施。同時，國民政府為綜理推動國家總動員，四月二十五日，頒行「國家總動員會議組織大綱」，在行政院內設置「國家總動員會議」，策劃國家總動員有關人力、物力、財力之統制運用，並推動其業務；審查行政院所屬各主管機關國家總動員有關方案計畫與法令；協調行政院所屬各主管機關國家總動員工作之執行並考核其成績；聯繫非行政院所屬各機關國家總動員有關之工作。

十一月　任中國興業公司總稽核。（參本紀念集：周聯華〈終身的上司——端木先生〉）

是年　三女儷民在重慶出生。

民國三十二年（公元一九四三年）　四十一歲

十二月十四　行政院召開第六四一次會議。國家總動員會議祕書長沈鴻烈辭職，遺缺由先生代理。

民國三十三年（公元一九四四年）　四十二歲

一月六日　先生就國家總動員會議之業務範圍與工作性質發表書面談話：

蔣主席在三十一年十中全會，訓示加強管制物價之決心，頒行管制物價方案，並將整個決策之責，托付本會議，以農林部沈部長兼任本會議秘書長。自三十二年一月以來，沈先生南北奔馳，晨夕劃籌，席不暇暖，備極艱勞。所有管制物價及其他動員業務之推行，乃見規模。去秋沈先生積勞致疾，且以農林部職務紛繁，難於兼顧，堅請辭去。本會議秘書長兼職，中央以一時未能物色得適當繼任人選，派本人暫為代理。本人深知才力不足，難膺重寄，祇以情勢所關，義惟服從。

今日所需首為說明者，厥為總動員業務範圍與國家總動員會議之工作性質。顧名思義，國家總動員會議之業務範圍甚廣，舉凡戰時國家總動員事項，無所不包，而其工作性質則在行政院統屬之下，從事計畫聯繫等工作，期以增強戰時各部會間，有關戰時事項之效能。會議本身並無直接行動之職權。職是之故，對於一切工作之進行，固不能視為一承轉機關，亦不能視為有莫大之執行力量。但動員業務推動之責，應由本會議負之。

其次，外間一般看法，以為管制物價為本會議之中心工作。其實動員業務所包者廣，無論人力物力財力等之動員事項，凡有利於抗戰軍事者，全在工作範圍以內。管制物價一事，祇為其中之一個重要部門。就物價管制問題而言，中國雖有若干條件不若工業國家之具備，但於適合國情之條件下，吾人應講求適當之方法，以謀物價之合理解決。

今年元旦開國紀念會上， 蔣主席訓示，今年須加強國家總動員工作，用意蓋在加強整個動員業務，而非放鬆物價管制。至於穩定物價之因素，固甚眾多，但其主要者，為求供需之適應。嗣後努力方向，當仍著重於把握物資，便利運輸及增加生產。此外，另一個因素要求吾人重視者，即厲行節約是，戰時節約是穩定物價之規律。切望國人體認此規律，在各個崗位上厲行節約，成為今年穩定物價之主流。

三月二十日　應中央銀行經濟研究院之請，以「當前物價管理問題」為題，發表演說。

三月二十四日　出席中宣部第十一次記者招待會。記者會由梁寒操部長主持。會中先生以國家總動員會議代理秘書長身分報告物價近況，對當時物價波動真象暨政府決心管制物價，取締黑市情形，說明甚詳。梁部長亦請新聞界本宣傳即教育之義，對擾亂物價者，口誅筆伐以輿論制裁，協助政府貫徹法令。

五月五日　以國家總動員會議代秘書長身分獲頒三等景星勳章。

十一月　國家總動員會議為加強西北各省動員業務之聯繫，派先生飛蘭州，轉赴西北各地視察。

民國三十四年（公元一九四五年）　四十三歲

四月二十三日　獲選為第四屆國民參政會參政員。

案：國民參政會是抗戰時期最高的民意機構，係依據抗戰建國綱領而設立。民國二十七年七月六日在漢口揭幕。民國三十七中華民國憲法已制定，三十七年三月二十九日舉行第一屆國民大會，實施憲政，國民參政會之任務於是年三月二十八日結束。國民參政會十年間歷經四屆，共舉行大會十三次。除第一屆第一次大會於漢口、第四屆第三次大會於南京外，其餘十一次大會均於重慶召開。參政員名額自二百人增至三百六十二人。參政員之產生，經中央選定者，逐漸由各省市議會選舉。先生之獲選係依據國民參政會組織條例第三條丁項「由曾在各種重要文化團體或經濟團體服務三年以上，著有信望，或努力國事、信望久著之人員中，遴選七十五名。」參政員之職權，原為審議政府對內對外之重要施政方針，提出建議案，聽取政府施政報告及向政府提出詢問案，復增審議國家總預算之權，並得組織調查委員會，調查政府委託考察事項。

是年　抗戰勝利後先生辭官職，先加入重慶律師公會，重執律師業；後返回上海加入上海律師公會，續執律師業（端正法律事務所 Equitable Law Office）至民國三十六年。（參本紀念集：王善祥〈端木鑄秋先生的律師事業〉）

民國三十五年（公元一九四六年）　四十四歲

十一月　制憲國民大會於當月十五日於南京國民大會堂開幕。先生以中國國民黨直接遴選代表身分出席。先生接受記者詢問，答覆有關新修正憲草與五五憲草根本不同之點何在。先生答稱：「五五憲草中中央政制係採用一種集權的總統制，而新修正憲草則採用一種總統制與內閣制之折衷制。」記者詢問到，蔣（中正）主席在日前提出憲草時演說中，對此點所持態度為何？先生答稱：「蔣主席很堅定地支持新修正憲草，其主要理由為，中國大多數人民尚無行使政權之能力與習慣，如總統權力過分集中，必致形成極權政治，將有害於國家民族。」

案：民國二十五年五月五日，國民政府明令公布憲法草案，作為制憲之參考，是為「五五憲草」。憲草公布後，中國國民黨於民國二十六年二月舉行的五屆三中全會，曾決定同年十一月召集國民大會，制訂憲法，還政於民。但因對日全面抗戰發生，未能如期舉行。民國二十八年五屆六中全會，決定於翌年十一月舉行國民大會，復因戰事擴大，未獲實現。民國三十二年，五屆十一中全會又決議「於戰爭結束一年內召開國民大會」。三十四年五月，中國國民黨六次全國代表大會舉行期間，通過國民大會集會時間為同年十一月十二日，後因政治協商及共產黨藉故阻撓，會期又遭延宕。民國三十五年十一月十五日，制憲國民大會終於在南京國民大會堂隆重開幕。除共產黨及「民主同盟」代表拒絕到會外，先後報到出席者包括中國國民黨、青年黨、民社黨及無黨派人士，共一千五百餘人。大會至十二月二十五日閉幕。會中三讀通過「中華民國憲法草案」，並決議以民國三十六年十二月二十五日，為憲法施行日期。

是年

全家由夫人帶領，自重慶返回上海定居（先生已先於三十四年抗戰勝利後，隻身返回上海）。

民國三十六年（公元一九四七年）　四十五歲

八月四日

汪精衛妻陳璧君於江蘇吳門獅子口獄中，手抄汪精衛生前著作《雙照樓詩詞藳》，贈予先生，以感念先生免費為其子、婿辯護，終獲無罪開釋。（參本紀念集：忍寒居士《雙照樓詩詞藳》題記）。

案：日本為遂行其以華制華、滅亡中國之陰謀，民國二十六年十二月十四日促使在北平成立偽「中華民國臨時政府」；二十七年三月二十八日又在南京製造偽「中華民國維新政府」。汪精衛（本名汪兆銘，字季恂，又書季新，號精衛，清光緒九年三月二十八日生於廣州）於同年獲中國國民黨臨時全國代表大會推為副總裁；七月，任國民參政會議長。十二月十八日，汪氏自重慶飛往昆明，轉往河內，二十九日發表「豔電」，主張對日求和。二十八年五月，自河內潛抵上海。二十九年元月，汪與「臨時」、「維新」兩偽政府及「蒙古」代表在青島舉行聯席會議，三月三十日，以「國民政府還都」名義，在南京成立「國民政府」。「臨時」、「維新」南北兩偽政府宣布結束。三十三年三月三日，汪氏因病赴日就醫，十一月十日，病死名古屋，年六十二。三十四年八月，日本投降，汪偽政權瓦解，其妻陳璧君（字冰如，廣東新會人，清光緒十七年生）在廣州被捕。三十五年三月二十八日，以漢奸罪起訴，後被判無期徒刑，在蘇州獅子橋江蘇第三監獄執行。大陸淪陷後，陳璧君因拒寫悔過書，未獲釋放。四十八年六月十七日死於獄中，年六十九。

八月二十六日　行政院召開第十八次會議。會中通過，糧食部政務次長龐松舟，另有任用，應予免職。任命先生為糧食部政務次長。

暑　七八月間，赴台灣作客，好友徐道鄰先生（時任台灣省政府秘書長），到基隆港迎接先生。該次旅程先生由北而南，沿路遊覽，直達高雄。本預備隨同省主席魏伯聰先生前往花蓮，因南京來電，請先生晉京一行，遂提前結束台灣之旅。

民國三十七年（公元一九四八年）　四十六歲

五月八日　先生代表律師公會當選第一屆立法委員，是日於南京就職，並於第一會期中參加法治委員會。

七月一日　王寵惠先生任司法院院長，先生受命擔任秘書長。

十月二十六日　國民黨中央黨部舉行紀念週會。先生以司法院祕書長身分於會中報告行憲後司法院工作概況。

十二月二十三日　孫哲生先生就任行政院院長，邀先生擔任行政院秘書長。

民國三十八年（公元一九四九年）　四十七歲

一月至三月　關內外及長江以北之名城重鎮，均被共軍攻陷，戰局已趨逆轉。孫揆力持和平談判，遭中共拒絕。先總統蔣公於該年一月二十一日宣布引退，由副總統李宗仁代行總統職權。二月初，政府南遷廣州，三月十二日，孫哲生先生辭行政院院長職，先生亦隨孫先生離去。

四月　向中央婉辭新任行政法院院長一職。先生認為國步日艱，政府正力謀緊縮之際，倘將行政法院裁撤，併入最高法院，當可達到司法當局簡化機構之目的。

八月　受聘擔任中國國民黨總裁辦公室設計委員。

八月至十一月　任財政部政務次長。

是年　先生隨政府遷台，定居台北市銅山街二十號，並於是年加入台北律師公會，重執律師業（端正法律事務所 Equitable Law Office）。

民國三十九年（公元一九五〇年）　四十八歲

二月一日　應台灣糖業股份有限公司之聘，擔任該公司常年法律顧問。

三月三十一日　受聘擔任總統府國策顧問。

九月一日　應中華書局之聘，擔任該書局常年法律顧問。

是年　受命協助處理中國航空及中央航空兩公司飛機滯港事件。（參本紀念集：李文儀〈留正氣給天地，遺

清名於乾坤——端木愷校長的律師風範〉）

民國四十年（公元一九五一年）　四十九歲

一月十日　應台元紡織有限公司之聘，擔任該公司常年法律顧問。

一月二十四日　應中國航運股份有限公司之聘，擔任該公司常年法律顧問。

一月　受聘擔任行政院設計委員會委員。（參本紀念集：郭驥〈道範長存〉）

三月　下旬，先生因中央航空公司飛機產權糾紛案，赴香港與來自英國倫敦大律師蒙克頓爵士（Sir Walter Monckton）會商法律問題。先生趁便先後會晤當地政府、文化及工商界人士三十餘人，以瞭解香港當時的政治情勢。先生返國後於是年四月十日，將赴港觀察所得及具體建議，以書面報告上呈中國國民黨蔣中正總裁。（參本紀念集：〈呈蔣中正總裁在港所得觀感並附具芻議〉）

四月　應台灣造船有限公司之聘，擔任該公司常年法律顧問。

五月一日　應招商局輪船股份有限公司之聘，擔任該公司常年法律顧問。

五月八日　應中央信託局之聘，擔任該局常年法律顧問。

七月二十四日　應復興航業公司之聘，擔任該公司常年法律顧問。

十二月　受聘擔任台南工學院王姓院長被控妨害風化及幫助自殺案之辯護律師（參本紀念集：李文儀〈留正氣給天地，遺清名於乾坤——端木愷校長的律師風範〉）

民國四十一年（公元一九五二年）　五十歲

三月十三日　應國防部軍事工程委員會之聘，擔任該委員會常年法律顧問。

六月七日　應瑞三金煤礦公司之聘，擔任該公司常年法律顧問。

民國四十二年（公元一九五三年）　五十一歲

一月　對於外傳司法行政部部長林彬倦勤，政府有意請先生出長司法行政部之說，先生予以否認。先生表示：「我根本不知道有這回事，現在也無意離開原來的職務—自由職業。而且我目前經辦的好幾個案子還沒有了，假使做了司法行政部部長，這些案子無論是勝是負，我都有嫌疑。可見做別的事我還可以，做司法行政部部長，對於我是不便的。」

六月十九日　應大同製鋼機械股份有限公司之聘，擔任該公司常年法律顧問。

七月一日　應遠東紡織股份有限公司之聘，擔任該公司常年法律顧問。

八月四日　應經濟部台灣鋁廠之聘，擔任該廠常年法律顧問。

十月一日　應聯合勤務總司令部之聘，擔任該部常年法律顧問。

十一月　因「兩航事件」若干誤解，遭蔣中正總裁開除中國國民黨黨籍。（參本紀念集：端木偉民〈追述先父交游〉、端木儀民〈春暉永難報　世紀憶親恩——父親木愷先生百歲冥誕　憶家居生活之點滴〉）。

民國四十三年（公元一九五四年）　五十二歲

二月五日　應中央銀行之聘，擔任該行法律顧問。

三月十七日　應中華醫學會之聘，擔任該會常年法律顧問。

八月二十一日　出席東吳大學董事會第一屆第一次會議。會中推舉東吳大學董事會召集人王寵惠為董事長。選聘董事陳霆銳為東吳大學法學院院長。先生於會中提請訂定學校名稱乙案，經決議定為「私立東吳大學法學院」。該次會議並推選先生及江一平、張慶楨、施季言、邱漢平等五位董事為東吳大學董事會章程起草委員會委員。

案：東吳大學於公元一九〇〇年創校於蘇州，民國四年（一九一五）在上海設立法學院。民國三十八年秋大陸易幟，國民政府遷台。東吳大學在台校友倡議復校，四十年籌組董事會，於台北市漢口街借屋設東吳補習學校，設法政、商業會計及英文三科，另設比較法律一科，限大學肄業二年者報考。四十三年教育部以東吳補習學校辦學績效卓著，核准先行成立東吳大學恢復法學院，設法律、政治、經濟、會計四系並附設外國語文學系，為台灣第一所私立大學。

是年　擔任中國大陸災胞救濟總會第四屆理事。

案：中國大陸災胞救濟總會，簡稱「救總」，現已更名為「中華救助總會」。該會成立於民國三十九年四月四日。初期以救助大陸來台、逃抵港澳或海外地區之同胞為主，並以民間團體身分協助政府從事中南半島、泰北難胞和國際難民之救助。至兩岸開放交流，「救總」亦依勢轉型，先後於八十年及八十九年更名為「中國災胞救助總會」及「中華救助總會」，仍秉持中國人幫助中國人的信念，擴大對全世界華人的關懷與協助。先生自該年起擔任該會理事至七十六年（第二十二屆）病逝止。

民國四十四年（公元一九五五年）　五十三歲

一月三十一日　出席東吳大學第一屆董事會第二次會議。該次會議議案之一為討論新校舍建築事宜，會中決議：

一、關於漢口街校舍，請屋主將有關契據送交財務委員會審核。付款辦法則公推先生、查良鑑、張慶楨、伍守恭、江一平等董事共同商討。

二、關於新校舍興建部份，請法學院儘速察勘適當空地後召開臨時董事會討論。

二月十四日　東吳大學第一屆董事會舉行第一次臨時會議。先生函辭財務委員會委員，經董事會決議慰留。

六月六日　代理主持東吳大學法學院董事會第八次臨時會議。討論校舍建築基地、招生政策、裁員減政、制訂法學院組織規程及確立人事制度案。有關濱江路基地建築校舍乙案，經評估後決定不宜建校。另，陽明山管理局函校方，關於外雙溪基地以該局另有他用不擬出租，會中推選先生、江一平及張慶楨三位董事繼續向該局商洽。

七月二十日　出席東吳大學第一屆董事會第九次臨時會議，先生被推舉為臨時主席。會中討論議案之一，有關濱江路校地已經董事會議決不擬建校在案，其善後問題請先生（時任東吳大學董事會校舍建築委員會法律顧問）辦理。

九月七日　東吳大學董事會舉行第一屆第十一次臨時會議，會中推舉吳守餘為臨時主席。有關先生、王寵惠（董事長）、邱漢平、俞國堯及江一平等董事函辭董事案，決議請董事黃安素會同董事長王寵惠進行董事會改組事宜。

是年　擔任世界新聞職業學校發起人。

案：世新大學創辦人成舍我，邀集先生及于右任、黃少谷、林柏壽等新聞界碩宿與社會名流十九人，為世界新聞職業學校發起人。是年召開第一次發起人會議，由于右任擔任主席。創校計畫為先創辦世界新聞職業學校。該校後改為專科學校，復於民國八十六年八月起，升格為世新大學。先生自四十六年起擔任該校董事至七十六年逝世止。

民國四十五年（公元一九五六年）　五十四歲

是年　母唐太夫人逝世於台北。

中國國民黨黨部奉諭將先生黨證送回銅山街二十號家中，送三次，先生退回三次。後蒙蔣中正總裁

召見，總裁親自交回黨證，先生又恢復中國國民黨黨籍。（參本紀念集：端木偉民〈追述先父交游〉）

民國四十六年（公元一九五七年）　五十五歲

五月十六日　東吳大學董事會舉行第八次會議。會中討論議案之一為組織學程研究委員會，決議聘請先生、浦薛鳳、伍守恭、慕爾 (Arthur J. Moore)、黃安素 (Ralph A. Ward) 為委員，並請慕爾先生為召集人。

十一月九日　出席東吳大學董事會第十一次會議。會中討論東吳大學法學院法律系甲組擬自四十六學年度起改為五年制，將來不再開設乙組班級案，決議請先生、浦薛鳳、查良鑑、石超庸及慕爾 (Arthur J. Moore) 五人組成委員會予以研究。另有關如何接收前上海東吳同學會捐款美金三萬一千餘元乙案，推舉黃仁霖及黃安素兩位常務董事、先生及施邦瑞兩位董事與東吳大學法學院石超庸院長為董事會代表，辦理簽約事宜。

民國四十七年（公元一九五八年）　五十六歲

三月二十二日　出席東吳大學董事會第十二次會議。會中決議通過推選先生及查良鑑為董事。有關董事張岳軍辭職案，決議推請常務董事黃仁霖及先生等五位董事當面挽留。會中並全體通過推選董事張群繼任董事長。另，董事會在美國募款，請准以自備外匯方式進口車輛乙案，決議原則通過並推請先生及洪紳等五位董事組織委員會研討之。

六月一日　應福樂奶品股份有限公司之聘，擔任該公司常年法律顧問。

民國四十八年（公元一九五九年）　五十七歲

三月十一日　出席東吳大學董事會第十四次會議。本次會議中決議加聘先生、查良鑑及慕爾 (Arthur J. Moore) 三位董事為董事會執行小組委員會委員。

案：東吳大學董事會於四十四年九月二十六日會議中，決議組織執行小組。該小組由董事會授權研討並執行董事會交付之議案。

五月八日　出席東吳大學董事會第二十八次執行小組會議。討論議案之一為興建黃安素會督紀念堂。會中決議組織委員會，請先生、董事查良鑑、施邦瑞、慕爾 (Arthur J. Moore) 及法學院石超庸院長擔任委員。

案：黃安素會督 (Bishop Ralph A. Ward) 原屬美以美會 (The Methodist Episcopal Church, North)，民國前三年（一九〇九）受派前往中國擔任宣教士，二次大戰後工作於港台間，為台港臨時年議會首任會督。在華服務中華基督教衛理公會達五十年。民國四十一年起擔任東吳大學董事，四十四年至四十七年任副董事長（常務董事）。四十七年病逝於香港。黃會督深受東吳校友推動在台復校之努力而感動，於是到處奔走為東吳勸募，更不遺餘力地推動東吳與衛理公會恢復固有關係。東吳大學為感念其對東吳的貢獻，乃於校園內興建黃安素紀念堂，該建築物於五十三年秋完工啟用。

十月　參加東吳大學女生第一宿舍破土典禮。

民國四十九年（公元一九六〇年）　五十八歲

一月六日　出席東吳大學董事會第三十二次執行小組會議。會中請施季言先生報告（外雙溪校區）購地、贈地案，決議請先生及董事洪紳協助施先生，準備購地及贈地各案件詳細說明書，寄衛理公會世界差會。

十一月十六日　應復興木業股份有限公司之聘，擔任該公司常年法律顧問。

民國五十年（公元一九六一年）　五十九歲

二月一日　應中國水泥股份有限公司之聘，擔任該公司常年法律顧問。

二月二十六日　至台大醫院簽名探望中央研究院院長胡適博士病況。

四月二日　應國立故宮中央博物院聯合管理處之聘，擔任該處常年法律顧問。

四月六日　安徽籍監察委員陳訪先七十壽慶，先生與皖籍同鄉許世英、金維繫、凌鐵庵、黃伯度、楊繼曾、楊亮功、邵華、劉啟瑞、劉真、史尚寬等共同發起在台北市中山堂保壘廳舉行慶賀茶會。

七月十八日　蔣夢麟博士續弦與徐賢樂女士締婚，先生應邀擔任證婚人。

七月三十一日　出席東吳大學董事會第四十二次執行小組會議。會中決議學校為便於管理，遷移士林。至於漢口街房屋，決議於是年九月交還屋主，並請先生、董事聶樹德 (Edward K. Knettler) 及施季言三人負責與屋主接洽交還事宜。

八月二十二日　中國石油公司與美商莫比、亞來公司合資籌建尿素廠，雙方於是日簽約。先生為莫比公司委任律師。簽約儀式由中國石油公司總經理金開英與莫比公司及亞來公司負責人共同主持。

十月三十一日　出席東吳大學董事會第十六次會議。會中衛理公會世界差會海外宣道部鍾斯 (Tracey K. Jones, Jr.) 執行秘書提議，東吳大學應訂定十年發展計畫，各董事對此均表示看法，先生認為衛理公會所支持之大學只有東吳大學在台復校，高等教育在台灣已日漸受到重視，應迅速擴充學校規模。

十月　應東海大學校長吳德耀之聘，任該校辯護律師。

案：吳校長遭該校附小教員蕭育汾以吳令將其所住寓所之水電截斷，逼令遷居，不守續聘信約並觸犯刑法第三〇四條「防害他人行使權力」之罪，向台中地方法院提出控告。

十一月八日　應東海大學校長吳德耀之聘，為該校技工孫永林控告妨害自由及偽造文書一案之辯護律師。是日出庭辯護。

十一月　大雪山林業公司改組，先生應聘擔任監察人。

十二月十六日　中央日報社長曹聖芬等遭台北縣私立大同育幼院院長許英控告誹謗。先生受該社之聘擔任辯護律師，是日召開第一次調查庭。

案：中央日報因報導台北縣私立大同育幼院董事長兼院長許英，虐待院童，管理不當情形，促請有關單位注意改善之新聞，遭許氏控告誹謗。

民國五十一年（公元一九六二年）　六十歲

二月十九日　參加在台國民參政會參政員暨參政會職員元宵茶敘。除為新春聯歡外，並商討中華民國參政史編纂事宜。是日參加茶會者共五十餘人，公推李鴻文擔任主席。先生與前參政員王雲五、王世杰等相繼發言，就參政史編纂的內容原則、進行步驟及經費籌劃等提出意見。經討論公推先生、王雲五、王世杰及陶百川等四人負責會同該會聯絡人吳望伋、錢用和、唐國楨、張邦珍等向國史館及中央研究院接洽編纂。

三月十日　反共藝人李湘芬之夫，全科醫師吳必彰自殺案，涉及與中央銀行稽核科主任黃厚鏞之財務糾紛，雙方延請先生及富伯平兩位律師兼會計師居中作證及重新核算後，是日達成合解。

三月二十二日　由中國石油公司與美商合資興建之尿素廠，定名為慕華聯合化學工業股份有限公司。各股東公司分別派定法定代表人為發起人代表，組成發起人會議。先生為美方莫比化學投資公司代表。是日假中國石油公司會議室舉行發起人會議。

四月二日　出席東吳大學董事會第十七次會議。會議中討論董事會組織規程及董事任期問題。先生提出二點建議：一為組織小組研究董事會組織規程；二為重選董事並不限制重任。會議決議組織小組研究董事會規程，並請查良鑑、浦薛鳳、聶樹德 (Edward K. Knettler) 三位董事進行研究。

五月　應中國小姐選拔委員會之聘，擔任法律顧問，替該屆中國小姐當選人證明當選有效。

六月十六日　出席東吳大學董事會第四十五次執行小組會議。會中就東吳大學法學院準備擴充為大學，尚需二個學院，討論應設何種學院。先生建議可設哲學系包括宗教隸屬文學院，董事浦薛鳳則建議可設一個文理學院，以符合教育部原則。最後決議該案交由校方先行研究再報告董事會決定。另會議中並請先生先行研究士林鎮公所撥用之土地簽約案。

八月二十四日　立法委員劉明朝涉嫌於附征國防臨時特捐公布以前洩露機密。先生應劉氏之聘，擔任辯護律師。是日在嘉義地方法院開庭辯論。

八月　東海大學為台中市政府撥贈該校建校用地，該處部分居民未依法接受市政府賠償，佔不遷讓乙案，聘先生擔任該校董事會之法律顧問。

十月八日　奉派擔任台灣銀行監察人。

十一月十四日　出席東吳大學董事會臨時會議。先生提案討論董事會施行細則草案，獲決議通過，並請先生將前言部分翻譯成英文版本。

十一月二十九日　出席東吳大學董事會第十八次會議，先生當選為常務董事。

十二月三日　前陝西省政府主席祝紹周將軍七秩壽慶，先生親至周府祝賀。

民國五十二年（公元一九六三年）　六十一歲

三月二十九日　出席東吳大學董事會臨時會議。先生當選副董事長（常務董事）。會中就洪紳董事提山辭職案，決議通過慰留並請先生及董事戴蓀 (Joseph W. Dyson) 代表前往致意。有關學校土地案，請先生及董事查良鑑洽請國有財產局廉讓東吳大學土地二筆（需款七十萬元）。該次會議並推選董事會執行小組委員，通過先生、查良鑑、黃貝介德（Katherine Ward）、浦薛鳳、洪紳、聶樹德（Edward K. Knettler）、李駿保等董事為委員，戴蓀董事為候補委員。

七月　應中華航空股份有限公司之聘，擔任該公司常年法律顧問。

九月二日　台北市報業新聞評議委員會成立，先生應聘擔任評議委員。

案：該評議會由台北市報業公會成立，共聘請七位國內新聞界先進、新聞學者及法律專家，擔任評議委員。七位評議委員除先生外還包括蕭同茲、黃少谷、成舍我、陶百川、阮毅成及程滄波。評議委員的兩項任務：一、提高新聞道德標準，委託新聞研究機構，定期做專題研究，其所提報告，經該會審議核定，印發台北市報業公會各會員報；二、受理新聞、評論所涉及之當事人及社會各方人士之陳訴及檢舉，經調查、聽證後予以裁定。

是年　擔任私立衛理女子高級中學董事至七十六年逝世止。

民國五十三年（公元一九六四年）　六十二歲

一月二十三日　纏訟經年的蔣夢麟博士與其妻徐賢樂婚變案，經先生與陶希聖先生居中調解，終於是日上午雙方協議離婚。

五月二十四日　國際關係研究所董事長兼主任，蘇俄問題專家卜道明，因癌症病逝，先生擔任治喪委員會委員。

七月六日　應中華航空股份有限公司之聘，擔任該公司名譽法律顧問。

八月十七日　代表民航空運股份有限公司，與該公司 C–46 型九〇八號環島班機失事罹難旅客家屬委任律師曹俊等六位，達成賠償協議。

案：民航公司九〇八號客機係於該年六月二十日在台中縣豐原鎮上空失事。乘客五十二人全部罹難。因罹難旅客家屬無法接受民航公司所提之賠償金額，乃委託曹俊等六位律師循法律途徑解決。先生時任民航公司法律顧問，乃代表民航公司與曹俊等律師進行溝通，雙方達成協議解決無需涉訟的共識。乃由曹俊等律師函請交通部正式召集雙方代表談判，經三次協商終獲協議。

八月　應中華民國僑資事業協進會之聘，擔任該會法律顧問。

九月二十八日　出席東吳大學董事會第二十二次會議，先生當選建校委員會召集人。

十月十五日　擔任總統府資政許世英治喪委員會副總幹事。

案：許故資政生前友好三百多人於是日下午在台北市實踐堂集會，公推莫德惠為治喪委員會主任委員，谷正綱、王雲五、金維繫等為副主任委員，黃伯度為總幹事，先生、劉啟瑞、施裕壽為副總幹事。

十一月二日　獲推選為台灣普力工程股份有限公司董事長。

案：台灣普力工程股份有限公司由工程及財經界人士籌組而成，主要業務為供應預拌混凝土，並兼營預鑄預力混凝土、工程器材與技術服務等。是日舉行成立大會，通過公司章程，互推先生為董事長、陳振銑為常駐監察人，並聘朱立容為總經理。次（五十四）年八月十四日，台北廠建廠完成，先生以董事長身分主持開工典禮。

十一月十七日　與程滄波代表復旦公學校友，參加監察院故院長于右任公祭。

案：于故院長遺體於是日自台北榮民總醫院靈堂奉移至市立殯儀館景行廳公祭及大殮。移靈時三校校友代表（上海大學：王新衡、吳開先；復旦公學：端木愷、程滄波；中國公學：李玉階、張慶楨）共護靈床，送上靈車。三校校友代表亦於當月十三日會商決定為于故院長塑造銅像，並擬以敦化路口圓環為塑立銅像的地點。

十二月一日　出席東吳大學董事會臨時大會。董事長黃仁霖因將奉派出使巴拿馬，向董事會請辭。會中決議請先生暫代董事長職務。

民國五十四年（公元一九六五年）　六十三歲

二月十一日　在台三名美軍涉嫌強暴中國婦女，是日被美軍軍事法庭判處重刑。先生以被害人法律顧問身分出庭。

案：五十三年十一月「天兵演習」期間，三名美軍涉嫌在台灣彰化強暴中國婦女。美軍軍事法庭於次（五十四）年二月八日至十一日，在琉球美軍基地開庭審理。開庭期間我國政府曾派三名觀察員在當地觀審，先生則以被害人法律顧問身分出庭。

二月二十四日　台北地方法院開庭審理聯合報發行人王惕吾與周之鳴、李漢儀等人訴請「計算合夥盈餘」民事訴訟案。先生與葛邦任律師應王惕吾之聘擔任辯護律師。

五月十三日　主持東吳大學董事會第二十四次會議。先生於會中報告董事戴蓀（Joseph W. Dyson）近期將退休，預定於該年七月十五日離華返美。先生代表董事會表達感謝及惜別之意。

案：戴蓀先生為基督教監理會（Methodist Churgch, South）之宣教士，原籍美國密蘇里州，於民國八年奉教會派遣來華，在蘇州東吳大學擔任生物學系教授，並曾任多項教務行政主管，至三十八年中國大陸政權轉移始離華。四十九年二月戴氏來台，在東吳大學擔任外國語文學系教授兼系主任，並兼圖書館顧問迄五十四年六月退休。在台期間曾任東吳大學三屆董事會董事，五十四年七月十五日返美前猝然逝世。戴蓀先生在東吳大學先後服務長達三十五年，服務年資居外籍教授之冠，貢獻卓著。

十月二十一日　台北市市民孫國瑞向台北地方法院控告行政院長嚴家淦、經濟部長李國鼎，停止台糖股票交易，致使其蒙受損失請求賠償。先生應嚴家淦、李國鼎之聘擔任辯護律師，孫國瑞則委請立法委員白大誠為訴訟代理人。是日經台北地院判決孫國瑞敗訴。

十月二十九日　台北市報業新聞評議委員會第一屆評議委員已於該年八月底任滿。是日於台北市記者之家召開會議，票選第二屆評議委員。票選結果，先生與蕭同茲、黃少谷、成舍我、阮毅成、程滄波、陶百川等七位當選，均為第一屆委員連選連任。

十一月十六日　主持東吳大學董事會臨時會議。先生於會中歡迎衛理公會調查小組 John O. Gross 及 Thoburn T. Brumbaugh 博士來台。先生於致詞時表示：

一、東吳大學能不忘記其母校之歷史與衛理公會之關係。對於與衛理公會恢復關係一節，甚表欣慰。

二、東吳大學復校後，對於當初衛理公會在台之宣教工作，頗有裨益。感謝黃安素會督 (Bishop Ralph A. Ward) 之努力，台灣東吳大學及衛理公會之關係得以正式重建。

三、所謂「協合」(Coordination) 可有若干解釋。為避免誤解起見，「合作」(Cooperation) 一詞較為適宜。在不喪失東吳大學之名稱及特質之原則下，吾人願與東海或任何大學合作。

Gross 及 Brumbaugh 博士則回應：

衛理公會由於附屬機構過於龐大及捐款人士不若以往之慷慨，衛理公會經費不敷支應所屬六百七十九個教育單位及各基督教會之聯合組織。調查小組來台之目的在幫助東吳。「合作」為「協合」之起點，東吳大學是否與其他大學合併，不得而知；縱或合併，任何一方均不致喪失其名稱。

先生於討論中表示：

依中華民國之法令規定，大學之內不容有任何獨立學院之存在。類似美國哥倫比亞大學巴納學院

（Barnard College）之組織，在台灣絕無可能。縱有可能，東吳大學亦不願附屬於任何大學。東吳大學不但應為一基督教大學，且應為衛理公會所設之基督教大學。此外，東吳大學為一所完全大學，不應仍維持現狀。

先生最後做出三點結論：

一、在東吳不喪失原有名稱及維持獨立完整原則下，願與亞洲基督教高等教育聯合董事會（United Board for Christian Higher Education in Asia，簡稱 UB）發生聯繫，並與台灣任何基督教大學在同一基督教育機構下進行合作。

二、東吳應經由 Gross 及 Brumbaugh 博士向差會提出詳細發展計畫。

三、東吳目前經費差額為三萬五千元，在任何計畫達成以前，必須盡力籌募此項差額，俾能維持現狀。

民國五十五年（公元一九六六年）　六十四歲

一月一日　應大西洋飲料股份有限公司之聘，擔任該公司常年法律顧問。

二月十五日　主持東吳大學董事會第五十六次執行委員會會議。會中董事莫立魯 (Miron A. Morrill) 報告，衛理公會 Gross 博士來函表示亞洲基督教高等教育聯合董事會 (UB) 總幹事范維廉 (William Fenn) 對先生為東吳大學向 UB，申請為非正式會員一節，反應甚佳。該次會議並決議增設擴建委員會。本案推舉先生、石超庸、吳幹、王紹堉、陸潤康等五位為擴建委員。

二月二十一日　先生領隊參加在金門舉行之國防會議戰地政務座談。

三月十四日　主持東吳大學董事會第二十六次會議。會中副董事長華納會督 (Bishop Hazen G. Werner) 報告是年一月十日在紐約舉行之「調查報告檢討會議」概況。先生請紀錄宣讀該會議之紀錄後，請各位董事發表意見。先生於最後提出六項結論：

一、東吳應繼續提高教授素質。

二、重申東吳在不喪失獨立及完整之原則下，與東海大學進行合作並與亞洲基督教高等教育聯合董事會(UB)建立關係之意願。

三、希望衛理公會世界差會給予較多之資助並竭誠歡迎推薦教務長人選。

四、東吳不能過速發展為包括三個學院之大學，惟最近應作恢復第二個學院之準備。

五、應考慮建築教員公寓。

四月二十三日　出席台北市報業新聞評議委員會第二屆第一次會議。會中選舉黃少谷為第二屆評議委員會主任委員，並接受報業公會推薦政大新聞系主任王洪鈞為祕書長。先生曾於會中發言強調「維護新聞自由應毋忘個人自由」。

五月二十七日　出席一定期餐會，是日適逢副總統兼行政院長嚴家淦完成重組新內閣，因與會者佘井塘已如願請辭副院長，黃少谷先生被延攬擔任行政院副院長，致使席間笑聲與祝福聲四起。

六月三十日　出席台北市報業新聞評議委員會第二屆第三次會議。會中推選成舍我接替黃少谷（出任行政院副院長）擔任主任委員。

七月二十一日　出席在台北市福華飯店舉行之法學座談會。會中主要討論在偵查中的被告是否應聘請律師的問題。與會的法界人士均一致認為，被告在偵查中應有聘請律師的權利。先生於會中指出，美軍在華地位協定在談判時，美方對我現行刑事訴訟法規定，被告在偵查中不得聘請律師，認為是不可思議的事。是日出席座談會之法學人士還包括最高法院檢察長趙琛、政大法律系主任張彝鼎教授、史尚寬大法官、桂裕教授等。

案：當時立法院正在審議「刑事訴訟法修正案」，由於其中第二十九條「被告或嫌疑人得隨時選任辯護人」問題，曾引起激烈爭論。

七月二十七日　出席台北市報業公會在陸軍聯誼廳歡宴新聞評議委員會前主任委員黃少谷，並為黃少谷副院長六十晉五華誕祝壽。

八月一日　出席台北市報業新聞評議委員會第二屆第四次會議。舉行新（成舍我）、舊（黃少谷）主任委員交接儀式。

民國五十六年（公元一九六七年）　六十五歲

一月二日　出席東吳大學董事會臨時大會。會中一致推舉孫科博士新任董事長，先生連任副董事長。

一月二十三日　受聘擔任美國空軍中士丹尼爾格林辯護律師。是日，台北地方法院審理終結，定當月三十日宣判。

案：該案發生於五十五年十一月八日。格林駕駛的賓士轎車撞及黃添財所踩的三輪車，致使三輪車上乘客四人二死二傷。

七月十日　美國哈佛大學合唱團及德克立芙女子學院合唱團一行九十人來台演唱及訪問六天。來台團員以嘉賓身分借住在先生、程天放、嚴吳舜文等六十六個自願招待他們的中國家庭。

八月二十九日　出席蔣勻田教授晚宴款待美國猶他州州立大學理學院院長米勒博士夫婦。米勒教授係參加當月二十日至二十七日，在日本舉行的生物化學會議後，順道訪華。是日一同出席晚宴者尚有蔡培火及成舍我等人。

九月十二日　主持東吳大學董事會臨時會議。會中通過增建教室大樓、男生宿舍及教職員公寓式宿舍各乙幢。董事會並得以學校所有土地及房屋向銀行抵押貸款，以完成上述各項建築。

案：後因銀行規定學校不動產不可作為貸款抵押品，而學校教室不足問題嚴重，建築新教室大樓迫切在即，所募捐之款項又不足，先生及當時經濟系主任吳幹先生遂將其私人住宅作抵押，才解決貸款問題。

九月二十九日　旅台安徽省同鄉會是日組成籌備委員會籌組安徽省籃球隊，參加「祝壽杯」籃賽。先生為籌備委員之一。

十一月六日　出席台北市報業新聞評議委員會第二屆第九次會議。會中通過「關於報紙涉及少年事件之決議文」，建議各報紙對審理中的少年犯罪事件，非經少年法庭公布，不得刊登姓名、照片和記事。

民國五十七年（公元一九六八年）　六十六歲

三月二十五日　民航公司波音七二七客機在林口失事一案，是日在台北地方法院開第一次調查庭。先生擔任被告民航公司航務處副處長郝克斯、七二七客機正駕駛第歐之辯護律師。

案：民航公司波音七二七客機於該年二月十六日在林口失事，造成二十一名乘客及機上人員死亡。檢方指控空難發生原因係人為疏失，先生（被告律師）則反駁事故原因係因儀器失靈，以及地面導航系統故障。據聯合報載，該案曾召開數次調查庭，為當時轟動社會視聽的案件。該年四月二十二日，台北地方法院開第二次調查庭。先生與檢察官徐承志在調查證據時，展開激烈辯論。雙方均以流利的英語，列舉航空上的專有名詞，再以中文加以解釋，當庭吸引百餘位中外旁聽者。

三月　受聘擔任高雄青果合作社被控貪污案，被告中譚氏等八名之辯護律師。本案即為轟動一時的「香蕉案」（參本紀念集：李文儀〈留正氣給天地，遺清名於乾坤——端木愷校長的律師風範〉）。

八月六日　當選第三屆台北市報業新聞評議會委員。當選之七位委員還包括成舍我、蕭同茲、阮毅成、陶百川、程滄波、許孝炎等。

九月十二日　出席東吳大學董事會臨時會議。先生於會中報告，東吳大學校長石超庸不幸於該年九月五日因公積勞病逝，喪禮於是日上午在台北市立殯儀館舉行，遺體暫厝該殯儀館，俟在外雙溪校園內覓地後再行安葬。本次會議中並推選桂崇基教授繼任校長。

十二月二十一日　出席東吳大學董事會第三十一次常會。先生於會中報告稱，石超庸校長的逝世實為東吳大學莫大之損失。其生前志在恢復東吳大學以往之規模，增設新學系以恢復大學建制，然而呈報教育部請求恢復「東吳大學」名義，仍未獲准。嗣經先生、桂崇基校長及董事吳幹先生之努力，教育部始准成立商學院。先生對於桂校長慨允接任校長職務，卻遭遇許多不易解決之問題表示歉意。

民國五十八年（公元一九六九年）　六十七歲

二月十一日　出席東吳大學董事會執行委員會會議。會中桂崇基校長報告，教育部令准東吳大學成立「文理」學院而非「文」、「理」兩學院。為求恢復大學建制，會中決議先增設數學系，再設化學系。並請董事白樂德（R. W. Belt）、陳尚球及王紹堉組成三人委員會，研議增系之經費問題，開會時請桂校長及先生列席參加。

三月二十九日　出席老報人成舍我與中興大學韓鏡良教授的婚禮並擔任證婚人。

六月十九日　出席台北市報業新聞評議委員會會議，會中通過委員陶百川的建議，決定擬定「新聞道德綱要」作為該會評議案件的準則並供新聞界參考。

六月　擔任中華基督教衛理公會第八至十四屆董事至六十五年七月。

八月六日　出席東吳大學董事會臨時會議。會中接受桂崇基教授因病請辭校長職務，有關校長繼任人選問題，先生原建議由董事長指定三人組織提名委員會，於三院長及教務長中推薦一人為校長候選人，再由董事會開會決定。各董事認為先生之建議需時較長，繼任人選必須立即決定。與會董事們推崇先生自東吳復校以來即全力投入，對於東吳之校務及發展方向最為熟悉，一致通過先生繼任東吳大學校長。

十月十五日　主持東吳大學五十八學年度第一次校務會議。本次會議先生報告要點如下：

一、裝置校內電話分機。

二、指示開源節流之法以充實學校經費，提高員工待遇。

三、教師應抽出部份時間與學生多接觸、聯繫，另研議由助教分擔部份行政工作之可行性。

案：該次校務會議為先生擔任校長後首次主持之校務會議。該日時值五十八學年度新生訓練，先生謙虛表示，願以新生受訓之心情，向與會同仁學習。

十月二十日　教育部核准東吳大學增設文理學院數學系。

十一月二十六日　出席東吳大學董事會第三十二次常會，先生以校長身分提出書面校務報告。前言如下：

五十八年秋，桂前校長崇基因病堅辭，本人受董事會之付託，接長校務。為期報效母校，不遑謙辭；惟因離開教育界甚久，到任之後，時虞不勝。所幸一年來獲得有關人士之支持與合作，校務得以漸次開展，殊深銘感，爰將五十八學年度校務擇要報告如左。

先生之書面報告分「教員、學生與畢業生」、「增設院系恢復大學建制」、「籌設研究所與夜間部」、「增購校地籌建科學館」及「宗教活動」等五部分，分別報告學校近況及未來規劃。

十二月六日　教育部函東吳大學董事會，准予恢復「私立東吳大學」名稱，並對東吳大學董事會擬聘任端木先生為校長一案，通知儘速檢同有關證件專案報核。東吳大學復校工作，從民國四十年在台校友倡議復校至該年獲教育部正式核准恢復大學建制，歷經十八年，終於達成目標。

是年　先生到任東吳大學校長後，函請時任亞洲基督教高等教育聯合董事會（UB）總幹事羅比（Paul T. Lauby）將東吳準會員（Associate Membership）的「準」字拿掉，否則退出該會。聯董會立即承認東吳為正式會員，並開始給予援助。
先生有感於學生與校長之間，因時間及其他因素，甚為疏遠。是年，於東吳大學創立校長會餐制度，以多瞭解學生的觀念與想法，及對學校的建議與批評。

民國五十九年（公元一九七〇年）　六十八歲

一月二十四日　主持東吳大學五十八學年度第二次校務會議。本次會議先生報告要點如下：
一、教育部於五十八年十二月六日令准東吳大學恢復大學建制，並已報請教育部頒發大學印信。
二、教育部於元月十三日指派督學三人來校視察學校行政。
三、五十九學年度將增設物理、化學二系，另預計二年內可望完成科學館之建築。
四、參加私立大專院校校長聯誼會會議，會中曾討論私校教職員參加勞工保險、爭取私校教授可申請研究教授等問題，並通過向教部請求調整學雜費案。

三月十七日　主持東吳大學五十八學年度第三次校務會議。本次會議先生報告要點如下：
一、五十九學年度擬恢復夜間部，已備文向教育部申請。
二、學校若干學系畢業總學分數超過教育部規定之一百四十個學分，今後擬予酌減。

三、物理、化學二學系正在籌設中，並擬增設音樂科目，各系學生可選修。

四、向國家科學委員會洽商，其所新聘研究教授中在本校任課者，准其繼續在校兼課。

五、預定出席四月間衛理公會在美國召開之海外組織委員會暨總議會會議，會畢擬順便接洽本校經費籌措事宜。

四月九日　代表中華基督教衛理公會赴美出席美國聯合衛理公會大會 COSMOS(Congress of the Commision on the Structure of Methodist Overseas)。該會在新澤西州大西洋城 Traymore Hotel 舉行，為期五天，研討海外衛理教會與美國總會的關係與發展方向（參本紀念集：梅翰生〈一些回憶〉）。先生出國期間，東吳大學董事會指定董事陳尚球、吳幹及王之教務長共同主持校務。

四月二十二日　教育部核准東吳大學成立理學院物理學系及化學系。

五月　教育部核准東吳大學成立夜間部，開設會計、外文、經濟、企業管理四學系。

六月四日　教育部核准東吳大學成立經濟學研究所。

六月二十七日　出席東吳大學董事會第三十三次常會。本次會議先生報告要點如下：

一、教育部已核准五十九學年度增設物理、化學二學系、經濟研究所碩士班及恢復夜間部。

二、衛理公會補助美金二萬六千九百五十八元，作為校舍遭受颱風侵襲之修繕費用。

三、衛理公會世界差會允為學校籌募十萬美金。

四、在校區西南方贈購土地四千九百零七坪，共費新台幣二百三十七萬元。

五、擬在台北市區辦理推廣教育，設立語言、電腦、秘書訓練及在職訓練等四個中心，提供失學及在職青年進修機會。所需土地業已購妥，共四百七十八坪，計新台幣一千零七萬七千一百四十六元。

六月三十日

主持東吳大學五十八學年度第四次校務會議。本次會議先生報告要點如下：

一、四月赴美開會，返程經東京前往漢城訪問，為時一個月又二十三天。期間曾訪衛理公會差會各負責人士暨其他若干基金會。

二、台灣衛理公會暨附屬單位自六十二年起自治（即自養自給），在台教會所辦之學校如能提出計畫，仍可向差會請求補助。

三、差會撥助學校五十八年遭受颱風侵襲造成之損失計美金二萬六千元。另，此次赴美，差會補助學校建築費美金五萬元，興建科學館，另將籌措美金十萬元作為學校基金。

四、五十九學年度決將各系應修學分酌予縮減，若干共同科目試行合班授課，俾資節流。

五、學校已購得校園西南方土地數筆，面積四千餘坪，由史志剛先生請人居間奔走，始獲成交。對史先生等將賣主所贈送之佣金新台幣四萬元全數捐獻本校，表示謝忱。

六、購得延平南路土地四百七十八坪，連同地下室可建七層巨廈，計畫創辦語言中心、電腦中心、複習中心、秘書訓練中心，同時夜間部亦可移至該處上課。

七、五十九學年度調整住校職員及不住校職員辦公時間。

八、本學年度職員將舉辦成績考核。

九月十九日

主持東吳大學五十九學年度第一次校務會議。本次會議先生報告要點如下：

一、五十九學年度奉准招收：

（一）夜間部正式生外文系二班、會計、企管及經濟三系各一班，合計共三百名學生，另招選讀生一百二十五名。

（二）經濟研究所招收碩士班研究生五名。

（三）增設物理學系、化學系。加上已成立之數學系，期恢復學校昔日理學院之規模。

二、本學期教職員待遇已酌加調整。

三、學校學生人數已達三千人，事務工作較前增加三分之一，然而職員人數增加有限，深望同仁本以往服務熱誠，勉力以赴。

四、東吳大學素以管教學生嚴格著稱，惟年來學生上課秩序欠佳，學風不如往昔，希望教師格外注意。

十一月三日

出席由中國天主教社會服務協會及基督教南區社會互談會在台中舉辦之互談會，討論「基督徒對墮胎合法案的立場」。受邀參加互談會的還包括于斌樞機主教（派代表參加）、高俊明牧師、羅光總主教、周聯華牧師等。

十一月六日

應陽明山管理局之邀，先生商請東吳大學商學院院長吳幹、總務長羅中揚、副教務長宋遂初等八位代表學校赴該局商討，有關該局要求東吳大學以一千六百萬元購買士林鎮公所前撥贈土地問題。先生於當月東吳大學行政會議中表示，該次討論，吳幹院長一席話義正嚴詞，感人至深，先生認為是東吳大學建校史上一項不朽之文獻。

十一月二十六日

主持東吳大學五十九學年度第三次行政會議。先生於會中答覆鄧克禮 (Clyde H. Dunn) 校牧詢問學校計畫在城中區購地建築校舍乙事。先生表示東吳的根基雖在郊區，但盱衡全局，城中區亦應有一地方。經商請董事會建校小組研究同意後，覆經董事會通過四千萬元預算，作為校舍興建經費，及二千餘萬元作為土地、建築及整套電腦設備經費。另，有關本案向國內外金融機構貸款還款能力，及城中區房屋財產歸屬東吳大學董事會的法律問題，先生均表示絕無問題。先生指出，不僅要開拓城中區，更設法儘速興建科學館、體育館、圖書館及宿舍。最後先生言：「總之，自復校以來，累積許多問題，到現在非辦不可。我只好毅然負責辦去，不容許我個人有任何猶豫選擇，其實一切毫無危險，絕對安全。」

十一月二十八日　孫哲生學術基金會成立，先生被推選為董事。該基金會共選出十五位董事，並推定王雲五為董事長、楊亮功為副董事長。

十二月二十二日　主持東吳大學五十九學年度第二次校務會議。本次會議先生報告要點如下：

一、中央常務委員會第五督導組閻振興先生等一行十人來校視察，本校備受讚許。數日後接獲教育部嘉獎，此皆全校教職員共同努力的結果，表達誠懇的謝意。

二、城中區七層大廈已開工，完工後除容納夜間部外，另設教育推廣中心。

三、希望教職員嚴格監督查考學生考試舞弊情事。

民國六十年（公元一九七一年）　六十九歲

二月　擔任亞洲專利代理人協會（Asian Patent Attorneys Association, APAA）台灣總會（簡稱 APAA Taiwan Group）首任理事長，至七十六年逝世止。

三月十日　主持東吳大學五十九學年度第三次校務會議。本次會議先生報告要點如下：

一、學校興建城中區七層大廈，因需款週轉，不得不向銀行抵押借款，雖有周折，終當順利解決。

二、科學館新建工程設法於本年度內興工。

三、六十學年度增設法律研究所，亞洲法律事務所已派一美籍刑法專家來台任教，並決定常住東吳。另，海外有關方面決定贈與大批法律專書。

四、說明專任教員及兼任行政職教員之授課時數之相關規定。

五、夜間部成立之初，各方有不同的意見，然一學期下來情形令人滿意。六十學年度決增設中文、法律兩系。

本次會議中，圖書館提出圖書經費不足，又書籍遺失不少，圖書使用擬採集中管理。先生裁示，各院系不另闢圖書室，研究所得設專科圖書室，惟所藏以捐贈或專案採購者為限。外界贈書由圖書館保管，如複本過多可撥各院系寄存。

三月十三日　出席東吳大學董事會第三十五次常會，報告校務概況。

四月三十日　由台北市報業新聞評議委員會擴大組織的台北市新聞評議委員會，是日召開成立大會。先生與于斌、成舍我、蕭同茲、許孝炎、陶百川、阮毅成、程滄波及江學珠等受聘擔任委員。

四月　教育部核准東吳大學成立法學院法律系比較法學組、司法實務組及法律學研究所。

六月五日　主持東吳大學五十九學年度第四次校務會議。本次會議先生報告要點如下：

一、教育推廣中心及科學館工程進度。

二、本校音樂週獲得全國重視。洪黃奉儀博士可望於六十學年度返校籌辦音樂學系。

六月　音樂教育博士洪黃奉儀獲頒教育部文化局獎狀。她在接受聯合報記者訪問時表示，本來計畫該年夏天到米蘭繼續學聲樂，但在端木先生及東吳大學師生的慰留下，她準備取消計畫，為東吳籌設音樂學系。

九月二十三日　主持東吳大學六十學年度第一次行政會議。先生於會中表示：「我處理一切事物，自當務求合情、合理，一切以有利於學校為前提。但不敢說我沒有不妥之處，如有，盼各位根據法令規章，與我爭論。人事主任經常與我爭吵，由於彼據法令規章以爭，多半皆彼是而我非，我無不從彼。」

十月十二日　主持東吳大學六十學年度第一次校務會議。本次會議先生報告要點如下：

一、秋季出席衛理公會世界年議會，會見東吳之友社 (Friends of Soochow) 主持人雷德 (Edward L. Rada) 博士及其他相關重要人物，對學校頗有幫助，科學館之建築經費絕無問題。

二、說明出國途經歐洲之所見所聞。歐洲多數國家與我國無國交，因此募款不易，但圖書捐贈則有若干幫助。

三、介紹新任法律研究所所長梁鋆立先生，並說明亞洲基金會獲悉梁先生將主持東吳大學法律研究所，立刻應允兩年內捐贈美金四萬元及法律方面珍貴圖書。

十月十九日　出席在立法院舉行之立法委員江一平治喪會議，會中公推黃國書為治喪委員會主任委員。

十一月二十三日　東吳大學與韓國明知大學締結姊妹校，是日上午十一時於外雙溪活動中心舉行簽約儀式，先生與明知大學校長俞尚根博士為雙方簽約代表。

民國六十一年（公元一九七二年）　七十歲

一月五日　主持東吳大學六十學年度第二次校務會議。本次會議先生報告要點如下：

一、亞洲基督教高等教育聯合董事會 (UB) 應允為東吳大學籌集科學館建築經費美金十萬元，已有經該會捐贈計四萬元匯入學校帳戶。

二、衛理公會表示籌有美金十五萬元，將來可能撥付東吳大學。

二月三日　全國各大專院校共同組成成功嶺寒期訓練訪問團，榮推先生為領隊。訪問團於是日到達成功嶺。傍晚，先生特與東吳大學學生共進晚餐，並舉行座談會。先生於會中勉勵學生刻苦耐勞，更應虛心接受革命教育的洗禮。

二月二十六日　先生與東吳大學楊其銑副教務長、商學院吳幹院長赴香港出席亞洲基督教高等教育聯合董事會 (UB)

舉辦之會議，研討大學行政管理問題。本次會期自二月二十八日起至三月八日止。先生因校務繁
提前於三月六日返台。

三月十日　東吳大學發行之《東吳半月刊》創刊，先生特為刊名題字。

三月十四日　主持東吳大學六十學年度第三次校務會議。先生於會議結束前談到：「美國大學教育，由於分工太細，似乎有破產之虞。如企管系，今更分出一項旅館管理系。又如醫學方面之分工，現可說愈分愈細。如此，只見其偏，不見其全。影響到國家社會，遂令若干措施，不免顧此失彼，扶東倒西之嘆。如此惟務專才之發展，而忽略通才之培育，將來不幸之結果，有不能想像者。我以為通才之培育，其重要性絕不下於專才。美國過去並無外交系，但有卓越之外交官；並無新聞系，但有卓越之新聞記者。本校要辦音樂系，一則訓練人才，二則提高一般學生之音樂興趣。將來學生選修音樂課程，至盼各位先生多予支持。」

三月十六日　主持東吳大學七十二周年校慶慶祝活動及在台復校後首屆運動大會。先生於大會中致詞，追憶東吳在蘇州時為全國首設體育系，在台復校後雖未設體育系，但體育教育仍為學校所重視，期勉學生發揚體育精神。

三月三十日　出席東吳大學董事會第三十七次常會。衛理公會世界差會二位來賓泰勒會督(Bishop Prince A. Taylor)及鍾士博士(Tracey K. Jones, Jr.)應邀出席。先生於會中報告衛理公會世界差會將撥美金十五萬元暫作學校之經常費或建築費，但須於日後自籌數目相等之款項做為學校基金。先生對於差會之捐款表示謝意。

四月二日　東吳大學舉行城中區教育推廣中心奉獻典禮。典禮前先由東吳大學董事長孫科夫人剪綵，董事長孫科博士及先生共同開啟正門鑰匙後舉行奉獻崇拜典禮。典禮中，先生說明教育推廣中心建築經過，

並宣布將興建外雙溪校區科學館大樓。

四月九日　出席亞洲專利代理人協會（Asian Patent Attorneys Association, APAA）年議會開幕典禮。該會於台北市國賓大飯店舉行，計有中、日、韓、港、菲、泰、印尼、新加坡等國家或地區的代表九十三人參加。年議會由亞洲專業代理人總會會長湯淺恭三主持。先生以中華民國總會會長身分（地主）致歡迎詞。副總統嚴家淦先生蒞會發表演說。

五月四日　教育部核准東吳大學成立文學院歷史學系、音樂學系及商學院電子計算機應用科學系，文學院外文系增設東方語文組。

五月九日　先生於該年四月十三日啟程飛往美國參加衛理公會一九七二年總會議，是日返國。此行除參加會議外，並遍歷洛杉磯、聖安東尼、華盛頓、紐約、舊金山及日本東京，廣泛接觸校友，籌募建校基金。

五月十五日　東吳大學實習銀行於該年五月一日成立，是日舉行開幕典禮，正式營業。實習銀行係為商學院學生實際銀行作業之需要而設。主要目的在使商學院學生在踏出校門前，能有實際學習的機會。實習銀行業務主要對象為東吳全校教職員生。

五月三十日　先生七十大壽，東吳大學畢業校友林享仁等發起由學校教職員、學生及畢業校友募集「東吳大學圖書館建築基金」運動為先生祝壽。先生從不言壽，此次為建設東吳，破例接受校友及教職員生發起具有意義之祝壽方式，該運動獲得熱烈響應。

六月十三日　主持東吳大學六十學年度第四次校務會議。本次會議先生報告要點如下：

一、學生作文，授課教師必須親自批改，否則下學期不予續聘。

二、兼任教員水準務需嚴格檢討。

三、訓導方面，請檢討學生管理是否較以往放寬。

八月八日　與于斌、張建邦、蕭師毅、包德明等十七位私立大專院校校長舉行會議，邀請教育部長蔣彥士長郭為藩及專科職教司長陳履安等列席，要求私立專科以上學校比照公立大專院校，提高收費標準。

八月三十一日　出席立法院外交委員會舉辦之座談會，就中日問題發表意見。受邀出席者還包括于斌、沈覲鼎、邵毓麟、潘仰山等民間具有代表性人士。先生於會中指出，日本如廢棄和約，即使不是恢復戰爭狀態，也是引導至戰爭狀態。締約國雙方不受拘束，我為了保護正當利益，應該訴諸力量，不僅示之軍事力量，同時從多方面表現，如海內外同胞聯合起來拒購日貨，讓日本在舊買賣失去新買賣也做不成。

案：當時日本政府企圖與中共「關係正常化」後，對我採政經分離政策。我國民間領袖對此一致表示不能容忍，力促政府採報復手段。

十月一日　率領東吳大學訪問團至成功嶺慰問暑訓新生。

十月三日　主持東吳大學六十一學年度第一次校務會議，本次會議先生提到學校較他校提早兩星期開學，可使學生每學期多出兩星期唸書時間，只是因此會讓教職同仁更辛苦些。

十月十一日　主持東吳大學理學院科學館大樓破土典禮，邀請捐贈十萬美金興建該館之亞洲基督教高等教育聯合董事會(UB)執行秘書羅比博士(Dr. Paul T. Lauby)主持破土儀式。東吳大學各院院長、各學會會長及理學院學生代表均應邀觀禮。

案：東吳大學為感謝並紀念石超庸故校長以其餘年獻身拓校，並為完成其興建科學館之宿願，經五十九年十月十九日東吳大學董事會第三十四次常會決議，將科學館命名為「超庸館」。石超庸先生，廣西省藤縣人，生於民國前十二年十月，卒於民國五十七年九月。曾獲東吳大學法學士、美國密西根大學法學碩士、耶魯大學法學博士，並入巴黎大學研究國際公法。民國四十六年至五十七年，石先生任東吳大學法學院院長、改制後首任校長。

十月　先生與東海及輔仁大學校長聯名上書行政院，建議將國家科學委員會研究補助費、出國進修及遴聘客座教授辦法適用範圍擴及私立大學與獨立學院。

十二月十四日　主持東吳大學六十一學年度第三次校務會議。本次會議先生提及：

一、專任教員應有時間留校，讓學生請益。

二、亞洲基督教高等教育聯合董事會（UB）同意，以低利長期貸款美金二十一萬元予學校，作為興建學生宿舍之經費。

三、中國國民黨提名八人參選中央民意代表增補選，在台北市方面就有三人為東吳大學校友，值得欣慰。

十二月二十四日　前往香港參加香港同學會成立二十周年年會。會中先生與校友廣泛交換各項建校計畫，並接受該會捐贈港幣二萬元支票及空白信封一只。二萬元捐為音樂系基金，空白信封則代表籌募圖書館擴建基金之承諾。

是年　擔任中華民國斐陶斐榮譽學會第八屆理事會副會長。

案：斐陶斐榮譽學會原名「中國斐陶斐勵學會」，成立於民國十年五月二十五日，由天津北洋大學美籍教授愛樂斯（J. H. Ehlers）創辦。民國五十三年三月在台恢復總會，繼之交通大學、東吳大學先後於五十三年及五十四年復會，後於國內各大學成立分會，以獎勵大專校院品學兼優之應屆畢業生。

受邀參與行政院國際關係研究所外交小組。該小組由周書楷先生擔任召集人，成員除先生外還包括，陶百川、連戰、朱建民、王紀五、李廉等學者專家。當時小組每週開會一次，討論議題以中美關係為主，研究結論呈報政院當局參考。（參本紀念集：周書楷〈古道熱腸的端木愷先生——一個獻身國

家社會的基督徒、中國君子〉、王愷〈國之磐石〉）

民國六十二年（公元一九七三年）　七十一歲

一月十四日　台北市安徽省同鄉會舉行第二屆第一次會員大會，改選理監事。先生與方治、金維繫、馬壽華、楊亮功、汪彝定、杭立武等二十五人獲選理事。

一月二十四日　應行政院院長蔣經國邀請，參加款待北區各大學校長、院長、研究所主任、教務長、訓導長和總務長之茶會。該會共二百六十餘人參加。行政院副院長徐慶鐘、教育部長蔣彥士等都在場接待。

二月十四日　先生與東吳大學商學院吳幹院長赴高雄參加高雄市東吳大學同學會年會。

三月十日　擔任張溯崇博士論文口試委員，是日於教育部舉行論文口試。論文題目為「唐代官人在刑事法上之地位」，口試結果全票通過，張君成為國家頒授的法學博士。

四月三十日　教育部核准東吳大學成立文學院社會學系、外文系德文組及商學院會計學研究所。

五月二十四日　接待華夏海灣塑膠公司董事長趙廷箴、總經理 George M. Hale 及海灣石油基金會總裁 A. Lewis Jr. 等人參觀東吳大學，並獲允諾捐贈新台幣一百萬元作為科學館建築基金。

六月八日　赴韓國參加東吳大學姊妹校明知大學舉辦之亞洲問題檢討會，並在會中作專題演講。（演說詞全文見本紀念集：「講演詞」〈Role of the Republic of China for Peace in Asia〉）

七月六日　為紀念抗日戰爭三十六周年，與陶百川、杭立武、胡秋原、陳紀瀅、熊在渭、阮毅成等，代表一百十七位在台歷屆國民參政會參政員，共同起草聲明，駁斥中共及國際若干左傾份子所謂中共領導抗戰的謊言。

八月七日　教育部核准東吳大學成立法律學研究所博士班及經濟學研究所博士班。

八月二十五日　先生於東吳大學頒授榮譽法學博士學位予美國夏威夷州參議員松永正行（Spark M. Matsunaga）。（參本紀念集：周書楷〈古道熱腸的端木愷先生〉、「講演詞」〈Speech at the Honorary Doctorate Conferring Ceremony〉）

九月七日　由全國大專院校代表一百七十餘人組成之訪問團，於是日訪問成功嶺。先生擔任該團總領隊，代表全國各院校向全體受訓學生講話，並致贈慰問金。

九月十日　主持東吳大學六十二學年度第一次校務會議。本次會議中先生報告要點如下：

一、追念石超庸及桂崇基兩位前任校長對東吳之貢獻。

二、說明自接任校長職務以來，在校舍擴建上累有成就，實賴海內外校友及在校幾位老友捐輸與襄助始得完成。

三、仰賴外國機構資助已成為過去，學校需自立更生，希望各方面能從經濟節省著手。待遇方面無法大幅調整，希望同仁見諒。

四、一年級生日漸增多，不要慈悲為懷，勉強予以及格，誤其終身。學生程度如果太差，學校不惜淘汰。

五、中英作文卷，仍將隨意調閱，藉以考察學生程度。

六、兩棟新建宿舍可容納近七百人，今後一年級學生將可做到全部住校。

先生並於會中言：「個人認為做校長有兩個責任：第一，為學生請好教授；第二，為教授要製造良好教學環境。本人一向本此目標以赴。」

九月二十九日　考試院故院長孫科之喪，是日上午八時在台北市立殯儀館景行廳舉行追思禮拜。追思禮拜由先生負責安排，主禮者為張繼中牧師，禱告及祝福為盧祺沃牧師，讀經為馮家豪牧師，證道為周聯華牧師，獻詩由東吳大學音樂學系女聲合唱，洪黃奉儀博士指揮。

案：孫科先生，字哲生，為　國父孫中山先生哲嗣。民國前二十一年陰曆九月十八日，生於廣東省香山縣。曾獲美國加州大學文學士、哥倫比亞大學理學碩士、上海復旦大學名譽博士、韓國中央大學名譽文學博士。民國五十四年，值　國父百年誕辰，孫先生專程自美返國參加典禮。經端木先生向東吳大學董事會提議，孫先生受邀出任東吳大學董事長（任期自民國五十六年至六十三年）。民國六十二年九月，孫先生逝世後，東吳大學為紀念其對學校的貢獻，遂將外雙溪第二教室大樓，更名為「哲生樓」。

十月四日　主持東吳大學理學院科學館（超庸館）落成及奉獻典禮。曾主持破土典禮之亞洲基督教高等教育聯合董事會(UB)執行秘書羅比博士(Dr. Paul T. Lauby)亦親臨致詞以表恭賀之意。

十一月九日　教育部成立改進大學入學考試諮詢委員會，先生受聘擔任委員。該委員會由台大校長閻振興擔任召集人，對於六十四年以後的聯考如何改進，決定在次年五、六月間提出方案供教育部參考。

十一月二十二日　主持東吳大學與美國洛杉磯加州大學共同主辦之「亞洲暨太平洋地區經濟合作發展會議(Conference on Self-help Pacific-Asia Development)」揭幕式，會中邀請嚴副總統家淦先生發表演說。會議在東吳大學城區部一連舉行三天。

十二月十三日　前清郵傳部尚書盛宣懷之孫女，國大代表徐逸女士，決定將手中釣魚台文件獻給政府，作為日後交涉釣魚台主權之證物。是日，在于斌樞機見證下，將所有文件及呈獻書點交國大祕書長陳建中，先生擔任證明律師。

案：釣魚台列嶼，又稱尖閣群島，位居台灣東北方距基隆一百零二海里的海面上，一向為台灣漁民作業之地。我國政府在開發台灣以北大陸礁層資源時，在此發現價值美金一萬億元的石油礦藏。

政府宣布與美國太平洋海灣石油公司，聯合探測釣魚台列嶼一帶海底的油源，引起日本覬覦，趁美國將琉球交還日本的機會，意圖染指。我國外交部曾於民國五十九年八月二十一日，就日本政府對此事的錯誤，發表談話，表明中華民國的立場：「關於此一問題，我政府已將我方立場明告日本政府，根據國際法原則與一九五八年簽訂之大陸礁層公約，中華民國政府對於台灣以北大陸礁層資源，有探勘及開採之權。」

十二月二十五日　赴港參加香港同學會年會。

是年　擔任中華民國斐陶斐榮譽學會第九屆理事會會長。

民國六十三年（公元一九七四年）　七十二歲

元月十四日　東吳大學董事會召開第三十九次常會。因董事長孫科先生於六十二年九月二十日逝世，先生以常務董事身分暫任該次會議主席，會中並決議董事長人選未決定前由先生代理董事長。

一月二十八日　主持東吳大學六十二學年度第二次校務會議。本次會議先生要求教師對學生成績，務必嚴格把關。先生言：「私立學校錄取學生是在公立之後，其程度略遜一籌，在石（超庸）故校長努力下，使本校學生程度逐漸提高。自從學生人數激增後，有些老師以慈悲為懷，對於成績不夠水準者，往往給予及格，造成程度低落。過去淘汰率高達百分之二十五強，固非硬性規定，但為事實必要。務望各院系教師，不可太寬，勿使學生日後悔恨，影響校譽。」

三月九日　財團法人太平洋文化基金會成立，先生擔任首任董事長。該基金會成立宗旨為，促進太平洋地區各國間，文化學術交流及增進民間相互瞭解。

案：先生自該年起擔任該會董事長至七十六年五月逝世止。

三月十三日　主持東吳大學六十二學年度第三次校務會議。先生於會中談到學生英文程度下降，二年級之中英文必須嚴格執行，請教師嚴格要求學生至少要能以中英文表達意思。

四月二十日　教育部核准東吳大學成立商學院國際貿易學系及中國文學研究所。

啟程前往韓國漢城，出席二十二日至二十四日亞洲專利代理人協會（Asian Patent Attorneys Association, APAA）年議會，並拜會東吳大學姊妹校明知大學，訂二十五日返國。

五月十七日　參加由亞洲基督教高等教育聯合董事會（UB）、東吳、東海及輔仁大學共同舉辦之「第十二屆亞洲基督教大學校長會議」，三天的校長會議決議設立亞洲基督教大學聯誼會，負責各國聯誼事務。

五月二十三日　出席立法院教育、法制委員會舉行之座談會，會中邀請私立大學校院長，討論私立學校法草案。座談會由教育委員會召集委員房殿華擔任主席。先生與多位私立大專院校校長分別在座談會中發言。幾位校長發言的要點包括：

一、反對在學校名稱上冠上「私立」字樣。

二、獎勵或獎助條文應與管理、監督規定相當。

三、仍使用「財團法人」，不要用「學校法人」。

四、應有物質及精神兩方面的獎助。

五月　東吳大學女生第二宿舍及男生第二宿舍竣工。

先生七二華誕前夕，先生三女端木儷民女士代表其兄姐函東吳大學，稱「謹代表諸兄姐捐贈貴校『端木鑄秋講座』美金一千元，請將此項捐款交由校長統籌支用。」

案：先生之男女公子俊民、偉民、儀民、傑民、倩民、儷民及堂姪仲民等七人，自民國六十年起，每年均於先生華誕前夕，自美國集結匯款美金一千元予東吳大學，以為「端木鑄秋講座」之用。

先生擔任校長期間，並迭次將若干捐贈或經募之款項併入。民國七十三年（其時先生已卸任校長），講座基金及孳息累計約達一千五百萬元，東吳大學乃於該年十月八日將講座更名為「端木愷先生講座」，並公布「端木愷先生講座設置辦法」。

嚴前總統家淦先生贈送東吳大學《四庫全書珍本》第四集全套四百冊。

案：嚴前總統素來與先生友好，為鼓勵東吳大學學生研讀國學經典，並提高研究風氣，前已贈與東吳大學《四庫全書珍本》第一、二、三集全套，收藏於東吳大學圖書館。（參本紀念集：劉兆祐〈功在東吳——記端木校長對東吳大學的貢獻〉）

六月一日　應邀出席中國社會學社第十屆年會，以「將相無種」為題發表演說。年會在台灣大學舉行，由理事長楊懋春主持，會中並改選理監事。（參本紀念集：演講詞〈將相無種〉）

六月八日　先生參與之教育部改進大學入學考試諮詢委員會所提之建議方案，是日在六十四學年度大學暨獨立學院聯合招生委員會第一次全體會議中遭到否決。諮詢委員會之專家學者對教育部在他們提出改進意見後，面對大學校長反對聲中，不能堅守原則，頗有微詞。

案：教育部「改進大學入學考試諮詢委員會」六十二年十一月初組成，至該年四月中旬提出改進建議。諮詢委員會專家學者主張，分文、理、農、工、醫、法、商七組招生，主要是針對當時分四組招生不能讓學生選擇自己理想的志願系組就讀，而加以改進。

六月十二日　主持東吳大學六十二學年度第四次校務會議。本次會議先生報告要點如下：

一、音樂館工程較為複雜，仍在建築中。各校仿效東吳大學舉辦音樂週活動，現已成為普遍化，為東吳提倡之功。

二、教育部為酬庸起見，商請東吳大學頒授榮譽博士學位予美國實業家大衛林肯(David C. Lincoln)。

林肯先生對我國土地改革政策，十分贊助，曾為我國土地改革之人才訓練，厥功至偉。雖曾表示可讓與國立大學授與，然各方仍一再要求東吳大學授與，為表示與政府合作，故接受此項任務。

三、私立學校法遭許多學校反對，認為對私校干涉太多，但是對於東吳實際上並無重大影響。

六月　擔任中華基督教衛理公會董事長至該年十二月。

東吳大學單身教員宿舍竣工。

八月二十五日　美國眾議院議員克萊（William L. Clay）、史多克斯（Louis Stokes）及女議員柏寇（Yvonne Brathwaite Burke）、科玲斯（Cardis Collins）一行四人，應我國太平洋文化基金會邀請，是日抵華訪問一週。訪華期間除拜會先生（基金會董事長）外，並預定拜會我政府首長及參觀文化經建設施。

九月一日　由台北市新聞評議委員會改組而成之中華民國新聞評議委員會，擇是日記者節舉行成立大會，先生受聘擔任第一屆委員。大會由中央通訊社董事長馬星野主持，此為全國性之新聞評議團體，評議範圍擴及全國所有的大眾傳播事業。

案：先生自該年起擔任該評議會委員至六十五年止。

九月二十五日　出席中華民國新聞評議委員會第一屆第二次會議。會中通過兩項決議案：

一、函請中華民國電視學會轉知各電視台，充分注意所播映的外國警匪影集之內容，刪剪或濃縮足以引起模仿之犯罪技術或犯罪方法之鏡頭或情節。同時函請台北市報業公會，注意報導犯罪新聞時，勿涉及犯罪技術或犯罪方法。

二、函請台灣省報紙事業協會及台北市報業公會轉知各會員，注意遵守該會甫修正通過的「中華民國報業道德規範」，有關自殺報導的規定。

九月二十八日　教育部長蔣彥士代表政府，於台北三軍軍官俱樂部，招待全國各級資深優良教師代表和大專學校校長午餐會，先生受邀參加，行政院長蔣經國應邀蒞會致詞。先生代表在座五百餘位教師們，答謝蔣部長的招待與政府的關懷。

十月一日　主持東吳大學六十三學年度第一次校務會議。先生於會中表示，校內僅有語言中心及音樂館裝置冷氣，在其他各辦公室未裝設冷氣前，校長辦公室絕不先裝。

十月十日　東吳大學學生會發行之《溪城雙週刊》創刊，先生特為刊名題字。

十月十三日　東吳大學發行之《東吳校訊》創刊，先生特為刊名題字。

十月十八日　東吳大學新建音樂館落成典禮。美國駐華大使安克志(Leonard Unger)應邀蒞校剪綵。是日，先生身著深紫色博士袍主持典禮。先生致詞時言：「教育的目的，在求知、求美。東吳大學在求知方面正在籌辦理學院，在求美方面，從音樂系開始。」

十一月六日　司法院大法官黃亮於當月三日病逝台大醫院。司法院與黃故大法官親友組成治喪委員會。公推田炯錦院長為主任委員，先生、戴炎輝、葉公超及查良鑑為副主任委員。

是年　擔任東吳大學「溪城奮進童軍團」主任委員至民國七十二年。

民國六十四年（公元一九七五年）　七十三歲

一月十七日　參加哥倫比亞大學在台校友會歡迎狄百瑞副校長夫婦來訪之餐會。

二月十六日　參加台北市安徽同鄉會春節團拜，先生時任該會常務理事。

二月　以大學校長立場對政府決定查明取締統一教的作法，表示贊成。先生認為，統一教摻雜了政治及其他思想，已非純粹宗教，實應予以嚴禁。先生贊成由政府徹底執行取締工作，較學校自己處理更有效。

四月十五日

於東吳大學安素堂主持故總統　蔣公安息追思禮拜。先生於追思禮拜中提出為紀念　蔣公一生對黨國的貢獻及對教育事業的關懷，並為讓所有東吳人效法　蔣公畢生讀書的愛好，特提請董事會同意將籌建中之新圖書館命名為「中正圖書館」，以資紀念。

四月二十九日

行政院院長蔣經國致函先生，感謝東吳大學師生在國喪期間，對他的深切關懷和致函慰唁之意。蔣院長信函內容如下：

鑄秋校長道席

　先君辭世承

貴校師生銜悲哀悼並致函經國唁慰有加情深意切衷心至感目前世亂方殷國步艱難經國雖遭逢大故敢不秉承　遺命奮勵盡忠于此舉國至悲至痛追悼領袖之際亦正海內外同胞同心同德繼志承業之時

敬祈轉達

貴校師生互勉互勵群策群力共為完成中興復國大業而奮鬥值茲服喪期間不克踵謝敬請

垂諒並頌

道安

蔣制經國　敬啟　四月二十九日

五月七日

出席東吳大學董事會第四十二次常會。會中選舉董事長，由楊亮功先生當選，先生卸任代理董事長。先生於會中報告，其任校長將近六年，其間為擴建校舍及設備，共計捐款及借款約新台幣八千萬元。捐款之來源以衛理公會紐約差會，亞洲基督教高等教育聯合基金會，美國國際基金會及東吳大學國內外同學會為主。先生以私人名義對外服務所得酬勞亦儘量改為捐贈東吳。捐款總數約新台幣五千餘萬元。借款部分則包括城區七層大樓、學生宿舍、音樂館及科學館等之建築及設備費用，約達三千餘萬元。董事會有感於先生自擔任校長以來，不論在擴充校舍或加強學術研究方面，皆努力不懈，貢獻極大，決議予以表彰嘉獎。表揚內容如下：

端木愷博士，自民國五十八年八月，就任東吳大學校長以來，奮其才智，銳意經營，到職伊始，首即爭取恢復大學建制，使東吳悠久之校史，承繼不墜，繼則奔走海內外，籌集拓展經費，先後已集台幣八千餘萬元，分別修建理學院大樓、城區大樓、音樂館、男女生宿舍，以及正在籌建中之中正圖書館，黌舍巍峨，紛然矗立，四方學子，雲集山城，遠者慕其風，來者樂其學，而端木校長，功績不居，辛勞未已，自履任至今，非僅應得月薪，絕半捐獻，且對外服務之酬勞，亦多轉贈東吳，此其高義，豈遜古賢，爰經本董事會第四十二次常會全體決議，懇致嘉勉，以慰賢勞。

五月九日　頒授沙烏地阿拉伯王國教育部長謝赫（Hassan Abdullah Al Sheikh）先生榮譽法學博士學位，以表揚其對沙國教育界及世界和平的貢獻。典禮後在碧海山莊設宴款待謝赫先生及與會貴賓。

五月十一日　主持建校七十五周年校慶典禮，典禮中表揚對本校特殊貢獻之校友（畢業五十年以上者）包括吳經熊、陳霆銳、施季言、李俊耀、黃仁霖及社會賢達周敬熙。是日中午並舉行新圖書館破土典禮。

按：東吳大學校慶紀念日為三月十六日，為同時慶祝法學院成立六十周年、在台復校二十五周年及歡送畢業生，故七十五周年校慶延期至該年五月十一日擴大舉行。

八月二十日　出席東吳大學董事會臨時會議。先生除報告校務外，並補充報告學校擴建校舍所需經費極為迫切，除前已將座落於天母之私產空地三百餘坪捐贈學校外，另位於台北市銅山街之私宅一幢，經先生長子端木俊民先生及其弟妹決定將之捐贈學校，提請董事會討論。董事會做成二點決議：一為天母土地三百餘坪距離校區較遠，無法作有價值利用，授權先生處分，以其資金轉用於建校之需。二為銅山街端木俊民先生房產擬贈學校，甚為感佩！惟因地在校園以外，無法直接使用，且為其尊翁之唯一住宅，從緩再商為宜。

案一：先生天母之私產空地於民國六十八年七月出售，所得價款一百三十九萬六千四百八十元捐予東吳大學。

案二：端木俊民先生曾於六十四年八月十五日致函東吳大學董事會表示，願捐贈銅山街住宅，內容如下：

敬啟者：年前家父曾以朋友共有座落台北市天母土地三百餘坪，轉捐　貴校。其現在台北市銅山街二十號住宅，佔地一百三十坪左右，係俊民名義所置。茲經商得舍弟偉民、傑民、舍妹儀民、倩民、儷民等同意，亦以贈與　貴校。兩地現值約為新台幣玖佰萬元。附帶條件如下：

一、貴校在市區購一與原住宅建坪相等之公寓供家父母終身居住，修繕、維護概歸學校負擔。家父母遷出後即由學校收回處理，愚兄弟妹不主張任何權利。

二、貴校經費許可時籌撥講座基金新台幣伍佰萬元，以利息作提高教授待遇之用。其支配方法家父得為規定。

右陳各節，可否之處，尚祈

覆示。謹上

私立東吳大學董事會

端木俊民　敬啟

六十四年八月十五日

九月一日

東吳大學總務處覓得台北市仁愛路四段，葉財記工程有限公司建造之鑽石大廈九樓之E、F兩戶，擬作為校長宿舍，所需價款約為四百六十萬元。因學校財力有限，總務處於是日簽請先生同意購置校長宿舍費用由學校籌措半數，先生私人墊借半數，獲先生批准同意。

案：東吳大學年來發展迅速，學生人數由二千多人增至八千多人，校園土地皆規劃建造教室大樓、圖書館、學生宿舍、教員宿舍、圖書館等，校長宿舍尚無適當地點建造。先生到任以來，仍住銅山街自宅，因該房產周圍建造高樓影響居住，必須早日遷離。故學校徵得先生同意，購買仁愛路四段鑽石大廈作為校長宿舍。所需價款由校方籌措一半，先生墊借一半，附帶條件為房屋由先生及夫人終身居住；先生墊借之利息捐獻學校，由校長指定用途；墊借之本金，於先生離校時捐贈學校，並由先生指定用途。

九月十一日　在東吳大學城區大樓，接受台北區合會儲蓄公司董事長陳逢源捐款新台幣五十萬元，支持東吳大學籌建中正圖書館計畫。

九月　先生於當月二十七日啟程赴美，參加國際法學會議及國際大學校長會議，並拜訪美國國會議員與助理人員，宣慰旅美僑胞，並為東吳大學中正圖書館籌募建築經費。出國旅費由先生自行籌措，部分由太平洋文化基金會補助，餘由其他方面捐來。先生訪美期間受到多位美國國會議員及助理人員的熱情款待，曾多次發表演說，重申支持我國之地位與中美兩國之誼，並與我國留美學生舉行一場「當前中國問題」座談會。先生該次訪美計兩個月，於十一月二十二日返國。訪美期間並與國內其他大學校長及教育界人士組團赴波士頓，參加世界大學校長會議。會期自十一月十一日起至十三日。本次會議主題是「二十一世紀高等教育的新方向」。（參本紀念集：施克敏〈美國會議員助理訪華的影響——從端木愷在華府所受禮遇談起〉；韋仲公〈東風吹淚過雙溪〉）

東吳大學成立外籍學生中國文化研習所。

十二月二十一日　應邀前往香港參加香港地區東吳大學同學會。

十二月二十七日　應國民大會憲政研討委員會第十次全體會議邀請，以「現代憲政的新趨向」為題，發表演說。先生強調，憲法是國家根本大法，不可輕言修改，更不能因一時情感或意氣的衝動而加以修正。先生言，憲政是推行憲法的方法，徒法不足以自行，所以憲法雖然是國家基本大法，但更重要的乃是推行憲政的方法。先生並就現代憲法趨向指出，制定憲法一方面要防止獨裁，一方面要加強行政權力，使國家有強固的行政力量，因應重大的情況和變局，例如德國威瑪憲法和法國戴高樂第五共和憲法，都是為了適應國家當時的需要。先生並就我國憲法總統缺位，繼任人選的產生與美國憲法的規定，在方法和程序上作了具體的比較分析，說明我國憲法規定甚為合理。

十二月二十九日　以太平洋文化基金會董事長身分，設晚宴款待美國國會議員助理訪華團十九人。

民國六十五年（公元一九七六年）　七十四歲

三月五日　為協助政府敦睦邦交，頒授東吳大學榮譽法學博士學位予韓國法務部長黃山德。司法院長田炯錦、司法行政部長王任遠等在場觀禮。

三月三十一日　主持東吳大學六十四學年度第二學期第一次校務、行政會議。先生於會中報告，為紓解城區校舍擁擠，已於該年三月價購鄰近民地三百九十七坪，需款一千四百七十五萬。先生並提到教職員工作辛勞，而待遇菲薄，下學年度將排除萬難，研究調整。

四月　教育部核准東吳大學成立中國文學研究所博士班。

五月五日　東吳大學教授宿舍（臨溪路七十～八十二號）完工。

五月八日　主持六十四學年度軍訓教官團北部地區第一分團集會。會議於東吳大學校本部音樂廳舉行，會後並安排參觀中國電影文化城。

五月十五日　出席由聯合報主辦、中美文經協會協辦之慶祝美國建國二百周年兒童繪畫比賽頒獎典禮。先生應邀於典禮中致詞。

七月　出席中華民國新聞評議委員會會議，會中通過建議案一件，呼籲各新聞單位在報導或評論與公共利益有關新聞時，除為保護當事人及有正當理由外，應儘量寫出所報導之人或機構之真名，避免用「xx」代替或採用影射方式，以免讀者因不明真相隨意揣測而產生困擾。

八月三十日　連任中華民國新聞評議委員會第二屆委員。

九月三十日　美國大學校長一行三十餘人蒞臨東吳大學訪問，先生親自接待其參觀教學與設備概況。

十月八日　美國各州大學校長組成的訪問團一行二十九人，在 Eastern Washington 州立學院校長率領下，於是日訪問東吳大學，由先生親自接待。

十月十五日　成舍我先生於聯合報發表「我如何創辦世新」，文中提及：「我的朋友，無論是參加發起與否，只要我登門懇求，他們都肯慨然承諾，來世新擔任教課。像這樣一所設備簡陋的學校，我們竟先後擁有大眾公認的第一流師資，如程滄波、阮毅成、端木愷、蔣勻成、陶百川、蔣復璁……。」（參本紀念集：成舍我〈對鑄秋先生我最追憶的兩件事〉）

十月　東吳大學文學院院長王兆荃請辭，先生以校長身分兼代文學院院長一職。

十一月九日　出席東吳大學董事會第四十四次常會。董事長楊亮功於會中對先生治校表示肯定，曰：「本校雖經費困難，然校務仍能不斷的求進步，負債不過三千餘萬元。端木校長辦學認真負責，逐漸開拓本校前途，已著有卓越成就。諸位董事先生對於支持本校之精神，亦深堪欽佩並希望能繼續為東吳謀求發展。」

十一月十一日　應邀出席第十一屆中山學術獎頒獎典禮，並於會中致詞。典禮由中山學術基金會董事長王雲五主持。

十一月十四日　出席中國國民黨第十一次全國代表大會。會中先生以一資深法學研究者，對組織、紀律及效率之深入看法，發表意見。先生呼籲，領導中心建立之後，「勿僅以沉默的尊敬，而把責任交給一個人」。先生提醒大家，認清自己的職責和立場，把革命的火炬勇敢承擔下來，與領導中心、全黨同志及全國民眾共榮辱。若因自棄職守，只知沉默的尊敬，不知與領導中心分勞分憂；只知因循苟且，不做不錯，不知奮力自強，主動積極，那麼領導中心、全黨同志及全國民眾，受到任何挫折或恥辱，那就是個人最大的恥辱。先生一席話獲得與會人士普遍的共鳴。

案：中國國民黨第十一次全國代表大會，於民國六十五年十一月十二日至十八日，在陽明山中山樓舉行，計有海內外代表一千三百餘人參加。十一全大會共舉行十一次大會，三次審查會議，通過修訂黨章、制訂政綱、釐定反共復國行動綱領、強化黨的建設、加強三民主義思想教育功能，和全黨奉行總裁遺囑等六大中心議案。本次大會全體與會同志，一致推舉蔣經國先生為中國國民黨主席。

十一月十七日　獲中國國民黨蔣經國主席提名為國民黨第十一屆中央評議委員，經國民黨第十一次全國代表大會通過。

十一月二十六日　主持第二屆亞太音樂會議與第四屆亞洲作曲家聯盟大會聯合開幕典禮。教育部長蔣彥士應邀致詞。本次會議主題為「傳統音樂——過去、現在、未來」，計有中、美、日、韓、菲等國代表宣讀十篇英文論文。

十二月二十一日　赴港參加香港同學會年會。

民國六十六年（公元一九七七年）　七十五歲

二月八日　出席東吳大學董事會第四十五次常會。先生於會中報告，亞洲基督教高等教育聯合董事會（UB）執行秘書羅比博士（Dr. Paul T. Lauby）於上年十一月來訪，同意補助東吳大學二十五萬美金，但以東吳大學自行籌募，至少十二萬五千美金，或等值新台幣之相對基金為條件。先生表示，願負責在兩年左右籌募此項相對基金。

四月八日　太平洋文化基金會在圓山飯店舉行成立三周年茶會。基金會已於該年二月改組第二屆董事會，推選先生連任董事長，李鍾桂擔任執行長，董事由五人增加為十三人。

五月八日　頒授東吳大學榮譽文學博士學位予總統府資政張群先生。典禮在東吳大學城區大樓舉行。

五月十六日　日本大阪藝術大學校長琢本英世博士夫婦、總務長高岡正二及音樂系主任櫻井武雄等一行，應先生之邀來台訪問四日。在台期間除參觀我國各項建設外，並參加東吳大學音樂週之演奏並商談兩校音樂方面結盟事宜。

六月九日　美國名律師柯克倫應先生之邀至東吳大學發表演說。柯克倫與美國諾斯洛普飛機製造公司副總裁艾立遜，及飛虎將軍陳納德夫人陳香梅女士，於六月八日飛抵台北，預定訪問十天。

八月一日　首先在東吳大學建立學系秘書制度。

八月十五日　中華民國阿拉伯文化經濟協會舉行第三屆第一次理監事聯席會議。先生當選第二任理事長。

案：先生自該年起擔任該會理事長至七十二年九月卸任。

九月五日　第七屆中日韓三國教授會議在台北圓山飯店開幕。本屆會議由太平洋文化基金會主辦，研議主題為「亞洲區域安全和自由世界」，會期七天。先生以基金會董事長身分主持開幕儀式，教育部長李元簇應邀出席致詞，司法院副院長韓忠謨以「亞洲安全與自由世界」為題發表演說。中日韓三國代表及美國的觀察員共五十二人與會。

九月十三日　出席東吳大學董事會第四十六次常會。先生於會中報告亞洲基督教高等教育聯合董事會（UB）補助東海大學一百萬美元，東海本身籌募四分之一相對基金；然而對東吳僅補助二十五萬美元，另需籌集二分之一相對基金，並停止他項補助，因而使學校擴建計畫稍受困阻。先生允諾當竭盡全力爭取財源，推展建校工作。

十月六日　主持由中華民國阿拉伯文化經濟協會主辦之餐會。會中邀請美國前駐沙烏地阿拉伯大使艾金斯發表演說，講題為「未來二十年之石油供需及油價趨勢與國際政治問題」。

十月二十四日　當選中華民國外交協會理事。

十二月十四日　出席東吳大學董事會第四十七次常會。先生於會中報告，為拓展城區部，購毗鄰城區部之靜心幼稚園土地七百餘坪。另，外雙溪校區運動場三分之二土地列為台北市都市計畫道路，經向各方數度陳情，已獲教育部、內政部、國民黨中央黨部及救國團等有關單位的支持，正積極會商解決。

十二月　先生響應東吳大學第二十二屆學生會發起之「一人一書」運動，慨贈其藏書，包括《史記》十四冊、《前漢書》十六冊、《後漢書》十二冊、《三國志》六冊、《御選唐宋詩詞》三十四冊、《四部要籍序跋大全》一部（計經、史、子、集及附編二十冊）。

民國六十七年（公元一九七八年）　七十六歲

一月十一日　日本拓殖大學校長豐田悌助夫婦訪問東吳大學，先生親自接待。

一月二十七日　當選中華民國留美同學會監事。

二月一日　主持東吳大學六十六學年度第一學期第二次校務、行政會議。本次會議先生報告要點如下：

一、最近數年曾就鄰近城區之陸軍通訊營地，請求國防部捐贈或讓售，歷經多次協調，近日確定已不可行。

二、台北市政府士林區都市計畫，預定在運動場邊緣開闢八公尺道路，將嚴重影響學校生存，已向內政部陳情五次，當繼續努力。

三月二十四日　聯廣公司與東吳大學協議，在東吳大學經濟學系設置「聯廣學術研究講座」。由聯廣公司每年捐贈新台幣十萬元，作為廣告理論與實務研究之獎助。是日，先生代表東吳大學與聯廣公司董事長葉明勳在聯廣公司簽約。

三月二十五日　主持東吳大學中正圖書館奉獻典禮。典禮中由先生剪綵；東吳校友會會長王紹堉啟鑰；東吳大學董事長楊亮功為蔣公銅像揭幕；馮家豪校牧行奉獻典禮。中正圖書館於奉獻典禮後兩星期開放學生使用。舊圖書館書籍搬至新圖書館的工作，動員學生利用晨會、軍訓課或體育課時間，以人龍接力方式傳送至新圖書館。新的中正圖書館擁有當時其他圖書館少見的全館空調設備，並全面採用開放式書架。

四月六日　頒授美國前參議員鄺友良 (Hiram Leong Fong) 榮譽法學博士學位。鄺氏於典禮中發表演說，敦促美國政府慎重處理中國政策。教育部次長陳履安、立法委員王靄芬、葉叶琹、王大任、美國駐華大使安克志夫人等多人應邀觀禮。

四月　由東吳大學蔡茂豐教授與洪黃奉儀教授陪同訪問日本大阪藝術大學，並受邀於該大學入學式典禮中致詞。

六月二十六日　以中央評議委員身分主持中國國民黨中央總理紀念週，會中邀請東吳大學閻振瀛教授報告「文化輸出與海外宣傳」。

十月十八日　出席東吳大學董事會第十五屆第三次會議。先生報告所購得毗鄰城中區推廣教育中心之空地，預定興建第二教室大樓。學校已組成專案小組籌劃，預估所需經費約新台幣一億元，款源尚待籌措。

十月二十六日　應邀參加立法院經濟、司法兩委員會座談會。與會專家學者希望中央標準局提高專利核准率，以鼓勵國人發明創造，提高國內科技水準。座談會意見作為日後修正「專利法」之參考。

十二月十日　赴香港參加東吳大學香港同學會年會，並出席亞洲基督教大學協會（Association of Christian Universities and Colleges in Asia，ACUCA）會議。

十二月二十二日　主持東吳大學升旗典禮。先生針對美國與中華民國斷交，告誡全體學生，要以冷靜、理智的方式表達擁護政府、信賴政府的真情，並根據中美歷史分析此一事件，嚴厲指責美國卡特政府背信毀約。先生言辭慷慨激昂，說到激動處，不禁聲淚俱下，愛國情操充分流露。

民國六十八年（公元一九七九年）　七十七歲

一月　獲蔣經國總統敦聘繼任光復大陸設計研究委員會副主任委員。

二月十一日　參加美國前副總統洛克斐勒的追思禮拜。追思禮拜由中美文經協會、中美經濟策進會、留美同學會、東吳大學等民間組織共同籌辦。儀式由周聯華牧師主持並證道，蔣經國總統亦親臨會場。先生及前考試院長楊亮功分別講述洛克斐勒的生平事略，推崇洛氏一生對人權及社會福利所作的鉅大貢獻，以及對中華民國的支持。

四月二十三日　東吳大學企業管理學系與國華廣告公司第二期建教合作，是日於城區部舉行簽約儀式，由先生與該公司總經理許炳棠共同簽字。

四月二十八日　出席中華民國私立教育協會第五屆理事會議，先生獲選為名譽理事長。

五月十九日　為慶祝中華民國第六任總統蔣經國先生及副總統謝東閔先生就職一周年紀念，先生代表東吳大學全校師生向蔣總統經國先生致敬書。蔣總統於五月二十四日覆函致謝。

六月五日　主持東吳大學六十七學年度第二學期第二次校務會議。本次會議先生報告，城區第二大樓興建計畫業已完成，工程一旦開始，應認真督導，如限完成。另，兼任教師授課時數、課目不宜過多過雜，期藉專精之才，收育才之效。

六月二十八日　出席東吳大學董事會第五十次常會。先生報告，學校運動場，以台北市政府堅持防洪築路，破壞建築，佔用土地，校方經過十次以上陳情仍未獲准。台北市政府且轉函教育部，要求制止東吳大學之抗議及激動之情緒。先生表示除繼續努力外，尚請各位董事支持校方。

七月十九日　主持東吳大學六十七學年度第二學期第二次校務暨行政會議。先生於會中提及：「本人承乏東吳校政，屆滿十年，才力薄弱，愧無建樹。聞有同仁倡議，以一建築物作為紀念，殊不敢當，務請勸阻為要。」

八月八日　東吳大學教職員為慶祝先生主持校政十周年，特於學生活動中心舉行茶會。先生在茶會中將全體教職員所購贈之二十五史一套轉贈學校中正圖書館，由俞雨娣館長領收。

八月十四日　主持東吳大學六十八學年度第一學期第一次校務會議。本次會議先生報告，預定當月底前往西班牙參加世界法學會議。行前召開該次會議主要討論教職員待遇調整問題。新學年度教師待遇按教育部規定標準調整。職員待遇因經費不敷，調整比例較低，為此先生表示歉意，次年教職員應以相等比例調整。

九月二十九日　東吳大學舉行城區第二大樓破土典禮。典禮由董事長楊亮功、先生及校友會會長王紹堉聯合主持。

十月十五日　受邀參加美國西佛羅里達州立大學校長羅賓遜，在圓山飯店舉行的酒會，慶祝蔣經國總統接受西佛

十月三十日　羅里達州立大學所贈予的榮譽法學博士學位。受邀之我方代表除教育部官員，還包括大學校長等教育界人士。

十一月八日　代表我國出席亞洲基督教大學教育資源開發分配會議。會議於輔仁大學舉行，討論教會大學教育發展、校務管理、公私立基金捐款的尋求、教育資源分配制度化之發展等四項議題。

六十八年第二次國家建設研究會舉行領隊會議，先生獲選為總領隊，韓忠謨、陳李婉若為副總領隊。

案：民國六十一年，政府為因應退出聯合國後國際姑息氣氛瀰漫及中共統戰氣燄囂張的情勢，並為擴大政治號召、加速國家建設、集思廣益、共赴危難起見，乃於該年八月十五日，在台北召開第一屆海外學人國家建設研究會，簡稱「國建會」。以後每年舉行一次，自第二屆起，同時邀請國內學人參加，均為一時之俊彥。六十八年，為了應付中美斷交後的局勢，擴大舉辦兩次。國建會舉行的方式，分為聽、看、談三個部分：「聽」是聽取有關單位的國情報告；「看」是參觀訪問重大建設及基層設施；「談」是以分組研討的方式，對國是提出應興應革的意見。

十一月十四日　蔣經國總統在總統府，以茶會歡迎出席六十八年第二次國家建設研究會的二百餘位人士。先生以總領隊的身分在茶會中講話。

十一月十九日　六十八年第二次國家建設研究會當月五日開始，經過十五天聽取國情報告、參觀訪問及分組研究，是日於僑光堂閉幕。先生以總領隊身分提出綜合報告。

十一月二十六日　主持第一屆亞太地區青少年犯罪問題會議。會議於台北圓山飯店舉行，計有來自中、韓、日、美、澳、馬來西亞及菲律賓七國代表和觀察員共一百一十二人參加。

十二月十五日　東吳大學校友會六十八年度年會暨先生主持校務十周年慶祝會，是日在中泰賓館九龍廳舉行。

民國六十九年（公元一九八〇年）　七十八歲

二月五日　教育部核准東吳大學成立日本文化研究所、文學院哲學系及理學院微生物學系。

三月十五日　東吳大學舉行慶祝建校八十周年校慶典禮。先生於會中頒贈榮譽文學博士學位予嚴前總統家淦先生。東吳大學董事長楊亮功、教育部長朱匯森分別在典禮中致詞。嚴前總統並以「正氣、完人、倫理」為題發表演說。

四月三日　出席東吳大學第十五屆董事會第六次會議。本次會議討論議案之一為「審定校長薪資案」。先生雖未支領學校薪資，但董事會決議仍應確立支薪標準。決議通過六十九學年度校長月薪為二萬八千元，公費六千元，合計三萬四千元。

四月十八日　發表「軍事審判所表現的法制精神」演說，由國內三家電視台聯播。（演講詞全文參〈軍事審判所表現的法治精神〉，《海外學人月刊》，第九十五期，民國六十九年五月）

五月　當月下旬先生胃痛，因顧及可能無法主持畢業典禮而強忍不就醫。

六月二日　與六十八所公私立大專院校教授對「黃信介等叛亂案」發表四點共同聲明：

一、不能容忍對國家目標的扭曲，反對蓄意分割大陸和台灣數典忘祖的叛國行為。

二、實現民主的過程是漸進的、和平的。談論改革不能破壞民主法治的規範。

三、「台獨」觀念背棄民族大義。

四、分化破壞的手段得不到支持，鑽國際政治的夾縫，推銷暴力的企圖，必無法得逞。

六月初　先生身體極為不適，經送榮民總醫院檢查，診斷結果為胃癌，隨即入院接受手術治療。

六月十六日　中央選舉委員會成立，先生奉派擔任委員，任期三年，為無給職。

六月三十日　受聘代表英國政府與中華民國政府辦理淡水紅毛城（前英國領事館）交還我國的法律手續。

八日 中央選舉委員會召開第八次會議，由主任委員邱創煥主持。會中對六十七年已登記增額中央民意代表候選人繼續競選有關選務，決議交由先生及董世芳、李元簇、張劍寒、王澤鑑等五位法學碩彥，針對選務可能遭遇的情況深入探討，並作細部規劃。

八月二十六日 由太平洋文化基金會主辦之一九八〇年國際教授學者會議，在台北圓山飯店揭幕。本次會議主題為「世界新秩序的創導與探求」。計有中、韓、日、菲、印尼、英、美、法、澳洲、西德、荷蘭、義大利、加拿大等十三個國家的代表及觀察員共八十二人參加。主辦單位於前一天（八月二十五日）舉行歡迎酒會，先生以太平洋文化基金會董事長的主人身分致歡迎詞。先生指出：「一九八〇年代對國際間的和平、安全、經濟、文化及能源各方面，都將構成嚴重的挑戰，面對這些全球性的問題，世界各國必須同心籌力，共同尋求解決之道。」

九月一日 主持東吳大學六十九學年度第一學期第一次校務會議。本次會議先生提到，東吳大學無門戶之見，惟才是用，但如資格經驗相等，則本校培養的人才，自應優先考慮。有關中央公職人員選舉，先生要求學校師生務保持超然立場，不得參與競選活動。

十二月十二日 中華民國團結自強協會成立。先生以籌備委員會召集人的身分主持成立大會。該會於當月十八日召開第一屆第一次理監事聯席會議，先生當選第一任理事長。

案：團結自強協會之成立，緣自民國六十八年一月一日中美斷交，國家在外交上遭受重大衝擊，國際是非不明，引起海內外群情激憤，一致表示國人要奮起團結自強，以具體行動支援政府救亡圖存。當時文化學術界、工商企業界、新聞傳播界及宗教界領袖數十人，感於時機迫切，迅即發起組織團結自強協會，以協調有關單位共同在海內外推動團結自強運動。

十二月二十日 邀請東吳大學學生社團負責人餐敘，以實際瞭解並協助各社團解決困難。

十二月二十二日　美國民主黨參議員李察史東夫婦及家人一行八人是日飛抵我國，作一星期的私人訪問。先生及外交部長錢復夫婦等人在機場迎接。

十二月二十七日　美國內政部次長詹姆士約瑟夫（James Joseph）夫婦應先生之邀，來華作一星期的私人訪問。

十二月二十八日　中國政治學會舉行年度會員大會，改選理監事，先生當選監事。

是年　東吳大學於校內中正圖書館成立「端木愷先生贈書陳列室」，珍藏先生歷年陸續捐贈之圖書，包括《四部叢刊初編縮本》、《四庫叢刊續編》、《四部叢刊三編》、《四庫全書珍本》及一批珍本戲曲藏書，重要者如元、明、清三代之古典戲曲線裝書，《古今雜劇》、《古今名劇選》三卷、《李笠翁十種曲》、《倚晴樓全集》、《吟風閣傳奇》、《歸元鏡》二卷、《桃花扇》、《拜針樓》、《紅樓夢傳奇》八卷、《儒酸福傳奇》二卷等。均為國內其他圖書館未見收藏之珍本書籍，為研究中國古典文學之師生提供相當助益。

案：先生自民國五十七年起至七十六年逝世前，共計捐贈東吳大學中西文圖書約一萬三千餘冊。先生贈書中有關戲曲部分之介紹，請參陳美雪教授撰〈東吳大學圖書館所藏珍本戲曲目錄〉，《書目季刊》，第三十卷、第二期，民國八十五年九月十六日）。

海軍副總司令劉和謙，奉令主持「劍龍計畫」，向荷蘭洽購潛艇。劉副總司令因完全沒有採購精密武器的經驗，乃親自拜訪先生及陳長文律師，請教有關洽購簽約的各項細節，並要求協助辦理購艇事宜。這是軍方與學術界首次合作，向歐洲國家洽購精密武器。

民國七十年（公元一九八一年）　七十九歲

一月十九日　美國總統當選人雷根及副總統當選人布希於是日就職。美方曾來函邀請先生參加就職典禮及二十日

一月
晚會，先生因校務繁忙，不克應邀前往。我國受邀者尚有前駐美大使沈劍虹、中國國民黨中央黨部秘書長蔣彥士及台灣大學校長閻振興等人。

二月二十四日
國防部組成大學校長攜眷訪問團至金門訪問三天兩夜，先生受邀帶隊。
主持由中華民國阿拉伯文化經濟協會主辦之中阿新春聯誼晚會。阿拉伯駐華使節、旅華人士及留華學生均應邀參加。

二月二十八日
教育部召開大學入學考試研究委員會第七次會議，會中決定成立五個研究小組，進行大學聯招各項改進建議的專題研究。預定於該年六月一日前完成結論。先生受邀參與該項專題研究。分組議題及小組成員如下：
一、次年大學聯招數學是否採取部份申論題、演算題—林清江（召集人）、郭南宏、楊維哲。
二、大學聯招考生志願表，可否只填學校與組別，不列學系—梅可望（召集人）、端木愷、薛光祖。
三、大學聯招分兩階段實施之可行性—歐陽勛（召集人）、李新民、夏漢民、梅可望、廖英鳴。
四、大專院校是否保留若干名額，甄試保送高中畢業未入大專的在職青年進修—歐陽勛（召集人）、李新民、黃堅厚。
五、大學航海、輪機等學系應否單獨招生或在聯招中另設組招生—潘維和（召集人）、宗亮東、夏漢民。

三月十四日
以團結自強協會理事長身分，出席由《台北一週》週刊社主辦之「爸爸回家吃晚飯」座談會。與會人士都就這句口號作熱烈的討論，希望藉此節約浪費，端正社會風氣。是日參加座談會者，還包括新聞局長宋楚瑜、內政部社會司司長詹騰孫、政大教授王洪鈞及企業界人士等多人。

三月十七日
主持東吳大學學生發起舉辦之「自強座談教育講座——我國七十年代教育的展望」。教育部常務次長余傳韜、生活素質研究中心所長高希均、淡江大學校長張建邦及政治大學校長歐陽勛均受邀參加。

三月二十七日　裕隆汽車製造股份有限公司故董事長嚴慶齡於該年三月二十日逝世。是日組成治喪委員會，嚴前總統家淦為主任委員，先生及蔣彥士、閻振興、林挺生、辜振甫、楊繼曾等六人為副主任委員。

三月　教育部核准東吳大學成立社會學研究所。

四月三日　中國國民黨第十二次全國代表大會舉行第八次大會。會中通過蔣經國主席所提之第十二屆中央評議委員及中央評議委員會議主席團主席名單。先生獲聘擔任第十二屆中央評議委員。

四月十九日　主持東吳大學城區部新建第二大樓奉獻典禮。

五月二十六日　美國聯邦參議員松永正行（Spark M. Matsunaga）來華訪問，是日下午拜會先生。松永正行曾於民國六十二年八月二十五日接受東吳大學頒授榮譽法學博士學位。

十二月五日　出席東吳大學第十六屆董事會第三次會議，先生於會中報告，學校師生人數日眾，事務漸繁，根據事實需要，特自七十學年度起增設副校長一人，協助校長處理校務，並經聘請楊其銑教授擔任。

民國七十一年（公元一九八二年）　八十歲

三月五日　陳故副總統辭修先生逝世十七周年忌辰，先生以光復大陸設計研究委員會副主任委員身分前往泰山墓園致祭。

三月　應教育部之聘擔任大學入學考試委員會委員。

四月十七日　出席東吳大學董事會第十六屆第四次會議，本次會議先生報告要點如下：

一、依董事會指示，暫不增設學系，全力充實設備，提高素質。

二、教育部視察本校，肯定學校師資素質及理學院設備，惟財務狀況仍極困難，今後自當積極設法改善。

五月十日　東吳大學全體教職員為祝賀先生八秩華誕，於學生活動中心舉行拜壽典禮。學生會則於晚間舉辦暖壽慶生會。音樂系特於當月十二日假台北市實踐堂舉行祝壽音樂會。

六月四日　出席教育部舉行之大學校長會議。主題之一是討論學生安全與校園安寧。部份校長不同意教育部所提要學校主動負責的措施。先生於會中指出，東吳大學被違章建築包圍，除非清除違章建築，否則校方無法負責校園安寧。

六月　東吳大學與陽明管理發展中心合作創辦「企業經理研究班」，先生代表東吳大學與陽明管理發展中心董事長王紹堉簽約，並聘請成嘉玲、潘誌甲、李康五、田長模等人擔任指導委員。

家庭大團圓，慶祝先生八十大壽。

召開家庭會議，交代身後夫人生活之處理。（會議紀錄見本紀念集上卷「家書」部分）

七月五日　主持東吳大學七十學年度第二學期第一次校務會議。會中舉行東吳大學蔡萬霖董事捐款儀式，先生致詞感謝蔡董事捐贈新台幣二百萬元作為充實學校設備，並致贈紀念銀盾一座。

八月十四日　美國堪薩斯州貝克大學 (Baker University) 以榮譽法學博士學位，授予東吳大學董事、法律研究所所長王紹堉教授。學位贈與儀式在東吳大學外雙溪校區音樂館舉行，由先生及貝克大學校長譚納爾博士 (Dr. Ralph Tanner) 共同主持。

八月三十一日　出席蔣經國總統在總統府舉辦之茶會。會中邀請十四位公私立大學校長，作懇切交談，瞭解各大學進步發展之實況。現場尚有行政院長孫運璿、總統府秘書長馬紀壯及教育部長朱匯森等。

八月　擔任中華基督教衛理公會第二十屆及二十一屆會友副會長，至七十三年七月止。

擔任中華基督教衛理公會第二十屆及二十一屆執行委員會委員，至七十三年七月止。

十月二十二日　三民主義統一中國大同盟於陽明山中山樓舉行成立大會。會中通過大同盟綱領、盟章，並推舉先生等九十九位委員組成推行委員會，負責推行大同盟的各項工作。

十二月十日　主持東吳大學五大宿舍整潔競賽頒獎及升旗典禮。先生勉勵學生鍛鍊體魄、維持整潔、加強知識、明辨是非。先生並於講話中談到，東吳大學的傳統精神，也就是校旗上黑色與紅色所代表的意義。黑色象徵鋼鐵般的意志，紅色則意寓著不怕苦、不怕難、不怕死的犧牲奮鬥精神。東吳大學創立的宗旨，正顯示出是由剛毅力量與熱血精神所鑄成，亦說明學校所抱持的一貫態度。

民國七十二年（公元一九八三年）　八十一歲

一月二十五日　出席東吳大學董事會第十六屆第六次會議。先生於會中報告旅港友人胡惠春先生擬以家藏清宮紫檀傢俱一批贈予東吳。東吳可轉賣故宮博物院，由故宮按值計價，所得款項捐助學校做為充實設備之用。先生表示此事協商經年，已有頭緒，議定後再提報董事會。

案：胡惠春先生，江蘇省丹徒縣人，燕京大學畢業，僑居香港多年，經營航業有聲僑界，熱愛東吳多所支持。該案故宮博物院最終以半價新台幣二千三百萬元收購胡先生贈予東吳大學之清宮紫檀傢俱。東吳大學將所得款項以胡先生尊翁之名設置「胡筆江先生紀念基金」，以其孳息用於教學與研究，以感念惠春先生熱心協助東吳大學發展校務。東吳大學董事會亦於第十六屆第九次會議中推選胡先生為董事，以補楊亮功董事請辭董事之缺。

五月十八日　以中華民國私立教育事業協會名譽理事長身分，率領該協會代表到韓國大使館，呈遞「致全大總統斗煥書」，呼籲韓國基於維護人權和自由正義的立場，尊重中共六位奪機投誠義士意願，儘速讓他們回到中華民國。韓國駐華大使金鐘坤代表接受並與先生等請願代表晤談約二十分鐘。

五月十九日　行政院院會通過，呈請總統派充先生等中央選舉委員會現任委員任期屆滿後，均予連任。

五月　先生將珍藏之善本秘笈一批捐贈東吳大學圖書館，此批書籍多為明清詞曲刊本，甚為珍貴。先生並特別叮囑中國文學研究所學生要善加利用。

六月二十三日　出席東吳大學董事會第十六屆第七次會議。先生於會中稱，近年來以病就醫，體力迄未全部恢復，勢難繼續主持校務，故請辭校長職務，俾資養息。各董事勉予同意先生之請，並一致通過由董事會頒贈感謝狀及紀念品，以感謝先生多年來對學校之卓越貢獻。本次會議決議聘請楊其銑副校長繼任校長。

八月一日　先生卸東吳大學校長職，新任校長由副校長楊其銑教授接任。是日舉行交接儀式，王紹堉先生代表董事會監交。

八月二十六日　先生因捐資興學之義舉，接受教育部長朱匯森頒贈銀質獎牌。獎牌內容為：

獎　辭

「私立東吳大學校長端木愷博士，精研法學，洊歷要津。該校在台復校，出任首任校長閱十四年。復愛學校若家庭，視學生如子弟。不取薪俸，悉以助教師之進修。豐贈圖書，特以利學子之研習。復慨捐巨資千萬元及所居宅第。為辦學樹立楷模，為社會轉移風氣。作育人才，昌明教化，達人立己，良有足多。茲以耄齡引退，特頒獎辭，以資獎勵。」

教育部部長　朱匯森

中華民國七十二年八月

九月八日　中華民國阿拉伯文化經濟協會舉行第九屆第一次理監事聯席會議，先生當選常務理事。

九月十三日　出席孫哲生先生逝世十周年紀念會。會議在國父紀念館舉行，由總統府資政楊亮功主持。

十一月三日　東吳大學董事會舉行第十六屆第八次會議，會中選舉第十七屆董事，先生當選董事。

十一月二十日　出席第二十二屆亞洲專利代理人協會（Asian Patent Attorneys Association, APAA）年議會。該會自是日起至二十三日在台北來來飯店舉行。

民國七十三年（公元一九八四年）　八十二歲

一月二十七日　先生因辦理七十二年增額立法委員選舉有功，榮獲行政院獎狀嘉許。

三月十六日　太平洋文化基金會成立十周年，先生以董事長身分主持慶祝酒會。嚴前總統家淦及教育部長朱匯森均應邀出席。

四月十五日　出席東吳大學董事會第十七屆第一次會議。先生當選為該屆董事會董事長。

五月　《光華》雜誌以「功成身退，精神常在——端木愷功在東吳」為題，報導先生治校理念及建設東吳之功績。

民國七十四年（公元一九八五年）　八十三歲

三月　先生入院治療喉癌。

四月二十六日　主持東吳大學董事會第十七屆第三次會議。會中通過於外雙溪校區籌建綜合大樓案，以解決校舍擁塞之問題。另，通過授權東吳大學以合理價格購買城中校區毗連貴陽街校園民地一塊，土地標示為介壽段三小段三十六號地。

七月　與程滄波二人應聘擔任復旦同學會名譽理事長。

十一月八日　中華民國阿拉伯文化經濟協會舉行第十一屆第一次理監事聯席會議，推選先生擔任榮譽理事長。

十一月十一日　主持東吳大學董事會第十七屆第四次會議。會中通過購買城區校園西側鄰接第二大樓之四層樓房二棟十四戶，約一千四百坪（台北市延平南路一二九巷二號及二一一～二一十三號），土地標示為介壽段三小段四十八～六十三地號。

民國七十五年（公元一九八六年）　八十四歲

七月　先生身體微恙，進中山醫院療養。

八月一日　夫人陳季蘋女士因心臟衰竭，病逝於台北市中山醫院，享壽八十二歲。時先生亦正入該院療養，聞訊哀痛逾恆。（參本紀念集：端木儀民〈春暉永難報　世紀憶親恩——父親端木愷先生百歲冥誕　憶家居生活之點滴〉）

八月二十日　夫人陳季蘋女士安息禮拜於台北市立第一殯儀館景行廳舉行。（參本紀念集：〈先室陳季蘋女士哀辭〉）

民國七十六年（公元一九八七年）　八十五歲

一月　先生之子女六人為紀念其先母陳太夫人季蘋女士，捐贈東吳大學新台幣二百三十萬元，設立「端木陳季蘋女士學術研究獎助基金」。民國八十六年，東吳大學與先生子女商定將該基金改設「端木陳季蘋女士急難助學金」，並於同年八月一日公布執行辦法。先生子女並再捐款新台幣十一萬二千餘元，加上原基金與利息共計新台幣四百萬元。

三月十日　東吳大學董事會召開第十七屆第七次會議。先生因病療養，請假一次。各董事公推董事王紹堉代為主持會議。本次會議議案之一為選舉第十八屆董事，先生獲選連任董事。

五月三十日　先生壽終於台北市中山醫院，享年八十五歲。治喪委員會由薛岳擔任主任委員，黃少谷、倪文亞、楊亮功、袁守謙擔任副主任委員。喪禮訂於六月三十日舉行。

六月三十日　先生喪禮假台北市立第一殯儀館景行廳舉行。八時設奠家祭，八時五十分舉行安息禮拜，由周聯華牧師證道，九時三十分舉行公祭。蔣總統經國特頒「宿望嘉謨」、嚴前總統家淦「勳猷教澤」、李副總統登輝「耆德永昭」、謝前副總統東閔「道範長昭」、何應欽將軍「碩彥流徽」等輓額，同表悼念。蒞臨弔祭之各界人士及親朋、故舊、門生逾千人。公祭畢由蔣彥士、馬樹禮、谷鳳翔、邱創煥，為靈柩覆蓋黨旗；並由孔德成、林洋港、成舍我、閻振興覆蓋國旗。十一時發引安葬於陽明山中正嶺常安墓園。告窆式由光復大陸設計研究委員會秘書長郭驥先生主持。

九月六日　東吳大學於校內安素堂舉行「故董事長端木鑄秋（愷）先生逝世追思禮拜」，邀請家屬、好友、東吳大學及衛理女中教職員生等兩百餘人參加。追思禮拜由楊其銑校長主領，景奉祥牧師證道，王善祥律師追思先生之生平。

九月十一日　下午七時三十分，東吳大學於台北市社教館舉辦「音樂系十五周年暨故校長端木先生紀念音樂會」。先生子女於先生逝世百日後遵遺言，將仁愛路居所贈於東吳大學。是日，先生長女端木儀民、三子端木傑民代表家屬，致函東吳大學，請其儘速派員接管該屋。信函內容如下：

敬啟者：

先父端木鑄秋先生所住座落於台北市仁愛路四段一三七號九樓之一房屋一棟，現已全部清理竣事。遵先父遺言請貴校儘速派員接管。

此致

私立東吳大學

端木儀民　端木傑民　謹啟

中華民國七十六年九月十一日

九月十四日　案：東吳大學接信後派許少平總務長到先生住所點收屋內設備。

總統頒賜褒揚令，文曰：

華總褒字第五五六號

總統令

光復大陸設計研究委員會副主任委員端木愷同志行堅毅才識閎通法學湛深聲華夙著初執教上庠嗣歷任安徽省政府民政廳廳長國家總動員會議代秘書長國民參政會參政員立法委員司法院及行政院秘書長總統府國策顧問等職盤錯呈才危難見節晚歲致力東吳大學復校多方籌措克奠厥基近年復膺徵聘戮力光復大計綜其生平從政育才功在邦國茲聞溘逝悼惜良深應予明令褒揚以示政府篤念耆賢之至意

總　　統　蔣經國

行政院院長　俞國華

典璽官　劉　垕

中華民國七十六年九月十四日

十月十九日　東吳大學董事會召開第十八屆第一次會議。會中選舉董事長，由王紹堉董事當選。本次會議討論議案之一為新建之綜合大樓各館分別命名。以何館紀念端木先生，董事會請校方洽先生家屬後決定。另，會中並決議以公開標售的方式出售先生生前捐予東吳大學位於台北市仁愛路鑽石大廈私宅，所得價款作為補助綜合大樓建築費用。

十一月二日　東吳大學曾於該年九月十六日派員至先生住所，點收屋內設備。先生子女於是日再函東吳大學王紹堉董事長。信函內容如下：

紹堉董事長鈞鑒：

先父端木鑄秋所住座落於台北市仁愛路四段一三七號九樓之一及安和路三十二號九樓之一房屋兩

戶，謹遵遺言贈於東吳大學。依本國習俗於先父逝世百日後函請　貴校辦理接屋手續。蒙　貴校許總務長及有關人員於九月十六日在該房屋辦理點收。謹將所點收物品清單影本一份呈請　鈞閱。耑此　並請
鈞安

晚　端木俊民　偉民　傑民
　　儀民　倩民　儷民　謹叩

本件副本送呈
楊校長其銑
七十六年十一月二日

民國七十七年（公元一九八八年）　卒後一年

四月二十九日　東吳大學董事會召開第十八屆第二次會議。會中討論議案之一為有關出售先生位於仁愛路鑽石大廈私宅遺產。因綜合大樓尚未興工，房屋價值尚未穩定，故決議需款時再行出售，惟出售前先請不動產鑑定中心鑑定時價再行招標。另，楊其銑校長提請董事會再斟酌，關於綜合大樓興建後擇一館作為紀念先生之決定。楊校長認為先生對於東吳大學極著勞績，於大樓內部擇館命名，尚不足以表示隆重，請董事們再商酌。

五月三十日　先生逝世周年。是日，東吳大學在外雙溪校區安素堂舉行追思禮拜，由楊其銑校長主持，並出版《端

木鑄秋先生逝世周年紀念專輯》。

民國七十八年（公元一九八九年）　卒後二年

五月三十日　先生逝世二周年。是日，東吳大學於陽明山墓園舉行追思禮拜。

民國七十九年（公元一九九〇年）　卒後三年

五月三十日　先生逝世三周年。是日，東吳大學於陽明山墓園舉行追思禮拜。

民國八十年（公元一九九一年）　卒後四年

十二月二十五日　東吳大學為紀念先生對學校之貢獻，特將城區部第二大樓命名為「鑄秋大樓」（孔德成先生題字），並在該樓南面川堂牆上鑲嵌先生之浮雕，附載其生平事略供全校師生瞻仰。是日舉行大樓命名典禮，由章孝慈校長主持，恭請考試院院長孔德成為大樓揭幕，東吳大學董事長王紹堉、校友會會長陸潤康、先生家屬及東吳大學師生均受邀參加典禮。案：城區第二大樓為東吳大學新建之第十棟校舍，本大樓自購買校地至建築完成皆為先生奔走勸募而成。

民國八十六年（公元一九九七年）　卒後十年

五月三十日　先生逝世十周年。是日，東吳大學於外雙溪校區安素堂舉行追思會，由劉源俊校長主持，《東吳校訊》並印行「端木愷校長逝世十周年紀念專刊」。

民國八十七年（公元一九九八年）　辛後十一年

十月二十二日　東吳大學徵得先生家屬同意，將民國八十一年出售仁愛路鑽石大廈私宅價款之一半，約新台幣一千六百萬元，併入「端木鑄秋法學研究基金」。是日，正式公布該基金使用辦法。

民國九十年（公元二〇〇一年）　辛後十四年

五月七日　先生子女決議將先生生前執業律師時承辦之法律案件檔案全數銷燬。是日，由端木俊民、儀民共同具名致函東吳大學劉源俊校長，告知家屬之決定，並對學校提供置放檔案空間表達感謝之意。信函內容如下：

源俊校長道鑒：

前蒙 貴校挪出辦公室以供先父生前執業律師時所留存之案卷，已全部整理完竣。原擬在案件內容中如發現有足資助益法律教學者，則予以編彙出版。唯經詳細檢讀案件內容，多已殘缺不全，且事涉及當事人之隱私機密，關係非輕，如予公布，非僅不符法紀，抑且有違道德。故經審慎研討，決加以銷燬，並備文台北市政府環保局核准並已燒燬。多蒙貴校賜借辦公室，得以將文件妥善處理。不勝感荷，特函再申謝忱。肅此　謹頌

公綏

端木偉民 儀民　再拜

民國九十年五月七日

民國九十二年（公元二〇〇三年）　辛後十六年

五月　《傳記文學》雜誌以「東吳大學故校長端木愷百年冥誕紀念專輯」為題，於五月號（四九二期）及六月號（四九三期）雜誌中，刊載家屬及故舊門生紀念文章共十五篇。

原預定於五月十七日，在東吳大學城中校區鑄秋大樓舉行之「端木鑄秋先生百歲冥誕追念會」，因嚴重急性呼吸道症侯群（Severe Acute Respiratory Syndrome, SARS）來襲之故取消。

民國九十三年（公元二〇〇四年）　卒後十七年

五月六日　先生逝世十七周年。是日上午十時，東吳大學於外雙溪校區國際會議廳舉辦「一位政治家・律師・教育家的風範——端木愷先生紀念座談會」。座談會由東吳大學校長劉源俊主持，邀請葉明勳、梅可望、周聯華、秦孝儀、梁肅戎、錢復、黃煌雄等擔任與談人。計有先生故舊、門生、家屬百餘人出席。

六月　東吳大學《東吳校友》半年刊第五期，以「永恆的追思——紀念端木愷校長」為題作為封面故事。

七月　東吳大學與東大圖書股份有限公司共同發行《端木愷校長紀念集——紀念先生一百晉一歲冥誕》。

參考書目

1. 中央日報五十年全文影像資料庫（1928.2～1995.12）
2. 〈中外名人傳（七）——陳納德〉，《中外雜誌》，第五十八卷 第四期（1995.10）
3. 中華民國團結自強協會、太平洋文化基金會、中華民國阿拉伯文化經濟協會、中華救助總會、中華民國新聞媒體自律協會、世新大學、衛理女子高級中學等機關人事檔案

4.《中國現代史辭典——人物部分》（台北：近代中國出版社，1987.6）
5.《中國現代史辭典——史事部分》（台北：近代中國出版社，1987.6）
6.《中華基督教衛理公會在台設教五十週年紀念特刊》（台北：天恩出版社，2003.3）
7.《世紀春風——東吳大學建校百年紀念特刊》（台北：東吳大學，2000.3）
9.《東吳大學校史手冊》（台北：東吳大學，2000.12）
8. 東吳大學行政會議會議記錄（1969～1985）
10. 東吳大學校務會議會議記錄（1969～1985）
11. 東吳大學董事會會議記錄（1954～1988）
12.《東吳半月刊》，第一～三十六期（1972.3～1974.6）
13.《東吳校訊》，第四期起（1975.3～）
14.〈東吳大學圖書館所藏珍本戲曲目錄〉，陳美雪，《書目季刊》，第三十卷 第二期（1996.9.16）
15.〈軍事審判所表現的法治精神〉，端木愷，《海外學人月刊》，第九十五期（1980.5）
16.《孫哲生先生年譜》（台北：正中書局，1990.10）
17.《第一屆國民大會實錄》（台北：國民大會秘書處，1961.10）
18.《國民參政會史料》（台北：國民參政會在台歷屆參政員聯誼會，1962.11）
19.《溪城雙週刊》，第五～一七七期（台北：東吳大學，1975.3～1989.1）
20.《傳記文學》，第八十二卷 第五～六期（2003.5、6）
21. 端木愷呈蔣中正總裁文：赴香港見聞觀感並附具芻議，國史館典藏：蔣中正總統檔案（1951.4.10）

22. 端木愷履歷表——軍事委員會委員長侍從室人事登記片稿，國史館典藏：人事檔

23. 《端木鑄秋先生逝世周年紀念專輯》（台北：東吳大學，1988.5）

24. 端正法律事務所常年法律顧問聘書檔案（1949～1965）

25. 聯合知識庫（1961.1.1～）

26. 〈驚心動魄的兩航事件〉，陳香梅，《傳記文學》，第八十卷 第二期（2002.2）

後記

《端木愷校長紀念集》一書之編輯委員會於民國九十三年二月十三日召開第一次會議，會中議決該書內容除包含端木先生著作、演講詞、信函及故舊門生所撰之紀念文章等，應另編一「端木愷（鑄秋）先生年譜簡編」，由企劃組負責。自是日起，即積極展開搜集資料事宜。因先生於國共內戰後即隨我政府遷台，相關事蹟檔案多半散佚，故本年譜中民國三十八年之前相關記載不甚詳盡；又，先生來台後執律師業達二十餘年，承辦中外名案無數，惟一向嚴遵執業倫理，尊重當事者之隱私，從不於公開場所談論業務相關細節，文件亦不外傳，是以先生雖以律師聞名，年譜中所註記之法律事務活動乃寥寥可數。僅有之數筆資料，均來自當時媒體報導，編者僅能據以對有關事件窺知一、二，無從提供讀者完整之資訊。

先生學貫中西，自美學成歸國即投身政治，來台後長期從事律師業並積極參與我東吳復校大計，晚年擔任東吳大學校長，為母校發展奉獻心力。編者於編寫期間曾赴國家圖書館、國史館、中國國民黨黨史館、中央通訊社等處查考，東吳大學文書組檔案室、圖書館亦提供相當豐富之資料。先生一生功業豐偉，因之編者所搜尋之資料，堆疊卷帙浩繁，惟猶恐不盡完備，期間除口訪家屬、中華民國阿拉伯文化經濟協會高級顧問丁慰慈先生，及衡平法律事務所律師李文儀教授等，亦電話一一聯繫其生前所服務之各單位。承先生女長公子儀民女士，提供先生政黨與律師生涯重要聘書與照片，均為現存文獻中所未見，實彌足珍貴。又，編者於東吳大學校史陳列室，先生家屬捐贈物件箱中，曾逐一翻檢，得先生復旦大學文學士及美國紐約大學法學博士畢業證書舊照片二禎，其畢業年月仍清晰可辨，與目前文獻所載有出入，得據以更正書之年譜中。

自二月中旬受命以來，即擬定分工，著手是編。由於預定七月底付梓完書，故編者於短短五個月時間，不分休假，與同仁戮力以赴，潤稿再三，斯作乃成。期間感謝劉源俊校長、文學院劉兆祐講座教授、圖書館館長丁原基教授、歷史系主任黃兆強教授、歷史系卓遵宏教授及校友蘭陽技術學院余蕙靜副教授等協助審閱訂正，謹此致謝。期盼此一先生故後首次年譜簡編，能有助於後繼研究者之參考發皇。然編者深知學養不足，經驗尚淺，其中錯誤乖謬，定在所難免，敬祈博雅君子，指正是幸！中華民國九十三年七月東吳大學發展處企劃組余惠芬謹識。

【紀念詩文輯】

壽序

鑄秋老兄六十壽詩

彭醇士

鑄秋老兄執事：別來艮用為懷，自負疴以來，涉夏經秋，近稍就痊，而體力益衰。矣佛觀兄

枉存，重荷

垂念，兼拜采牋二篋，至感至謝。日內北來，容當趨候，藉暢積懷。病中無事，曾成壽詩二首，用前日壽滄波韵，一贈佛觀，一贈賢者。本擬見面，先將原稿彔上就教。茲因裁候之便，附寫於后。是否可用，將再正書奉祝也。專函敬頌

勳安　弟彭醇士再拜

哲人抱瑚璉，瓌器重當日，自遜何望顏，聞一乃知十。才高不受命，事急爾時出，手援宗國危，獨摒諸侯隙。流風逮賢裔，智略起繩昔，無心嬰世網，袖手煖重席。神州兵尚鬥，孰忍固深壁。

端木鑄秋校長七十榮慶壽言

孫　科

我東吳大學校長　鑄秋端木愷先生從不言壽，顧事有利於東吳，即平生執意以為不可者，亦莫不破例為之。去年夏，　鑄秋華誕前夕，公子俊民、偉民、傑民昆季，自海外匯美幣千元，書寄教務長王濬如先生，「請設端木鑄秋獎學金，勵學子以上進，冀少裨於東吳，父志也。」云云，　鑄秋欣然嘉許。自　鑄秋繼任東吳大學校長，一本認真辦學之傳統，兩年以來，購地建屋，興建百端，所費逾台幣四千萬元，皆本校力所未逮，而皆必不可少緩者也。　鑄秋皆毅然力排眾議，獨承其艱。　鑄秋間為東吳事應邀出國，往返旅食之資皆自給，登機前必保險台幣百萬元，受益人均署東吳大學。私有住宅一區，已為東吳貸款而付抵押矣。私藏珍本書，價值巨萬，盡以贈東吳圖書館，是則　鑄秋之於東吳，可謂造次顛沛，須臾勿忘者也。差幸海內外校友，與基督教美國衛理公會，終亦深韙　鑄秋之旨，時有資助。科於　鑄秋知之最稔，故尤力贊其成。用是，崇樓傑構，巍然而矗立者，歲月有增，規模日備，莘莘學子，一皆醇美好學，東吳遂如晨曦初上，芒采光鮮。　鑄秋於是顧而樂之。

科忝居董事長，遂亦叨與虛聲，實皆　鑄秋之所為力者也。　鑄秋早歲，闊步天衢，勛名赫熠，退而治律，聲譽鼎盛，遠被海外，凡為官，為律師，為大學校長，無不因時因地，而異其豐采，出此入彼，無餘習，無罣礙。蓋　鑄秋至性過人，凡事必全力以赴，責任而已，天則而已，渾然忘我，何有餘習，何有於罣礙乎？亦以是凡遇盤根錯節，罔不恢恢乎其於游刃有餘裕焉。故　鑄秋之於東吳也，寧為其難，以為事不容已，今日我不為其難，愈後愈不易為，然　鑄秋為之，亦頓忘艱鉅之在躬也！彼汲汲於富貴榮利，患得患失，天君無一刻之泰然者，未可語於此也。然而 鑄秋古稀之年矣，本年吉月吉日，為攬揆之辰，雖康強無殊於壯盛，凡我東吳師生校友，忍任 鑄秋獨承其艱，而不少抒一臂之力，俾我東吳早躋於全體一心所欲造之境乎？爰有畢業校友林享仁等發起募集「東吳大學圖書館建築基金」，凡我師生校友，皆量力而為，一錢非為少，千元萬元非為多，即以是為 鑄秋壽，東吳因以叨無疆之休。至壺觴之設，拜颺之儀，費而無益之事， 鑄秋所滋不樂者，一不具。亦庶幾 鑄秋之夙志也。於是紛紛應和者，廣及 鑄秋故舊，與社會賢達之士。 鑄秋欣然曰：「公等欲因余壽，而思有利於東吳，余雖不言壽，茲事亦何敢辭，敬唯命！」緬想他日，傑然巍然者，不翅仁壽之宇，似此以不言壽為壽，綿延之慶，不愈多乎！

原載：民國六十一年六月《東吳半月刊》第六期

端木校長鑄秋先生八秩壽序

鑄公校長出長東吳大學之第十三年，初度八秩華誕。 公來校前，敬歷仕途，勳望崇隆。而其時之東吳，草萊未盡闢，山林未盡啟，乃應師生之請，毅然謝世務，來治校政。未幾，度七十誕辰，宏樓傑閣，黌舍為新，師生謀奉觴上壽，公曰：「斯非吾之始願也」，謝不受。及後，全力擘劃學術研究，學風培養，相繼增廣文理法商各院系所，配合國家經濟建設，陶鎔專業人才。排眾難以成立哲學系，曰：思想信仰是吾校之所重也，籌經費以創辦微生物學系，曰：是吾校之優良傳統也。而尤致意於建教合一，學用並重；師生常於課餘假日，往返高山深谷，漁村農舍，為實地之考察研究，以相印證。各方重其創獲，爭相援引，其出而應世者，或政或商，皆能迅致青雲，卓然著譽。論者咸以東吳有育才之盛，社會收得人之效， 公掀髯以喜，以為必如此，始可言教勸學矣。

公治校之初，經費既絀，事復艱鉅，乃以其個人之影響力，奔走海內外，張羅籌募。常隻身遠遊，蕭然行李。同人送行，見 公鬢全白，手頻揮，風吹衣袂有聲，步履清健，倉促登機；及遠遊歸，下機一如登機時，初無將息，立即治事，益相與贊仰。咸以 公高年，正優游林泉之際，竟以東吳故，馳驅征途。其作始也，實無一囊之蓄，其將畢也，終成百歲之功，宜其為師生眷戀孺慕而不能忘也。

公既於東吳有功矣，而師生晉接之者，巍然而平，溫然而親。平居喜與師生共餐，春風所被，四座化之，疑者以告，困者以助，必使各罄其所欲言而後止。有欲求見者，推門長揖而入，暢論盡興，而微言妙理，常於談笑中發之，如曰：「大學育才，宜專而通，學者治學，宜通而專，夫育才也，惟其能專，故有精湛之技，惟其能通，故有可用之人。夫治學也，惟其能通，始能識其廣，惟其能專，始能掘其深，凡事屬政策性者，吾不能議，凡事可以己力決定者，願與師生共勉焉。」於是教師相率以教以學，諸生相率以學以用，沉潛既久，風尚蔚然，蓋賢者之一言一行，攸關世運，況親炙其教者乎！

公早歲負笈東吳，壯而奔走國事，未嘗須臾忘其少時絃誦之地；晚而歸治母校，宏猷迭敷，恢恢乎若游刃之有餘，而未有艾也。公皖之當塗人，大江流其前，雄關峙其後，靈氣所鍾，挺生英哲，故公平生事功成就者大。茲不備述，述其與東吳有關者以壽公，兼以為東吳壽，而為東吳壽者，亦即所以為公壽也。謹為之頌曰：「惟公之德，東吳增色。惟公之壽，自天之佑。」是為序。

東吳大學全體師生同謹祝

中華民國七十一年五月吉日

原載：民國七十一年五月《東吳青年》第七十七期

民國七十一年，東吳大學教學行政主管慶祝端木先生八秩壽宴，左起次子偉民、端木夫人、端木先生、長女儀民。

惟公之德　東吳增色　惟公之壽　自天之佑

——恭賀端木校長八秩大壽

《東吳青年》

端木校長鑄秋先生為本校極為傑出之校友，集學者、政治家、教育家、名律師於一身，勛名赫熠，遠被海內外。今值校長誕辰，本期特載此文，略述其學經歷及對國家與本校之卓越貢獻，以為校友之楷模。

端木校長為安徽省人，生於民國前九年農曆四月十八日。先就讀於上海復旦大學，獲文學士學位，又入本校法學院，得法學士學位，再赴美國紐約大學深造，榮獲法學博士學位。其經歷略述如下：

民國十二年夏，校長往廣州晉謁　國父孫中山先生，得識　國父哲嗣，本校故董事長孫哲生先生。二十至二十六年，任行政院參事，改任安徽省政府民政廳長。三十至三十二年，任行政院會計長。對日抗戰時，在重慶常奉命代表行政院列席立法院法制與財政兩委員會備諮詢。勝利前夕，改任國民參政會參政員。三十四年，抗戰勝利，回上海執行律師業務被選為訓政時期最後一屆立法委員，校長為保持自由職業資格，堅辭未就。三十七年，任司法院秘書長。同年十二月，孫哲生先生組閣，禮聘為行政院秘書長，其受倚重如此。彼時國家多事，孫內閣持續僅三個月，總統下野，首都南遷，李宗仁以副總統代行總統職務，急切求和，形同乞降，與孫先生意見動輒相左，校長奔走府院之間，處境雖困苦，而深得孫先生信任，終能在艱險錯綜之政局中，排除萬難，為國盡力。三十八年，任行政法院院長，謙辭未就，改任總統府國策顧問，並執行律師業務。五十八年八月，因本校桂崇基校長以病辭職，乃接掌校務迄今。

端木校長，至性過人，凡事必全力以赴，克盡職責。自主持本校校政之後，辦學認真，並獨承艱難，購地建屋，興造百端。為學校之事應邀出國，往返旅費皆由自己負擔，且登機前必保險台幣百萬，以本校為受益人；甚至私有住宅亦曾為本校貸款而付抵押，所藏珍本圖書價值巨萬，悉數捐贈本校圖書館。凡有利於東吳之事，雖平生執意以為不可者，無不破例為之。如民國六十二年，校長七十華誕，其公子昆弟三人自海外匯寄美金千元，請學校設「端木鑄秋獎學金」，以勉勵學子上進，校長雖不言壽，而欣然嘉許。校友亦於此時發起募集本校圖書館建築基金，以為校長壽，全校師生及海內外校友皆紛紛響應，校長亦以此事有利於東吳，乃欣然應允。民國六十七年，本校中正圖書館完工，設備新穎，寬敞舒適，全校師生進修得所。社會賢達之士與基督教美國衛理公會亦因受校長感召，而對本校時有資助。今城區部第二教室大樓已興建完成，本校規模日備，雖由各方配合所致，要皆以校長為主幹，其功至偉。

本校在台復校，實賴前期蘇州、上海之校友所支持，端木校長期望所有校友，不分地區，記取前輩愛護學校之熱誠，盡最大之貢獻，繼續發揚東吳「養天地正氣，法古今完人」之校訓，使母校聲譽日隆。

原載：民國七十一年五月《東吳青年》第七十七期

友人

風蝶令

——奉貽鑄秋先生

張佛千

鑄秋先生賜鑒：偶瞻
風範，積慕四十年矣。去歲大華晚報「瀛海同聲」載程滄波先生贈詩，小序述
公之言：「勞勞畢生，竟無一物留傳，草木同腐，言下泫然」。濁世幾人有此深慨？欲詞以慰
解，久久在心，頃以朋輩索詞，遂成多闋，佛說眾生不可輕生願心，有願便當了踐，乘興作
小令奉呈，微願得償，心乃釋然，唯語短而拙，不足以申微誠耳。附紙錄奉，敬祈
詧政。祗頌
道綏

弟張佛千　敬上　三，十八

邃學才堪霸。工言旨每深。迴旋內外亟抽身。要為人權保障作雷鳴。　天馬無羈勒。飛雲任卷伸。早輕
冠蓋等埃塵。老去自栽桃李播芳芬。

右調風蝶令、奉貽
鑄秋先生

弟張佛千　倚聲

桃李成蹊端木愷

丁慰慈

凝重果決細密寬厚

凝重、果決、休休有容、談笑風生，具細密的心思，有寬厚的胸懷，這就是端木愷先生。

端木愷就今天教育界言，可算執教鞭最早的學人之一。從一九二八年，他自紐約大學榮獲法學博士返國，在他的母校復旦大學任法學教授、法學院院長，荏苒已逾六十年。由於他的聲望與學養，接著在桑梓作育人才，任安徽大學法學院院長、中央大學教授。政府遷台，由於東吳也是他的母校，五十八年，出任東吳大學校長。位於外雙溪的東吳大學，雖然校址佔地寬廣，但校長室卻在二樓，對學生親切，對教授接近，指揮行政也十分方便。校長定期地和學生共餐，使得一批一批的學生得向校長直接提出問題或建議，真正辦到校長與學生，教授和學校，打成一片。

端木以為，希望學生有充實的學養，須先有充實的圖籍為進修補益之用。他任校長二十年，擴充了學校圖書館，其規模使能配合一個最高學府。在這些庋藏之中，數千冊稀有的中西圖書就是他歷年來搜集而來的珍藏，許多書已經是海內孤本了。

嘉惠學子為國育才

二十年的校長時光，他建立和擴充了延平南路和貴陽街之轉角處的城區部，那裡有燈火輝煌，窗明几淨的大廈兩幢，也有夠得上國際水準的網球場供學生運動。增夜間部，開研究所，不僅嘉惠學子，也是為國育才、為國儲才。

二十年來，校長不祇是未領過一次薪津，在生前他就將其值一千多萬的私宅立據捐贈東吳大學。我到端木寓所致唁，談到東吳，說及房子，他的公子傑民一問三不知。傑民說，我到東吳，數十年加起來不到二、三次，訪客或覺怪異，而原因是其子女都有成就，父親要使他們完成獨立。由此小事，可見端木先生之公私分明有如此者。

端木先生在教育界，可以說，桃李不言，下自成蹊，但他在從政時也卓著聲譽。年甫而立，便任行政院參事，接著任安徽省民政廳長、行政院會計長、國家總動員會議秘書長、司法院秘書長、行政院秘書長。尤其是當日寇侵華，國步艱難時期，端木先生任國民參政員，贊襄國是，調和眾議，奔走各黨派之間，去異求同，折衷斡旋，獻替最多。而國家總動員會秘書長一職，適在抗戰末期，業務中有兼管物價，關係民生國脈至鉅。但由於先生博學深思，所謂臨事而懼，好謀而成，因此受先總統蔣公信任，也受先總統蔣公倚畀，幸能達成政府所定的國策計畫。來台後，被聘為國策顧問。

眼光遠大堅守原則

端木任東吳大學校長期間，排除萬難，擘畫經營，使校務得以蒸蒸日上。在奉准恢復大學建制後，由於有文、理、法、商四院，他曾力排眾議，堅持須設哲學系，認為如此，始符合設立大學之精神。先生之眼光遠大，固守原則，於此可見一斑。在校務倥傯之際，除光復大陸設計委員會副主任委員之外，並兼任太平洋文化基金會董事長、中華民國阿拉伯文化經濟協會理事長和名譽理事長諸職，任內邀請歐美學人以及阿拉伯地區聞人政要來華訪問，對促進國際文化經濟交流及增進外籍人士對我之了解及協助，常推動不遺餘力。

在大陸時，法學界常推重華北之朝陽大學、南中國之東吳大學。東吳所博得之美譽，端木先生實為草創。他自政壇退隱設事務所，執業律師，受理案件取捨嚴明。由於他辯才無礙，因此在訴訟過程中，紓解冤屈，定紛止爭，提昇法治精神，端正社會風氣。維護國家的尊嚴和利益，最為人所稱道。

孔子說：「君子正其衣冠，尊其瞻視，儼然人望而畏之。」端木先生一生中衣著色調配合，服裝質料與季節適宜，朋友多謂他考究穿衣服，但據追隨他三十多年的現任東吳大學校長楊其銑說，由於他的夫人陳季蘋女士的賢慧，回到家換了外衣，隨即熨燙整潔，掛入櫥內，所以端木先生的衣服從未送入洗衣作。他對衣服雖如此愛惜，但作客起居，甚為自然，從不矜持作態。

勇敢鎮定達觀毅力

端木先生宴客時，菜餚餐具均極精美。邀讌外賓，對座次與時間的安排，極為細心，客人每每讚不絕口，人皆稱他為美食家。不過楊其銑校長說，與端木先生商量校務，往往留住便餐，其居家之便飯，四菜一湯，極為簡約，友朋送來名菜，都必須留待訪客共同品嘗。

自七十一年起，因患胃癌，端木先生將胃切掉五分之四，其後又先後患肺癌與喉頭癌。但在出院以後，仍照常接見客人，處理公務。最後，端木先生因肺水腫，壓迫心臟而不治。人，頗難有同時患三種絕症而能起居生活言行保持常態，面對死亡之神而泰然者。楊其銑校長，便時以在東吳大學茹苦含辛犧牲貢獻達二十年的端木校長的勇敢、鎮定、達觀和毅力，諄諄告誡，作東吳大學一萬多名莘莘學子為學、作人、處事的典範。濡筆至此，爰為之誄曰：

謙謙君子　達變守常
桃李成蹊　慷慨輸將
遺大投艱　清白流芳
鳳毛濟美　爾熾爾昌
勞者得息　山高水長

——丁卯仲夏於台北譯署。

原載：民國七十六年八月號《中外雜誌》第四十二卷第二期
民國七十七年《端木鑄秋先生逝世周年紀念專輯》

追懷端木鑄公二三事

蔣彥士

端木鑄秋先生是我國留學歐美的前輩學者，向為彥士所崇敬，尊稱為「鑄公」。自隨政府播遷來台，在各種場合，偶相聚晤，而苦於接觸的機會不多。直至民國六十一年，彥士奉命任教育部長，夙仰鑄公主持在台復校的東吳大學，苦心經營以下，已成為著名的高等學府之一，而對於辦理教育，培植青年，具有前瞻性的看法，故經常謁訪請教。鑄公的工作很忙碌，衹有清晨在其府中共進早餐，暢聆教益，每月有多至二三次者，這段時間中，最為接近，對於鑄公的風範識見，備致欽慕。

民國六十三年，教育部籌組國劇訪問團赴美國各地演出，謀以增進國際間的文化交流，並為中華文教做宣揚工作，以增進外交關係。國劇團的組成份子以大鵬劇隊為主幹，並選聘了其他劇團的精英演員參加，但苦於難求一位適宜的領隊人才。曾向豔稱「名票」，對於梨園一行深知了解的劉大中博士請教，他說：

「這次國劇團出國訪問，如能請得到楊其銑先生擔任領隊，就可預卜成功的一半。」

彥士聆教之餘，初尚不知楊先生是何許人也，後來方知就是鑄公的左右手，東吳大學的教務長楊其銑教授。於是即向鑄公請求，聘請楊教授為國劇訪問團的領隊，得以成行。楊教授英語流暢，對於國劇研究深湛，為人又極謙和。尤其他在擔任領隊之後，自己做先遣部隊，按照演出日期和地點，由他先行接洽當地的電視、報紙、廣播等傳播機構，預作新聞或廣告等部署。因此我國劇團演出時場場滿座，使得這次的巡迴訪問工作，獲得很大的成就。民國六十三年教育部再度派遣國劇團訪美，又請楊教授擔任領隊，亦是成就非凡。在兩次訪美期間，楊教授都與國外的僑胞、學人們相處得極為融洽友好，並獲得全國劇團的團員們一致的崇敬。具見鑄公不僅培育菁英，並且對於人才器使之選精用宏，更使後輩們永遠景式。

嗣以行政院為爭取中外學人，及對我數萬留美學生有適當的服務，決定加強駐美大使館的文參處工作，要求主管單位的教育部，物色一位適當的文化參事。彥士鑒於楊其銑教授率國劇團訪美的優異成績，認為楊教授允為一位可適合的人選。但又慮及東吳大學的訓導長朱叔漁（國勳）先生，方由政府徵調出任觀光局局長，而楊其銑教授身任東吳的教務長，是鑄公得力的臂助，並聞知是鑄公有意培養的校長接棒者，如何能向鑄公借調，確是「不情之請」。有一天，鑄公來教育部洽公，彥士認為機會難得，乃鼓起勇氣，向鑄公啟齒相求，不料他竟很快地應允，並且對我說：

「楊教授赴美擔任文化參事，固然對東吳的校務有影響，若是對我國在美的文化工作，有所開展，則東吳一校的犧牲，又何足惜！祇是希望借調楊教授的時間不要過久就可以了。」

楊其銑教授赴美後，果然使我駐美使館在美的文化工作實行既定的政策，拓展業務，煥著新猷。而教育部在駐美「文參處」規模刷新之後，即讓楊教授回到東吳大學，而今楊教授已由副校長、校長、繼續鑄公的教澤。猶憶當時彥士向鑄公面致謝意的時候，鑄公慨然說：

「我一向的主張，是國家第一，學校（即指東吳大學）第二！」

具見鑄公忠盡愛國的熱忱，令我感動非凡，對他老人家益增敬佩之意。

彥士在教育部長任內時，為促進中美兩國國民的文化交流，發起設立「太平洋文化基金會」。並敦請鑄公以社會賢達的德望，出任董事長，鑄公欣然的接受了。鑄公對於基金會工作的開存、基金的籌措、幹部的遴選，都盡心盡力地擘劃，如聘請李鍾桂博士之出任該基金會執行長，就使基金會的對外文化交流工作，得到順利的開展。

及至彥士在中央供職，為組織成立「團結自強協會」，也以欽敬鑄公是德高望重的社會賢達人士，敦聘為首任理事長，藉資號召。鑄公出任了一段時間，以衰病請辭，乃改由吳三連先生繼任，對於團能全民意志，消弭民間歧見，有不可磨滅的貢獻。

鑄公是國內有數的法學專家，是虔誠的基督徒，更是熱誠的愛國人士。基督教會在我國各大都市設立的著名高等學府，播遷來台後，復校者僅東吳大學一校。而鑄公全心全力投注在「東吳」，不但維持優良的傳統，一貫的學業水準，而且為籌措學校的經費，經常樸樸風塵去北美各地募集捐款，而在與國外人士的接觸中，隨時進行國民外交，克盡國民一份子的職責。鑄公視功名富貴為浮雲，但祇要與國家有關的文化經濟組織，他接受了一項榮譽職務，無不秉一腔報國的蓋忱，竭誠以赴。我們以儒家的忠恕思想，為傳統的倫理道德，鑄公實兼具基督精神與儒家道統。

去（七十六）年五月三十日鑄公不幸以八四高齡辭離塵世，安息天國。彥士每感「哲人日已遠，典型在宿昔」，懷著無限的追思。時光荏苒，逝世已居周年，墓草初青，彌增想望。匆匆寫出記憶中的二三事，藉達悼念之忱，諸祈賢達賜予指正。

原載：民國七十七年《端木鑄秋先生逝世周年紀念專輯》

對鑄秋先生我最追憶的兩件事

成舍我

鑄秋、滄波與我相識在五十年前，旅台期間，過從尤密。我長於鑄秋、滄波五年，而滄波則僅長於鑄秋兩月。滄波文章優越，舉國敬仰，尤長於墓碑、弔輓。索求者不絕於門。我與鑄秋常戲稱，我三人中，滄波最善於文，我二人應預告子女，身後祭弔之文，首須求自滄波。我二人亦常面約滄波，但均視為友好間戲謔之談，不意轉瞬，鑄秋竟先我與滄波而去。滄波已應鑄秋長女之請，撰寫唁詞。我則追念五十餘年中，鑄秋最令我畢生感念不忘者兩事：

其一，民國四十五年，我在極艱困中，創辦世界新聞學校，時學院、專科，均不易新設，僅獲准開辦職業學校，四十七年始升格改辦專科。當時我最努力者，為如何提高師資。我明知職校及三、五專，均不易要求專家學者、資深之大學教授，降級任教，但我第一位與鑄秋談及，不料他竟首先承諾，願教職校及專科英文，他說，教語文最好從中小學教起，當時他公私業務均極忙，但前後三年，從未請過一次假，雖然繼續受我邀請的，除鑄秋、滄波外，尚有胡秋原、陶百川、陳紀瑩、蔣勻田、沈雲龍、王藍各好友，他們均曾憐念我辦學苦心，攘臂相助，但鑄秋之首先允許，尤可感激。

其次：在我主辦「世新」三十一年中，常有不少土地糾紛等瑣事涉訟，鑄秋以名律師地位，此種小案，向不接辦，但在「世新」遇到此種訟事，他總儘量破格代理。不過他經常勸我，他笑說，做律師的，在一般人看來，總一定勸人打「官司」，如事情重大，當然非打不可，但有些好朋友遭遇關係不大的爭執，我總願意勸大家寧可吃點虧和解了事，因為打官司，經過三審，上訴，再訴，覆審，抗告，一拖再拖，甚至可拖過十年以上，而仍未能獲得解決，即使解決，亦未必真能公平。且可能為了拖延，損失之大，比較最初忍氣吞聲，吃點小虧和解了事，超過許多倍。尤其一個訟案，儘管沒有任何非法枉法的不正當事故，法律本身是否確能百分之百的公正，見仁見智亦大有疑問。這一番至理名言，我雖然在業務方面，有時仍無法完全接受，但出之於名律師之口，確是值得敬佩的。

原載：民國七十七年《端木鑄秋先生逝世周年紀念專輯》

民國四十年七月，端木愷（前右二）與王雲五（前右三）、成舍我（前右四）、程滄波（前右六）、陶百川（後右二）等人合影。

永憶鑄秋

程滄波

鑄秋謝世，倏已經年，其長女儀民，來電屬為文紀念，當凶問初傳，余既痛哭兩日不輟，所謂「蹔遊萬里，少別千年」「春草碧色，春水綠波，送君南浦，傷如之何！」

予與鑄秋生同甲子，而長於鑄秋兩月，余由聖約翰大學轉學復旦，他已先我去復旦，當時復旦新遷江灣，校舍及教職員，無一不新，是時在江灣攻讀半年而五卅之風潮遽起，越一年余畢業復旦，鑄秋留美畢業歸國，余亦留英回國，自是兩人分別在黨政服務，迄於行憲——憂患之歲月，意奪神駭。心折骨驚！

民國二十年，海內雲擾，是年夏秋，長江水災滔天，九一八遂罹日寇巨禍。當時寧粵分裂，余隨南京代表團參加和議。每日署名公報，會議既畢，代表團遄歸南京，時陳立夫先生主辦時事月報，寧粵和談全部紀錄赫然具載時事月報，紀事撰述及撰者赫然端木愷也。當時莫逆而竊笑者，惟鑄秋與余，乃知兩人之交誼與相知。則四十年前已交融如一矣。當前年鑄秋病危時，鑄秋家人禁止見客，余獨乘間竊窺鑄秋，死後得耗，我獨掩泣數日不已。

余弱冠漫遊江湖，得交四方賢豪，友朋中氣味胸襟類似者，惟與鑄秋較近，自他病癌，我為之日夜不安。倏倏歲月，鑄秋已去世周年，昏昏日月，不知如何度過，明知此時尚不能寫文，寫文要泫然涕淚，再不自制，必然涕淚滂沱！嗚呼鑄秋，蹔遊萬里，少別千年！

原載：民國七十七年《端木鑄秋先生逝世周年紀念專輯》

道範長存

郭驥

時間如白駒過隙，轉瞬之間，本會副主任委員端木鑄秋先生不幸逝世，倏已一周年了，仰企遺徽，愴懷曷已。

先生家學淵博，幼即歧嶷，卓犖不群。先後畢業於復旦、東吳兩大學，嗣赴美深造，獲紐約大學法學博士學位，民國十七年歸國，正值北伐功成，全國底定，國家需才孔亟，時先生年未滿三十，其才華即為當道所激賞。初任安徽省教育廳秘書，繼則出長安徽大學法學院，旋轉職南京，並曾一度兼任中央大學法學教授。是時我尚在中大就讀，由於所習學系與先生授課程並無關連，致在先生任教期間，未能親聆教益。但就我所接觸的法律系同學口中得知先生法學淵博，析理詳明，從那時起，我對先生已油然而生仰慕之忱。我畢業後，投身軍旅，不久，又赴英倫留學，迨我返戰時陪都——重慶時，先生已歷經政府要職，於擔任安徽省民政廳廳長及行政院會計長之後，正任職國家總動員會議副秘書長兼代秘書長職務。抗戰勝利後先生又先後出任司法、行政兩院秘書長，幹練精明，中樞對其倚畀之重，可想而知。我則一直追隨陳辭公工作，致終其在大陸期間，無緣識荊。

民國三十八年政府播遷來台，我開始獲親謦欬，當時先生未任公職，執行律師業務，好友王善祥兄與先生情誼深厚，而善祥兄與我及陳建中兄同為國大代表，並與阮毅成兄等數人，常相過從，先生也常應邀參加我們在水館子裡的餐敘，咀含雪茄，談笑風生，有時一語幽默，令人忍俊不已，其對人之親和力，深有即之也溫的感受，此種輕鬆風趣出乎自然的坦蕩胸懷，不僅充分表現其恂恂儒者之風範，更證明其學養功深已臻最高境界。

成舍我先生于民國四十五年創辦世界新聞專科學校，先生與我一直同任董事，終其天年，在董事會中所提意見，均中肯綮。

香港自由人三日刊社在台社友王雲五、成舍我、程滄波、樓桐孫、阮毅成、王新衡等先生于民國四十九年九月開始，每月聚餐一次，先生亦在其列，後來擴大範圍，不以社友為限，邀請陳立夫、揚功亮、顧祝同、吳三連、范爭波、蕭錚諸先生參加，輪流作東，主人亦可邀一二好友與會，記得在永康街心園聚餐，我曾應邀參加三次，海闊天空，無所不談，懷舊憶往，意興盎然。

先生出身東吳大學，為期薪火傳承，在執業律師之餘，仍不遺餘力，為東吳在台復校，多方奔走請命，最後終獲如願以償，此不僅先生足資引慰，甚至若干年來經東吳培育成材之千萬學子，無不感戴先生所賜，以言功在國家教育，當不為過。先生桃李遍布各司法機關，當其以律師身分出庭，如遇庭上法官係其學生，向其尊稱老師時，據聞先生必嚴正表明：今日你我身分立場不同，彼此各應依法據理辯論，不必有所顧忌，但若我認為你所引用的法條錯誤，因而判決不當，我會據理辯駁，絕不客氣。有人以此引喻：先生的學生雖早已學成離校，但遇有機會，仍在繼續接受先生的法律教育，證以上情，確乎如此，由此亦可見先生除有深湛的法學素養外，更能守正不阿。

先生之與光復會發生淵源，須從民國四十年講起，當時陳辭公受命第一次組閣，為了強化籌策政府施政方針大計功能，特設置行政院設計委員會延聘專家學者為該會委員，先生亦應聘為委員之一。迨國民大會第二次會議閉會後，先總統蔣公為尊重大會決議，使全體國大代表對籌策中興皆能有所獻替，於民國四十三年十一月在總統府之下成立光復大陸設計研究委員會，所有全體國大代表為當然委員，並將原行政院設計委員會併入。迄六十八年一月，蔣故總統經國先生為借重長才，特聘先生為光復會副主任委員，記得我當面呈總統聘函時，先生說：「總統厚愛，愧不敢當。由於東吳校務繁忙，恐不可能為光復會多所盡力，但有關會議，我必往撥冗參加；同時本會研擬之司法方案，如有需要我提供意見時，我當盡一得之見。」我當即答以：「不敢勞動太多，至于須請副主任委員出席指導之會議，為每半年一次之綜合會議，及每年一次之全體委員會議，已有成規可循，工作並不繁重。」八年以來，先生協助主任委員薛伯陵上將，謹守分際，相得益彰，其自持廉正敬事奉公之精神，足堪矜式。

先生八旬以後，仍耳聰目明，步履爽健，嗣雖患病住院，終能以信仰基督，心胸豁達，與精神力量壓制病魔，恢復正常生活。詎自七十五年八月其夫人逝世後，即鬱鬱寡歡，健康日損，未及一年，終以肺癌導致心臟衰竭，與世長辭，老成凋謝，國喪耆碩，曷勝悼惜，丁兹周年，濡筆以為此文，聊誌哀思。

原載：民國七十七年《端木鑄秋先生逝世周年紀念專輯》

鑄秋先生二三事

趙耀東

認識鑄秋先生是在抗戰時期陪都重慶，那天有一個宴會，是先嚴在家作東，座客余井塘世伯、狄君武前輩等都已到齊，獨鑄秋先生還沒來，等人不免心焦，但亦無奈。移時，有人高呼「牛郎來也」，只見鑄秋先生蹣跚而至，拱手為禮，頻頻而全座賓客致歉。原來鑄秋先生那年纔居四十，位居國家總動員會秘書長，已當起特任官了，特字半邊是牛，又借古人詩句「沿流欲共牛郎語，只待靈槎送上天。」暗刺他高高在上之意，其實他公務劇繁，下了班還脫不得身，好在大家都是至交，一陣哄堂，不但消解了久候的煩惱，反因「牛郎」一語的嘲弄，增添了不少輕鬆氣氛。

勝利復員，我在南京資源委員會工作，租住鑄秋先生他家房子，成了房東房客的關係，惜為時不久，又因他在上海執行律師業務，各忙各的，很少晤敘。來台以後，他奉聘為總統府國策顧問，並在台北執行律師，時中國航空公司及中央航空公司飛機事件起，案情至為複雜，他受命辦理訴訟，奔波港台之間，與香港、倫敦等地律師辯論，終於勝訴，聲名既噪，業務蒸蒸。其時我因工作靡定，有好幾年還在國外，疏於存問。後來我負責籌建大鋼鐵廠，向美商訂購的鋼板滾壓機出了問題，雙方爭持不下，勢將興起一場國際訴訟，我以此事請教鑄秋先生，他研究了案子內容，對我說：「倘使你為了保護自己穩穩做官，儘可與對方打官司，不過一場國際官司，程序上曠日持久，這件案子還難卜勝負，即使勝了，也必因為這個環節延誤建廠進度，影響到整個大鋼廠的營建計畫，損失可就大了；若依國際商業慣例，只要對方不是惡意違約，可以使些小錢，也就是酌給對方一些著補償，要求如期交貨，這就要看你的擔當了。」當時十項建設進行得如火如荼，大鋼廠限期完成，任什麼理由不容延誤，惟有負起責任，使國家損害減至最低，何計個人得失；事後，我致送他十萬元酬金：他本人拒絕收受，囑轉贈東吳大學，就這一件事，已足說明道義相交是何等可貴了。隔不多時，我接到他的請柬，是他宴客一批國際名流，邀我作陪，他素來講究美食，又愛面子，經他親自調度，珍肴俱陳，精饌盡出，酒酣耳熱，情感交融，既是一次成功的國民外交，更令人有盛筵難再的感覺。

鑄秋先生是東吳出身，東吳之能在台灣很早就復出，他參與最力，先由校友自力恢復學院，繼而爭取海內外人士及基督教會支持，逐步恢復大學建制，他先後擔任同學會會長、董事會董事、代理董事長、校長，古稀之年，還隻身奔走國外籌募擴校經費，八十高齡改任董事長以至謝世，近四十年心力悉付東吳，身後還將一座相當大的住宅、充棟的圖書和全部私蓄捐獻給了東吳，真可謂為東吳而生了。

原載：民國七十七年《端木鑄秋先生逝世周年紀念專輯》

永懷端木先生

李鍾桂

「花白頭髮，口銜雪茄，聲音低沈而帶有磁性，英語流利且有高度幽默感……」這是民國五十五年中華民國第一屆十大傑出女青年選拔後，在一次中外律師聯誼歡迎會上，我對端木先生的深刻印象。此後，經常有機會在端木先生的力邀下，前往東吳大學日、夜間部週會演講，雖然我演講的題目多半都是一個「國際情勢分析」，但是端木先生的引言介紹及最後的結語永遠是那麼簡短、有力、而具有吸引力。

當我在教育部國際文教處服務五年期間，幾乎重要的外賓，尤其是大學校長、文教界人士，都安排拜會端木先生，參觀東吳大學。而端木先生更在家中設宴，以最精緻、可口，深具中國風味特色的佳餚美點，款待貴賓，使每一位來訪者不僅對端木先生的才華風趣、辦學精神及精闢見解由衷佩服，同時對於端木先生的熱忱盛情，永難忘懷。端木先生對教育部的義務奉獻，對國家的無形貢獻，實難以言語表達。

在端木先生等發起成立了一個民間對外交流文教機構——太平洋文化基金會，主要在促進我國與世界各國——特別是太平洋地區國家、文化交流與教育合作。三年後我竟然受到董事長端木先生的邀請，擔任了執行長。由於端木先生的指導與信任，基金會全體同仁全力以赴，從籌募基金，購買房舍，到推展工作，一點一滴努力的結果，使基金會從默默無聞而到了受國內外重視；從一無所有而到了稍具規模，都應歸功於教育部的指導、端木先生的領導。

在基金會工作的十年期間，和端木先生有更多見面的機會，我深深感覺到，他實在是一位了不起的長者，他的處事明快，果斷，講話要言不繁，待人和藹可親以及公私分明，高風亮節……在在都是我們學習的榜樣。

如今他老人家雖然離我們而去，可是他的音容宛在，風範長存，永遠活在我們心中。（寫於端木先生逝世周年前夕）

原載：民國七十七年《端木鑄秋先生逝世周年紀念專輯》

端木鑄秋先生的律師事業

王善祥

端木先生逝世以後，各方對於其從政及教育事業為文甚多，而對於其律師事業之文字，尚付闕如，余追隨先生數十載，親承教誨，謹略述其要。

抗戰勝利之初，時先生供職中樞，余則在重慶執行律務，因與先生同鄉世交，時相過從。一日忽詢以願否至滬合組律師事務所，余以復員在即，政府借重先生之處正多，何以忽萌退志？先生告曰，服官以來，生活清苦，而家累甚重，負債累累，為官必須清廉，但生活難以為繼，改行不但可以改善生活，且服務社會亦是報國之道。洽商至再，余遂先至上海籌組律師事務所，先生隨後亦到，乃正式掛牌，事務所訂名為「端正法律事務所」，先生手訂受託辦案原則為左：

一、無理由的案件不辦。

二、向法院關說請託的案件不辦。

三、離婚案件不辦。

四、民事以和解為原則，儘量調解糾紛，減少訟源。

五、刑事以不做告訴人或自訴人方面的律師為原則。

六、收費標準，以律師公費章程為準，對於貧苦需要盡義務的案件，不能拒絕，也要盡心盡力的去辦。

七、一經接辦的案件，無論案件之大小，要有「敬業」精神，不可有一點疏忽，必須善盡職責。

先生對於選案雖然甚嚴，但對委託人之態度永遠是和藹誠懇，檢討案件更是不厭求詳，證據之取捨尤其認真，尤其對於民事案件，更是費盡唇舌，務期化解糾紛，免上法庭。若干年來，委託人總是滿意感激的出門，從來無「退有後言」之人，可謂盡到保障人權服務社會之責。於此更值得一提的，先生經常將公費收入提出一部份，送東吳大學充各種獎學金之用，永遠不忘服務社會，其人格值得尊敬。

先生對於中外法律有精邃之研究，既為國際聞名之法學家，而其國學造詣也甚深，經常自選訴狀，一揮而就，即為清麗可誦的文章。至於他的辯才無礙，更屬無人能及。雖然先生在律師界的成就如此偉人，但是永遠謙虛為懷，真正做到保障人權服務社會及端正司法風氣，是值得永遠追思懷念的。

原載：民國七十七年《端木鑄秋先生逝世周年紀念專輯》

一些回憶

梅翰生

雖然久仰端木愷大律師的盛名也同在台北衛理堂禮拜，基於我個性靦腆，不容易主動和陌生人招呼或攀談，直到一九七〇年，我們都要去參加美國聯合衛理公會的 COSMOS 大會，羅愛徒會督（Bishop T. Olto Nall）邀約我們說明大會的宗旨，才有幸認識端木先生。

COSMOS 的全名為 Congress of the Commision on the Structure of Methodist Overseas。研討海外衛理教會與美國總會的關係及發展方向。一九七〇年四月九日至十二日在美國新澤西洲大西洋城的 Traymore Hotel 舉行。

美國衛理公會於一九五三年開始在台灣發展教會，至一九六九年差會突然宣佈將於一九七二年撤退，當時羅愛徒會督及我國教會領袖莫不感到震驚，首先是教會基礎並不穩固，教會領導者大多為美籍人士，從未有計劃培植本地人才，其次經濟能力也非常薄弱，在兩年後就要自立，深感措手不及。一九六〇年代，美國衛理會已與另一教會合併（United Evangelical Brotheren）改稱為聯合衛理公會（United Methodist），政策也有一些變革，自海外撤退是其政策之一，COSMOS 即為適應需要而召開的，對差會決定撤退的許多國家的衛理公會而言，是個很重要的會。

端木先生當時擔任東吳法學院（東吳大學前身）院長，又是國內外知名的大律師，不論經驗、學養、英語、辯才均為教會第一人，因此公推他出席 COSMOS 大會，表達我教會的意見，並爭取對我教會有利的條件，我則受聯合衛理公會婦女部邀請為 Team of Women Consultants to Cosmos，只是列席而已。

COSMOS 有數十個國家的代表和觀察員與會，共數百人，端木先生身負重託，努力奮戰，他和羅會督配合，運用各種機會在會場外和有關人士溝通，使那些高階層人士能了解台灣教會的實際情況，在會場內則慷慨發

民國七十五年二月，端木先生（左二）與衛理女中董事們合影。前排左起王尤祥雲、端木愷，陳幸、陳紀彝、林瑜鏗、徐孟亞雄，後排左起簡鴻，陳鄭貞、陳寶貞、羅芳華、張屠稚芬，梅翰生、楊其銑。（照片由衛理女中提供）

言，情詞懇切，使聽者深受感動，雖然差會的既定政策未能改變，但一九七二年三月底台灣年議會是結束差會，邁向自立的歷史性時刻。COSMOS 大會的主席 Bishop Prince Taylor 特別遠來鼓勵並親自向我年議會提出自立文件，差會又將所有財產留贈我教會，如此鄭重而禮遇，端木先生在 COSMOS 之功不可磨滅。

端木先生自民國五十五年始任衛理女中董事。陳紀彝校長和他是老友，因此他老早就是衛理的法律顧問了，當學校有任何疑難發生，總聽陳校長說：「去問問端木」。民國六十四年陳校長退休，仍是本校董事，當時董事長是劉我英女士，開會時兩位老人家如有不同意見，只要端木先生在場，他的一句話就解決了歧見，因為他的公正受大家尊重，他的智慧和遠見令大家服氣。

可能在做禮拜時我總是大聲唱詩，又有幾年在台北衛理堂詩班唱女低音，端木校長認為我有一些音樂細胞，常獲他邀請去聽音樂會，他總有最好音樂會的最好座位的票，讓我這拙樸的人有幸欣賞到一流的音樂，除了大開眼界，還真受到一些薰陶，大多數的時候，端木夫人邀請我到端木府晚飯後再聽音樂會，真是身體心靈同得滿足，夫人的慈愛、賢慧、聰穎，常令我如沐春煦。

這一年來常有機會驅車經過仁愛路四段，總覺得端木先生和夫人還在，還會以慈祥、關懷接待我，我想，這種感覺會永遠存在的。

原載：民國七十七年《端木鑄秋先生逝世周年紀念專輯》

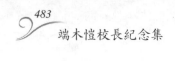

古道熱腸的端木愷先生

——一個獻身國家社會的基督徒、中國君子

周書楷

十餘年前作者服務於行政院期間，因工作關係與東吳大學校長端木鑄秋先生過從甚密。東吳大學是美國基督教會在華設立若干著名高等學府之一，無論在我政府統治大陸時代，乃至播遷來台以後，東吳大學始終維持優良的傳統與一貫的水準。「東吳」學子的英文程度甚佳，其法學院蜚聲中外，尤屬首屈一指，有一年東吳大學畢業典禮，承端木先生不棄，邀筆者為主講人。作為演說的序言，我說：「貴校同學英文程度甚佳，是許多優點之一。我想研究英國文學的同學，一定讀過名詩人S. Matthew Arnold的作品。他的長兄Thomas Arnold曾創辦一個與Eton及Harrow齊名的中學，其校名為Rugby。這位先生常對人說：『我辦教育的目的，是要為國家社會培養一批又一批奉行基督教義的君子人。』（The purpose of my education is to cultivate bunches of Christian gentlemen for our society and country.）貴校端木校長本身就是一個典型的篤信基督教義而又有中國儒家風格的君子。貴校在台復校以來，由於端木校長和他一群朋友的慘澹經營，繼承大陸時代的光榮歷史，我相信各位這幾年在『東吳』所受的薰陶，受益必多，將來無論踏進社會服務，或繼續深造，都能發揚光大端木校長和其他老師所樹立的榜樣。」

本文作者與端木先生的友誼頗似前英國倫敦大學政治經濟學院名教授拉斯基（Harold Laski）與曾任美國最高法院大法官、在司法及學術界頗富盛名之霍爾摩斯先生（Justice Oliver Wendell Holmes）之交誼。他們兩人在年齡上相差甚遠，可是以文會友，結為忘年之交。民國初年凡是留學歐美的青年才俊如端木鑄秋先生者，學成

歸國後，在各方面都能用其所學，成為國家社會的棟樑。他們共同的特徵都是發跡甚早，例如葉公超、溫源寧、梁實秋等先生，二十幾歲即在北大、清華、北師大擔任教授。蔣廷黻先生於行政院任政務處長時，鑄秋先生擔任參事，彼時作者方自大學畢業，於朱家驊先生主持之「國聯同志會」（後改為「聯合國同志會」），擔任幹事，在此期間內曾和鑄秋先生有過第一次的間接接觸。七七事變後，我國國際性民眾團體決定發表宣言，譴責日軍侵略暴行，該宣言係由筆者起草，稿成後蔣復璁先生（同志會理事之一）送請鑄秋先生過目，蒙鑄老回信讚譽有加，並囑譯成英、法文分送英、美、法各國有關單位參考。彼時作者尚無緣識荊，鑄老亦不知該文作者為誰，惟冥冥之中似已奠定了我們友誼的基石。

民國六十一年我離開外交部長職，到行政院任政務委員，初無固定工作，常以跑龍套身份替行政院各部會及學術機構效勞，略盡棉薄。當時杭立武先生接掌國際關係研究所（即今日「政大國際關係研究中心」），將該所研究範圍由中共及蘇聯問題擴大為整個國際局勢之探討。作者忝任外交小組召集人，延攬各方有心人士定期開會，並將研究結論提供政府參考。杭先生奉命成立外交及經濟小組，其成員有鼎鼎大名的前監察委員陶百川先生、代表社會賢達及私立大學的端木鑄秋先生、前台大政治系主任連戰、前政大法學院院長朱建民、政大教授王紀五、政論家李廉等先生。經濟小組召集人為王作榮教授，其成員更是濟濟多士，包括當時任政務委員的李登輝先生、旅美而經常返國的劉大中先生、蔣碩傑先生，以及在國內任職的中研院邢慕寰、于宗先、陳昭南三位先生，及郭婉容、孫震、歐陽勛、梁國樹等教授。外交、經濟兩小組每週在杭立武先生辦公室開會一次。我以外交小組召集人身份列席經濟組會議作旁聽生，經濟組召集人王作榮教授也列席外交小組會議。我國自一九七一年退出聯合國以來，外交情勢日艱，尤其是尼克森訪問大陸後，中美關係搖搖欲墜，故而當時外交小組研究的對象以美國為主，討論中美關係的時間亦最多，研究結論均以節略方式報呈當局參考。本小組所提報告數目雖然不多，可是內容相當豐富，其中尤以鑄老和陶先生所發表的意見最受重視。一九七四年間我們由極可靠的美國共和黨籍友人處獲悉：尼克森與季辛吉密謀早日承認中共，幾已呼之欲出，幸而發生水門事件，尼、季二人暫將此事擱置。本小組審度時勢，研究結果認為：在現狀下，無論民主、共和兩黨何黨主政；無論何人任總統、國務卿，美國之承認中共只是時間問題，我們惟一可能努力的餘地，僅是將其時間拖延，拖得越久越好。當時主持行政院的故總統經國先生於一九七四年冬特派本文作者以院內「對外工作小組」召集人的地位，先赴西歐幾個國家首都，瞭解我國為了維持中歐之間實質關係所設立各個單位的運作情形，最終的目標是往美國從事游說。由新聞局駐紐約代表陸以正兄代我安排，以兩週朝夕時間奔走於紐約、華府暨西海岸之間，拜訪我任駐美大使期間所結識的朝野各界重要友人，請他們發揮影響力，拖延美國政府承認中共的時間。經國先生這個舉措，一部份也是由「國際關係研究所」外交小組所促成的。鑄老主持東吳校務，外雙溪校本部及城中區夜間部均甚繁忙，彼除赴美國為東吳募款外，只要人在台北，從不缺席外交小組會議，敬業精神極為感人。後來「國際關係研究所」改組，杭立武先生離去後，外交、經濟二小組亦被取消，惟在小組活躍期間，我每週至少有一整個半天與鑄老在一起討論國際情勢及外交問題，得益非淺。而今幽明兩隔，每一思及共處論政之時光，不勝愴然！

在蔣彥士先生任教育部長時期，承其不棄，並經當時行政院長經國先生同意，我幾乎變成教育部長的特別助理，協助處理有關對外文教事宜，從奧會會籍之維護，到組織國劇團及綜藝團赴南、北美洲表演等，無不涉及。彥士兄成立「太平洋文化基金會」，我們皆認為鑄老為該基金會董事長之最佳人選，而鑄老亦欣然接受。基金會草創初期，無論工作方向、經費來源，以及幹部的選聘等都煞費周章。由於鑄老晝夜忙碌，兼以彼家中聘有一良廚，故而我們常至其府上舉行早餐會報，討論有關事宜，初期甚至一週叨擾達三次之多。鑄老只要接受一項職務，無不盡心投入，全力以赴。他和彥士兄及本文作者多方物色，最後延攬李鍾桂博士為執行長，基金會業務推展的非常蓬勃，對外文化交流有許多卓越的表現。「太平洋文化基金會」之有今日成就，其創辦人端木鑄老實功不可沒。

正如他對「太平洋文化基金會」的貢獻卓著，鑄老對「中阿文經協會」亦曾投注相當心力，來加強我與阿拉伯國家間的文化經濟交流。「中阿文經協會」原由張茲闓先生擔任理事長，後來中美間成立了半官方性質的「中美經濟交流協會」，張先生獲聘為這個新組織的理事長，故而請辭「中阿文經協會」兼職。彼時我以「行政院對外工作小組」召集人身份負責物色另一位賢達來接替張先生。幾經思索，終覺端木鑄老實為最佳人選。當我前往東吳大學拜訪並提出請求時，鑄老慨然應允。正如前面所述，鑄老只要接受一項榮譽職務，無不全力以赴。「中阿文經協會」在他主持下舉辦了許多活動，對加強我國與阿拉伯國家間的關係甚有裨益。

端木鑄老在對美國民外交之努力上，除了因為東吳校務不斷擴大對外接觸外，另有一件事頗值一提。美國夏威夷州日裔參議員松永先生（Matsunaga Masayuki）平日受甘迺迪兄弟影響，對我國頗有成見。其華裔助理員陳平先生原籍蘇州，自稱與嚴前總統靜波先生府上有姻親關係，一再上書嚴先生，自告奮勇，謂可改變其上司對華態度，陳君並建議我方邀請松永議員訪華，作為建立關係的第一步。嚴先生雖對陳君所稱姻親關係不能完全確定，惟屢接來函，特與本文作者共商對策。（嚴先生是我多年的上司，待我一向寬厚。在作者使美任內，靜波先生曾以副總統兼行政院長身份應詹森總統邀請訪美，作為白宮上賓；另曾赴紐約參加聯合國成立廿五周年紀念大會，會後順道拜訪尼克森總統和安格紐副總統。嚴先生兩次訪美，作者皆躬逢其盛，略效微勞，頗獲嚴先生信任。靜波先生接任總統後雖不干預日常行政運作，但他是執政黨中央常務委員，在他參加直屬中央的黨員小組內，筆者也敬陪末座，故得能時聆教益。）有關陳平君來函一案，我報告嚴先生說：松永議員在美國國會中頗具影響力是我所知道的，至於陳君所述各節，因素昧平生，不敢逕辨其真偽。惟來函一向使用松永議員辦公室信箋，不妨由嚴先生簡單函復，告以「依照我國憲法，總統並不過問日常行政事務，陳君所提建議請逕與筆者通信聯繫。」嚴先生同意我的意見，並開玩笑說：「關於這件事，你就作我的『特命全權大使』好了！」此後我即屢接陳君來信，在幾次往返通訊中，我發現陳君確為松永議員的公共關係助理，松永議員雖願訪華，惟似頗難伺候。在接受訪華之前，他即提出下列條件：一、不接受我政府名義之邀請，惟訪華期間，盼我政府給予禮遇。二、希望由有相當地位的私立學術機構出面邀請。三、不希望新聞處理上過份渲染。這種既要魚又要熊掌的貴賓，主人招待起來倒頗費周章。我請教鑄老意見並建議由在美國頗負聲譽的東吳大學法學院出面邀請松永議員來華接受名譽法學博士（松永議員在美國係學法律出身）。此項安排經奉嚴先生核准後，乃由「東吳」函邀松永議員訪華，彼欣然接受。松永先生抵華的晚上，本文作者出面舉辦一小規模宴會為渠洗塵，第二天上午先晉見嚴前總統靜波先生，再拜訪端木鑄老。下午在東吳大學城區部禮堂舉行名譽法學博士頒授典禮，參加各界人士約三百人。典禮之先，首由端木校長以英文致詞，說明這次典禮的意義，情文並茂；繼由「東吳」法律研究所所長梁鋆立博士報告松永議員生平及成就，隨即由端木校長頒授名譽法學博士禮袍及證書。松永議員致答詞時，除對中國文化之悠久博大表示敬佩外，並盛讚東吳大學在大陸時代及遷台後之成就，對「東吳」頒授名譽學位深表謝忱，辭意懇切，博得全場熱烈掌聲。禮成後並舉行酒會，全體來賓以香檳酒向松永議員致賀，氣氛親切熱烈。當晚鑄老另邀少數人為松永議員舉行晚宴，次日由東吳大學派員陪同參觀故宮博物院等名勝古蹟，晚間再由嚴前總統靜公設宴餞行，第四天他略參觀台北市容後即搭機返美，行前表示，此次訪華各方面安排恰到好處，對我方費心招待衷心感激。一九七六年夏，作者又奉當時行政院長經國先生指派，以私人身份赴美訪問舊友新知，松永議員即為重要對象之一。他見面時態度非常親熱友善，堅邀同進午餐或晚餐，惜作者行程極為緊湊，只有婉謝盛情。松永議員訪華後，由渠在美國國會內外發言的紀錄看來，他對我國態度確已大幅改善，我國在美國國會又多了一個朋友。而這個收穫當然要歸功於鑄老的指教及無私地合作。此外還有一件端木先生為了國家政府大我的利益而犧牲小我利益的事蹟，也是叫我永難忘懷的。本文作者在持節華府期間，對於爭取中外學人，及對為數可觀留學生的服務工作極為重視，可是當時駐美大使館文參處似乎沒有達成理想的目標。待我回國先擔任外長，後擔任行政院政務委員兼「對外工作小組」召集人時，曾向主管此事的教育部長蔣彥士兄建議另行物色「文化參事」之適當人選。我們研究了很久，認為不能不向東吳大學挖角。因為在我協助彥士兄組織平劇團訪美時，曾向東吳大學借調教務長楊其銑教授為該團領隊，楊教授在國劇團啟程前，先赴美國從事部署及宣傳，待全團抵達時，再往下一站作準備工作。他的週密部署及席不暇暖，使得那次國劇團訪美極為成功。由於本案，使得我對楊教授的能力有了深刻認識，認為是駐美文化參事的適當人選。只以楊教授深受端木鑄老器重，其被選為教務長，實際上是鑄老有意培植校長接班人。我一時之間對於此一「不情之請」倒頗為躊躇。彥士兄慫恿我不妨一試，我初未抱很大希望，可是出乎意料之外，鑄老倒是爽快地答應了。他說：楊教授赴美擔任文化參事，固然對「東吳」校務發展有所影響，可是能對美文化工作有所助益，「東吳」一校之犧牲，固不足惜，只是希望借調楊教授的時間不要太久。果然，楊其銑教授赴美出任新職後，「文參處」業務煥然一新，而教育部也如約在「文參處」業務步上正軌後，讓楊其銑教授回到「東吳」，不久後升任副校長、校長。在國內要辦好私立大學頗不容易，經費充裕與否乃是重要因素之一。「東吳」在大陸時期一部份經費來自美國各派基督教會所成立的「在華教育基金會」。當時全國各大都市由黃河到珠江流域都有教會所設立的人學，如南京之金陵、北平之燕京、濟南之齊魯、杭州的之江、蘇州之東吳、上海之滬江及東吳法學院、杭州之協和、廣州之嶺南等等。中共據有大陸後，這些有基礎的教會大學全遭沒收或解散。故美國上述「基金會」把有關經費轉分配到亞洲其他國家日本、印尼、印度等國。待「東吳」繼「東海大學」成立後，再在台復校，可能分配到的經費補助已極為有限，故鑄老不得不僕僕風塵經常前往北美各地募捐。現在他塵世的路途已經走盡，楊其銑校長繼承遺志，必能發揚「東吳」優良傳統，為國家社會造就英才，使得端木先生在世間所遺留下的「不朽紀念碑」更增光輝。

最後還有一件事是不大為外間所知的。某一時期故司法院長謝冠生先生逝世後，最高當局曾有意徵召鑄老擔任此一職務，可是鑄老以「東吳」復校不久，百務待舉，不忍為了個人享高位，而放棄他對「東吳」的責任，故而婉謝了當局的美意。由這一點更可看出鑄老「視富貴如浮雲」的高士之風。

端木先生已經離開我們了，可是他留下來一個奉行基督教義，並揉合儒家風範的君子典型，卻常留在我們心中，深深值得我們懷念及效法。

原載：民國七十七年三月號《傳記文學》第五十二卷第三期
民國七十七年《端木鑄秋先生逝世周年紀念專輯》

成董事長舍我口中的端木先生

成舍我口述
蘇文婷記錄

六月六日一陣滂沱大雨過後的黃昏，穿越過悠長而陰涼的隧道，來到有如世外桃源般的世新學園。經由熱心同學的指引，進入成董事長辦公室，瀏覽室內樸素的陳設，不難看出這位報界名人辦學的風範。當我正在等待的當兒，忽然見到一位身材高大精神矍鑠的長者，他就是國內著名新聞界和教育界的前輩成舍我先生，聽他以無限感傷的語氣敘述和端木先生訂交的經過，時光似乎倒回至六十年前：

「記得是在民國十六年，我和端木先生初識於南京。對日抗戰時，我曾在重慶主辦『世界日報』，置身於戰亂的時代辦報可不是件容易的事，尤其碰到法律上的複雜問題，往往令人感到棘手不已！而此刻幫助我最大的就是端木先生，他使我渡過不少難關，甚至打官司時，他也會出庭相助，後來就理所當然地成為報社的法律顧問。說起我們認識的時間真是相當長久，直到台灣仍然不時來往，我的年齡比他還虛長幾歲，聽到他過世的消息，心中百感交集，我對這位相交超過半個世紀的老友充滿無限的悼念。」成董事長接著談到端木先生與世新結緣的過程：

「民國四十五年世新創校時，規模很小，校舍少得可憐，學生也不算多，我曾聘請端木先生來此教授英文，他的教學態度相當認真，記得那個時候交通很不方便，他卻從未缺課，學生作業一定親自批改，碰到考試時，也由他本人監考，學生們對於端木先生的辛勤教導十分佩服。端木先生平日為人很熱心，絕不輕易對他人有所許諾，可是答應了一定做到，這種重然諾的作風，的確使人難忘。後來端木先生就一直擔任世新的董事，截至最近召開的董事會，他因病未能出席，還打電話請假。我非常重視端木先生與世新的關係，所以仍然派人到他的寓所，請他在會議記錄簿上簽名，因為端木先生對於世新在草創之初的貢獻是不容抹煞的。」從這段談話中，可以看出端木先生對於教育工作一向極其熱誠，因而奠定了他在教育事業上的成功基礎。繼而我又向成董事長請教端木先生與世界書局的關係：

「世界書局是由世界新專所創辦的。端木先生代表學校方面做監察人。監察人通常設有兩人，一人諳法律，一人諳會計。每逢世界書局召開股東常會，端木先生就必定出席，對於世界書局出力不小。如今端木先生走了，世界新專的師生，和世界書局的同仁，都對這位備受國家尊崇的長者，寄以深切的懷念。但是端木先生真正的事業還是在東吳。」成董事長又說：

「端木先生自民國五十八年起擔任東吳大學校長，直至他去世前為東吳所投注的心力，這是大家有目共睹的。只要公務在身他總是盡量把職權範圍以內的事做好，雖然他從事律師業務的時間較長，但我個人仍然認為端木先生生平最大的貢獻，就是把東吳扶植起來，並且辦得有聲有色。」成董事長這段話我最認同，因為我就是端木先生接任校長那年進入東吳，畢業後又留在端木先生身邊擔任祕書，迄今已有十四年。端木先生掌理校政以來，多方籌募基金、擴建校舍、增加系所、改善師資、關心學生，是他把東吳的聲譽在台灣再次地建立起來，多少年來有著無數的學子自東吳畢業，進入社會服務，造福大眾，參與建國的大業，端木先生的辛勤作育英才，的確是成績卓著。

然後我們又談到「九老會」的情形，雖然我知道台北有個「九老會」，但當初何以會成立這個組織的起源不詳，成董事長說：「自大陸淪陷後，王雲五、左舜生先生等都在香港，而我恰巧也在當地辦『自由人』刊物，這是個三日刊，言論是堅決反共的。在那個時候有很多人都不敢得罪共產黨，為的是還想回大陸，所以我們幾個好朋友出來辦雜誌，而端木先生對於這個刊物的支持都很積極。來到台北之後，幾個原先辦雜誌的老朋友就經常聚會，通常都有九個人參與。記得唐朝大詩人白居易有一個『九老圖』的佳話，他與胡杲、吉旼、鄭據、劉真、盧真、張渾、李元爽及僧如滿九個老人定期燕集，嘯傲河山，成為千古美談；宋朝的李文正罷相居京師，年已七十一，與當時名士張好問、李運、宋琪、武允成、僧贊寧、魏石、楊徽之、朱昂等高齡好友，經常齊聚一堂，暢敘幽情，名之為『九老會』。於是我們就把這個集會也稱為『九老會』，通常是一個月聚會一次，大家輪流作東，經常與會的人士有吳三連、范東海、樓佩蘭、陶百川、程滄波、阮毅成、顧墨三、陳立夫、余井塘等，最後雜誌雖然停辦了，但是餐會卻仍然繼續。聚會的時候多半是聊聊天，交換點生活上的意見，聯絡彼此的情感，沒有絲毫的政治色彩可言。」老友定期會晤，把酒言歡，暢述平生情懷，倒也是件樂事！我曾多次為端木先生處理「九老會」事宜，時光荏苒，九老之中的范東海先生、余井塘先生、顧墨三先生等已先後作古，人事滄桑，感慨良多，端木先生每逢此際總是唏噓不已，思及昔日遊處，連輿接席之樂難以再得，怎能不傷心逾恆？端木先生是「九老會」中最健談的人，也是最健康的人，他今天走了，真令人有著不勝黃壚之痛。

窗外暮色漸深，我起身向成董事長道謝話別。走在寧靜的校園裡，回想方才的一席談話，端木先生的種種，不停地在腦海中湧現，一位身材中等，目光炯炯有神、嘴唇上方蓄著短髭的長者，正穿過那長長的隧道，邁著有力的步伐，走向世新學園。

成董事長這位在事業上有極高成就的人，以九十以上的高齡，每天仍然按時到校處理校務，還親自校對書刊，接見師生，這份執著教育的精神，不禁使我想起幾年前端木校長，披著一頭白髮，帶著有力的步伐，踏進東吳校園的情景。

特立獨行・儒俠相資

——憶說端木愷先生

郎萬法

追憶在十多年前，參加一次晚宴，主人係當時會計師公會龍頭老大王授心先生。貴賓中有佘井塘、端木愷、程滄波、胡健中諸位學長，筆者倒真是敬陪末座。該日黃昏，行將到達主人公館附近，卻驟然一陣春雨，為了司機停車方便，又不得不在巷口先行下來，安步當車。適巧端木愷先生同時駕到，於是由本人撐傘同行。而端木先生卻客氣說：「我未備傘，勞你為我打傘，不好意思。」我便順口接上：「您是前輩學長，年高德劭，有事弟子服其勞，能為您老撐傘，是我的光榮。」二人邊行邊談，從此，他對我稍有認識，且時有往還，關愛備至。當時我心裡自忖，那個大人物雨中步行，還不都有人撐傘侍候，在我這真是舉手之勞，何足掛齒。入座後，進餐前，有位仁兄也許要自我抬高身價而想廣結人緣，趁機散發名片，與我交換後，下一位便是端木先生，當老人家接過對方名片後，口稱：我叫端木愷，對不起，未帶名片。驟聞之下，我又在想，凡屬有分量的人或知名度高，常在傳播媒體露面的人，根本無須帶名片，更不必主動跟人家遞上片子。常見有些市儈者流名片上印了一大堆職銜，旨在推銷自己，看了不免叫人有點噁心。若真是有聲望，達到孰人不知，那個不曉的境界，名片反而多餘。像端木愷先生這樣顯赫人物，根本不要印名片，即便為了禮尚往來，也只印個光片，既不印頭銜，也不必印地址，旨在交換而已。

捐款興學顯赫人物

最近，赴東吳大學公洽，隨遇幾位教授抬愛，請進談天，聊到端木愷先生為東吳付出三十多年心血，捐款興學，胼手胝足，從無到有，聚寡為眾，的確不同凡響。彼此都有一種共鳴，咸認為端木先生這種儒俠相資的精神，確有將其發揚光大的必要。乃不揣譾陋，接下了這項小任務。

一般寫傳記或編年譜，有用編年體，也有用紀事本末體。本文既非立傳亦非憑空歌功頌德，只好剪接片斷資料，加以歸納，簡述其特立獨行之犖犖事蹟，加以表彰，用為範垂來者。

少年得志三字結緣

在我國傳統表演藝術中，有說相聲的這一行，曾有歪批三國這一段，強調有多項以三字打頭而稱三國，如桃園三結義，三氣周瑜，三戰呂布等等。

端木愷先生一生也與三字有緣，早年曾在復旦、安徽、中央三所大學受聘為教授；先後曾在行政院同一單位擔任過三種不同職位，先參事再會計長後祕書長；在國家總動員會議、司法院、行政院三個不同單位，先後擔任過同一職稱的祕書長；迄東吳大學在台復校，在東吳同一所大學，從院長而校長而董事長，三度被推為行政首長；曾在南京、上海、台北三地三度執行律師業務；尤有甚者，鑄公一生有三不朽，立德、立功、立言，非吾修所及也。在家庭裡也是三字掛帥，有傑出的三男三女，一生不多不少開過三次刀；最不幸的在晚年也曾患過喉癌、胃癌、肺癌三種絕症。平生經歷如此，豈能說不與「三」字有緣。至於勝利前被邀為政治協商會議國民參政會參政員，勝利後受委糧食部次長，未幾當選立法委員，稍後被聘為總統府國策顧問，來台後，兼任文化復興委員會委員，受聘國民黨中央評議委員，與光復大陸設計委員會副主任委員，團結自強協會理事長，中央選舉委員會委員以及太平洋文教基金會董事長等等職位，乃餘事耳。

從上述三字經歷，可以看出端木愷先生少年得志，過了多采多姿的一生。但也可以說過了特立獨立的一生。

先就籍貫與求學來說，他原本係安徽當塗人，由於久住上海，友朋都以為他是上海人。中學時代在上海就當過學生代表參與五四運動，因而得識戴季陶、居覺生、王寵惠等黨政元老。大學階段，在復旦習政治，同時又在東吳攻法律，畢業後，原擬負笈美國哥倫比亞大學，抵紐約上岸後，由於川資不濟，就地考入紐約大學，迄獲得法學博士，即束裝歸國。這一段求學過程，曲折變化，的確與眾不同。

只有辭官從未求職

再就為官品格與執業堅持來說，也是獨樹一幟。一生只辭官，從未求職。民國廿七年安徽省政府改組，新任主席再三挽留，仍堅辭民政廳長職位；卅一年受蔣中正主席倚重，陞充國家總動員會議祕書長，由於該會兼管物資物價，關係國脈民生至鉅，深恐有負雅命，未幾，乃毅然謙辭。卅八年行政院遷往廣州，順勢辭卸祕書長仔肩。迨後政府發表他出長行政法院，亦堅辭不就。而每次由辭職到覆新之過渡期間，又多半執律師業務。如民國廿年在安徽大學擔任法學院長時，各地學潮激盪，為免隨聲吶喊，便辭退教職，在南京掛牌執業律師，牛刀小試，卻卓然有聲。抗戰勝利，政府還都南京，乃向孔祥熙董事長辭卸中國興業公司總稽核工作，轉至上海再執行律師業務。事務所訂名端正法律事務所，與王善祥律師合作並手訂辦案原則：無理由案件不辦，向法院關說案件不辦，離婚案件不辦，民事以和解為尚儘量減少訟源，刑事不接受告訴人或自訴人之委託，對貧苦當事人可不收酬金，辦案要有敬業精神。凡屬該所同仁應一律遵守，不得有誤。故每次受理案件，取捨嚴明，從無肆意，因而蜚聲滬濱。日後渡海來台受聘總統府國策顧問外，重新在台北掛牌執業。對中國航空公司、中央航空公司停在香港七十餘架飛機，悉遭香港政府扣留一案，由於內情複雜，政府斟酌再三，乃決定委託端木愷先生以律師身份接辦，受理之後，多次往返香港、倫敦，縱橫捭闔，歷經數載，終於勝訴。凡接辦涉外案件，首重國家利益，故深受各界好評，而業務亦蒸蒸日上，上述種種不外述其為官品格與執業堅持之一瞥。

貼錢作官豪邁事蹟

若以從政績效與辦學辛勞而言，民國廿五年國內外各界籌開制憲國民大會，各項籌備工作乃內政機關份內之事，責無旁貸。但事屬初創，無例可援，部長蔣作賓考量結果，只好特地移樽就教，邀請行政院端木愷參事，以其精湛學養，代為策訂選舉規程，首肯之後，參酌事理，考慮周詳，終於不負部長期待，如期完稿，成為選舉規章之典範。如今選務頻仍，不以規矩不能成方圓，所有選務法規，或多或少，無不參照當年這部選舉規程。飲水思源，若稱端木愷先生為我國選務法規之父，庶幾當之無愧。後來他在安徽省民政廳長任內，日寇鐵蹄已伸向安徽各地，而民政廳長又不得不關懷民命，乃不辭辛勞，間關跋涉，冒險犯難，考察民隱，撫慰省民，其處境艱苦，不言而喻。這種忠心義膽為國為民，比之太平盛世百里侯，不啻判若天淵。更值得稱讚的還有貼錢做官的故事，不能不讓你拍案叫絕。話說他在司法院祕書長任內，由於司法院經費有限，為了需要，他私人出錢購置一批法律叢書，分送大法官，人各一套。這種貼錢為官的豪邁事蹟，雖非絕後，卻屬空前。迨國共內戰，在徐蚌戰役國軍失利時，大批流亡學生到行政院請願，其中為首的代表，多半為共黨潛伏的職業學生，均非等閒之輩，都有專業訓練，來者不善。那時節學生到處有遊行、罷課、請願各種活動，上海市長吳國禎就有被打的鏡頭。所以行政院孫科院長就不願貿然面對現實，乃屬意端木愷祕書長代為出面解決，這等於臨危受命，不僅是一場智慧戰鬥，甚而也是千鈞一髮生死搏鬥。比三國時代諸葛亮舌戰群儒，不知要難上若干倍。他卻發揮大無畏精神，從容不迫，侃侃而談，且有問必答，終於說服來者，結果一大批職業學生和平離去。其膽識、鎮靜、口才，反應均表露無遺，豈可等閒視之。後來政府準備遷往廣州，行政院長孫科，應向立法院陳述原委，這篇報告，攸關孫科本人進退以及行政院整體形象，要不亢不卑，言之有物，不能虛應故事，至於請誰代筆，孫科權衡結果，再度借重祕書長親自代勞。所謂行政院祕書長平時工作多半為院長代拆代行，是全國最高行政機關第三號人物，其職權不在副院長之下，從未聞及以祕書長之尊，做文書案牘工作。這說明兩項事實，一方面係工作認真，責任心重，不擺官架子；另一方面，係能者多勞，才華出眾，臨危不苟，能有急就章的本領。以上乃略述他的從政績效而已。

愛護學生視同子女

吾人嘗謂，諸葛亮為劉備父子，鞠躬盡瘁，死而後已。端木愷先生也為在台復校的東吳大學，鞠躬盡瘁死而後已。東吳，自民國四十三年奉准在台復校，先只准設法學院，五十八年恢復大學建制，迄七十六年五月卅日在他謝世之日為止，卅餘年歲月，大部分心血貢獻給東吳。為了擴建學校設備，籌措經費，不辭辛勞，當一人自備旅費，獨來獨往向世界各地為東吳募捐。尤其人人稱奇，接任校長十四年，從未支領一文薪俸，卸任前並慨捐新台幣壹仟萬元給學校，再贈私人住宅一幢，圖書壹萬餘冊，供學校師生使用與參閱。計有善本書籍不下三百餘種，其中有一部汪精衛雙照樓詩詞稿，係抗戰後其未亡人陳璧君在上海提籃橋監獄裡親自用毛筆正楷繕寫，當年他為陳璧君辯護律師，陳璧君願將手抄本雙照樓詩詞稿相贈，以示感念。帶到台灣後很多書商動過腦筋，亦有外國商人擬以高價收購，均未得逞，最後割愛給東吳。由此可見一斑。筆者在七、八年前親眼目睹，他以支票乙張約壹佰萬元，用無名氏捐給中壢復旦中學，作為學生獎助學金。當時他自己還口稱，微不足道。並對大家說，有錢捐輸是福氣，懂得付出是智慧。當場筆者自慚形穢，心餘力絀，望塵莫及。以上簡述他辛勞辦學之概況。

最後以其為人風範與處世觀念來看，他從不計較個人得失，多半捨己為人，對後進栽培，不遺餘力，對部屬關愛，情理兼顧。周書楷大使說過，司法院長謝冠生過世後，最高當局有意徵召端木老，擔任司法院長，可是端木老以東吳復校不久百務待舉，不忍為了個人享受高位而放棄對東吳的責任，故而婉謝當局美意，可見他視富貴如浮雲。趙耀東部長也說，籌建大鋼廠時，訂購鋼板滾壓機出了問題，勢將興起一場國際爭訟，爰就教于端木老，他研究案情後對趙耀東說：「倘使保護自己官位穩當，儘可與對方興訟，但程序上曠日持久，即使勝了，也延誤建廠進度，若使些小錢，促其如期交貨，就要你的擔當了。」當時十項建設進行得如火如荼，任何理由不容延誤，惟有負其責任不計個人得失。事後致送他十萬元酬金，他卻拒收，聲稱可以轉贈東吳。見微知著，足以說明道義相交何等可貴。最近卸任之東吳校長楊其銑先生說，當年有一位校友欲求謀高雄市一個育幼院主管職務，央請老校長幫忙，鑄公（端木先生號鑄秋）為他寫過五、六封信給省府有關人士，輾轉才告成功。有人勸鑄公今後不必因如此小事碰別人釘子。鑄公答曰：「碰了釘子能為學生開一條出路，值得一碰。」可見他愛護學生視同子女。楊校長還說，有人誤認鑄公是美食主義，其實他生活儉樸，有好吃的常與朋友分享。衣著是改了再穿，外出歸家，自己刷洗。做了十四年校長，辦公室未裝冷氣，是由於整個校本部辦公室都無冷氣，而不願自己特殊。由此可見他能與人同甘共苦。李鍾桂博士曾說，當年在教育部文教處服務時，重要外賓，尤其國外大學校長來訪，都安排去拜會東吳大學端木校長，而端木先生必會在家設宴，以最精緻深具中國風味的佳餚，款待貴賓，席間談笑風生，充分顯示端木先生既熱情又有才華，對教育部義務奉獻，衷心感佩。成舍我校長感慨良多的說，民國四十五年，我在極困難中創辦新聞學校，開始僅核准開辦職校，四十七年才升格為專科，為提高師資，用為號召，明知職校、五專、三專不易請到資深大學教授來降級授課，卻向端木愷先生情商，不料他一口答應義務來教英文，先後教了三年從不缺課。他還自嘲說：「外語應從中小學教起，才是教育家」。可見他是有教無類，肝膽照人。郭驥先生也講過，端木先生桃李遍布司法機關，當他以律師身分出庭，庭上法官向其尊稱老師時，他必嚴正表明：「今天你我身分立場不同，彼此應依法辯論，不必有所顧忌，若你所引用法條錯誤，而判決不當，我會據理辯駁，絕不客氣。」可見他守正不阿。

既能治學又能理事

端木先生，不單法學精湛，常識淵博，國學英文俱屬上乘，口才、書法更是一流。若與他同座，如沐春風，絕無冷場。他自己也常說：「希望因受批評而高興，不希望因不受批評而傷心。」筆者不才，嘗武斷在想：善保身者，必不能成事，能治學者，必不能理事。而端木愷先生既能治學又能理事，既能保身又能成事，他有舊時代的典型，也有新時代的風範，的確難能可貴。再參照上列袞袞諸公一樁樁一件件具體而微的說詞，足夠吾儕高山仰止，景行行之。爰激發本人藉上述「特立獨行」四字，每字一語，順序嵌成四語，笑顰試作如下：特異稟賦，立德立言，獨步杏壇，行誼足式。勉強用為秀才人情。

孔夫子得意門生子貢，與端木愷先生同宗，先賢稱頌子貢：「有口才，能料事，善思博學，親仁中和。」簡直就是他後代子孫端木愷先生的寫照。爰藉子貢與孔子對話，作為本文結語，子貢曰：「如有博施於民而能濟眾，如何，可謂仁乎。」子曰：「何事於仁，必也聖乎，堯舜其猶病諸。」子貢本家祖述先賢，端木愷鑄秋先生足當孔子贊詞而無愧矣。微斯人，吾誰與歸，願請指教。

原載：民國八十二年二月號《中外雜誌》第五十三卷第二期
民國八十三年五月五日《復旦通訊》第四十九期

端木愷政學兩棲

丁慰慈

處事融通經驗老到

民國六十四（一九七五）年，外交、經濟兩部為了鞏固中東地區的文化經貿關係，特地洽請政壇大老端木愷、張茲闓及回教耆宿許曉初諸位發起組織國民外交團體「中華民國阿拉伯文化經濟協會」，端木愷（以下稱端木或端木先生）和張茲闓不僅是留美同學，也是相契好友，所以第二居理事長，便是端木先生。

我因走過世界上較多回教地區，且在中東服務有年，因此會刊「中阿文經」便常促我寫稿，嗣因端木理事長住院，會務囑由前駐沙大使田寶岱先生兼理，而田寶岱則由於任杭立武的世盟助手，便將會務交給我，使我有機會得接近這一位在政壇和學術界都鼎鼎有名的端木先生。李鍾桂教授曾描述端木是一位「花白頭髮、口啣雪茄，聲音低沉而帶有磁性，英語流利且具高度幽默感的長者。」

回憶我在重慶初進外交部那年，孔祥熙任行政院長時的兩位參事。張平群以他流暢的英語法語，任行政院發言人。端木先生則以湛深學養，早於民國二十五年，便曾參與籌設制憲國民大會的工作。其時事屬草創，幸賴端木藉鏡歐美，參稽事理，策訂選舉規程。更因華北情勢特殊，隨內政部長蔣作賓赴北方諸省宣導政令，調協撫慰，使任務得能圓滿達成。抗戰爆發後，端木任國家總動員會議兼代秘書長，掌理動員人力調節物資，工作之繁鉅，在想像中。國民政府採五院制，端木曾先後任監察院、司法院、立法院和行政院秘書長。查考政界耆宿的經歷，當無出其右。由此也可以見其處事的融通，經驗的老到，對人分寸的恰如其分，才使得他席不暇暖，不斷地被人延攬。

精研骨董窮究來源

政府遷台後端木先生重執律師業，並致力於東吳大學校務。有一次他在執政黨中央全會五院院長從政同志施政報告檢討會中，須對各院報告作評議檢討。端木評議委員將行政、司法兩院的報告在講台上舉示時說：行政院報告如此厚重，足見各項建設，進行順利有成就，司法院報告輕輕的幾張紙，政情清簡，具見社會秩序安寧，諸位，倘若反轉過來，行政院的報告薄薄的幾張紙，司法院的報告厚厚的，那國家施政就不成話了。從政首長的報告檢討會中，端木行政司法委員長話短說，舉重若輕，執簡馭繁，使行政司法兩院負責人開心，聽眾對端木的幽默風趣，在鼓掌中也作了會心的微笑。

早年抗戰時期在行政院和端木同任參事的張平群，因政府對軸心國宣戰，張平群不能不與德籍夫人離婚，而四川的首富康心如、康心之便招張平群為東床快婿，舉行了轟動一時的婚讌。也是在張平群發表為駐紐約總領事的前夕，所以張平群在典禮中一再數說和外交部的過去淵源。撇清他不是跳降落傘外放。筆者便是當時張平群在重慶婚禮中外交部內少數被邀請的客人之一，而在台北見面則是外交部唯一的老同事了。張平群大使由駐多哥任內返國，我們同住致遠新村宿舍，他常常樂於提起往事。另一方面，端木曾多次懇邀張平群去東吳教書，藉以恢復他在南開大學的舊業，但張平群不感興趣，寧可打打小麻將，教教外交部眷屬們的法文。因此我每次晉謁端木理事長道別時，他總不忘多講一句「請問候平群」。

端木先生除律師事務和東吳校務外，還兼任太平洋基金會理事長，所以我和太平洋基金會執行長李鍾桂教授好幾次在同一個地方見面和午餐。端木在安和路口鑽石大廈的一層樓，布置得澹雅宜人，素樸的骨董，井然配置的書畫，他都喜歡一一細道其來源。如譚伯羽寫的大字對聯，他提到那些地方仍不及他尊翁譚延闓組庵先生，他又提到清末名家莫友芝瑑聯的來源及其欵識。莫是貴州獨山人，因此我特地將它攝影，在「貴州文獻」年刊登為封底。

端木先生口不離雪茄，不飲酒，但每餐必備酒。他將中阿文經協會理事長交給嚴孝章時，特地派人購了一瓶白蘭地（AMUS SILVER），以表示我對於他服務的謝意，其市價幾乎等於我在外交部兩個月的薪資，老人的厚意，令人感念難忘。

嘉惠學子為國育才

我在中阿協會和端木先生共事多年，對他待人處事的凝重、果決、休休有容、談笑風生，具細密心思，有寬厚的胸懷，認知最為深刻。

端木先生在教育界言，可算執教鞭最早的學人之一。從一九二八年，他自紐約大學榮獲法學博士返國，在他的母校復旦大學任法學教授、法學院院長起，服務教育界長達六十年。由於他的聲望與學養，接著又在桑梓作育人才，任安徽大學法學院院長、中央大學教授。國民政府遷台，由於東吳是他的母校，民國五十八年，出任東吳大學校長。位於外雙溪的東吳大學，校址佔地寬廣，但校長室卻在一樓，對學生親切，對教授接近，指揮行政也十分方便。校長定期和學生們共餐，使得一批一批的學生得向校長直接提出問題或建議，真正辦到校長與學生，教授和學校，打成一片。

端木先生以為，希望學生有充實的學養，須先有充實的圖籍為進修補益之用。他任校長十四年，擴充了學校圖書館，使圖書館的規模能夠配合一個最高學府。在圖書庋藏之中，數千冊稀有中西圖書就是端木多年搜集而來的珍藏本，許多書籍已經是海內孤本了。十四年的東吳校長時光，端木先生建立和擴充了台北市延平南路和貴陽街之轉角處的城區部，那裡有燈火輝煌，窗明几淨的大廈兩幢，也有夠得上國際水準的網球場供學生運動。增設夜間部，開辦研究所，不僅嘉惠學子，也是為國育才、為國儲才。

十四年間，端木校長不祇是未領過一文薪津，在生前他就將他名下值一千多萬元的私宅立據捐贈東吳大學。端木先生逝世，我到端木寓所致唁，談到東吳大學，說及房子，他的公子端木傑民一問三不知。傑民說：「我到東吳，數十年加起來不到二、三次。」訪客或覺怪異，而原因是其子女都有成就，父親要使他們完全獨立。由此小事，可見端木先生之公私分明，高風亮節，令人崇佩。端木先生在教育界，可以說，桃李不言，下自成蹊，但他在從政時也卓著聲譽。年甫而立，便任行政院參事，接著任安徽省民政廳長、行政院會計長、國家總動員會議秘書長、司法院秘書長、行政院秘書長。尤其是當日寇侵華，國步艱難時期，端木先生任國民參政員，贊襄國是，調和眾議，奔走各黨派之間，化異求同，折衷斡旋，獻替最多。而國家總動員會秘書長一職，適在抗戰末期，業務中有兼管物價，關係民生國脈至鉅。但由於端木博學深思，所謂臨事而懼，好謀而成，因此受蔣中正總統倚畀，圓滿達成政府所定的國策計畫。來台後，被聘為國策顧問。

謙謙君子達變守常

端木先生任東吳大學校長期間，排除萬難，擘畫經營，使校務得以蒸蒸日上。在奉准恢復大學建制後，由於有文、理、法、商四院，他曾力排眾議，堅持須設哲學系，認為如此，始符合設立大學之精神。端木先生眼光之遠大，固守原則，於此可見一斑。在校務倥傯之際，除光復大陸設計委員會副主任委員之外，又兼任太平洋文化基金會董事長、中華民國阿拉伯文化經濟協會理事長和名譽理事長等職，任內邀請歐美學人以及阿拉伯地區聞人政要來華訪問，對促進國際文化經濟交流及增進外籍人士對我國之了解及協助，常推動不遺餘力。

在大陸時，法學界常推重華北之朝陽大學、南中國之東吳大學。東吳所博得之美譽，端木先生實為草創。他自政壇退隱設事務所，執業律師，受理案件取捨嚴明。由於他辯才無礙，因此在訴訟過程中，紓解冤屈，定紛止爭，提昇法治精神，端正社會風氣，維護國家的尊嚴和利益，最為人所稱道。

孔子說：「君子正其衣冠，尊其瞻視，儼然人望而畏之。」端木先生一生中衣著色調配合，服裝質料與季節適宜，朋友多謂他考究穿衣服，但據追隨他三十多年的東吳大學校長楊其銑說，由於他的夫人陳季蘋女士的賢慧，回到家換了外衣，隨即熨燙整潔，掛入櫥內，所以端木先生的衣服從未送入洗衣店。他對衣服雖如此愛惜，但作客起居，甚為自然，從不矜持作態。

端木先生宴客時，菜餚餐具均極精美。邀讌外賓，對座次與時間的安排，最為細心，客人每每讚不絕口，人皆稱他為美食家。不過楊其銑校長說，與端木先生商量校務，往往留住便餐，端木家居之便飯，四菜一湯，極為簡約，友朋送來名菜，都必須留待訪客共同品嘗。自民國七十一年起，端木因患胃癌，醫生將他的胃切掉五分之四，其後又先後患肺癌與喉頭癌住院。但在出院以後，仍照常接見客人，處理公務。最後，端木先生因肺水腫，壓迫心臟而不治。人頗難有同時患三種絕症而能起居生活言行保持常態，面對死亡之神而泰然者。楊其銑校長，便時以在東吳大學茹苦含辛犧牲貢獻達二十年的端木校長的勇敢、鎮定、達觀和毅力，諄諄告誡，作東吳大學一萬多名莘莘學子為學、作人、處事的典範。

感念知音縈懷風義

端木喜美食，家中有烹調獨具風格的廚師，愛煙、雪茄成為他表徵之一。所以他八十前後，患喉癌、胃癌曾先後入院割治三次，詩人韋仲公，是端木來台後最信任最接近的秘書，仲公常懷念端木汲引寒素之士的恩情，更難忘對他諄諄敘述近代歷史，忘東方之既白，還在興之所至，將珍藏名人著作送他。逝世前，閉門養疴，由韋仲公記錄端木的口述往事，記憶中的人時地都清楚無瑕。韋仲公認為從追隨端木十三年的時光裡，在端木言行及多年書翰中，學習到許多作人處事的智慧，認為是一生之中最寶貴的資產。韋仲公所寫的十四首七言絕句，情意深摯，所敘故事淒惋曲折，此端木先生一生重要經歷的史詩，是韋仲公感念知音，縈懷風義，憶述其人琴之絕唱也。（編案：韋仲公先生追憶端木鑄秋先生悼詩見本紀念集第800～802頁）

原載：民國八十五年八月號《中外雜誌》第六十卷第二期

《東吳校訊》

端木校長與我

——救國團李鍾桂主任談端木校長

結識緣起——在公益活動中總見到他的身影

民國五十五年第一屆中華民國十大傑出女青年的一項餐敘時，我結識了端木校長。當時他邀請我們去他的扶輪社，那是個以說英文為主的聚會，在那兒，真正見識到他的英文能力「乾淨俐落、簡單明瞭」，也從此開啟了亦師亦友的「友誼」之窗。

他本人常應教育部、外交部、新聞局以及其他相關部會的要求在家宴請外籍貴賓，因此我也到他家中吃了好幾次飯。他的住所非常高雅，房子外形是洋式的建築，屋內則純粹是中國傳統風格，地毯、傢俱、擺飾等皆相當考究，可說是一時之選，加上他有一些收藏，讓人賞心悅目；另外，他宴客要求每道菜都符合營養和色香味俱全；尤其最後一道菜是稀飯，一桌子上全是爽口的小菜醬瓜、甜蒜、甜薑、鹹魚、肉鬆、小魚乾、豆鼓、火腿、香腸等等。這是他與眾不同之處，讓外賓吃後一輩子都難忘記；而且使用的餐具或用餐時的氣氛方面在在皆令人享受、愉快非常，令人流連忘返、一去想再去。

他的家可用「窗明几淨、一塵不染」來形容，到處皆是光鮮潔亮的，這點是許多家庭做不到的。其實，這也和端木夫人有關，她是一個傳統典型的賢妻良母，克盡職責的將家裏治理的井然有序：佣人都很有禮貌，中規中矩、一板一眼、一絲不苟的。儘管端木校長的要求非常嚴謹，但並不因此苛待下人，他的駕駛跟著他一輩子，佣人亦然，如果不是因為端木校長待人好，誰還會為他死心蹋地的盡忠一輩子呢！

兩家的私誼

若論兩家的私誼，其實是由我來搭起友誼的橋樑。民國六十七年，家父（即李康五先生）從德明商專校長職位上屆齡退休，很巧的是，此時東吳剛好訓導長出缺，端木校長對我說：「你爸爸願不願意來啊？」由於一方面我深知父親喜愛與學生接觸和愛熱鬧的個性，另方面我擔心他已經工作了幾十年，突然閒了下來，心理狀態的落差反而會影響他生理狀況，因此我回去說動了正患著胃潰瘍的父親，安排他和端木校長見面，結果是非常愉快的，一拍即合，他就接任了訓導長一職。我一直說這就是「緣」嘛！之後我最常往東吳跑，都是去演講——端木校長說，「來來來，跟我們學生講一場」；父親又是訓導長，偶爾有什麼活動開天窗，就緊急把我找去支援。父親之後轉任城中校區推廣部及夜間部主任，在東吳一眨眼竟也待了將近十年歲月，結了十年的緣。端木校長故世後，楊其銑先生擔任校長，父親也仍留在東吳，主要原因是楊校長與父親早年是陸軍大學裏的老同事，所以說這「緣份」結得既深且圓哪！

我看端木校長——他是位傳奇人物，其所做所為和觀念皆與眾不同

我覺得他是相當瀟灑的一個人，這一輩子都是在很好的環境裏，小時家庭狀況頗稱富裕，而在這種環境中長成的他，見多識廣，且因他本身學法律，所以對很多問題更看得非常仔細，我想這是他有宏觀也有微觀，從大處著眼小處著手的原因。

我跟他在太平洋文化基金會整整十年的共事經驗，是相當愉快而又難以忘懷的。在任董事長的端木校長領

導下，太平洋文化基金會實質上已延伸成國際文化交流基金會。

之所以有如此成績，跟端木校長的待人處世有相當大的關係，他就是放手讓你做，細微末節之事並不過問的。不過我定期向他報告會務及相關問題的因應措施，他會及時給提示及建議。在幾乎天天都有活動，只要我跟董事長報告「今天這個活動很重要，董事長一定要來」，他就一定來，甚至後來他身體狀況不太好時，他還是儘量出席晚會，其實有時都在打瞌睡，這就是他給予我們全心全意的精神支持的明證。但是他絕不因此抓權，也不用私人。另一件我覺得他最令人敬佩的事，是他身後並無留下一毛錢給子孫，連房子也都捐出來，他的子女眾多孫輩滿堂，怎可能一毛都不留給他們？這是一般普通人不容易做到的。他跟我說「他們都能自立了嘛！我給他們只徒然增加麻煩罷了，我不必給他們了。」這是「取之於社會，用之於社會」的寬大胸襟，所以我說他是一位瀟灑豁達的人，並非物質方面，而是精神方面的，因此端木校長是位我心目中最完美的人。

原載：民國八十六年五月三十日《東吳校訊》——端木愷校長逝世十周年紀念專刊

終身的上司
——端木先生

周聯華

端木（鑄秋）先生是我一生敬仰、感恩的上司。雖然僅在他那裡做了半年的部下，但是一直維持良好的關係。在我一生中有任何為人處世方面的難題，只要打電話給他，他一定給我指示；而他無論有什麼「心事」要傾吐的時候，也都能與我暢所欲言。我們之間沒有客套，總是開門見山，彷彿我還在當年的嘉陵江畔，他的特大辦公室裏，只有他和我獨處一般。後來，他當了東吳大學的校長，每逢我受邀去東吳演講，他一定自己做主席，介紹我是他的老同事，我也稱他是我的上司。

我究竟是怎樣的一個部下？請諸位別誤解，把我當作是端木先生的左右手，或機要秘書那麼樣的部下，我是他在中國興業公司做總稽核時，辦公室的辦事員，看房間的，收發兼傳話人。他把他的官章，四方的、牛角刻的「中國興業公司總稽核章」交給我保管，我幫他蓋圖章。這是我們間上司部屬的關係。

認識先生的經過

二次世界大戰期間，日本人發動了珍珠港事變，同一天上海的租界就被接收了。我讀的是教會大學，許多美籍傳教士被逮捕到集中營去。我當年投入學生愛國運動太深，不能再在上海立足，而到大後方的陪都重慶去。當時我投靠了一位先父的好友，輾轉介紹，進了糧食部的會計處，在第四科當科員。按說以我只有三年半的主修企管，副修會計的學歷，能如此安身已經不錯了。但我很不滿意，下班後常去找朋友「擺龍門陣」，發發「壯志未酬」的牢騷。我的朋友朱嘉穀住在他姑姑家裡，姑丈正是王寵惠先生。在那裏，我認識了同住在王秘書長府上的他的外孫甥女Lucy和他的先生謝耿民先生。謝先生當時是行政院的機要科科長，他不大加入我們的談話，即使在邊上，也不太說話。有一次他對我的「大放厥詞」實在受不了，便發表了他的公務員高見。他說：「聯華，你不會做公務員。一個好的公務員要埋頭苦幹，有一百個人在一起的時候，別人看不見你；十個人在一起的時候，別人還是看不見你；兩個人在一起的時候，別人先看見另一個人後，才看到你。」

而Lucy是最不服輸的，她問：「那麼，端木愷呢？他也是公務員呀！」謝耿民說：「他呀？他不能算數的。他剛好相反：兩個人在一起的時候，別人先看到的是他；十個人在一起的時候，別人先看到的是他；一百個人在一起的時候，別人最先看到的還是他。」大家又興味盎然地討論了一會兒這有趣的題目，忽然間有人提到周聯華做公務員不得意，他的作風跟端木倒有一點像。於是Lucy異想天開地對她先生說：「把周聯華介紹給端木，你看好嗎？」

以上所述兩種處世哲學的極端例子，是我有幸認識、接觸到最標準的二個人。雖然這與本文無直接關係，但我仍然要提一提。謝耿民先生在台灣做到行政院秘書長，可以說是第一號公務員了，他仍牢守他的原則。有一次李石曾先生做壽，許多親友辦素筵祝壽，席開七、八十桌。當時黨國元老，工商鉅子，文化名人，冠蓋雲集。我當然僅是敬陪末座，坐在離開主桌很偏遠的地方。後來耿民先生來了，他在門口簽了名，看到了我，走過來坐在我的邊上，談了幾分鐘話，就說要走了。我問他：「你不去對壽公拜個壽？」他說：「那麼多人，免了罷，院裡還有很多公事要看呢！」他進門的時候沒有跟人打招呼，他離開的時候也沒有人跟他打招呼。

我在糧食部的工作告一段落，最後一天會計長召見的時候，他表示遺憾。「你來了三個月，我才第一次看到你；李幫辦告訴我，你忙了一個月，把一整年報審計部的糧帳都趕了出來，早知道你那麼能幹，我要留你下來的。不過，你明天就要走了，李幫辦說你到端木愷那裡去，好吧，希望你在那裡很得意。」他哪裏曉得是李幫辦看到我成天沒有事做，便把一箱子糧帳的原始憑證交給我，要我整理好，編冊報審計部。我做了一天，拿著我第一天的努力成果交給了他，他看過後，微笑著告訴我，晚飯過後要好好地教教我。那時因為有敵機來轟炸的緣故，像會計處那樣不跟人發生太多關係的、比較內部的單位都在郊外辦公，宿舍也在一起。晚飯後，我坐在辦公室裡，李幫辦來了，很細心地逐一教我，一面說：「像你這樣做，真帳都成了假帳；像我這麼做，即使是假帳，也能變為真帳的。」我按照他的指示，整整做了一個月後，就去端木先生的總稽核室工作了。

端木總稽核

第一天，端木先生領我去上班，把我帶到總經理那兒，與他見了面。後來我才知道端木先生除了傅沐波總經理以外，總管理處的同仁，他一個也不認識，他只好把我交給總經理了。很快的，傅總經理就叫了總務處的處長來，把我交給了他，由他處理一切。大概處長摸不清我的門路，就給我一個人一間房，跟他一起搭伙，吃的是大飯廳中小廚房的伙食。因為傅總是東北人，所以從總務處以下，所有的親信都是東北人，吃的麵食。我寫的那麼詳細，是因為這一點跟我知道端木先生怎麼到中國興業公司當總稽核有密切關係。

我到差不久的某一次，在飯後茶餘之際，處長忽然問我：「你大概不知道你的總稽核怎麼到我們公司來的吧？」我說：「不知道。」於是他就告訴我，聽來像是傳奇，但又頭頭是道，不由得你不信。他說那是因為蔣委員長要端木出任當時「國家總動員會議」的秘書長。這一個組織非常重要龐大，等於是小行政院，由蔣委員長親自主理。當時委員長曾跟親信提起：「你們認為端木會接受這差使嗎？」他們說：「這工作很重要，而且您親自主持，他一定會答應的。」據說當時委員長說：「這工作養不活他，怎麼辦？」。於是就有人獻計，給他一個事業機構的兼任職位，問題不就解決了？當年孔祥熙院長兼做董事長的中國興業公司是鋼鐵、機械、電器等等無所不包的，是個既紅且闊的大公司。在董事長安排下，端木先生既是秘書長又是總稽核了。

總稽核室的辦公室比總經理室大兩倍，卻空空如也什麼也沒有，更顯得空蕩蕩的。這一個辦公室之所以那麼大，是因為它原來是總顧問室。而總顧問是以前漢冶平鋼鐵公司的總工程師，是一位年逾七十的老英國留學生，冶金專家。他不大來上班，即使來，也在上午，而端木先生卻在下午上班；所以他們不常見面。

這是一個全部都是化鐵爐、煉鋼爐、軋鋼部的工廠，到處都是機器聲，化鐵爐開爐時的鐘聲，和滾燙的鐵融液噴入水池中冷熱交接的嘶嘶聲，緊接而來的是冷水池遇熱後沸騰的氣泡聲。我們的三總（總經理、總稽核、總顧問）辦公室，則鬧中取靜，十分幽雅，類似一所四合院那樣的建築，中間是會客廳，右邊是總經理室，左側是總稽核和總顧問室。有一個青石所鋪的天井，和點綴著幾棵綠葉茂盛的樹。這是硬繃繃的廠房和機器中唯一的軟性建築。

端木先生上班是非常威風的，他的辦公室在上清寺和兩路口之間，他坐了三人抬的滑竿到牛角沱。三人滑竿是氣派，是架勢，也是效率。抬滑竿的只有兩名轎夫，但是一聲吆喝，另一個人上前輪替，換下其中之一，那身形矯健俐落之美要另寫一篇短文才能描寫其中之奧妙。到了岸邊，一條舵船已等在那裡，端木先生仍坐滑竿中，轎夫都下船。船夫就搖船渡江。一到相國寺公司的專屬碼頭，滑竿就抬起來直奔辦公室。老遠就聽到滑竿進來的聲音，轎夫的草鞋踏在石板上的清脆聲，和滑竿停下來的口令聲之美，除非身臨其境，否則是無從描述的。

總稽核一進門，我當然要站起來迎接他。這時工友已給他熱手巾和熱茶。他就問：「有什麼事？」我照例報告他一些大數額的「請購單」。他會問：「是不是跟以前的價錢一樣？」假如一樣的話，他會說：「好！」如果不一樣的話，我也早就向承辦人問清楚了，轉向報告他。大部分的時間裏，他都會說：「好呀！」這時候，他就可以走了。也有時候，他會問工友：「總經理在嗎？」總經理是天天來辦公的，端木先生會到總經理辦公室去談話。不時傳出笑聲，那當然是我上司宏亮的嗓門。有時候遇到大的合同，承辦人會告訴我來龍去脈，我就會做一些準備的工作，把類似的老合同取出來，比較以後，記在心裡。通常這些文件總經理都已經批准了，但因端木先生是代表董事會的最後一關，又因為他的專業是法律，需要他過目。所以在聽取我的報告後，他非常敏銳，很迅速地就看完了，並在公文上親自簽名；有問題的話，他自己會到總經理那裡去溝通。我猜想只要他三言兩語問題就解決了，因為去了兩三分鐘，又聽到他大笑的聲音。再過一會兒，他就回來，打道回另一辦公室去了。滑竿夫又踢躂踢躂踏著整齊的步伐，夾著雄壯的吆喝聲，抬著總稽核離我們而去，到另一個場合當秘書長去了。

在我短短的半年服務期間，發生了三件大事：一是對他，一是對我，另一件是我的大驚小怪；當然這些都是他的事情，不過我有深刻的印象而已。我把容易的先說，那是他的上清寺宿舍的芳鄰。那時候，重慶人真是狡兔三窟，家住一個地方，自己為了辦公方便住在一個地方，把一部分細軟財物又寄放在另一個地方。萬一敵機來轟炸時，只損失一部分財產而已。端木先生的家住歌樂山，一個最近重慶的山裡面。有一次總稽核要請客，為了未來的核銷，我去請教庶務課長（他是我吃飯的「桌友」），他知道我很「嫩」，說了一大堆的「經驗談」。我嚇得連夜去請示總稽核。我照著地址找到了地方，因為門是開著的，所以便冒冒失失闖進去。等抬起頭來一看，差點兒把魂嚇得出竅，我看見毛澤東、朱德的肖像！剛要退出去，一位坐在客廳的辦事員問我：「你來做什麼？」我深怕他誤會我要去投靠共產黨，連忙說：「對不起，對不起！我走錯了地方，我是要找端木愷先生的住宅。」他的回答使我幾乎不敢相信：「他住在樓上，你進來，從後面樓梯上去就是了。」我不知道那位先生有沒有注意到我走路的腿都軟了。到了樓上，把要談的公事請示完畢，就諾諾地請教他：「端木先生，您怎麼住在這裡？」他說：「我的樓下是周恩來的辦公室兼他的住家。這是政府分配給我的，我不能選擇我的芳鄰呀？」我正錯愕的時候，他又哈哈大笑，笑得那麼盡情，那麼灑脫！

有一回中國興業公司總動員要招待一位貴賓，尤其我辦公的三總四合院更得打扮得裡外一新。全公司，特別是工廠區，完全變了一個樣子。客人光臨那一天，黃沙鋪地；不准人再踏上去。如果在封建時代，一定是皇上駕臨了。那位貴賓是美國羅斯福總統的代表威爾基先生，他在重慶珊瑚壩機場降落。在陪都有一連串的活動，其中之一是參觀中國興業公司。總經理的英文不太靈光，總顧問年老，雖是大英紳士派頭，但也沒有太大用場。其他經理、廠長也會講英文，但是公司決定以端木總稽核做主人，他們就不必說話了。其實無論誰是主，只要有端木先生，他自然而然會大放光彩；招待得這位貴賓滿意之極。我當然沒有份，但是我的辦公室就在客廳隔壁，近水樓台先得月，要不聽他們談話也無從關閉我的耳朵。我聽不懂他們的說話，但我卻聽到我的上司談笑風生，能說善道本來就是他的特長。不一會兒，賓主盡歡而散。送走了客人，他回到辦公室，對我說一聲，叫滑竿。他坐上滑竿，又去扮演另一個角色了。

另一件事是總經理因病請假，孔董事長批由總稽核代理。他似乎知道我會拚命應付這項工作，我也一定願意這麼做。他事先打電話給公司，他仍在總稽核室辦公。也沒有叫總經理的秘書到他的辦公室，那是擺明要我扛下這艱鉅的擔子了。這一禮拜他每天下午一點鐘就來，做到五點多才回家。我每天到半夜才整理完他所批的公事，準備第二天一早送到各有關單位。第二天很快桌上又堆滿了紅的、白的公事夾，每個人又向我說明公事的背景、來龍去脈、意義等必要資料。我猛記筆記，準備總稽核來的時候，可以報告。中午吃飯的時候，我稍一準備先後次序，來不及吃飯，他老人家（其實他那時候才四十來歲，一點也不老）已經來了。他一邊批公事，一邊問問題；有時候還要把承辦人叫來。我的辦公室，不，他的辦公室，川流不息，熱鬧非凡。這樣足足一個星期，總經理康復了，回來辦公，一切又恢復正常。

老實說，我真的很寂寞，有時候我會在辦公室裡哭。假如每天像那一禮拜那麼忙，我會做下去的。我想到我的大學還少半年，我應該去一個大學借讀，修完我的學分。我進行得差不多的時候，我向總稽核報告。他問我要在開學以前出去玩玩嗎？我告訴他不。他說我可以做到開學的前一天。就這麼結束了我在端木先生當屬下的工作。

永久的上司

離開了公司，我還常見到他，那是在王寵惠秘書長的官邸，他會很關心地問長問短。有一次告訴他：「我僥倖地得了重慶市大專英語演講比賽第一名，國語演講比賽第三名。」他很高興，他對我道恭喜以後，回過頭來對謝耿民和 Lucy 說：「我們的時代怎麼沒有這類活動？」他真的躍躍欲試，言下之意，他穩可囊括雙第一，我對他也有這樣的信心。他問我畢業後是否再到公司。我告訴他，到時候再說。不過我沒有去，但是他是我永久的上司，那是不折不扣的。

我們再見面的時候，已經在台北了。很多場合都會碰頭，我們沒有寒暄，都是互相關心。我有「疑難雜症」都去請教他，通常是一通電話，他似乎永遠有現成的答案，他經驗老到，難不倒他。有時候他見到我，也會主動提出意見。有一天，他看到我的西裝領子已經過時了，就說：「聯華，你要去做幾套新西裝了。」他可忘了，他是個名律師，我則是個窮傳道。就我們兩個人的時候，他喊我名字；在別人面前時，他叫我周牧師。

他還叫過我董事長呢！有一次，三個教會學校的負責人去看教育部長，請部長吃飯。那真是宴無好宴的那種餐會。他代表東吳大學，我代表東海大學，另一位是輔仁大學的于斌總主教（那時他還沒有升樞機主教）。他告訴我說，「你放心，我來對付部長好了。」那一次的餐會，我真服了他們兩位。于總主教猛講笑話，笑話中句句帶刺，字字所指，而且畫龍點睛，都能發揮他的功能。端木先生則是靠敬酒，他每敬一杯酒，就說：「我們喝酒歸喝酒，喝了這一杯，請原諒我，我要講句不中聽的話了。」那一次餐會，他喝了許多杯酒，也講了許多句「不中聽」的話。那晚的名句之一是：「請部長告訴你的屬下，對私立大學不要『另眼相看』，我們是私立，別瞧不起我們，好像我們是『私生子』，我們比公立學校要難多了，還要自己要籌錢辦學，多麼困難！」把部長窘得無言以對時，端木先生又舉杯邀飲。那時，于總主教也開腔了：「我們天主教是講奉獻的，我們既是私生子，把孩子都送給大太太好了，咱們都成為國立大學了，國立輔仁大學，好聽得很！」端木先生接著說：「東吳跟進，想周董事長一定也願意把東海奉獻給國家。」天啊，我哪有這樣的權柄？他又說了：「不過，私生子是男人在外面搞外遇，偷偷摸摸生的。我們卻是公開，堂而皇之生的。」接著，我們開始數盡一切「不平等」的待遇。散了席以後，他說：「周董事長說話最少，罰他會鈔。」我很高興能為這飯局作東。

蔣公逝世以後，他看到我，他第一句話就說：「我可憐你，以後大家要找你為他們的家人領追思禮拜了。你怎麼應付得了？」我認識許多朋友，沒有一個人了解我那時候的掙扎和為難。他關心我，所以能為我想。我從皮夾裡掏出一張紙來，寫著：「對不起，我只為我牧養的教會中的弟兄姊妹主領追思禮拜。」我預先寫好，拿出來，表示這是一個原則，不是不賣他的面子。後來端木先生的安息禮拜當然是要效勞的，因為在人間我只有過一個上司！

我這個部下對他有過貢獻沒有呢？在重慶那段時候是領薪水的，吃別人的飯，做他的事是天經地義的。在他正式去東吳以前，我們有過一次相當長的談話。我知道我沒有影響他，但是他要一些知音的共鳴。他逐漸加深與東吳的關係，但基本上，是他與上帝的關係。他大概不常談這些，但是，這是他信仰的原動力在推動。他說他為自己而活已經夠了。為社會？大家都那麼說，其實都是說說罷了。這時侯，他吐出他的心聲，他選了東吳，是為上帝，為學校，為下一代的青年。我在他濃濃的眉毛底下，看到他的誠懇真摯的眼神。我興奮，因為我所敬仰的上司選擇了奉獻犧牲的路。我知道可能將來有人會懷疑他的目的，但是主知道。他投入他的時間、經驗、金錢，為了東吳付出一切，他告訴我是為了主，為了信仰。這是千真萬確的事實。我更欽佩他了。

原載：民國九十二年五月號《傳記文學》第八十二卷第五期

與端木校長在太平洋文化基金會共事的歲月

——專訪中國青年救國團主任李鍾桂博士

李鍾桂口述
高惠琳記錄

談到與端木校長的淵源，李鍾桂博士不禁笑了起來：「其實我和端木校長結識得很早。」民國五十四年，李鍾桂自歐洲學成返國，翌年即以優異表現，膺選中華民國第一居十大傑出女青年。當時端木校長便以中華民國律師協會理事長的身分邀請十傑女青年餐敘，席間與李鍾桂有一見如故之感。不過兩人間的共事情誼，卻是遠在十一年後的事了。

臨危受命，締結共事情誼

民國六十三年，我國退出聯合國，許多外交工作頓時因此受挫。為求能夠順利推展國際事務，經國先生乃決意成立一個民間機構，透過文化藝術交流、教育合作等軟性活動，協助政府推動外交工作。於是，由中華航空公司出資一千萬元為設置基金，太平洋文化基金會於焉成立，由當時擔任東吳大學校長的端木愷博士出任該基金會董事長，下設執行秘書一人（由華航公司委派），負責基金會的實際運作。

雖然為獨立機構，但是甫成立的太平洋文化基金會卻無專屬業務，一切運作悉以配合政府各單位的需求為主，其中尤其以外交部運用最多，並且以招待外國國會議員及助理來台參訪最為頻繁。不料，此事卻遭美國「華盛頓郵報」大幅報導，並且以「Chinese lobby」名之。由於聲名受損，此時一些政府官員乃建議廢除該基金會，以杜非議。而端木校長與當時的教育部長蔣彥士先生及文教處長李鍾桂女士卻不以為然，李鍾桂表示，一個機構的設立不易，況且該基金會有其特殊的使命與意義，斷不能說廢就廢，而應從新定位，同時加強該機構的功能與運作。最後終於決定保留，新聘李鍾桂出任基金會執行長，負全部基金會業務。

開疆闢土，重新定位

為了強化基金會的運作，原本該機構中的執行秘書一職乃更名為執行長（英文以 president 稱之）。而李鍾桂回憶起當年初赴基金會履新時，面對有限的基金、老舊的辦公室，籌募經費遂成了首要之務。可喜的是，之前李鍾桂於教育部文教處長的五年任內，因職掌之故，與國內外文化藝術團體接觸頻繁，關係良好，此時適逢美國白雪溜冰團來台演出，於是李鍾桂便前往拜會該團負責人，懇請對方能夠加演一場作為襄贊基金會。基於昔日友好情誼，該團慨然允諾，而基金會也因此募得第一筆經費。

有了好的開端，李鍾桂便積極邀請國外表演團體來台演出。並藉此得以向有關單位申請些許經費，充作基金會辦理活動經費。此外，端木校長也介紹熟識的實業家，給予基金會支持與贊助。就這樣以活動養活動，使基金會的工作蓬勃發展。

回溯在基金會的十年生涯，李鍾桂禁不住地流露出滿臉的喜悅。她表示，民間單位有很多的彈性及發展空間，這些與她之前在官方單位工作時的處處關卡有著截然不同的感受。也因為在這樣開放、多元的工作環境下，得以讓不時有新點子、新主張的她有了很好的伸展舞台。不過，能夠這樣隨心所欲的發揮，從另一個角度來看，卻也要感謝端木校長的信任與授權。

全然信任，淋漓演出

她表示：「端木校長是位十分豪爽、好客、也懂得享受人生的長者。除了正規的董事會議外，我們倆個人從來沒有為基金會開過一次會。每當我主動表示要向他報告工作進度或討論活動計畫時，他便會說：『好呀！一起吃個飯吧！』就這樣，平均每三個月，他就會邀我在外面吃頓飯，順便談談基金會的運作，而且大都由我來提出想法和意見，他往往只是很乾脆地一句：『好呀！那妳就去做吧！』」

追憶當年，或許就是端木校長超然的政治立場、勇於接受挑戰的個性，以及中英文俱佳的學養、深厚的法學背景等卓然不凡的作風與典範，促使他成為出任太平洋文化基金會董事長的不二人選。

回想與端木校長共事的那段光陰，李鍾桂不諱言地表示，就因為端木校長那種充分信任、充分授權、絕不干預的個性，讓她擁有職場生涯中最愉快、發揮得最淋漓盡致的一段時光。

基於端木校長的體恤與信任，李鍾桂孜孜矻矻地扮演著執行長的角色，同時也盡情施展長才，十年裡，除了邀請許多國外藝術表演團體來台演出外，對於國內的藝文團體，她也組織了不同類型的隊伍赴海外表演或展出，更因此發掘了許多優秀且有潛力的藝文人才，在她的活動擘畫、安排演出下，得以嶄露頭角。除了藝術團體的表演、展出外，每年基金會都有不同的主題所組成文化訪問團赴海外參訪、舉辦教科文國際學術研討會、辦理外國大學校長的邀訪活動、加入國際友誼團組織、不定期出版各類出版品，由於成效斐然、聲名遠播，一時間，基金會儼然被視為是民間對外的機構。

除了林林總總、不勝枚舉的諸多活動外，李鍾桂還有一項極重要的工作，就是向教育部申請到一筆固定的獎助金成立學術獎助委員會，獎勵太平洋地區學者、專家、教授，研究、著作、研討及出版有關中華民國的教育、政治、經濟、文化等問題，而出版了系列叢書，不僅藉此讓外籍人士得以認識中華民國，同時也透過他們的管道，讓台灣的形象得以順利地「輸出」世界各地。

謙謙君子，文人風範

談到這裡，李鍾桂突然想到一段小插曲。在她多次組成教授文化訪問團赴海外參訪時，每回總會邀請端木校長同行，但他總是笑著搖頭說：「不要了，我這把年紀哪走得動！」可是有一次，擔任東吳大學訓導長的父親想參加訪問團，因職務之故，特向端木校長請假出國，在父親親自跟端木校長報告請假原由後，想不到端木校長一口答應說：「對呀！趁你還走得動的時候趕快去吧！」

事實上，端木校長對於李鍾桂的一切作為和決策，不僅給予全然的肯定與支持，遇到任何需要或要求，他也一定盡力配合。由於基金會一整年中舉辦不少活動，其中不乏國際性的知名藝文團體受邀演出，李鍾桂每每會詢問端木校長是否出席看表演。端木校長往往笑著拒絕。直到有一回，李鍾桂執意請端木校長前往觀摩，端木校長乃欣然應允。不料，在整場精采的演出過程中，卻只見坐在第一排最中間位子的端木校長頻頻打盹，這時李鍾桂才恍然體悟到，要一位七、八十歲的老人家正襟危坐地看表演，著實折磨人。從此，她便不再勉強端木校長了。

雖然與端木校長有著十年的共事情誼，李鍾桂卻笑著表示：「一起做事的時候不多，但重要賓客去他家吃飯卻是常有的事。」她形容端木校長是位好客又懂的吃的人。他家中有位廚技極佳的管家，燒得一手好菜，席間配以端木校長大江南北的豐富見聞、精采幽默的笑話，總是博得滿堂笑聲、賓主盡歡，同時更讓受邀在座的外國客人識得了中國人的美食文化與生活哲學。

喜慶豐收，完成階段性任務

就在端木校長的放心放手、李鍾桂的勵精圖治下，太平洋文化基金會很快就掃除成立初期引人詬病的爭議，而以嶄新的面貌呈現蓬勃的氣象，在一番耕耘努力下，基金會不僅在國內塑造極佳的口碑與聲譽，更因為積極而廣泛地與太平洋地區文教藝術界交流、合作，博得國際間許多文化、藝術、學術團體以及學者專家的好評與友誼。所以當基金會十周年慶時，許多團體紛紛主動要求來台演出以示慶賀，也因此，那一年，三百六十五天的日子裡卻整整排了三百六十天的活動，同仁們雖是體力耗盡、人仰馬翻，卻也樂在其中。而這張寫滿友誼與成就的豐碩成績單正足以為李鍾桂的努力做出最具體的見證。

回首前塵，李鍾桂離開太平洋文化基金會至今已十多年了，然而每當回憶起那段與端木校長合作無間的愉快歲月，對他識人善用的襟懷、怡然自在的個性，李鍾桂仍有無限的感激與懷念。

原載：民國九十二年六月號《傳記文學》第八十二卷第六期

憶端木愷先生一二事

唐秀文

二〇〇一年十月四日晚上，將要就寢時接到一通電話，對方要我猜她是誰，我感到既熟悉又陌生，我說：「我年紀大，已記不起來了。」她說是端木儀民。哇！我們已經十多年沒有聯絡了。接著她說明年是她父親百年冥壽，因為我追隨她父親端木愷先生工作二十多年，希望我能提供一些關於她父親為人處世的片段，將收錄於《傳記文學》的專輯之中。那個晚上，我回憶五十年前的往事，一整夜都難以成眠。

五十年前的四月某日，我拿著吳葆衡次長的名片，到台北市南陽街三十號「端正法律事務所」應徵中文打字一職。接待我的是齊炎小姐，她先讓我打一篇文件，再帶我到前面的辦公室見端木愷律師。在我未見端木律師之前，已有同事警告我，端木律師很兇，最好還是不要輕易轉工，但為了那份較優渥的薪水，我還是決定去試一試。

端木律師給我第一個印象的確很嚴肅，聲音很宏亮，他講解了工作時間、範圍以及待遇，這一切都讓我很滿意，但我也有要求，就是不能隨意地被解僱。端木先生相當豪爽，他指出除非我有重大錯誤或事務所關門，否則他不會輕易地解僱人員；於是從那時起我開始為他工作。

民國四十三年（一九五四）某日，我向端木先生請假，表示我要結婚。他問我妳這麼小就要結婚，妳先生是哪裡人？我說他是浙江人。他又問是哪一縣？我答嵊縣。後來他就說：「喔！那妳膽子可真不小，嵊縣是出強盜的地方，不怕妳先生把妳賣掉嗎？」此時我感到端木先生還滿幽默的，當他講完時，事務所的人包括蔡六乘、姚餘啟律師都哈哈大笑。所幸四十八年之後的今天，我還沒有被外子賣掉。

端木先生是一個很樂於幫助困難的人。那個年頭，台灣的經濟、物資都很不富裕，尤其是從大陸撤退來台的同胞，失業者頗多，但是生活還是要過下去，如有人上門求助，不論陌生者或相識者，端木先生都會給他們伸出援手。有時我們的當事人付不起費用，在這種情形下，先生會義務的幫他們，如寫狀子、提供意見等，他都很樂意地為他們解決問題。

端木先生還是一位很講道理的老闆，對我們員工都非常的寬厚。當工作空閒時，我們可以隨意地做自己想做的事，如看書、寫字，他從不干涉。後來我問他：「為什麼這樣子您都可以讓我們照自己的意思做事情？」他說：「這是因為我沒有事情給你們做，不是你們不願意做，所以我對這件事不會有意見的，只要你們有時間，除了我的工作之外，你們可以做任何想要做的事情。」但他很不樂見員工遲到。

端木先生是一個不願意讓自己名字見報的人，偏偏為了當年蔣夢麟先生和徐賢樂小姐結婚之事而見報。當時蔣先生的好朋友們怪他為何不共同阻止這段姻緣，於是在報上說他是老狐狸。對此，他一笑置之。他曾經對我們說：「這是一件最私人的事，誰都不能置喙。」可見他很注重個人的隱私權。

端木先生是一個對家庭很負責的好好先生，他對其母親、夫人、兒女都非常的照顧。他對夫人無微不至。夫人在五十多歲時曾經動了乳癌手術，當時醫療並不發達，手術後影響夫人整條手臂的運作，醫生曾建議截肢，但是端木先生認為如此對其夫人相當殘忍，他們倆經過多次的商量，還是讓兒女陪同夫人到各國旅遊，並接受治療。幸而保存夫人的手臂，享年八十餘歲。

就在夫人出國治療期間，是由我兼理他家裡的工作人員薪資發放，及家用。所以每星期三中午我會同陳邦禧女士（端木夫人的內姪孫女）到端木公館一同用膳，一方面由她兼顧家裡的瑣碎雜事，直至端木夫人返國後才停止此一兼職。當夫人返台後，她常感寂寞，不定時會在中午約我到她府上相陪，我們暢談家庭生活，我也從夫人處學習做人處世的道理，並與夫人建立了忘年之交，無所不談。

另一方面，先生對兒女的教育也非常注重，他會儘量地提供一切，以幫助他們完成學業。先生的兒女們也非常的爭氣，每個人受到高等教育取得學位，有的還拿到博士學位。當兒女們受完教育時，先生就會停止提供一切，讓他們獨立自主，他說他的責任已經完了。對此我覺得先生相當有原則，影響了我日後對兒女受教的觀念，也作為參考借鏡。

端木先生對司法的不夠獨立，感嘆良多，尤其是對當年的戒嚴法，他不予苟同（例如當年發生的雷震案，雷夫人宋英女士奔波多年，就是沒有受到公平審判）。只是身為立法委員的他，也孤掌難鳴。他毅然辭去萬年鐵飯碗的立委，專心執行律師業務。他很有學問，中英文都奇佳，用詞簡潔，表達深入，絕不咬文嚼字，他同學曾說他是一位難得聰明、優秀而又有正義感的人才。事務所的收入並不如他人所想像的豐厚，端木先生的生活在一般人看來多采多姿，其實他生活很簡單，也很樸儉。不過，他對儀表非常注重，這也得力於他有一位賢內助，華而不費。

端木先生非常注重教育，他從不提個人抱負，他關心社會，尤其對教育，他認為培育人才是國本的基礎。他儘可能回饋母校——東吳大學。東吳在台復校時，是從補校、夜校、學院而大學的，這段過程他都參與其中，這是我每天代他紀錄行程表時得知的。

記得一九六〇年代，石超庸先生執掌東吳大學時，曾經建議端木先生到東吳接任校長一職，先生開玩笑說：「像我這塊料，怎麼能當校長呢？」石先生則回應說：「先生是最適合的人選。」不過，這件事一擱便是多年，暫無結果。然而端木先生還是不間斷向外國人士、教會遊說對東吳捐款。

至一九七〇年代，端木先生逐漸減少接辦民刑事案件，只保留外國人來台投資與商標及專利事務，此時端木先生更專心於東吳擴充計畫。尤甚者，事務所部分外國收入也直接轉撥東吳。我一直跟隨端木先生工作至一九七四年，隨後離職去美，那時他已接掌了東吳大學校長的職務。他是有給校長，但他不取分文，並將薪津捐給學校另行使用；同時他也作了決定，將自宅在他倆百年之後捐贈東吳大學。

一九七五年，端木先生不時自費親自來美籌款，他到各州遊說，並對支持者當面致謝，同時還順道探望他的兒女們，當時我也有幸參與，那真是一個很輕鬆的聚會。自一九七六年後，我每年會利用假期返台，此時與先生及夫人相聚都有談不完的話題，非常歡愉。直至一九八五年至一九八六年，一切都變得不一樣了，古人云：「人去樓空。」那時我才親身感受到那股痛苦無奈。從此失去了上司，也如師、也如友，即我所最敬愛的端木愷先生及夫人。

原載：民國九十二年六月號《傳記文學》第八十二卷第六期

懷念端木先生

張雲軒

民國廿四年，國民大會選舉事務所成立。該時端木愷先生出任第三組組長，負責有關制定憲法及選舉規章等業務。此工作係我國初次立憲及施行選舉權所訂立之規章法則，問題當然繁多，必須縝密籌措，然後報呈批示立法，所以工作相當沉重。

民國廿五年八月間，日本飛機偷襲南京，投下第一個炸彈在郊區，立刻人心驚慌，百姓紛紛逃離，返鄉南下。當時局面非常紊亂，火車交通擁擠不堪，於是動亂開始，時有不利消息。

民國廿六年七七事變後，日軍逐漸侵入，華北戰火遍地，時有空襲。不久南京失陷，但政府已作籌策抗戰大計，適時端木先生奉命，隻身匆匆隨遷入川，至重慶。唯恐空襲之故，國選總所臨時辦公處即選於近重慶之鄉間天生橋。之後跟隨員工的眷屬們，陸續前來，也安置在附近民房，各自租屋暫作安居。端木夫人亦扶老攜幼跟隨涉險，來至天生橋定居，全家始得團聚。不過端木先生因公仍需在重慶工作，僅於週末返家省親而已。

初抵重慶不明底蘊，見清晨大霧，必是太陽高照好天氣。後來逢有霧，日本飛機必來轟炸，多在重慶，其震聲有時波及天生橋，所以眷屬們都為在城中工作之親友們擔憂，但山城重慶多霧，所以差不多天天有空襲，雖然避居鄉村仍不敢輕心，所以只要有警報，大家都是扶老帶少進防空洞躲避，直等解除警報，相繼回家。抵家後仍需忙著準備晚餐及次日在防空洞之乾糧，終日忙碌不作他想，當時大家心情都非常消沉痛苦，究不知何時得了。可是彼此之間倒有同舟共濟之感，相互照顧激勉，反顯得人情溫暖為慰！

民國廿八年，日軍仍在我國土地節節進攻，烽火連天，激怒百姓。政府正在各地募召軍旅，組織義勇軍、游擊隊，於是百姓響應愛國，號召很多人參軍殺敵報國，傷亡眾多，可悲！

民國廿九年端木先生調往行政院會計處主計長，辦公地點設在鄉間龍井灣。時其家屬已遷至歌樂山。當太平洋戰爭爆發，國際情勢轉變。之後，空襲逐漸疏少。奉命會計處遷去重慶曾家岩行政院內辦公。在每年審核全國各部會預算時，往往會有爭執，若稍有偏差，極易開罪於人，與起風波。但端木先生為人公正無私，待人以誠，處理案件時，為了國庫財力，難免有調整，總是盡理述明，酌情辦理，平息怨言，相處得宜。誠然智慧幹才，可敬！

民國卅一年國家總動員會議成立，賀浩若擔任主任委員，端木先生調任秘書長。此機構為全國之軍警、公教人員等總動員，擬定之動員法規條款，以及管理制度需經委員們開會議決，簽請最高軍事委員會核轉立法，然後執行，工作相當繁重，皆因人事複雜。當時最難應對的是調查組和檢查組，兩單位時常遇有制肘情節發生，但端木先生卻能以公義和平妥善處理，皆大歡喜了事，令人佩服。

民國卅四年八月十日傍晚消息傳出，日本無條件投降，舉國歡騰慶祝，狂放鞭炮，宣洩了苦戰八年的鬱結之情。於是各機關即紛紛整頓，準備還都。端木先生即辭公職，攜眷返居上海，執律師業。

端木先生一生貢獻國家，忠貞不移，多年來辛勞疲憊，藉此得獲休息，侍奉慈母，為慰！但時隔不久，孫科先生任行政院院長，敦請端木先生復出，任行政院秘書長職，於是又服公務去南京。

民國卅八年共軍戡亂，內戰逆變，國難當頭，復作渡海遷台。端木先生因身負公職，只好先遣家屬託於親屬照顧先行赴台。兩次國難搬遷均係端木夫人扶老攜幼一身承擔，賢能可貴，為親友敬佩。端木先生俟卸公職轉赴台灣，闔家團聚。此後仍操舊業，設立端正律師事務所於台北。

究其生平無論公私業務，均不離律法規章，對國家忠貞不二，頗多貢獻，對百姓公正無私，盡情維護。

又：三十九年曾為民航公司訴訟案代表中華民國赴港出庭。雖有不愉快事發生，但他已非公職人員，仍以愛國為重，盡己之能報效國家，更顯其寬宏大量。

（寫於民國九十二年六月）

國之磐石

王　愷

端木校長去逝已有多年。老人家仙風道骨的遺澤永遠留在他的學生與後輩的印象中。我們對他的懷念與崇敬隨著歲月的飛逝卻日益增甚。

筆者於民國六十一年自美完成學業返國後，蒙杭立武大使不棄，進入國際關係研究所服務。國際關係研究所其後改制併入國立政治大學，但在當時仍是國家安全機構的附屬研究單位。所中的研究工作係以大陸情勢資訊的搜集與分析為主。杭先生入主國際關係研究所以後，蔣經國先生倚重他的睿智、經驗與威望，特別請杭先生成立了一個編制外的「專題研究室」，約集國內學者、專家組成兩個小組：外交小組與經濟小組。外交小組由周書楷先生出任召集人，成員包括連戰先生、端木校長、陶百川先生、王紀五先生、李廉先生、朱建民教授。經濟小組由王作榮先生出任召集人，成員包括邢慕寰先生、李登輝先生、孫震先生、郭婉容女士、梁國樹先生、陳昭南先生。兩個小組每一個星期開一次會，都是在杭先生自己的辦公室內舉行。每一次的討論都委由與會的一位成員負責撰寫結論與建議，直接送呈經國先生本人。這兩個小組在杭先生辭去國際關係研究所主任的工作以後即被撤銷，而筆者亦於其後轉赴外交部工作。

筆者在國際關係研究所工作期間是擔任專題研究室的秘書工作，負責外交小組與經濟小組每次開會的紀錄。有好幾年的時間，筆者得以親自參與這些國內政、學精英的集會討論。端木校長只要不出城，一定每週都來開會。第一次看到他老人家，就被老人家慈祥的雙眼所攝。老人家總是面帶微笑，永遠是不慌不忙，就像一座根深底固的巨大磐石。老人家的沉穩、老人家內蘊之深厚，真是難測其底。你從他的雙眼中似乎看到他在告訴你：

年輕人不要緊張，天下沒有過不去的難關。你從他老人家的微笑中，似乎可以體會到老人家是什麼陣仗都見過了，眼前這一切也不過是同樣的過眼雲煙、鏡花水月而已。校長在開會討論時，話不多，但發言則必一針見血、切中問題的核心，從無廢話，全是多少年歷煉、智慧的精華。筆者尤其記得每次開會，校長與周書楷先生一人一隻雪茄相對而坐，滿室芬芳，有如高高山頂雲端中兩個談經論道的仙者。到今天似乎仍然可以嗅到當日濃郁的飄煙，只是二老皆已過去。穩如磐石的國之大老，於今已不可得矣。

本文部分文字刊登於九十三年五月一日《中央日報》

功著國史事顯東吳

陳鶴齡

一、前言

著名大律師、前立法院立法委員、行政院秘書長、東吳大學校長端木愷鑄秋先生，今年一百零一誕辰，東吳大學校長劉源俊博士，以鑄秋先生功業著於國史，建樹顯於東吳，為追懷鑄秋先生之道德風範，特舉行「端木校長鑄秋先生紀念座談會」，鶴齡於民國三十二年三月一日應立法院孫院長哲公命任職幕僚，時鑄秋先生任行政院會計長，承立法委員兼東吳大學校長盛振為先生之介認識鑄秋先生，忝屬律師同道，公私時相往來，數十年相交甚篤，應劉校長之邀參加此次座談會，義不容辭，深感榮幸！茲謹就鶴齡與鑄秋先生數十年相交之認識，以鑄秋先生對國家社會、行政法治、教育之卓越貢獻，提供個人一點認知就教於各位賢達，古人論人之成就為人生三不朽，即立德、立言、立功，鶴齡認為鑄秋先生有焉。

二、革命世家，精研法學

先生原籍安徽省當塗縣，民國前九年農曆四月十八日誕生，父璜生公，追隨　國父孫中山先生革命，為同盟會會員。中華民國成立受任陸軍少將，戍衛京畿浦口、采石之間。民國二年討袁失敗，避難隱居上海，抗戰時期與先生同赴重慶陪都，參與抗戰工作。母唐氏太夫人，相夫教子，閭里稱賢，先生青少年時，愛國中堅分子，受父教薰陶，初讀上海英人所辦之麥倫中學，日寇侵我日亟，乃參加學生愛國運動，被英人校長勒令退學，因此轉入澄衷中學，畢業後同時考取復旦大學政治科和東吳大學法律科，兩校同時就讀，幸東吳是夜校，刻苦力學，大學畢業赴美留學，入紐約大學法學院攻讀，兩年後獲法學博士學位，時國難方殷，先生報國有志，迅即束裝歸國，投入救國建國行列。

三、上庠講學，法護人權

先生自美回國，即應安徽大學之聘，任法學院院長，一年後返上海於復旦、東吳、暨南等大學擔任教授，先生授課風采風靡各大學，兩年後舉家遷往南京，設立事務所執行律師業務，並任中央大學教授，律師及教授生涯不到三年，應邀從政。

四、學優則仕，政績輝煌

時任行政院長汪精衛及政務處長彭學沛，熱誠邀請先生任行政院參事，學優則仕，乃從政之始，民國二十六年蘆溝橋七七事變前，先生被外放出任安徽省政府民政廳長，接著日寇全面侵華，我國奮起抗戰，南京撤退，先生隨政府遷至重慶，於民國二十九年轉任行政院會計長（主計長），主編全國年度預算，時值抗戰，部分省份地區淪陷，全國歲入歲出預算無從計算起，十分不易，先生一一克服困難，完成使命，辛勤擘劃，深為當時行政院長孔祥熙讚賞與嘉許，及立法院立法委員所欽佩！

民國三十年間，抗戰更為艱困，我國沿海港口均被日寇攻陷或封鎖，僅賴滇緬公路陸路運輸，所以物資奇缺，政府為此成立「國家總動員會議」，主導調配所有物資，最高當局特派先生為秘書長，蔣委員長極為重視抗戰時期物資調配，時常召見先生垂詢，有次召見時，蔣委員長問及：「據報市上買不到陰丹士林布何故？」先生解釋說：「陰丹士林布藍色的顏料是德國製，我正式對德宣戰，不可向德進口陰丹士林布的顏料。」蔣委員長聽了亦不覺哈哈大笑，此是一段佳話。「國家總動員會議」的困難任務，直至珍珠港事變美國參戰後，我國缺乏物資的情形才告好轉，先生乃於三十二年辭去秘書長，被選為參政員，匡時讜論，貢獻良多。抗戰勝利，還都南京，先生舉家復員上海定居，婉謝政府發表各項新職，重作馮婦，在上海執業律師，以法律保障人權，先生在滬重執律師業務，曾辦幾件轟動社會新聞的案件：其一，時敵偽組織政府主席汪精衛夫人陳璧君因漢奸罪嫌被捕入獄，並由江蘇高等法院起訴，陳璧君一行包括其子、婿、外孫一起由高等法院看守押解蘇州監獄，等候司法審判。先生認為陳璧君有罪應予追訴，但其子、婿無辜，豈可株連。所以見義勇為，挺身而出，承接委任辦理本案，為他們辯護，終使無罪釋放，事後陳璧君認為先生仗義相助，因感激而已也，雖有少數人認為先生不應為漢奸家屬辯護，但先生泰然處之，認律師所應為。其二是周佛海，任偽組織行政院副院長，屬於大漢奸，日本無條件投降，偽政府垮台後，周佛海隨之鋃鐺入獄，周佛海在獄中曾向先生請求為他辯護，審情度勢，要贏得這場官司，實不可能，但眼見昔日同僚行將被判重刑，基於律師道義及仁慈之心，毅然接受委任，擔任周佛海的辯護律師，搜羅事證，出庭辯護，轟動新聞，周佛海得以免於死刑，先生認為律師所應為，不計毀譽也。

民國三十七、三十八年間，國共戰爭日激，徐蚌會戰國軍失敗，南京首都告急，代總統李宗仁發動與中共和談，蔣總統為應付危局，專誠赴立法院與孫院長科懇談，請其出任行政院長，因應李宗仁和談措施，希望挽危局。孫院長明知於事無補，但因受蔣總統之懇求，勉強應命，認為有跳火坑。為著堅強內閣，力邀先生為行政院秘書長，協助孫院長，邀請吳鐵城立法委員為副院長兼外交部長，立法院副院長陳立夫為行政院政務委員，吳尚鷹立法委員為地政部長，張肇元立法委員為美援運用委員會主任委員，組成堅強內閣，展開施政，反對李宗仁和談，形同投降；亟與美國駐華大使司徒雷登晤談，請其發表言論支持中華民國政府，不論是否事實支持，能安定民心亦好，旦均遭司徒雷登大使拒絕，想已受中共滲透份子所影響，種下發表白皮書：中國失敗由於國民黨政府貪污無能所致，非其偏袒中共所為。鶴齡當時未接受梅汝敷立法委員出任司法行政部長之常務次長，實不贊同孫院長辭卸立法院長出任行政院長，而不值得，無代價之犧牲也。時僅三個月，孫內閣改組，由閻錫山組閣，不久大陸淪陷，孫公辭卸行政院長避難香港，鶴齡於民國三十八年十月十二日廣州失陷前日陪同立法院立法委員壹佰參拾餘人連同眷屬共千人，第一批赴香港轉台灣，在港期間嘗與樓委員桐蓀赴淺水灣拜候孫科公，傾談之下，對遽然辭去立法院長轉任行政院長於國無補頗有可惜之感。

先生為著應孫科公之邀出任行政院秘書長，擔任官吏，須辭去立法委員，否則第一居立法委員可任至民國八十一年大法官解釋第一居立監委國大代任期居滿一律退職，每人發退職金新台幣伍佰萬元，一分八利息，每月可領利息玖萬元。東吳大學在台復校期間，鑄秋先生如仍任立法委員，在經濟方面及行政力量方面當有很大之幫助，所以孫科公在台擔任考試院長，鑄秋先生邀其擔任東吳大學董事長，對東吳擴展校務亦力予支持。東吳大學在網路上所設之 國父孫中山先生墨寶，前年鶴齡陪同 國父孫女孫穗芳博士赴東吳大學拜訪劉源俊校長並發表演講，應劉校長源俊之請求，代表孫家授權東吳大學設置 國父墨寶網路。東吳大學以 國父格言「養天地正氣 法古今完人」為校訓，足見東吳大學對 國父孫中山先生之尊崇。

五、創校育才，功昭邦國

東吳大學於一九〇〇年在中國大陸江蘇省蘇州創立，迄今有一百零四年之歷史，作育英才，數以十萬計，法律學系尤其著名，為海內外士林所推崇，民國四十年間，東吳大學在台校友亟思在台復校，由於當時主政之行政院長陳誠深恐大陸學潮在台發生，力求安定，不贊成成立大學，更對大陸的大學在台復校持保留態度，鑄秋先生對東吳有深厚之感情，復校之念，縈繞在心，乃往返奔走，懇邀時任司法院長之王寵惠先生擔任東吳大學董事長，格於政府態度，先成立「東吳補習學校」，由於鑄秋先生之熱誠，感動東吳校友吳守恭先生，提供其所有座落台北市漢口街十五號一棟房屋作為教室，於是「東吳補習學校」就於民國四十一年掛牌公告招生，四十三年教育部長張其昀為東吳大學董事長王寵惠院長說服，核准東吳大學正式復校，名為「東吳大學法學院」，民國五十八年奉准恢復大學建制，分設文、理、法、商四個學院，東吳大學能以在台復校，也是在台成立的第一所私立大學，鑄秋先生是主要催生者，凡「東吳人」應銘記在心。

東吳大學能夠覓得台北市外雙溪背山面水的優美校園，是由鑄秋先生一手辛勤擘劃，校園中一磚一瓦都是由歷居校友全體師生胼手胝足所建立，鑄秋先生未擔任東吳校長時，就常為擴展校地、增加教學設施，奔走各方籌措經費，擔任校長後，更不辭辛勞，經年累月一個人自備旅費，赴海外訪問各國各地友人，為東吳募款，數十年以來，東吳不但擁有美麗的校園，校舍也一棟棟的增建，在寸土寸金的北市中心貴陽街，鑄秋先生也極具眼光，成立東吳大學城中校區，嘉惠更多的學子。

鑄秋先生數十年來為東吳辦學，不取分文薪金，且常捐款資助學校，並且於退休後把全部家產奉獻東吳大學，古今中外，除鑄秋先生外難找如此有教育熱忱的人。

鑄秋先生來台定居後，建設東吳是其最大的志業，在他的感召下，不僅朋友看在他的面上慷慨捐助東吳，甚至於他的兒女們也甘願放棄自己的權益，成全鑄秋先生對東吳的使命感，聞東吳第一間電腦教室，是透過他的大女兒向IBM爭取捐助設立的，新穎先進設備，當時引起各方矚目與欽羨，但鑄秋先生絕口不提是其女兒的功勞。又聞東吳大學要成立音樂系，短絀的經費買不起好的鋼琴，鑄秋先生立即把家中唯一的鋼琴搬到東吳，其女回家看不見心愛的啟蒙鋼琴，雖然心痛卻也無可如何！向來兒女們在鑄秋先生生日表達孝心，但是先生總叫他們別買禮物，全部折成現金捐給東吳大學，後來連端木夫人的生日，也要兒女們比照辦理，先生對東吳的關愛真是感人，鶴齡所知，鑄秋先生凡有為東吳籌款的機會絕不放過，當考試院長孫科公八十大壽，國內團體六十餘單位發起籌募「孫哲生先生學術文教基金」，鑄秋先生與鶴齡同為發起人，鶴齡忝兼總幹事，鑄秋先生經手募得新台幣陸拾萬元，鑄秋先生擬將上項捐款移作東吳教授獎助金，囑鶴齡轉陳主任委員王雲五，當獲同意，「孫哲生先生學術基金會」成立每年提供新台幣柒萬元作為東吳大學教授專題研究費，鶴齡所知東吳大學教授楊其銑博士曾領取上項研究費多年，凡此足見鑄秋先生對東吳大學之關注無微不至，東吳大學有此傑出校友應以為榮，極表欽佩，欣值端木校長鑄秋先生一百零一歲誕辰，謹綴蕪詞，以申紀念之忱！詩曰：「望重安徽著令名。傳經法政饒賢聲。創校育才匡邦國。蓼莪菁莪處處榮。」請各位賢達多加指教。

（寫於民國九十三年五月六日）

校友師生

懷念端木先生

王紹堉

端木先生竟然在這時候離開我們了！悲傷的豈只是東吳人；東吳人的悲傷，又豈只是他們的私慟。

追懷過去二十餘年內，先生先後擔任母校董事長及校長甚久，而本人亦負責校友會多年。由於母校係由多位前輩校友花了很大的力量籌劃始能復校，因此先生在學校有重大措施或決定前，總希望先徵詢校友會的意見。這固然表示先生大公無私，一切以學校利益為前題的胸襟，同時也增加了先生與本人接觸的機會。記得在銅山街與仁愛路先生府上及統一飯店金蘭廳，承蒙先生邀商有關母校事宜，不下數十次之多。先後解決了許多問題，諸如校本部圖書館及城區部第二大樓的興建，第二大樓兩旁土地的購買，以及聘請陳尚球、楊其銑兩位先生擔任校長等。記得十幾年前，桂前校長辭職後，先生考慮到母校除文、法、商三學院外，尚缺理學院，而理學院中的生物系在大陸尤其聞名，因此擬聘請生物系畢業在國防醫學院任副院長的校友陳尚球先生擔任校長，以利籌設理學院。此事雖經商得有關單位同意，但陳先生經過考慮後終於婉辭。於是建議由先生自行出任艱鉅，先生才放棄收入頗豐的律師業務與董事長職位，改任校長的職務。在十四年校長任內，先生夙興夜寐，無日不為學校的利益而披星戴月。直到四年前，先生由於身體衰老，想遴選接棒人，我們又在統一飯店及先生公館商量多次。當時我們以天時、地利、人和為選擇的原則。所謂天時，就是年齡不能太大，因為教育是百年樹人的神聖工作，所以新校長的年齡應在五十歲左右，以便為學校服務較長時間，而免因更換校長而影響校務的發展。所謂地利，就是要從台北畢業的校友中選任，以便熟悉學校環境。所謂人和，就是要在母校服務多年，對於校內教職員具有親和力的人，以便加強團隊精神。以上三原則，本人代表董事會參加校長交接典禮中致詞亦曾強調過。結果先生選上了現任的校長楊其銑先生。楊校長民國四十七年畢業於母校外文系，曾經在母校擔任助教、講師、副教授、教授、校長秘書、董事會秘書、語言中心主任、外文系主任、文學院院長、教務長等職務，對於校內的一切，如數家珍。後來教育部借調任職駐美大使館參事。為楊校長回校，先生曾和教育部多次交涉，經過多方努力，終能如願以償。四年來，由於楊校長夙夜憂勤的治理，校譽日隆。先生知人善任的精明，令人敬佩。到現在，每次經過銅山街、仁愛路先生的府上以及統一飯店，往日的情景又一一浮現眼前，不禁令人黯然神傷。

如今，先生雖然離開我們了，然而他的德行，就像山一般崇高；他的學問，就像海一般深廣；他的事功，就像地一般博厚。先生可以說已經和大自然同其不朽了。先生必將永遠活在東吳人的內心深處。

原載：民國七十六年六月三十日《東吳校訊》第一二三期
民國七十七年《端木鑄秋先生逝世周年紀念專輯》

端木鑄公將與東吳永恆

楊其銑

端木鑄公逝世，使我深感悲慟。鑄公對國家有重大貢獻，在抗戰剿匪期間，擔任過政府要職，當危疑震撼之際，完成許多重大的任務，今後的歷史學家，自會有詳盡的評價。

鑄公早年負笈東吳研習法律，由於這份悠遠濃厚的感情，使東吳大學的前途，深受其賜。因為東吳在台灣復校，過程極為艱苦，鑄公以其服務國家的崇高聲望，積極參與，先後擔任同學會會長、董事、代董事長、五十八年膺選為校長，至七十二年辭卸校長職務重任董事長，近四十年間的心力，大部份都付給東吳。從最初僅有二千人的法學院，逐漸成為文、理、法、商、外語五個學院的完整大學，擴充為二十個學系及夜間部，並有六個研究所的碩士和博士班。今天的東吳大學，是糾合了海內外同學、友人、教會等各方面力量的總體成果，但不可否認鑄公的居間協調、領導以致凝結成一股向心力實是一項重要因素。

鑄公平時為東吳籌募經費，前後出國多次，凡是可以運用的力量都運用上了，凡是能夠走到的地方都走到了，最後連自己的住宅、圖書和私人積蓄，也全部捐給了東吳。當我們踏進東吳校園時，在每一條道路上、每一間校舍裏，以及每一位同學言行中，幾乎都可以看到鑄公以心血所灌溉而成的理想花果。

但是當我們懷念鑄公的今天，鑄公之於東吳，尚有更深一層的奉獻，那就是堅強刻苦和敢於迎戰各種困境的精神。鑄公氣質剛毅，對工作的要求，劍及履及，決不含糊，嘗自謂平生不求職只辭職，一旦責任來了，就全力以赴，決無中途避縮之理，他在校長任內解決過一波又一波的難題，都是憑著個人的智慧、經驗和無畏的

端木先生與美國大華府東吳大學校友會創會會長唐梅玲女士合影，左一為東吳大學楊其銑校長。

精神。做事需要錢，辦學需要人，錢和人都可以通過各種途徑尋求合理的解決，可是在尋求解決的過程中最重要的是領導者堅強的意志和成熟的方法，鑄公常以東吳校徽勉勵同學，要以鋼鐵的心志，火熱的心情，從事自己每一件應該做的工作，成功是目的，失敗是經驗，他認為在團體裏面，全面的和諧是追求成功的要件，鑄公治校，平日總是要求同仁做好溝通，是從和諧到成功的關鍵，不怕困難固是精神，更要緊的是具有克服困難的方法。

以鑄公健康來說，他先患胃癌，大部分的胃切掉了，仍活得很好，後患喉癌，一度失音，後又恢復了說話，再轉為肺癌，看書會客，一如常人，他與癌症搏鬥了六年，最後並非死於癌，而是很安祥的死於心臟衰竭，他憑藉了堅強的生命意志，延緩了生理的惡化，改善了最後一段生命內容，在醫學上真是難得一見的奇蹟。鑄公現在走了，他留給我們東吳大學的不僅是有形的資產，而且是豐富的精神資源，正等待著我們去繼承、開發和享用。

自鑄公擔任校長以來，曾和每一位畢業的同學、每一位學生社團的幹部，一起吃過飯、討論過學校大大小小的問題。有一位校友想謀求高雄市一個育幼院主管的職務，央請老校長幫忙，鑄公為他寫過五、六封信給省政府的有關人士，經過兩年，才告成功，有人勸鑄公何必為此小事碰別人的釘子，鑄公答得很爽快：「碰釘子並不重要，碰了釘子能為學生開一條出路，值得一碰。」東吳是一大家庭，鑄公是一大家長，今天，八十五歲高齡的大家長離開了學校，留給我們無盡的哀思。

鑄公平日講求禮節，有人誤認為他是美食主義者，其實他的生活很簡單，有好吃的往往與朋友分享。又有人說他講究衣著，事實上，他的西裝，穿了再穿，外出歸家，喜歡自己刷洗，總是保持整潔。生病瘦了，將常穿的衣服改小，病好後體重回升，又重穿舊衣服。做了十多年校長，辦公室無冷氣，因為整個校本部辦公室都無冷氣設備，所以不願意自己顯得特殊。以上全是生活小節，也只有從這些最小的地方，才可以看出一個人的性情。

鑄公生於前清末葉的詩書之家，接受過中國傳統文化的薰陶，也接受過西方新式教育的訓練，有舊時代的典型，也有新時代的風範，在東吳大學的歷史上，鑄公必與學校永恆。

原載：民國七十六年六月三十日《東吳校訊》第一二三期
民國七十七年《端木鑄秋先生逝世周年紀念專輯》

The Passing of President Twanmoh

Paul B. Denlinger（鄧臨爾）

One of the great presidents of Soochow University is no longer with us. On May 30, 1987 he succumbed to a long bout with three kinds of cancer: cancer of the stomach, lung cancer, and cancer of the larynx. He is now part of the history of Soochow University, and, as in all cases, history will make the final judgment as to how great he was and where his greatness lay. Those of us who were closest to him are perhaps least equipped to render a judicious judgment.

At this juncture, I am prepared to offer only a few observations. Joseph K. Twanmoh impressed most people who met him. He was meticulously neat and courteous. He had a quick, facile mind, was intensely interested in the world around him, made good conversation and crafted convincing arguments. Most people liked to be with him because they enjoyed his company. He was a good citizen in the classical Greek sense of the term.

Beyond this, he was a natural leader. He was never really comfortable following; he wanted to lead. And a great many people readily accepted his leadership. Because of his background in politics and law, he was thoroughly familiar with the seats of power. He dominated Soochow University from one of two positions, Chairman of the Board of Trustees or President, according to circumstances. If the Ministry of Education had permitted, he would probably have kept both.

Following a distinguished Chinese tradition, he was proud of his skill as a judge of men. He felt he was a good leader because he knew how to use almost any person in the right place. He was a realist; unlike many modern people he never deceived himself with the nonsense of romantic liberalism. In his administration of Soochow University he chose a very cosmopolitan staff: many ordinary people, retired soldiers, foreigners with limited academic credentials, and young Chinese with very ordinary American Ph.D's who were anxious to rise quickly to chairmen or deans, because this was the raw material he could afford. He decorated the cake with some first-rate meterial even though he knew they were difficult to control, because he knew that every university had to have some such "stars".

President Twanmoh kept a very tight rein on his entire staff, partly because, like Hsün-tzu and the legalists, he felt people had to be controlled to prevent anarchy. To his staff he was generous with largesse but parsimonious with opportunities for advancement. Like all strong individuals, he had enemies as well as friends; not all mourned his passing.

I respect his dedication to high purposes, and his steadfast commitment to Soochow University. Some of his "undesirables" abused their position in Soochow University. This is to be regretted but probably could not have been avoided. President Twanmoh was tough on himself and on others; he seldom deceived himself with illusions. He is probably right that on any other terms there could not have been a Soochow University. The West has tried to make Utopian choices in a real world, and has systematically destroyed the philosophical foundations of Western culture. This is a disasterous model for an awakening East. President Twanmoh made tough, hard, occasionally cruel choices in a real world, and the continued existence of Soochow University demonstrates the wisdom of his choices.

June 15, 1987

原載：民國七十六年六月三十日《東吳校訊》第一二三期

長者已逝　風範常存

林美君

像夏日午后當頭的急雨，給人措手不及的震撼，今年的畢業生竟然無緣再見白髮皤皤的端木老校長，站在國父紀念館的講壇上，以著鏗鏘的話語為即將踏出校門的社會新鮮人，道出他老人家殷切的期望與祝福。這不可抗拒的缺席，為原本悲淒的驪歌季節，平添幾許悵然。

校園裡翻飛的白紙，寫著刺目的靈字：端木老校長，我們懷念您！那股雜在祝福、珍重聲中的追悼，深深刺痛每一個人的記憶，曾經那裡貼著對先生榮休離情依依的歡送語，也曾飄揚著端木校長八秩壽誕的海報，而今滿面皺紋的慈祥長者卻永遠不再出現於溪城的一隅，這不是端木先生所樂意的，過去他是那樣重視與全校師生相聚的時間，即使是小小的週會、升旗，他都不願放棄，看著他以八十高齡，仍神采奕奕站立在台上，以著炯炯有神的目光，探視他所關愛的子弟，那情景總教人激盪不已。

老校長是國內外著名的法學權威，他治校的態度，也著重法治和紀律精神的培養，希望在日常生活中，教育出好學愛國、堅毅樸實的年輕人。為了上課點名制度，和嚴格管理宿舍內務生活，不知讓他背負多少學生的埋怨，刻板、固執等形容詞紛紛落在他身上，他卻一本堅定的原則，不以為忤。如今這兩項傳統，已是東吳最為外人稱道的特色。

而先生也是最平易近人的。西諺說：「壽高者必有智慧。」，端木校長的睿智流露在他幽默的言談中，從未見他聲色俱厲地指責學生，倒是他妙語如珠的風趣言辭，常出現於沉悶地會場，適時改變低落的氣氛。每一屆畢業生都要和他餐敘，他總期望這是惟一的機會，來祝福學生順利畢業。對於學生所辦的活動，他也經常蒞臨參觀，並不以為兒戲而等閒視之。他的出現，是學生心中最有力的鼓舞。

端木先生生前曾擔任過太平洋文化基金會董事長、光復大陸設計研究委員會副主任委員、律師等職務，而投注心力最多的，莫過於對東吳的建設，在他慘淡經營下，學校擴充迅速，規模漸宏，這份辛勤耕耘的成績，是東吳人所一致推崇的。

自民國五十八年擔任本校校長，十四年的光陰溪水洗白他的黑髮，卻沖不淡他對東吳的熱情，任職期間，他不計代價，惟願建設本校成為一風格特殊、校風純樸之學府；逝世之後更將全部的積蓄、圖書、住宅、捐贈給學校，這種為國家百年大計，不惜犧牲個人利益的精神，是每一位東吳人所蒙惠感念的。今後我們除了敦品勵學，弘揚校譽，以期回報端木校長的苦心於萬一，更以「其人雖已沒，千載有餘情」，表達對他老人家無限的哀思與悼念。

原載：民國七十六年六月三十日東吳大學《悼念鑄公董事長特刊》

《端木鑄秋先生逝世周年紀念專輯》序言

楊其銑

鑄秋先生逝世之周年，各方為文追悼，都十餘萬言，因輯印成冊，以資永念。余讀而悲之，為弁數言。

鑄公初任東吳大學董事長時，余以菲才，承命左右，原以教學為志，不遑旁及他務。六十五年，教育部徵予供職駐美文參處，鑄公力贊其行；至民國七十年秋重返學校，時鑄公已在病中。余前後追隨之時間雖長，而實際承教於左右者，為時不及一半，然鑄公之關懷指導，固無時或減。余歸國必多次接談，余去國必書訊不輟；余有喪明之痛，公親函馳慰，而以自身經歷以作寬解；余有疑難之事，公必親為擘劃，全力以抒其困。凡余之所有無不告，凡公之所能助者，無不盡其力，人之契合有如此者，夫亦難矣。

鑄公奔走國事之勞績，史自有書。其治東吳也，於教育設施之拓充，能化無為有，化寡為眾；於學術之提升，能化點為面，化博為精。此其間辛苦經營之情，余皆親目所見，親手所經，惜余力之不足以分其憂也。公嘗以「盡其在我」四字勉師生，蓋東吳之在台復校，篳路藍褸，以啟山林，理之所在，無畏艱難；非以「盡己」之精神，不能奏其功、竟其業。鑄公之所以諄諄以此語相勉者，意實在此，但愧吾人之才能不足以光大其德耳。

及鑄公晚年，困於胃癌、喉癌、肺癌，而皆不以此致死，神明清朗，笑話如恆。余每週往其寓所探視，談家國往事，鉅細靡忘；聞老友相繼凋謝，輒多日不歡，為余語其相交經過，率多感念之詞。病榻自述平生，於法律相關處，皆親自檢視條文，懼有誤引。同仁謀以錄音整理為文者，公亟阻之，曰：余之自述，蓋以備身後作訃之參考也。余不忍聽，亂以他語，公殊不以為意；乃未及一月，忽焉以化矣。初，公疾發就醫，夫人返寓之晨無疾而去，家人不敢以噩耗告。余適自美夜歸，次晨，即至醫院探望。公哭之痛，口授夫人行誼，並囑余協助經紀其喪事。翌年，扶公遺體歸葬於陽明山之原也，上距其夫人之喪，亦僅十閱月耳。佳城鬱鬱，宿草青青，公去周年，世變日亟。生前偶為余談及時局，嘗謂戒嚴法備受評論，倘易以他名，可免爭議，頗以言未見用為憾。七十六年五月三十日甫葬，國安法旋即制成，七月十六日而解嚴之令以頒，惜乎鑄公之不及見也。

哲人日遠，懷思無既，蕭條異代，子美有生不同時之恨。余幸得請益於鑄公之側，臨風灑淚，有甚於異代之悵望者，蓋親炙之深也。

原載：民國七十七年《端木鑄秋先生逝世周年紀念專輯》

端木故校長與東吳理學院

劉源俊

端木故校長於民國五十八年八月起繼掌東吳大學校務，當時本校甫增設數學系，與中文、外文、政治三學系同屬文理學院，不久，教育部核准本校正式恢復大學建制。端木校長旋發現，數學系學生必修普通物理與普通化學兩科，且必須做實驗，於是再接再勵，籌設物理與化學兩學系，該兩學系隨即獲教育部核准於五十九年秋招生，包括數學、物理、化學三學系的理學院於焉誕生。端木校長特約請他的老友，曾任教育部次長及交大電子研究所的李熙謀先生任第一任理學院院長。

其時東吳大學校舍尚少，普通物理與普通化學兩實驗室安排於現哲生樓一樓的兩教室內。端木校長念及以前東吳大學在大陸時期理學院聲譽卓著，遂積極籌畫為理學院興建一「科學館」。該館於六十二年秋竣工，當時建築費新台幣逾三千萬元，曾獲「亞洲基督教高等教育聯合基金會」的部份資助。落成後大樓命名為超庸館，以紀念故石超庸校長。超庸館地下樓及一樓共設八間教室，理學院辦公室及數學系研究室設於一樓，物理、化學兩系實驗室及研究室各安排於二、三樓，物理、化學兩學系逐年充實儀器設備均獲端木校長盡力支持。

六十三年春李熙謀院長逝世，端木校長遂商請他的另一位老友，數學教育家，當時已經被延攬為數學系主任的鄧靜華先生兼任理學院院長。六十六年夏鄧院長請辭，推薦物理學系主任劉源俊先生兼任，劉先生當初是因端木校長的延攬而任教於東吳。

端木校長一直以恢復東吳理學院在大陸時期的令譽為念，而在大陸時期，生物學系尤為出色。遂多次向教育部試探在理學院增設生物學系，然當局總以生物學系學生出路不佳為藉口不許。六十八年冬，端木校長終獲教育部施啟揚次長之默許，向教育部正式提出微生物學系及環境科學系兩件與生物學系有關之申請案。翌年二月微生物學系獲准成立，並於暑期招收新生，端木校長即決定將超庸館一樓的六間教室悉改為微生物學系實驗室及研究室，並購置儀器設備一千數百萬。微生物學系迄今仍是全台灣造就微生物學學士人才的唯一中心，甫成立即獲得學界及社會的重視。

七十二年夏，劉源俊院長卸任，由微生物學系主任鍾金湯先生兼任，鍾先生當年是在微生物學系甫成立時，因受知於端木校長而來東吳任教。

綜而言之，端木校長與東吳復校以來理學院之發展及成長息息相關，如今東吳理學院教育成果備受稱譽，飲水思源，首先當感謝端木故校長多年的苦心經營。值今端木故校長逝世周年，敬撰此短文以誌哀思。

原載：民國七十七年《端木鑄秋先生逝世周年紀念專輯》

東風吹淚過雙溪

——悼念端木鑄秋先生

韋仲公（蒹堂）

端木鑄秋先生逝世，使雙溪籠罩一片哀愁。我與鑄公在雙溪認識，在雙溪相處，也在雙溪哀悼鑄公。十三年不算很短的日子，我之了解鑄公，仍然僅限於十三年中的事情。

民國六十一年，我到東吳大學教書，獨來獨往，朋友很少。六十三年九月上旬某一天下午，忽然接到學校校長室的電話，說是校長要見我。後來在統一飯店金蘭廳，初次認識當時的校長端木愷先生，一開頭便要我兼任學校的秘書，為了這個問題，先後談了三次。我的興趣在教室，對秘書一職深感厭倦，最後的結論是試用半年，我才答應六十四年元宵節後一天上班，我的理由是年前運氣不好，閉門修養為宜。就從六十四年起，我在雙溪東吳大學辦公室一住十多年。

鑄公的文章寫得很好，書法尤極娟秀，來往函札，要求簡短誠懇，文字中帶有感情，很欣賞六朝人的書信，情景兼具，事理並融，尤重視字句間平仄聲的調節，上句平則下句仄，下句仄則上句平，數句皆以平聲或仄聲為結字，最為犯忌，必予改易，與沈休文所謂「前有浮聲則後須切響，一簡之內，音韻盡殊，兩句之中，輕重悉異」的原則，完全符合。鑄公收藏很多古版圖書，其中古本詞曲傳奇三百二十種，全數送給東吳大學圖書館，真是研究古典文學的豐富資源，其中有一部《雙照樓詩詞稿》，是抗戰勝利後陳璧君在監獄裡用毛筆親自正楷抄

鑄公詞曲書籍收藏豐富

寫的，一共四大冊。鑄公當年做律師，陳璧君將手抄本送給鑄公以為紀念，帶到台灣後，有很多書商一直動腦筋想出版，甚至還有過外國人出高價想收購這部書的版權，每次都給鑄公拒絕了，最後竟送給故宮博物院，作為歷史文獻，秦孝儀院長代為接受，拷貝一份轉送給鑄公，鑄公知我喜愛詩詞，到手又送給了我，每於案頭翻閱此書，就想到與鑄公暢談古今的情形。

典型的中國學者

鑄公強烈反共。對共產黨徒，可說是痛恨到極點。一九七五年十月十一日訪問華府，出席國慶餐會，與留美學生舉行了一場「當前中國問題」座談，一時名言讜論，使與會學生感動至深，左派學生大為驚慌，惱羞成怒，接著也在馬利蘭大學辦了一次「台灣問題座談會」，到會的不到二十個人，又在左派刊物「華府春秋」中，對鑄公出席華府的座談會大肆抨擊，除作人身攻擊外，對太平洋文化基金會污蔑尤大，後來反共學生在「華府論壇」上寫了一篇「紀一次成功的座談會」的文章，有一段說：「端木校長給予會眾的第一個印象，是一位典型的中國學者，縱使兩鬢已斑，聲音仍鏗鏘有力，態度更是謙易平和。參加那次座談會的學者，有當時正在美國印第安那工作今天擔任新聞局長的邵玉銘先生，和研究國際法著名的丘宏達先生」。鑄公當時講話理直氣壯，掌聲雷動，無懈可擊。只有一位左派女學生提起了一點抗議：「後座突然有一位女士，在主席尚未同意之前，站起來大聲嚷叫，聲稱校長年紀太大，講話和我有代溝，筆者趕緊回頭望去，見那口沫四噴的女士原來是MU的程毛蟲，主席請大家在討論時間內發表意見，程毛蟲居然謅出一句『我有我的自由』，舉座為她的自由論而哄然，程毛蟲只好鑽回座位。」

後來華府論壇社的一群愛國青年，寫了一封長信給鑄公說：「華府留學生對您熱愛國家的忠誠，皆有無限的崇敬。」鑄公親筆回了一封信，極具史料，附後備參：

「華府論壇社諸同仁撰席：上午十二月廿日來函及第十期論壇皆拜悉，諸君當茲狂海橫流之際，秉持堅定信仰，奮戰於異域之中，張春秋巨筆，伸浩然正氣，使大奸聞之驚心，當之奪魄，壯哉中華兒女之本色，真所謂疾風知勁草，板蕩識忠臣也。愷服務國家數十年，個人毀譽，早已置諸度外，凡足以裨益反共復國大業者，雖湯火不辭，悠悠之口，實無用辯論。關於太平洋文化基金會事，旨在促進太平洋國家文化文流，各界樂捐籌款，共謀文化事業之推動，近年來經由該會辦理者，如協助輔仁、東海、東吳三校，舉行亞洲區基督教大學校長會議，國際人文科學會議，著名學者如諾貝爾獎金得主海耶克教授訪華等，皆影響深遠，意義重大，他如友邦議員或政界人士來訪，僅為其中部份事項。新聞報導每喜截切片斷取悅讀者，紐約時報所載內容，愷以行程匆促，未及駁正，然吾人作事，基於正義，但期有利國家，在工作過程中之陰霾現象，實無足怪。遠勞關注，感何可言，但願於處變不驚之餘，益能莊敬自強，謹以此與諸君共勉焉。承賜照片一併誌謝。」

鑄公於七十二年八月交卸東吳大學校長時，並以圖書、私蓄、住宅悉贈學校，受到教育部的表揚，香港左派報紙又刊登照片大肆捧場，極盡諂媚能事，鑄公聞之大罵「無恥」。

文章簡潔有情

世人皆認鑄公為名法學家，名律師，很少人知道他對於中國文學修養之深，不遜於國學專家，平生不多寫文章，又不肯多著書，認為話多無益，書多煩人，我與他相處的十三年中，他只寫過幾篇短文：徐道鄰著「中國法制史論集」序，白話行文，充滿感情。「重印當塗縣志」序、王家楣著「律師生涯十年」序，皆以文言行文，語淺意深，風裁較近歐蘇。另一篇為陳之邁先生碑銘，先生與陳之邁為至交，陳公病故台灣，鑄公為之流涕，黃少谷先生請鑄公撰寫陳之邁先生事略，義不容辭，曾與當時外交部長沈昌煥先生書函往返多次始行定稿，後又寫了一篇墓誌銘刻石紀念，文極短，亦為鑄公親撰，此文時人少見，錄之以見其文采於一斑：

「先生廣東番禺人，其先以儒學名世，先生以學人從政，歷任駐美公使、日、菲、澳、紐、及教廷大使，星軺四方，逾三十四年，躬逢抗戰戡亂諸役，國家多故，外交特繁，先生奮其睿智，折衝樽俎之間，凡利國者進之，禍國者斥之，張大義於寰中，戰群邪於域外，於是歧者同而疑者信，近者悅而遠者懷，諸友邦政府因先生之駐節也，皆能重譯來親，襄我偉業，嘉惠僑鄉，其餘事焉。夫事繁見其識見，時艱見其忠貞，先生之出使，當家國危疑震撼之秋，克盡厥職，迭創奇功，可謂勇且能矣。卒年七十有一，葬於台北市陽明山之陽，謹為之銘曰：

星軺西東，遍於寰中。其功與德，永昭史冊。惟茲佳城，利其嗣人。嗚乎先生，是宜歷千載而有英名。」

專心辦學，有功東吳

鑄公做東吳大學校長十三年，將東吳由法學院恢復大學建制，由二千人增加到一萬人，籌錢求才，費盡心力。為了做校長，辭掉律師業務，專心辦學，教師延聘，完全授權院系，但有一原則，理工盡量引用新人，文學則新舊並進，唯才是視，並不十分重視學位。定期與教師餐敍，或個別、或集體，另更每週與畢業班學生分別共進午餐，問題建議立刻處理。在東吳大學，師生之間的情感管道，極其暢通，學校治事，教授治學，學生治課，大家都忙得很快樂，從來沒有發生過意見不能溝通的問題。

鑄公獎勵新進，有時候得罪耆宿，亦是無可奈何。六十五年曾寫過一封信給馮炳奎教授說：「近年以來，國內青年學人，聲光甚著，績學間或未及前修，而傳薪允宜付諸新秀。蒼生霖雨，源出曹溪，敷教童蒙，固亦不必在我。今年中文系哲學課程，暫由後進分擔勞瘁，想亦為高賢樂觀厥成也。」

又在六十六年寫過一封信給他的老朋友章斗航教授說：

「訂交以來，殆過半生，暮年承乏上庠，又復厚勞相佐，平生情分，應逾他人。講學杏壇，事多清苦，雖學力以年有進，精力亦以年而衰，與兄同是白頭，豈復有與後進爭勝之心。尊意謙退，計亦良宜，勉遵雅囑，並誌謝忱。」

鑄公不肯為人題字作序，有求必婉謝，理由是「不善書法」或「不善為文」，亦不願意接受傳播媒體的訪問，六十六年四月中國廣播公司製作「人物專訪節目」，再三函請鑄公作三十分鐘的錄音，費了很多精力才婉轉謝絕：「自以平凡，瞬焉垂老，強云經歷，實覺汗顏，默爾無言，聊以補拙而已。」

六十五年張曉峯先生函聘鑄公為中華學術院研士，鑄公立即璧還：「研士殊榮，豈不知感，弟早年讀律，志在糊口，對於法理，全無探討，近歲忝長東吳，更無餘晷從事學問，叨竊高名，尤覺不安，敬辭寵錫，並謝盛情。」鑄公名言，常在言談詼諧之間聞之，如說：「人在那裏成功，也在那裏失敗，因為成功的『那裏』，是其特點，而失敗就在此一『特點』之中。」又說：「得意忘形的人不可怕，就怕沒有成形便先得意。」又說：「沒有現成的人才可用，需有給他機會，方能發現人才。」又說：「會念書不能做事是偏了，能做事不肯念書就淺了。」這些話都有相當程度的哲理。

「鬍頌」與「鬍函」

鑄公風儀有兩個特色，一是抽雪茄菸，一支菸可以抽好幾天，有時夾在手上並未點火，好友勸他菸宜少抽，他說抽菸只是欣賞趣味，並沒有真正吸進去，這與陶淵明「但得琴中趣，何勞絃上聲」的哲學相似。二是留有與上唇相平的短鬍子，這就有一番說詞了，根據鑄公自述抗戰初期在安徽省當民政廳長，鄉間逃難，每天在煤油燈下看公文，天一亮就會客和接待民眾，簡直沒有時間整容，有一天偶而偷空理髮，鬍子才刮了一半，又為要事忙著，當時就發誓說：「等到抗戰勝利再全部刮掉吧！」沒想到抗戰八年，頭髮白了一大半，攬鏡自照，反而不好意思再刮鬍子了，於是決定繼續留下來，直到去世。立法委員許紹棣先生也留鬍子，據說是「為九死一生作紀念」，特別寫了「留鬍頌」一詩寄給鑄公，自謙為「小巫（鬍）見大巫（鬍）」，鑄公回了一封「鬍」函，極饒趣味：

「奉讀十一月廿八日大作留鬍頌之一詩，藉悉起居康復，老健逾前，此為弟近日自美歸來之第一快事。因病蓄鬍，『離離』滿口，翻『醜』為妍，政堪賞悅，高詠所謂『世情惡衰朽』者，固知『解人』殊不易得。弟留鬍有年，終獲同調，謬承一謔，想見君家風情，不禁絕倒也。」

許紹棣先生晚年填詞，每成一闋，均寄鑄公，及死，鑄公深為感傷，曾作十絕句悼之，刊於中央日報副刊。二公今皆謝世，果能於天上相見，當必「吹鬍」話舊，感慨多多。

蔣公的晚餐

鑄公歷任政府要職，歷史自有記載。三十八年大盜禍國，中樞播遷，先總統　蔣公引退之際，孫哲生先生組閣，鑄公擔任行政院秘書長，此是歷史絕續的時刻，這些歷史偉人，曾經在歷史上作了最重大的貢獻。六十五年鑄公在東吳大學做校長時，六月廿五日忽然接到許承志先生一封信，許先生是蔣公的侍從武官，信上說：「日前檢視舊篋，無意發現手諭一紙，上有先生大名，特影印一份，寄呈先生以為紀念。」蔣公的手諭是：

「約王亮疇、張岳車、吳鐵城、吳禮卿、張文白、端木愷下午八時聚餐，中正。」

鑄公當時捧讀這份稀世之珍，一時熱淚盈眶，立刻親自覆信給許承志先生說：

「承志同仁，六月廿四日惠書，須來先總統　蔣公手諭影本一份，敬謹拜領。自播遷海隅，收藏盡失，蔣公手澤，痛亦無存，此諭對愷益足珍貴。承賜影贈，具見故情，覩物懷人，不禁涕泗滂沱，自當妥慎珍藏，永留紀念也。」

鑄公受知　蔣公之深，與鑄公熱愛領袖之厚，可以在這兩份文件中看出。鑄公之擔任行政院秘書長，可以說受命於危難之間，他與孫哲生先生、吳禮卿先生等人，在歷史關鍵的時刻，奠定國家不拔之根基，未來的歷史學家，將會有詳盡的評述。

一副對聯通於三世

鑄公喜書畫，自青年起即有此興致，名家作品，充滿囊篋。抗戰期間，損失大半，帶到台灣的寥寥無幾，在台灣藝壇上稍有成就的作品，又隨時收集，並不限於古人的名作。他的住宅，四壁琳瑯，目不暇給，最有意義的一件事，是黨國元老譚延闓先生，贈送鑄公的一副對聯，那是民國十二年或十三年間寫的，飽經戰亂之餘，僅剩了上聯曰：「白菊紅蕖相嫵媚」七字，鑄公時以為憾。直到六十七年，探知組庵先生哲嗣譚伯羽先生在美，其書法學組公，極為神似，因為譚季甫先生轉函譚伯羽補足下聯。往返函札多起，伯羽先生終補撰下聯七字曰：「遠山近水足徜徉」，寫好後，因其外甥陳履安先生訪美之便帶到台灣，鑄公大喜過望，裝裱後懸在客廳中朝夕欣賞。伯羽先生在對聯上有一段跋語說：「此鑄秋我兄所藏先公書聯，歷經播遷，失下聯語已不記憶，以履安甥來美之便，屬為足成，不易得對，漫自成句，殊不足副其雅望也。戊午端午」。儘管伯羽先生自謙，但給鑄公信中忍不住地說：「見者俱稱可以亂真，且有不知何聯為真也。」鑄公覆函，初則曰：「昔者獻之法書，克紹家學，士林艷羨，以為美談，吾兄翰墨，今乃媲譽前修，一聯已足名世，又豈僅亂真而已。」又函說：「老伯贈聯，遂蒙足成缺幅，稀世之珍，乃能完璧，觀摩乃若天成，跋語並及賢甥履安，一聯因緣，竟通三世，誠為文壇異數，敢不敬謹珍藏，以為暮年榮寵？照片兩幀，聊以存念，但不知何時可與台從徜徉於遠山近水中耳。」

伯羽先生數年前已歸道山，鑄公今亦繼去，二公倘遇於天上，回首人間的「遠山近水」，恐有不勝滄桑變易之感。而一聯通於三世的情形，當會永遠在中國文壇上流傳。

上聯為譚組庵先生書，下聯為組庵先生哲嗣譚伯羽先生書，陳履安先生承轉。

原載：民國七十七年《端木鑄秋先生逝世周年紀念專輯》

法學宗師端木愷先生

廖修三口述
蘇文婷記錄

臨沂街某條安靜的巷口矗立著一棟陳舊的公寓，在那灰色的大門上橫掛著若干位律師的名牌，而「端木愷律師」幾個大字赫然出現在最上方。忽然間，我的心裡抽痛了一下，名牌上的字跡瞬間模糊了，這五個字曾代表著法界一位具有崇高地位的泰斗，如今卻因他的辭世而帶給大家太多的黯然。坐在與我事先約定的廖律師修三的辦公室，他慢慢地敘述著從民國六十二年迄今擔任端木先生助理的種種感想。

廖律師說，最初接觸這個工作真是誠惶誠恐，印象中最深刻的，是有一次為了替中國驗船協會擬份訴狀，竟然花去一天的時間，但是苦心並沒白費，端木先生在看完後，批上「可用」二字。至今他仍不明白是指此一文件可用，抑或指其人可繼續留用？廖律師在事務所服務的期間，恰值端木先生擔任東吳大學校長一職，所以大部份律師業務他已不再處理，亦即不再參與任何訴訟案件，但是有些關係深厚的當事人如有各種疑難雜症，他仍然會不厭其煩的欣然從旁加以協助，而廖律師總是隨侍其側。有時候傾聽他們的談話，禁不住地想插上一句話，端木先生則示意他不要開口，事後他才了解端木先生的用意，那就是凡事在學習階段最好多聽多看多用心，這樣才會有所進步。端正法律事務所平日承辦的是以涉外事務為主，因而非有良好的英文程度不足勝任，廖律師謙稱自己的英文不夠出色，端木先生經常改正他的稿子，其後他便以這一成不變的模式撰擬英文信函。有一次，端木先生笑著說：「一道菜吃久了，難道你不膩嗎？」於是他悟出了凡事都該抱持著勤於研究創新的精神，才能夠因時、因地、因人而制宜。從廖律師所講述的幾則小故事中，不難體會端木先生對於部屬的時刻勉勵之情，他的這種「用心」，一如辦理訴訟案件般的「用心」。在端木先生長期的帶領下，端正法律事務所的業績，因而有了今日令人稱羨的成就，這絕非一時一日之功，而是日積月累的努力所致。

廖律師談到從若干前輩的談話中，得知端木先生曾經承辦過許多使人讚不絕口的案件。例如轟動一時的香蕉案，當年青菓合作社因為把大量的香蕉輸往日本，所以賺了不少錢，社中人員為了感謝政府的政策及官員的協助，曾以金碗相贈有關人士，這並非事前行賄的舉動，而是為了表達事後的心中感謝。孰料接受了金碗的人，日後竟然被冠以瀆職罪的名義而遭起訴。端木先生此時接受了某位政府官員的委託擔任其辯護律師，台灣的經濟在當時尚處於起步的階段，公務員平時奉公守法，他們努力做事，為商界策劃正確，使香蕉業者大賺其錢，商人飲水思源，崇功報德，事後表示敬意，才送上了厚禮，而並非他們主動的要求索賄，怎知會因此惹上了官司。端木先生在出庭時，百般地為當事人澄清事實，說到沉痛之處，甚至流下了眼淚，並說道：「我這是為天下的公務員而痛哭啊！」這句話頓時使得法庭上下的人哭成一團，尤其是置身於聽訟席上的家屬最能體會個中的滋味。公務員們平日工作辛苦，絕不能有絲毫的疏忽，更遑論有不法行為的出現，從這一事實可以推測當時全國上下公務員是多麼地奉公守法，而生活又是何其儉約，端木先生就是掌握住這種現象，才會說出此一強勁有力的辯詞。時至今日，政府一直努力在提高公務員的待遇，每年都有大批青年希望經由考試的管道，踏入公家機關的窄門，期為社會、國家貢獻己學，或者是因當年端木先生的這句話所引起的迴響吧？此一案例的結果是被告獲得無罪的判決，端木先生之功實不可沒，因而贏得了法界人士一致的贊佩。

廖律師最後再次地強調：端木先生對事務的處理，均先詳加研究，然後予以細心的處理，更可貴的是他具備了一針見血的無礙辯才，這的確是從事律師行業者所當努力學習的。告別了端正事務所緩緩地步下樓梯，踏出公寓的大門，凝視著「端木愷律師」的名牌良久良久，事務所中的職員曾說等端木先生的葬禮完畢，就要將名牌摘下收藏起來，然而我深信他們所摘下的，只是一塊有形的名牌而已，其無形可佩的精神，將會永遠銘刻在人們的心中！

原載：民國七十七年《端木鑄秋先生逝世周年紀念專輯》

東吳大老容顏在

——紀念故校長端木愷先生逝世周年

阿盛（楊敏盛）

這如今，細細想一想，端木老校長生前的模樣，確實我記得很清楚。自民國六十六年畢業後，未曾再見他一面，十年了。也是奇怪，「東吳」四年，近距離看他，大約不會超過十次，卻是連他臉上的老人斑都刻印在我心中。若是天生有繪畫才能，準定我如今提筆便畫得出來，與照片不會有太多相差。

現在的「東吳」校門，與十幾年前的校門相差很多。舊大門形式簡單，兩樹方柱，正面看去，右邊「養天地正氣」，左邊「法古今完人」。進門一徑直通，同學號為「冤家路」，蓋無他路可行，願見或不願見之人皆無得迴避，以是名焉。第一次對端木老校長產生好感，就在冤家路上。老校長坐車出入大門，學生成群漫行道上，車行不順，照理說，該按喇叭，可是，沒有人聽過老校長的座車在冤家路上響一聲喇叭。學長們如是說，我打聽過也目睹過，一點不假。

假如老校長仍在世，我最想當面告訴他的，就是這一點，可惜已是永隔天人。

雙溪人，「東吳」學生一向自稱雙溪人，校歌歌詞起始就是「雙溪瀠秀」。校歌唱了四年，可能沒有人能將歌詞背誦完全，可是，我至今猶不忘當年老校長曾經微怒責備學生，為的正是校歌歌詞中一字。「東吳舊譽，台灣繼剏」，「剏」字應發音為「創」，但每次學生集會唱校歌時，總是大約一半人發音為「刃」，另約一半人發音正確，聽起來很不協調。幾回下來，老校長三番兩次糾正無效，他生氣了，小罵了幾句。罵了有用嗎？有，不過，新生年年入校，老生經常忘掉，所以，永遠有大約一半人唱「創」，另約一半唱「刃」。一創一刃，匆匆四年，直到我踏出校門，現在情況如何，不知焉。

當然大多數的「東吳」學生都知道「端木」是複姓，可也真的有人叫過「端校長好」。記不得是當時的楊訓導長說的或是那一位師長說的，據說，有幾位學生在文學院大樓前階梯上遇見老校長，居然開口問「端校長好」；老校長沒說什麼，只搖搖頭。

老校長一頭白髮，經常獨自登行文學院大樓前階梯，遠遠望去，老校長似乎頗為吃力，年紀恁多，未持拐杖，想是體力足夠，但也令人不忍；許多次，我看到老校長登階梯，階梯兩旁的學生或坐或站，鮮有人向他問好。中文系閔老師孝吉數次言及此事，頗為感慨，於今思之，雖事非我為，總是多少覺得赧然。

端木老校長多少歲？我不曉得，人間歲月多少，那不重要，重要的是老校長對教育的奉獻精神長存人間。我不才，但我敢大膽肯定諸多才過於我者或不才如我者都會長久感念老校長，即使他們至今不曉得老校長葬於何方，亦不曾為老校長的遠行而流淚，老校長的精神終究還是難忘，那是一種最誠摯的敬禮，文字無法形容萬一。

一年一年過去，春秋一如往昔轉移。記憶轉移到十二年多以前，老校長在一次朝會上流淚，此事我未眼見，同學略述。老校長對學生講話，也許是有所感觸，一時哽咽落淚。同學說，其時眾人屏息無聲，老校長拭淚後，繼續講話。既未得見，理當無甚印象，可是，斯時景象，我可以想見。

畢業後，我很少遇見「東吳人」，曾有三、四次回到母校演講或座談，靠大門邊，福州老漢依然原地修補皮鞋，新校門高過舊校門，冤家路右方風景大有改變，唯有尤加利樹不改從前。

細細思量，從前事遺忘甚多，甚且記省不起「妙侁寺」究竟門向北邊或南邊，我在那附近住過一整年。也是奇怪，四年「東吳」，其實見過端木老校長的次數屈指可算，怎如今一直不忘老校長的容顏？林老師炯陽提示，我這才確定老校長過世一整年。身邊沒有老校長的照片，一度欲尋出畢業紀念冊翻看，想一想，罷手，老校長的模樣自在心中，清楚得很。

原載：民國八十七年五月三十日《中國時報》人間副刊
收錄：《心情兩紀年》聯文

來不及說感謝

張曼娟

提起端木愷先生，即使卸任校長之職已有五個年頭，我們這些東吳人仍極自然地稱一聲：「老校長」，好像一日為師，終身為師。當職位變成稱謂，多少是含著尊敬與不捨的。

剛進大學，對什麼事都存著好奇，在文學院中穿梭行走，每當經過校長室，廊上瀰漫濃郁的雪茄香，便知道校長坐鎮其中。隔著文學院的玻璃窗遠眺，是我的課餘閒情，有時候也看見他，由一位老師扶持，邁下層層階梯，登車離去。那頭熠亮的白髮，陽光下瑩瑩閃動。雪茄煙與銀髮，構成最初的朦朧印象。

大四畢業前，校長照例請學生們共進午餐，因為座位靠近師長席，在這樣的距離看他，對那略顯矮小的身材微感詫異，然而，當他以蒼勁沙啞的聲音開口說話，提起復校的艱辛；與現實折衝的磨難，永遠不妥協，絕對不放棄，在我瞳中映現的，則是不斷膨脹延伸的精神力量，必須舉頭仰望。那一時刻，我像個稚幼童蒙，只能愚騃面對一種時代典型，甚至忘卻舉箸。

畢業那年暑假，老校長退休了。在螢光幕上，看著他離職當日，在校內巡禮，走過法學院，駐足圖書館，凡有學生遇見，必然忍不住上前握那雙溫暖的手。我在電視機前坐著，突然端肅起來，心中想著：老校長，我送您。

唸研究所時，耗盡心神去作一齣舞台劇，等到完全投入，才發現它的龐雜如流沙，饑渴地吞噬所有接近的生機，唯獨結果是不可預料的，偏又喪失了退縮與放棄的權利。好容易到了五月，戲，到底熱熱鬧鬧開了鑼；光光采采落了幕。首演之日，同學在幕後尋到屏住氣息的我，掩不住的興奮：「老校長來啦！」「不會吧！」我回答得獃獃地，只覺得不可能。

「什麼不可能，我看到啦！」

但我看不到，觀眾席上黑黑壓壓地，擠滿了人。不過，我知道，老校長就在其中。長達半年的掙扎嘗試，每個和這齣戲有關連的人，都承受著過大的壓力，而當斯時斯地，鑼響之後，燈亮之時，我們全部的企盼，只求專注的觀眾。事前毫無徵兆，原不輕易出現在公共場合的他，竟然翩然蒞臨，準時到達劇場，觀看一齣對絕大多數人都微不足道的演出。

他來了，坐在那兒，凝神地注視，熱烈地鼓掌，自首至尾，作一位忠實觀眾，於是，我們擁有了一場完整的演出。

那夜以後，一直想表達自己的感謝，總以為，再有機會遇見老校長，不管我是多麼平凡，定要上前說出感謝。料想他會耐心聆聽，並且微笑吧？

三年之後，也是五月，我正為南來北往的演講座談道途奔波。某一天，坐在國光號，奔馳高速公路上，閒閒地翻閱報紙，一個方正的黑框框，寫著端木愷校長逝世，東吳師生同聲哀悼……那種獃獃的感覺又回來了，只是懊喪；只是不能置信。

在車輛高速行駛中，我有莫名的忿怒，發生了這樣的事，這車怎麼也不停一停；怎麼我竟找不到一個寂寞的角落安置悲傷的情緒；怎麼世上的事總是如此莫可奈何？我打理紛亂的心思，彷彿還能聽見，三年前他來，留下的兩個字：很好；如今，遠遠地離去。

我靜默地闔上眼，在南台灣明亮陽光裡，心中說：老校長，我送您。並且知道，不論在那裡，只要看到這新聞的東吳人，都會有同樣的姿勢。

然而，畢竟是遺憾，我的感謝，再沒有機會說。

原載：民國七十七年《端木鑄秋先生逝世周年紀念專輯》
民國七十七年五月十日《台灣新生報》新生副刊

巨石

鹿憶鹿

聯考之前，很長一陣子十分努力地啃教科書，自忖可以考上個滿意的學校。放榜時，沒想到分發的不是自己意料中的學校，根本不能接受電腦卡上的分數竟然那樣低。甚至，我搞不清東吳在哪兒？別人忙著憧憬新鮮人多采多姿的生活，那個夏天，我在家自怨自艾地鬧情緒，考慮是否讀一所不能滿足自己虛榮心的大學。

父親特地從高雄上台北，回家以後，興奮地宣布，東吳環境非常好，離故宮博物院很近，四週青山圍繞，操場旁邊還有一條溪，可以釣魚。在東吳大學讀中國文學系很好的，父親強調著。然後，他又說一件事，現在的端木愷校長很好，在安徽老家就聽說他的名字了，是安徽鄉賢。要去讀東吳，端木校長很好，父親說。

新鮮人註冊以後，新生訓練三天，未見到校長，他出國開會。望著活動中心前方的兩行字——養天地正氣，法古今完人，不知怎麼有些悵然。

住宿生過一段時間就要參加升旗典禮，早上七點鐘整，全部的人都穿大學服，整齊地排在文學院門口台階下。端木校長六點多到校，他一定準時出現在那兒，帶我們升旗、唱國歌。有時侯，到校園的時間比較早，會見到校長黑色的汽車從門口緩緩開進來，然後，他下車，滿頭白髮，背微駝，一面和主任們談話，一面堅定地往前走，根本不需要攙扶或拐杖。

升完旗，端木校長慣常要發表簡短的談話，他從不看稿，總是即興式的，簡潔扼要。在這個有發表慾的社會，話要說得少，而且說得好，真是太難了。端木校長是我第一個佩服他口才的人。

有一次，學生在外面出了事情。升旗時，校長的感觸多了一些，不知不覺論到國家目前的處境，甚至泣不成聲；平時冷靜、理智的法學權威以八十餘歲的高齡殷殷勸說，而台下的學生只是不耐煩，埋怨校長話太多，又詛咒頭頂上的夏日驕陽太無情。台上的校長聲如洪鐘，字句鏗鏘，學生才晒幾分鐘太陽就陸續昏倒了，昏倒了女的，男的也說他頭暈先離開。

東吳的住宿生常埋怨升旗，而每個系也要輪流參加，有些同學動輒缺席，端木校長堅持學生要參加，而他一定親自主持。大學四年的升旗典禮上，早就罹患癌症的校長幾乎不缺席。

在圖書館找資料，發現很多文史書籍是端木校長送的。商務印書館影印出版了文淵閣四庫全書，校長也買一套送給學校。從東吳大學校長任內退休，才知道他十四年未支領學校薪資，還捐了他的藏書、財產給東吳。光是有一個這樣的校長，東吳大學的校友就足以自傲了。

端木先生在東吳大學寵惠堂前主持五大宿舍升旗典禮，並頒獎予宿舍整潔競賽績優寢室。

大學畢業，等研究所開學的那個暑假，端木校長退休，從報上得知早上九點要在學校辦交接典禮。前一晚不停盤算著第二天要買束花去送，聊表對一位教育家、學者的敬意，然而，有事耽擱了，我未去學校，只在電視新聞報導上見到畫面。記者訪問去獻花的多位學生，也讓在圖書館、校園的學生發表感想：端木校長行事始終認真、有原則。

和端木校長吃過飯，東吳大學由他創例，輪流請每一班學生共進午餐，直接向校長進言，發表對學校應興應革意見。我擔任記錄，坐在校長前面，看著他一面斯文地吃雞腿，一面專心聽學生說話，言簡意賅地回答問題，從不避重就輕，或顧左右而言他。文學院後面有塊巨石屹立在那兒，聽說是學生向端木校長建議留下來的。

端木校長退休以後，他是東吳的董事長，繼續為學校盡心竭慮，直到去年春天他倒下去。

在報上得知校長過世的消息，心裡並不特別傷悲，因為相信他會在天國中獲基督的眷顧，他是第一個我認為有資格擔任校長的人。

原載：民國七十七年《端木鑄秋先生逝世周年紀念專輯》
民國七十七年五月十日《台灣新生報》新生副刊

端木校長

——我們的系友

東吳大學《法聲》

以前曾聽人談論著：「校長的姓真少，因為姓端的人到底不多。」事實上，這是一種誤會，校長並不姓端，而是姓端木。假若要溯本追源的話，孔子的大弟子——子貢，便姓端木。當然，端木姓氏之起源並不自子貢始，可能要更早些。但是，史學家對子貢的稱頌：「有口才，能料事，善思博學，親仁中和」的涵養，則處處可從校長的言談舉止中發覺出來。我想，這是每一位同學都會同意的。

端木校長是安徽省人。出國深造之前，在國內唸完了兩所大學。先在復旦大學唸了三年，然後考取東吳法律系，之後再回到復旦補完最後一年的學分。所以校長是在取得二個學士學位再出國的。端木校長說，他之轉唸東吳，是因為知道東吳法律系課多且重，而且當時法律系的課程百分之九十是英美法，這對準備出國深造的青年來說，不能不算是一種最佳之進修途徑。校長在美國取得博士學位之後便回國來教授法律課程，先後在復旦大學、安徽大學和中央大學任教。端木校長含笑的說，以前擔任過大學教授、法學院院長，至於擔任大學校長，這倒是第一次。為了要把全部的精神和時間放在校長這個職務上，校長已經中止了他如日中天，已有二十多年歷史的律師業務，目前所處理的案子，都是以前尚未了結的，至於新的案子，不管標價再大，都已不再受理。校長說，他很受石故院長那種大公無私，鞠躬盡瘁的精神所感動。

端木校長在思索一個問題的時候，雙唇總是緊緊的抿著，而炯然的眼神卻閃爍著豐潤的智慧。他說，我們學校在石故院長苦心經營下，已經有了良好的基礎，但是因為限於經費，所以在發展上總要受到一些限制。目前，學校最重要的工作是在完成理學院，包括攬請教授、擴展校地和籌建科學館，使剛要開始成長的理學院能得到完全而充實的發展。至於法律系是不是改為六年的問題，校長的看法是最後應該由教育部來決定，但改變的可能性是很大的。

端木校長有子女六人，三男三女，最小的一位女兒在倫敦求學，剛得到PH.D.學位，是學化學的。一位在台北工作，另外四位都在美國工作。端木校長說，他現在最真摯的心願便是盡最大的努力，在石故院長樹立的良好成規中，使我們學校能有更多的進步和更大的發展。

原載：民國五十九年三月十四日東吳大學《法聲》第二期

與端木校長忘年之交

武憶舟

憶往前言

故校長端木鑄秋先生生平，凡吾校友，知之甚詳。當故校長于民國七十六年五月卅日病逝時，母校之「東吳校訊」，在同年六月卅日出版之一二三期中，已有詳載，述其生平。母校董事會王紹堉董事長，及楊前校長其銑在同期刊中，撰寫〈懷念端木先生〉及〈端木鑄公將與東吳永恆〉二文。歲月如梭，至八十六年五月卅日，已值端木公逝世十周年紀念日。母校于是日，刊發端木愷校長十周年紀念專刊，劉校長源俊先生親撰：〈恆毅助多，繼承光輝傳統；開明見遠，與拓完整大學〉，以對聯作題，為文記其行述。復刊有楊前校長其銑，自洛杉磯傳真來：〈典範長存——追懷鑄秋先生〉文；救國團李鍾桂主任之：〈端木校長與我〉文，以及尚刊有世界新聞傳播學院校長成嘉玲女士之〈憶端木校長敦厚、無私的胸懷〉，以〈先生之風，山高水長〉為題之宏文，可謂各抒緬懷，真情流露。各文所述，表揚故校長之偉績懿行，稱得上字字珠璣；而對故校長開拓母校之奉獻精神，益使東吳後輩，感戴不已，無待贅述。

然當鑄公逝世十周年之際，舟未及撰文表意，心有戚戚。茲欣逢母校百年建校之慶，母校有籌出刊物紀念之活動，徵稿于舟。深以憶舟與鑄公亦與楊前校長同有卅載，常相左右之忘年之交，是以追憶交往舊塵，藉百年之慶盛典，抒文訴懷，既冀告慰鑄公在天之靈，復得公諸于母校師生校友前輩之前，俾永懷典範，以誌不忘。是為序。

生平簡述

一、文、法兼精，學貫中西

故校長諱愷，字鑄秋。母校後輩咸尊稱：「端木先生」。安徽當塗人。早歲隨親移居京滬，但仍以安徽為籍，蓋不忘本也。

鑄公昔在上海，同時就讀二所著名大學，「復旦攻文」、「東吳研法」。畢業後，遠涉重洋，在美國紐約大學深造，獲法學博士。就其向學精神言，不單法學造詣精湛，既熟大陸法，又精英美法。因在復旦獲文學士，博覽古籍群書，漢學根底深厚。與後輩學者如章故校長孝慈，亦同修文、法，與鑄公可謂前後映輝。因之，以鑄公善文：學富五車，倚馬萬言；論說：口若懸河，辯才無礙，可謂學貫西中。

謂其「辯才無礙」者，有二往事，可供傳誦。一為故校長於政府遷台後，在台北執行律師業務時，凡在不限台北地區，發生民刑事案件，當事人，包括政府機關在內，須請律師為其維護權益而充任訴訟代理人或辯護人時，如一方聘了江一平律師（時任立法委員，可兼理律師業務，亦為吾東吳前輩校友），則他造必請故校長對庭。蓋二人在律師界素享盛譽，聲聞于各界也。次為鑄公擔任母校校長後，不論與同學聚餐共話家常時，或在校內主持各種會議時，咸能掌握分寸，恰到好處，片言而決，眾所敬佩，五體投地，甘拜下風。

二、參政國事，風雲際會

故校長於海外學成歸國後，于民國十八年，應程天放廳長之邀，初任安徽省教育廳秘書兼科長始，踏入政界。曾一度擔任安徽大學法學院院長、中央大學教授後，轉任政府要職，參贊樞要。先後歷參事、組長、而廳長；轉任政院會計長，再遷司法院、立法院秘書長等職。大陸沉淪，隨政府來台，又被聘為國策顧問，兼任光復大陸設計委員會副主任委員、中國國民黨中央評議委員等要職；參與國事，備極辛勞，可謂政府遷台後政治界之當代人物，風雲際會。

三、執業律師，功在朝野

故校長于卸盡黨政公職後，約在民國四十年左右，在台灣台北地區執行律師業務，至出任校長時止。在其執行律師業務之服務事蹟觀：

于政府言，曾受政府之委，辦理中國航空公司與中央航空公司飛機歸屬事件，每週往返台港二地，涉訟經年。終使數十架飛機未歸中共，功在國家。

于服務工商言，于公商企業各界，卓著聲望，上已提及之民刑事案件，迭與江一平律師對簿公庭故事，傳遍台灣，各界均以一時瑜亮讚譽之，可謂名至實歸。

以有車階級言，當年從事律師業務者，在台北地區，大概不到二百人。但擁有私人轎車者，鳳毛麟角，僅五、六人而已。故校長及江一平律師（亦東吳前輩）各有一輛。在當年私家轎車，咸認為奢侈品，不單稀少，抑且表彰擁車者在社會上之身分地位；不如現在，人駕一車，滿街盡車，誠此一時，彼一時也，不能相提並論。

四、奉獻母校，功成身退

當民國卅八年，大陸沉淪，政府退守台灣後，母校隨國軍來台同學日多。然當年台灣教育貧乏，大專院校，寥寥無幾，失業失學青年日增，形成對比，粥少僧多，大學門窄，學子均可望而不可及。他方面，政府遷台後，百業待興，政事浩繁，恰乏幹才接捧。於如此供需失調之社會現境下，校友先輩們，洞燭機先，于成立東吳同學會後，再倡東吳復校之議。經諸先輩于四十年間，創設了東吳補習學校于台北市鬧區漢口街一段十五號，奠定了以後恢復大學之契機。當時共推立法委員丘漢平博士為首任校長，呂光博士為副校長兼教務長，慘淡經營，在不能增設大學或恢復大學之決策下，只好以補習學校招牌，實質教授大學課程。于是乃有刊物以標題：「掛羊頭賣狗肉」為文之讚揚。

故校長在台北執業期間，曾先後出任東吳同學會會長、董事會董事、代理董事長。至五十八年，母校正式恢復大學後，被選為第三任校長，任職十四年。至七十二年秋退休，交棒于楊其銑任校長，乃回任董事長，直至七十六年五月卅日謝世，先後獻身母校近四十年。

緬懷前史，從母校校友在台創辦東吳補習學校後，及于四十六年奉教育部令准先恢復法學院，開始在外雙溪建設校舍，先由石故校長之開山築路，落成舊學生中心、寵惠堂課室大樓；繼由故端木校長大展宏圖，完成法、文、商、理、外語五學院之完全大學建制，建成音樂館、理學院科學館、中正圖書館，以及完成城區一、二大樓等建築，計二位故校長先後治校二十四年；而石故校長是任內謝世；故端木校長則交棒後輩，功成身退，完成世代交替志業。是二人于母校言，可謂貢獻良多。

締交經過

一、初識蒙邀，入幕未就；再攬合作，追隨左右

愷于民國四十五年夏，舟以四年總平均第一名畢業于母校法律系，然由于當時陳霆銳院長向教育部多報了先修班同學之學歷，致畢業當年，無法取得正式學籍，無從領到教育部當年驗印之文憑，因此無報考高考律師法官資格。乃在早已預料到有此不得已之情況下，先二年（即大二）即參加高等檢定考試合格，再參加律師考試，于畢業當年考取；即蒙故院長呂光博士之推薦而拜識故校長。承蒙不棄，即被邀入幕，幫辦律務。惜乎當時舟少不更事，氣盛志傲，意思獨立創業，而婉謝了故校長之雅意。

本來舟于考取律師後，故校長面告，于四十六年春節後，即去其事務所上班，與其合作之故蔡六乘律師（亦東吳校友）共一辦公室，二桌對座辦公。並勉勵有加，囑勤練英文，最好去美深造，期能日後多貢獻服務于母校。以當時故校長期望于楊前校長其銑之栽培之意，同樣期望于舟身上。被邀受寵之餘，竟不識抬舉，偏向獨立門戶，而婉辭任其助理之美意；另在台北市博愛路九十八號孔雀行三樓，與同年相庚之鄭雪麟律師共組事務所執行律務。亦因一入此行，擺脫不易，未恪遵長輩期望，致未去國深造，變成了捧不起之劉阿斗。四十餘年後思之，亦不無遺憾耳。

憶舟執業數年以後，故校長曾有委辦處理在其認頗棘手之民事訴訟，標的金額逾新台幣千萬元之當時已屬較大案件，為其代理人，竟致勝訴，而蒙其賞識。于是再度相邀，約定消費合作。即共同辦案，而事務所開支，各自負擔。斯時在舟言，誠難再拂長者栽培之好意；決心追隨參與，成為端正法律事務所之一員；由自遂諦忘年之交。按二人相差十八歲。

二人在相處消費合作律師業務之歲月裏，辦公時間，分居二室辦公，但一牆之隔，起居作息相聞。公餘也常被邀至其府作客，享用豐盛之晚餐，于是與楊前校長、王董事長等學長，常為端木公館之座上客。推心置腹，海闊天空，無所不談。主人好客，廚師藝精，不但口腹不淺，抑且受教良多。惜乎如此雖非盛大之聚會，應了天下無不散之宴席之諺語，匆匆十餘載矣，往事難再。

二、接校長職，放棄待遇；命做專任，不支薪給

百年樹人，以身作則：

回憶端木先生甫接任校長，深感事艱責重，曾在事務所中，與舟聊及其今後生涯，略以：在大陸時代，服務政府，來台後，執行律務，生活自較公務員不同，比較散漫。今後教育志業，乃百年樹人，必須以身作則，為學子標率。故在事務所方面，雖懸招牌，但不受理新案，舊案由舟接辦至完，商標專利簽證，則以舟名義代署。在學校方面，發現負債新台幣七千萬元，認為必須開源節流不為功。

學校負債，放棄待遇：

憶當年故校長與世界新聞管理學院成舍我院長交深，但世新則資產逾七千萬元以上，二老乃有二校合併，資產負債，即可軋平之戲言。于是故校長決定，終其校長任內，放棄待遇。

聘舟專任，亦不領薪：

同時對舟建議：「你做專任，有律師收入可予挹注，不在乎區區薪給。」于是亦命舟不支薪津。舟既追隨左右，二話不說，自當響應。由此在校擔任專任，由副教授而教授，前後凡三十餘年，未支薪給或研究費。

孝慈臨終，對舟回饋：

迨至章故校長接事，開拓兩岸法學交流，于最後一次赴北京前夕，深以甲戌年間，陳澤祥主持法學院期間，主張廢除素享盛名之傳統之英美法教學，不再在大學部列為必修課程，為舟堅決反對而被停聘。陳某且以小班併大班為由，一口氣停聘教授四十三員，舟竟名列前茅！然案呈章故校長，章鑒於舟在母校一切作為，絕不構

成停聘事由，乃親送聘書至舍間續聘，但仍被拒法學院門外，不予排課，而被踢至經濟系任教。然不支薪給則仍如舊。

當章故校長主政時，母校財務狀況較好，已今非昔比。然在母校現任教職員及專任老師共八百餘人中，只有舟一人擔任專任研究教授（原專任教授，于七十歲居滿改聘），而不支薪津，太不公平。于是在去北平前（此次北平返台時，已成植物人），在舟從未啟口下，主動下條核定舟即日起在學校服務，應奉致束脩待遇，照支薪給及研究費，以示公平。其所以有此一舉者，想為補償舟為維護東吳傳統精神而被排擠，所受精神上委曲之回饋耳。計前後數十年來未支薪給，累積將有千餘萬元之巨。走筆至此，痛惜章故校長，亦為舟所教于六十年畢業之門生，竟天不假年，使東吳痛失英才，誠無限悲痛之至。

三、自喻職業乞丐，募款建設母校

綜故端木校長任內，以古稀之年，僕僕風塵，迭次遠訪國外，籌款建設母校，自喻為職業乞丐。其分別向美國基督教衛理公會、亞洲基督教大學聯合董事會，及海內外校友支持捐款，卒使完成文、理、法、商及外語五個學院，二十個學系、六個研究所，與夜間部。又創設音樂系，成為一完整體制之大學，始有母校今日之規模，誠屬貢獻良多。

四、故校長提掖後進，求賢若渴

事蹟之一：如楊前校長其銑，四十七年畢業母校外文系後，此後在母校，自助教起，歷任講師、副教授、教授、校長室、董事會秘書、語言中心、外文系主任、文學院院長、教務長、副校長；從事教育，資歷完整。

在楊前校長服務公職時，曾出任教育部派駐美國大使館文化參事，因故校長之深知楊前校長之幹練，乃幾經週折，始使楊前校長擺脫公職，回校服務，完成交棒接棒之世代交替任務。以楊前校長在校之政績言，籌建故校長未完成之校本部，八層綜合大樓，以及加強充實教學設備，圖書設備，與延攬良師以提高教學品質，各界均有口皆碑。可見故校長之識人善任，使母校于穩定中發展進步，良有以也。

事蹟之二：再如當時母校，並無理學院之設；而適現任劉校長源俊自海外學成歸國，表示願為東吳服務之意願；于是故校長乃以其過人魄力，創設物理、化學二系，與原屬文學院之數學系併入，而成立理學院；並畀劉校長以創設重任，迄今匆匆亦已近卅年矣。按劉校長與故端木先生，原為不識，然由于故校長以豐富之閱歷，觀人特別敏銳透徹，賞識劉校長亦同楊前校長一樣，係一位不可多得之青年才俊，故雖屬新人，仍予重用。卒致劉校長以一位非東吳出身之學者，投入母校服務，始終如一，迄未他遷，匆匆近卅年之久。最後于民國八十五年，脫穎而出，眾望所歸，被遴選擔任首任遴選之校長。由此可見，故校長當年之提掖後進，知人識才，獨具慧眼也。

事蹟之三：故校長尚提掖章故校長孝慈，進入法學院，初任法律系副主任；並於安排呂故院長及商學院吳院長幹二位東吳老臣先後退休後，故校長也於二年後引退，薦楊前校長接任。至孝慈則于呂公七十年八月退休時起，擔任法學院院長，先後八年。于七十六年八月接教務長、副校長。旋因楊前校長堅辭而由章繼任校長，迄其八十三年七月逝世，在東吳服務亦近十六年，其能進入東吳服務原始之推薦人則為端木先生也。

事蹟之四：故校長執行律師業務期間，外商在台，委辦商標專利註冊、公司登記案件眾多，亟需增加人手，襄助處理，乃命推介年輕畢業校友參與合作。于是舟先後推薦學生校友周惠銘，繼介李文儀，再引廖修三等三位，進入事務所。周先來，但因故校長至友，即已故之香港船大王董浩雲來求必須懂英美法之人才，任其助手。

于是故校長割愛，介周惠銘去香港，由文儀接原職。不數年，周即擔任董氏集團之業務及財務部經理，成為董之左右手後，又襄助現任港區特首董建華，深受倚重。惜董建華任特首時，周竟英年先逝，否則必為港府之一級主管人選。

至李文儀進入事務所後，故校長觀其處事細緻有方，乃又資助其去美西雅圖深造，獲得博士學位後仍回事務所襄助，同時兼職母校任教。

李文儀赴美後，引廖修三抵缺，故校長對之亦予提掖，勉勵有加，促成廖在母校兼任講師，然後經過檢覈考試取得律師執照；仍與文儀二人執行律務，繼續襄助故校長處理事務所業務，直至故校長故世，才各奔前程。

基上事蹟，可見故校長之如何珍惜人才，提拔後進，使各有所成。惟僅舟一人，雖受提攜，恰不成才，成為捧不起之劉阿斗矣。

五、捐巨款，獻華廈，贈珍書，作育英才，遺愛東吳

當故校長彌留之際，仍心繫東吳，將其積蓄計新台幣一千七百餘萬元，遺贈母校，設立端木鑄秋法學研究基金，以嘉惠東吳學子。並以自居之台北市敦化南路（編案：應為「仁愛路」）鑽石大樓九樓近百坪之華廈乙所，遺贈于母校（早數年已處理出售得款入母校帳中）外，尚將其生平藏書，不少係難得之珍品古籍，亦均捐贈母校，成立專室典藏供閱。其如此之慷慨解囊，全心全意，為母校作育英才，真是遺愛長存，永留東吳學子及校友心底也。

欣值母校建校百年之慶，對母校之貢獻，故校長誠無出其右，別人似難望其項背者。爰為文記述，貢獻母校校友，知其史實，藉以永念，無任企禱之至。

原載：民國八十九年三月十六日《近半世紀東吳憶往》

恭述端木鑄秋先生風範之一斑

李　俊口述
李珊瑋記錄

踏進東吳大學校門，尋覓著昔日的足跡，心中滿溢著溫馨的回憶，欣見校園中教舍巍峨，花木扶疏，仰望著鑄秋先生威嚴的遺像，往事如昨，頓如浪潮般湧上心頭。對其令人景仰的崇高風範，有不能已於言者。

鑄秋先生一生提攜後進，不遺餘力，我生也有幸，能時時親炙教誨。

初識先生是在上海，那是民國三十四年，抗戰剛剛勝利，先生辭卸了公職，自重慶返回上海，掛牌執行律師職務，當時他早已是馳名中外的大律師，辦過許多國際矚目的大案子。我的老長官周孝伯先生把我推介給他，看看有什麼雜事可以效力。鑄秋先生原就非常愛護後進，看我人頗老實可靠，幾次交辦任務，都認真負責，漸漸對我產生了信賴，把我視為自己人。囑咐我每天中午到他位於外灘的事務所去報到，一起用餐，邊吃邊談。同桌的除了他和我之外，還有王善祥律師、周孝伯律師等。那段日子，我跟在他身邊，認真學習著做人處事的道理，在聆聽案情分析中，也種下了對法律的興趣和熱愛。

後來國內局勢緊張，先生再度被延攬到南京，任職行政院秘書長，位高權重，雖然忙碌非常，但仍然關心我這後生晚輩，在行政院為我掛了一個不支薪的諮議名義，負責上海一部份的聯繫工作。對於這知遇之恩，我至今心中仍滿懷感激。

出身名門　秉承革命志業

鑄秋先生出身安徽名門，尊翁漁濱先生曾參加同盟會，國父孫中山先生倚為左右手，他出生入死，積功升至第一軍少將旅長。鑄秋先生則自幼聰穎，及長在上海就學，適值「五四」運動，學潮洶湧，先生受到新文化思潮衝擊，積極參與各項活動，也結識了王寵惠、居正等志同道合的前輩，建立深厚情誼，王寵惠先生更由於與鑄秋先生的交情，對於來台後東吳復校，出了很大的力。

鑄秋先生一向求知若渴，在上海時，白天就讀復旦，修習文學，晚間入學東吳，鑽研法律。畢業後赴美留學，獲得約紐大學法學博士，民國十七年學成後，報國心切，立即束裝歸國。

忠肝義膽　死生置諸度外

血液中承繼著先人革命精神的鑄秋先生，對國家總有著一股責無旁貸的使命感，回國後，一心想要貢獻所學，報效國家。當時國民革命軍北伐成功，完成全國統一，歷經戰亂的混亂局勢，才稍稍平息。但是國家經過多年來的征討，民窮財盡，百廢待興。鑄秋先生應時任安徽省教育廳長的程天放先生之邀，擔任其秘書兼科長，首度進入國家行政體系，實現他為民服務的心願。

民國二十年，鑄秋先生認為階段性的任務已經完成，辭卸了公職，在南京掛牌，開啟了鑄秋先生執業律師的生涯。由於他法學精湛，短短時間內，便聲名鵲起，業務鼎盛。

未幾，時局動盪，抗戰軍興，愛國憂民的鑄秋先生，總覺得不能獨善其身，毅然結束了鼎盛的律師業務，再度投身政務，出任行政院政務處參事。民國二十五年，國民政府籌開制憲國民大會，內政部長蔣作賓兼任國大代表選舉籌備委員會主任委員，知道鑄秋先生精嫻法律，聘他兼任第三組組長，參酌國外法規，策劃制訂選舉規程，也奠定了我國推行民主憲政的基石。

抗戰初期，蔣作賓調任安徽省政府主席，鑄秋先生受邀返回故里，擔任民政廳廳長，當時安徽大部份已淪陷日軍手中，先生不避艱險，撫輯流亡，數度出入敵後，一介文人，能有這種膽識，真不愧是革命先人之後。

其後國事倥偬，學養淵博、剛正不阿的鑄秋先生，每臨危受命，歷任行政院會計長、國家總動員會議副秘書長並代理秘書長、監察院秘書長、司法院秘書長、行政院秘書長等職，功在國家，甚得層峰倚重。

寬厚為懷　不忘獎掖後進

因為無私，所以寬厚，一路走來，無論身處何地，鑄秋先生心中所想的，只知是如何提攜後進，為國羅才，春風化雨，作育英才，終其一生，受其愛護提攜的後進真是不知凡幾。

記得政府遷台之初，國防部剛成立法規司，要找一位司長，但是國防部郭寄嶠部長遲遲沒有找到適當的人選，一日與鑄秋先生談起此事，先生立即想到至友王善祥先生，由於王先生與他相交多年，對於律法嫻熟，人品學識都足以膺任此職，於是就向郭部長推薦，不但為國家羅致了一位人才，也為王善祥先生的事業開啟了另一條康莊大道。

民國四十三年時的台灣，百廢待興，時任經濟部長的張茲闓先生，也是鑄秋先生的好友，當時先生的處事為人早已經得到大家的尊崇，張部長遇事也總喜歡與先生商議。經濟部商業司司長正好出缺，先生考量李潮年先生學養俱佳，於是推薦給張部長。張部長即予延聘，在那個風雨飄搖的世代，為改善艱困的經濟環境尋找出路。

激濁揚清　用心守護真理

抗戰勝利後，鑄秋先生認為可以用另一種方式為國家社會效力，毅然辭卸了公職，又掛起了律師牌，一時間當事人奔相走告，莫不想盡辦法延聘先生擔任辯護。短短幾年間，鑄秋先生在上海打了幾場國際矚目的漂亮官司，傳頌一時。

第一件是汪精衛妻子陳璧君的叛國罪，汪精衛在南京成立偽政府，後病逝日本，抗戰勝利後，國民政府起訴汪妻陳璧君，並收押了汪精衛一家人。陳璧君在獄中請託鑄秋先生擔任辯護律師，雖然先生曾任職國民政府，痛恨汪精衛之投敵，但是深具正義感的他，認為汪精衛固然是叛逆，對不起國家人民，死有應得，其妻陳璧君在旁助勢，也罪無可逭，但是他的家人——兒女、女婿、襁褓中的外孫，對政治的影響尚不應肩負那麼大的罪責，擁有英美法專業素養的鑄秋先生，在國內司法尚不甚重視人權的時刻，已用超然的眼光去審視全案，認為應該要跳脫中國傳統誅連九族的觀念，以更國際化與寬厚的眼光去判斷審理，幾經思索後，決定承接下來，為陳璧君案辯護，出發點是維護真理，伸張公平正義，在冗長的興訟過程中，先生不但不收一文公費，還自掏腰包，為案件奔波往返於京滬之間。

這是一件國際矚目的案子，最後勝訴，汪精衛的兒女、女婿、外孫，都無罪開釋，而鑄秋先生寬厚的心胸與清澈的思維，分明的條理，滔滔的辯才，也一時傳為美談。陳璧君為表衷心感恩，在吳門獅子口獄中溽暑倚几親手抄錄「雙照樓詩詞稿」致贈，並親書信函，頌揚先生「中公道而重人權，明是非而雪冤」，字字血淚，動人心弦。

第二件是周佛海案，周佛海在抗戰時，甚得蔣公賞識與信賴，委以中宣部部長的重任，但是晚節不保，跟隨汪精衛到南京後，擔任偽政府的行政院副院長。偽政府垮台後，周佛海隨之鋃鐺下獄。周佛海在獄中向鑄秋先生求援，懇請先生為他辯護。審情酌勢，要贏得這場官司，勝算實在不高，但是眼見昔日同僚行將被判處重刑，仁慈之心油然而生，毅然挺身而出，擔任周佛海的辯護律師，搜羅事證，出庭答辯，周佛海得以免處極刑。鑄秋先生當然不直汪精衛、陳璧君、周佛海等的叛國行為，他之所以肯為陳、周兩人在法庭上擔任辯護，並不是基於私情，而是履行其律師的職責，乃一種忠於律師職務的行為。

忍辱負重　甘受不白之冤

人在順境時，自是意氣風發，但是遭逢逆境時，還能心平氣和，甘之如飴者，古今中外，實不多見。鑄秋先生就有此修養，令人敬佩。

民國三十八年，政府播遷來台，當時鑄秋先生仍擔任立法委員，並再度在台北掛牌執業律師。是時中國航空公司、中央航空公司有七十餘架飛機，遭香港政府扣留。由於這批飛機的產權不明確，中共想要扣押，但是所有權尚在香港政府之手，在物資困乏的年代，這批飛機的歸屬自然是各方角力的焦點。當時鑄秋先生還在民航隊擔任法律顧問，自然肩負了爭取接收的責任。因為事涉敏感，他遂以律師的身分接辦爭取，多次往返香港、倫敦，縱橫捭闔，歷經數載，終於勝訴，並且以象徵性的代價，解決了香港政府要求的「停機費」問題。

但是在這件事情當中，卻發生了一件令鑄秋先生一生遺憾的插曲。當時總統府秘書長是王世杰先生，鑄秋先生當時為了這批飛機的事，曾寫了一封信向王先生說明。但是這件事卻由有心人把話傳給了蔣公中正。蔣公夙來厭惡走後門關說的官場文化，聞訊震怒，下令追查，並開除了鑄秋先生的黨籍。先生受此不白之冤，未發一語，默默的承受下來。多年來，無論親疏，從未聞他有一句怨懟之言。雖然真相在多年後終於水落石出，先生不但恢復了黨籍，並受命擔任光復大陸設計委員會副主任委員。但是平白遭受這麼大的冤屈，卻能夠隱忍多年，依然熱愛國家，這般宏偉的氣度，又有誰能與他匹敵？

堅守到底　催生東吳復校

翻開東吳大學的校史，真是一把辛酸淚，要不是有那麼多社會賢達，肯出錢出力，政府播遷來台後，又那裡還會有「東吳」這塊牌子呢？幕後的推手，乃鑄秋先生厥功至偉。

民國四十年，東吳大學幾位校友亟思在台復校，但是由於當時主政的陳誠先生，深恐大陸「學運」再在台灣萌芽，所以在一切力求安定的原則下，不贊成成立大學，更對大陸的學校在台復校，持保留態度。但是鑄秋先生對東吳有著一份割捨不開的深切感情，復校的念頭，始終縈繞在心。於是往返奔走，邀集了幾位熱心校友先成立董事會，懇求時任司法院院長的王寵惠先生，擔任東吳董事長，既然政府不准成立大學，就先成立「東吳補習學校」。

鑄秋先生和其他校友的熱誠，感動了東吳校友伍守恭先生，提供他所有台北市漢口街十五號的一棟房子做為教室，於是「東吳補習學校」就在民國四十一年掛牌招生了。四十三年，我畢業的前一晚，教育部長張其昀先生終於被王亮老說服，准許東吳正式復校，登記為「東吳法學院」，民國五十八年奉准恢復大學建制，分置文、理、法、商四個學院。東吳能夠成為首座在台復校的大學，也是在台成立的第一所私立大學，鑄秋先生是主要的催生者，凡為東吳人，都應銘記在心！

鞠躬盡瘁　用生命愛東吳

種下了一棵樹，還要看到它枝葉茂盛。三十多年來，鑄秋先生未曾片刻忘卻為它澆水施肥，修枝除蟲。鑄秋先生一生，其心中最大的惦記，就是讓東吳能在艱辛的環境中，重新站立起來，為了讓這個培育他法學基礎的搖籃成長茁壯，他用一生的心血去栽植灌溉。

東吳能夠覓得外雙溪背山面水的優美校地，可說是由鑄秋先生一手擘劃，校園中一磚一瓦都是歷居校友與全校師生胼手胝足建立的。鑄秋先生還未擔任東吳校長的時候，就經常為了擴建學校校地，增加教學設備，奔走籌措經費。擔任校長後，更不辭辛勞，經年累月一個人自備旅費，獨來獨往的向世界各地友人，為東吳募款。數十年下來，東吳不但擁有了美麗的校園，校舍也一棟棟的增建，在寸土寸金的貴陽街，鑄秋先生也深具眼光，成立了東吳大學城中校區，嘉惠更多的學子。

辦學並不算稀奇，而辦學辦到十幾年不拿一毛錢薪水，反倒不時捐錢資助，並且在退休後把全副家當都奉獻給學校的，古今中外，除了鑄秋先生，還真難找出這樣有教育熱忱的人。

來台後，建設東吳是鑄秋先生最大的志業，在他的感召下，不僅朋友們看他的面子，時時挹注東吳，甚至於連他的兒女們也甘願放棄自己的權益，成全鑄秋先生對東吳的使命感。記得東吳大學第一間電腦教室，是透過他的大女兒，向ＩＢＭ爭取捐助設立的。新穎先進設備，當時引起了各方矚目與欽羨，但是人前人後，鑄秋先生都絕口不提這是自己女兒的功勞。東吳要成立音樂系，經費短絀，買不起足夠的鋼琴，鑄秋先生立即把家中唯一的鋼琴搬到學校，女兒回家看不到心愛的啟蒙鋼琴，雖然心痛，卻也無可如何。多年來，兒女們總會在鑄秋先生生日時表達孝思，但是先生總叫他們別買禮物，通通折現捐給東吳，後來連夫人的生日，也要兒女們比照辦理，兒女們笑稱：「媽媽不是東吳人」，拒絕遵從。這份對東吳的關愛，真是感人！

事實上，鑄秋先生患病臨終之時，都還在惦記著怎麼幫學校籌錢擴校，稱他是「教育家」，還不了解他，事實上，他根本就是不折不扣的「教育狂熱份子」。而東吳大學也真的在他老的手中，開創了璀璨的前程，結出了甜美的果實。

轉眼間，鑄秋先生走了將二十年了，但是他的一言一行，卻仍清晰的印刻在我的腦海中，今（九十二）年五月十八日是先生的百歲冥誕，謹以此文申念。

原刊：民國九十二年五月號《傳記文學》第八十二卷第五期

我所認識的端木先生

楊其銑

端木鑄秋先生的百齡冥誕即將到來。回憶二十年前東吳大學師生在校內音樂廳慶祝端木校長八十壽辰的情景，好像就在眼前。那時他因長期臥病而艱於步履，但他卻婉拒了別人的攙扶，手持拐杖，神采奕奕地到處與師生們打招呼，顯得特別高興，看不出來他的身體尚未完全復元。

鑄秋先生的病情是這樣的：一九八一年五月間，先是胃部感到不適，乃住院就診。最初疑似胃潰瘍，檢查結果，發現是胃癌，而且已經擴散，必須立刻動手術。經會診後，將其胃部切除五分之四。其餘五分之一雖然仍有殘存的癌細胞，但不能再動刀了，若再割切，胃就沒有了。為了怕病人的身體吃不消，經家屬同意，決定不予化療。

民國七十一年，端木先生八秩壽慶，東吳大學製作壽桃分送師生。

鑄公顯然知道他患的是甚麼病症，但他處之泰然。不料胃癌剛剛穩住，卻又患了喉癌，並曾一度失音。動過手術才逐漸恢復說話。此後一直帶有沙啞聲。治療期間，他仍然神色自若，笑語如恆，還自我解嘲地說：「這是因為我年輕的時候太愛說話，上帝才如此懲罰我。」

喉癌甫癒，又轉為肺癌。但他看書會客，一如常人，從未改變其鎮定樂觀的態度。三種癌症集於一身，未被擊倒，最後因心臟衰竭，於一九八七年五月三十日安然辭世。一般病例顯示，胃癌如果已居末期，大多只能再活六個月，而鑄公憑著超人的意志力，活了整整六年，享年八十有五。

鑄公擔任東吳大學校長期間（一九六九－八三），我曾以非才被任命為教務長。我本東吳畢業，又蒙厚意提攜，敢不勉圖報效。但任職尚不到一年，教育部即徵我擔任駐美文化參事，鑄公欣然同意，只是希望借的時間不要太久。我遂於一九七六年四月前往華盛頓報到。當時我國在外交上正處於最艱困時期，我一面虛心學習，一面努力做事，雖感綆短汲深，所幸無甚隕越。

一九八一年六月底忽接教育部電報，命我於七月十五日前返國，同日亦奉鑄公電報，略謂突然因病住院，命我速返學校並擔任副校長之職。

重返母校後，因工作性質與華府迥異，很少有無法達成任務的壓力，再加上隨時可向鑄公請益，一面教書，一面做事，心情非常愉快。一九八三年鑄公向董事會推薦我接掌校務後，隨即辭校長職，轉任董事長，以至謝世。

鑄公是東吳復校後在職最久、建樹最多的校長。他在任內十四年間，擘劃經營，不遺餘力。除了奔走募款，興建校舍而外，並積極延攬人才，擴充設備以提高教學水準。在質量並重的原則下，總共成立了十二個學系，七個研究所，三個博士班。在建築方面，除科學館、圖書館、音樂館、教師研究大樓及教職員生宿舍多幢外，最重要的是開闢位於台北市貴陽街的城區部，並先後建成兩幢八層大樓。何以這兩幢大樓如此重要呢？因為東吳大學從復校開始，在人事及行政方面每年都出現赤字。原因有二：其一是，東吳所收學雜費，一切遵照教育部規定，絕不另立名目向學生收取分文；其二是，凡屬語文課、實習課或附有作業的科目都是小班制並加計批改費，故鐘點費開支特大。每年都必須另行籌款以維持收支平衡。城區部第一大樓落成後，即開辦夜間部，並增設教育推廣部。二幢大樓完成，學校財務狀況才逐漸改善，至少在人事及行政費方面不復再有支絀現象。

鑄公是一位非常能吃苦的人。他最佩服武訓先生乞食辦學的精神。他曾多次對朋友說：「私立學校校長就是職業乞丐。」事實上，鑄公就是一直以武訓先生為榜樣，堅苦卓絕，力爭上游。由於他這種犧牲奉獻的精神，東吳才有今天這個規模。

一般人只知道鑄公在大陸期間擔任中樞要職，並曾執律師業於首都。其實他一直都沒有脫離教育界。他於東吳大學法學院畢業後，繼入美國紐約大學深造，獲法學博士學位。歸國那年（一九二八），原是準備投入教育事業的。所以最初是擔任復旦大學法學教授。一九二九年轉任安徽大學法學教授兼法學院院長。此後雖然被政府堅邀轉任公職，但仍在中央政治學校（國立政治大學前身）及中央大學等校兼課，並深受學生們的愛戴。

一般人只知道鑄公隨政府遷台後重執律師業，直到一九六九年當選校長時才開始服務東吳。其實他來台灣後不久即擔任東吳大學同學會會長，並積極參與復校籌備工作，而且從東吳復校之日起即在法律系兼課。其後又擔任董事會董事及代理董事長。因此，實際上鑄公一到台灣就開始服務母校，總計近四十年。

一般人多認為鑄公對於衣著及飲食極其考究，家庭開支一定很大。其實並非如此。鑄公平日注重儀容。他認為如欲贏得別人的尊重，首先要從服裝整潔做起。他的西裝和常人沒有甚麼兩樣，只是他更珍惜衣物，善加維護而已。自罹患癌症後，因體重銳減，便將原有的衣服改了再穿，並未添置新裝。

鑄公常以佳餚待客，於是就有人認為他是美食主義者。其實這個說法也不正確，雖然美食主義並沒有甚麼不好。這裡有我親眼看到的事：一九七〇年，國防部邀請大學校長及教授們參觀國防設施。訪問部隊時就與官兵一起用餐。認識鑄公不夠深刻的同行者都認為：「這一下端木先生可慘了，這種飯菜如何下嚥？」那裡知道教授們在這邊正竊竊議論，而鑄公在那邊卻吃得津津有味。吃完一碗飯，又添了半碗。倒是有些教授和校長面對部隊的大鍋菜只是淺嚐即止。事實上，鑄公居家之便餐非常簡約。山珍海味大多朋友所贈，自己捨不得吃，便找機會與親友們共享。因此親友們所吃的當然都是美食。日前與鑄公的長女儀民小姐通電話時談及此事，她說，「待客不能不豐，居家不能不儉」是端木家的家訓，她小時候就聽祖母講過。

鑄公常以「盡其在我」及「做甚麼、像甚麼」勉勵後進。這兩點他都做到了。事實證明他是一位最盡職的公務員，最出色的律師，同時也是一位最傑出的教育家。我追隨鑄公二十多年，在為人、治學方面受益良多。鑄公博學多聞，和他談話，真是如沐春風。他剛毅而又灑脫、嚴謹而不失寬厚。他有書生的氣質，也有名士的派頭。他有法家的胸襟，又具儒家的風範。他是一位良師，也是一位益友。最重要的，他是一位虔誠的基督徒，因此他的生命充滿了熱力和愛心。

鑄公於就任校長不久，即將其住宅立據捐贈東吳。辭去校長職以後，又將其私產及圖書悉贈學校。這些資產固屬珍貴，但他留給東吳的風操、智慧及無畏的精神卻是無價的，也是永恆的。

原載：民國九十二年五月號《傳記文學》第八十二卷第五期

端木故校長山高水長

劉源俊

端木故校長辭世已近十六年，每念及過去受教情形以及他種種不平凡的作為，總感懷不已。六年前我曾在安素堂為端木故校長舉辦逝世十周年的追思會；如今我主持東吳校務將近七年，對他留給東吳的種種遺產有更完整的體會，乃藉此專輯作一概述。

與端木故校長結緣是出於偶然。民國六十年十月中旬，我因預料將於翌年暑期自哥大獲得博士學位，寫信向國內四所大學求職。三封寫給物理系主任（其中兩封石沉大海），一封寫給東吳大學的校長。為何寫給東吳的校長呢？緣於該年五月中我在「海外學人」月刊的通信欄看到李熙謀先生的一封投書，其中提到「最近東吳有充實理學院師資計畫，端木愷校長曾多方向國外羅致物理教師。……學人……多數表示願返國一年或半年，且每希望……客座教授或副教授待遇。不幸的是，東吳是私立大學……。」引起我極大的興趣。端木愷先生是名律師，我是聽說過的，但東吳大學在台北市外雙溪則是才打聽得知。正因為當時尚不知東吳物理系主任是誰，又不知李熙謀先生與東吳的關係如何，才冒昧寫信給校長。不想，十一月十一日就收到端木校長五日寄來的毛筆信，寫道：「欣悉台端將於明年六月獲物理學博士學位，爾時擬返國長期任教本校，並將盡力於祖國科學之發展。高義宏謨，心佩曷已，弟竭誠歡迎，居期惠臨，何幸如之。……」當時我幾乎是大吃一驚。後來雖然父親及岳父都主張我到交通大學去；但第一，我志在「走冷門」，從事普遍的科學教育，第二我本對「客座」名義有反感，所以很快就作了決定。十一月二十六日即回信給端木校長，表示接受東吳的聘請。

後來端木校長大概還不太放心。翌年四月底他應邀到紐約開會，乘機約我一見，當時我也見到了端木夫人。

他說到請教授的原則有二：一是聲望卓著的；一是好學校出身的年輕人(當時我二十六歲，看起來實在很年輕；他六十九歲)。他又說看我並不像書獃子，應可負行政責任，將來要我負責物理系；又說到「俗云一通百通，就是說推理、分析這些是觸類旁通的。」談得頗愉快。後來我才知道，端木校長在接到我的求職信後，曾要當時的李熙謀院長至台大查我大學時的成績，可見他是很慎重的。

我於六十一年九月到東吳擔任專任副教授，開始教書生涯；當時東吳大學一共只有三位有博士學位的專任教師。端木校長有意讓我歷練，一開始就讓我參加校務會議，六十二年兼代物理學系副主任，六十三年兼代物理學系主任，六十五年升教授後，兼物理學系主任；他說過，人才是要慢慢培養的。六十六年，理學院鄧靜華院長離退，端木校長要我更兼理學院院長；現在回想當時論資格，絕對是不夠的，但東吳理學院初創，「蜀中無大將，廖化作先鋒」。六十八年間，教育部請各大學推薦教授參加由亞洲協會資助、美國教育協會(ACE)辦理的高等教育行政學員計畫(AFP，共甄選了兩名)，端木校長批「煩劉院長源俊一行」；於是我在七十年九月至七十一年二月期間參加了在美各大學的見習及訪問活動，這對我後來參與的高教行政助益很多。

端木校長在任十四年。開頭兩年可能他自己也在摸索，最後兩年他則已體力不繼，退居幕後；中間的十年是他鴻圖大展的時期，而我正有幸就在這一時期追隨他，因而在做事方面學到許多。如今回想，許多往事都歷歷如在眼前。例如在許多場合中，端木校長講到國家前途多舛時，熱淚盈眶；在與學生的餐會中，學生抱怨很多，他說：「沒錯，東吳的物質條件的確不夠，但我們精神好。」學生質疑點名制度，他說：「這是學校的傳統。學校在經濟拮据的情形下請點名先生，就是好好在辦教育，不像某校學生的人數比座位多，那是在辦學店。」他又很注重廁所的清潔，說：「要看一所學校，先看廁所。」

我有許多特別的機會得以親炙端木校長的風範。記得某次行政會議中，端木校長提出應外交部之請，有意頒給韓國教育部次官名譽博士學位，我表示反對，他沉默了好一陣，後來將資料收回，拒絕了人家。六十八年三、四月間，我為學生打抱不平，闖出「邢光祖事件」，是他後來用智慧及豐富的處事經驗讓這件事急轉直下，而順利落幕的。六十八年秋某日，他召我到辦公室，告訴我「大家都以為東吳法學院出名，其實當年在大陸上，東吳大學的生物系更有名。」要我作一個計畫，在理學院設一個與生物有關但不叫生物學系（因為教育部認為生物學系學生出路有問題）的學系，後來我幾經折衝，果然教育部於六十九年二月核准成立微生物學系，遂於當年秋季招生。七十年一月，國防部破天荒組成一個大學校長攜眷的訪問團，到金門訪問三天兩夜，請端木校長帶隊；因為端木夫人不便隨行，於是由我與剛到校服務的鄭芳雄教授陪伴，得以親睹他在各方面受敬重的情形。七十一年，端木校長因我多年辦科學月刊，推薦我獲當年教育部頒發的社會教育獎章。又，我曾在校受到請我「入黨」的壓力，於是我當面去問他，是否我不入黨會對他有所妨礙？他即刻回答：「哦，不會的，我去跟他們說一說。」接著加一句：「不過他們對你很注意的就是。」好多次他在辦公室與我談問題，也許因為我是晚生小輩，常很自然地談到一些感觸，事實上也是在教我。例如他說：「東吳沒有門戶之見。」又說：「一個學系要辦得好，必須老師的來源背景不同。」「你是學物理的，其實做事不外乎講道理，法律也講的是理。」

端木校長因為德高望重，自然一言九鼎，學校運作不易制度化，這曾令我感到不滿意。但是回想在當年學校艱苦奮鬥的年代，如果不是他帶頭衝，奠定往後發展的基礎；又若是學校入不敷出，後來要談制度化又有何可能？

端木故校長留給東吳的遺產是各方面的，可分為以下幾方面來敘述：

一、勤儉樸實的精神。端木校長不肯在辦公室裝冷氣，他說要等每位老師的研究室都有冷氣之後才裝。他常形容自己「現在是 professional beggar」，到處募款；他自當校長後，擔任各種法律顧問的收入就都捐給了學校。

到如今，東吳大學的物質條件改善許多，但勤樸精神仍舊，例如校長辦公室還是四十多年前的那一間，絕對是全台灣諸大學中最小的。

二、包容開明的精神。在端木校長任內，聘請了好些位不見容當局或他校的知識分子，例如追隨雷震的傅正（中梅），與孫立人有關係的侯家駒、民社黨的顧紹昌、常臧否教育的鄧臨爾（Paul Denlinger）等，還有青年黨及多位所謂自由派，或甚至有台獨傾向的教授。四位院長中三位不具國民黨籍，這在當年應屬異數。另外，校內女性主管的比例也特別高，一直有四分之一以上的學系主任是女性，這在全世界當亦少見。又，雖然端木校長是虔誠的基督徒，他對宗教的態度也極為開明。發展迄今，東吳大學裡教授們儘管政治立場各不同，但和平相處，從無人在校內搞政治或在課堂上發表政見。包容與開明是這所學校最寶貴的資產，也因此有許多奇才異能之士願意在學校裡服務。

三、一所完備的大學。端木校長雄才大略，任內將一所小學校擴張為一所俱備各種基本學系的大學，實在有魄力且很有遠見（五十八學年度全校畢業生共六系四七七人，七十二學年度增為二十系一九五六人）。五十八年他剛上任就發現，才成立準備放在文理學院裡的數學系，竟然部定必修普通物理及普通化學課需要做實驗（換言之，需要設備），乾脆一不做二不休於五十九年成立物理系與化學系，與數學系合為理學院，並籌建理學院大樓（超庸館）；後來又積極努力恢復生物學系。他認為一所大學不能沒有歷史系、社會系與哲學系，所以陸續成立這些系。他又注重藝術，所以獨排眾議，不惜花錢成立音樂學系，建音樂館。他又認為我們應當認識日本文化，所以特別成立東方語文學系（現在的日本語文學系）。他重視大師，所以為數學系聘請鄧靜華教授，為成立歷史學系聘請劉崇鋐教授，為成立社會學系聘請楊懋春教授，為成立法律學研究所聘請梁鋆立教授，為中文系聘請徐可熛教授，為成立德文系聘請齊馬蕙蘭教授，……。又據說他為成立哲學系，擬聘請吳怡教授，惜未能如願。如今東吳大學敢誇稱是一所完備的大學，而且各學系基礎深厚，健全發展，都可說拜端木校長之賜。

四、良好的硬體設備。端木校長任內幾乎每年建一幢樓，從教室大樓到圖書館，到學生宿舍、學人宿舍，到教師研究樓。必須有足夠的空間，才能容納逐年增加的學生。為興建這些樓房，他找到他的老朋友建業營造公司的老闆周敬熙先生，付給最低的成本價，但是保證堅實牢靠。東吳諸樓在九二一地震中幾乎未有損傷，不能不提到這一因素。（東吳校區內唯一命名的「敬熙路」乃出於此）

五、學術發展的基金。端木校長更為東吳留下許多基金，對日後的學術發展極有助益。他逝世前曾不斷捐款給東吳大學，民國七十三年，學校將他迭次的捐款一千五百萬餘元設立端木愷先生講座（後更名為端木愷講座），如今本息已累積到約二千九百餘萬元，近年以孳息聘請講座教授。民國八十七年，學校經端木儀民女士的贊同，將遺贈晚年所住鑽石大廈內之一公寓出售所得約一千六百萬元，併入既有的「端木鑄秋法學研究基金」，訂定辦法，每年以孳息資助「法律論文索引」及其他法學著作的出版。他生前曾接洽，將香港胡惠春先生捐給東吳大學的一套清宮紅木家具，賣給故宮博物院，得款約二千三百萬元，後來據以成立「胡筆江先生紀念專款」；這些年來，東吳教授出國開學術研討會或發表論文，每獲益於此。另外，民國七十六年端木夫人逝世時，也曾捐給東吳二百三十萬元，如今本息累計至四百餘萬元，每年以孳息資助急需救助的學生。還有，端木校長歷年來向美國「亞洲基督教高等教育聯合董事會」(UB)及其他知名人士募捐而得的各種基金，如今本息累積不下五千萬元，兩年前學校已經整合成為「東吳文理講座基金」、「東吳法商講座基金」等，藉以資助學校聘請講座教授。

六、珍本圖書。端木校長自五十七年起就陸續將藏書捐給東吳的圖書館，累計至逝世前共約八千冊，其中包括「四庫全書珍本」及珍本戲曲等，極具價值，不止充實館藏，也為中正圖書館留下一個專室，永供後人追念。

另外，值得一提的是，端木校長極重視國文、英文教學，還常親自抽閱國文課作文的批改情形。如今每年東吳大學校慶時，有大一國文作文的展覽，這一極具特色的活動，應溯源於端木校長當年的重視。

綜觀端木故校長對東吳大學的貢獻，可謂山高水長。他的著述雖然不多，但遺愛人間；他的精神與事功，共與東吳長存。

原載：民國九十二年五月號《傳記文學》第八十二卷第五期

憶端木伯伯敦厚、無私的胸懷

成嘉玲

一九七六年，我應東吳大學商學院吳幹院長之邀，辭卻在美國的工作，到東吳擔任經濟系主任一職，開啟了我在東吳十五年的教授生涯。也就是在這段漫漫的時光裡，讓我更認識到端木校長那份中國讀書人敦厚、篤實、無私的胸懷。

端木校長和家父舍我先生是數十年的舊交，一九五六年，家父由於當局不肯核發辦報執照，於是興起「不如辦新聞專門學校以培養新聞人才」之思，而且劍及履及，廣邀新聞、文化界知名人士共襄盛舉。家父邀集的創校發起人如于右任、王雲五、蕭同茲、林柏壽、程滄波、黃少谷、郭驥、阮毅成、葉明勳、謝然之等先生，均是一時的碩彥。端木先生當時是台北赫赫有名的大律師，又是著名的法學教授，也是家父力邀創校發起人之一。等到學校成立，端木先生更不辭路遠勞頓，每週欣然從台北坐三輪車到當時交通甚為不便的木柵溝子口授課。「世新」初創僅僅是「新聞職業學校」，招收的對象是初中畢業生，端木先生以知名大律師、著名法學學者的身分，竟能紆尊降貴至此，其人之講義氣、重友情，由此可見一斑。

小時候我對端木伯的印象是：穿衣服很講究，為人和諧、風趣，說理卻尖銳犀利。到東吳大學任教後，由於公務的關係，和端木先生的接觸自然增多，對他的認識就更加深刻。

東吳大學原是美國基督教會在江蘇省蘇州所創辦。大陸易色，政府播遷台灣後，校友們乃群策群力，在台北外雙溪覓地復校。因此，東吳大學和早期台灣的一般私立大學一樣，都是在物質條件非常匱乏的情況下，勤儉起家的。端木校長在眾人推舉下，繼石超庸校長之後接掌東吳，其辛勞的程度，遠非時下財團斥資所興辦大學的校長所能想像。

早期私立大學最大的困難在於經費不足。為了學校經費，端木校長到處募款，幾讓人有「沿門托缽」之感：為年度預算，端木校長每年夏天不知要和會計主任在校園裡兜多少圈子，因為：「錢不夠啊！」因此，每當談到經費不足之事，端木校長甚至忍不住潸然淚下。

然而儘管經費短絀，端木校長對各學院、各學系所需，卻絕不吝嗇，總是儘量設法給予滿足。為讓學校多聘博士級教師，端木校長將他的朋友胡惠春先生捐贈的一批清朝恭親王御用家具器物，轉賣故宮博物院，所得兩千多萬，悉數做為學校的「獎勵師資基金」。

端木先生與東吳大學同仁合影，右起章孝慈院長、劉源俊教務長、唐梅玲（旅美校友）、徐震院長、端木儀民（先生長女）、楊其銑校長、端木先生、成嘉玲院長、王紹堉所長、鍾金湯院長。

端木校長待人淳厚，對於新聘教師，他必定於開學前後請到家中餐敘一次，以促進教員們對學校的向心。學生在大學期間，有兩次和校長共同進餐的機會：大一，校長在餐會中殷殷囑咐他們應如何把握四年的大學時光；大四，校長聆聽他們的畢業感言、對學校的建言。如有問題，端木校長也要求在座的負責單位解釋清楚；不過對學校學術水準的要求從不放鬆。而且因他辯才無礙，很少有學生說得過他。

端木校長在用人上很有創意。我當經濟系主任兩年之後，商學院院長出缺，端木校長即開風氣之先，用我當了全國各大學中首位的女性院長。而與我同時的四個學院院長中，文學院的杜衡之、理學院的劉源俊，以及商學院的我，都不是執政黨籍。為此，端木校長受到來自他的黨籍同志不小的壓力，但端木校長總是以「學術自由」為詞，獨自力排外來的干預，這在當時的政治環境中，並不是很容易的事。端木校長的氣魄與擔當，是很令人佩服的。

家父年少時代即自力更生，其後並先後在北平、南京、上海、重慶、香港、台灣創辦報紙，成為一代名報人。他常以自己的標準來教育和期待子女。因此在我的成長過程中，鮮少受到父親的誇獎。但在東吳，端木校長卻常常公開誇讚我的工作績效，令我面子十足。並因他從小看我長大，對我特別親切，有時除了公事向他請示報告外，他也常常和我談一些他的經歷和做人做事的道理。記得有次聊到時下炒作股票的問題。他說在他年輕時，曾經聽信友人的消息，投下所有家產炒作金子。可是買了之後金價大跌。他想這次一定傾家蕩產無法翻身，索性拋下一切出外度假十日，回來再收拾殘局。結果度假回來後發現金價大漲，不僅沒賠還賺了一大筆。於是他結清了帳，帶了賺的錢出國攻讀法學博士學位；而從此他一生再沒有從事任何賭博和投機的行為。

另外對於朋友間的借貸他也有他的原則。若朋友借錢的數字對個人的經濟發生影響，最好不借。朋友雖一時不高興，可是還是朋友。倘或借了，如因事關本身財務負擔而催討債務，則常會反目成仇，或避不見面，朋友也就丟了。可是若是在本身能夠承受損失的範圍內，則不妨大方出借，從此不要再提此筆借貸之事。若人家主動還錢，則把它當意外之財，否則想都不必去想，也就心安理得了。

至於如何做一個好的主管，他認為大事要精明，可是小事則大可裝糊塗，讓部屬也有他自己可以發揮的空間。這一點與父親的事必躬親，每件事一定管到最細完全不同。我在這兩位老人家的薰陶下，學到了很多。後來接了世新，從改制學院到改名大學，十年校長任內能夠平順度過，聲譽還算可以，兩位的教誨，助益良多。

端木校長世家出身，家居很講究生活品質，但在學校卻極其儉省。記得城區部商學院大樓落成時，辦公室都裝設空調，學校想趁此機會，給外雙溪校本部的校長室也裝上冷氣機，但被校長婉謝了。他說：「等全校所有辦公室都有冷氣之後，校長室再裝不遲。」端木校長嚴以律己、寬以待人的胸襟，所謂古仁人君子之風，大概也就是如此吧！

一九七九年初夏，端木校長的掌上明珠儀民小姐從美國回台北為端木校長祝壽，甫進家門，鞋都還沒來得及脫，端木夫人即苦著臉說：「儀民啊！看妳爸爸病成那個樣子，還說什麼學生畢業典禮快到了，不能住醫院。妳就勸勸他別再逞強了吧！」儀民一看，不得了，端木校長身體不舒服到臉都發青變了樣。經過好說歹說，終於同意送醫，在醫師診斷下，端木校長竟然罹患的是胃癌。經手術後，雖有一段時間的恢復，但健康狀況畢竟受到影響，終於在一九八七年不幸與世長辭。

宋朝著名的政治兼文學家范仲淹，他在「嚴先生祠堂」一文中，誦揚東漢嚴子俊先生的高風亮節曰：「雲山蒼蒼，江水泱泱；先生之風，山高水長！」在端木校長辭世十六年後，我謹借先賢之佳句，表達我對端木伯伯的追思與崇敬。

原載：民國九十二年五月號《傳記文學》第八十二卷第五期

典範長存

——追憶端木校長

王中一

我於東吳大學法律系畢業後不久赴美進修，於民六十年底準備返國服務。當時我本已接受中興法商學院法律系專任聘書，但適逢母校配合法律研究所之成立新設「法律中心」，端木鑄秋校長聽說我是法律系系友，並在出國前任職於國際關係研究中心圖書室的經驗符合了其所需之條件，竟親自數度光臨寒舍，拜訪家父母，力邀我回母校以法律系專任講師之身分兼管全國僅有的法律專業圖書室。其時母校財力拮据，不僅教學資源不足，而教職同仁的月薪也僅及公立大學的一半，但我有感於鑄公的誠意與風範，並在家父「輕財重義」的教誨之下，於是婉辭了中興法商學院，欣然為母校效力。鑄公為增強我的專業能力，並洽請美國「亞洲協會」之支助命我赴加州大學研習圖書館學，並經舊金山市政府法律圖書館及加州大學法律圖書館實習後返台在鑄公麾下服務。我秉承其指示，在沒有任何專用經費下募款、募書，以求建立國內非常好的法律圖書館的任務。記得，當時有一次我對外籌得相當於今日台幣一百五十餘萬價值購書款項返校，滿頭大汗向其面報時（因時值暑期校長室無冷氣），鑄公校長除予以嘉獎外並親自返身至茶几從水瓶倒水給我，加以慰勉。此景至今難忘，種下此生為東吳效命之決心。

鑄公學貫中西，文武雙全。在朝曾參贊樞要，在野則為名律師。來台後與前輩校友共同出錢出力，鼎助母校在台復校，並先後擔任校長十四年（原任職董事）及董事長四年，至民國七十六年五月在董事長任內謝世，為母校竭智盡力，持續近四十載。「功在東吳」四字，實不足以說明鑄公對東吳的貢獻；而縱橫政、法、教三界，克享令譽，成就其輝煌的一生，今世也少有人能及。

民國五十八年鑄公初任校長時，學校財務極度窘迫，據聞負債達台幣七千萬元之多，依當時物價指數及國民所得標準來看，是一巨債，而政府對私校並沒有絲毫補助。為了學校之生存與發展，在不降低教學品質、維護優良學譽之前提下，鑄公經深思熟慮，乃採取長期而一序列的開源節流措施：在節流方面，首先緊縮行政開支，降低人事費用，同時先由自己做起：公開宣布終其校長任內不支校內任何薪俸待遇；座車自備，不要學校供應；校長室設施儘量簡單，在各單位辦公室未裝置冷氣前，校長室不裝冷氣。更規定學校設備儘量樸實。在開源方面：鑄公看準政府正積極發展經濟，人才需求孔亟，於是舉債先後陸續購買位居台北市中心的貴陽街數筆土地，首先興建「教育推廣中心」（即今日的城中校區崇基樓），開設若干外語及商務電腦等短期班次，一方面為國育才，一方面也為學校增加收入。但戔戔之數，仍遠不敷學校發展、擴建的需求。鑄公除尋求外界捐助外，甚至曾將其私宅向銀行抵押貸款，供學校急用（當時政府法令不准以學校房舍抵押借款）。更憶及鑄公當時已居古稀之齡，竟不辭辛勞，親自出國向海外校友、熱心人士及宗教機構等勸募，且幾乎每年都要風塵僕僕的隻身奔走美國、香港等國外一次至數次，以其豐沛人脈，獲得了巨額贊助。鑄公常自嘲是「職業乞丐」，對同仁說：「二次大戰時，英國首相邱吉爾訪美，手持禮帽向美國要錢，我現在也是這樣。」聽者莫不動容。例如「音樂館」動工興建時，工程費尚無著落，鑄公於「破土典禮」後數日，即出國募款，歷經兩月餘返台。校內多位主管至機場迎接，看到鑄公白髮垂耳，倦容滿面，大家欽敬、感動之餘，共體時艱，奉獻小我，全力為學校「打拼」的使命感與決心也油然而生。而兩個校區的硬體建設（大小十餘棟建築）及土地購置，如前述之音樂館及圖書館，部分學生及教職工宿舍，城區第二、三、四大樓、五大樓建地等，也都在鑄公多年來親自向海內外呼籲、奔走之下，一棟又一棟建成或購入。為今日學校發展奠立了良好的基礎。

學校儘管財務困窘，鑄公還是排除萬難，改善教學環境，拓展教學範疇，陸續增設了國貿、企管、電算、哲學、音樂、微生物等學系，中文、法律、經濟、會計等研究所，及若干學系的夜間部，使校內日夜弦歌不輟，朝氣昂揚。

鑄公認為進入東吳的學生不是程度最好的學生，但畢業時要使其成為第一流的人才，因之必須有第一流的師資。故成立法律研究所時，即延聘曾任聯合國最高法律主管的國際法名學者梁鋆立先生（東吳校友）擔任所長，並羅致了王紹堉、方文長、馬漢寶、李俊、陳長文等多位國內著名法學家任教。成立中文研究所後，也禮聘了國內中文學界名教授屈萬里、台靜農、鄭騫、王夢鷗、潘重規等先生，陣容之強，皆獲教育部之激賞，主動授意兩所可招收博士班研究生。又文理學院之楊懋春、劉崇鋐、李熙謀、鄧靜華等，也皆為當時國內名學者。鑄公又優遇聘請海外歸國學人，除爭取國科會及其他基金會補助薪俸外，另在外雙溪校區建築「學人宿舍」十三戶，供客座教授居住。以學校財務狀況言，至為不易，而且可說是開風氣之先。另敦聘台灣名會計師陳振先教授主持會計研究所，名經濟學家吳幹教授及楊必立教授、侯家駒教授、成嘉玲教授先後負責經濟研究所，當時學生尚未畢業多已為跨國企業、大企業、政府預先爭聘。

行政方面，以其獻身教育之熱忱及禮賢下士之誠，感動了當時教育界耆老，不計名位及待遇，為其跨刀擔任教務、訓導（學生事務）、夜間部、推廣部等負責人，如：李康五教授（曾任德明技術學院校長）、許伯超教授（曾任建國中學、師大附中及德明技術學院等校長）、朱國勳教授（曾任首任觀光局長）、王之教授（曾任總統府參軍）、張興周教授（曾任立法委員）等。參贊校務出力出錢共同戮力為建設未來東吳發展之堅實基礎而打拼。

民國六十四年，中正圖書館破土典禮，左起校友會王紹堉會長、學生會高文津會長、楊亮功董事長、端木校長。

鑄公又說：「一個好的大學，不能沒有一個好的圖書館。」認為圖書館對大學的教學與研究、及養成學生讀書風氣，至為重要。故在城中校區設法律圖書室及商學圖書室，採購最好設備及全新外文法商圖書數千冊，供兩學院師生使用，其中有為當時他校所無之英文原版法商圖書，常吸引當時國內知名學者至館借閱。又以當時圖書總館（現愛徒樓）面積偪狹，因陋就簡，乃又發動募捐，在外雙溪校區新建「中正圖書館」，建坪二千二百餘坪，樓高七層，設計新穎，且為國內第一所有中央空調設備的大學圖書館。當時外雙溪校區僅有學生四千餘人，但新館閱覽席次即達一千二百個座位，藏書也可達四十餘萬冊。當時曾有人反對裝設空調設備，以為學校經費短缺，國內經濟環境也並未到達這個水準。鑄公力排眾議說：「有空調設備，可吸引學生進入圖書館，漸漸養成讀書興趣。即使讀累了，睡在書旁，也沾些書香。」鑄公並將自己珍藏的大批古籍珍本線裝書近千冊捐贈新館，時值達數百萬元以上。其中許多種戲曲書如《古今雜劇》、《李笠翁十種曲》、《紅樓夢曲譜》、明毛晉《汲古閣六十種曲》等，皆為當時台灣境內唯一珍本。鑄公更藉私人交誼，向政界大老募書，如嚴前總統及張群資政等，都捐來珍貴圖書累積到達萬餘冊，使新圖書總館的藏書質量瞬間暴增。而後在城中校區興建第二大樓時，也特別設計第六、七層為圖書分館，服務法、商兩學院及夜間部師生。東吳大學圖書館近年屢承社會媒體及教育部評為優等，不能不說是源於鑄公的嘉猷遠見。

鑄公對教職員工的生活極為關心，當時員工大多僅支領約合公立大專同職級員工一半之月薪，且無年終獎金。鑄公以學校窮困，無法提高大家的待遇，常覺歉然；便一方面首開私立學校之先鋒為大家辦理勞保，一方面訂立員工互助金制，實施急難救助。又在退休辦法中規定教職員可服務至七十歲退休，並在特定條件下可延至七十二歲，作為對員工的一種補償。使員工安心服務，不萌見異思遷之念。又因鑄公校長宣布：「待遇雖低，但絕不欠薪」，某年春節學校財務緊迫，特經人協助向銀行借款發薪，以利同仁過年。

對於學生，鑄公除提供良好的師資與教學設施外，嚴格要求學生五育並進，不得隨意「蹺課」，嚴格執行在台復校以來之「課外點名」，同一科目一學期若曠課四次以上，就不准參加期末考了。鑄公每學年都要與各學系主管、二年級及四年級的學生，以班為單位分別餐敘一次，聽取學生意見，使學校與學生溶為一體。

鑄公獻身母校近四十年，有形無形的貢獻，難以盡書。遺囑還將其位於台北市仁愛路的一棟大型住宅捐給學校，而不傳給子女，真是視校為家了。母校之有今日，鑄公厥功至偉。東吳校訓是「養天地正氣，法古今完人」，環顧當世，如鑄公這樣竭其身家性命辦教育的人，還有第二個嗎？「法古今完人」，鑄公身體力行的做到了，他自己也近於一個「完人」，成為東吳師生永遠仰慕追思的典範。余謹以此短文紀述些看似平庸之片段事蹟，以紀念其對母校及台灣高等教育之貢獻。

原載：民國九十二年五月號《傳記文學》第八十二卷第五期

百歲冥誕懷念有知遇之恩的端木校長

楊孝濚

在一次由劉源俊校長宴請講座教授的日子裡，第一次遇到端木校長的愛女儀民女士，在她真誠的笑容中依稀看到了端木愷校長的身影，在鄰座之便和在席間的輕談中，我告訴端木女士，端木校長是我一生中最重要的貴人，也是我願將一生最寶貴歲月奉獻給東吳大學的驅動者，我對東吳大學社會系或整個學校有任何貢獻，都是我對端木校長的報恩，一種知遇之恩的回饋。來東吳大學不久正是我內人姚天行生第二愛子仁愷的日子，我們衷心期望他能繼承端木校長大而無私、百年樹人的精神。

民國六十三年，我的恩師楊懋春教授擔任中國社會學社理事長，也將從台大農業推廣系退休，楊老師邀請端木校長在六月份中國社會學社的年會上做專題演講。端木校長雖一再自謙不是社會學家，更盛讚社會學博大精深，但能以「將相無種」為題，做孔德實證哲學破題，密勒首創社會學（Sociology）開端，滔滔不絕，由斯賓塞到芝加哥大學，由達爾文而馬克斯，以及提到天演論的赫胥黎，真是句句珠璣，充分顯示端木校長學問的淵博。最後切入「將相無種」主題，舉出行為學派的華生和一位中國學者郭任遠（J.Y.Kuo）提出反遺傳，反本能的巨著，作為將相無種，學校培育英才，社會塑造人才的理論基礎；而社會學者不僅要關懷社會，研究社會，充分認知社會，更要進入社會，改造社會的個人，改造整體社會，將相無種，有賴於家庭的培養，學校的培育和社會的教育，這真是一篇動人且值得所有社會學者深思的演講。演講最後，端木校長提到與楊懋春老師一面之緣，和力邀楊老師台大退休後到東吳主持社會學學務，也開創楊老師事業的第二個春天。

記得在六十五年一月的某一日，在情勢逼迫下，我必須以辭職信辭去政大新聞研究所副教授的職位，眼看自己在新聞社會學領域所灌溉的園地逐漸有了收穫，一但離去心中之痛實在無法形容。尤其是寒假開始，春節將臨，在這新年的時節失去了維生的工作，心中的焦急實在難以形容。在萬般無奈下，造訪了楊懋春老師，楊老師知道了我的窘境，想起正好要與端木校長有一場早飯聚餐，就通知端木校長增加一名不速之客的要求，立刻得到端木校長的同意。

第二天我準時赴會，心情十分緊張。第一次面對端木校長，立刻被他長者風範所感動，只是簡單的晤談，端木校長答應聘我做東吳社會系專任副教授，並從六十五年第二學期二月一日起聘，薪給每月新台幣八千二百元並加發研究費八百元，解決我燃眉之急。端木校長毫無疑問是我生命中的貴人，可是他卻感謝楊老師的推介，使東吳大學得到一個人才，並對我說：「東吳賺你的便宜了。」端木校長的盛情，真令我感動不已。

東吳大學在台復校完全依賴校友的力量，與其他大學不同，東吳大學最重視校友，東吳校友也以回饋母校為榮，每一年東吳大學都會舉行一次盛大的校友大會。記得民國六十五年一次的東吳大學校友聚會中，那次在來來大飯店舉行，端木校長特地邀請我這個新進人員上台，除了介紹我的學經歷，並說：「楊教授雖不是從東吳畢業，他是台灣大學的畢業生，但他肯來我們東吳，就希望他能把東吳當作自己的家，希望他每一天都過的充實愉快，也希望他成為東吳人，成為東吳永遠的榮譽校友。」端木校長的一席話，使我堅守自己的教學研究崗位一直到今日，這是做為一個東吳人的榮耀，更是東吳榮譽校友的光榮。

到東吳後，有更多機會接觸端木校長，更被他治學、治校、為人處世所感動。端木校長一諾千鈞，為東吳大學求才若渴，我進入東吳大學專任才一學期，民國六十五年八月一日即受聘專任教授。而民國六十七年六月擔任社會學系主任前，端木校長找我深談，怕我以大眾傳播博士學位擔任社會系系主任是否不能勝任？我很坦白告訴端木校長我的鄉村社會學背景和美國威斯康辛大學傳播社會學的基礎，應該可以勝任愉快。民國七十年成立社會學研究所後，需要大量新進師資，只要是人才向端木校長推介，無不答應。甚至於有些因政治和個人因素，安全受到質疑，端木校長均一肩承擔，使能在東吳社會系任教，發揮專長。

端木校長常告訴我們教學生要從腦袋開始，他對電腦不十分信任，害怕太依賴電腦，學生卻不動思想，這樣一定會使大量資訊成為大堆垃圾；但是當我跟端木校長報告，我教學需要個人電腦，校長立刻答應，社會系就有了第一部個人電腦。端木校長認為大學就是要教好學生，只要是好學生就能夠找到工作，大學不必如職業介紹所得四處為學生鑽營顧望，但是在我向端木校長報告生涯規劃和輔導的必要性，以大學亦應發揮適才適所之功能後，東吳大學的生涯輔導和畢業生服務成為東吳大學受重視的功能。

值此端木校長百歲冥誕，僅以此文和最真摯的心感懷我一生中的貴人——端木校長。

原刊：民國九十二年五月號《傳記文學》第八十二卷第五期

端木先生的叮嚀

林建隆

我在我的自傳小說《流氓教授》裡，曾經提到端木先生寄給我的一紙便箋。那是一九八一年夏天，我因在流氓管訓隊考上東吳大學英文系，被當時的警備總部提前釋放出來，正猶豫著是否要投入那令我自卑而又惶恐的大學生涯。

我記得那紙便箋是裝在東吳大學專用的信封。寄信人先恭喜我考上東吳，然後說他知道我是在何種處境下考上的，也因此他深信我的資質必定十分秀異。最後他鼓勵我：「一定要排除萬難，堅定地念下去！」信末署名端木愷。

我當時不知端木愷是誰，更沒想到多年後我會提筆寫這篇追念他的文章，否則一定小心翼翼收藏那紙便箋，好讓後人同感一個教育家「有教無類」的襟懷。

我在東吳念了一年，仍不知端木愷是誰。那時我非常用功，用功到根本挪不出時間去了解東吳。什麼「法古今完人」的校訓，我覺得我只是不想再當流氓而已。什麼上海蘇州的校史，於我委實太過遙遠。總之，我是用功到連校歌都無暇練唱了，哪有功夫去探究端木愷先生的身分？

那時我非常用功，因為我十分自卑。我相信自己是全校英文最差的學生，卻在英文系裡唸書。我的英文爛到只讀得出二十六個字母，根本唸不出完整的字，更別說是詞、句和整個段落了。大學聯考我是靠目識字母的組合，並將它們一一正確拼出，才勉強過關的。如果真要考聽講，我想我只有去唸聾啞學校了。

那時我真的非常用功，因為我極端惶恐。我相信我念不完這四年大學的。我是抱著能讀一天算一天的心理，畢竟在東吳的每一個日子，都是我的幸福。我把課餘的時間一半投注在白樓凝香的圖書館裡，想不到很快便贏得「圖書館管理員」的稱號；一半投注在語言練習室和南海路的美國新聞處，藉著英美長篇小說的錄音帶調整自己的發音，並攝取文學的養分。我記得在美新處借的第一套帶子，是史蒂芬・克雷恩(Stephen Crane)的長篇小說《野戰雄師》(The Red Badge of Courage)。

儘管當時我是那樣地用功，心裡仍隨時做好離開東吳的準備，因為下意識裡我覺得自己不配。我每天仍在腳踝上綁著三公斤的鉛塊，就像之前在管訓隊日夜帶著腳鐐那樣。我每晚睡前都摸黑去長跑，從校門口的阿公店出發，來回至少跑十五公里。每跨出一步，我便提醒自己，要像那個端木先生所說的：「排除萬難，堅定地唸下去！」

我在東吳苦修經年，仍如道心未堅的皈依者，時時為世俗的煩惱所牽絆。在那段日子裡，我經歷了過去與我同生共死的摯友的苦難——有被仇家追殺，寧死不願求助於我的；有看破世情，在夜霧隆隆的火車聲中臥軌死去的。接踵而至還有我四弟入獄的事件。四弟被判三年，在我看來只能算是輕的，因我還有個三弟，正在軍監服刑，刑期十五年，且是沒有假釋的。最後，我那手殘的礦工父親，也在四弟入獄不久後染上了沙肺。

我知道沙肺的可怕。我們礦區裡有許多叔伯輩都是在六十歲以前死於沙肺的，而我父親那年正好五十九歲。我父親相信他會和他的老友一樣，在六十歲以前死去，因此執意要在「臨死前」到東吳來見我一面。我記得他來時，是由母親扶著的。我牽他進入我棺材型的木造租房。他偎在臨溪的樓窗，耳際有貝多芬的〈命運交響曲〉，搶在溪水之前流過。父親是文盲，但似乎聽得懂失聰者創作的音樂。他忽然心有所感地對我說：「建隆！你一定要排除萬難，堅定的念下去！」父親的囑咐，令我想起一年前那個端木先生的叮嚀。

然而，我還是瞞著父親，他不識字，一向很好瞞的，偷偷向校方遞出休學的申請。但我作夢也沒想到，有一個人我是怎麼也瞞不過的，那就是端木先生。

記得那是學年即將結束，知了先奏驪歌的午後，平日裡便對我十分關照的俞肅然訓導員忽然滿頭大汗地跑來找我：「林建隆！你辦理休學的事，我已經向上級報告了，你有困難為什麼不先告訴我？你書明明讀得好好的，究竟是發生了什麼事？」我背對俞先生默不作聲，俯望窗外潺潺的溪水，水面起舞的半圈白鷺。忽然間一隻鷺鷥「呱」一聲離群而去，我不知道牠飛向何方，只聞上課的鐘聲正好響起。

又過了數日，我剛考完期末考，正準備回租房打包，俞先生又遠遠拭著汗跑來了：「林建隆！校長找你！校長找你！他是特地把會客的時間抽掉，專衝著你來的。你趕快整理好服裝，整理好儀容，到校長室要有禮貌！」我看看自己一身白衣黑褲，典型大學生的素樸。「有什麼好整理的？」我覺得有些好笑，又不敢笑出來。我承認過去當流氓的時候，長得的確有點像土匪，但如今用過文字的化妝品，早已變得好看起來。「有什麼好整理的？」我終於忍不住笑了出來。

校長室裡，一個白髮蒼蒼的老者，橫條紋勻稱的眼袋，儲存黑瞳仁過濾後的智慧。校長見了我，也不囉嗦劈頭便問：「你去年考上東吳，我特地寫了封信給你，雖然只是片紙隻字，也代表我對你的關心。你還記得我對你說了些什麼嗎？」

我訝異地望著他，特別是那對線條柔和的眼袋，良久才驚覺他就是那紙便箋的作者——端木愷。一個望重士林、享譽國際的法學大師，一個大學的校長，竟會在百忙中如此降尊地對當時還不是東吳學生、還是流氓身分的我，發出兼具關懷與召喚的手書。我想說些什麼，又覺無話可說，只好逐字唸出他在便箋上對我的叮嚀：「你一定要排除萬難，堅定地念下去！」我很怕他問起那紙便箋的下落。

「那你排除萬難了嗎？」

端木先生看樣子是想站起來，我注意到他身旁的手杖，但他隨即又坐了下去。

我不知該如何應聲，只好緊咬著下唇。

「我知道你遇上了困難，你的困難很可能是我無法想像的，但我也不是那種不食人間煙火的人。我是學法律出身的，也當過律師，你我之間的距離不見得是那麼遙遠。」

我有一股衝動想告訴他我的情況，卻又遲疑。我恨我的自尊，竟如浮雲般飄過眼前的泰山。

「如果我是你，也不見得願意說出我的處境。」端木先生說著說著，不知何時已按著桌緣站了起來。

我急奔過去，一把抓起他的手杖。他向我揮揮手，表示「用不著！」只見他背著手，也背著我，走道臨眺雙溪的半壁窗前：「這樣好不好？我們實事求是。你遇上的困難，就算讓我打個折，其餘不足的部分，由你自己來扛。我的意思是，你未來三年的學雜費，就都全免了，而你去年繳交的，也一並退還。」端木校長緩緩轉過頭來，背後的夕陽也跟著繞了半圈。「你有勇氣面對其餘的困難嗎？」

我遲疑了半晌，最後向他老人家點點頭，但心裡仍惦記著兩個作監的弟弟，一個呼吸困難，亟欲尋求解脫的父親。

端木先生見我點頭，欣慰地走回座位。他輕咳了一聲，兩眼角的魚尾紋漾著預言般神秘的微笑：「其實我不只希望你堅定地念下去，我更希望有朝一日，你能回東吳來教書，如果我沒有看錯人，像你這樣的異端，相信定能發揮另類的長才……」

我是在美國留學時，間接獲悉端木先生仙逝的消息，那是一九八七年春末。我拒絕透露我當時的心情，只能說我不斷在拍紙簿上寫下他對我的叮嚀：「一定要排除萬難，堅定地念下去！」寫完又將他的叮嚀改成：「一定要排除萬難，堅定地寫下去！」我想我是試圖傳遞給端木先生一個訊息，那就是我已能掌握未來生命的方向

——作一個詩人，當一個作家。

一九九二年夏天，我果真回到東吳教書。儘管十年來我對母校一直無甚貢獻，也覺愧對端木校長，對已出版的八本詩集和三本長篇小說也一直不甚滿意，甚至偶爾會產生是否該繼續寫下去的焦慮，然而差可告慰端木先生的是，我起碼已獲國內最大連鎖書店——「金石堂」——選為一九九一年至二〇〇二年二十五位「最受喜愛華文男作家」之一。希望我「流氓變詩人」、「囚犯成作家」的故事，能帶給東吳學弟妹，甚至東吳以外的青年，某種程度的激勵，若是那樣，也不枉端木先生對我的「另類」期許。

原載：民國九十二年五月號《傳記文學》第八十二卷第五期

古典浪漫的和諧統一

黃登山

民國四十五年，我參加第一屆大專聯合招生考試，被分發東吳大學中國文學系，於是和東吳母校結下了近半紀不解之緣。畢業之後，於五十年回母校服務，時光荏苒，至今已過四十一個年頭。母校栽培我，又給我工作機會，如此大恩大德，可比三春之暉。

初回母校，追隨中文系第一任系主任洪陸東先生，洪老師在大陸曾擔任司法行政部次長多年，但溫文儒雅，毫無官僚習氣。不久參加校友會，得追隨當時的會長王紹堉先生和唐副會長松章先生。王會長言簡意賅，處事明快。唐副會長寬厚慷慨。後來兼任夜間部及教育推廣部主任，先後追隨端木鑄秋校長和楊其銑校長。楊校長為人溫和，處事細密。鑄公校長雍容仁厚，嚴肅中帶詼諧，古典中有浪漫，不容易學到，正是李太白所說的：「高山安可仰，徒此揖清芬。」

我在夜間部前後擔任十年行政工作，接受鑄公校長的教誨最多。記得民國六十七年鑄公要我接任夜間部主任，約我在統一飯店吃飯。當時夜間部共八個系（中文、英文、日文、法律、經濟、會計、企管、電算）四千八百個學生，儼然像一所獨立的大學，所以我不敢貿然接受，經過鑄公一再地鼓勵，只好答應。臨別，鑄公還諄諄教導我，他老人家說：「把握原則，說話婉轉。」二十幾年來，這兩句話在為人處事上給我很大的助益。

鑄公的文學根柢非常堅實，平日批示公文，字跡渾厚，文筆簡鍊。有一次老人家訪視各教授研究室，大部分老師都關著門，不好意思打擾，於是順口說了一句「門雖設而常關」（陶淵明歸去來辭）便走了。鑄公平時出口成章，大家有耳共聞。

鑄公常常用詼諧的態度來處理嚴肅的問題。以前大學生是不准開舞會的。某次餐會，有同學問起對於大學生開舞會的看法，鑄公回答學生的第一句話說：「我就是一個喜歡跳舞的人。」學生一聽，非常高興，以為校長既然喜歡跳舞，必定會開放舞禁。結果鑄公接著說：「但是，我的跳舞是從大學畢業之後，到擔任校長以前。」一時哄堂大笑，做學生的只好繼續用功讀書吧！

孔子的弟子中，以子貢（姓端木名賜）的口才最好。鑄公辯才無礙，得自先祖的遺傳。記得中正圖書館落成的時候，參加典禮的要人甚多，政大的歐陽校長也在座。鑄公和歐陽校長不是很熟，可是聽完鑄公致詞的人，都會誤以為兩人交情深厚。鑄公說：「我和歐陽校長一見如故，因為他姓歐陽，我姓端木，複姓在中國是少數家族，所以我見到他就有一份特別的親切感。」鑄公每次講話，總會把握眼前的事物加以點綴，讓聽眾感到貼切有味。

日文系的蔡茂豐教授、中文系的劉兆祐教授和我，以前都曾一起兼任行政工作，且交情甚篤，有「東吳三劍客」之稱。每年春節，三人都會到鑄公府上拜年，師母總要準備我們最喜歡的美食甜點供大家欣賞。往事歷久，總令人感覺無限的溫馨與懷念。

鑄公一生為母校出錢出力，鞠躬盡瘁。如今老人家雖逝世多年，但是，他的言笑依稀縈迴各處室，他的足跡遍留校園各角落。鑄公的偉大與崇高，我們只能借用范文正公的話「雲山蒼蒼，江水泱泱，先生之風，山高水長」來歌誦讚美他！

原載：民國九十二年六月號《傳記文學》第八十二卷第六期

功在東吳

——記端木校長對東吳大學的貢獻

劉兆祐

每當走入東吳校園，望見規模宏大的學生活動中心，藏書豐富的圖書館，飄揚悅耳琴聲的音樂館，就會自然而然的想起老校長端木鑄秋先生。

筆者於民國四十九年秋，考入東吳大學中文系，當時的校長是石超庸先生。民國五十八年返回母校任教，正好是鑄公膺任校長。民國六十二年起，筆者奉鑄公校長之命，擔任中文系副主任，一年後擔任系主任，並擔任中文研究所副所長、所長，直到七十一年（一九八二）卸下行政工作，有整整十年的時間，在端木校長的領導下，從事行政工作，與端木校長有很多接觸，受益良多。現在就筆者在那一段歲月中，對端木校長的認識，略識數事，以資憶往。

筆者最感佩的是端木校長有遠大的眼光，對東吳大學的發展，有長遠闊大的規劃。早年東吳大學的校舍不多，學生人數僅千餘人。端木校長在十四年的校長任期中，先後完成了：城中校區的購置及興建，成立了目前五個學院的規模，先後設置了音樂、歷史、哲學、社會、社工、日文、德文、數學、物理、化學、微生物、國貿、資訊等系，並設置了許多研究所，使全校擁有一萬多名學生，成為具有規模的大學。此外，夜間部及進修部的設立，都是在端木校長任內完成的。現在回顧起來，如果沒有端木校長大力擴充校舍，充實設備，東吳大學必然沒有現在的競爭力，不易擁有今日的學術地位。

在增設系所的過程中，由於端木校長的遠見和堅持，有些需大量經費維持的科系，像音樂系和微生物系，也相繼成立，現在這些系，都成為東吳校園中相當具有特色的系，更不能不感佩端木校長的魄力。

其次，令人感佩的是端木校長對學術水準的提升十分重視。以圖書館來說，筆者初進東吳時，沒有圖書館，僅在現今行政大樓二樓的邊間，設一簡單的閱覽室。活動中心二樓完成後，圖書室移到活動中心的二樓。其後又移至愛徒樓的地下室。隨著圖書的日漸增加，學生的逐年增多，端木校長於是籌募經費建造了目前樓高九層，佔地兩千兩百坪的圖書館。這座圖書館內部的設施，可以說是當時全台灣公私立大學中最好的。筆者在民國六十年代，曾參與多次全國大學評鑑工作，都仔細的觀看每個大學的圖書館，發現東吳大學的圖書館，面積雖不如部分大學的圖書館，但是設施卻是最新穎的。當時端木校長估計，每個學生每天能到圖書館讀書兩小時，位置仍綽綽有餘。從這些細節，可以了解到端木校長思考的縝密。

有了設施新穎的圖書館，端木校長對圖書的充實，也不遺餘力。中國文學研究所成立時，端木校長命筆者兼任副所長，協助從事各種行政和規畫。當時台灣藝文印書館印行了《百部叢書》。所謂「叢書」，就是將多種書彙聚為一部書，例如明代毛晉所輯的《六十種曲》，就是把元明兩朝人所寫的六十個劇本彙集在一起，《六十種曲》，就是叢書。又如《金華叢書》，收錄了歷代金華人的著作六十七種，也是一種叢書。「叢書」既然彙聚了許多圖書而成，所以是文獻資料的淵藪。《百部叢書》共收書四千一百四十五種，裝訂為八百三十函，共七千九百五十冊，是學術單位必備的圖書。不過這部書訂價不菲，一開始賣新台幣二十六萬元，後來漲價到七十多萬元，現在則已不易買到。這套叢書一出來時，筆者建議端木校長購置，以供研究生研究之需，端木校長立刻答應購置。在民國六十年初期，二十六萬元是一筆不小的數目，而端木校長居然不假思索就答允買下，令人欽佩。

談到端木校長不惜巨資購置圖書，以充實圖書館，就會想起購置《四庫全書》的經過。現存藏在台北國立故宮博物院的，是「文淵閣」本的《四庫全書》，收錄的圖書多達三千四百七十種，裝訂為三萬六千三百七十五冊。由於收錄的書很多，是從事文史研究者必需用到的資料。由於《四庫全書》的篇帙甚鉅，民國以來雖有多次影印之議，但是始終未能實現。民國五十八年，台灣商務印書館先行印行珍本，後來又擬全數印行。當時訂價是一百六十八萬元，預約則是一百二十八萬元。筆者當時即建議端木校長預約一部，端木校長也立即應允。後來，《四庫全書》出齊後，故宮博物院送了一部給故總統嚴家淦先生，嚴故總統又轉送給東吳大學，所以現在東吳大學是全國唯一擁有兩部《四庫全書》影印本的學校。

端木校長除了充實圖書館藏書外，為了提升教師研究風氣和學術水準，還發行學報。當時，先是發行《東吳學報》，後來學院和系所越來越多，於是以學院為單位，每一學院發行一種學報。文學院的稱《文史學報》，理學院的稱《數理學報》，法學院的稱《法律學報》，商學院的稱《經濟學報》。端木校長把創辦學報的宗旨詳細的說給我聽，要我代擬〈發刊辭〉，並且要我從書法家的法帖裡集字做為刊頭。於是我從漢代熹平石經的拓片裡集字。所以早期各學報封面的刊名，都是從熹平石經的拓片集成的，十分古雅。

為了提升東吳的學術水準及聲望，端木校長對優秀師資的延聘，也不遺餘力。就筆者所參與的列舉數事說說。

民國六十三年設立中國文學研究所，當時為了加強師資陣容，筆者敦請了業師屈萬里院士、台靜農教授、鄭騫教授、張敬教授、王夢鷗教授、戴君仁教授等先生到本校任教，端木校長對這些名重海內外的學者十分禮遇，聘他們為研究教授，當時東吳大學的教師陣容，與他校比較，是相當堅強的，因此有好幾位同時考取其他國立大學研究所的同學，仍然選擇就讀本校研究所。由於圖書設備充實，師資優秀，所以在民國六十六年就奉教育部核准增設博士班，這個博士班是東吳大學第一所博士班，也是全國第五個設有博士班的中文研究所。

端木校長學的是法律，是著名的律師，但是對中文卻極為重視。筆者在擔任中文系行政工作時，端木校長常常提示我：中文系的學生至少要圈點一部書。我當時報告校長：中文系的學生，每個人都必須圈點《說文解字》。端木校長極為滿意。端木校長也極重視書法，筆者曾經規劃了一個專用的「書法教室」，桌椅都是特製的，專供全校書法課之用。當時，筆者延聘了兩位名書法家在本校講授書法，一位是國立故宮博物院副院長莊嚴（尚嚴）先生，一位是台灣大學講授書法的陳瑞庚（墨齋）先生。莊先生以寫作瘦金體聞名於藝林。所謂「瘦金體」，就是宋徽宗的字體。宋徽宗的字，師承薛稷，薛稷的字，師承褚遂良，所以瘦金體的特色，保有褚字的遒勁，沒有相當功力，不容易寫得好。當時很多大學都想敦請莊先生任教，但是莊先生都沒答應。我把敦聘莊先生到學校上課的事報告端木校長，他極為高興。陳瑞庚先生當時是後起之秀，如今則已成為書法大家，現在台北福華飯店每層樓迴廊上所展示的字，都是陳教授的法書。

端木校長不僅對東吳大學貢獻良多，對全國私立學校也有很多貢獻，他常常為私立學校請命，爭取補助。有一件事很值得一提，那就是私立學校所聘請的軍訓教官，其薪資早期一律由各校擔負。私立學校一向經費不裕，又要支付教官的薪資，負擔不輕。有一次端木校長去見行政院蔣經國院長，端木校長告訴蔣院長：我國為什麼私人可以擁有軍隊？經國先生一聽國內有私人擁有軍隊，甚感驚異，因為果真如此，那是叛國造反的行為。蔣院長忙問誰擁有軍隊？端木校長答以東吳大學等私立學校都用自己的錢聘任軍官，不就是私人擁有軍隊嗎？蔣院長一聽，認為由私立學校支付教官薪資，果然不妥，於是下令教育部及國防部，此後各私立學校軍訓教官的薪資，由國家支給，私立學校從此撙節一大筆經費。這件事始末，是端木校長在行政會議上說出來的。有一次筆者到教育部開會，遇見筆者在省立台北師範就讀時的學弟韓繼綏先生。韓先生當時擔任教育部軍訓處副處長，他邀我到他辦公室坐坐聊聊。他知道我在東吳大學任教，他說當時有人問教育部為什麼要為私立學校付軍訓教官的經費，他說他一直找不到有關檔案，筆者就把端木校長所說告訴他，他才了解了事情的始末。

端木校長卸任校長職務後，轉任董事長，繼續為東吳大學貢獻其力量。今瑣瑣寫下個人所知的一些遺聞逸事，也許可為東吳百餘年的校史，增補一些史料。

原載：民國九十二年六月號《傳記文學》第八十二卷第六期

端木鑄秋先生百歲冥壽紀念文

徐震

先生畢業於東吳大學法律系並獲復旦大學文學士及美國紐約大學法學博士。民國十七年自美返國，歷任安徽大學法學院長、安徽省民政廳長、行政院會計長、司法院秘書長、行政院秘書長，抗戰期間，參贊中樞，至於勝利。民國三十八年來台，執律師業務於台北。其時東吳校友倡議在台復校，先生任同學會會長、董事會董事，五十八年被選為東吳校長。

先生任校長期間，恢復東吳大學建制，設文理法商四學院，增設物理、化學、歷史、音樂、電算、德文、社會、國貿、哲學、微生物等學系；及經濟、法律、會計、中文、社會、日文等研究所，並成立法律、經濟、中文等博士班。同時擴建外雙溪及城區部兩校園，建超庸館、音樂館、圖書館、男女生宿舍、教職員工宿舍、教師研究大樓及城區部第一、二大樓，使東吳成為一所綜合大學。

先生主持學校行政，對於新進教師必延至家中餐敘。先生博學，尊師道、重專業、善聆聽，敘事則提其要，論事則執其中，親切風趣，使新來者如歸故里，如坐春風。對於在校學生之輪流升旗，必親自主持，講述當前世界局勢、國家處境與青年立身處事之道，言簡意深，語重心長。對於各系應屆畢業生均分別以午餐相送，席間諄諄告誡，進入社會需有守有為，必信必忠，言詞懇切，聽者動容。今東吳校友之懷念母校與諸多回饋母校者，良有以也。

先生於七十二年八月退休，七十六年五月逝世，事前已將其住宅、積蓄及圖書悉數捐贈東吳。一時輿論稱之，譽為當代最具有大學校長之風範者。歲值先生百歲冥壽，哲人日益遠，典型在夙昔，乃為之歌曰：

明山蒼蒼，溪水泱泱，先生之風，山高水長。

（寫於民國九十二年五月）

百歲冥誕憶校長

蔡茂豐

二月中旬寒假快結束的一天，校方打電話來，始知下個月是端木老校長的百歲冥誕。我正在準備六月出版《台灣日語教育百年史》，忙著校對，放下聽筒，整個人好像穿越時光隧道，拉回到一九七三年二月，應校長室通知晉見端木校長的光景。

話說一九七二年九月東吳大學文學院外國語文學系設置東方語文組。簡稱為外文系日文組，也就是今日日文系的前身。開學前的九月二十三日，日本田中內閣宣告與中共建交，台灣旋即宣佈與日斷交。日文系生不逢辰，在風雨中飄搖中踏出第一步，不但全國反日聲浪高唱、台日斷航，眼前看不出有什麼明天。六十個名額來註冊的才四十六名，教師是組主任柯振華老師與日籍賴華光老師（教育界前輩賴順生先生的夫人）兩人。

一九七三年一月第一學期快結束的時候，柯主任調到亞東關係協會東京辦事處，臨走前透過邱創壽先生介紹，希望我接他的缺。一月十日日文組同學歡送柯主任，我也參加並巧遇系主任楊其銑教授，交談甚歡，或許主任報告端木校長時「美言很多句」。第二學期開學第一天，接到通知要我到校長室。

久聞校長在法界大名，倒是初次見面，抽著雪茄的校長神采奕奕，一副紳士模樣。寒喧後，校長說了一些客氣話，要我幫忙當組主任。辭出校長室，我在東吳的日子就這樣地開始。

其實，那時候我是海洋學院專任教授，從公立大學要轉到私立大學，不無躊躇；可是公費留日專攻日本語文回國（一九六五），先在文化日文組服務，位卑言輕，發揮不了專才。轉到公立大學卻教第二外語的選修課，委屈難堪，頗有懷才不遇的挫折感。所以組主任職位雖然不高，大可施展抱負，內心躍雀不已。

雖然我先「兼任」了三年組主任，直到改組成系，擔負系主任工作才辭去海洋學院，但是大部分的時間都花在東吳。白天與學生為伍，師生打成一片；夜間在推廣部設日文班開展補習日語文的社會教育，「東吳日文」在短期間聲名鵲起，一分耕耘一分收穫，自得其樂。

在此披露一則不為人所知的事，這是我在撰述《台灣日語教育百年史》，調查有關東吳日文組成立的資料時所發現的。先看看下面校長發給教育部的公函所述：

受文者　教育部

事由　懇請賜准增設東方語文組由

一、鈞部六十一年四月十日台(61)高七八二二號令奉悉。

二、有關本校呈請於六十一年度增設歷史、社會、音樂、電子計算機科學四系及外文系日文組一案，其中社會系奉示暫緩議，自應遵辦。

三、其中日文組曾奉指示應考慮改為東方語文組，本校亦曾面陳當遵照辦理。

四、查本校外雙溪本部現有語文教學器材耳機交流擴大二四九部，延平南路城區部近復添置七十部，其免稅進口公文業蒙鈞部核准有案。(中略)上項添置之七十部連同其他添置之教學器材，價五十餘萬元，均由熱心人士指定支持本校語文增組而捐助者，萬一增組不能實現則添置之七十部勢必閒置，易於霉損，尤以本校失信於捐助人士，影響前途，所關非細。

五、(略)

六、(略)

七、(略)

八、基於以上種種，下學年本校東方語文組之增設，實不容再緩，敬請俯念私立學校款項得來困難，機會不易，賜准於六十一學年度開始即行增設東方語文組，無任感禱之至。

亦即對東吳申請增設系組當中，教育部要求社會系與日文組緩議，而端木校長當機立斷，重申增設日文組的必要性，終獲教育部核准。

我認為要是當年不是端木校長當機立斷，再辦覆請手續，而依了教育部，在無奈下延緩設置日文組，那麼今天台灣的日語教育史恐怕得重寫。因為如上所述，當年九月台日斷交，東吳日文組之後，直到一九八九年始見政治大學新設日文組，其間相隔十七年。撫今憶昔，豈無感喟，對端木校長的睿智遠見豈是佩服而已。

威權時代，校長職位自有其威嚴，何況端木校長德高士林、神采望重。二級行政主管的系主任沒事也不會見校長的，可是每次有事晤談，會驚訝他老人家（七十來歲了）對系事瞭若指掌，不惜讚辭，慰勉有加。心想這一定是兼校長機要秘書的楊主任說了不少好話，更加有士為知己者打拼的氣概。楊主任後來當教務長、副校長、校長，我更受器重，辦了日本文化研究所碩、博士班，發揮潛能，培養不少日語老師，推廣了台灣的日語教育。雖然這是後話，其實脈絡相連的。

在端木校長百歲冥誕前夕，聊述為文，懷念知人之恩。

（寫於民國九十二年五月）

律師教育家

——端木校長百年追念

李念祖

從四年前政黨輪替之後，中華民國進入律師主政的時代，律師型領袖，在人民心目中建立起政客還是政治家的形象，對於法治國家是個考驗。當年兩蔣時代，律師擔任行政部門政務官的例子不多。民國三十八年孫科先生短暫擔任閣揆堅邀端木愷律師接掌行政院秘書長，或許是少數的例外。端木先生也正是民國六〇年代我在東吳大學求學時的老校長。

端木校長還曾擔任過司法院秘書長與立法委員。任律師而在極短的時間內遍歷立法、行政、司法三院高層職務，民國史上並不多見。行憲前，他就已是全國知名的大律師。抗戰勝利他曾義務擔任汪精衛妻子陳璧君，還有周佛海叛國案的辯護人；在那個年月，此舉真是律師本色。陳璧君獄中親筆頌揚他「伸公道而重人權，明是非而雪冤抑」，正是律師的職責與榮耀。

他向來自豪「只有辭職而從不求職」，從政生涯可說只是其一生事業中最不足道的部分。端木先生棄高官如敝屣，在台灣離開公職之後仍然重拾律師本行，辦理民刑重要訟案無數。但他最了不起的，是將自己最後的十八年以及身後的家當都捐給了東吳大學，從民國五十八年起擔任十四年校長、四年董事長，直至七十六年辭世。東吳在台復校，則從一所法學院轉變為文理法商諸院俱備的全科大學，規模完整，聲譽鵲起。端木校長奔走經營，奠基厥偉。

如果說端木校長是一位律師教育家，應該十分恰當。他將執業律師的收入捐給學校，所延聘到東吳任教的李模教授也是作風相近，那是另一位淡泊政治而投身教育，為東吳大學鞠躬盡瘁，死而後已的名律師。

端木校長少年勤學，曾同時日夜兼程修習復旦大學政治科與東吳大學法律科畢業，二十四歲即獲得美國紐約大學法學博士返國服務，他擔任東吳校長時，每年都要與新生逐班共進午餐，曉以大學之道，他對學生曾有講詞如下：

「任何人都是有錯誤的，因此任何一種人為的行為均有缺點的，因此政府的組織也是有錯誤的，所以國家能夠永遠存在，而政府組織卻在不斷地改進中，假設法律只是為官府所把持，為少數人利用，則大家勢必受到法律的害處而享受不到法律的益處，所以很多人不願到政府中服務，而願意深入群眾服務，其原因也在於此。」

這可能是自況胸臆了。他也曾教導學生，起訴前被告聘請律師的問題：「在美國人看來，一個病患，要確立病況前，先得讓他自己有個自述，並診斷他的病情才是。一個罪犯，檢察官要起訴他的罪狀前，至少讓他有一個辯護自述的機會，使得內情得以知悉才是；但是中國則否。」這是他在戒嚴時期就已陳述的觀點。到今天律師總統倡導人權立國，台灣還是未能徹底做到能在檢察官起訴之前，就讓律師發揮完全的辯護功能。律師政治家與律師教育家，不知道哪一個角色能對國家更有貢獻。

端木校長辭世已十餘年，他的百齡冥誕去年在疫情中度過，今年五月間還將有一場紀念盛會。撫今追昔，前輩風範，思之憮然。謹以此文紀念這位總是教導學生牢記東吳校訓「養天地正氣、法古今完人」的老校長。

原載：民國九十三年四月十九日《中國時報》

國事蜩螗，一介書生力挽狂瀾
——端木愷校長百年追思前夕

謝政諭

如果說「五四」那代人是標誌著一個時代的轉變，是舊思維與新典範的交替期，想必應有許許多多志氣軒昂、高風亮節之士，投身此歷史洪流，才能創造出可歌可泣的新時代精神。我們這代人，普遍缺乏「大我」之精神，價值觀薄弱，名利心濃烈，汲汲於仕途者眾且假公濟私者比比皆是，而反求諸己勇於任勞做事者寡，當今各行各業的典範價值與人物寥寥可數。社會與媒體在政治麻辣話題與八卦文章充斥之餘，有無空間反思若干值得傳承的人與事。

端木愷先生，一位滿腔熱血的「五四」青年，曾參加上海學生運動，且以中學生代表南下廣州晉謁 中山先生。但「運動」並沒有沖昏他的思慮與人生目標，反而更加珍惜用功，在夜以繼日下完成復旦大學與東吳大學「雙學位」後，赴紐約大學習法律，廿五歲學成歸國，歷經律師、大學法學院院長、國民大會選務組長、省民政廳長、行政院會計長、國家總動員會議秘書長、立法委員、司法、行政兩院秘書長，多少次的履新，可說是臨危授命，扮救火員角色，火滅人離，絕不戀棧。政府退守台灣後，這位辭官不求官的子貢後代，到底有何風範足讓周書楷大使稱他「古道熱腸的基督徒與君子」、「是一不願為個人享高位，祇為東吳復校百務待舉，婉謝崇隆的院級大位」呢？

端木先生是一「見義勇為」的俠士律師。四〇年代汪精衛夫人陳璧君因漢奸罪被捕，連累子孫一起入獄，端木先生認子孫無辜，仗義相助，為伸「人權」與「國權」打官司。五〇年代，政府倉皇遷台，七十多架飛機滯留香港多年，案情複雜，先生受命為國府辦理「兩航事件」訴訟，與港英政府、中共等打國際官司，歷經數載，事終勝訴，但亦因事含寃受謗，遭開除「黨籍」，先生忍辱吞聲，從不發不平之鳴，更沒召開記者會。先生執業律師多年，打無數重要民、刑、行政訴訟案，但總以爭「公理正義」為上、「勸和」為貴。先生仙逝時，連計程車司機都感嘆道：「我們工會失去了一位為勞苦大眾伸張正義的大律師。」嗚呼哀哉，國有難他絕不後人；人民受委曲，他拔刀相助義無反顧。

民國六十年代，我國退出聯合國，中日、中美斷交，接二連三的橫逆、挫折與嚴酷的考驗，衝擊著國家與人民。端木先生這段時期，以他超然立場、深厚人脈暨「滿腔熱血」，先後被民間團體推舉為董事長或理事長者，計有「太平洋文化基金會」、「團結自強協會」、「中阿文經協會」、「中鋼公司法律顧問」、「台北市計程車司機工會法律顧問」等等。一介平民，在國家有難與外交低盪期，挺身而出，團結社會各界，多年來邀請一批批官方不便邀約的歐、美、日、中東等重要人士訪台，以「民間立場」但要達成若干「公部門」的使命與付託，期間要運籌帷幄與折衝樽俎之事何其多，端木先生以其過人的智慧，深厚的法學與語文素養及高度的幽默感，並常以至誠至善的「家宴」，秉「待客不可不豐，持家不可不儉」的庭訓，款待賓客，瞬間賓主盡歡情誼昇華，達成了多項「不可能的任務」。暨慰問我駐中東農、工、醫各級人員與寶眷。這是「國民外交」的重要出擊，助益了在「外交低盪」與「石油危機」期間，贏得無數友邦在外交、經貿等等支持。使我油源以平價取得且源源不斷；再次如中鋼與美國為了滾壓機的糾紛之明智建言，使一場不可免的國際官司化險為夷。當時十大建設正如火如荼的進行，在需「能源與鋼筋」孔急的時候，重要物資得以不受延宕，發揮了國家建設莫大的時間發展效應。

這位捨「出將入相」的大位，將生命最後二十年的寶貴時光，戮力經營東吳大學的老校長，經常分批與學生「餐敘」，總與狂狷少年郎展開種種「論辯」，學生常會提「東吳太小，這個、那個不足」。老校長總說「東吳物質條件雖差一點，沒有財團、企業奧援，但精神好」、「在供不應求下，東吳房子永遠少一間，請大家相忍為校」。他任職十四年從不在學生面前談及自己的辛勞與貢獻，在私校艱困財源下，他完成了「一年蓋一棟樓、一年增一系所」。任內從不支分文，創新系、缺鋼琴，就從家裡搬來支應，這般「身先士卒」終使東吳從一法學院進展到一完整大學。記得有一年校長出國旬餘回來，翌日清晨六點多仕校生升旗，白髮蒼蒼鬍鬚長長（行程緊促無暇整容）的他，細說出國募款的趣聞，也一再期勉，外雙溪有兩個寶，「一個是故宮的國寶，一個是東吳大學各位活寶，活寶要善加珍惜求學時光，努力創造自己，成為有被利用價值的國寶」。那蒼勁而帶沙啞的聲音，依稀在外雙溪響起，也回盪在他百年追思的東吳師生心中。

這位勇於任事的平民律師、教育家、政治家，總在大我（國家、社會、東吳）最需要他的時刻，奉獻他的高度智慧與熱誠，殫精竭慮為這塊悲苦之土地奉獻一己心力、多添一線生機，您說，他一個外省宿老愛不愛台灣？

本文部分文字刊登於九十三年五月五日《中國時報》

My Memories of President Dr. Twanmoh

Ursula Chi（齊馬蕙蘭）

In the spring of 1974 I passed my doctoral examinations at the University of Washington in Seattle and then I flew to Taiwan to join my husband Dr. Jakob Chi Hsi and to complete my dissertation. Soon after my arrival I was approached by Dr. Twanmoh who asked me whether I would be interested to teach German in the Foreign Language Department of the Soochow University. I agreed to be a Visiting Associate Professor and taught 10 hours per week from September 1974 through July 1975. I finished my dissertation in 9 months, returned to the University of Washington to defend it, and received a Doctor of Philosophy in Germanics in August 1975.

On my return to Taiwan Dr. Twanmoh created a new German Department and appointed me as Associated Professor and Chairperson of the German Department. After lengthy interviews and discussions I promised him, that I would put all my knowledge, experience and effort into my teaching and into the development of our new department.

As I have always loved the Chinese people, their culture, literature, art, and way of life, I wanted to open the eyes and minds of my students to Western and especially German literature and culture to let them discover the beautiful carpet of cultures in all its richness and diversity.

From 1976 to 1981 Dr. Twanmoh appointed me Professor and Chairperson of the German Department. During these years I got to know Dr. Twanmoh better, and my respect and admiration for him grew steadily. He was not only a great lawyer, a wise scholar and educator, but also a wonderful human being with an open mind, a good sense of humor and tolerance. Without his understanding and support I might not have stayed so long at Soochow University.

I remembered fondly that Dr. Twanmoh came to our first performance of a German play "Das Haus in Montevideo". He watched the entire play and seemed to enjoy it, even though it was in German. Later on he congratulated all of us—students and faculty— to an outstanding performance.

It was always a special honor and an extraordinary treat to be invited to Dr. Twanmoh's home for an early morning Chinese breakfast. He liked those informal settings to meet younger faculty members and to think and make long range plans for the department. By the way, the vegetable dumplings that were served in Dr. Twanmoh's home were the most delicious I ever had!

When I retired in 1981, I left with a deep sense of gratitude towards Dr. Twanmoh for giving me the opportunity to teach at Soochow University and to develop the German Department. I left with a heavy heart, but wonderful memories.

Since Dr. Twanmoh was an old friend of the Chi family, we always met him when we visited our relatives and friends in Taiwan later. In 1986 we saw him at his home for the last time. He was very ill and could not speak anymore, only his eyes did. We left deeply saddened.

Now—years later— I still see him in my memories in his office, talking to faculty members, students or staff, listening and weighing carefully and patiently his answers and decisions. I never saw him angry or impatient during the seven years I taught at Soochow University. He was really a great man and a perfect President.

（寫於民國九十三年五月十八日）

緬懷　故校長端木愷先生百年冥誕記事

張宏源

回憶民國六十五年考取東吳商學院企管系時，到外雙溪參加新生訓練，第一次與端木校長見面，模糊記憶中記得他在新生訓練的精神講話是：東吳大學在台復校是靠校友捐助、傳承，其所秉持的精神是東吳校訓「養天地正氣，法古今完人」，東吳校色，紅黑代表熱誠與堅毅，更是鐵與血的剛毅不屈之寫照，希望各位在校努力學習此精神。

因為我們商學院在城中補習班上課，幾乎很少再與校長接觸，除了體育課或球賽，也很少回外雙溪，較少機會見到端木校長。底下談談幾則東吳嚴格之制度：

1. 在我大學參加學校桌球及排球代表隊，經常無法參加大專比賽，理由是多數隊員皆無法達成端木校長要求：智育成績未達七十分，德育未達八十分者不能參加，他的標準是五育並重，這是一「高標」啊！

2. 在城中補習班上課點名，遇到古董級老師及上課內容較乏味，不能翹課，真是苦不堪言，到了大四畢業前我因為擔任畢聯會理事長與端木校長聚餐，有機會代表同學提問題，我記得跟校長反應：「校園民主、廢除點名制度、尊重學生選擇權益」，校長的回答簡

民國六十五年三月，東吳大學建校七十六周年校慶，端木先生與運動代表隊師生合影。

單扼要：「一個良好的傳統制度，決不輕言廢棄。」高中以前上課要點名，上班族上班要打卡，何以唯獨大學不用點名，這項制度幾年之後取消了，留給七〇年代以前的校友無窮的「甜蜜與痛苦」的追憶。

3.為了參加球隊及社團，在大二、大四住學校宿舍比較方便，但必須整理內務及摺棉被，這又是一近乎軍事化的管理。

以上所列幾種制度規定，在畢業聚餐跟校長反應，似乎無法改變他的主張，可見他的執著，在當時我內心無法接受他的擇善固執心態。

事隔幾十年，返校為人師表，到了商學院第二大樓，看到老校長的圖像，就想起沒有老校長的犧牲奉獻，捐款助校，對東吳校訓的精神追求，就無法體會出在當時環境中，校長對同學近乎苛求、鞭策的苦心。他認為東吳的學生要嚴格要求，德智體群美並重，才能成完人。在他一百晉一歲冥誕，有此機會回憶在校期間，對端木校長的一點回憶追思，要在此表最誠摯謝意。

本人也藉此機會呼籲校友秉持傳統優良校風，代代相傳，積極參與母校各項建設捐助與活動，東吳將以您為榮，最後要感激在校服務的所有全體師長們及祝福各界的校友順心如意。

（寫於民國九十三年六月十五日）

典型在夙昔

——追憶端木校長

馬君梅

許多個清晨，走在學子尚未湧入因而份外靜謐的校區裡，環視這長我育我的園地：由青澀稚嫩的新鮮人至忝為人師並以此為終身志業，四十餘載的東吳歲月，親見母校自初復校的慘淡經營，至如今的備受各界肯定，個人的成長幾幾與東吳的發展同步疊印，我心中委實充滿感謝與繫念。眼前新大樓的屋宇朝陽閃爍，優美的校園早非當年的因陋就簡，然而晨光熹微裡，我卻彷彿總望見一個瘦小的白髮身影穿梭其間，再一凝神，卻映照至鑄秋大樓廊中壁上的慈藹容顏：端木老校長，東吳永遠的大家長。

得以近距離接觸端木老校長，是由民國六十年我獲升任副教授，參加校務會議開始。是時我年方而立，自問才疏識淺，常持向長輩請益之心，真是戰戰兢兢，戒慎恐懼。然而端木老校長於會中協調主持，指授機宜；會後則溫顏相對，備極照顧與勉勵；識見風範俱令人心折。記憶尤為深刻的是，其後我曾不止一次幸承老校長邀約，分別至位於銅山街與東區大樓之校長公館拜訪，並蒙賜宴。席間老校長為校奉獻的殷殷相期，與慷慨饗客的精緻美食，迄今仍同歷歷在懷，不敢或忘。

在母校服務以來，端木老校長念茲在茲以校為先的無私精神，與對後進扶掖提攜的慈和寬諒，一直是我學習的榜樣和自許的目標。尤其後來辱蒙同事錯愛，擔任行政工作，即於單純的研究教學之外，增添許多雜務，且均需內外聯繫，溝通協調，十分繁瑣磨人。疲累之際，有時亦不免氣餒志消，心生倦意。然而，每當憶及端木老校長的全心投入與畢生奉獻，甚至將私人房舍與藏書均贈予學校的全然付出，便深覺實當盡一己之駑鈍，鞠躬盡瘁，方不負自身受母校辛苦栽成之厚，於是勇氣再生。哲人雖遠，典型在夙昔，端木老校長以一生的行事教誨，樹立了崇高的模範，讓東吳人愛國愛校的精神得以蔚為傳承；而他的付出與守護，亦將是東吳人永遠的資產與依憑。端木老校長，東吳永遠的大家長，我們將永以您為念。

（寫於民國九十三年六月十六日）

憶端木校長的餐敘

簡茂丁

民國五十八年教育部核准本校恢復「私立東吳大學」名稱，端木先生繼任校長，增設數學系，翌年我才有機會考進本校數學系。端木校長在活動中心禮堂的新生訓練典禮歡迎我們這批新鮮人，盛暑炎熱，禮堂兩側靠牆吹著立扇，台上師長依序致詞，自此成為東吳人。常聞他校學生不曾見過他們的校長，校長公務繁忙，學生確實不易近距離與校長見面。但在東吳四年，端木校長參加我們的系朝會，升旗講話，親臨畢業班級餐會，邀請我們參加畢業茶會，校園裡一位醒目的白髮長者，就是我們的大家長。

四年級下學期，端木校長邀請畢業班餐敘，每次一班，系主任、系教師、校牧陪同共進午餐，我們班被安排在光道廳舉行，校長諄諄勉勵，講到學校發展的艱難，憂國處境，竟然在我們面前眼眶泛濕，愛國愛校，歷歷在前，令人感動。

畢業典禮前大約兩星期，學校為全體畢業生在活動中心禮堂舉行畢業茶會，同學盛裝與會，會場擺有大蛋糕與雞尾酒，沒有安排座位，師生站著取用茶點，氣氛輕鬆，端木校長祝福大家就要畢業離開學校，師生藉此互道珍重，此情此景讓自己覺得已長大成人。依當時的經濟環境，很難得有吃蛋糕的機會，那天的蛋糕真讓人回味，雞尾酒更是少有。研究所考試陸續放榜，我幸運考上台大、清華數學研究所，系主任鄧靜華老師也來參加茶會，甚為高興，特地帶著我到端木校長面前，介紹一番，校長滿面笑容說：「很好，繼續努力。」令人難忘一天。

東吳畢業後，在台大唸完碩士學位，旋即出國留學，赴笈美國水牛城紐約州立大學。記得民國七十年三月，博士論文剛定稿，鄧靜華老師以母系師資仍缺，囑我七十學年度回母校服務，雖然五月才通過博士論文口試，但是四月間即接到母校寄來聘書，聘書字號第壹號，端木校長署名蒼勁有力。東吳畢業七年後重回母校，備感親切，此期間，端木校長致力校務發展，學校已成為二十個學系的綜合大學，重要設施圖書館、教師研究大樓、城中校區第二大樓次第完工，學校規模益臻完善。初執教職，又是母校，自是滿腔熱誠，講授所學。開學不久，接獲校長邀請至其家中餐敘，受此禮遇，甚為驚喜，席間校長歡迎回來母校服務，親切詢問安頓妥當否？答曰：「配住教師宿舍一戶。」校長說：「那以後要以學校為家了。」後來得知端木校長對於新進老師都會邀請其到家裡餐敘，端木校長平易近人，尊師用心，讓人感受到大家長的風範。

（寫於民國九十三年六月十八日）

憶雙溪智者

——端木老校長

林聰敏

今年五月東吳母校舉辦完了集政治家、律師、教育家風範於一身的端木老校長百年紀念會。而曾是端木老校長（時年已七十多歲）學生的我也年近半百，且自畢業後回母校任教也有十八載了。在這段歲月裡，我除了曾在平面電子媒體或雜誌獲悉老校長軼事一二，知曉其生平與為人處事之道外，藉由校內曾與老校長共事過的資深教授同仁偶而敘述他們的親身經驗，更深刻瞭解到老校長的信仰與教育理念。時至今日，每次閱讀或聽聞老校長昔日的辦學情事，我的腦海中就會浮起那勇健挺拔、說話鏗然有聲老校長的身影……

那是三十一年前的事了，當時我才十八歲，考上東吳大學，首次離家北上求學。印象最深刻的是入學後的第一次朝會以及畢業前與老校長的餐聚。猶記得那是在新生註冊後搬進宿舍不久的某個早晨，寢室教官依照校規，準時吹哨叫醒全體住宿生，準備參加每月一次的朝會。我當時由於站在距寵惠堂台階較近的隊伍中，所以能夠清楚看到老校長的剛毅風采，也得以仔細聆聽校長慷慨地敘述東吳創校與艱辛的復校過程，充滿自信地闡述其治校理念；如今耳中依稀響起老校長訓勉同學把握機會認真向學，信賴學校必盡力盡意辦學與高品質的教導。在學生畢業前，老校長也一定親自與每班學生餐聚，並專心聽取畢業班同學在校學習四年的心得與經歷，從不因問題或建議之逆耳而慍怒，以慎重誠懇的態度坦然回答問題，屢屢深深感動了在場的學子。雖然畢業午餐內容不似款宴精緻豐盛，但有機會能當面提出建議或問題，向老校長請益，不僅個人受惠良多，且成為我日後處世為人與研究學問上師法典範的對象。

民國七十六年六月底，我剛完成德國歌德大學博士學業，並接受國立高雄師範大學的聘任返國任教。於抵達台北親戚家的那日，翻閱到當天中國時報刊登老校長的追思禮拜訊息，淚水情不自禁地流下來，眼前也頓時浮現求學時期老校長的儀範。隔日即以學生與主內基督徒晚輩之名，參加追思禮拜，向老校長致上最後的敬意，凝望遺照時，模糊淚眼中老校長的面貌是如此消瘦，雖然輪廓未改，但十年後的老校長與學生印象中的卻大不相同，在緬懷老校長的訓誨時，卻與當時的楊其銑校長見面，因而開啟了個人回母校服務的機會，冥冥中端木老校長的指引，楊校長的愛護使我終於回到母校服務，仰望承襲端木老校長的遺風，從此也自詡必盡心致力於教育崗位的工作。

（寫於民國九十三年六月二十一日）

感念端木校長

潘維大

在我的記憶中，端木校長不但是一位政治家、律師，更是一位親切、愛護學生的教育家，回想起學生時代時，許多端木校長之行誼縈繞在我腦中，久久不能忘懷。

其中，最讓我印象深刻、也影響我最深的，當屬端木校長之精神講話。以前端木校長每週一清晨都會召集所有住校同學舉行朝會，每次朝會都會對同學們講話。有一次端木校長告訴我們說，在一個山上有個懸崖，常常有人從該處跳崖自盡，為了遏止此一自殺的風氣，當地政府想盡辦法，然而無論是立警告牌或是裝鐵欄杆，都阻止不了尋短的民眾，正當大家無計可施之際，有位老先生在那懸崖處立了個碑，寫了三個字，此後即少有尋短事件之發生，而碑上所書之字為何呢？同學們猜了半晌都猜不到，原來是「想一想」三字，在跳崖前三思，是否還有未了之責任、是否還有未完成的事情、是否對得起家人等，同理，在做任何事情時，決定任何事時，一定要再「想一想」，審慎思考一下，切莫衝動行事，這個故事影響我甚鉅，在我做人處事上，每當要做出決定時，我都會想到端木校長的話，「想一想」三思而後行。

此外，端木校長關愛學生除了言教外，其身體力行更令人欽佩，每學期與全校各學系各班同學聚餐，不但認識瞭解同學，更可傾聽同學們的需求，解決同學們的問題，最令人印象深刻的、影響學生最大的，即為端木校長在同學們的建議下，廢除了點名制度；而當年學校裝設空調系統時，端木校長堅持要先裝設於教室，俟教室空調裝設完畢後，再行裝設行政單位，而校長室空調，端木校長則說：「全校任一地方還未裝設前，校長室絕不裝冷氣。」愛護學生之情表露無遺；端木校長擔任校長任內，不但不支薪，身後更將遺產全數捐給東吳大學，稱之為教育家當之無愧。

每次經過校長室，只要聞到濃濃的雪茄味，就知道端木校長在學校辦公，雖然雪茄味不在，但是端木校長的身影，還是長存在我們的心中。

（寫於民國九十三年六月二十一日）

我所景仰的端木校長

帥以宏

還在學校唸書的時候，我對端木校長的印象是一位具有邱吉爾的風度，口才便給，英文流利，但又遙不可及的長者。他永遠是西裝筆挺，整齊的銀灰色頭髮及短髭，莊嚴又慈藹的表情，有時手上拿著雪茄，像極了一位英國紳士。他不但本人全心全力，還將他一生的積蓄都投入了東吳的建校事業。但他從不宣揚。可是，學生們不知情，有些人還有很大的誤解。

筆者擔任東吳半月刊記者兼編輯的時候，東吳半月刊登過一篇學生投書，說東吳學費比公立學校貴許多，但設備和師資卻遠不如公立學校，懷疑校方可能有不當運用公款的情事，還主張要審核學校的經費等等。為這事情，筆者以東吳半月刊記者的身分去訪問端木校長，希望他能就這些質疑有所回應。在訪談中，他侃侃而談建校的艱辛，如附近地主的漫天要價，令學校只能一小塊一小塊買地；如校方用建好的校舍及土地向銀行抵押貸款來建新校舍；如在新校舍建好之後，又拿新校舍去銀行抵押貸款建新校舍等等。他並囑總務處給筆者一份校本部的地籍圖。地籍圖上所展示的，果然是二十幾塊大大小小的地拼湊起來的校園，在在顯示東吳建校的篳路藍縷。可是，在澄清學生們的質疑時，他完全沒有提到他個人對學校的辛勞及貢獻。

畢業後許久，筆者才聽說，端木校長擔任校長期間不但從未支領分文薪水，還經常捐錢及實物給學校。百年之後，還將他的財產全數捐給東吳。另外，在社會裡打混多年之後，才領悟到，在民國五、六十年代一般商業貸款都非常不容易了，更何況沒有什麼資產的東吳大學？若不是端木校長及他所領導的校友們的社會關係，怎麼可能借到錢來蓋新校舍，達到他「一年蓋一棟樓、一年增一系所」的崇大目標？端木校長對東吳如此的貢獻，對學生們如此的胸襟，足為我們的楷模。

除了這學生投書事件，東吳半月刊還刊登過一些批評行政單位的文章。不久，行政部門通知停辦東吳半月刊，但另撥款給學生會辦刊物❶。筆者聽到的理由是：校方自己辦的刊物不宜總是批評自己，還是讓學生自己來辦這份刊物，對學校提出箴言吧。從此東吳半月刊成了東吳的歷史，但這也顯示出端木校長面對不當批評的氣度。

民國六十三年十月十九日，端木先生與東吳大學第一次羅浮資深童軍團聯合大會團員攝於東吳大學寵惠堂前。

民國六十三年九、十月間，東吳羅浮童子軍群及資深女童軍團舉辦聯合創團大會，端木校長應邀出席並對童軍們訓話❷。在演講中，他表示對童子軍的嚮往及對童子軍精神的認同。有一段話，他將童子軍的精神及理想既簡潔又明確地披露。他說：「我這一生的一件憾事就是沒有作過童子軍，但我對童子軍的宗旨非常贊同。簡而言之，就是要增加自己的被利用價值。一個人在社會裏的被利用價值越高，越被人尊重。」他這個說法是對童子軍的銘言：「準備；日行一善；人生以服務為目的。」最佳的闡釋。在東吳五年，聽了許多端木校長的訓詞，但只有這一次的訓話，筆者到今日都還記得，並且成為座右銘。

（寫於民國九十三年六月二十七日）

❶學生會所辦的取名為《溪城雙週刊》。校方則出版《東吳校訊》來佈達校方的訊息，由李宜涯與筆者負責編輯的工作。

❷端木校長那時為童子軍團羅浮群的主任委員。筆者則是第一屆群長。

留正氣給天地，遺清名於乾坤

——端木愷校長的律師風範

李文儀

憶往

余一九六八年東吳法律系畢業後，旋即入伍服役，退伍前夕考取中興大學法律研究所。一九七〇年起於研究所修業期間開始擔任先生法律助理。一九七一年研究所畢業後，經師長推薦，本欲前往經濟部法規會任職，經先生挽留仍續留事務所工作。一九七四年余前往美國華府喬治城大學（Georgetown Univ.）法學院深造，出國前代先生尋覓新助理。先生用人重才識，更重品德，嘗言：「法律如刀之兩刃，能助人，亦能害人。」且「疑人不用、用人不疑」，只要肯學習，先生很少辭退助理。雖然如此，同班同學中竟仍無一人敢來，最後找到在衛道中學任教、中英文均不錯的廖修三同學（現亦執業律師）代理後，於出國前三天回鄉向父母辭行，隨即帶了簡單行囊，匆匆赴美。先生每次出國為學校募款，途經華府，必安排會面晤談，對余學業、生活及經濟情況，每垂詢再三，勉勵有加。

一九七五年結束美東學業後，余轉往美西繼續深造，途經西雅圖探望先生舊識、當時仍執教於華盛頓大學（U. W.）之我國法學前輩徐道鄰教授，並因緣際會改申請入該校法學院攻讀博士學位（Ph. D.），先生聞悉余研究獎學金不及核撥，急需該校入學所需存款證明，乃慨然自台匯款美金柒仟元，無息暫借兩月供余應急，令余銘感五內，永難忘懷，也影響余日後回國任教時特別關切並支助家境貧困學子。

民國七十四年元月九日衡平法律事務所李文儀律師（後排左一）及其夫人朱文彝女士（後排左二，任職於行政院人事行政局考訓處處長）與端木校長及師母合照。

余在美求學末期，先生已因胃癌入院開刀，見余滯美不歸，間以信函或口信，並以其當年學成歸國為例，囑余早日結束學業回台。余不敢再事拖延，於一九八〇年完成在美博士學業後即束裝回國，先後擔任東吳法律系及法研所專任教職，惟為使先生專注校務，仍協助先生事務所處理有關法律業務。時先生已任東吳大學校長，但仍經常以事務所之部分公費收入捐贈學校。

余週末偶往仁愛路鑽石大廈先生寓所探望先生及夫人，先生見余長期晚睡早起準備教材，且教授英美契約法等課程力求詳盡，唯恐學生不瞭解，致形容枯槁，面有倦容，乃告以「教書不要太認真，以免替學生唸書。」誠哉，智者之言也。余個性木訥剛毅，喜愛看書，不善交際應酬，且凡事求其完美，處事待人難免有「不慮之隙、求全之毀」，先生亦不以為忤，反笑余「不像律師，像學者。」如今回想，知我者，先生也。先生晚年胃癌影響聲帶，說話較吃力及沙啞，每自嘲：「余一生靠嘴巴吃飯，得此惡疾，豈天意乎?」言下有不少無奈，也有其一向之豁達。

余長期深受先生栽培，平日聆受教益甚多，先生辭世後，其部屬、門生、故舊均紛紛為文追懷先生為人處事之風格及其對國家、社會、及教育之功績，乃至先生生活點滴及趣聞。余撫今追昔，對先生感念尤深，雖曾數度提筆為文，但往事歷歷，百感交集，竟有千言萬語不知從何下筆之苦。

先生的最後一次出庭

猶記得一九七三年七月上旬某日，時序已近仲夏，天氣有些悶熱，台北地方法院刑事庭在第一法庭開庭審理轟動全國的首件某中央部會首長涉嫌重大工程貪瀆案，牽連被告甚多，余任先生助理，陪同先生出庭。法庭外擠滿人群與採訪記者，法庭內旁聽席上座無虛席，當年法院尚無中央空調冷氣設備，法庭內因而更覺沉悶酷熱。先生身穿律師袍，手持摺扇，與石美瑜等幾位名律師併坐辯護律師席，分別為各自被告當事人辯護。因本案發生於蔣經國先生甫任行政院長不久，各方矚目，眾說紛紜。當時先生已專任東吳大學校長職，非經特許不得出庭，因此該案也是先生執業律師生涯中最後一件破例出庭辯護的刑事案件。

先生素以紓解冤屈及辯才無礙著稱，當天言辯過程仍要言不繁，並言人之所不敢言。開完庭步出法庭，媒體記者蜂擁而上，鎂光燈此起彼落，被告左閃右躲，倘促不安，狀極尷尬，先生首當其衝，寸步難行，先生不怒而威，以掌輕拍近前攝影記者肩膀，大廳旋即傳來先生低沉渾厚的聲音：「年輕人，人都不免有錯，凡事應設身處地，得饒人處且饒人。」聞者動容，紛紛讓道。

步出法院大門，司機老石早已將座車停靠博愛路旁等候多時，原以為先生經此折騰，必已身心俱疲，急欲返家休息，不料先生竟令司機帶公事包先行驅車離開，並囑余陪同步行走回位於濟南路自立晚報大樓內的事務所。當時沿途仍車少人稀，道路兩旁林蔭蔽日，漫步其中，清風拂面，令人心曠神怡，先生手拈雪茄，狀甚悠閒，不憚其煩為余解析案情疑點。漫漫長路，言談間，竟不覺夕陽西下已近黃昏，而事務所也已近在眼前。

本案距先生辭世已十四載，迄今更已逾三十載，但先生當年手搖摺扇、從容答辯的風采，以及諄諄告誡與教誨的長者風範，仍歷歷在目，宛如昨日。

事務所自大陸遷移來台

先生生逢國難方殷、國事倥偬之際。早歲留美，回國後，除任教母校外，並歷任政府要職（見文末附錄一：端木愷律師簡歷）。「而立」之年起即已在南京（一九三〇年至一九三三年）、重慶（一九四五年）及上海（一九四五年至一九四七年）三地執行律師業務。曾為汪精衛叛國案，牽連汪妻陳璧君及其子女等入獄，先生因認「個人犯罪不應株連九族」，乃挺身義務為該案家屬辯護，贏得「伸公道而重人權、明是非而雪冤抑」之人權律師美譽〔引自民國三十六年八月四日陳璧君於吳門獅子口獄中手抄汪著《雙照樓詩詞》拓本贈端木先生（忍寒居士記識文句）〕。一九四九年大陸局勢逆轉，先生因長期參贊中樞，故亦隨政府倉促來台，致早期承辦案件因檔案資料散失，大多已不可考。

一九四九年先生來台後，重執律師業務。初設律師事務所於台北市南陽街，嗣數度遷移事務所至羅斯福路、濟南路及臨沂街。曾先後與富綱侯律師、蔡六乘律師、王善祥律師及余師武憶舟律師等人合署執行律師業務。與原屬舊識之已故理律法律事務所創辦人李澤民律師與李潮年律師，在業務上亦時有往來。晚期（一九七〇年起）因先生專注於東吳校務，除非需親自處理案件，原則上，民事案件委由武律師辦理，刑事案件則由王律師代理。一九八〇年後，因先生有病在身，事務所業務已無力亦無暇旁顧，晚年業務主要以非訟事件為主，訴訟案件為輔，且大多已交余及廖修三律師處理。

事務所業務範圍

綜觀先生來台後執行律師業務所承辦案件範圍，涵蓋㈠擔任政府機關、國內外及公、民營企業常年法律顧問，提供法律諮詢服務，㈡承辦訴願、行政訴訟及民事、刑事訴訟案件，及㈢辦理公司設立及合併登記、智慧財產權之取得、移轉、授權登記、華僑及外人投資、國際融資、遺產繼承及文件認證等非訟事件。其中包括一九五〇年「兩航飛機案」、一九六八年「青果社金碗案」、一九五〇年代民航空運公司及一九六〇年代亞洲航空公司之設立及其他法律諮詢案以及飛安事故等特定案件之委辦案、一九七〇年代「中鋼建廠案」、一九七九年代表英國政府與國有財產局交涉在台領事館前此積欠租金，並完成歸還館產手續之「英國領事館淡水紅毛城歸還案」，及早期經濟部（含所屬事業機構）、外交部、國防部、交通銀行、土地銀行、中央信託局、國內外各大石油公司、航運公司等，以及其他諸如美國大使馬康衛、我國蔣夢麟、程滄波、徐復觀、余紀忠、王惕吾、辜濂松、梅貽琦先生等「聞人或大老」委辦案件。

先生辦案風格與案件特質

先生一生承辦案件之風格與特徵，值得一提者有如下數點：

㈠因政府來台後實施戒嚴，民主法治觀念欠缺，且因適用特別法，對於匪諜案、叛亂案及貪瀆案，大多嚴刑峻罰，於人身自由、言論自由、財產權等基本人權之保障，以及正當法律程序方面諸如「先押人、再查證」及「偵查中不准聘請律師」等，均具爭議性。先生承辦刑事案件，特別是上述涉及人權案件，大多充任被告辯護律師。

㈡大陸淪陷，政府遷台，因政權更替，衍生國產歸屬爭議，政府及公營事業機構原在海外資產或存放外國銀行款項，不少遭外國法院凍結。故先生協助政府及公營事業機構保護及取回國外資產及存款之案件，占其來台初期所承辦案件之比例不低。

㈢至於承辦之一般民事案件，特別是工商企業界及新聞媒體業者早年在大陸時期之債權債務及股東權益等爭議事件，先生雖身為律師，但深體「訴訟不但曠日費時，而且勞民傷財，縱然勝訴亦得不償失」，每調和鼎鼐，盡力促成雙方之和解，從而紓解不少訟源。

㈣對於非訟案件，先生凡重大涉外案件，必兼顧國家利益及政府聲譽。如事涉國內陋規而不得不支出之額外費用，則禁止向國外當事人收取，改由事務所自行吸收。如案件須在國外訴訟，無論事務所承辦律師是否通曉外國法律或是否具國外律師資格，必指示與外國當地律師合作，以免損及當事人之權益。

㈤先生雖受西方教育薰陶，但仍重傳統人倫觀念，不喜辦理有關男女私情之通姦，或離婚，或兄弟鬩牆、爭奪遺產案件，縱偶有例外，仍以勸合為原則。其事涉通姦、妨害風化等刑責案件，亦僅限於戰亂妻離子散所衍生之時代悲劇案件。

㈥先生聽聞有律師老來貧病潦倒，需靠公會捐助喪葬費用，每告誡事務所年輕後進：應腳踏實地專心執行律師業務，即使業務再忙，對重要訴訟相關書狀仍應親自撰寫，始能掌握全案關鍵，以保障當事人權益，不應兼及旁業，甚至本末倒置，損及當事人權益，終至流失案源，或妄想一步登天，心存僥倖投資高風險事業，導致血本無歸，害人害己。

㈦先生辦案極重視當事人隱私權之保障及執業倫理道德之規範，不論大小案件，絕口不在交際應酬時或公共場合談論，且公、私分明，即使親如夫妻及子女，亦無從與聞案情。為此，昔日美商在台商會會長貝克先生嘗慨言：「吾未見如此尊重當事人隱私權若端木律師者也。」

「兩航」飛機案

一九五〇年「兩航飛機案」發生，媒體爭相報導，先生雖因該案而聲名大噪，成為國際名律師，但先生亦因該案遭謗，不獲當年蔣總統諒解，終而辭卸政府一切要職，甚至自行退黨。此案眾說紛紜，莫衷一是，惟先生「毀譽褒貶，一任世情」，從未為自己辯護。余曾在先生晚年私下聚面晤談時詢及此事，先生僅以：「若不如此，如何保住飛機？」乙語帶過，其他細節似仍不願多談。

一、緣　起

按「兩航飛機案」發生於一九四九年（民國三十八年）十二月九日我政府撤退來台前，當時事先已飛抵香港啟德機場的「中央航空公司」及「中國航空公司」（簡稱「兩航」公司）所屬飛機共計七十架，因原政府派任之公司總經理及部分員工見政情及局勢逆轉而向中共投誠，國共雙方均主張飛機之歸屬權，各自支持者則在香港展開「保護國產」之運動，甚至侵入機場，引發衝突，情勢紛亂，導致香港法院暫時扣押該批七十架飛機，並裁決非經法院判決確定所有權歸屬，該批飛機不得飛離香港。

二、訴　訟

「兩航」事件對當時之民心士氣及政府之威信，以及我國在國際上之地位，均影響至鉅，且該批飛機所有權若轉由中共政權取得，恐將危及台灣安全。嗣有在美國設立登記之「民航空運公司」（Civil Air Transport Co.）出面向香港法院主張該批飛機之所有權，其據以主張之事實及理由為：「該批飛機（含飛機零組件等）已於一九四九年十二月五日由美籍人士陳納德將軍及魏勞爾先生向中華民國政府及『兩航』公司要約購買，總價美金叁佰伍拾萬元，並以無息期票支付價款，經中華民國政府及『兩航』公司於同年十二月十二日承諾，而完成買賣交易。嗣於同年十二月十九日由陳、魏二人將該批飛機移轉給該公司」（詳見文末附錄二㈠及㈡「兩航飛機案」重要文獻資料），除檢具相關證據資料外，並以陳、魏二人及「兩航」公司以及其他損害其權益之第三人為被告，在香港法院提出告訴（按原為二訴、後合併為一訴）。

本案經香港下級法院判決原告「民航空運公司」敗訴後，經原告於一九五〇年五月十九日上訴至香港最高法院，該院以「國民政府及『兩航』公司與陳、魏二人間有關該批飛機之買賣交易行為完成於國民政府已失去大陸絕大部分控制權之際及英國行將承認中共（中央人民政府）為法律上及事實上政府之前夕（按英國於一九五〇年一月六日承認中共），有違誠信原則及信託關係，致損及中國人民之利益及新政府之權利」為理由，於一九五一年五月二十一日駁回原告上訴，並維持下級法院原判決。嗣原告再上訴至倫敦樞密院（Privy Council），於一九五二年七月二十八日獲該院認定相關飛機買賣契約有效，終獲勝訴判決。

三、先生的角色與功績

「兩航」事件前後歷時近三年，原告除在香港聘有「訴狀律師」（solicitor），負責與當事人聯繫，並撰狀及檢具相關文件資料外，另經由香港「訴狀律師」自倫敦聘請「出庭律師」（barrister）國會議員蒙克頓爵士（Sir Walter Monckton）到港出庭。惟因本案主要爭議點除涉及國民政府有無權利出售「兩航」飛機，及該批飛機之買賣契約是否有效外，尚涉及國、共易位所生雙方國際法人格之取得與喪失（含新、舊政府之權利與義務之繼受與溯及效力問題）及主張豁免權、管轄權、實體法與程序法之適用等問題。雖我國當時已有民法及公司法，惟「中航」與「央航」之法律地位究係一般公司組織，抑係政府機關或公營事業。又「兩航」之資產係屬私人所有或係政府所有，均不無疑義，亦非外國律師與外國法院所能瞭解及確認。凡此諸種原因，更增加本案之複雜性及處理上之困難度，已非原告所聘律師所能單獨勝任，尚需熟諳我國法律及體制之律師協助。

端木先生學貫中西，中英文俱佳，並具律師資格及長期執業經驗，復歷任政府要職，應屬提供此方面專業協助之不二人選。相關文獻資料亦顯示：先生確曾於一九五〇年十二月七日針對本案相關爭議問題向香港最高法院提出確認及法律意見書（見文末附錄二之〈三〉及〈四〉：「兩航飛機案」重要文獻資料），並曾應香港律師之要求及安排，於一九五一年三月二十一日至二十五日與倫敦來港出庭律師蒙克頓爵士在港晤談，提供法律諮詢服務，且倫敦樞密院最終接受而未質疑先生書狀中所陳述之意見與隨狀檢送之相關交易文件資料。以當年國際情勢言，英國仍接受美國對其戰後之重建援助，而美國仍未與我斷交，則本案原告採「以美制英」策略，在美利用管道遊說對我友好之美國國會議員，藉由國會審查援英撥款案之機會對英國政府施壓，以影響本案之最終判決結果，固有可能，惟端木先生以其過人之智慧與膽識，本於律師職責，並兼顧國家利益，對於本案之謨猷籌畫，及提供專業法律協助，應屬居功厥偉。

四、「兩航」事件的評析

「兩航」公司該批飛機經三年纏訟，無人維修保養，且零組件散失，不論產權歸屬何方，其勘用性（適航性）及市場或軍事價值均已大受影響。且陳、魏二人及其嗣後設立之美籍「民航空運公司」因概括承受「兩航」公司之資產與負債，而影響其日後財務狀況，導致內部少數股東之不滿，並衍生日後該公司與我政府融資銀行間之債權債務糾葛不清等爭議。復因國產轉讓外人，該批飛機最終飛往美國而未來台。凡此有關「兩航事件」之後續發展及結果，終不免有事後對該案見仁見智或意識型態上之不同看法或評論，甚至導致當年層峰對端木先生及其他當年參與政府決策者之不滿與誤解。

惟以「兩航事件」當時狀況之危急及時機之緊迫，在別無更妥適可行之替代策略下，以附帶諸多條件方式（見文末附錄二之〈一〉協議書），將「兩航」國產出售與助我抗日有功之陳納德將軍等友人，終獲勝訴判決，不但在國際法上增添類似爭議之新案例，而且為日後國際情勢丕變，我外交情勢日趨困境下，提供如何保護海外國產之重要參考典範（C.A.T.I. v. C.A.T.C., Action No.269 of 1950, Supreme Court of Hong Kong, & Privy Council Appeal No.15 of 1952）。至於該批飛機未能飛來台灣，應係英、美兩國政府間政治妥協下之結果。於事過境遷、時移勢易後，「兩航飛機案」之功過得失，相信歷史自有公斷。

先生紓解冤屈，辯才無礙

除上述先生來台初期成名之一九五〇年「兩航飛機案」及先生晚年於一九七三年破例最後一次受任親自出庭辯護之首件重大公務員貪瀆刑案外，先生承辦刑事訴訟案件，素以「紓解冤屈及辯才無礙」著稱，惟除少數當年先進同儕外，對其他年輕後進而言，恐僅止於傳聞而較少機會親眼目睹先生之言辯風采。為免先生辭世後，因檔案資料滅失，致有無從查考之虞，殊為可惜，特另就先生所承辦案件中，篩選其中較具代表性之㈠一九五二年先生於某學院發生「妨害風化及幫助自殺案」為被告所提之「辯護意旨書」（詳見文末附錄三），㈡一九六九年「高雄青果合作社金碗案」先生為被告所提之「辯護意旨書」（詳見文末附錄四），㈢一九六九年先生為長期遭羈押之被告，向法院聲請「准予具保停止羈押」狀（詳見文末附錄五），以饗讀者及同儕後進，並助瞭解先生「實至名歸」之其來有自。雖以上三篇均屬先生為被告辯護及爭取權益之書狀，但亦充分流露先生設身處地、不忍人之心的敬業負責精神，及先生通情達理，既不立異以為高，亦不逆情以干譽的本性矣。

哲人已遠，典型足式

為彰顯先生執業律師時之辦案風格及其遺風遺思，除前已論及者外，特再略誌數語如后：

(一)先生所辦案件大多與時代背景有關，故讀先生所撰書狀內容，有若讀台灣近代史。

(二)先生中英文造詣俱屬上乘，書狀行文有若行雲流水，一氣呵成，且言簡意賅，要言不繁。

(三)先生精於邏輯推理及證據法則，並擅於「以子之矛、攻子之盾」等訴訟上之「攻擊與防禦」方法，且「攻防」、「進退」得宜，自有其分寸。

(四)先生歷任政府行政部門要職，嫻熟各級行政機關之組織、功能與運作，如數家珍。復因長期習律，學貫中西，曾任大學教職、立法委員及司法院秘書長，熟諳相關法律之立法背景，兼具實務經驗，故先生書狀中每引經據典，條分理析，且法、理、情兼顧。

(五)先生法學素養深厚，通曉法理學與法哲學，承辦案件所具書狀，除具有(一)～(四)所言之共同特徵外，每案書狀另各有其特色。

以「妨害風化及幫助自殺案」為例，先生「辯護意旨書」中雖理性與感性兼具，但依法言法，特予強調傳統區別法律與道德之重要性，亦即法律主要規範外部的行為，而道德旨在規範內在的心機，兩者不宜混為一談。此涉及法哲學或法理學上長期以來有關法律與道德之分離與關聯爭議，包括法律是否應具備最基本或最低度之道德。另涉及法官是否應有「自由裁量權」及應否「造法」或僅限「發現」法律規則，包括內生規則或外生規則等問題。

再以「青果社金碗案」為例，先生於「辯護意旨書」則掌握「人性之本質」，暢論台灣民間傳統之答謝贈禮習俗，既為被告答辯，亦兼論台灣經濟發展史，且文情並茂，言簡意賅，語多珠璣。若法律也是文學，則先生此篇書狀堪稱法律文學的典範作品。此外，先生以習俗強化其答辯的說服力，亦令人不禁想起十八世紀英國著名哲學家、歷史學家和經濟學家休姆 (David Hume) 於一七四〇年所著之《人性論》。氏認「人性本身主要由理智和情感兩部分構成」，並嘗言：「習慣是人生的偉大指南」。準此以論，黃金或美鈔等貨幣或紙鈔，之所以對特定社會中每個人都具有價值，其原因不外乎在於黃金或美鈔等，對該社會其他每一個人都具有價值。簡言之，習慣或習俗有以致之也。「金碗案」之發生，亦導致行政院於一九六九年十二月十五日訂定發布「公務人員贈受財物及接受招待辦法」，並沿用至今，仍然有效。

至於先生一九六九年聲請「准予具保停止羈押」狀內容，除闡明我國刑事訴訟法上之「羈押要件」，並針砭傳統實務上司法機關之濫權或不當羈押外，兼及外國先進國家羈押制度之比較與探討，益見先生人權律師之本色，及先生長期對司法改革之關切。按我國刑事訴訟法有關「被告之羈押」規定，業於一九九七年起陸續修正，其中包括增訂「羈押要件」及修正「具保停止羈押」之規定，惟距一九六九年已近三十年之久矣，亦顯示我國司法改革之困難與牛步。

美國已故著名大法官霍姆斯 (Oliver W. Holmes) 嘗謂：「法律是一種預言」，亦即律師辦案常「預言」(predict) 或「預期」法官會如何判決。因此對於所謂的「疑難案件」(hard cases)，一般律師大多不願受理。惟綜觀先生一生所承辦之刑事案件，特別是涉及人權之重大案件，先生縱明知不可為，仍不論黨派立場，挺身為被告辯護，且不計成敗，但求盡心盡力，為天地保留一點正氣而已。

哲人已遠，典型夙昔。爰不惴簡陋，撰文推其事，以勉後進，並記其遺風，被於來世。至於「振葉以尋根，觀瀾而索源」，則有待歷史學家矣。

後　記

去歲，《傳記文學》（九十二年五月號第八十二卷第五期）出版「東吳大學故校長端木愷百年冥誕紀念專輯」，先生長女儀民小姐事先囑余撰寫先生執業律師生涯有關文章。復顧及余教學及執業兩忙，恐無暇提筆，建議必要時可由傳記文學指派專人以「訪談口述」方式代筆，惟因適值余居母喪期間而作罷。今歲東吳大學擬出版《端木愷校長紀念集》再度向余索稿，又逢家父病逝，余雖長期往返醫院及處理喪葬事宜，早已心力交瘁，但不敢再次推遲，遂勉強應允。惟因紀念集出版在即，受限於時間，匆促成文，疏漏、雜亂難免，唯待日後再行補遺。

※脫稿於民國九十三年六月二十八日

附錄一：端木愷律師簡歷

先生複姓端木，單名愷，字鑄秋，安徽當塗人。生於一九〇三年五月十四日。上海復旦大學文學士，東吳（蘇州）大學法學士，紐約大學法學博士。早年執教中央大學、復旦大學及東吳（蘇州）大學擔任法學教授，並歷任行政院參事、安徽省政府民政廳長、行政院會計長、國家總動員會議副秘書長、代理秘書長、國民參政會參政員、立法委員、司法院秘書長、行政院秘書長、總統府國策顧問等政府要職。曾於南京（一九三〇年至一九三三年）、重慶（一九四五年）及上海（一九四五年至一九四七年）執行律師業務。一九四九年來台後，重執律師業務。一九六九年起，任東吳大學校長十四年及董事長四年。晚年罹患癌症，病歿於一九八七年五月三十日，享年八十五歲。

附錄二：「兩航飛機案」重要文獻資料

(一)民國三十八年十二月五日及十二日中華民國政府主管機關及兩航公司代表人與陳納德將軍及魏勞爾先生有關兩航資產及股票（含飛機及其零組件等）售讓（中文）協議書（列「協議第一號」交陳、魏二人收執）。

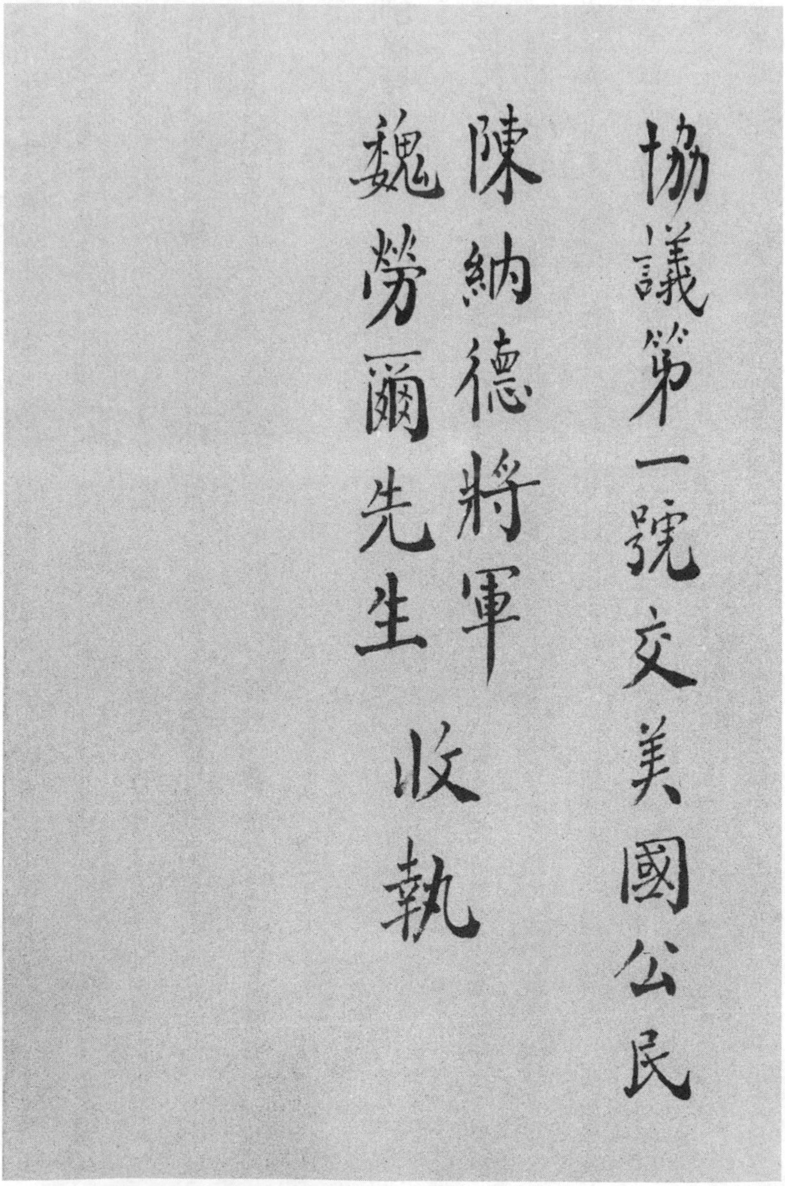

協議第一號交美國公民
陳納德將軍
魏勞爾先生 收執

謹呈者茲為定明雙方協議謹函陳如次

甲、因中華民國國民政府(以下簡稱政府)係中央航空公司(以下簡稱「央航」)全部股票及中國航空公司(以下簡稱「中航」)全部股票壹佰分之八十的法律上及事實上的所有人

乙、又因陳納德及魏勞爾願望購買並經營「央航」「中航」之物質的資產並獲得政府在「央航」及「中航」所有之股票

丙、又因前述物質的資產之大部份在香港鑒於香港最高法院所頒之制止令致使「央航」「中航」被迫停止營業並使前述物質的資產減少價值

丁、又因政府除非獲得保證不願出售前述物質的資產如經售讓不得用任何方式在共產黨區域或與共產黨往來的區域作客貨營運

戊、又因政府甚願保障「央航」「中航」忠誠員司之前途

己、又因政府鑒於陳納德魏勞爾在抗戰時對中國

所著之勞績又因彼等對營運民航事業所表現之才能再因彼等對聯合國之忠誠願將前述「央航」「中航」物質的資產及股票售與陳納德及魏勞爾緣政府深信陳納德及魏勞爾能盡其能力將前述資產繼續為反共之用而永不致直接的或間接的有助於中國共產黨所轄之區域

雙方鑒於前列原因同意左列各節

(壹)政府同意將政府在「央航」及「中航」所享有之物質的資產及其股票賣與陳納德魏勞爾同時陳納德魏勞爾同意承購前述資產及股票以上並無抵押等糾紛「央航」部份作價美金壹佰伍拾萬元正(US$1,500,000)「中航」部份作價美金貳佰萬元正(US$2,000,000) 並附帶後列辦法

(貳)陳納德魏勞爾同意照下列辦法付給買價

甲、付給「央航」無息聯號期票叁張抬頭開來人每張美金伍拾萬元正其條件與辦法另附本件

之後

乙、付給「中航」聯號無息期票叁張抬頭開來人第壹張計美金陸拾萬元正第貳張第叁張各柒拾萬元正其條件及辦法另附本件之後

丙、組織壹個或幾個公司或其他合法機構其國籍或地方由陳納德魏勞爾選擇之陳納德魏勞爾並願將「央航」「中航」之物質的資產轉讓與前述之壹個或幾個分公司或機構此項公司或機構應出具無息期票抬頭開來人用以替代陳納德魏勞爾共同所開具之期票此項公司或機構所出具之期票其數字及條件或辦法應大致與陳納德魏勞爾所出具之期票相等但此項公司或機構所出具之期票應全由該公司或機構資產內付給而不限定由「央航」或「中航」前述物質的資產內付給

(叁)在前列第貳節所載壹個或幾個公司或機構組

織後之任何期內陳納德魏勞爾同意依照期票持有人意旨並於繳還期票時出具此項新公司或機構之同等價值之股票或所有權狀用以替代現金之償還但陳納德魏勞爾對此項期票持有人之意旨有攷慮左列之權

(1)前項持有人必須與共產黨或中國共產黨政權毫無關係且代表中國的真實反共力量並

(2)前項人員係經政府指派代表執行前述意旨者但新公司或機構須先與陳納德魏勞爾訂定經營合同其條件與期限須得陳納德魏勞爾之滿意

(肆)陳納德魏勞爾同意盡其所能使前述「央航」「中航」資產歸其所有並獲得完全控制

(伍)政府同意盡其所能協助陳納德魏勞爾使前述資產歸其所有並獲得完全控制

(陸)陳納德魏勞爾同意不將前項資產直接的或間

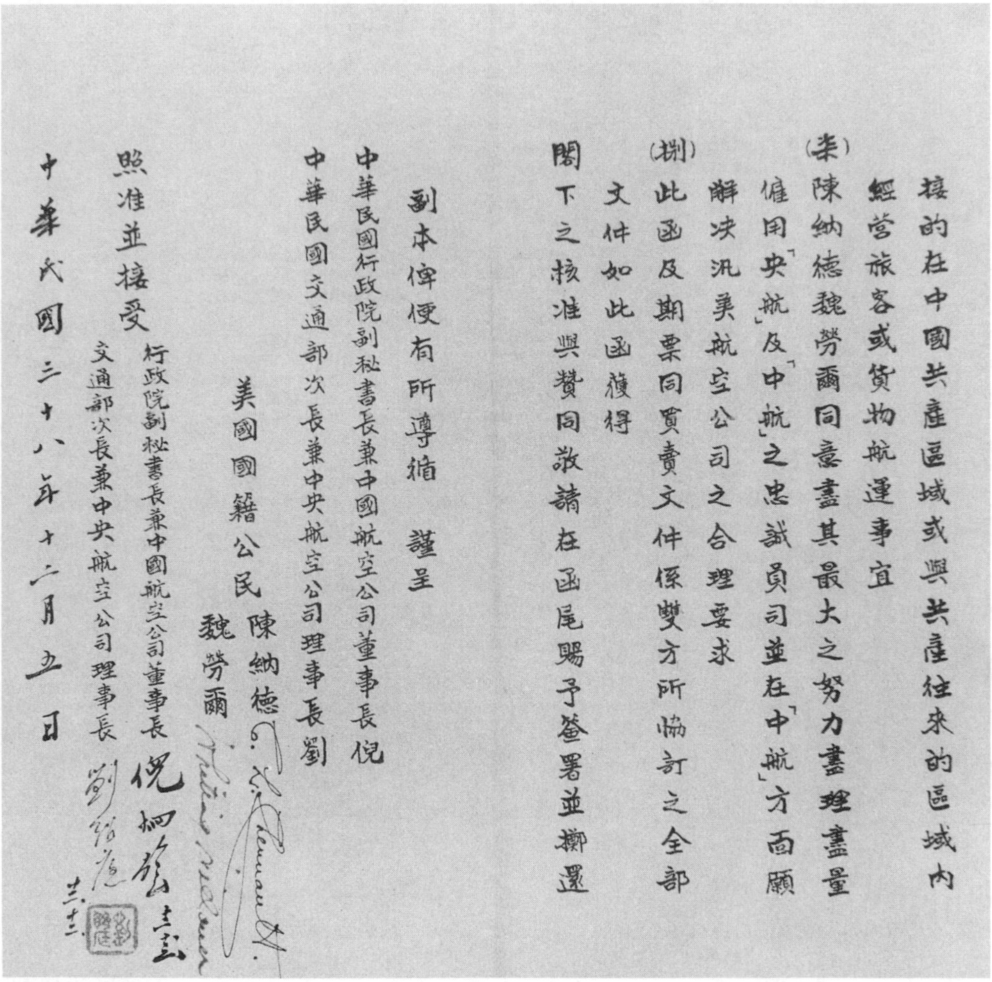
接的在中國共產區域或與共產往來的區域內
經營旅客或貨物航運事宜
(柒)陳納德魏勞爾同意盡其最大之努力盡理盡量
僱用「央航」及「中航」之忠誠員司並在「中航」方面願
解決汎美航空公司之合理要求
(捌)此函及期票同買賣文件係雙方所協訂之全部
文件如此函獲得
閣下之核准與贊同敬請在函尾賜予簽署並擲還
副本俾便有所遵循　謹呈
中華民國行政院副秘書長兼中國航空公司董事長倪
中華民國交通部次長兼中央航空公司理事長劉
美國國籍公民　陳納德
魏勞爾
照准並接受
行政院副秘書長兼中國航空公司董事長
交通部次長兼中央航空公司理事長
中華民國三十八年十二月五日

㈡民國三十八年十二月十二日由中華民國行政院出具、並經院長閻錫山先生簽署之兩航資產及股票（含飛機及其零組件等）售讓（英文）證明書。

行政院
THE EXECUTIVE YUAN
CHINA.

Taipeh, Taiwan
December 12, 1949

General C. L. Chennault
and Whiting Willauer,
c/o Chennault and Willauer,
(a partnership pursuant to the laws of Delaware U.S.A)

Dear Sirs:

We take pleasure in notifying you that your offer to purchase CNAC and CATC has been accepted by the highest authority of the Government of the Republic of China.

The Government of the Republic of China has sold and transferred to you and you are now the sole owners of all the assets, airplanes, spare parts, machinery, tools and other property of whatsoever nature of CNAC and CATC including also all of the shares of stock or other evidences of ownership in CNAC and CATC held by the Government.

This sale and transfer has been made to you in consideration of promises and understakings heretofore made by you.

It is hereby certified to you that the foregoing action is final and complete.

We have instructed the Minister of Foreign Affairs to make all necessary certification of this sale and transfer to any foreign governments upon your request.

We have further instructed all officials of the Government to execute any necessary documents required by you as evidence of your ownership and title.

Sincerely yours,

FOR THE GOVERNMENT OF THE REPUBLIC OF CHINA

閻錫山

PREMIER YEN HSI-SHAN

NOTE: This English letter is legal and true; any Chinese version is but a translation of it.

I hereby certify that the above signature is the true and correct signature of Premier Yen Hsi-shan.

C. L. Chennault.

C. L. Chennault

㈢民國三十九年十二月七日端木愷律師與富綱侯律師針對「兩航飛機案」向香港最高法院所提（英文）確認及法律意見書。

IN THE SUPREME COURT OF HONG KONG

ORIGINAL JURISDICTION

ACTION NO OF 1950.

CIVIL AIR TRANSPORT INC.

V

CHINA NATIONAL AVIATION CORPORATION

AFFIRMATION

of

JOSEPH KEAT TWANMOH

&

KENNETH KANG-HOU FU

IN THE SUPREME COURT OF HONG KONG
ORIGINAL JURISDICTION
ACTION NO. OF 1950

BETWEEN

CIVIL AIR TRANSPORT IN CORPORATED Plaintiffs

and

CENTRAL AIR TRANSPORT CORPORATION Defendants

We, JOSEPH KEAT TWANMOH（端木愷）& KENNETH KANG-HOU FU（富綱侯）of No. 12 Shinn Yang Street, Taipei, Taiwan, China do hereby solemnly sincerely and truly affirm and say as follows:–

1. That our qualifications are as follows:–

(a) As to me the said JOSEPH KEAT TWANMOH, my qualifications are:

B.A. (Fuh-tan University), LLB. (Soochow University), J.S.D. (New York University N.Y., U.S.A.), Legal Practitioner & Member of Nanking Bar Association (1930–1933), of Chungking Bar Association (1945), of Shanghai Bar Association (1945–1947), of Taipei Bar Association since 1949; and before & in between those dates, for sometime Professor of Law of National Central University, of National Fuh-tan University & of Soochow University; also in Government Service as Councillor of the Executive Yuan, Civil Commissioner of Anhui Province, Secretary-general of the National Mobilization Council, Member of the Legislative Yuan, Secretary-general of the Judicial Yuan, Secretary-general of the Executive Yuan, and

Adviser to the President of the Republic of China.

(b) As to me the said KENNETH FU, my qualifications are:

B.S. (Soochow University), LLB. (The Comparative Law School of China, J.D. (Doctor of Jurisprudence, Northwestern University, Chicago U.S.A.) Legal Practitioner & Member of Shanghai Bar Association (1929–1949), Member of Soochow Bar Association (1929–1934), Member of Taipei Bar Association since April 1950; and before & in between those dates, for some time Professor of Law of Soochow University and of National China University; also in Government service as Director of Department of Labour, Codifier of Labour Legislation, Government Representative to the 12th International Labour Conference held in Geneva 1929, Director of Factory Inspectorate.

2. We have read and considered the affirmations to be filed in this action which are as follows:–

(1) The Affirmation of Premier Yen Hsi-shan.

(2) The Affirmation of George K.C. Yeh.

(3) The Affirmation of Nih Chun Sung.

(4) The Affirmation of Wong Kuang.

(5) The Affirmation of Liu Shao Ting.

(6) The Affirmation of Ango Tai.

3. As to the legal status of C.A.T.C. From the evidence before us we say that:–

(a) C.A.T.C. was not a Corporation.

(b) It was not a Government Department in a strict sense but was a Government owned enterprise.

As to proposition (a) :

(I) It has never been registered under the provisions of Chinese Companies Law or under any special legislation.

(II) By reason of paragraph 1 it is not a separate juristic person in Chinese law (see Articles 25 and 30 of the Civil Code and Articles 1 and 14 of the Chinese Company Law set out hereunder).

(III) It is directed and controlled by the Minister of Communications through a Board of Governors. A corporate body in Chinese law is managed and cotrolled by a Board of Directors. The characters used to designate Governors are 理事會 whereas the characters used to designate Directors are 監事會 the latter character being invariably applied to Directors of bodies incorporated under Chinese law.

(IV) It has no shareholders.

The Article in the Civil Code and Chinese Company Law referred to are as follows:–

CHINESE COMPANY LAW ARTICLE 1: "The term "Company" as used in this law denotes a juristic person organised and incorporated in accordance with this law for the purpose of profit making."

ARTICLE 14: "No Company may be formed until it shall have been in corporated at the office of the Central Competent Authority."

CIVIL CODE ARTICLE 25: "A Juristic person can exist only inaccordance with the provisions of this Code or of any other law."

ARTICLE 30: "A Juristic person cannot come into existence unless registered with the Competent Authorities."

As to proposition (b) :

(I) There is no provision of funds for C.A.T.C. in the National budget.

(II) It was run as a commercial enterprise without the status of a Government Department as stated by Wong Kuang in paragraph 1 of his Affirmation to be filed herein.

(III) It was directed and controlled by the Minister of Communications through a Board of Governors of which one of the two Vice Ministers of Communications was always Chairman.

(IV) The Government was the sole owner of the assets.

(V) An instance of a similar enterprise was the China Merchants Steem Navigation Co. with which we are familiar as the result of our professional experience. For many years this organisation was not incorporated but run as a government owned enter prise without the status of a Government Department but directed and controlled by the Minister of Communications. The ships and other assets of this organisation belonged entirely to the Government.

It is clear, therefore, that the legal status of C.A.T.C. is unusual wherefore no express provisions in the Chinese Civil Code or Company Law can be found to deal with it. What is quite clear is that the assets thereof belonged solely to the Government who had full direction and control of the same and who possessed the powers of disposal of an absolute owner. In our opinion it carried on business as a carrier within the definition of that term contained in Article 622 of the Civil Code which reads as follows:–

"A carrier is a person who undertakes as a business to transfer goods or passengers for freight."

4. (a) With reference to the Affirmation of Nih Chun Sung filed herein we consider that the taking over of the duties of Minister of Communications by the then Premier Yen Hsi-shan as evidenced in Exhibit NCS-1 was valid. By Article

56 of the Constitution it is the Premier who is empowered to nominate Ministers for appointment by the President. In this case the cirumstances required a mere temporary taking over of the powers and duties of Tuanmo Chieh and therefore no substantive appointment was required. From our experience we can say that it is in accordance with normal Chinese constitutional and Governmental procedure and custom for the Premier to provide for temporary absences of Ministers in such a manner. Article 56 of the Constitution which deals with substantive appointments reads as follows:–

"The Vice Premier of the Executive Yuan and Ministers with or without portfolic shall be appointed by the President after nomination by the Premier of the Executive Yuan."

(b) We have also considered the legality of the Order given in Canton by Premier Yen Hsi-shan to the then Minister of Communications Tuanmo Chieh to remove C.A.T.C. to Taiwan and are of opinion that such an Order was valid. Under Article 53 of the Constitution the Executive Yuan is stated to be the Supreme Executive Organ of the country. The Premier as head of the Supreme Executive Organ had power to give such instructions to the Minister of Communications. The only matters which the Premier or Minister has to refer to the Executive Yuan are laid down in Article 56 of the Constitution and it was obviously within the discretion of the Premier to decide whether to refer the matter of removal to the Executive Yuan Council or not. In fact such removal does not fail within the matters which are required to be referred under the Constitution by Article 53 which is the relevant provision. Article 53 of the Constitution reads as follows:–

"The Executive Yuan shall be the Supreme Executive Organ of the country."

Article 58 reads as follows:–

"The Executive Yuan shall have an Executive Yuan Council which shall be composed of the Premier and Vice Premier of the Executive Yuan and the Ministers with the Premier as Chairman. The Premier of the Executive Yuan and the Ministers shall lay before the Executive Yuan Council for adoption any Bill which is to be presented to the Legislative Yuan relating to statutes, budgets, martial law, amnesty, declaration of war, resumption of peace, treaties and other important affairs or affairs which have a common bearing upon more than one Ministry."

5. As to the legality of removal of the seat of Government from various places to Taiwan as shown in paragraphs 3 and 4 in NIH CHUN SUNG'S affirmation and as to whether Government could legally function therefrom as the Government of China. It is our opinion tha the seat of the National Government of the Republic of China could be moved and that it could legally function from Taiwan for the following reasons:–

(a) We refer to the Affidavit of George K.C. Yeh filed herein wherein he states that Taiwan is a part of the National territory of China. If this evidence is accepted and in view of the fact that the Chinese Constitution makes no provision for any particular location for the seat of the Central Government we say that the National Government can function from any part of the National territory selected by it to be the seat of the Central Government.

(b) If the said evidence is not accepted in the absence of any such provision as aforesaid as to the location of the seat of Government it was lawful for the National Government of the Republic of China to function in a territory in its possession and being governed, controlled and administered by it.

(c) We draw attention to the evidence that the removal of the seat of Government to Taiwan was notified to the United Kingdom Government which continued to recognise the National Government de jure whilst it was still functioning in Taiwan until the 5th/6th January 1950.

In support of our opinion on the above I the said J.K. Twanmoh do say that I was present at the National Convention held in Nanking in 1946 as a member when the Constitution was discussed and adopted. At that time after lengthy discussion and deliberation it was decided not to make any express provision as to the location of the Central Government.

Article 31 of the Constitution clearly contemplates that the Central Government may move its seat and provides that the National Convention shall follow it. Article 31 reads as follows:–

"The National Convention shall be assembled at the locality in which the Central Government has its seat."

In view of Article 53 of the Constitution referred to in paragraph 4 (b) hereof there is no doubt that the Executive Yuan as Supreme Executive Authority had powers to make orders for removal in the absence of any prohibition in the Constitution.

6. As to the legality of the sale we deal with this point under two heads:–

The right of Government to sell the assets.

The validity of the sale according to Chinese law.

<u>AS TO THE RIGHT OF GOVERNMENT TO SELL</u>: We say that the Government possessed this right for the following reasons:–

(a) It was sole owner of the assets.

(b) The Executive Yuan by Article 53 of the Constitution is the Supreme Executive Authority in the State.

(c) Even of C.A.T.C. is a Department of Government in the strict sence (which in our opinion it is not) for the reasons given in paragraphs 1 and 2 above we say that the Government had the right to sell the assets.

AS TO THE VALIDITY OF THE SALE: We say that the sale is valid in accordance with Chinese law for the following reasons:–

The normal requirements of a valid sale by Chinese law are:–

(I) that the person selling has the right and title to do so.

(II) that there is agreement between the parties for a transfer and payment of a price.

In support of these contentions we cite Articles 153 and 345 of the Civil Code.

ARTICLE 153: "A Contract is concluded when the parties have reciprocally declared either expressly or tacitly their concording intention.

If the parties agree on all the essential elements of the contract but have expressed no intention as to the non-essential points the contract is deemed to be concluded. In respect of the above-mentioned non-essential points in the absence of an agreement the Court shall decide then according to the nature of the affair."

ARTICLE 345: "A sale is a contract whereby the parties agree that one of them shall transfer to the other his rights over a property and the latter shall pay a price for it.

The contract of sale is completed when the parties have mutually agreed on the object to be sold and on the price to be paid."

We say that the evidence shows that all these requirements have been satisfied in this case. As to the acceptance endersed by Lui Shau Ting on the offer of Chennault and Willauer we say that Government has to act in matters of this nature through its duly appointed agent and the obvious choice in this case was Liu

Shau Ting who was at that time Chairman of the Governors of C.A.T.C. His authority is clearly set out in paragraph 2 of his Affirmation and confirmed in paragraph 2 of the Affirmation of Yen Hsi-shan. The contract of sale was therefore validly concluded by the acceptance of Liu Shau Ting on the 12th day of December 1949 duly authorised in that behalf as mentioned above and further there was a clearly expressed agreement between the parties within the meaning of article 345 of the Civil Code.

As regards the consideration we say that it is clear from the evidence that there was valid consideration in Chinese law in the form of promissory notes. From our experience in Chinese law we say that it is self evident that promissory notes form good and valid consideration.

7. We are of the opinion that the property passed in this case to the purchasers when the offer was accepted on the 12th day of December 1949 by the said Liu Shau Ting which shows full agreement within the meaning of Article 345 of the Civil Code whereby the contract and the sale were completed by such signed acceptance.

8. We as practitioners in Taiwan say from our own knowledge that Chinese law has been administered there since 1945.

9. In our experience Courts in China have always treated any contract made in China as being governed by Chinese law unless otherwise expressly provided. And further it is our opinion that the same principle would apply if the contract was made in any territory where Chinese law was being administered at the material time.

We say therefore that the whole of the transaction evidenced by the Affirmations should be governed by Chinese law. The contract was concluded in Taiwan where Chinese law has been administered since 1945 and moreover the parties clearly intended Chinese law to apply.

And lastly we do solemnly sincerely and truly affirm and say that the contents of this our Affirmation are true.

AFFIRMED at Taipei
a place within the Consular District of
the British Consulate at Tamsui this
7th day of December 1950.

Before me,

His Britannic Majesty's Vice-Consul
Taipei, Taiwan.

(四)端木愷律師手擬上開(三)文件之英文綱要。

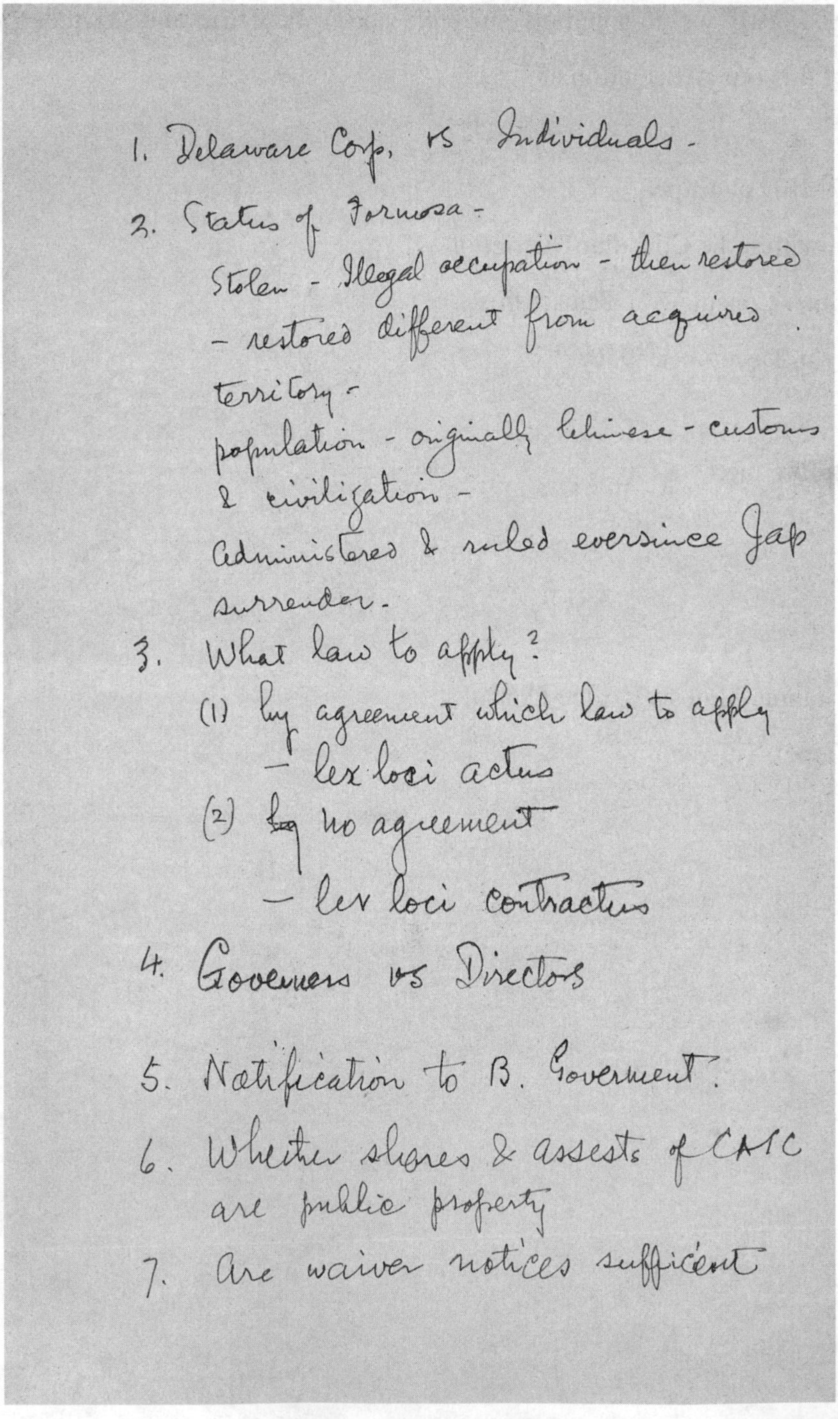

1. Delaware Corp, vs Individuals -
2. Status of Formosa -
Stolen - Illegal occupation - then restored
- restored different from acquired.
territory -
population - originally Chinese - customs
& civilization -
Administered & ruled eversince Jap
surrender.
3. What law to apply?
(1) by agreement which law to apply
— lex loci actus
(2) ~~by~~ no agreement
— lex loci contractus
4. Governers vs Directors
5. Notification to B. Goverment.
6. Whether shares & assests of CATC
are public property
7. Are waiver notices sufficent

Constitution

Art. 53. The Ex. Y. is the highest organ + authority of the nation in government executive affairs.

Art. 55. The Premier (or the President of the Ex. Y.) ~~shall~~ be nominated and appointment by the President after due approval has been obtained from the Legislative Y.

Art. 56 The Vice-President of the Ex. Y., the ministers of different ministries and ~~the~~ members of the Central Political Council without portfolios shall be nominated by the Premier and appointed by the President.

Art. 144

Public utilities and other business ~~enterprises~~ ~~which~~ should ~~have monopoly distinctions~~ of monopoly nature should be run by the Government, provided they are sanctioned (permitted) by law to be run by the people.

Art. 145 Private wealth and private operated business which conflicts and harm the equal development of national well-being and people's lifelihood should be restricted by law.

Civil Code

1. Legal Person

Art. 25

Art. 30 法人非經主管官署登記不得成立

Art. 32 受設立許可之法人，其業務屬於主管官署監督

Art. 44

2. 無效及撤銷

Art 111 法律行為之一部份無效者全部皆為無效但除去該部分亦可成立者則其他部份仍為有效

Art 115 經承認之法律行為如無特別訂定溯及為法律行為時發生效力

Art. 117 法律行為須得第三人之同意
始生效力者其同意或拒絕
得向當事人之一方為之

民法總則施行法

Arts 11, 12, 13, (15)

Contract

Art. 153, 154 Offer & acceptance
166

Sale

Art. 345
348
367
369
373

Partnership.

683
686

2. As to the Legal Status of C.A.T.C.

From the evidence before us, we say that:

(A) C.A.T.C. was not a Corporation for:

i. It has no share-holders, the Government was the sole propritor.

ii. It has never been registered under the provisions of Chinese Company Law or under any special legislation.

iii. It was directed and controlled by the Ministry of Communications through a Board of Governors.

iv. A corporate body in Chinese Law is managed and controlled by a Board of Directors. The characters used to denote Governors are "理事" whereas the characters used to denote Directors are "董事". The latter characters are invariably applied to bodies incorporated under Chinese law.

To support the above, there is annexed hereto and marked JKT1 a list of the relevent excerpts from Chinese law upon which we rely.

JKT1.

Chinese Civil Code:

Art. 25, 26, 27, 28, 29, 30.

Chinese Company Law:

Art. 1

Constitution

Arts. 53, 55, 56, 144, & 145

Civil Code

1. Formosa - Status

2. Seat of Government

3. Order of removal of Government institutions
& important undertakings -
國家總動員法

4. Limited Company
   a. Domicil
   b. Directors
   c. Shares & assests
   D. Transfer

5. Contract
   a. Offer & acceptance
   b. Consideration
   c. when does the title pass
   D. 3rd party claim.

1. Peace-time & War-time
2. Ordinary situations & Extra-ordinary situations
3. Law under democratic & communistic
understandings & practices

International Law — Treaties / Agreements

Private International Law (Law of Applications)

Corporation Law or Company Law

Contracts

Extra-ordinary Measures

Statutes

Decrees

Orders

1. Whether assets belong to Gov.
2. " the Gov. could sell those assets.
3. " constitutional reason
4. " complete documents
5. " property rights pass
6. " formalities

1. Qualifications

2. Familiar with Anglo-American law and being Christians, willing to make the following affirmation under oath.

3. With facts presented to us and facts came to our knowledge

附錄三：端木愷律師於民國四十一年某件「妨害風化及幫助自殺案」為被告所提「辯護意旨書」

甲　妨害風化部份

檢察官上訴所論各點，辯護人實有同感。㈠原判決對於被告之惡深痛絕，情見乎詞，祇因缺乏訴追要件，毅然諭知不受理，其執法精神，殊足稱道。但既不受理矣，所控事實之有無，自無審究必要，且以不審究為適宜。乃原判決筆鋒所至，勸涉實體，謂被告「縱情色慾，荒淫無度，且行不足領導青年，德不足為人師表。」一若限於程序，不能重懲之為不勝遺憾者，無論其出發點為道德的或情感的，在法言法，要皆失據。

㈡原判決所載：「朱〇〇之兄弟姊妹親屬，日後自知悉被害事寔及犯人時起，如未逾六個月之告訴期間，及不與被害人明示之意思相反，在犯罪追訴時效未消滅前（本罪為十年），仍可告訴」云云，實係贅詞，無異蛇足。朱之親屬得為告訴者，告訴與否，各有自由，無關本案，何勞煩為指示？此其一。親屬除配偶外皆不得為獨立告訴，則其告訴權乃承接被害人生前未完之告訴權而來，理甚顯明。朱自稱「受騙」於三十五年冬季，「受辱」於三十六年歲首，迨其自殺，已逾四載。使朱本人不死，已不復得為告訴，遑論其親屬？此其二。朱於其四十年五月十五日日記中明言：「我是根本沒有想到打官司的，不需要你法律上的證據。有條件的結合，法律上的保障，這是變相的買賣式的婚姻。」足徵不願告訴，縱在告訴期間，親屬亦不得違反其本人意思而為告訴，此其三。

㈢原判決唯一論據，厥為日記，而所謂「受騙受辱」則為卅八年下半年以後所補寫，既非當日之筆記，即無採證之價值，況原判決所引日記，充其趣祇能證明朱與被告之通姦為自願，其間未有絲毫利用權勢之跡象。

倘其事屬實，朱與被告皆犯妨害家庭罪，惟配偶方得告訴，是則戴○○等之被指定為代行告訴人固不合法，即使朱○○之兄弟姊妹依法亦不得告訴。

㈣原判決謂「朱之一片痴情，亦散見朱之日記中」，列舉「週末幽會，官舍往來，甜密的吻，緊緊的擁抱，良夜相見」等等，先既未明言其對象為被告，安知其言中不另有人在？至其所洗之枕頭、所補之棉袍，亦何能武斷其必為被告為之？更何得謂為肆意縱慾之鐵證？他如整理書籍、招待王姊，都與姦淫無關，尤非逼於權勢，事之真偽，均不足辨。

㈤朱○○初住官舍，日式建築，紙門相隔，男女雜居，不避瓜李。縱曰涉嫌，究非罪證。台北之鐵路飯店與勵志社等，俱是日式建築，僅有紙門相隔。旅客不分男女，相與雜居，豈皆有「特殊曖昧關係」耶！原判決謂下女陳○○供證「朱王共居親暱異常」，然「親暱」未必即有「曖昧」。而「親暱」二字又非出自陳○○口中者，陳○○之言，卷查所得，為吃飯收洗後，即行就寢。除朱住官舍一點外，餘不知情也。三十五年十二月校慶之際，男職員未盡遷出官舍，迭經證明，何容抹煞？朱離官舍，先遷○○里○○○號，與李○○女士同住。嗣避○○里○○號，與○○兩女士同住。李也、吳也、黃也舉未曾有每週回家之事。三十七年暑假吳黃二人去職，郭○○女士到校。為當時女教職員中唯一需要宿舍之人，遂住入○○號，與朱為伴。支配房屋，乃總務處主管，被告無所授意。郭之每週回高雄，被告亦無從得知。謂為被告之用心佈置，乃第二審推測影響之詞耳。

檢察官指摘原判決引用刑事訴訟法第二百九十五第三款未經合法告訴之規定為違誤，主張以同款後段已逾告訴期間為不受理之依據，真知灼見，辯護人至深欽佩，極為贊同。原判決關於利用權勢姦淫部份之其他理由，竊以為並應修正，庶不於法律範圍以外，使被告受名譽上之損失。區區之意，蓋不徒為被告個人之利益計。

乙　幫助自殺部份

檢察官關於此節之見解，辯護人不敢苟同。㈠刑法第十五條之責任以「對於一定結果之發生」為先決條件，所謂「一定結果」乃其事有必然，不僅可能而已。則有可能而非必然者，法無專條不為罪。強姦之結果非必死，然有強姦致死者，刑法爰有第二百二十六條第一項之規定，被強姦之結果非必自殺，然我國傳統婦女重視貞操，每有因被迫失節而自殺者，此又同條第二項之所由立，其範圍不包括第二百二十八條，則以該條犯罪之結果足使被害人自殺之可能絕無。蓋利用權勢而姦淫對方知而屈從，與第二百二十五條心神喪失、不能抗拒之情形不同，與第二百二十一條以強暴、脅迫、藥劑、催眠、或他法使不能抗拒者尤異。畏於權勢、自舍節操，其不欲死，不問可知。故第二百二十八條之被害人之自殺，與同條之犯罪行為，根本上即無因果關係，檢察官上訴理由之前提，先已錯誤。

㈡刑法第二百二十六條之罪，其第一項較第二百七十八條為重，其第二項較第二百七十五條為重。驚淫邪也，但須告訴乃論，不欲故揚惡風，即所以重教化。十七年解字第二一九號、十八年院字第十七號、二十九年院字第一九五四號各解釋，以及十九年非字第八五號判例等，皆對於強姦殺人案，猶以未經告訴，祇能按普通殺人罪處斷。強姦與殺人為兩個獨立的犯罪行為，故意殺人，罪列專條，故不究強姦，仍可論科。至於強姦致被害人於死，係指犯者無任何殺人之故意，而其強姦行為為直接致人於死之原因而言（參加二十二年上字第一二八七號判例），強姦致重傷義當同此。死或重傷，情節非輕，嚴格言法，不可不經告訴而受理。檢察官上訴意旨，著重於被告是否「確係利用權勢姦淫，始亂終棄，循至被害人受辱而自殺」一點，其性質應屬告訴乃論，其責任未有法條可據，是上訴又顯為無理由。

㈢原判決就所有證物證言，多方搜求，而其所舉者，祇見「全部經過情節顯由互愛而自願和姦、……並無隻字足認被告為有利用權勢之證明。」檢察官於上訴理由中論之已詳，乃又謂「被告與被害人之姦淫行為，究係和姦，抑係為利用權勢，原審尚未審認明晰。」何前後之自相矛盾也？退一步言，縱使被告與朱〇〇通姦屬寔，朱之日記，即其自白。統觀全文，無論為戀為怨，要不發生是否有利用權勢之問題。再退一步言，朱自謂其初入工專，被告即利用權勢，追求引誘。則誠如上訴理由所云，「計自互愛以迄促鼠成姦之日，其間且已半年之久，益足證明純屬兩願和姦。」在事實方面，上訴之指摘復不能成立。

㈣初審檢察官起訴，祇引刑法第十五條，其所規定者為刑事之責任。被告究犯何法條之罪，起訴書未見記載。兩次上訴理由書亦無補充，因其立論皆以利用權勢姦淫為中心，故就妨害風化一章第二百二十六條有所研討。此外刑法有關條文當為殺人一章第二百七十五條之規定，該條之行為，與通姦截然兩事，亦猶強姦與故殺。強姦非殺人之手段，則通姦之本行亦不足構成自殺之幫助。就刑法第十五條而言，請引第二審原判決「被告與朱〇〇既非配偶，又非親屬或家屬，在法律上無積極作為義務。……朱被姦後，不一定發生自殺之結果，……在不一定有自殺情況下，課被告以防止義務亦非法之所許。」就同法第二百七十五條而言，仍請引用原判決「凡以言詞舉動以堅自殺之決心者，……須在自殺之俄傾或自殺之際為限，如自殺者正臨海濱，游移投水之際，幫助者在旁慫恿；又如自殺者舉槍自戕，幫助者趨前激勵其勇氣是。總之已瀕於自殺之危險，始有幫助之可言。」此種情形皆為本案所未有。

㈤朱之自殺，決心雖久，被告無知。四十年二月朱〇〇函，被告未曾收到。後得電報，云在台中，派員往接，比即返校。不久朱再去日月潭，發來一電，文曰：「行矣再見。」行蹤飄忽，顯失常態，但稱再見，決無死意。被告隨交總務處，仍商專人接回，而翌日朱復自歸。故朱之蓄意自殺，被告不得而知。但同事之誼，可盡之義務，無不曲盡，其行為與幫助自殺者洽相反。第一審判決，因朱之日記有被告深恐其自殺以致「垮台」之語，認定被告「不滿無助其自殺之故意，其自殺之成為事實，顯然違背其本意。」此乃由於第一審相信「日記為真實」之一貫看法，檢察官單採日記中不利於被告之部份，推翻其有利於被告部份而上訴。第二審判決亦然，以為被告之心可誅，有道德上之責任，無法律上之義務。不知究竟朱之日記為可信？抑不可信？謂為可信，則不論對被告有利或不利，必皆可信；謂不可信，必皆不可信。證據法則之精神，應如是也。

㈥性交非商行為，除自然的需要與滿足外，別無代價。成年人，惟已婚者對其配偶負有義務，餘率任其自由，法律不採干涉主義。所謂利用權勢姦淫，謹嚴格的限於有監護、親屬、教養、救濟、或業務關係者為之，始為罪，所以保護弱者，尊重其自由也。然而不禁自願，蓋不欲因保護之，而剝奪其自由。朱○○年屆四十，職居講師，生活獨立，意志自由，以契約規定工作，以工作換取薪酬，所恃唯才，不賴色相。被告於朱，烏有權勢，可資利用；縱相戀愛，不應影響職務，遐思婚姻，曠廢課程，自誤誤人，實虧師道。若以姦為由，續求聘約，是肆色也。藉使相姦之初，有此默契，亦不生法律上之拘束力。對方不盡厥職之教員，凡為校長者，即負有不予續聘之責任，曾不因或涉姦嫌而稍減。不上課所發生之一定結果為不續聘，未聞不續聘有一定發生自殺之危險，亦未聞不履行在法律上不應履行之契約，而對其不一定發生之後果，負有防止之義務者。

總之，檢察官對於被告幫助自殺之嫌疑，未曾舉證，但就利用權勢一點，空言指摘。須知朱○○之要求，已明白表示於其日記，實以空虛之襲，切需撫慰，故最好為結婚，化不法之關係為合法；其次為續姦，使不法之關係得維持。否則，雖有聘約，亦難安定。無奈被告早有妻室，重婚通姦，法皆不許。朱之幻想，無由實現，終至自殺。其死甚慘，其情可哀，然均非被告所能為力。顏回之賢，亦惟不遷怒、不二過而已，被告即或始有不慎，亦無強其以罪贖過之理。謂其幫助自殺，何異責其不重婚不通姦。立法之意，豈如是耶！竊以為此原判之所以又應維持者也。

四一、二、十六

附錄四：端木愷律師於民國五十八年「高雄青果合作社金碗案」為（八位）被告所提之「辯護意旨書」

一、金製紀念品部份

被告等之所謂罪嫌，不外於高雄青果運銷合作社成立二十周年時接受所贈金質紀念品及出差時接受其招待。黃金為五金之魁，白銀次之，官家通貨、民間手飾莫不金銀是尚，見者色喜，聞者心羨，習俗使然也。究其實，饑不能食，寒不能衣，以言交易之媒介，作用無殊貝殼獸皮，惟時代之觀念不同耳。昔者物價以金銀計，今則金價以紙幣計。金貴歟抑幣貴歟？亦唯觀念而已。民間風氣，親友生兒育女，輒贈金鎖金片、婚姻壽誕，亦贈銀匙銀盾。金銀一度絕對禁售而終於局部開放，何以故？曰習俗難違也。以至紀念國父生辰、總統華誕，中央鼓鑄金圓，公開出售，准許饋贈，蓋官吏來自民間，好惡不異百姓也。機關團體之成立，猶之人之誕生，其可紀念，毋待贅論。台灣光復，迄至去歲，才二十三年，高雄青果合作社成立已廿稔。起自華路藍縷，至於盈餘以億計，其有助於國計民生，不亞台糖。合作之制，政府積極倡導，官員交相扶殖，對於蕉農，愛同娵姆，功不可泯，亦無怪其歡欣鼓舞，感恩頌德。民俗，壽誕酬祝者以磁碗，磁有粗細，碗有大小，視其家之門第財富而異。高雄青果合作社於其二十周年紀念亦以碗酬，但以金製，不過兼採民俗與官例。始作俑者豈是該社？

紀念性之金碗金盤擬送名單，上自閣揆，下至課員，兼及司法人員（如公務員懲戒委員會委員）。其廣泛，不論官階之高低，或職務之關係，作用在報恩，恩德憑想像，未有絲毫行賄之用心。就被告等立場而言，或則職已他調，或則官已退休，對於該社利害，已無影響足道。且該社之以金質碗盤為二十周年紀念，臨時設計，初無期約；致送之前，被告等實不之知，更無企求。拒者固屬品格清高，行為謹慎；受者亦只思慮欠周，疏於防嫌，要皆無納賄之意念。凡此檢察官於劉〇〇何〇〇等五人不起訴處分書內，實已言之綦詳。最近行政院公佈「公務人員贈受財物及接受招待辦法」規定：「公務人員接受與職務有關人員團體贈送之紀念品，應作為機關陳列品，但接受屬於個人紀念性或廣告性而價值輕微之物品，經報告主管者，不在此限。」足以反證紀念品之在原則上並非絕對不可接受。高雄青果合作社所贈之金碗或金盤之為紀念品，無可否定。倘政府早令被告等轉送各該所屬機關陳列，而被告等或仍有隱匿，謂為圖利，始非無據。茲於偵查，起訴，審理，判決以後，歷時半載有餘，方有此一辦法之制定，其游疑難決，亦可概見。部份被告接受紀念贈品在前，行政當局公佈處置贈品辦法在後，依法令不溯既往之鐵律，對於送作機關陳列品之規定，即無拘束被告等之效力。退一步言，亦當命令被告等遵辦，不容驟行認定被告等為有罪，而處重刑。不教而誅，古訓為忌，法律平等，今人共知。復與文化高唱入雲之際，憲法制定施行廿載以後，不忍再見不教之誅，不平之獄，想執法者當有同感。

二、接受招待部份

招待亦非無可接受之餘地，且不限於一茶一飯，問題在於正當與否，「公務人員贈受財物及接受招待辦法」已有啟示。曰餐，曰敘，則餐固必有敘，而敘未必止於餐。舞廳酒家，皆經政府頒發執照，征收稅捐，非為不法處所，顯而易見。以其糜費金錢，消磨意志，公務人員不宜涉足，雖見行政命令，無關刑事責任。若吸毒、若賭博，亦可連絡感情，解決問題，但觸犯刑章，自應禁止。本案之招待範圍，未逾飲食男女，偶一為之，究為正或不正，當或不當，有待推敲，其說不一。充其極，不正不當而已，尚未可與吸毒或賭博等觀並論。警察人員查緝旅店，每好取締男女私事，輿論時有非之者，以其閉門為之，無礙公共秩序，縱或妨害家庭，必須告訴乃論，國家實無權自動干預也。司法機關倘亦向警察看齊，過問公務員合法交際之正當與否，不無侵犯行政之嫌，即係妨礙分權之治。

被告等之接受高雄青果運銷合作社招待，除該社人員自製之報銷單據外，別無他證。此項單據之不足採信，約有三端：一曰總數不確，二曰計算不當，三曰日期不符。例如被告王〇〇之招待費調查站最初認定總額為新台幣一十八萬餘元，其後於移送書內則稱其總金額為一十五萬九千餘元，檢察官起訴書中復認其總數為三萬五千餘元。原審判決，採用起訴書數字，並舉高雄調查站之清查表，原院檢察處之明細表與高青社之單據為證而未釋明其間數字不同之原因及採證之理由。再如高青社人員自製之報銷單據無不於列舉數人姓名後加一「等」字，並據供證，所有人名，隨意填寫，略舉一二，以為代表，實際同往者不止此數。以酒言，量有大小，以舞言，數有多寡，僅以單據所列人數平均計算，其不可靠，兒童能知。又如被告等接受招待之日期，或當時未嘗出差，或其時人在異地，或同時兩市分報，高青社人員事後補列，任意填寫，但被告等分身乏術，何從接受。以上所言，非追繳數字之爭，亦無暗示高青社人員偽造文書之含意。被告等身為官吏，學有專長，為公服務，義應報國。若果有罪，身敗名裂，妻室無依，子女蒙辱，抑何爭於追繳之數字。高青社諸君，或為蕉農，或為僱員，酒家舞廳，出入自由，既有發票，即非虛構。況在商言商，推銷產品，杯酒聯歡，一舞同樂，更不失為接待外賓，連絡顧客之道，更無虛構之必要。但唯其為蕉農，為僱員，識見有限，外語不諳，亦屬尋常，不足為異。台灣淪亡五十年，光復則已廿四載。日人推行其語文雖力，台胞愛祖國，非人人甘心學習，尤以農工階級，未受教育，殊無學習機會。青年一代在光復後成長，幼時不與日人接近，更乏日語訓練。日商來台，政府為爭取外匯，鼓勵出口，輒派專人，陪往產地，殷勤招待，實地考察。高青社利害關係，又豈能袖手旁觀，無所舉動。台籍人民，好上酒家，本為日治時代遺風，既遇日人，焉能免俗，亦無不邀約陪來官員之理。至於舞廳，時尚所趨，亦為取悅顧客之勝地。但蕉農僱員對於日人姓名，感覺生疏，不若與中國官員接觸較多，印象較深，易於記憶。其報銷任寫一二中國官員，只是內部文書，實事虛名，固不意其數年之後引起重大誤會。證據也者，蓋指據以證明一種事實存在與否之物品，文書與陳述而言。發票當時所出，有帳可稽，常例言之，應實可信。賓客名單，事後補開，既承有誤，何足為憑。況其不確又有官文書可資反證。原審謂偵查起訴以後所提證據為不足採，實辯護人讀律以來未之前聞之妙論。被告等未見檢察官所提證據，無從反證，故反證必在以後提出，此其一；偵查之際，早失自由，未經起訴，不許與外界連絡，故有利證據必在以後提出，此其二；一二兩審為事實審，側重證據調查，被告提出反證，正是其時，不得謂晚，此其三。證據之證明力雖由法院自由判斷，要不以提出之先後為標準。「自由」非無限制，故刑訴法明定某也不得為判斷之依據，某也不得作為證據，且責成「審判長應告知被告得提出有利之證據」。今被告等在偵查中之陳述，檢察官以其與調查站之報告不符而不予採取；在審判中之陳述，法院以其與偵查時之初供不符而不予採取；無可偽造，最富證力，由服務機關取得之原始官公文書竟又以其事後提出，拒予採取。是不如逕以調查站為終審裁判機關，為簡捷經濟也。

依正常理論，邏緝法則與心證經驗，高雄青果合作社人員自製之報銷單據，不符事實，而餐館，酒家，舞廳之發票，均無被告等姓名。換言之，實無絲毫證據足以證明被告等曾接受招待。招待非不可接受，當否係行政法上之問題，前已言之。接受招待本身既非必然違法，而招待且尚未有明證，誠不知原審判決被告等有罪之合法根據何在？

三、各被告之特殊情況部份

被告等皆為官員，而職位不同，所謂犯罪事實亦不盡似，另詳上訴理由書及各辯護人之陳述。茲再略論如左：

㈠譚○○部份　原判決認定被告譚○○為行政院○○○小組之「執行祕書」。祕書是實，冠以「執行」則為虛銜。顧名思義，秘書為幕僚，無權綜攬，「執行」不過遵奉決議，付諸實施而已。被告承轉公文，不參己見，已有確證。檢察官未盡舉證之責，原審復不理會被告所提無罪之反證，憑空判決，即係違法，共同辯護人已有精要之說明。至於「執行」，未見檢察官證明果有其事。即或偶爾赴高導視，受命所為，亦無隕越。香蕉銷日，歲有增加，豐裕民生，充實國庫，參加導視，未敢邀功，要不能謂為有過。倘鼓勵外銷，決策有誤，執行之人何能負責。被告不舞，高青社報銷竟亦借用被告之名，雖只一次，已見報銷之不實，並無採信價值。

㈡王○○部份　被告王○○曾任○○小組「專門委員」，其地位不同於該小組之委員。有時亦擔任○部地區○○○○督導小組召集人，只於集合有關業務機構代表，洽商調協，藉收分工合作之效，非對各該業務機構或高青社有直接指揮監督之權。抑何可因吳○○之認其在香蕉小組具有左右力量，驟以為可上下其手？被告雖亦涉足舞廳，但不前往酒家，高青社報銷單據之為虛構，可見一般。高青社代購車票日期與被告出差時間不符，張冠李戴，皂白不分，事莫須有，罪無所據，如此判決，何可服人。

㈢徐○○部份　公務人員可以接受與職務有關人員團體贈送之紀念品，已見行政院最近公布之辦法。被告徐○○解除官職受聘為高青社顧問之後，該社致送金碗，已與職務無關。徐○○置之高青社辦公室內，更與院定辦法所稱「應作為機關陳列品」之意義暗合。其所表現，應受獎勵，何反認為有罪？徐之金碗實際上既未接受，亦未退回，原物仍在，業已呈案。乃調查機關竟有另一金碗強調其為贈送徐○○者，滑稽情形不亞於高青社人員自製之報銷單據，是整個案卷中之所謂證據，無一可靠，已瞭如指掌矣。

㈣陳○○部份　被告陳○○經吳○○等親手贈送金碗，旋即退回，時在案發之前一年有餘，其非意圖不正利益及收受賄賂，已足證明。所謂招待，高青社列報之日期被告多未出差，更屬無據。被告明明派在台灣省○

〇〇〇管理處第三課工作，而起訴書與原判決又故指其掌理第一課所管職務，更屬不經。

㈤郭〇〇部份　金碗一節被告郭〇〇情形與陳〇〇同，其無不法意圖，不辯自明。調查及偵訊中所有關於接受招待之自白，為對該兩項訊問之招待次數，日期與金額作全部之承認。但調查站、檢察處與法院認定次數、日期及金額，互有出入，並非一致，則自白之與事實不符，已至顯然。況接受招待之證據唯有高青社人員自製報銷單據，其中人名，乃係事後任意填寫。已由製作人員迭次自承。被告縱有偶受招待情事，亦屬陪同上司，不關職務，更未受何懇託，有所作為，其不為罪，要無疑問。

㈥單〇〇部份　經濟部商品檢驗局非高雄青果運銷合作社主管機關。被告單〇〇為該局〇〇長，以此職務兼任香蕉小組委員，不外檢驗關係。其赴高所視察者，仍不外所屬高雄檢驗之工作。高青社縱有招待亦止能視為普通酬酢，殊與職務無關。高青社人員自製之報銷單據既記載有被告未嘗出差之日期，不符事實，即不得作為被告犯罪之證據。

㈦方〇〇部份　被告方〇〇服務商品檢驗局，任〇〇〇長。雖曰職司農產品檢驗及植物檢疫，但不直接從事檢驗業務。原判決抄錄起訴書，指為兼掌香蕉集貨、包裝與品質管制等項，一誤再誤，顯然未盡調查責任，判決所據，自不合法。被告未去高雄，而高青社列報招待者，略事檢查，便有廿筆之多，此種虛構單據，其不可信，毋待言。

㈧鮑〇部份　高雄商品檢驗所之與商品檢驗局其關係為一掌行政、一掌業務。但業務機關，仍不能無行政，所長者其行政首領也。被告鮑〇之職為所長，其下分課辦事，實際檢驗均由檢驗人員為之。檢察官之檢驗屍體，執行死刑，皆為重要職務。但事實上死刑之行刑者為法警，驗屍之檢查者為法醫，俱非檢察官親身所為，何以故？事屬專門，技術不備也。檢驗所所長之地位亦猶首席檢察官耳。高雄檢驗所檢驗人員未聞有舞弊失職情事，更未聞有其檢驗結果為所長指使更改情事。高青社對被告無所懇求，要無行賄之理由。台北來人，高青社一飯招待，邀約作陪，亦無行賄之意思。被告潔身自愛，素著聲譽，尤不可能有貪圖十兩黃金，幾餐酒食之企圖。

綜上結論，高青社金碗銀盤普遍餽贈，純屬紀念性質。對象不以職務為限，而對無職務關係者所贈甚或較大較重。招待方面，其有其無，事無儘，單據所寫不確，自白失其依據。認定犯罪，既無所本，用請撤銷原判決，另為被告等無罪之宣告。

附錄五：端木愷律師於民國五十八年為長期遭羈押之被告向法院聲請「准予具保停止羈押」狀

為聲請准予具保停止羈押事

竊被告因涉嫌貪污罪嫌，羈押迄今，已逾半年以上，前經被告以血壓高達一百九十度（高血壓）及一百十度（低血壓），糖尿病症，神經痛及精神神經症，檢具公立醫院證明，聲請准予具保在外療治，俟傳到庭受審。本年八月二十八日接奉

高雄地方法院刑事裁定駁回聲請，同月卅日被告復具狀提起抗告，想已在

鈞院審酌中，實則被告在押已久，事後變化已非原羈押時所能意想，顯已無羈押之必要。謹臚陳聲請理由如次，

仰祈

鈞院明鑒之：

一、我國羈押制度之法定要件：

關於我國羈押之要件，規定於刑事訴訟法第一百〇一條及第七十六條。其第一要件為刑訴法第七十六條之情形，具體言之，厥為(1)無一定之住、居所；(2)「逃亡」或有事實上足證有逃亡之虞；(3)有事實足證為有湮滅、偽造、變造證據或勾串共犯或證人之虞；(4)所犯為死刑、無期徒刑或最輕本刑為五年以上有期徒刑之罪。其第二要件則為刑訴法第一百〇一條下段規定，必有「必要」而後可。備此二者，其效果亦僅「得」羈押而已。故最高法院二十九年抗字第五十七號裁定明示：「所謂必要與否，自應按照訴訟進行程度及其他一切情事，由法院斟酌認定」。職是之故，其標準「並非漫無限制。祇須被告犯罪嫌疑重大，均可概予羈押」。（最高法院二十三

年抗字第一〇六號裁定參照）此所以示我司法機關慎重羈押之大旨，亦所以披露新刑事訴訟法修正舊有羈押條文之至意，允足奉為我國法定羈押原因之進步規定。

二、被告有無「得」羈押及「應」羈押之爭點所在：

查被告所涉罪嫌，雖屬最輕本刑為五年以上之罪，但非「無一定住、居所」，亦未曾有「逃亡」之事實，則其得為羈押，或為應羈押者，要視有無逃亡之虞及有無串證之虞，以論羈押是否「必要」而定。設使無此顧慮或無此必要，自不得、亦不應，為不必要之羈押。溯查被告最初羈押票所載羈押原因，係為刑事訴訟法第七十六條第二款情事，申言之，即指被告「事實上有逃亡之虞」因而認有羈押之必要，其羈押要旨即在此，而被告聲請停止羈押之爭點亦在乎此。

三、被告無串證之虞，自不因此有羈押之必要。

查被告於羈押當時，檢察官未以「有串證之虞」而為收押，即足證被告顯無串證之虞；至本案進行迄今，經由調查局調查，檢察官偵察及高雄地方法院再度調查證據，並據以為有罪之判決後，其不利於被告之證據，悉已為司法機關所蒐集，自更無串證之虞之可能！從而 鈞院再為審理，所涉證物文件，均已扣案存查；所涉人證口供，亦有原卷足資稽核，固無畏被告偽造、變造該證物，亦不容被告勾串無關之證人，以致影響司法審判。是今審究被告有罪無罪之關鍵，要屬法律之適用於本案事實，是否允當適法而已。其無串證之虞，更無羈押之必要，自不待言。

四、被告無有逃亡之虞，自亦不因此而有羈押之必要。

查被告因罹各項病症，而有在外醫療之請求，已見前述，其因此而無逃亡之虞，亦極明顯。按今我國治安秩序，至臻完備；進出口之管制，尤其慎密。逃亡之不易，雖暴力犯有黑社會之支持，終究難能逃脫法網，時證於報端各角，亦久為識者知之。被告為一介書生，除涉嫌本案外，服務政府各界歷數十年，從未敢有任何魯莽行動與思想。故初涉罪嫌，迅即遵傳應訊，不敢存一絲非份之想，事實足證無逃亡之虞。今則被告身染各種疾病，無時不賴藥石為之救治，需醫治療無時可離，自更無逃亡之可能。此則先後情況各殊，原有羈押原因早已無纖微存在，想能為

鈞院明察之。

五、羈押之宗旨及應准具保之法例。

考近代各國，對於羈押無不採慎重態度。蓋其事關人權，易生冤獄；苟非必要，應以具保代其作用。舉英美法例言之，治安機關對於刑事罪犯，原則上均得羈押。其在法院審判期間繼續收押者，原因不外為被告可能逃亡或串證或妨礙司法程序，但由刑事推定無罪（Preumpthon of Innocence）之原則，應准被告保釋在外，充份為抗辯之準備，並避免經濟迫害，其目的蓋在防止審判前之刑罰而已。（Oriminal Procedure, Gilbert Law Summaries, pp. 52(1968)）故如美國聯邦刑事訴訟法（Rules of Criminal Procedure for the United States District Courts）第四十六條第一項規定曰：「在未判決終結前，非死刑犯之在押被告應准其保釋；即死刑犯之在押被告，法院亦得依法審酌犯罪之證據及其他各項情況，自由裁量准許之」。即是以交保補羈押之不足，其功能在於保證被告到庭及聽候法院裁決。[The Purpose of ball is to insure dafendant's appearance and sudmission to the court's judgment (Bandy v. U. S., 81 S. Ot. 197 (1960) 判例參照）」從而，保釋普通無不准許，檢方如認法院不應准許者，應負舉

證之責。(Pannell v. U. S., 320 F. 2d 698 (1963) 判例參照) 即謀殺罪 (死刑犯) 被告聲請交保，被告第一次聲請被駁，第二次聲請法院准予二萬五千元具保釋放，檢察官縱為抗告，該州（按紐哲西州）最高法院仍認為檢察官應證明該犯死刑罪責無容疑問，抗告始為有理由（State v. konigadsrg, 33 N J 367 (1960) 判例參照）此中判例洋洋大觀，實足為保障人權之楷模範典。我國刑事訴訟法亦不異是，如第一百二十條規定：「被告經詢問後，雖有第七十六條各款所定情形之一，而無羈押之必要者，得逕命具保，責付或限制住居……」核對同法第一〇一條有關「得」羈押之要件，既謂無羈押之必要，自屬「不得」羈押，即應命具保，責付或限制住居，中外法例雖有不盡相同，但其精義所在，則無不凜於羈押之易失正義，而易以保釋代其效能，此實有民主法制彌足珍貴之大義存焉。

六、再申被告已無羈押之必要。

綜上所陳，被告因司法機關詳查事實，絕無可能有所串證，更因重病在身，遑論乎冒險逃亡，即養身醫治亦感在所困難，誠不知有何法定羈押之原因。縱或有之，不外常人認為本案嚴重影響我國吏治，風動社會，一旦保釋，或將影響司法清譽而已。倘有其情或有被告應為羈押之理由，則被告縱然病老獄中，輾轉呻吟之不息，但能有裨於清吏之風尚，自不敢多所欲言。然則被告所涉罪嫌，金額不過數萬元，案情尤為他人感恩所致，情節既不能請為嚴重，惡性又何能遽斷為重大？至此地步，實非被告之秉性兇惡，實整個輿論盡情喧染有以致之。今被告久繫囹圄，身染痼疾，死而不得瞑目，生亦無由安息。倘置中外法理於不顧，俯首於所謂社會輿論之下，諒非

鈞院所忍為，亦我司法機關所不能忽視者也。特此臚陳聲請理由及事實如上，敬祈

鈞院於原卷中查閱有關 被告 身體檢查之報告，以為情理法三者同時兼顧之處置，准許 被告 具保停止羈押，以宏體制，而保人權，其僅國家百世制度之所繫，亦 被告 歿世不忘之大德也。

飲水思源憶端木校長

高文津、簡麗環

進入社會打拚，匆匆已近三十個年頭，回首往事，深深感懷母校師恩、友情的栽培與鼓舞，以及那段刻骨銘心的學生會社團生活的磨練。這當中由於主辦「第一居幹訓營」等全校多項大型活動，接觸與領會端木校長的風範特別多，其影響早已深深烙印成我倆為人處事的重要部分。再者我倆在社團生活中相識、相知與成長，其過程常得端木校長的訓誨與鼓勵，此段姻緣彷彿像另類「月下老人」般的牽成我倆為終身伴侶。

對於社團，我倆都有著滿滿的回憶。大學四年，空檔時間我們大部分的精力都是在社團上渡過。文津大二的時候，因為宿舍的學長擔任學生會會長，後來也加入了學生會，到了大四，獲得同學支持擔任會長的職務；而麗環本來是歷史系，後來才轉企管系，大一的時候就加入歷史系學會，也參加幼幼社，後來並擔任土風舞社的副社長，但參與最深入的，還是學生會。

當時東吳因為校風較保守，端木校長認為學生最大的任務就是唸書，所以比較不鼓勵社團活動。然而文津擔任學生會會長時，還是舉辦了好幾項空前的大型活動，像是東吳七十五周年校慶運動大會，以及第一居的幹部訓練營，都辦得有聲有色、轟轟烈烈。麗環則是承文津之後，也在劍潭舉辦了第二次的幹部訓練營，擔任總召，當時的幹部，多人現在都在台灣前五百大企業當 CEO。此外，麗環也努力促成體育幹部班，為舉辦校慶運動會進行籌備工作，以及企畫、主持過多場全校性的晚會，至今校友見面仍津津樂道。

「順著天分去做事，逆著個性去做人。」這是麗環在社團中學習到的，相當重要的經驗，這些後來在我們白手創業時，非常重要的寶藏。再者「關鍵的時刻，可能會出現關鍵的人」、「老師是除了父母之外，你生命中的關鍵人物。」雖然社團的經驗是我們創業成功的重要基石，但我倆都認為，師長的身教與言教，對於學子的人格養成，以及行為處事，都有不可抹滅的影響。

端木愷校長就是我們異口同聲，最難忘懷的長者，因為他不論是身教、言教，都對我們起了一種典範作用。印象非常深刻的是，當年端木校長在寒冬中一起升旗、唱國歌的身影，還有民國六〇年代外交橫逆頻頻，端木校長還在升旗時潸然淚下，鼓勵、喚醒同學要勵精圖治，自立自強。雖然在文津學長舉辦的首屆幹部訓練營的致詞中，端木校長責備了他們一頓，因為學生的本分應該是讀書，而他們是在週五、六的時間舉辦活動。文津如今想來，覺得校長說的的確是對的。而麗環特別記得，端木校長曾說過：「一個人一定要保有終身被利用的價值」，這成為我督促、超越自己的力量，一種強大的驅策力，讓生命的熱情，至今仍然旺盛不倦。

麗環也還記得，正因為端木校長對學生的學業相當重視，所以延攬很多專家學者來校任課，他們治學都很嚴謹，要求很多。端木校長說，好的院系主管像「磁石」一般，可以不斷吸收好老師，壯大院、系務發展。當時課堂上已開始大量的使用原文書，這也讓同學們奠定了良好的基礎，後來再到中正唸MBA時，才能很順利的跟上，多虧了當時紮根之深。

在麗環的接觸中，有許多老師是她念念不忘的。像是大一歷史劉崇鋐老師，後來企管系的陳堯老師，尤其像大三的系主任高孔廉老師，當時深受同學愛戴，讓他們了解到，同學學習的態度及過程，是遠比學習的結果更重要的。而文津則深深記得政治系的桂崇基老師，就是一個「仁者」；還有教授「中國政府」的傅中梅老師（後改名為傅正），講課十分精彩。這些老師都是我們學習的重要典範，讓我們在人生的旅途中，獲益良多。飲水思源，怎能不由衷地感謝端木校長的高瞻遠矚。

（寫於民國九十三年七月二十六日）

親屬

憶父親二三事

端木俊民

自民國七十五年八月到七十六年五月，短短十月之間，母親先去世，父親也相繼而去，心中的悲傷不可言喻。有時獨自枯坐或駕車上下班，想起雙親，常暗自流淚。今借印父親逝世周年紀念冊，就對父母影響最深幾件事簡單的寫一點，以盡對雙親想思之情。父親一生能利用時間，對個人的事弄得很清楚，而能理家，出社會後能夠做一番事業，完全因他的修身齊家訓練。抗戰時汪精衛以私交邀請父親參加偽政府，被父親拒絕。公私分明，支持政府抗戰到底的國策，忠黨愛國絕不後人。

政府撤退台灣，父親為數百架民航機被扣，以律師身分去港交涉，事成而招最高當局誤會，被開除黨籍。父親雖蒙不白之冤，依然執行律師事業，毫無怨言。當時美國領事館曾來詢問，父親不作任何聲明，不告洋狀，讓時間來證明事情真相，但絕不中傷政府。晚年接辦東吳，使成台灣一流學府，事實俱在不再多述。

寫到這裡不能不提起母親的功勞，她是中國典型的賢內助。父親在外奔走一生而無內顧之憂，完全歸功於母親管理家庭的能力，使家中井井有條。多年在美定居，每次回台省親，都覺得父母家有可戀之處。

父母對子女們的愛護是無微不至。記得廿多年前俊民發生婚變，雙親非但了解而且資助，得以渡過難關，重回美國開始生命上的另一頁。

現二老相繼去天國，但願我們做子女的能自愛，並做社會上的中堅份子，使雙親含笑冥中。

（寫於民國七十七年）

緬懷我們的父親

——端木愷（鑄秋）先生的一生

端木俊民、端木偉民

今年歲次癸未，是我們所敬愛的父親——端木愷（鑄秋）先生百年誕辰。父親生於民國前九年（一九〇三）農曆四月十八日，歿於民國七十六年五月三十日，享年八十又五，子孫滿堂，桃李眾多，洪範五福，應是美滿。茲承《傳記文學》成社長露茜女士計畫出一專輯用資紀念，並囑咐我們身為子女，要撰寫一些有關父親來台之前，在大陸的一些事蹟，我們兄弟姊妹萬分感謝成社長的美意，同時亦是做子女所應該做的事，所以我們把父親平凡中偉大的一生略為敘述。

我們的祖父端木公諱璜生，追隨國父孫中山先生革命，推翻滿清皇朝，是同盟會會員，國民黨早期黨員，中華民國成立受任陸軍少將，戍衛京畿浦口、采石之間。民國二年，討袁失敗，躲避袁世凱追捕，避難隱居上海。抗戰時和父親同住重慶，等不到抗戰勝利就病歿在重慶。

父親在青少年時，就是一個狂熱的愛國分子，亦是受了祖父的教誨薰陶。祖父因是反抗滿清的革命志士，並已遭清廷追捕，即有滿門抄斬的大禍，所以全家逃離安徽到上海租界避難。父親青年時期在上海就讀英國人所辦的麥倫中學，時日寇侵我日亟，乃參加學生愛國運動，抵制日貨並主張罷課遊行示威，致被英國人校長勒令退學，因此轉入澄衷中學。畢業後同時考取復旦大學政治科和東吳大學法律科，父親就同時唸兩個大學，幸虧東吳大學是讀夜校，所以在時間上不相衝突，不過卻是辛苦萬分。大學畢業後赴美留學，入紐約大學法學院攻讀，兩年後獲法學博士學位，時國難方殷，父親報國有志，迅即束裝歸國，投入救國建國行列。

授業從政 守衛真理

父親返國後，他的事業與對國家社會貢獻可分四個階段：第一階段在上海與南京兩地從事教育，分別在兩地大學授教；第二階段是從政；第三階段執行律師業務；第四階段亦是最後又再回到教育事業，為國家作育英才，至今海峽兩岸以及海外桃李無數，十年樹木，百年樹人。

父親自美回國即被安徽大學聘為法學院院長，一年後返回上海任教於復旦、東吳、暨南等大學。父親授課時的風采，學生們頗為津津樂道。偉民住香港時曾遇見數位復旦學生，他們皆上過父親的課，形容父親「頗具口才，上課時室無虛席，連走廊窗口都站滿了旁聽生。令尊引經據典，幽默百出，滔滔不絕，學生聽了非常過癮」。兩年後舉家遷到南京，設立事務所執行律師業務，同時並兼任教中央大學。這樣的教授與律師生涯不到三年，時任行政院院長汪精衛和政務處處長彭學沛二氏熱烈邀請到行政院工作，此為父親從政之始，亦即進入第二階段「從政」了。

蘆溝橋七七事變前數月，父親被外放簡任安徽省民政廳廳長，接著日寇全面侵華，我國起而抗戰。及至開始撤退南京，父親隨政府機關行動，家屬則由母親——一位從未出過門的年輕女子，攜帶幼子們獨自帶領從南京退到漢口，到長沙轉益陽，直到貴陽才加入行政院撤退隊伍抵達重慶。

父親在安徽任職時，曾發生二個小插曲。當時傅斯年先生的母親不知何故留在安徽，時局緊張，交通紊亂，父親設法將傅老夫人平安送達重慶，使他們母子團圓，父親亦從不對外說起，直到父親從安徽抵達重慶時，傅斯年先生專程來訪，並對父親說：「大恩不知何以為報，若有效力之處，儘管吩咐。」傅斯年先生後來在台任台灣大學校長，父親亦從未麻煩過傅校長，一直保持良好的友誼。另外一個小插曲是黨國大老陳立夫先生曾想邀請父親出任中央政治學校教育長，當時政校校長由蔣委員長親自兼任，由教育長負責一切校務，地位重要，教育長重任雖經陳立公三次邀請，父親皆婉辭未就。父親嘗謂「我一生祇有辭職而從不求職」，實為寫照。

民國二十九年間，父親轉任行政院會計長（政府遷台後改為主計長）主編全國年度預算，當時正值對日抗戰時期，部分省分地區淪陷，全國歲入歲出預算無從計算起，十分不易，但父親都一一克服困難，完成使命，辛勤勞績，極為當時行政院院長孔祥熙讚賞與嘉許，故欲將父親調中央銀行任職。但此一建議為蔣委員長阻止，因蔣委員長亦頗聞父親幹練與專長，認為目前仍宜繼續在法界、政界服務，更能為國家做出貢獻。此項人事雖然作罷，但也因此由孔院長之關係而與銀行界結了不解之緣。

行政院會計長卸任後，長久擔任各銀行董事，抗戰勝利後回到上海，重作馮婦執行律師業務，同時兼任中孚銀行董事長、華安保險公司董事。民國三十八年來台灣兼任中央印製廠董事長及台灣銀行監察人。在台灣開律師事務所是父親第三階段生涯。

調配物資　肩負重任

父親在抗戰時期以及抗戰勝利後尚有數事值得追憶：那是在民國三十年左右，時抗戰更為艱困，我國沿海港口都被日寇攻陷或封鎖，僅賴緬甸公路陸路運輸，所以物資奇缺，政府為此成立「國家總動員會議」主導調配所有物資。最高當局特簡父親出任秘書長，因為責任重大，故祇接受以代秘書長而執行公務。在任職「國家總動員會議」時，蔣委員長極為重視抗戰時期物資調配，時常召見垂詢，有一次召見時，蔣委員長說：「有人打報告說市面上買不到陰丹士林布，這是怎麼一回事？」父親回答說：「布？有！而且多的是，不過陰丹士林布沒有。」蔣委員長接著問為什麼？父親解釋說：「陰丹士林布藍色的染料是德國的，現在我們中國正式對德宣戰，不可向德國進口陰丹士林布的染料！」蔣委員長聽了亦不覺哈哈大笑。「國家總動員會議」的困難任務，直到珍珠港事變美國參戰後，我國缺乏物資的情形才告好轉，而父親在三十二年辭去秘書長，因無官方背景，所以被選為參政員。勝利後舉家遷回上海定居，婉謝南京政府發表的一些新職，全心全意在上海做律師。

抗戰勝利並沒有帶給人民幸福與安居樂業，反而使廣大人民生活更痛苦。因為接收人員貪污無能，淪陷區中儲券兌換法幣以二百比一，使得淪陷區的人民紛紛破產；接著國共內戰，使法幣更快速貶值，導致一般知識分子與文人對政府失望，紛紛在報紙、雜誌上報導或撰文揭發。其中儲安平先生是一位著名學者，深具雄心與信心要創辦一本雜誌，名稱亦定好叫作「觀察」。但是苦於無法湊足資金，於是向父親商量借貸，父親與儲安平先生深談後，不允借貸而願出資十根金條助其創辦《觀察》雜誌發行，《觀察》創刊後由於言論嚴謹，評論公正，深為大、中學生以及社會上關心國事的民眾喜愛，一時洛陽紙貴，暢銷風行，《觀察》每星期出版一次，一出版就被搶購一空。後來我們端木本家新民姊留學英國倫敦大學返國，不久良緣天定，于歸於儲安平先生，成為我們端木家的嬌客。

不畏權勢　好抱不平

另有一事亦足見父親不畏權勢，好抱不平。抗戰後父親在上海執業律師，時汪精衛夫人陳璧君因漢奸罪嫌被捕入獄，並由江蘇高等法院起訴，陳璧君一行包括其子婿外孫一起由高等法院看守押解蘇州監獄，等侯司法審判。父親認為陳璧君有罪應予追訴，但子婿無辜，豈可株連，所以見義勇為，挺身而出，為其子婿外孫進到司法訴訟辯護，終使無罪釋放。事後陳璧君認為父親仗義相助，無以為報，在獄中手抄汪精衛生前《雙照樓詩詞稿》贈送，原稿在父親生前已捐贈中國國民黨黨史館，家中祇留存有忍寒居士所寫之跋文影本。時為民國三十六年秋，二年後大陸變色，國民政府播遷來台灣。

民國三十八年時局已非常混亂，孫科（哲生）先生受命組閣，堅邀父親出任行政院秘書長，父親堅不就職，後王亮老（寵惠）以春秋責備之，父親則坦然赴行政院就職，不久孫院長下任赴美，行政院遷來台灣，父親亦來台，執業律師。其後又為東吳大學在台復校奔走，一面規劃復校實施細部進程，一面敦請教師，更重要的是奔走海內外募款建校，當然日夜忙碌，這已是父親進入第四階段的生涯了。那時律師業務已是次要工作，東吳大學在台復校告成，自己除被推擔任工作以外，還要親執教鞭，為諸多優秀青年男女作傳道、授業、解惑的神聖事業。

父親一生樂善好施，仗義執言，好打不平，此即律師職業之基本道德。父親在學成歸國後，或執教，或執業，或從政，都是一秉專業、熱誠、修養與道德從事，所以極為當時社會各界推崇，尤為當政者與法政界先進所稱道。例如民國三十六年政府制定憲法，次年元旦施行，父親即當選為行憲後第一屆立法委員，同時在上海繼續執業律師。待法界泰斗王寵惠博士任司法院院長，邀請父親為司法院秘書長，父親因感王亮老相知之深，所以曾關閉上海律師事務所到南京欣然上任。

絕世才華　一念無餘

父親一生清廉，由小處可見一斑。為官半世紀來，從未住過公家房子，即使抗戰時期在重慶，生活條件極為困苦中，父親也是自己租屋安頓家眷。父親就任公職時，也儘量使用自己的轎車。祇有在抗戰八年中，有六年半是使用公家轎車。勝利後赴南京就任公職，所使用的轎車，也是自己的車輛，從上海運至南京代步。

父親在世時，與立法委員程滄老過從甚密，有一次父親對程滄老喟然自歎：「勞勞畢生，竟無一物留傳子女！」程滄老即時揮毫數語，贈與父親，題曰：「絕世才華骨鯁軀，乾坤反覆看榮枯；薪傳何必有餘物，一念無餘月滿湖。」

偉民在父親病中，經常自港來台探視，在閒談中，才了解父親以往行事的點點滴滴。父親一生閱歷豐沛，但是從未有寫回憶錄的念頭。父親嘗說，他有幾點原因不寫回憶錄：第一，寫真實的事情，還是寫假的事情？如果編些故事寫，則大可不必。如果寫真實的，總有得罪人的地方，又何必為你們小輩添麻煩。再有寫回憶錄，全篇都是說「我」，給讀者太為自己吹噓的感覺，那又何必呢？這是父親一貫行事的風格。民國七十六年父親去世時，不僅台灣各家的報紙大幅報導，並且在當時兩岸還未互動的情況下，上海「解放報」、「文匯報」也都報導他老人家逝世的消息，足見父親一生謙讓，仍然獲得世人的肯定。

民國七十六年父親體力日衰，而我們手足因工作、學業關係，各奔天涯，得知父親病危，都各自奔回，侍奉在側，迨父親在五月三十日安詳仙逝，我們兄弟姊妹頓感天崩地裂，喬木高而仰，我們子女欲作戲綵娛親已不可得矣。十六年來，我們對父親恩澤慈愛的思念，與日俱增，父親一生的道德、學問與對國家社會的貢獻，曾蒙政府明令褒揚，更在學、法、政界樹立口碑，使我們子女身感無比的光榮，亦使我們感到有無比的責任與願望，要效法父親，所謂「祖謨父烈，累世重光」。

原載：民國九十二年五月號《傳記文學》第八十二卷第五期

我們的父親與祖母、母親

端木儀民、端木儷民

今（九十二）年五月十八日是我父親端木愷（鑄秋）先生百歲冥誕，在此我們要感謝《傳記文學》成社長露茜女士，為父親出版專刊；也更感謝東吳大學劉校長暨各位師長的協助，以及父親生前的同事好友們，付出寶貴的時間，撰寫文章紀念他。

父親一生辛勞、謙虛，所供職的事業，貢獻都很突出。在國事，勞苦波奔，謙沖忍讓，以「一生祇有辭職而不求職」自況自勉。在動盪的時代中，一心一意為黨、為國、為社會服務。在家中，則以「不求名利，不爭權力」以身作則，教育子女。父親一生對國家社會的貢獻，受到各界賢達人士肯定，然而父親之所以能如此全心全力，秉持公私分明，而做到功在黨國社會，德在杏壇學子，在我們做子女的看來，大部分實在應該歸功於他背後兩位偉大的女性：我們的祖母唐太夫人與母親陳季蘋女士。

沉著堅毅　祖母中興家道

我們端木家祖籍安徽省當塗縣，祖父端木璜生（字漁濱）是清末舉人，但他卻不向清廷求取功名富貴，反倒遠離家鄉，追隨國父孫中山先生一起革命。不料卻遭鄉人向清廷告密，當時反清革命，那可是要滿門抄斬的大罪。祖母知道消息後，連夜緊急將年僅七歲的父親，託交給一位親信的農人，藏身在滿載稻草的推車中，偷偷地運出當塗縣城，輾轉護送到上海。不久後，祖母亦隻身逃離家鄉到上海，母子會合，自此端木家就設籍上海。在我們童年時，聽到祖母講述這段驚險的逃難經過，常常對祖母的膽識與能幹，以及父親在小小年紀，能夠沉著勇敢地藏身在稻草堆中，渡過重重關卡，平安脫險，心中充滿驚奇與敬佩。

我們當塗端木家本是世代書香，但是傳到祖父時，家道早已中落。祖父是一個清貧的讀書人，經苦讀而高中舉人，當祖母唐太夫人嫁給祖父時，正是家境窮困、生計艱難之時。祖母是一個堅強而且能幹的女性，精於女紅，手藝高超，婚後以一雙巧手，夜以繼日的趕活兒，為家庭帶來了可觀的收入。再加上省吃儉用，在短短的十數年間，不但改善了家庭生活，還存下了一些積蓄，購置了田產，使祖父可以全心全意投身革命，而無後顧之憂，國民政府並任命他為大將軍。

身為新時代的女性，不了解、也不能體會舊社會中國女性所受的痛苦，背負著不應該背負的責任。聽祖母說，祖父這一脈已是好幾代單傳，偏偏祖母過門後，一連生了三個女兒，面對公婆的壓力，族人的譏笑，鄰居的歧視，日子有多痛苦難熬。在無後為大的責難聲中，祖母又以三十六歲高齡再度懷孕。臨盆時，她心中已冷靜的思考好自己的命運，準備了一把利剪，一大碗燒酒。如果生的又是女兒，就用燒酒醉死女娃，剪刀了結自己，以為謝罪。如今聽來，仍覺悲悽殘忍。在當時不健全的醫療設備下，歷經操勞又高齡生產的祖母，總算順利產下了一個男嬰——我們的父親。正因為得子不易，所以祖母自小對父親的教養就十分的嚴格。

祖母的思想是超越她的時代所加諸於身的限制的。在「女子無才便是德」的環境中，她小時獨自躲在私塾窗戶外，偷偷學習認字唸書。如果被大人看見，還得挨打。憑藉著她上進好學的毅力與聰慧，以及向兄弟們求教，祖母居然自學到可以閱讀報紙。在我們的記憶裡，讀報是她老人家每日必做的事，而且還經常與我們這些兒孫們談論時事。

寬厚仁慈　積德化險為夷

祖母待人很講義氣。她曾告訴我們，有一回家中遭到小偷，小偷被抓住了。當祖母盤問他為什麼要做小偷，他告知：「實在是家中兒女嗷嗷待哺，不得已而偷竊。」祖母聽了，不但不予追究，反倒拿出一筆自己的積蓄給小偷，幫助他做點小本生意養家活口。我們深信，正是因為她老人家的宅心仁厚，後來她們母子遭遇危難時，別人才會冒著生命的危險來幫助她。

祖母思想開明，在大哥俊民自美傳回生女兒的消息時，這是祖母第一個重孫，她當然急切的想要知道，母親怕她失望，只輕輕地說：「生了個丫頭！」她卻即刻回應說：「什麼丫頭？你們怎麼知道將來我的重孫女不選美國總統？」當母親為了儀民高中畢業，準備要出國留學而心疼流淚時，祖母卻對母親說：「妳應該高興才是，我的女兒就沒有妳的女兒幸福，可以出國去唸書」。小小的兩件事，充分表現了她跳脫舊時代思想中對女性的偏見。

父親在執業律師時，她曾有明確的指示規範。第一，不收不義之財；第二，不辦離婚案件；第三，兄弟爭財產，要設法和解處理。父親謹遵母訓，非但一一做到了，而且絕對不辦關說案子；遇到拿不出訴訟費的當事人，則免費辦理。祖母雖沒有受過正式教育，但是她的思想、見解、作為，卻深深影響了我們全家。

愛子的新娘子，祖母當然要仔細挑選。從前都是早婚，父親在上海讀大學時，就奉祖父母之命，與母親陳季蘋女士完成了婚事。婚宴中，由於父親是新潮派，絕不答應新娘穿傳統的大紅禮服。但是外祖母則認為寶貝女兒是端木家堂堂正正，明媒正娶，更非偏室，豈能不穿大紅禮服進門！一時之間，相互爭執不下。祖母居間來回奔走協調，終於說服了外祖母，為母親量身訂做了大紅衣裝，結婚當日，命人雙手捧著大紅禮服先進禮堂，隨後新娘著淡粉紅色禮服進門行禮，完成了一樁美事。不但滿足了外祖母的堅持，也順應了兒子的要求。在那個時代，這樣的折衷辦法真是罕見，充分顯示了祖母的智慧。順帶一提的，當時外祖父家道殷實，十分欣賞父親的才俊，但是心疼女兒，要陪嫁八個丫頭來伺候。祖母並未因此而心喜，反而誠懇的應允親家，一定會疼媳如女，婉拒了親家的美意。

嫻淑端莊　母親外柔內剛

母親陳季蘋女士和祖母一樣堅強偉大。她出身大家，嫻淑端莊，閨閣千金。十八歲于歸端木家，和父親感情至好，完全沒有千金小姐的嬌貴息氣。對公婆孝順，更勝於親生女兒。中日戰爭開始後，政府遷徙大後方，父親服務在外，無暇內顧，當時母親只是年方三十的年輕女子，從未出過遠門，卻隻身攜幼扶老，在那混亂的時代，從南京到漢口，經長沙轉益陽，至貴陽才能與行政院的隊伍會合，再至重慶。逃難過程中，千里迢迢，顛簸勞頓，途中並險遇強盜劫掠，雖有幸逃過劫難，不免驚恐不安，其間的艱苦與辛酸可想而知，但是也由此充分展現出她的能幹、智慧、應變、沉著與忍耐。母親的睿智，又豈是我們這些受過新式教育、自詡新潮能幹的女兒們所能望其項背的。

母親的個性是柔中有剛，遠見與毅力絕不亞於父親。但她一生敬愛丈夫，從來沒有自己。除了生育我們六個兄妹外，雙親前後並養育六位表親子女。父親公忙，在家時間較少，一切子女養育大任都落在母親肩上。母

端木夫人陳季蘋女士攝於台北市銅山街寓所。

親慈祥但卻嚴格，對孩子的品德行為與學業功課更是督促甚嚴。在刻苦與幸福的生活裡，把十二個孩子都栽培到大學畢業，只期望為國家培植有用的青年人。

抗戰時間，物質條件極差。父親從政又是出名的清廉，對財務一絲不苟，完全依靠公務人員薪水過日子。一家人上有老，下有小，持家過日真是要克勤克儉。記得我們小的時候，孩子眾多，孩子長得快，衣服不是破了，就是小了，全家衣著，都出自母親親手縫製，幾乎每天都在縫縫補補。晚上靜下來，她還不歇手的編織著毛衣。

勤儉持家　巧手打理門面

一個戰爭剛結束，很快另一個戰爭又開始。剛來台灣時，生活也許沒有中日抗戰那麼淒苦，但是物質缺乏依舊。好在台灣是亞熱帶氣候，不太需要穿那麼厚重的棉衣，但是毛衣的需求量可並未減少，母親仍然要不斷地為家中老小織毛衣。這時三個年幼的姊妹，倩民、儷民及陳邦禧（母親娘家的姪孫女），就成了母親的好幫手。她們三個人組成一隊，把不能穿的毛衣拆掉，把尚能重複使用的毛線重新捲成線球。有時候舊毛線不夠了，巧手慧心的媽媽就會動腦筋，接上其他顏色的毛線，把毛衣做出些拼接花色，結果每一件都別出心裁，各具特色。

對媽媽來說，織毛衣只是粗活，針繡才是展現手藝的地方。那時男人的領帶趕流行，由三寸半的寬版變成一寸半的窄版，父親那麼多的領帶怎麼辦呢？節儉的父母親可捨不得把它們丟掉，結果全部由母親小針細線的修改。那些意大利絲，又滑又溜，領帶又細又長，要縫得天衣無縫，真是要花多少眼力，多少耐心？在那千千萬萬綿密的針線中，縫入了多少母親對父親的愛！

父親講究穿著是眾人皆知的，但是背後為父親打理所有衣服的，是我們能幹的母親。在沒有燙衣板的年代，讓父親天天西裝筆挺的出門，那可不是一件輕鬆的事。母親自從動過乳癌手術後，無法再提重物，雖然不能再親手為父親燙整衣服，但是母親每天都要親自監督，看看是不是每一件襯衫、長褲、西裝都如同她為父親整理時一般平整。這種認真負責、一絲不苟的做事態度，真是和父親同出一轍，也因此她對我們平日做事一切的要求，遠比父親還要嚴格。

慈母慈父 身教進退禮義

一般來說都是嚴父慈母，但是我們有慈母，也有慈父。儀民記得幼兒時期，夜晚都是跟父親睡，一切照顧都是父親親手處理，而非母親。記得儷民唸初一時，有一次學校女童軍要去露營，需要家長簽章，平常學校的通知書，如成績單什麼的，都是母親看過就蓋章了。但是那一次，母親不放心一個大女孩要在外過夜，但是又知道儷民心裡很想參加，於是就叫儷民去找父親簽字。找父親簽個字，可不是一件容易的事。那幾年，父親很忙，我們又都很早就睡了，晚上很少看到父親，經常是睡了一覺，半夜三更，還看到父親書桌上的燈亮著。有時夜裡睡得糊里糊塗，感覺到父親走到我們房裡，為我們蓋被。等我們一早起來時，父親多半已在梳洗，有時候會跟我們一起吃早餐。那次儷民心中七上八下，等著等著就睡著了。第二天早上醒來，簽好的同意書已經放在儷民的枕頭上。慈愛的雙親雖然擔心，還是成全了小女兒的心願。

雖然雙親平日都很慈祥，但是家中仍有一定的規範，大家都知道要遵守。就像早餐桌上，父親如果在家，多半會和我們一起進餐，但是大家除了問安，都是靜靜的吃，一方面是趕著上班、上學，一方面也是父親很少開口，但是晚餐可就不同了。父親雖然不常在家吃晚飯，但是只要父親在家，那天的餐桌上可就熱鬧了。白天上班的上班，上學的上學，只有晚飯的時候，一家人聚在一起。家裡人口多，一大家子聚在一起，話匣子一打開，你一言，我一語，好不熱鬧，一頓飯，經常可以吃上一兩個小時。奶奶總是說：「怎麼飯一到嘴，話就來了！」有趣的是，經常都是父親帶頭討論，奶奶也只有笑著搖頭了。多年後回憶起來，一家人坐在一起，有吃，有喝，聊天說地，真是好開心，也成為我們心中最溫馨的回憶。我們各自成家後，不知不覺中，竟也延續了這種家庭餐桌聚會，保持一家人親密的聯繫。

父親看來嚴肅，其實對運動也有一套，年少時還玩過大刀。我們小時侯沒有電視，更沒有電動玩具，只能自己想花樣來玩，我們用長長的衛生紙和毛線做成毽子踢。那時侯我們的技術都很差，經常追著毽子滿屋子跑。母親的腳是半大不小的「解放腳」，沒法兒和我們一起踢毽子，但是父親只要在家，一定會加入我們。父親的技術高超，正的、反的、後面的，都踢得到，而且是站在一個地方。還以為踢毽子一定可以贏過父親，沒想到還是輸了。

記憶中，父親從未罵過我們，責備我們最重的一句話：「書是怎麼唸的？」有一回，儷民讀大一時的暑假，一個人在家，接了一通電話，等父親回來，告訴他：「法院來電話——」父親就問：「是地方法院，還是高等法院？」儷民一聽愣了，答不上，父親搖搖頭說：「書是怎麼唸的？」一直到儷民修完學位，到東吳服務，父親看到儷民呆坐在書桌前，對她說：「書是怎麼唸的？」其實那時儷民新手教書，站在講台上，看到一群學生，心裡好慌，五十分鐘的課，要準備三、四個小時。再說在東吳教課，儷民怎敢不全力以赴，否則要時時把「書是怎麼唸的？」揹在背上了。

真誠相待　婆媳情同母女

抗戰期間在重慶，母親操勞過度，得了婦科重症，必須動大手術。在當年醫療藥物極差的狀況下，這樣的大手術，成功率不到三成。但吉人天相，母親是一個幸運的存活者。當然在生命搏鬥中，母親發揮了驚人的毅力與意志，終於戰勝了病魔。到了台灣再度因乳癌又經一次生死搏鬥，仍然勝利脫險，而且身體健康狀況亦越來越好。在子孫滿堂，毫無徵兆下，神色安詳的蒙主寵召，享壽八十又二。

母親與祖母婆媳之間，感情濃厚，情同母女。那時母親在台因乳癌接受手術，祖母說：「現在孫子、孫女都已長大成人，季蘋手術如有不測，我亦將不再活了！」可見婆媳之間感情的深厚。祖母年事更高，生活細節，剪修指甲，都由母親一手操勞，所以母親之獲得父親終身的深愛尊敬，也是必然的事。

留學奇遇　父親展現才華

父親在復旦和東吳二所大學畢業後，赴美國紐約大學法學院深造，為謀生活費與求學開銷，最初是從事搬運罐頭的粗工苦力。有一次，父親不幸在工作時受傷，住進醫院，認識了一位病人，他很欣賞父親，認為父親是一個年輕苦讀上進的留學生。原來這位病人頗有來頭，父親出院後，經他介紹到紐約最著名的華爾道夫大飯店(Waldorf Astoria Hotel) 做茶房領班 (Captain)。在當時極為歧視華人的白人社會，擔任這件工作是需要智慧、技巧與外交手腕，才能讓百餘位美籍資深年長的工作人員接受他的領導與調度。在這裡，父親首次展現出他的領導才幹。

這份工作的收入比較豐厚，使父親在美的生活獲得改善。每個週六工作一下午，即可賺足一個星期的開銷。在此同時，也讓父親領略到美國上流社會生活中豪華與高雅的一面，學習到西洋禮節上的應對進退。他曾許願，將來再度來紐約時，一定要做華爾道夫大飯店的客人。日後父親自付旅費為東吳大學赴美募款，路經紐約，舊地重遊，總算自己如願以償的住進了華爾道夫大飯店，了卻了多年的心願。

捐贈東吳　旨在獎掖後進

有錢捐贈是福氣，懂得付出是智慧。說到捐贈，值得一提的是，父親曾向他一位住東京的學生傅在源先生，要了二十五萬美金，全部捐給東吳，時間為七十二年三月。

民國六十一、二年間，父親的一位摯友，古董收藏家胡惠春先生，在父親的遊說下，將一套珍貴的清朝恭親王的家具，捐贈給東吳大學，再由東吳大學賣給故宮博物院，所得的二千二百九十五萬元，在東吳大學成立「胡筆江先生紀念講座」，以紀念胡惠春的父親。最後功德圓滿，東吳大學獲得巨額資助，故宮博物院獲得典藏的珍品，胡先生也如願完成孝心，紀念其父親，三方皆受益。這一件事，奔走聯繫要歸功於楊其銑先生。

還記得離開大陸來台時，儀民年幼無知，吵著要帶著她的新鋼琴，否則不肯離開上海。父親不願傷愛女的心，只好帶出唯一的家具——鋼琴。後來儀民自美返家探視雙親時，發現鋼琴怎麼不見了？母親告知：「妳的鋼琴升級了，已進入東吳大學音樂系了！」原來父親要開辦音樂系，又缺乏資金購買音樂器材，只好把家中鋼琴搬去。聽說當時音樂系只有三架鋼琴，我們那一架，可占了三分之一的比例呢！隨著時光的流逝，以及東吳大學的擴展，那架老舊的鋼琴也完成了應盡的責任，走向它生命中的終點，無法再在東吳校園中流洩出清亮的旋律。那陪伴我們三姐妹度過成長歲月的鋼琴，雖然已無緣再觸碰彈鍵說聲再見，卻由其中深深體會到父親辦學的艱辛。

民國五十年，端木先生女兒左起長女儀民、次女倩民（時就讀東海大學）、三女儷民，攝於東海大學。

民國六十八年，也就是父親胃開刀後的第二年，我們全都返台團聚，父親要開一個正式的家庭會議。於是我們在旅館訂了會議室，咖啡、點心，一應俱全。會議主要的內容是交代在他身後，安排如何照顧母親，以及處理他的房子。他告訴所有兒女，他這個做父親的已經盡到了教養栽培子女的責任。父親宣告歷年來已將珍藏的古董、萬餘冊圖書，其中許多是珍貴的善本書，以及天母的一塊地已變賣現款，陸續都捐贈給東吳大學。唯一的房子在母親百年後，也捐贈給東吳。多年來，對父親的慷慨捐輸，我們早已習以為常，也深切的了解父親對東吳的牽掛，母親更是不斷的點頭、面露微笑的鼓勵贊成，我們相信父親一生所做的任何事情與決定，母親都是他最忠誠的支持者。數度進出醫院的父親總認為他會比母親早走，多年的相互扶持，最放心不下的是對母親的牽掛，但是沒有想到，母親竟然先他老人家而去了。在父親民國七十六年五月三十日辭世百日後的九月十六日，儀民與傑民將父親所遺留的私人宅邸點交給東吳大學，遂行了父親的心願，也完成了父親最後的一件囑託。

父親先後捐資成立了端木愷先生講座、端木鑄秋法學研究基金，母親過世後，我們做子女的為了紀念母親，集資成立端木陳季蘋女士急難助學金，多年來，東吳大學運用基金孳息，作為聘請講座、提升教學品質、幫助清寒學子就學之用，發揮了預期的目標。

父親過世不久，一次儀民在計程車上，駕駛突然指著路旁的一個律師招牌說：「妳知道有一位端木愷律師嗎？他是我們計程車司機公會的免費法律顧問，如今他去世了，不知誰再有他的好心，可惜啊！」聽到一位不相識的人對父親的追念，心中真是好感動。父親這一生還有多少我們做子女所不知道的善行，為我們積福呢！

父親一生從公從學以及從事律師事務，都能獲得社會的肯定。我們身為子女的當然是引為莫大的光榮，更要為父親在天之靈感到至上的安慰。

原載：民國九十二年六月號《傳記文學》第八十二卷第六期

記憶中的端木先生二三事

陳維衡

筆者追隨端木先生僅有數年，所知先生之事蹟，實在不多。所見所聞，雖止於管中窺豹，但亦可見一斑。民國卅一年，日軍挾其武器之優勢，在我國侵城略地，政府為延長抗日，乃遷往重慶。其中有一段時期，蔣委員長曾兼任行政院長，又兼國家總動員委員會委員長。所有重任，一肩承之。其時，端木先生任總動員委員會秘書長；何宜武先生任政務組長，陶一珊先生任安全組長，均為一時之選。其他各組，因時過久，不復記憶。

同年，汪精衛潛赴河內，發表艷電。蔣委員長知後，隨即去行政院召開院務會議，以籌應對之策。會後，問時任行政院政務處長（即以後之行政院秘書長）蔣廷黻先生：「端木秘書長沒有隨汪去？」廷黻先生答：「適來行政院途中曾見到端木，是否要請他過來？」蔣曰：「看到了就好。改天，我想問問他對汪此去的看法，平時他不是和汪走得很近嗎？」

面對大是大非，端木先生自有其掌握；蔣先生自有其任人不疑之胸懷。

民國卅五年，政府還都南京後，第一次召開國民代表大會。抗戰勝利後，端木先生離開公職，在上海任律師。在前往南京出席國民大會途中，有記者問端木先生：「委員長已委任先生為糧食部長，不知先生何時前往履任新職？」先生答以「我非學農出身，又不懂糧政，怎可擔當糧食部的重任。」記者繼問：「委員長的人事任命已經發表，先生知曉否？」先生微笑手指一排小房子答：「那裡我可以去，糧食部我不可以去。」記者在訪問記後加註曰：「那排小房子原來是監獄。」此處必須說明者，即彼時抗戰剛剛勝利，蔣委員長威望如日中天，但端木先生並未被送去小房子。端木先生擇善固執，有所為有所不為。蔣先生則自有其領袖氣質，有所為有所不為。

端木先生似乎在國家平安的日子裡，大多在執行律師業務。國家板蕩之時，則多出任艱鉅。民國卅八年，剿共戰爭已近尾聲，蔣總統復行視查後，隨即親往重慶指揮保衛戰。行政院則在陸續遷往廣州途中。當時行政院長為孫科先生，行政院秘書長即為端木先生。政府中人多知孫院長乃垂拱而治的有福之人。此際，除軍事外，一切國家大政均在行政院。戰事分為兩線，一在重慶，一在廣東外圍。兵慌馬亂，逃難人群不絕於途。中央機關人員已由南京撤退至廣東，部分人員則再遷往台灣。政府多年來之機密檔案，國府保有的國家基金之黃金，以及國寶級的歷史文物等，均暫存廣東及福建之中央銀行，以待安排適當之交通工具運往台灣。端木先生力竭從公，至少半年未曾返家。某日，有不知艱苦的香港記者問端木先生：「藍妮女士（孫科先生之外室）在香港抱怨您說：『她曾數度託人請您幫忙，將其儲存在廣東某處之染料運送香港，先生迄未辦理，令其損失巨大』云云。」端木先生面容嚴肅答曰：「我是行政院秘書長，不是孫先生的秘書長。」

十數年後，端木先生在東吳大學校長任上，孫科先生仍為其校長室中之常客，前事似未有損二老之私誼。凡擔當社稷重任者，必有其鐵肩。而身為一國元首者，亦必有其恢宏之胸襟。緬懷前輩風儀，寄望今日之廟堂人物能視此短文，若春秋之筆，若高堂明鏡。

（寫於民國九十二年六月）

追述先父交游

端木偉民

偉民近日自上海返台，知東吳大學劉校長源俊先生正籌備出版紀念先父百年誕辰文集。承劉校長囑撰寫一短文。今就先父交游情形，略述一二。

父親與王亮疇之關係

父親由安徽當塗隨祖父遷居上海。小學畢業就讀英人創辦之麥倫中學，由於參加五四運動被學校勒令退學，故轉入虹口澄衷中學。葉澄衷當時為上海聞人也，頗富有，故自己出資創辦私立澄衷中學，所聘師資皆為上乘。父親就讀中學時就很愛國，同時也很活躍，十七歲當選為全上海市中學代表，南下廣州拜會孫中山先生而認識王寵惠先生。王亮疇頗為欣賞父親之口才，父親中學畢業，同時就讀復旦政治系與東吳法學院，也可能受王亮疇之影響。父親留美回國後，在南京做律師時，更得王亮疇賞識，尤其在制憲時，父親選派為國民大會第三組組長參與制憲工作。並且為王亮疇之左右手，抗戰時王亮疇為國防最高委員會秘書長，父親當時為國家總動員會議秘書長，為國事問題父親經常與王亮疇接觸商討國事，因為王亮疇對父親更為了解欣賞。抗戰勝利後，父親在上海執行律師業務，王亮疇特選為司法院院長而力邀父親就任司法院秘書長，於公於私父親皆無法婉拒王亮疇之邀請。因為上下層關係兩人關係友誼更進一步。

父親與孫哲生之關係

應當追溯到祖父時代，祖父璜生公曾科舉考試為清朝舉人，因為看到清朝腐敗無能，決定投筆從戎，入雲南講武堂，後加入國民黨為同盟會會員，追隨孫中山先生革命。民國元年，孫中山先生當選為臨時大總統，祖父當時是國民革命軍第一軍參謀長兼第一旅旅長（軍長為柏文蔚）。大總統特委祖父以第一旅旅長駐紮南京戍衛京畿浦口、采石之間，所以與孫府頗有來往。父親就任行政院參事，負責議事組，故對各方關係皆有聯絡，父親雖為國民黨員，但從未在黨部擔任過任何職位，所以與各派關係皆融洽，因祖父與孫中山先生之部屬關係，哲生先生對父親當有特別感情存在，尤其在抗戰勝利後，父親另選為行憲後第一任立法委員，哲生先生為當時立法院長，所以關係更為接近。民國卅七年，哲生先生奉命組閣，為行政院秘書長一職，孫先生與最高當局堅持不同意見，頗成僵局，王亮疇得到消息後出面打圓場說：我建議一人想雙方皆可接受，王亮疇隨即說願將司法院秘書長讓出，而最高當局與孫先生皆同意。然後王亮疇說給父親聽後，父親則不願赴行政院就職。孫先生頗為堅持父親擔任此一職務，但父親則堅持不就，最後王亮疇以春秋責備之，父親就坦然接受。國府撤退來台灣以後，東吳復校，父親則遊說王亮疇及哲生先生先後擔任東吳董事長，父親在台灣也對王、孫兩位先生特別照顧，每逢舊曆新年，父親從不拜年，而對王、孫兩府每年則非去拜年不可。

父親與汪精衛的關係

民國廿年，父親從上海搬到南京執行律師業務，民國廿二年，汪精衛當時為行政院長，請父親好友彭學沛先生遊說父親出任行政院參事，彭先生時任行政院政務處長，褚民誼為行政院秘書長，父親就任公職在行政院政務處任議事參事，所以政府上層人員差不多都認識熟悉，周佛海是C.C.（編案：C.C. 指三十、四十年代國民黨內部的陳果夫、陳立夫兄弟之勢力團體）派的高層幹部，在重慶出走前代理宣傳部長，與父親皆屬老朋友了。父親任職行政院，羅君強在行政院任簡任秘書，故又是同事又是老友。羅君強少君羅伯偉在抗戰時由上海逃到重慶，打聽到父親住址，當天即來拜訪父親，偉民記得是禮拜日中午正在吃午飯，父親請他吃午飯，隨即電話報告最高當局，汪精衛出去時跟隨他的人員皆為國民政府高層，所以父親與他們出走之前都有交往也很熟悉，也有交情。勝利後這些老友當了漢奸而求助父親，他老人家對一些故友也不忍心不管。

參與制憲一事偉民所知實在不多，在抗戰初期，父親將家安頓在四川北培天生橋，當時偉民就讀於北培小學，而國民大會也臨時設在北培天生橋，所以一些同學的父親在國民大會工作，偉民經常隨同學去國民大會宿舍玩耍，同學父輩最常對偉民說你父親了不起，年紀輕即隨同張君勱、王寵惠、許世英、蔣作賓諸位前輩參與制憲，你父親提供法律要點、斟酌文字修改、合稿、校對。當時父親兼職國民大會第三組（無給職）曾隨蔣作賓先生策劃選舉規章，有關制憲一章，李俊教授可能比較清楚。

有關父親被開除黨籍及恢復黨籍事由

民國卅八年解放前，國民政府交通部下屬有兩家航空公司，一家稱做中國航空公司 CNAC(CHINA NATIONAL AIRLINE CORP.)，另一家稱為中央航空公司 CATC(CENTRAL AIR TRANSPORTION CORP.)。卅八年國府撤退到台灣時，兩航公司飛行員見大勢已去，有飛行員準備投共，而大部分飛行員將飛機飛往香港即自行離去，故兩航公司有七十幾架飛機滯留在香港。有 DC-3 也有 DC-4，稱為空中霸王。一九四九年中共業佔據中國大陸，成立中華人民共和國，故此中共向香港政府提出該批飛機應屬於中共飛回中國大陸，而台灣方面認為該批飛機本來是屬於國民政府的，蔣總裁（當時蔣先生已下野）指示父親接辦兩航空航案件，訴訟時間長達三年，於一九五三年香港最高法院判決台灣勝訴，但飛機已被炸毀，不能再飛（不知被哪一邊炸毀），可是飛機雖被破壞，因台灣勝訴，該批飛機停滯香港啟德機場達三年之久，這一筆停機費頗為可觀，父親去香港與港府交涉，港府總算打一相當大的折扣（總共多少錢則不得而知）。父親交涉得結論後隨即與總統府秘書長王世杰先生通了長途電話，託請他轉告總統，而蔣先生也同意了，錢也由台灣政府匯出。父親返台後，王世杰先生讓父親補一公文，父親也寫了呈總統府，似乎兩航公司案已定案皆大歡喜。有關這筆停機費由王秘書長口頭報告過後，可能總統將這件事忘了，當總統看到該筆匯款報告問王秘書長是怎麼回事，王世杰先生再向總統報告，蔣總統說我怎麼不知道這回事，王先生說尚有某人呈文，隨即調卷，據聞該呈文總統批了「閱」，以蔣先生之個性不會承認自己不對，當然即批評王秘書長矇蔽他，應予免職，再問某人為什麼管這件事，王世杰先生說端木愷是總統指派律師，並為從政黨員，總統再說你和端木愷兩人都在矇蔽我，端木愷不是現任官員，我開除他黨籍，王先生也頗有讀書人的脾氣，回總統說閣下是國民黨總裁，意欲開除某人黨籍這是閣下權柄，總統更覺面子下不去，隨手拿筆手諭，原總統府秘書長王世杰「矇混舞弊，不盡職守，應予免職」，端木愷開除黨籍，時間為一九五三年十一月，詳細情形不太清楚，父親從未提起此一事件。惟父親病重時偉民由香港來台北探病，父親僅提起說：我為兩航事件為國家冒生命危險在香港辦案子，結果落得被開除黨籍，言畢流淚，偉民也不敢再問。

恢復黨籍也頗有趣，一九五六年，先祖母在台北寓所突然逝世，張岳軍先生在總統府得到消息，即去總統辦公室告知某人老太太無疾而終，總統對張岳軍先生說「你替我送廿萬元給端木愷」，岳軍先生則說「鑄秋在台北掛牌作律師，生活尚過得去，不需要銀錢幫助。」蔣總統問那我送什麼？張岳軍說總統應該送一輓額，總統馬上交辦，總統送給祖母的輓額相當客氣，抬頭稱「端木嫂唐太夫人千古」可能總統以祖母輓額以示歉意。祖母過世後，中央黨部奉諭將黨員證送至銅山街二十號家還給父親，送三次，父親退三次。有一天家裡接到總統電話，總統在陽明山官邸接見父親，當然父親也祇有惟命是從，前往拜見總統，據母親告訴偉民，總統見到父親第一句話就說「你回來了」，父親在官邸坐了不到十分鐘即告辭，總統也站起來送父親到門口，說你稍等，在自己衣服口袋裡將黨員證拿出來，親自交與父親說「你拿回去吧」，父親祇有默默接受。

（寫於民國九十三年四月十四日）

春暉永難報　世紀憶親恩

——父親端木愷先生百歲冥誕　憶家居生活之點滴

端木儀民

人只有在失去父母時，才知道什麼叫真正的「失去」！

每想起父母，我的思緒就會隨著回憶中老人家的一句話、生活中的一件小事，彷彿他們又活生生的重新回到眼前。

當沈緬的思路突然被現實所打斷，驚醒的剎那，一種掏空的失落感，真不是我的禿筆所能形容。

東吳大學要我寫一些父親居家的生活情形，我覺得好像有許許多多的事，如泉湧般湧上心頭；有千千萬萬的字，爭先恐後的要從我的筆尖擠出。但是等到我要下筆時，卻又是字窮句絀，千頭萬緒，不知從何寫起？這才又後悔，沒聽父母的話，好好地多讀點書！

富貴浮雲遠　身教做標竿

父親對我來說，他只是照顧家庭、疼愛子女的「父親」，雖然我沒有去比較過，但是應該與別人的父親沒有兩樣。

我從來沒有去關心父親曾經做過什麼影響深遠的大事？有過什麼顯榮的官位？父親在家也從未談起過他在外所做的任何事。他給我們的感受是白天夜晚都在忙碌，只覺得他做了許多他應該做的事情。好多的事情，幾乎都是經過了許多年後，才從別人的口中聽說，或是從報紙上約略了解。

在我們眼中，父親只是一個平凡的人，但是在生活習慣上，卻具有一點普通一般人所不常有的特質。父親的工作時間是不分晝夜的，他書桌上的燈經常亮到清晨四、五點，也就是說，他又工作了一整晚沒睡。有時則會看到他在房間踱步，思索問題。因此除了吃飯的時間與我們一樣外，他都儘量在空閒時躺在沙發上休息補眠。

在我記憶中，父親很少睡床，除非生病吧！他有一張很寬很大的沙發，兩腿可以翹起來，沙發旁有一個茶几，上面有兩個電話。他的休息是不分晝夜的，常看他在沙發上打呼睡著的樣子，但是電話鈴一響，不管是哪一支，他即刻進入狀況，只要電話一掛上，他即刻又繼續打呼睡著了。

這項特質，使他可以做許多事情，但是也可以說工作得非常辛苦。

從家居生活中的瑣碎小事，處處有他循循善誘，不著痕跡的苦心培育，他的身教、言教深深影響了親疏大小九個孩子的人格。

雖然當時常有別人來央求父親說情面的事，但是我們都很清楚，父親是絕對不會替我們說人情的。我還記得每次搬家，父親會指定我去考哪一個學校，因為怕考不取，我曾要求說考兩個。他的回答是：「考不取？很簡單，考不取今年就不進學校。」因為父親這句話，深怕今年不能上學，所以不敢考不取。我想他就是要借此激勵我們，明瞭「有志者事竟成」的道理。

父親雖然不為我們自己的事說情面，但是如果對社會有利的事，他則會自動地來幫忙。我任職的 IBM 公司與美國國科會在一九八〇年共同攝影製作一系列的地球科學影片，耗資數百萬，費時數年，經過接洽，表示可以捐給台灣。他老人家一聽，興趣可來了，立刻安排叫我去見中研院吳大猷院長，吳院長一看我的資料，即刻通知教育部李煥部長，李部長委請師範大學著手翻譯，成為我國第一部實質中小學地理科學的視聽補助教材。

整個工程數月完成，為此教育部還給了我一個獎狀呢！我則認為這獎狀應給老爸，沒有他的推動，我那裡知道要去見什麼人？又能做什麼？

父親對每一個子女都付出同等的愛，而他孜孜矻矻奮勉勤事的精神，更深深刻印在子女幼小的心版上。儷民曾回憶說：「寒流進襲的晚上，好冷，上床前，總把棉被摺成一個筒子，然後很小心的鑽進去。待我躺下，被筒早就亂成一團了。往往是父親替我將被子塞緊，讓我能安穩入睡。夜半睡醒，迷糊中，總看到父親書房的燈光，在小學五、六年級的我，認為那只是盞長明燈。」

父親看上去比較嚴肅，但他對子女們卻從不責備，總是以鼓勵、勸導、舉例說明等方式，讓我們口服心服。說話時絕不傷害我們的自尊，即使他不高興，也以很婉轉的方式告訴我們。他常說：「年長的人應該懂得年輕人的想法，因為我們是過來人，年輕人到某種年紀自然會明白，所以年長的人都該諒解年輕的人。」

記得七歲時父親帶我去參加一個婚禮，當別人稱讚新娘漂亮時，小小的我在父親身旁小聲說：「不漂亮。」在回家的路上，父親告訴我：「妳以後一定要說新娘漂亮，每一位新娘都是漂亮的，因為這是她最漂亮的一天，不是與別人相比的。」因為這句話，往後的日子我了解到「自己永遠是自己的競爭者」，而不是去與別人相比。

徘徊十字路　父親來領航

在我們家，子女的教育，幾乎可說都是母親在管。但是如果遇到自己認為比較嚴重的事，則一定會先找父親商量。因為我們怕母親太仁慈，心疼子女，一時會太著急，關心則亂，無法做出客觀的評斷，而父親則比較理智，可以站在旁觀者的立場去分析、指導。

如果問父親的律師專業，對家庭有無影響，答案是：「有」。與我個人有關的只有一兩件。別的兄妹我不清楚，別忘了，他是律師，我們每一個人都擁有自己的隱私權。

對我來說，在人生中有兩次重大抉擇都曾與父親商量。一九七六年，父親來舊金山，我問父親有關離婚的問題，父親面對摯愛長女的婚變，面色凝重，思索了片刻後說：「現在我的談話不是父親，而是律師。妳不用告訴我妳要離婚的理由，我只能告訴妳，財產是最大的爭執。你們二人分居紐約與加州，雙方都有律師，這律師的開銷是可觀的，我只建議兩條路，第一，法律上妳有一半的財產權利，如果妳要爭，妳必須知道也許每一塊錢去掉雙方律師費用，妳可能只拿到二角。但是妳必須爭到最後一分錢。因為這是原則問題，妳也必須了解這過程中妳要經歷精神、情緒上種種的壓力。第二條路是妳大方的放棄所有的一切，憑妳的聰明才智把花在爭財產上的精力與時間去開創妳自己的前途與財產。妳也必須要面對競爭與工作的壓力，這也不是一件容易的事。妳不必告訴我妳的選擇，但我決不要看見妳哭著回來找我。」我的回答是：「我會決定」。我選擇了第二條路，避免了許多爭執，與前夫也仍能保持良好的友誼。

因為父親的冷靜與前瞻，養成了我非常獨立自主的能力。我更感激他，隔絕阻止了所有其他兄弟姊妹們原本要加諸於我的指責或任何意見。讓我在當時能夠有一個不受干擾，自己做決定的空間。

一九八五年，我自美派返台灣工作，當時公司由美至其他地區工作的員工在生活條件上有許多的優待。父親對我說：「生活條件往上容易往下難，一個人的成功，也是看他生活水準是慢慢地往上，而不是忽上忽下。我知道公司給妳的一切也都是妳辛苦應得的，但是在每一個優惠條件下，如果妳不在妳的職位，妳自己有無能力繼續維持同樣的水準，如果不能，也許考慮一下要不要。」

我謹記父親這番話，多年以來，一直讓自己有能力維持自己的生活水準，而不受工作職位的影響。

父親不是完人，當然有他的缺點，手足們都遺傳了父母的優點，唯獨我遺傳了父親的缺點。父親的特點是知道怎麼轉化他的缺點成為優點，而我卻沒有他的本事與修養，每每做出不合父親心意的事，而遭到愛深責切的指責：「書是怎麼唸的？」由於我與父親的個性最相近，也是唯一會頂撞父親的不肖女，父親經常說：「我最耽心的就是妳的脾氣，和我一樣，容易得罪人，自己吃虧。」雖然在爭辯過程中，我也學會了許多，也答應他會儘力去改，但是父親還是最不放心我的脾氣。今天我最難過的是父母親在世最後的三年，我有機會去陪伴他們，卻忙於俗事，沒有好好盡到孝道，這是我終生的遺憾，明知於事無補，但我的自責卻與日俱增！

威儀撲克面　柔軟體恤心

看似威儀的父親，卻總有一顆柔軟體諒的心。有一年我回台過節，家裡有人送米、送衛生紙、面紙、醬油等物品。我好奇去問母親怎麼有人送這些東西做節禮。媽說：「妳去問妳爸。」我跑去一問，爸說：有許多小行號要找我幫他們處理一些法律問題，或是作他們的法律顧問。做小生意賺錢不容易，怎麼算錢很傷腦筋，多了人家付不起，少了人家又覺得不好意思，不收錢人家更不肯，我就想了個主意來意思意思。如果行號出的東西家裡可用的，我就讓他們送一點給家裡吃或用。這樣對行號不是負擔也非常高興，都很熱心的送來，送來的都是上品。你母親也很高興，不必去買這些日用品，事務所也省掉收錢的作業，這樣豈不是大家開心，大家省事、省錢。我聽了也覺得這一招倒是很妙。

寬厚的父親獎掖後進總是不遺餘力。在父親過世後，我和傑民整理他的遺物時，發現在書桌的抽屜裡有許多借條，每張數目均在兩、三千美金，借錢理由都是出國、求學。兩人商量，一致認為父親從未交代有此事，絕不能讓這些借條曝光。

我記得曾見過一位職位滿高的先生，告訴我他出國時曾向父親借過二千元。若干年後他賺了錢，由他的母親陪同來還錢給父親。父親對他說：「我並不打算要你還錢，今日你既這麼誠心，我收下了，不必言謝，如真要謝，你就幫助別的像你當時一樣需要幫助的年輕人，那就等於謝我了。」那位先生，我沒有記下他的姓名。

所以我和傑民兩人決定撕毀所有的借條，因為我們深信，這也是父親要我們這麼做的。值得一提的是，當時我出國的機票，也是父親老友購贈的呢！

黨籍去又回　冷暖攜手品

許多人曾問我有關父親被開除黨籍的事，我們做子女的實在不清楚，因為他從未在我們面前提起隻字片語。我只記得我在美國唸書時，當時沒有現代化的方便，有直撥電話。一九五四年有一天收到父親在香港的一位老友張萬里伯父的一封信，信上一開始就說：你的父母都平安，很好，寫信回家只要報告學校的生活狀況，不要提起任何別的方面的事情或問題。

我看了很納悶，心想父母本來就很好，還要告訴我寫信回家只能寫些什麼？但是我想一定有他的理由，所以我也就照張老伯的指示，寫信只提學校生活。若干年後返台，才知道家中的書信、電話均有情治單位的檢查。

父親一直是很堅強，但是母親的堅韌有時遠超過父親，聽母親說，正當父親被開除黨籍的消息傳開，無人敢確認消息的正確性，但都有敬而遠之的態度。父親擔心律師業務會受影響，想減少開銷，有意賣掉汽車。母親這時對父親說：「我可以辭去家中所有的工人，我一個人燒十幾個人的飯，洗十幾個人的衣服，但是你的汽車決不能賣，再怎麼艱難，你的門面必須要撐著，不然別人真以為你倒下去了。」父親因此照常作息。

當然在那數年，父親曾在信中輕描淡寫地說：「我的業務不太忙，過得去。閒時看書，消磨時間而已。但是老頭子也須進修，因為學問是無止境的。」而母親說的則比較直接，「新年以來寫字間（上代人指辦公的地方，也就是父親的律師事務所）生意清淡，物價高漲，家裡非常儉省。奶奶年歲大，糊塗又不講理，她老人家常常要錢，因為這個窮，那個苦，她哪知我們現在的情況！」二十多人生活的擔子，孩子們有唸小學、初中、高中、大學、國外、國內，需要多少開銷，父母都一肩承擔，從未說一個「苦」字。

經過了數十年，如今再讀二老的信，仍是熱淚汪汪。自責從未替父母分擔過任何負擔，我們做子女的永遠只知道向父母「要」，以為他們好似大海，取之不盡，用之不竭，卻不知他們寧願苦自己，對子女卻從不吝嗇。長大以後經歷社會，才體會二老的辛酸。當時傑民又生肺病，嬸嬸過世，養育堂弟仲民全靠母親。隨後母親又因乳癌開刀，父親的責任之重，生活之辛苦，再加上受到監視，不能離開台灣，這些心酸都不是外人所能知道及體會的。

開除黨籍是父親與蔣中正總統之間的事，黨並沒有開會決定，所以在國民黨的黨史館並無紀錄。幾年後，蔣總統又親自把黨證還給了父親。我只知道蔣經國總統對父親很好，每次我自國外返家，常看見經國先生送來的新鮮魚蝦與蔬菜，也許是他感受到當時情況對父親的不公。

一生為東吳　校庫通家庫

父親看上去是一板一眼的，但是如果我們有理由也會與他爭辯到底，他也可以開明的從善如流。每天的晚餐是一家人高談闊論的時間，也是全家交流、溝通、辯論、開玩笑的時刻。

父親對東吳的執著是我們大家所熟知的。他出了一個主意，要我們把每年送給他的生日禮捐給東吳，我們也只能儘量配合。這是一個苦差事，因為他的生日我們個人都會寄張卡片或買一個三、五元小禮物寄給他。但是要捐錢，總不能捐三、五元吧！加上兄妹們散居不同的國家與地區，每年都要由一個手足來通知、收款，湊足一千美元，再由當時在台的一位子女送往東吳。問題是我們還是同樣的得給他老人家寄卡片或一點小東西，我們笑稱這是強迫性的捐助。

好笑的是，有一年我去他東吳的辦公室，牆上掛的一篇祝壽文章，稱讚東吳的成功，其中更談到子女們轉贈他的生日禮物給東吳，特別一一指出兒子、侄兒、外甥的名字，卻無任何女兒的名字。

於是女兒們齊聲反抗，我們說：「好，事情都是女兒們在做，那麼明年我們不做了。讓您的兒子們來處理。」父親說：「那是別人寫的。」而我們的回答是：「您的責任是您沒有給予正確完整的資訊，我們女兒們要罷工。」

真好玩，第二次再去他辦公室，他特別指出說：「我已經請寫的人改正了。」老爸的確很可愛！

第二年他又要我們對母親的生日也一樣辦理，因為每年送給母親的禮比較重一點，但是我們拒絕了他的要求，理由是他無權奪取母親的權利。他也只好無奈的搖搖頭說：「好吧。」

傑民是唯一沒有出國唸書的，但他也是子女中對東吳貢獻最多的。他服務於台灣電力公司，當時是負責全台灣緊急用電之支配。東吳校區在傑民安排下，名列緊急維修第一名。開始是學校找校長，校長找兒子，後來學校遇到任何與電有關的事就直接找傑民來解決。多年來東吳一直未受到停電之苦，父親過世後仍是如此，直至傑民在一九九七年生病去世。

民國四十二年一月，端木夫人與長女端木儀民攝於香港。

東吳在台復校，百廢待興，父親接長後，運用他的人脈關係，極力為東吳尋求資源。舉例來說，父親有位好友胡惠春老伯，非常有錢，是一位古董收藏家，有一套清朝恭親王府的御用傢俱。父親說服他捐贈東吳，可是東吳拿來有何用？於是父親又設法以半價新台幣貳仟貳佰玖拾伍萬元賣給故宮博物院，在東吳成立了「胡筆江（胡惠春老伯的父親）紀念講座」。如此一來，故宮博物院廉價得到它的古董，東吳得到需要的現金，胡惠春老伯盡到了孝道，三方得益。也正因此種類似的捐款以及替政府辦理各種非官方的國民外交，平均每週都要請兩到三次客。為了替東吳省錢，不在館子，而是請在家裡。父親不拿東吳一分錢薪水，這是眾所皆知的，母親也完全支持。但是這麼頻繁的請客，得講究菜色、排場、禮數，必須樣樣自己來打點，家裡還有大大小小十多口人天天要吃飯，在沒有增加家用額度的情況下，能幹的母親也無法支撐下去。

最後解決的辦法，每次替東吳請客，由東吳貼補一點錢（每位客人二百元，拿來支應客人的駕駛與當日臨時工的薪資），為了父親，為了東吳，母親還是無怨無悔的繼續自掏腰包拿出壓箱寶，備治美酒、冬菇、干貝、海參、魚翅，真是難為了母親。

父親只要能替東吳省錢，他一定不多花一元，於是女兒們的鋼琴搬進了東吳大學音樂系，連家裡好一點的檯燈、風扇等用具都拿到東吳外籍教授的住處。母親永遠是父親最好的支持者，笑著說：「這樣省了地方堆東西。」

如果說國民黨是黨庫通國庫，我們家則是校庫通家庫了。在大家讚佩父親對東吳的貢獻時，父親最感念的卻是身後的推手，我賢德的母親。

涓滴獻東吳　棄世恩未休

一九八一年，父親第一次發病時，雖然痛到每天臉色發白，但是他堅持要等到東吳畢業典禮舉行後，才肯進醫院。恰巧我自美返台，一進門，尚未脫鞋，手裡還拎著旅行袋，母親就焦急的催促我去說服父親進醫院檢查。經我再三懇求，他才答應。檢查結果是胃癌，必須立即開刀，但也因為時間的拖延，影響了往後的健康。手術後，父親身體康復很好，但是他心裡明白自己的健康已經亮起了紅燈，他一直想要把房子、書籍捐給學校，也憂慮如果他比母親早一步離開人世，想到要安排母親的生活。

在一九八二年夏，我兄妹等決定再一次大家返台團聚，也是替父親過八十歲大壽。母親要求不要大家同時來同時走，要大家把時間錯開來，早來的早走，晚到的晚走，前後可有一個多月的光景，大家分住家中或旅館，期間有五天時間大家都能在一起，這樣可以有較長的時間，輪流陪伴父母。

我們送的壽禮不是金銀財寶，媽媽要求把二老的住處重新裝潢一下，讓他們住的比較舒服，這樣實惠而不浪費。父親的要求是要趁此機會開一次家庭會議。

於是我在旅館訂了房間、茶點、飲料，完全是正式開會的派頭。上午十點半正，每個人都是西裝外套，衣著整齊的赴會，出席者一共十二人（沒有小孩），依序是爸爸、媽媽、俊民、偉民、儀民、傑民、倩民、儷民、二嫂明珍、表兄維衡、外甥女邦禧、堂弟仲民。會議主要的目的，是要把他將來留下的財產作一個處理，徵求我們的同意。他要把他們現住的一百十一坪房屋，也是唯一剩下的不動產（天母的一塊四百坪的地早在接任東吳大學校長時捐給東吳賣掉了）捐給東吳，但不是目前，如果他比母親先走，那麼把現住的房屋分割成原來的兩戶，母親住一戶，另一戶出租，租錢可做母親的生活費及佣人的薪資。另外有三十萬美元分別由三個女兒代管，每月給母親六分半利息作為她的零用錢。若是母親需與子女同住，則是女兒而非兒子，理由是母女較親近，有爭辯不傷感情（詳情請閱本紀念集「信函」家書七十通之〈一九八二年六月下旬談話簡錄〉）。

不幸的是，母親先走，我等子女集資在東吳替母親設立了「端木陳季蘋女士急難清寒助學金」，以紀念母親。

代管之美金也根據家庭會議的決定處理了。在父親去世的第一百零一日，依照父親的遺願，由我和傑民親自把這棟房子併同屋內所有的家私交給東吳大學的總務長。

相扶一甲子　伴隨羽化仙

我與父親最痛苦的一次對話，也是我一生中最難處理的一件事，就是要告訴生病在醫院裡的父親，母親突然的過世。

一九八六年七月卅日，父親身體不適住進中山醫院。八月一日母親照常上午十點多鐘，由表兄陳維衡（父親的外甥，返台探望）陪同母親一起去醫院，他們二人陪父親吃完午飯，始返家。吃完午飯母親小睡片刻，起床後，去訂蛋糕，因為當天是孫女愈如的生日。因此她特別去美容院洗頭梳髮，打扮整齊。五點她說胸口有點悶，當時天氣的確很熱，她有所謂發痧的老毛病，我讓她喝一口白蘭地，她親自去拿酒杯倒酒，喝了兩口她仍說不舒服，很悶，我立刻讓她換上舒適寬大的衣服，通知司機開車至門口。她走進電梯後即不支倒在表兄身上。上車以後她靠在我身上一直低哼，在車剛要轉進中山醫院的巷子（我家則在中山醫院對面仁愛路上與安和路口，只需三分鐘即可到醫院），母親的頭即往前倒下，我用頭抵住母親的頭。到達醫院急診室，醫生說母親已經過去了！雖然仍舊急救，但是已無任何反應。

這簡直是一個大雷打在頭上，大家手足無措，怎麼可能？從她老人家說胸口悶至過去，總共只有廿分鐘。醫院告之必須先通知「殯儀館」，這是我第一次聽見這三個字，一頭霧水，即刻回家，由母親娘家外甥孫女陳邦禧拿了衣服趕至醫院替母親換衣服。

我打了一個電話給在港的二哥偉民，請他通知在美的兄妹。消息傳得真快，父親的老友程滄波委員來電話詢問。任何人來問，我都只能說謊，說母親沒事。原因是在父親尚未被告知前，我不能讓這些人熱情的跑去醫院安慰父親，這會變成一個什麼樣的局面！但我卻也因此得罪了程老伯，當我見到他時，只能叩頭謝罪，請求諒解。

星期日晚所有的兄妹都回來了。那兩天我無時間也不願一副哭泣的樣子去醫院看父親。只好讓傑民的女兒——愈如去看爺爺，她哭紅的眼睛只推說是姑姑罵的，而姑姑則有點感冒不能去醫院，父親倒也信而不疑。

星期一早上九點半，我們所有人一齊走去醫院，東吳大學的護士張靜婷小姐已到醫院，她讓醫院準備了鎮定藥的針。父親的病房外有一個小客廳，一開始所有的兄弟妹妹在外，只有我與表兄入內。父親一看見我就說：「這麼晚了，還沒上班？」

儀民：「沒有，因為我有點事要和您講。」

父親：「什麼事？有關公司方面，工作的問題？」

儀民：「不是。」

父親：「怎麼？和媽媽鬥嘴了？不開心了？」

儀民：「不是。」

父親：「什麼事，說吧！」

儀民：「我要您冷靜一點，這事是和媽媽有關。」

父親：「啊！既未吵架，那有什麼事？」

儀民：「您冷靜一點，我來說。媽媽在星期五下午五點半過去了。」

父親：「什麼？我聽不懂妳在說什麼？」

儀民：「媽媽已經過去了。」

父親：「我聽不懂妳說什麼？」

這兩句話我們重複了三遍，直到表兄維衡說：「舅媽和婆婆一樣的走了。」這時他兩眼發楞，兩分鐘後他似乎覺悟了什麼，老淚縱橫，泣不成聲。連聲叫著母親的名字。這是我有生以來第一次看見父親的淚水。

這時醫生進來替他打了鎮定劑，幾分鐘後，他恢復理智，他說：「所以這兩天妳沒有來看我。小如來總是眼眶紅紅的。那麼妳告訴我妳做了些什麼？」

我強忍住淚水，平靜的說：「媽媽已送進殯儀館，通知了楊校長，購買了媽媽壽衣春夏秋冬的料子，裁縫已在特別趕工縫製中，墓地已開始動工，正在設計中，沒有對外公開媽媽逝世的消息。」

父親說：「妳做得很好，既然媽媽已經走了，那麼也不必叫妳哥哥妹妹們回來，他們都要工作。」

這是最後一次我與他爭辯，我回說：「不行，媽媽不是我一個人的媽媽，她也是所有兄弟姊妹的媽媽。我有義務必須要通知他們。您也無權阻止他們奔喪的權利，也無權不讓他們回來看望您。」

父親：「那麼，好吧！妳就通知在國外的兄妹吧！」

我答說：「我已經通知了，他們也都回來了，現在都等在房門外，等你可以看他們時，他們才進來。」等了數分鐘，他說：「妳比我還理智，可以忍著眼淚和我講這麼久，好吧！我準備好了，讓他們進來吧！」

我們是先都已講好，大家一起進去，不要一個一個地進去延長悲哀，到時都不許哭，忍不住則自己走出房間，絕不能在父親面前哭泣，形成一個太悲哀的場面。當大家都進去了，護士張小姐則叫我出來坐下，一定要我吞下一顆鎮定劑，同時一定要給我量血壓，一量血壓高到一百八十，她說我臉太紅，強迫我靜坐了二十分鐘。這是我永遠無法遺忘的一幕，每每想起仍是熱淚滿眶。

母親走後，對父親的打擊很大，對他的病情當然更無幫助，不管我們怎麼照應他，在國外的兄妹們每月都輪流返台，但是終究我們無法彌補母親那份細膩與情感，整整十個月後，至一九八七年五月卅日，父親也隨母親去了。留給我們的是甜蜜的回憶，以及無限的懷念與惆悵。

一生不求名 只做有用人

有人常問，子女中有誰在繼承父親的律師業務，我記得在出國唸書前，父母親與我三人談話。兩位老人家希望我唸什麼都可以，只是不要唸法律，我當然要問為什麼？二老的理由是大哥俊民已經唸了法律，他們不希望兄妹在不自覺的競爭情形下傷了手足之情，我答應了。可惜的是後來大哥俊民對返台執行律師業務沒有興趣，因此我們家第二代無人繼承父業，這不知道父親會不會覺得有些許的遺憾？但足以安慰他老人家的是我們每人在自己的專業領域都小有成就。這也是他的教導：「做有用的人，不是有名的人。」

父親曾在倩民出國留學前夕，叮嚀倩民，經過了數十年，倩民仍對當時的情景歷歷在目。倩民曾回憶說：「出國在即，對前途的喜與懼，加上離愁，淚水不斷地模糊了雙眼。臨行父親對我說：『出去好好唸幾年書，見見世面，取人之長，補己之短，為做人處世作好準備。金錢財物都有花完丟失的可能，唯有讀下肚的書是自己的財產，永隨著自己走。日後妳結婚時，我沒有嫁粧給妳，將來也不會留下什麼遺產，因我並無財產，在我能力範圍內教育你們，那就是妳的嫁粧，也是留給妳的遺產。』」

倩民說：「父親已去，他老人家所給的嫁粧與遺產，我一輩子用不完。我珍惜這筆嫁粧與遺產，在不斷享用之外，更會傳留給兩個女兒，作為她們的嫁粧與遺產。」不幸的是倩民也在一九九七年癌症去世，與傑民去世相差六星期。

是的，父親給我們的愛，不是把我們寵溺成溫室的花朵，是讓我們有能力去面對未來，教育我們成有用的人。我為我的兄弟妹妹們感到驕傲，因為父親的身教，讓我們每一位子女都秉承著父親、母親一樣的敬業精神，站在對社會有貢獻的崗位上，努力不懈。

樹靜風不止，孝親親不在，人生憾事，莫此為甚。展讀家書數十封，字字珠璣。昔時輕忽諄諄教誨，此時體會刻骨銘心。

父親在我眼中，只是平凡的父親，但是至今撫案追昔，才了解平凡的父親，做了許多平凡人不做的事情。他老人家終其一生奉獻社會，愛國愛校，勇於任事，秉公執法，不求名，不求利，清廉自取。在他身後，更是涓滴歸公。將一手扶持茁壯的「東吳大學」獻給社會，為國教育精英；出資設立「講座」資助聘請優良教授，提升教育品質；成立「法學研究基金」獎助其一生專注的法學研究，培育國家法學人才。我們做子女的唯一所能做的是秉承遺志，欣然實踐，更傳承下一代。父親的第三代，多數也已學業完成，服務於社會，就職醫學、經濟、數理、新聞、高科技等不同的領域裡，做一個有用的人，以此告慰父親在天之靈。

我們也要感謝東吳，在父親為東吳奔波各地募款時，讓我們聚少離多的家人，可以有機會略盡孝心，陪伴父親，張羅旅程，盡我們最大的努力去支持他完成他的理念。

雖說人生如夢，然走過必留下痕跡，父親一生最後一件事就是服務東吳，竭盡所能的奉獻出他的時間、精力、財物、書籍、生命，他可以付出的都貢獻給東吳了。

父親「一片丹心照東吳」，東吳「長憶恩澤映世紀。」

（寫於民國九十三年六月）

附註：本文經李珊璋女士協助整理

媒體

美國會議員助理訪華的影響

——從端木愷在華府所受禮遇談起

《聯合報》 施克敏

一年多來，以東吳大學校長端木愷博士為首的太平洋文化基金會，在美國國會山莊上，辛勤耕耘，播下友誼的種子，現在，終於優慢開花結果了。最近端木博士到華府參加國際法學會議，受到了一些國會議員和助理人員的禮遇，他可一眼望到，這正在耕耘中的園地，是有欣欣向榮的模樣了。

太平洋文化基金會過去邀請訪華的美國人，大致有兩類，一是國會議員，包括參議員和眾議員，一是國會議員的助理人員，包括行政助理、立法助理、國家安全事務（國防外交）助理及新聞助理等。到八月份，已邀過十位眾議員訪華，國會議員助理也有了五批，四十七人，第六批於雙十節當天離美前往台北訪問。過去訪問過台灣的這批人，對那裡一千六百萬人，已有一份特殊的感情，對他們努力的目標，也有進一步的認識和同情，誠如甘迺迪參議員的行政助理馬丁 EDWARD MARTIN 向甘迺迪參議員報告的：「你不可能到那裡訪問，而不獲得深刻印象的！」情感上有了共同的關切這批議員和助理，訪華後，由於情感上又有了共同的關切，不管他們政治信仰如何——自由派也好，保守派也好，在國會山莊上，一談到台灣問題，他們是有較為接近的看法，對來自台灣的人，也較為親切，以表示他們的關懷。十月九日，端木愷博士所受的禮遇，就是這種特殊情感的表示。

那天中午，以加州眾議員柏格納為首的七位訪華過的眾議員，另邀了曼恩等七位眾議員在國會山莊上，以午宴歡迎端木博士蒞華府訪問。當天晚上以路易士安納州參議員強斯頓行政助理麥克布萊，邀集了約四十位曾應邀訪台的參眾議員助理，在「大學俱樂部」以晚宴歡迎。駐美大使沈劍虹夫婦，也應邀參加，宴開八桌，共六十餘人參加晚宴，席間，麥克布萊、端木博士及沈大使等，先後各一席話，均發人深省。端木愷忠告美國一席話麥克布萊首調，訪華過的其他同仁和他一樣，有共同愉快的回憶，他們以晚宴款待端木博士，是一種禮尚往來的表示。他們訪台雖各有不同的政治信仰，但這項訪問，卻澄清大家過去很多錯誤的印象和想法。美國政府將來對華政策如何做，這是行政當局的事，他們並不知道，但是關於這個問題，他們已知道得更多，更可以表達他們的看法，那就是一個自由而安全的台灣，對美國是很重要的。也由於他們的訪問和所獲得的印象，在台灣的人更可以期待他們這麼說。不管怎樣，他們到台灣看了以後，覺得端木博士領導的太平洋文化基金會，錢是沒有白花，花得很對，他們深深感到這基金會對他們的慷慨，一則固然是中華民國國力的表示，二則也是對中美友好關係的珍惜。

端木愷博士繼而致答詞。他說，他沒有想到這些國會議員的助理，會以這樣盛大的晚宴款待他。目前中華民國在外交上相當孤立，許多老朋友都一個個背棄她，使他在這場合，更感到溫暖和可貴。他說，他每次到美國訪問，更覺察到這個世界在變，且變得很快，譬如說，他當年在美國唸書時，固然可以在公開場合看到一些美國婦女，從皮包掏出小鏡子，略施脂粉，但從未看過女人在大廳廣眾前抽煙，因為在當時，美國人的生活習慣上，這是不容許的，後來他再到美國，在公開場合看到女人抽煙，已不算是一回事了。這一次來，更看到有女人抽細小的雪茄煙，所以下一次來，再看到美國女人像他一樣抽又大又粗的雪茄煙，也不會感到驚奇了。不管怎樣，這個世界雖在急劇變化，但一樣東西不變，就是人權，這是全人類所珍惜的，也因為這樣，世界上是沒有任何一個國家可以被永久征服或毀滅的，國際間要維護人權，乃造成了國家與國家之間，需要朋友。端木愷博士指出，他個人不但為孔子學說信徒，但也是一位虔誠的基督徒。因為孔子與基督的許多哲理，大同小異，比如孔子說，己所不欲勿施於人。聖經上說，己之所欲應施於人。道理是一樣的。基督勸人不但要愛自己的朋友，也要愛自己的敵人，這自然是一種恕道，不過談到今天美國在外交上的做法，衡諸基督之言，美國在外交上「愛敵人」，這是美國自己的事，但站在朋友的立場，他還是要勸勸美國人，基督之言的前一句，要愛自己的朋友。中美傳統的信念與理想端木博士這席話，很多人深為感動。紐約州眾議員米契爾行政助理布勒特特別起立補充說，中華民國在艱困的環境下所完成的偉大事業，使他們永誌不忘，他要求全場為中美持久的友誼舉杯祝福。

接著沈大使應邀致詞說，中美兩國傳統友誼幾乎和美國建國史一樣長久，早年中國遣送留學生留學美國，在哲學、教育和科學各方面學習美國，美國當時在世界各國之間，尚非頂尖，但中國之所以從早年就一批又一批，一年又一年送留學生到美國學習，主要是欽佩並相信美國人為自由人權奮鬥的精神和傳統，同樣，自由人權也是中國人自革命以來所抱持的信念和理想，在中國清朝末葉，中國國勢積弱時，美國不從中取利，固是史跡斑斑，中國革命成功，美國率先把義和團事件庚子賠款退還中國，創設教育基金，尤是史實，第一次大戰後，美國在國際會議中，為日本侵佔山東問題，極力仗義執言，更是令人難忘，但是想想一次大戰後美國對中國待遇及雅爾達密約，也令人感到歷史上有些事是令人惋惜和感慨的。現在，一位美國總統訪問北平後，另一位又要去了，不管將來怎樣，我們對美國總有信心，但美國人也要知道，只有一個自由的中國，人類才有永久的和平。現在自由的中國人所能期待的，是美國不能做任何傷害自由的中國人求生存的機會，也不能損傷給中國大陸上的人民恢復自由的機會。說出良知上該講的話，這些話不管中不中聽，至少在場有不少美國人為之動容。麥克布萊在早先致詞中的一句話，正是這種感情的直接反映。他說：「不管我們能扮演的角色有多大，我們在場和沒能來的人，在台灣問題上，總要講我們良知上該講的話。」

誠然過去一年多來，由於有這些人訪華，國會山莊上那些監督美國政府政策的人，對台灣的瞭解，正日益增進中，但這只是個開始，而並沒有結束的時候。過去有人曾對邀請國會議員助理的效果表示懷疑，現在事實證明，這些有「國會議員靈魂」稱譽的人，他們對台灣的瞭解，和國會議員是同等重要的。現在康納迪卡州參議員芮比卡夫行政助理皮爾森Jack Pearson已決定在明年期中選舉出而競逐眾議員席次。最近幾個週末他都回到康州部署競選，他就告訴過記者：「明年競選中，如談到台灣問題時，我可以用第一手資料，向康州選民評論我們的政策了！」

原載：民國六十四年十月十三日《聯合報》

功成身退，精神長在

——端木愷功在東吳

《光華》雜誌　陳月文

端木愷是東吳大學在台復校後的第三任校長，也是任期最長的一位，對東吳的貢獻極大，雖已於去年「功成身退」，但他那種敬謹、執著、傾其所有以辦學的精神，至今仍為該校師生銘記在心，並深深感謝。

擔任東吳大學校長十四年，甫於去年退休的端木愷，退休後曾感慨地說：「我讀的是法律，當了半輩子的律師，沒想到晚年卻從事非本行的教育工作。」

「外行」人用心辦好「內行」的事

端木愷畢業於東吳法律系，非學教育出身，當初也並未打算從事教育事業。他在校友力邀下出任東吳校長後，仍毫無保留地全力以赴，真正做到了「外行」人辦好「內行」的事。

然而一件事情要做好，不是光下決心就能達到目的，其間得經歷許多考驗。尤其在缺人、缺錢的情況下，事情更難推動。主事者必須投注全付的時間、精力、熱情，甚至財力、物力，方能彌補現實條件的不足。

所謂「巧婦難為無米之炊」，辦私立大學最頭痛的，便是經費來源。東吳沒有財團支持、缺乏固定財源，主要經費來自學生繳交的學雜費，但也僅夠日常人事支出，若想增添師資、設備或建新校舍，不免有捉襟見肘之苦。

有人勸端木愷，不妨在學雜費之外，另以研究、實驗……等名目，向學生加收費用，只要增收的錢能「取之於學生，用之於學生」，應可問心無愧。

堅守原則，擇善固執

但端木老校長認為，他是學法的，豈可知法犯法！所以他堅持以為不可。

另有人建議，不妨以增班、增系的方式，加收學生以增收入。老校長擇善固執，對這點也不接受，他說：「教室、設備、老師沒有增加之前，怎可貿然增系、增班？教育是良心事業，學生入學是來求知的，如果不能真正教給他們東西，怎麼對得起良心！」

儘管如此，面對社會快速的繁榮與發展，知識學問的進步與多元化，再加上其他公私立大學在各方面力求跟上時代，端木校長實不能堅持讓東吳拖著緩慢的腳步在後面走。而欲求發展，就得有充裕的經費。

端木愷在決定出任校長時，即已抱定奉獻、服務的決心，他十多年來當的是「義務校長」，一直未領分文薪水，而以過去當律師的積蓄貼補度日。他並運用各種關係，透過各種途徑到處募捐。在他親自奔走、遊說下，校友紛紛捐助自不在話下，而工商界、甚至外國人亦都受到感動，紛紛慷慨解囊。於是一幢幢建築物：安素堂、音樂廳、科學館、男女生宿舍……，得以陸續竣工啟用。

在端木校長任內，東吳由原來的三學院擴充為四個，而且增設研究所和夜間部。

無法提供良好的教育環境，就不增系、增班

他在增系的考慮上十分周到。

端木愷說：「通常要辦好一個系，除了硬體方面——建好房舍、購妥設備、蒐集圖書外，還必須有很好的軟體——得找到一位在專業領域中具有學術地位和知名度，並有多年教學經驗的人擔任系主任。這樣的人，既具專業技能，又有豐富的教學經驗，必定桃李滿天下，和學術界的關係良好，他可以像磁石一般，吸收許多好老師來任教，才可能維持這個系所的水準。」在此一原則下，許多有名的教授，像數學系的鄧靜華、日語系的蔡茂豐、音樂系的黃奉儀、社會系的楊懋春等，都是端木校長任內聘來的創系系主任。

端木校長年事雖高，辦起事來卻十分性急，凡事即知即行，希望早點看到成果。校長秘書蘇文婷便說：「老校長交代事情不到五分鐘，便來問辦好了沒？當他的屬下，最初會覺得壓力好大，但久而久之，卻養成很高的辦事效率，並且深深懂得這種處事態度的可貴。」

端木愷認為，在目前這種步調快速、競爭激烈的時代裏，動作慢的人可能喪失許多良機。他以當年躲警報的經驗做比喻：「飛機臨空時，必須立即就地掩護，稍有遲疑，即可能喪生彈下。」現年八十二歲的端木愷，歷經戰亂，過過顛沛流離的生活，因此磨練出堅毅的個性與果決的辦事能力，這是他從事每項工作都能成功的重要原因。

三年前，端木校長因胃疾開刀，體力大不如前，決心「交棒」，將校務逐步移交給副校長楊其銑。兩年後，他見楊校長已能獨當一面，便自請退休，推薦楊其銑為接棒人。

交棒之際，傾其所有贈予學校

十多年來，端木愷將全付心力都投注在校務上，把學校視做他的一切。如今離去，心頭難免掛念不已。但理智告訴他，這個決定是正確的，他說：「天下沒有不散的筵席，我年紀大了，能奉獻的也奉獻得差不多了，為了東吳的未來著想，我應放手讓年輕人另創一番局面。」

臨走前，端木校長變賣自己的古董、字畫、住屋等，籌得新台幣一千三百萬元，悉數捐給東吳大學，作為獎助學校老師出版與研究的基金。他這種熱愛學校、無私無我的作風，不僅在東吳校史上留下不可磨滅的一頁，也為教育工作者留下令人難忘的典範。

Dr. Joseph K. Twanmoh

Retiring last year from his position as president of Soochow University, Dr. Joseph K. Twanmoh left a fourteen year record of improvements in the quality of education at the University. The third president at Soochow since the school re-opened on Taiwan, Twanmoh provided the impetus for expanding the University's colleges and establishing a graduate school and a night school in his final year of service.

During his thirty years in the law profession, Dr. Joseph Twanmoh had not expected to commit himself to an occupation in education. But while his training and background is not in education, he believes strongly that whatever the job, he must do it well. This self-motivated and dedicated president helped Soochow University establish a sound foundation.

Funding is a particularly difficult problem for a private school like Soo-chow. Most expenditures are paid for by student tuitions and fees. The money received from Soochow's small student body is only sufficient to pay the staff; little is available to add new teachers, facilities, or books.

Ready solutions to the funding problem included charging students extra lab and research fees, and expanding the number of classes and departments in order to accomodate a larger student body and thus increase income from tuitions. Dr. Twanmoh however, refused to adopt such policies, recognizing that the student body could not be increased without lowering the quality of education at Soochow.

Instead, Dr. Twanmoh vigorously solicited contributions from the University's alumni, friends, and the religious organizations which originally helped to establish Soochow. His wide-spread fund-raising campaign secured financing for a number of new buildings and facilities.

He showed equal fortitude and concern for students' needs when setting up new departments. Whenever a new department was established, he made certain that buildings were well-constructed, that facilities and study material were available, and that a senior professor with a good reputation and high academic standing in his field, as well as considerable teaching experience, was secured to fill the position of department chairman.

Dr. Twanmoh's subordinates are aware of his exacting attitude towards work. The eighty-two year old Twanmoh attributes these traits to his experiences living through both World Wars. Since that time, the ability to make quick, crucial decisions and to adapt to changing circumstances became second-nature.

Three years ago, Dr. Twanmoh underwent stomach surgery which affected his general health. Before this, he had been gradually handing over the responsibilities of the school's administration to his vice president, Edward C. H. Yang. When he saw that Yang could independently manage as president, Dr. Twanmoh retired.

Dr. Twanmoh believes that his decision to retire was timely, and will allow Soochow to benefit from the impetus of a younger president.

Before leaving, Dr. Twanmoh pooled all of his personal assets, including money earned from selling his home and antiques, and generously contributed US$ 100,000 to the University. The money will create a reserve fund to help Soochow teachers with research and publication projects. Soochow University is fortunate to have had such a dedicated and generous president.

(Jill Ardourel)

原載：民國七十三年五月《光華》雜誌第九卷第五期
/Sinorama Vol.9, No.5, 5/1984

碩德貽徽　典型永在

《溪城》雙週刊

端木先生病逝後，本刊特別採訪學校各單位的師長，聆聽他們談論先生的種種事跡，一來作為青年學子追求的榜樣，二者表示我們全體師生無盡的哀思。

端木董事長五月三十日上午八時病逝於台北中山醫院，此一噩耗傳來帶給東吳師生的將是永恆的懷念。為了要使大家更加了解端木先生辦理東吳大學的艱苦過程，於是筆者訪問了東吳現任校長楊其銑先生。

✽楊其銑校長（蘇文婷採訪整理）

楊校長是端木董事長生前最為欣賞也最為倚重的東吳傑出校友，在極度悲傷的情緒中，楊校長緩慢地道出了端木董事長為東吳多年來所付出的血汗及心力。

端木先生是民國五十八年接掌東吳校政的，在此之前已經是東吳的代理董事長，而東吳在台復校之初，亦曾盡力參與此事。自民國五十八年繼掌東吳第三任校長後，同年十二月奉准恢復大學建制，設立文、理、法、商三院。東吳的經費一向短絀，但在端木先生多方奔走之下，籌募了許多基金，於是他擴建校舍，提高師資，增設系所，做得十分艱苦，他卻從不以為苦，在最困厄的時候，甚至還抵押過自己的房子，這份執著的辦學精神，完全是來自於端木先生對教育工作的熱愛，及為國家培育人才的心志。

端木先生任內本校增設了九系四所，依年代先後為物理、化學、歷史、音樂、電算、德文、國貿、哲學、微生物等系，四所則為法研所、中研所、社研所、日研所。校舍建築方面依次為城區第一大樓、科學館、男女生宿舍、音樂館、教師宿舍、圖書館、教師研究大樓以及城區第二大樓等。同時，端木先生一直努力提高本校師資，並按時與學生餐敘，在他長達十四年的校長任期中，未曾有一絲埋怨，只是全心地為東吳付出，相信這是東吳人皆難以忘懷的。

楊校長接著談到他個人與端木先生的關係，以及端木先生用人治事的法則。楊校長早年在東吳教書時，由石故校長推薦給董事會擔任秘書，因而有緣結識當時身為代理董事長的端木先生，後來他當了校長，就聘楊校長為特別助理，做了一段不算短的時間。因為楊校長和教會、學校及國內外許多學術機構比較熟悉，在校務的推展上有著諸多的助益，所以端木先生無形中特別倚重楊校長。端木老校長平日做事非常講求原則，只要堅守住這一點，其他則無傷大雅。在行政方面，端木先生特別強調橫的聯繫，這也是他在開會時經常提供大家要注意並加強的。

端木先生的治校軼事很多，楊校長以一實例說明他對東吳是一心一意的投入。學校境遇十分困難時，端木先生曾將自己的住宅的傢俱搬到校內，後來索性就送給了學校。當他將傢俱剛搬來時，總務長曾說如果這批傢俱再搬回去的話，不明緣由者就會誤認為你是將學校的財產運回去，端木先生則說這是無所謂的事，因為我根本就不打算再將這些傢俱搬回家中。自這則小故事中，不難想像端木先生對於東吳的感情是深厚而真摯的。

最後楊校長以生活中的小事，說明端木先生令人懷念之處。首先必需聲明的是許多人覺得端木先生是個美食家，事實不然。他平日飲食簡單，並一再強調家庭生活水準不可任意提高，如果提高了，就很難降下來，這充分印證「由儉入奢易，由奢入儉難」的確實性。端木先生如有美食，必然是和朋友共享的。記得有次好友送給他一個猴頭（山珍類，是一種生長在樹上的菌類），端木先生始終不願獨享，直到與好友相聚時，才共享此一美味。其次，楊校長盛贊端木先生衣著的整齊，一般人見他在這方面的講究，就誤認為他定然因此花費不少，其實並非如此，這應歸功於他極為珍惜衣物，運用了妥善的方法加以維護，而很少仰賴洗衣店。端木先生認為人必自重，而後方能得到他人的尊重，而自重的首要之務，即應從個人的衣履整潔做起，這是一種禮貌，也是贏得別人尊重的一大法門。端木先生向來不在衣著上做大量的花費，他在病後體重減輕二十八公斤，於是將原有的衣服送去修改，並未因此而添購新裝，可知端木先生是十分節儉的。楊校長並舉一例說明端木先生的刻苦精神，民國五十九年時，他參加由國防部所舉辦的大專教授訪問團，目的是參觀國防設施。活動完畢後，去到部隊中的餐廳用膳，事前有人擔心端木先生可能不習慣軍中的飲食，事實上他卻吃得津津有味。所以在端木先生擔任東吳校長的期間，就是由於他個人的儉約，所以樹立了本校誠懇樸實的校風，東吳在克難中建校，繼而在慘淡經營中成長、茁壯，端木先生的節儉風範，是不可否認，也不容忽視的原動力。而後楊校長談到端木先生意志力的堅強，是十分令人欽佩的，他在六年之中歷經三種癌症的侵襲，最早是胃癌，結果胃被切除了五分之四，醫生預測只能維持半年的生命，沒想到奇蹟出現，端木先生仍然昂然地在人生的道路上漫步。不久他又罹患了喉癌，根本無法言語，但在長期痛苦治療後，端木先生又平安地走出醫院大門。可是上天並沒有因此讓病魔遠離一個高齡的老人，很不幸地在端木先生的體內又出現了肺癌，然而最後奪走他生命的卻是因為肺部積水壓迫了心臟，導致呼吸衰竭而死。端木先生於垂暮之年，經過三個癌症的折磨都未能奪走他的寶貴生命，可見他意志力的堅強是無與倫比的，而他遺留給東吳大學的最寶貴遺產也就是這種精神，凡我東吳人都應秉承這種堅強的意志力，為我東吳開創無限光明的前途。

✤劉源俊教務長

民國六十年秋，我在美學業即將完成，決定返國服務。當時因一時偶然機會得知東吳大學新設理學院，但並不知是否有物理學系，也不知校長、院長，甚至不知東吳大學在何處，託家人打聽後，才知是名律師端木先生任東吳校長。於是援筆投函，毛遂自薦，告知端木校長願至東吳執教之熱忱。不久即獲回函，用詞懇切，甚表歡迎。當時我即決定翌年返回，在東吳大學物理系任教。這是初識端木校長的緣份。

在東吳執教這段期間，與端木校長有許多接觸，覺得他辦東吳有三件值得提出的特點：

一、無門戶之見：東吳於各大學中，「用人」開明是為他校所不及，政治立場、宗教立場、省籍、性別以及是否為校友等因素，皆不影響聘任。以性別為例，本校五院院長中，即有一位女性院長，系主任中經常約有四分之一比例為女性。此一情形在世界也少見。

二、維持純樸校風：長久以來，東吳校風即以純樸自許，不重誇大宣傳，不擺門面，一如教學所秉持之一貫原則——以踏實為原則。然而，東吳建築無華廈堂屋，並不代表設備簡陋，不重視宣傳、不擺門面是因為更重視實質。

三、保持一定的「格」：東吳設校以來，財務一直艱困，但他在艱苦中到處奔走，奮鬥不懈，任內使東吳從一個小學府擴大為一個完整的大學。這一過程中，仍然維持了一個教育事業該有的「格」，誠屬不易。

✿姚必德訓導長

端木董事長鑄秋先生，為本校極為傑出之校友，集學者、政治家、教育家、名律師於一生，勛名赫熠，遠播海內外。六十九年先生任校長時，必德應聘來校服務，兩年之間，因參加升旗、集會及學生各項活動，得以親聆教益，受惠良多。先生對國家社會及東吳之貢獻已有定論，茲謹就個人感念欽佩之處略作陳述：

一、愛國精神：先生在校長任內主持升旗及各項集會時經常以激發愛國情操致詞勉勵，聽者動容。反共義士范園焱來校座談，述及大陸同胞遭受迫害之慘痛景況，先生激發義憤，作結論時感動至於淚下。升旗時，談及國旗代表國家應受到國民全體一致的尊崇與維護，曾述及我國退出聯合國後，在國外出席一次國際會議，當參加會議國家的國旗繞場一周時，地主國未準備我國國旗，先生得知後，以鶴髮退齡高舉我國國旗進入會場，此一壯舉使在場及事後獲悉之國內外人士深受感動。中美斷交時，人心浮動，先生以大義凜然的態度，多次在學生集會及教職員會議中表示：國家處境不論如何艱難決不離開台灣一步，此一堅定態度，當時確有穩定人心的作用。

二、學養湛深：先生資賦極高、治學亦勤，早年即為蜚聲國際法學專家，自任本校校長以來，對於提升學術研究極為重視，曾提及「大學育才宜專而通、學者治學宜通而專」，確為今日大學教育的重要目標。本校舉辦一次哲學研究座談會中，在應邀參加的幾位外校哲學教授發表意見之後，先生以諸家哲學思想「同而不同，不同而同」作為總結，折論中肯，與會人士均表欽佩。六十八年美麗島事件後，先生在電視中發表評論、忠言讜論、聽者皈服，頗收辟斥邪說振奮人心之效。

三、作育人才：先生任本校校長以來，增設系所，除積極致力籌建校舍，增加設備之外，更慎選師資，嚴格要求教學及訓導工作，言教與身教並重，使本校學生能在接受大學（研究所）教育之後，不僅學有專長，更在做人處世方面均具相當素養。本校學風優良、淳樸和諧，力行務實，在校同學表現良好，畢業校友在社會各階層均有卓越成就，甚為各方所讚許，先生為國育才，裨益社會之貢獻是功不可沒，令人非常欽仰。

✽許少平總務長

從民國六十三年二月任職至今的總務長，原本與端木校長素昧平生，互不相識，在一次早餐會上，獲老校長賞識予以任用。在總務長眼中，端木老校長是一個最好的長官，最好的校長，由於他做事明快乾脆，學識經驗豐富，多年來相處非常愉快。

由於東吳的經費原本就拮据，身為總務長感受更為強烈。「老校長在用錢原則上，是當用則用，當省則省，往往一塊錢當二塊錢用，雖然以最少錢做最多的事，其效果還是很圓滿。」總務長接著補充：「老校長生前經常到國外，並不是去遊玩，而是去募款、借錢。東吳在系所上的逐年增加，校舍的不斷興建，學校有這樣的發展及良好的聲譽，老校長辛苦奔波的付出，對東吳的貢獻確實甚鉅。

老校長在用人上也是公開公平。對待部屬可說是：外表嚴厲而內心仁厚，對部屬很少說過一句重話，由於他果斷能力及智慧，很得部屬的敬佩及愛戴。除此之外，老校長本來是名律師，才能學識又深厚，在演講時經常不準備稿子。

老校長雖然去世了，但他對東吳的卓越貢獻以及他做人處事精神，都值得我們去追思效法的。

✽文學院徐震院長

關於端木校長對東吳大學之貢獻，從制度上談，東吳大學在台灣復校後係在端木校長任內由原來的法學院改為大學。其次，在建設方面，舉凡外雙溪校舍、圖書館等建築皆是由先生完成。

先生為人行事，在在流露出教育家的風範，他對學生的關愛，對教職員的照顧。先生辭去校長後，即將其私人房舍與書籍均贈予學校，如此精神實為我同學與教師以及教育工作者的典範。

外語學院蔡茂豐院長

蔡院長的眼光緩緩飄向遠方，似乎回想著一段深刻而久遠的往事。而端木校長正是其中的主角。幾經沈思之後，蔡院長道出了對老校長深深的感懷：「當初，我是應某大學創辦人之請回國任教的。然而始終不得志。後來，在中日斷交那年，東吳大學成立了日文組，我來本校代課，經當時外文系系主任楊其銑的介紹，馬上被端木校長任命為日文組主任，使我得以充分發揮所學。同時，他也交付我完全的信任，讓我在不受干涉的情況下，推廣日文的教學。今天，如果可以說東吳日文系有些成果的話，應該是歸功於端木校長的。」調整一下略為激動的心情，院長接著指出：「老校長不僅對人事的管理有獨特的觀察力，對教育事業更有著先見之明。在他任內，他所一直希望的，而我們也確實做到了的，是創辦了國內唯一培養日語師資的最高學府——日本文化研究所，這對國內的日文推廣有著相當的成效。這也是端木校長具有遠見的地方。」

在端木校長任內的時間，您覺得他帶給本校最深遠的影響是什麼呢？「他是一位重質不重量的教育家。在他任期的十四年裡，絕不輕易的增加系所，擴充學生人數，這在今天以增加系所來號召學生，標榜學校名譽的風氣來說，是相當特殊的，而這也成為東吳的特色之一。」

院長接著還提到：「本校有個優良的傳統，即校長在每一學年都會定期與各系、社團幹部及畢業生聚餐，藉以傳遞彼此意見，這種師生間的溝通方式，亦是端木校長首先發起的，可以想見其慈祥長者之風範。」

「老校長建立的諸多制度，仍需我們的保存、發揚，而他治辦東吳的嚴謹精神，更是我們該努力從事的楷模！」最後，蔡院長語重心長的指出這些話，希望我們在追念端木校長之餘，也能依循他的方向去做，以告慰端木校長在天之靈！

✿理學院鍾金湯院長

民國六十九年的七月，我當時還在農業發展委員會工作。由於負責國際沼氣、微藻與動物排泄物處理之研討會之籌備工作，工作至為繁重。會裏派給我一位工讀生協助。這位工讀生便是東吳大學會計系就讀的張慧芳小姐。張小姐無意中告訴我，東吳大學已經成立微生物學系，問我是否有意往東吳發展。當時我對東吳可以說沒什麼印象。不過倒不妨試一試。於是張小姐自告奮勇的將我的履歷表呈送給端木校長。端木校長立刻電邀我餐敘，就這樣我成為東吳大學的一份子。（張慧芳小姐已由東吳畢業後，留學美國，並已取得加州州立大學碩士學位）。此後多次應邀至端木校長家中做客，在有限的接觸中，端木校長留給我的印象是慈祥的長者。

端木校長之辦學作風，代表著東吳大學發展史上的一個特殊階段，東吳在這個階段裡，大量的增加建築與增加班次，擴張學校的規模。他的領導風格是非常特殊的。

✿法學院章孝慈院長

章孝慈院長和端木老校長早先是師生關係，後來變成為長官和部屬的關係。

章院長與端木老校長在關係上的建立是在做學生（念法律系）的時候，老校長到東吳擔任校長之職。在端木校長之前的兩位校長，一是石超庸校長，一是桂崇基校長，每個校長都有其不同的作風。石校長是位嚴肅、嚴謹的人，不論對事、對人，都是一絲不苟的態度；桂崇基校長任期較短，接觸時間也不多。而端木校長與前兩任校長最大的不同是他會主動的和老師、學生接觸。

當時章院長任系學會幹部，由學會決定去訪問老校長，請他就全校的發展方向，以及對日後的計畫做說明。

談的時間很長，範圍亦廣。老校長態度坦誠，沒有一點保留。任何學校都可能遭遇到什麼困難，可能發生的困難是什麼，老校長都非常詳細的談到。他願意和學生接近，樂於將自己的想法給同學知道，讓全體的師生清楚他在做什麼。

章院長法律系快畢業時又去拜望老校長，談及想出國念書，老校長予以很大的鼓勵。在美國念書快結束時，就寫信給端木校長，表示出想回校的意願。端木校長很快地回信，並明確的答覆，希望章院長回校任教，而且做專任的老師。收到信後，章院長心中有了踏實的準備——回到母校擔任專任的工作。

回校後亦面見老校長，老校長僅口頭鼓勵，盼院長將所學好好教給同學。過了兩年，老校長約見，將構想告訴章院長，談了很多日後法學院該走的方向，希望章院長能負責法學院，並對這工作不要產生疑慮和恐懼。由副系主任做起，了解系上情況，熟悉後才做系主任。當時院長仍懷恐懼，因為所有在校的任課老師，都還是章院長的老師，很多工作亦不知是否能推動。端木校長則表示，只要能幫上忙的地方，會毫不保留的協助，儘管好好的做。

在一次單獨早餐上，端木校長要章院長好好記得一句話，一句端木校長奉行一輩子的座右銘——「做什麼，像什麼」。老校長經歷很多事情，在學校擔任教學工作，在政界也擔任不少職務，他始終記得這句話，不管在哪個時期，負責哪件工作，都是「做什麼，像什麼」。這雖然非常通俗、淺近的一句話，但是做起來是十分的困難。這句話對章院長而言，是個方向，事實上亦是追求的目標。章院長感慨的說：「不論是班代、老師、系主任或者院長也好，要把自己本身的角色做好，像那個角色，確實要下很大的功夫。」

章院長負責法學院六年的時間，有件事情令他感受特別的深刻。老校長從未對系上任何工作有任何干預，不論是開會、用人，或者是某個制度的推行，都是充分的授權。老校長在選擇人的時間上相當久，決定後則充分授權。從未打過一個電話，寫過一封信給章院長，介紹任何人到法學院來教書。

有一次章院長請問老校長，這幾年為什麼好像沒有透過他介紹人到法學院來？老校長坦白的表示，不是沒有，而且很多。老校長直接回覆那些請託者，如果想到法學院教書，就去找章院長，如果章院長覺得適合就會用，不必透過校長這一關來轉告院長，讓院長感覺有壓力。

一個長官能充分地尊重自己的部屬，而不給任何行政、人事方面的干預。就這一點，使章院長感到非常難得。並不表示說長官介紹一個人來是錯的，很可能介紹來的人很好，但端木校長的做法是：他不願意介紹任何人到法學院。這令院長十分難忘。

端木校長對學校的熱愛，可以說是他後半生完全的付出。老校長自己有相當的積蓄，是位名律師，所得非常高，但錢沒有一個人會覺得多。而老校長認為生活不需要學校薪水來維持，所以將這份薪水做為學校的辦公費用，接任校長十幾年來，那筆錢他自己一直沒有動用，沒有領過學校一毛錢。老校長覺得學校的經濟情況不是很好，能夠少一份開支，等於是多一份發展的力量。在他去世之前，又將所住的房子送給東吳。

對東吳而言，老校長毫無保留的，包括時間、精力、所得，全部的奉獻。一般而論，公私能夠充分的清楚就算相當不錯，最難得的是「公而忘私」，端木校長則是當之無愧！

任校長時期，端木校長了解到學校和同學之間溝通的重要性。所以舉行餐會的溝通方式。當時學校人數不多，大約在三千多人時，硬是把時間排出來，和每個人每一班聚餐。幾乎用餐的時間都是和學生在吃飯，所以校長對於同學的需要充分了解，同學對於學校的立場也很清楚。後來因人數太多，無法每班聚餐，因此改為班代表，學校幹部，但原則上畢業班是每班都聚餐。就東吳來講，學校和同學間關係密切，早期餐會的原始構想，有很大的幫助。

個性上，老校長是位意志非常的人。至榮總開刀後，他沒有感覺自己是位動過大手術的老人家，依舊非常的風趣、幽默、反應非常的清楚。在家中聚會、接待外賓時，從未考慮到自己開過刀，胃去除三分之二，一樣抽雪茄、喝洋酒、談天，食量也很大。那時老校長年紀已經很大，動那麼大的手術，竟不以為意，認為應把握所能掌握的每一天，充分利用時間、場合，談所要談的事情。「是位非常了不起的長者」，章院長敬佩的說。

老校長去世之前的後幾年，仍談笑風生。直至端木師母去年過世，老校長心中若有所失。他們結婚已超過五十年，彼此的情誼，令人生羨。也正由於感情這麼好，端木師母辭世，對他老人家打擊非常大，況且老校長那時的身體狀況亦大不如前了。

端木校長毫無保留的奉獻精神，令人感佩。對部屬充分的尊重與信賴，基礎上則是信賴。另外他家庭生活非常和樂，對情感亦十分執著。老校長有計畫、踏實的替學校做了很多重要的轉變。如城區部兩棟大樓、校本部音樂館、圖書館、學生宿舍、物理館等，都是在老校長的手中完成的。有遠見、有魄力、擇善固執、排除萬難，任何一項執行，對東吳的發展皆具有決定性的影響。

在端木校長的構想藍圖中，尚有許多待完成的理想，正待我們去努力實踐。

✽商學院成嘉玲院長

「是一位很有決斷力的主管」，商學院成嘉玲院長緩慢道出對端木老校長的感覺。

有的時候難免有爭論，老校長聽取各方面的意見，決定下來之後，大家也就不再堅持了。「和老校長做事，很順利」，而且對男女之間，沒有性別歧視。當初老校長請成院長主持商學院時，台灣還沒有一個女性大學院長，他也不覺得是位女生，就沒有才幹，反而思想非常開明，接受各種新的觀念。

老校長把學校放在個人的第一位，覺得學校不是私人的。當初老校長的女兒得到博士學位，想要到東吳教書，老校長不讓他來，怕別人認為是靠關係的，並且還不發薪水，覺得應為東吳奉獻。另外當時校長辦公室沒有冷氣，有人提議裝置，但老校長表示全校各個辦公室都還未進步到有冷氣的地步，所以不用冷氣。端木校長希望他的辦公室是最後一個裝冷氣的辦公室。

端木校長是當初復校的支持者之一，他把這一生最後的精力，整個的奉獻。東吳剛開始經濟困難，常常到國外募款，為別的事情，老校長都不求人，可是為東吳的事，他就很願意，為得到一個好教授，或者多一點經費，他都儘量爭取。

東吳在端木校長的領導之下，實際上進步很快。對學校這份熱忱、愛護、大公無私的精神是值得敬仰的。從事教育工作，在物質上原本就不是一個高報酬的職務，但在精神上是非常充實的，成院長常說「喜歡教育，就是因為我愛我的學生」，和同學相處愉快，如同自己的子女一般。

「為什麼會在東吳？就是因為有一份愛在其中。」端木校長是真正的愛這個學校，願意奉獻，這奉獻是不求任何報酬、心甘情願的。從事教育工作，應該有這樣的胸襟，有一份享受在裡面，願意去做，並不帶任何勉強。

✤夜間部李俊清主任

端木先生至校之初，即精心擘劃，多方協調，首先充實系所，在師資陣容以及各系所課程方面，均做了相當大的調整。至民國五十八年以後，東吳大學始能真正的走上大學發展的大路。

端木先生至校後，首先籌建城區大樓，以容納商學院日間部，並設立推廣教育部。民國六十年開辦推廣教育的課程，民國六十二年正式成立各種進修班。當時夜間部上課，一二三年級在外雙溪，四五年級在城區部，直至第二大樓完成，夜間部始全部搬到城區上課，而教育推廣部也已有了相當的規模。李主任經端木校長同意，首先成立英國語文進修班，接著有日文進修班，而後教育部國際文教處亦把歐語中心委託本校推廣部辦理。當初英語班第一居結業生，端木校長還舉行茶會。其間端木校長提出若干訓示，同學也彼此交換意見，非常愉快，日後在辦理方向上更形確定。

端木校長始終關懷推廣教育，後來本校開始有國際電報交換課程（英文秘書業務的一種），在當時台灣還是首創。本校始終秉持求精務實、不華不濫的原則，在教學品質上不斷的提昇。就夜間部而言，自七十五學年度起，八個系都是雙班。而選讀生每年都見增加，但都經校方嚴格挑選始准進修選讀。端木校長對推廣教育的支持，使本校推廣教育到今天仍然得到大家的認同，而教育部亦是一再讚賞。

在端木校長十幾年的領導之下，東吳不斷的提昇教學品質、設備、師資等各方面，後來因身體關係，來校的時間不多，但依然關心校務，直到離世。

東吳大學自台灣復校後，真是慘淡經營，有今天這個規模，端木校長的貢獻實主因。「老校長是位很有修養的學者，亦是位有成就的律師，在學術界能遇到這麼一位領導者，覺得很榮幸。」李主任滿懷思念的訴說著。

現任的楊校長亦是如此，民主開明，隨時接近師生、溝通意見。實際上，楊校長在端木校長任內就已開始擔任本校董事會秘書，時常接觸校務，端木校長對本校的拓展各方面，楊校長亦參與其中。所以端木校長為他自己選擇了一位適當的接棒人，亦是對東吳的一大貢獻。

✽韋仲公主任秘書（陳慧玲採訪整理）

端木校長是個學問深厚，經驗豐富的學者。他對學校充滿熱情，對學生充滿愛心，對朋友充滿關懷。

我追隨鑄公十三年，在做人、處世、治學各方面，都深受教益。在鑄公最後一年養病時，我每星期兩次前往探望，病中的鑄公，記憶很好，對國家前途充滿信心，一直到逝世前一週，對個人健康還很樂觀。沒有想到不到一週，鑄公在安詳的情況下離開了我們，我們失去了這位長者，是東吳大學和整個國家的損失。

老校長死後，從他過去言行及多年的書函件中，仍然可找到許多做人做事的寶貴智慧，我非常珍惜這份資產來勉勵自己。（編案：韋仲公先生追憶端木鑄秋先生悼詩見本紀念集第800～802頁）

✽法學院李文儀教授

一般人的觀念裏，覺得老校長外型威嚴，其實他是位「望之儼然，即之也溫」的人。多接觸的話，會發現他溫和、慈祥的一面。

老校長常說，他一生只辭職而不求職，不主動爭取職位。在用人時，很少主動辭退別人，亦無省籍之分，重視品格，會在做人處事上耐心的指導。尤其愛護學生，有機會都儘量提拔學生。教導學生極有耐性，分析案情時，逐項提出該如何辯護；和國外當事人通信的時候，幫忙改正英文句法，教授如何使用語句，方式多樣，不限於一提形式。對學生照顧的無微不至。

端木校長個性急，每次交辦的事情，都盯著你做好。和熟人才說「不急喔！慢慢來。」怕負責者太趕，可是實際上還是要儘可能在時間內完成，否則他心中會一直惦記著。

也許是學法律的關係，老校長極為仔細，仔細的程度到一個法律文件交出，只要涉及金額時，儘量避免阿拉伯數字出現在最後一個字，希望後面緊跟著文字，以防別人塗改。

老校長當律師時，強調對當事人案子上訴的時效性，絕不能耽誤。在公開場合，不誇耀接了什麼案子，不談公事，保有對當事人絕對的尊重。

提到端木校長的節儉，可從他對身旁物品的珍惜程度說起。律師事務所內的桌椅，是大陸帶來的，老校長過去的車子也捨不得更換。李文儀老師覺得太老舊了，提醒該換啦！端木老校長就說：「老有什麼不好？」足見他念舊之情。

老校長辯才無礙，一直到去世前，腦筋依舊非常清楚。任校長之職後，不能再做職業律師，他把時間都放在學校。但對法律條文皆能靈活運用，分析案件都八九不離十。

數說端木老校長生前的種種事情，彷彿如見其人，栩栩如生，懷念的心情更加濃烈了。

原載：民國七十六年六月東吳大學《溪城》雙週刊

創可大可久的志業

——風流人物端木愷

《中外雜誌》　王培堯

外交界的名人，丁慰慈教授在中外雜誌三五四期發表「端木愷政學兩棲」，真人實事，寫得異常生動，極受讀者歡迎，讀者紛紛來電話希望多介紹端木先生的軼聞趣事，流風餘韻；適承端木儀民小姐前來提供她父親端木先生的傳記資料，為答謝讀友的愛護，特再撰寫本文，敬請專家學者指教。

討袁兵敗隨父居滬

端木愷，字鑄秋，端木為複姓，名愷，民國前九年（公元一九〇三年清光緒二十九年癸卯）出生於安徽當塗縣，一九八七年民國七十六年五月三十日病逝台北，享年八十五歲。

安徽當塗古時為塗山國，晉書始有當塗之名，屬太平府治。該地面臨長江，巨浪洪濤，雄關屏峙，境內有天險采石磯，自南唐以來，一直是軍事要地，東晉謝安備戰，清末湘軍水師，均以此地為必須掌握的險要之區。端木世家非當塗人，原籍河南，隨宋室南遷當塗。端木愷的父親端木漁濱，最初以教私塾為業，因滿清腐敗，朝政日非，革命思潮湧起，端木漁濱亟思報國，乃投筆從戎，歷任管帶、標統等職，繼而參加革命軍，積功升至第一軍少將旅長，率部駐守南京、浦口一帶。

一九一三年，革命軍討袁失敗，父親端木漁濱退隱安徽故居，袁世凱軍部偵騎往捕，不得已乃攜家逃難到上海匿居，端木愷遂在京滬等地成長。但以住上海時光居多。稍長，進入英國傳教士所辦之麥倫書院就讀，所以端木愷自幼即為虔誠的基督徒。後來他轉學城中（編案：「城中」實為「澄衷」之誤，餘同）中學，適值「五四」運動，學潮瀰漫全國，上海尤其激烈，少年端木愷受新文化思潮感染，非常嚮往革命，積極參與活動，因而結識居正、王寵惠等人。更積極參加，宣揚革命新思想。由於他屢次當選學生代表，鋒頭甚健，被保守的城中中學迫離學校，不得已轉考入復旦大學，攻讀政治學，不久又轉入東吳大學研習法律，重讀基督教教義，受洗為基督徒。大學畢業後，端木愷由校方協助赴美留學，原申請入紐約哥倫比亞大學，到達紐約後改入紐約大學，獲得法學博士學位。一九二八年，國民革命軍北伐成功，全國統一，政務百廢待舉，端木應程天放之邀回國，任國民革命軍軍官團教官，穿上了「二尺五」。

出任安徽民政廳長

一九二九年，程天放出任安徽省教育廳廳長，邀端木愷擔任秘書兼科長，是他從政的開始。不久，程天放轉任國立安徽大學校長，他亦轉任法學院院長，不過，當時政局紊亂，學潮迭起，教學生涯很不好過，不久再任農礦部秘書、專門委員，公餘兼任國立中央大學教授。一九三一年，擺脫公職，在南京掛牌執業律師，由於他法學精湛、法條嫻熟，業務鼎盛。但日寇侵華，野心畢露，國人紛紛加入抗日救國行列，端木愷亦結束業務，於一九三三年出任行政院政務處參事，策劃政務，應付危局，績效卓著，屢被留任。一九三六年，國民政府籌開制憲國民大會，內政部長蔣作賓兼任國大代表選舉籌備委員會主任委員，以端木愷精於法律，聘他兼任第三組組長，策劃制訂選舉規則，他乃參酌外國法規，衡量國情，運用豐富的法學知識，制訂出可大可久的選舉規範。當時日寇侵華，華北政情尤其複雜，內政部長蔣作賓由端木愷陪同親赴華北，巡迴各地，宣導選舉法令，圓滿達成任務。一九三七年蘆溝橋「七七事變」，全民浴血抗戰，華北遍地烽煙，國民代表選舉作罷，但端木愷所擬的法規，後來仍是推行民主憲政的基石。

抗戰初期，蔣作賓調任安徽省政府主席，端木愷隨蔣作賓擔任民政廳廳長，當時安徽全境已為日寇侵佔殆盡，鐵騎縱橫，省府遷治六安，身為民政廳長的端木愷，撫輯流亡，不避艱險，經常出入敵後，冒險犯難，直到一九四五年八月抗戰勝利，國土重光。

服務社會保障人權

端木在抗戰勝利之初，曾在上海正式掛牌，執行律師業務，事務所訂名為「端正法律事務所」，端木手訂受託辦案原則七大要項：⑴無理由的案件不辦。⑵向法院關說請託的案件不辦。⑶離婚案件不辦。⑷民事以和解為原則，儘量調解糾紛，減少訟源。⑸刑事以不做告訴人或自訴人方面的律師為原則。⑹收費標準，以律師公費章程為準，對於貧苦需要盡義務的案件，不能拒絕，也要盡心盡力的去辦。⑺一經接辦的案件，無論案件關係事項大小，要有「敬業」精神，不可有一點疏忽，必須善盡職責。

端木對於受託案件選案甚嚴，但對委託人的態度永遠和藹誠懇，檢討案件更是不厭求詳，對於證據取捨，特別認真，對於民事案件，更是費盡唇舌，務期化解糾紛，免上法庭。執行律師事務多年，委託人全是滿意感激的出門，從無「退有後言」的委託人，真正盡到保障人權，服務社會的責任。端木更經常將公費收入，提出一部分或全部分捐贈東吳大學充各種獎學金之用，他永遠不忘服務社會，令人崇敬。端木對於中外法律，有專精深入的研究，是國際聞名的法學家，對於中國文學造詣甚深，經常自撰訴狀，一揮而就，便是清麗可誦的大好文章。（參見王善祥「端木鑄秋的律師事業」、趙耀東「鑄秋先生二三事」）

任職立法院行政院

一九四一年端木愷自前方到達陪都重慶，任行政院會計長。次年，行政院設立國家總動員會議，掌握人力物力動員及物價管制，對於當時的國脈民命，關係至鉅。端木奉令出任國家總動員會議副秘書長，不久代理秘書長職務，奮勉效力，建樹甚多。抗戰勝利前夕卸職，出任國民參政會參政員，為清高的顧問職位。一九四五年，抗戰勝利後，端木愷返回上海，婉拒再任公職，執業律師職務，為苦難的同胞服務。

一九四七年，國民政府推行憲政，還政於民，端木愷應地方要求，出面競選第一居立法委員，順利當選，但因王寵惠出任司法院院長，邀他擔任秘書長，由於公誼私情，均無法拒絕，只好辭去立委，再任公職。一九四九年，中共擴大戰亂，中原板蕩，立法院長孫科奉命組閣扶持危局，行政院秘書長人選難覓，端木愷由王寵惠推荐出任行政院秘書長一職，他本不欲就任，但王寵惠以「國難當頭，勿計個人榮辱」責之，只好就任。當時蔣中正總統已引退，徐州失守，南京危殆，端木和他的同鄉前輩總統府秘書長吳忠信協商，由副總統李宗仁以代總統名義主持政府，並遷都廣州，繼續與中共週旋。大計初定，吳忠信秘書長辭職，孫科院長亦去，端木愷隨之掛冠，但短短數月，卻奠定政府立足的基礎。以後在台蔣中正總統復職，繼續領導，法統重振，端木愷與有功焉。

赴英訴訟為國護產

端木在廣州辭戰後，被任命為行政法院院長，他辭而未就，隨政府來台，被聘為國策顧問，並在台北重執律師業務，當時中國航空公司發生爭奪飛機事件，案情涉及已佔據到大陸的中共政權。港英及國民政府訴訟，案情複雜。端木由國府聘請代理訴訟，他爬梳解析，每週往返香港台北，又去到倫敦，與該地律師及法官辯論，跋涉奔波，席不暇暖，卒獲勝訴，保住國家資產。

一九六二年，端木辭去國策顧問，專心律師事務。至一九七九年，復被聘為光復大陸設計研究委員會副主任委員。一九八一年，被中國國民黨聘為中央評議委員，又受社會人士擁戴，出任太平洋文化基金會董事長，團結自強協會理事長，領導國際學術交流及團結全民，共謀中興的大業。

六十年代初，東吳大學海內外校友倡議在台復校，身為校友的端木參與最力，加之黨政關係良好，先後膺選為東吳同學會會長、董事會董事、代理董事長，一九六九年被選為校長，領導該校創建及擴建，任期長達十四年，直到一九八五年始卸職，改任東吳大學董事長，直到辭世為止，為東吳大學奉獻了四十年心力。

東吳大學在台復校，最初由東吳校友自力先恢復法學院，後來爭取到美國基督教衛理公會、亞洲基督教大學聯合董事會的支持，加上海內外，熱心教育人士的支援，逐漸恢復大學建制，分置文、理、法、商四個學院及夜間部，並成立研究所碩士、博士班。校務擴展困難，經費尤其短絀，端木愷在校長任內，多次奔走國外，籌募經費，以古稀之年，隻身遠遊，行李輕簡，開支節約，募得之款是師生的希望所繫，學校的命脈。

端木治校，以學術付院系，以行政付處組主管，他只管大政方針，如有要求，注重溝通。學系施教，重質而不求量，每週訂出時間與學生餐敘，聽取師生意見，不厭其煩。任職期間無一囊之蓄，悉入校庫。迨卸脫校政，又復盡以私儲、圖書、住宅捐贈學校。端木愷對於東吳大學，犧牲奉獻、鞠躬盡瘁。

對學生的重要講話

端木愷對東吳大學學生，有幾次重要的講話，他說：青年朋友進大學之目的，無非是尋求智慧，也就是追求真理，真理之獲得即是所謂正氣，完人的修養，在大學從各科系尋求專門知識，如經濟、法律、政治及外文、中文等，今天社會，分工很細，大學不得不配合實際分為許多專門科系，學生可憑興趣，尋求專有知識，來解決問題。然而獲得真理，並非藉專門知識，來規避事實。端木舉例說他是學法律的人，是以法律為生活工具的人，他認為學法律的人，是為求以法律來解決問題，來尋求真理，求證據；不是藉法律來掩閉某種事實。所以一個人除了學識外，還要有高度精神修養。西方古話：「一個好精神，應在一個好青年。」因此他說在他的記憶中，有時會感覺到很煩惱，很苦悶。因為做律師與醫生，都有著共同感覺，總覺一個病人，非到緊要關頭時，不去找大夫，有的人即使找了大夫，也未必能將病況告知大夫，使得大夫要花很多時間很多精力，去尋求原因，有時如在黑暗中摸索似的。因此，總覺得時間被浪費了，精力被耗費了。做律師也是一樣，很多人都是到了必要階段，才求律師為他們解決問題，使得時間和精力都覺得在浪費。可是一個人的健康，與一個真理之獲得，在醫生及律師看來，是絕對重要的，萬一有時不耐煩去聽當事人支離破碎的繁言雜語時，對當事人，在精神上將是一個嚴重的打擊，也就違反了我們學專門知識的宗旨。因此，律師醫生崗位上任務，在於聽當事人的話，幫他們解決困難。公道是至高的，如果公道不得伸張，豈不傷天害理，這就是，為什麼肯聽別人的叨擾之語，不覺厭煩，這可以說是義務，也是興趣。所以要用「養天地正氣，法古今完人」為修養的準則。

法律中的「律」是一種人為的規定，人為是有錯的。一個人為的規律，一旦違反自然的趨勢，則人為律，將是無法立足的。今天人們從地位、身分等階級對立的關係，演變成為契約的關係。人們可以憑自己的能力去考大學的文學系，去唸自己喜歡的書，今日社會，分工分得很細，使我們無法對每一種學識有所精通，可是假使沒有很細密的分工，我們的研究能夠仔細嗎？大家在研究時應該注意到各種學識間相互的關係，不應抱殘守缺。比如做律師，也注意到需要許多其他知識，如自然科學、心理學等。例如律師接到一宗案子是醫生過失殺人，就要考慮到這個人病源何在？這種病有幾種現象？如何醫？律師就會感覺到學識不夠用，應找醫學字典及其他參考資料，接到工程師過失致人死亡的案子發生時，也同樣需找其他的專門知識資料。學生進大學唸書，一定要了解大學是什麼？「大學」一詞，在牛津字典及韋伯大辭典上，均有相同的意義，牛津大字典上大學的意義是：一群學生與教員的總體，為追求更高學識的組織。大學有權利賦予學生文憑學位，但是大學最重要的目的，在追求更高的學問，也就是追求真理。中國古書中的解釋是：「大學之道在明明德，在親民，在止於至善。」又說「知止而后有定，定而后能靜，靜而后能安，安而后能慮，慮而后能得，物有本末，事有先後，知所先後，則近道矣。」大學生學習在追求真理，止於真理。大學中又云：「古之欲明明德於天下者，先治其國，欲治其國者，先齊其家，欲齊其家者，先修其身，欲修其身者，先正其心，欲正其心者，先誠其意，欲誠其意者，先致其知，致知在格物。」大學生在學校所做的事，只是在格物致知，格物不是死方法，要活的道理，要窮事物之理，如果這個道理一天追求不到，大學生的責任也就一天完結不了。總之大學教育在於培養正氣，培養完人。

由從政到培育英才，都是報國大業，端木愷每受命於國步艱難之際，成功於無形極微之中。志節忠貞，謙沖忍讓，曾自述一生只辭職而不求職，然職位既來，辭亦極難，故以耄耋之年，仍復「隨緣報國，量力助人」。他執業律師，一秉從公的宗旨，以端正社會風氣及法治精神為信念。受理案件，取捨嚴明，紓解冤屈，據理力爭，凡有涉外案情，悉以國家利益、國族尊嚴為前提。他的法學精湛，辯才無礙，所以端木律師之名，聞者莫不仰慕。

立法修法見解精闢

端木任光復會副主任委員時，曾在光復會及國民大會憲政研討會講演兩次，見解精闢，妙語如珠，極受與會人員的讚佩。某次他與筆者談到修憲問題與國會運作，他強調少數固應服從多數，然而多數必須不分黨派尊重有遠見、有理想、有抱負的少數議員，他認為國會中的少數應受尊重，要讓少數有見解的代表議員，盡情表示意見，剖析事理。他說：早年美國國會，通過禁酒法案，表決前曾有反對派的議員，大聲疾呼，反對禁酒，理由充分，頗有見解。可惜未受到尊重，多數通過了禁酒法案，全國實行禁酒，出現了很多難題，華僑商店，銷售五加皮酒，美國人民，爭相購買食用，遭到其他商店檢舉，告到法院，要求依法禁止，法官開庭審理，華僑商店聘請律師抗告辯解說：五加皮酒是治病的藥，不是酒，不應受禁酒法令的約束。法官開庭，聽取被告律師的辦護，最後裁定五加皮酒是藥，不是酒，可以公開出售，不受禁令的限制。這一個判決，華僑酒商發了一筆小財，許多嗜酒的飲君子，以吃藥為理由，爭相購買飲用，過了許多時日，取消禁酒令的呼聲四起，國會多數議員也認為通過所立的法案不妥，提議撤消禁令，一位英裔美國大商人，得知禁酒法案即將廢止，先期購買大批歐洲釀造的酒類儲存在美加邊境，等待通過取消禁令後，美國國內來不及設廠釀造之時，立將購儲的大批洋酒一擁而入，進到美國市場銷售獲利甚豐，發了大財，後來使得兒子因有不虞匱乏的環境，當上了美國總統，這位大商人便是甘迺迪的父親。議會裡多數不尊重少數，多數作了錯誤的決議，影響太大了。近年台灣國會反對黨在提案得不到多數尊重時，有「多數暴力」的諷刺語言，值得深思。

端木愷和夫人陳季蘋，鴻案相莊垂六十年，育有三男三女，皆學有專長，貢獻社會。他在年登八十大壽之後，仍然耳聰目明，步履輕健。晚年始為胃癌、喉癌所苦，住院割治三次，體力日衰，端木夫人陳季蘋女士侍疾週到，須臾不離。一九八六年八月，夫人伴隨端木住院就醫，抽空返家休憩，竟臥床而逝，享年八十二歲。端木病中喪妻，悲慟逾恆，口授夫人行誼要秘書記錄，以為紀念，自此以後，鬱鬱寡歡，杜門謝客，卒於一九八七年端午節前夕辭世。端木善屬文，但不肯多事著述，無法窺見其學術之精微。惟言行一本所學，性情出於至誠。端木平日論人才，特重儒俠相資，理事互用，認為善治學者不必能理事，善保身者不必能成事。他的氣質品格當在理事之際、儒俠之間了。

原載：民國八十五年十二月號《中外雜誌》第六十卷第六期

祭文、輓辭等

家祭文

維
中華民國七十六年六月卅日不孝男俊民偉民傑民不孝女儀民倩民儷民等謹以清酌時饈之奠，致祭於亡父鑄公之
靈前而言曰：
嗚呼哀哉，吾父之逝，吾心傷悲，去年母亡，泣涕漣漣，今年父去，孤苦誰憐，吾父生平，亦嚴亦慈，兒女不肖，父獨稱賢，慰親無計，有愧奮飛，父今往矣，應在母邊，今此一別，永隔人天，英靈佑我，光此門楣。
嗚呼哀哉
尚饗

治喪委員會祭文

維

中華民國七十六年六月卅日治喪委員會主任委員薛岳謹以清酌時饈之奠，致祭於

副主任委員端木愷先生之靈前而言曰：

嗚呼先生，生而為英，死而為靈，拔地之氣，出塵之心。此乃天授，非關性情。自公之來，偉業超群。惟公之去，痛失斯人。常留勛績，昭如日星。名不可易，百世芳馨。嗚呼哀哉

尚饗

東吳大學祭故董事長端木鑄公祭文

維

中華民國七十六年六月三十日東吳大學校長楊其銑謹率同仁等謹以清酌時饈之奠祭於故董事長鑄公之靈前而言曰嗚呼鑄公！生而為人中之龍，死而為人中之雄，公於東吳固千載而名崇，公之建樹實有百代而同功。人曰既止、公曰風從、人曰小休、公曰酬庸，名既立而獎，效因事可弘，惟茲勛業，使東吳聲譽如日之方中，奈何公去，吾人失其泰斗之景從。馨香兮百代，瞻仰兮圖功。嗚呼哀哉！

尚饗

東吳校友會祭文

維

中華民國七十六年六月三十日東吳大學校友會會長王紹堉暨全體校友代表謹以香花清酌之奠敬祭於端木故董事長鑄秋先生之靈泣而言曰：

嗚呼我公，一世之師。盡瘁國事，端正法治，建彪炳之功業，作育多士，惠我東吳，紹聖學之真傳。胡天之不弔，遽折棟樑。夫窮通固世數之然，生死亦云何憂喜，而公之逝也，為天下慟者，蓋以志華日月，聲溢金石，流風垂範，山高水長。凡我東吳校友，追憶我公，莫不潸然涕落，永懷靡忘。謹陳辭而薦酒，乞在天之靈，來格來享。嗚呼哀哉，伏維

尚饗。

安徽省當塗縣同鄉會祭文

維

中華民國七十有六年歲次丁卯夏六月三十日上午安徽省當塗縣同鄉鍾艮樂等謹以香花蔬果清酌時饈致祭於

端木鄉長鑄秋先生之靈前曰：嗚呼！鑄公鄉長，望重宇環，中西學富，德義俱長。孝友成性，法崇申韓，出仕務實，持正堂皇。歷任要津，績比龔黃，晚年興學，如育幼蝗。莘莘學子，永沐慈顏，惜不永壽，眾心徬徨。嗚呼哀哉，道山遽返，群情痛傷。伏維

尚饗

中國國民黨中央常務委員會祭文

維

中華民國七十六年六月三十日中國國民黨中央委員會常務委員　暨各委員同仁代表謹以香花清醴庶饈之儀致祭

於

故端木評議委員鑄秋先生之靈曰：

繄維先生　中州之英　家聲閥閱　秉孝為經

少懷大志　積學有成　報效黨國　矢以忠誠

歷膺繁劇　才略過人　在艱彌厲　勛作常新

興學育才　治律揚名　凡此經畫　弘濟中興

胡天不弔　遽赴修文　設奠致祭　倍覺淒清

靈其不昧　來格來嘗　嗚呼哀哉　尚　饗

光復大陸設計研究委員會祭文

維

中華民國七十六年六月卅日光復大陸設計研究委員會　一、副主任委員袁守謙　二、秘書長郭　驥　暨全體委職員代表謹以香花鮮果之

儀致祭於

端木副主任委員鑄秋先生之靈前曰：

猗歟先生　黨國耆賢　原籍中州　宋室南遷
徙居湄濱　負笈麥倫　繼入東吳　究史窮篇
重洋遠渡　為學博淵　歷長膠庠　彌高彌堅
菁莪化溥　道賢薪傳　輔翼中樞　藎悃慎旃
議參國是　憲政勤宣　贊翊光復　檠才楠梗
胡天不佑　塵寰永捐　清徽斯邈　感念生平
忠謨長式　卹哀涕零　馨香一片　薦以豆籩
哀哉　尚饗

太平洋文化基金會祭文

維

中華民國七十六年六月卅日，太平洋文化基金會執行長張豫生敬率全體同仁，謹以清酒香花之儀，上祭故董事長愷公之明神前，曰：

嗚呼！天之生人也，數修短其有定兮，誰無死而不悲傷？晉者老而耄耋兮，痛老成之云亡！惟典型之尚在兮，扶薄俗之綱常，維我

愷公年高而德劭兮，實盛世之鳳麟，斗山巍乎瞻仰兮，為當今國人所式矜，為黨為國之盡瘁兮，能於危疑震撼之間收其勳。為杏壇之耆宿兮，能如時雨之潤百草東風之起春聲。致力於傳統文化之發揚兮，惟茲始足以拯救陷溺之人心。歎百年之轉瞬兮，空留萬古之典型。寄悲懷而曷己兮，望歸魂於采石之旁大江之濱，嗚呼哀哉

尚饗

台灣電力公司祭文

維

中華民國七十六年歲次丁卯國曆六月三十日台灣電力公司董事長傅次韓率同仁代表謹以香花清醴之儀致祭於

故端木鑄秋先生之靈弔之以文曰：

黃河禹甸　歲紀五千　皖省當塗　代出名賢

敬維吾公　一世之師　懦宗孔孟　學貫中西

獻身黨國　翊贊機要　大才槃槃　文光四照

赤匪猖亂　遍野烽芒　颷風驟雨　弼輔元良

神州易色　隨鼎東渡　元首倚畀　國策匡扶

精研法學　為國爭訟　中航央航　終獲勝訴

東吳復校　力墾書田　數十寒暑　才育百年

功在邦國　獻替多方　久持遠播　清譽永揚

胡天不佑　遽殤元良　膏肓莫起　大雅云亡

星沉人邈　無限悽愴　椒漿奉獻　來格來享

哀哉！

尚饗

國塑關係企業祭文

維

中華民國七十六年六月三十日，國塑關係企業人頭冒貸自救會總代表戴聰輝率全體代表以香花素果致祭於端木大律師之靈前曰：

嗚呼愷公，感德天縱，積善潤身，集義成名，伸張正義，依法平情，拯顛救困，舉世欽崇，本會會眾五佰八十餘人，遭受人頭冒貸之累，身陷火熱水深之中，慕名叩渴，立蒙慷慨允承，指示迷津，綰轂權衡，當仁不讓，仗義盡能，尤以吾公臥病期間，對我輩案情進展，尚復一再垂詢叮嚀，仁德厚意，感戴莫名，正當陰霾漸去，將近黎明之際　吾公溘然仙逝，頓失恃憑，何異千層霜雪，遮掩前旌，又如轅車斷軸，堪虞覆傾，噩耗飛傳，全體會員無不悲傷憂惶，仰問蒼天，我將何從？虔虔奠祭，紓我哀衷，公靈有知兮，來鑒此忱，公魂來歸兮，佑我前程，焚香奠祭，聊盡哀誠，嗚呼哀哉

尚饗。

輓額

(1)鑄秋先生千古

宿望嘉謨

蔣經國

(2)鑄秋先生千古

勳猷教澤

嚴家淦敬輓

(3)鑄秋先生千古

耆德永彰

李登輝

(4)鑄秋先生千古

碩彥流徽

何應欽輓

(5)端木愷先生千古

道範長昭

謝東閔

輓聯

鑄秋鄉兄千古

譙郡會談半世紀人事滄桑同一慨

杏壇傳道五十年春風時雨溥羣倫

弟胡鍾吾率子女拜輓

鑄公吾師千古

治律具一代高名餘事育材自有大功傳瀛海

論人得千秋典範雙溪化雨空從上座憶春風

生楊其銑拜輓

鑄公千古

用人之正治事之勤勛業永留世譽

謀國以忠立身以恕典型長記人豪

東吳大學全體教職員生敬輓

端木鑄秋先生墓誌

府君字鑄秋，安徽當塗人。幼隨親居滬，遂家焉。稍長，入復旦大學研政治，同時在東吳大學研法律，畢業後，入美國紐約大學續修法學，得博士學位。民國十七年返國，任國民革命軍軍官團教官，旋轉任安徽省教育廳秘書兼科長，復改任安徽大學法學院院長。二十二年，轉任行政院參事，抗戰軍興任安徽省民政廳長。樞府西遷，復延任行政院會計長。三十一年，轉任國家總動員會議副秘書長兼代秘書長。勝利前夕，奉派為國民參政員。三十六年膺選立法委員，未就職，即任司法院秘書長。三十八年，孫哲生先生任行政院長，堅邀任秘書長。樞府遷粵，繼續戡亂，大計之定，實共策畫。來台後，膺聘總統府國策顧問，重執律師業於台北。六十八年，膺聘為光復大陸設計委員會副主任委員。七十年，膺選中央評議委員，並任太平洋文化基金董事長、團結自強協會理事長。府君早歲負笈東吳，於母校關懷尤切，曾任同學會會長、董事會董事、代理董事長。五十八年，被選任校長，迄七十二年辭職，改任董事長。東吳在台復校以後，奔走擘畫，克具閎規。晚歲且以私儲圖書及住宅贈與學校。以七十六年五月三十日辭世，享年八十有五

太夫人諱季蘋，安徽石埭人，年十八來歸　府君，鴻案相莊，浹六十載，上侍翁姑，下撫子女，賢淑著稱於戚鄗，以民國七十五年八月一日逝世，享年八十有二，敬掇述崖略，俾垂久遠。

孝　男俊民偉民傑民
　　女儀民倩民儷民　泣　誌

卜算子慢
——懷端木校長

韋仲公（蒹堂）

端木鑄秋先生，國之忠幹，夙著勛華，晚年出長東吳大學，余忝兼記室，有相知恨晚之情。雙溪追隨逾十載，養疴期間，口授生平，囑余為之傳記，僅及一半，遽歸道山，其哲嗣以先生日用筆筒筆架及宣紙數束相贈，睹物懷人，覺先生猶在對談間也。平日與余極契，嘗謂倘余習法律，當合夥為律師，而余亦有「從公已悔十年遲」之痛，余既為先生作行狀，復為詩以哭，情弗能已，再賦斯闋。先生之於余，豈僅師友之誼，蓋亦知己之感焉。

江北浪人韋蒹堂時在丁卯年五月葬先生之後十日，於外雙溪之東吳大學

名山客去，華屋景非，一瞬朱欄人換。門巷深深，依舊榴花庭院。悵樓空，落日空餘怨。無限意，隔窗低說，明朝有約休緩。　遇合終嫌短。況病榻叮嚀，著書纔半。不早相逢，誤了十年心願。對遺編，淚眼流難斷。縱萬語，遙天欲寄，奈陰雲零亂。

知音恨晚，歧路漫問，離合究誰能管。此去何歸，空有碧雲遙捲。記黃昏，說盡歸山願。指海上，荒波湧處，紅桑劫罅新換。　往事難重喚。縱喚得遺痕，痕中人遠。醉臥黃壚，最怕笛聲過半。漸山暝，涼雨生宵怨。嗚咽意，催愁客枕，有溪聲不斷。

端木校長輓詩

韋仲公（兼堂）

老未還鄉別有愁，雄關猶記少年遊，當塗依舊寒流在，一鶴橫江過石頭。
（鑄公安徽當塗人，住近采石磯，為石頭城西郊重鎮，公晚年眷思頗深。）
歸國方欣一片春，風雲氣捲少年人，東鄰不與西鄰好，檢點征衫人戰塵。
（鑄公自美學成返國，未幾東鄰禍起，公曾應聘任軍事教官。）
劫火燎原犬吠微，流民群似雁驚飛，間關又涉風霜苦，賢吏連宵遠未歸！
（抗戰初起，公任安徽省民政廳長，鐵騎遍地，萬戶無家，公撫慰死生，間關歷險未易悉數。）
投鞭斷水起雄兵，國力渾成復兩京，異地松楸邊月冷，蜀江愁聽喚兒聲。
（公在陪都，任國家總動員會議副秘書長兼代秘書長，尊翁棄養，暫厝四川，臨終告公曰：「不可令我孤留西蜀也」，公暮年在台，每一語此，愀然不樂。）
大盜猖狂痛哭深，神州一夕又驚沉，老臣廟算無遺策，海上重回復國心。

（三十八年政府播遷前後，公任行政院秘書長，輔弼閣揆孫哲生先生，時先總統　蔣公引退，公與吳忠信先生謀以副總統代總統名義領導政府，願為　蔣公復行視事張本。）

在野身猶食祿忙，漢家故物豈能忘，去來台港雲程急，淒絕中原落日黃。

（政府遷台，以兩航飛機事件，公受命辦理訴訟，往返台港間無數次，終致勝訴，聲譽益騰，而公心益苦。）

山林重啟舊黌宮，海外絃歌聲更隆，見說雙溪花事好，爭從座上沐春風。

（東吳大學台灣復校，公任校長、董事長近二十年，奔走海內外募款求才，厥功重偉。）

光復中州自有期，河清未及渡河時，江南劫後魂歸苦，故國逢人莫唱詩。

（公晚年奉聘為光復大陸設計研究委員會副主任委員。）

是非隨處各爭鳴，片語能教事理平，奇絕還從凡處出，書城曾繫一生情。

（公為律師，極負盛名，然未嘗一日廢書。）

遺編重檢梦痕存，史事曾經仔細論，許我燈前一放蕩，雙溪風雨幾黃昏。

（公喜說近代歷史，上燈未歸，並以珍藏近人著作相贈。）

往事留音小遺懷，明朝有意入城來，過門寧只山陽痛，一樹榴花怕更開。

（公近年閉門養痾，口說往事，余司錄音，謝世前三日，猶囑余下週入城談歷史，竟於五月三十日不起。）

寥落斯文晦不明，論交公是老書生，未將健筆留言說，別有風規化世情。

（公善屬文，然不肯著書，嘗曰：「書多亦是劫難」。）

識公豈僅十年遲，歧路相憐借一枝，風義不隨年月盡，多山哭弔自時時。

（六十四年起，余講學東吳，課暇任鑄公記室，十數年未嘗離左右，政府葬公於陽明山之原。）

每因寒素最憐才，為我癡頑刻意栽，忍把傷心知遇淚，欲從雲外寄蓬萊。

（公於寒素之士汲引最甚，十數年知遇之情感念無極，公當不朽，其仍遨遊於蓬萊滄海間乎。）

丁卯年六月三十日於東吳大學

丁卯中秋謁端木鑄公墓

韋仲公（蒹堂）

鑄公謝世後，數夢如平生，墓門展謁，益深愴惻

跫音空谷鳥鳴幽，嶺外滄波有亂流，客去連宵悲入夢，月明今日是中秋，入經千劫情都老，路到雙溪水亦愁，遺恨他年終可慰，振衣重過大江頭。

萬物逢秋意亦新，偏因傷別過荒榛，如何慷慨江頭士，長作蕭條海上人。青眼記憐歧路客，白雲能洗一山塵，歸真此去須回首，舉世逃秦未滅秦。（鑄公安徽當塗人，瀕臨大江。）

丁卯中秋蒹堂於士林雙溪之東吳大學

輓鑄秋校長（兩首）

林勉成

宮牆萬仞館樓開。絳帳傳經育俊才。法學高深垂典範。仰瞻遺像有餘哀。

長校政春風化雨。知我猶深。惠我猶切。追思懷往事。俯首默哀惟一哭。
在廟堂黨國忠勤。享此大壽。得此大名。令譽極終身。銘旌無愧足千秋。

《東吳校訊》端木愷校長逝世十周年紀念專刊題聯

劉源俊

恆毅助多繼承光輝傳統
開明見遠興拓完整大學

【新聞報導】

端木愷的八字箴言

書齋雜譚

・程榕寧・

端木愷博士生平的八字箴言：「隨遇而安，隨分報國」，使得他數十年來從不說一句埋怨的話。

在他飄着絲絲雪茄烟味的書房裏，他淡然的談他的人生觀時，灑脫之至。

–您是如何的隨遇而安呢？

譬如，我爲了參加國際會議而出國時，什麼菜都吃，絕對不苦苦的去找中國飯館。

你想，在日本不吃生東西，在英國找中國菜，不是自找罪受嗎？

我家住九樓，如有電梯正等着，我就跨進去，撳個鈕；如果電梯正在途中，我就自己走上去。

我也不在乎錢，人生在世，爲的是做一點事，對別人有點幫助，又何必爲吃爲穿而過分勞苦自己？拚命省錢也不對，只落得一個「錢奴隸」而已。

–您是如何的隨分報國呢？

也只是盡我最大的力量和本分，談不上什麼。

–據說，您的這道鬍子是個記錄？

有一點關係罷了。

民國廿六年十一月，我從中樞調到安徽，擔任民政廳廳長。不久，南京淪陷，我由安慶遷到六安鄉下，那兒沒有電燈，我每天在一盞煤油燈下處理公務，也很忙碌，客人來時，只得以本來面目相見，戰爭期間，也沒人怪罪。

民國廿七年元旦，安徽守軍舉行閱兵大典，我被邀觀禮。舉起刮鬍刀，竟疼得下不了手，我便說：「留到勝利後再剃吧！」

對日抗戰勝利，我被調同中樞，終於把下巴上的鬍子刮了。那時，我不到四十歲，已是鬢、髮、鬚俱白矣！

這道鬍子是無心留下的。

–您抽雪茄，也有一段歷史了吧？

對，也有幾十年了，是我的一個習慣。

雪茄煙是噴掉的，不會吸進肺部，對身體健康無礙，而且煙味能消毒。

我多半是燒雪茄煙。

–會不會上癮？

這可印證我的人生觀，如果我會上癮，或是非得某一個牌子不可，就不能夠「隨遇而安」了。

而且，口會上癮的，只有鴉片。

–您的身體好，是怎麼保養的？

眞是無可奉告。

小時候，我好奇，曾經學踢毽子、彈玻璃珠、打拳、耍大刀、打球，也打過高爾夫球，這些，可能是打好了身子的底子。

現在，我只是走路、爬樓梯，每天在東吳大學看一遍。

–您對宗教信仰大概到了什麼程度？

還是老話，隨遇而安。

宗教免不了形式，形式是表現精神的方式，總有其作用；只是，我這個人不受形式拘束，這同我從不參加會或社的道理是一樣的。

–平日做些什麼消遣？

無所謂消遣，管管孫女，蠻好玩的。

聽端木愷博士的這席話，彷彿也感染了他的那份淡泊和寧靜。

《大華晚報》　民國67年6月11日

端木愷、退休慨贈積蓄宅第
老校長、德風化育東吳大學

（本報記者李蜚鴻專訪）十四年來，東吳大學校長端木愷未支領過學校的薪金，如今他卸下校長重任時，又捐出了一千萬元新台幣和一幢住宅作爲興學之用，他的德風義擧，在目前逐漸趨向「重利」的社會環境中，格外引人注目。

剛接任的新校長楊其銑，曾和端木愷校長相處多年，他說，端木校長認爲，他的六個子女都已自立，不需把錢留給後人，而學校猶待發展，所以當年他購買位於台北市仁愛路的一幢新居時，即把所有權過給了學校，臨退休他又慨然捐出一千萬元，這些捐助都代表了端木校長對於東吳大學的愛護和期望，今後他將本着端木校長「愛校」的精神，繼續發展東吳大學的校務。

東吳大學校友會會長王紹堉，亦爲該校董事會董事，他說，東吳大學是大陸上的大學唯一在台灣由校友會復校的私立大學，由校友組成校董會辦學，並非家族企業，亦眞心想提升東吳大學的水準，可是私立學校辦學不比公立學校，十分艱難，去年學校爲興建城區大樓，端木校長在外千辛萬苦才募得二千多萬元，這其中的艱辛，外人不易了解，他推測，這也是端木校長臨走捐出畢生積蓄一千萬元的苦心，因爲他太知道辦學校的辛苦以及需要用錢的事實。

東吳大學位於台北市外雙溪故宮附近，多年來學校一直未興建一個像樣的大門，校長室也未裝置冷氣，只有圖書館、音樂系和語言中心因爲設備需要而裝有冷氣，曾有無數的學生要求校長整修大門，而端木愷校長總是不斷的告訴他們「不要注重門面，要重視內容」。

高齡八十二歲的端木愷，一生經歷豐碩，他畢業於東吳大學，曾任安徽大學法學院院長、復旦大學法學院院長、立法委員、行政院秘書長、司法院秘書長，來台後曾是有名的律師，民國五十八年，受東吳董事會邀聘出任校長，當時他已六十八歲，十四年來，他從不支領的薪水，作爲補助老師出國進修的經費，他恢復了東吳大學的建制，把原來二千多人的學校擴展爲文理法商四個學院九千多人的學校，無時無刻不在爲學校著想，他的辦學精神，正如他臨走的贈言「要以愛心和信心爲東吳大學締造更好的未來。」

端木愷昨正式交接後，依依不捨的巡視校園。（胡毓豪攝）

《中國時報》　民國72年8月2日

端木愷病逝 友好商治喪

【台北訊】光復大陸設計研究委員會副主任委員端木愷（見圖），於五月卅日上午因肺氣喘病逝於台北中山醫院，享年八十五歲。光復大陸設計研究委員會及端木愷之生前好友，今天上午召開會議，討論治喪事宜。

端木愷近兩年來身體一直不適，日前因病住進台北中山醫院，至五月卅日上午八時餘，因肺氣喘而去世。

光復大陸設計研究委員會、東吳大學以及太平洋文化基金會及端木愷之生前好友、學生、部屬等，於今天上午十時開會，討論治喪事宜。

端木愷生於民前八年四月七日，歷任各大學公法教授，曾任行政院會計長、秘書長、國民參政會參政員、司法院祕書長，民國五十八年起擔任東吳大學校長，現任光復大陸設計委員會副主任委員。

《大華晚報》 民國76年6月2日

光復會副主委 端木愷病逝

〔臺北電〕光復大陸設計研究委員會副主任委員端木愷，不幸於五月卅日上午，病逝於臺北市中山醫院，享壽八十五歲，現正由有關單位辦理治喪事宜。

端木愷安徽當塗人，生於民前八年，上海復旦大學文學士、東吳大學法學士，並獲紐約大學法學博士學位，歷任行政院參事，安徽省民政廳廳長，行政院會計長，國家總動員會議副秘書長代理秘書長，國民參政會參政員、立法委員、司法院暨行政院秘書長等職。五十八年起，曾分別擔任東吳大學校長、董事長、太平洋文化基金會董事長、團結自強協進會及中阿文經協會理事長，並膺選執政黨中央評議委員。

端木愷為我國著名法學家，執行律師業務多年，國際間極具盛名，晚年參贊中樞，研議光復大陸大計，並以全力辦理東吳大學，並將其全部積儲、圖書與住宅，悉予捐贈學校，生前曾獲教育部嘉獎，子女六人，皆卓然有成。

《台灣日報》 民國76年6月3日

前東吳大學校長、光復大陸設計委員會副主任委員端木愷，於上月卅日不幸病逝。（本報資料室）

著名法學家端木愷病逝

醉心教育·積儲房產·全贈東吳

一生清廉·力戰病魔·風範足式

【臺北訊】光復大陸設計研究委員會副主任委員端木愷，不幸於五月三十日上午，病逝於臺北市中山醫院，享年八十五歲。

端木愷字鑄秋，安徽當塗人，生於民前八年四月七日，上海復旦大學文學士，東吳大學法學士，並獲紐約大學法學博士學位。

他歷任行政院參事，安徽省民政廳長，行政院會計長，國家總動員會議副秘書長代理秘書長，國民參政會參政員，立法委員，司法院暨行政院秘書長等職。

五十八年起，曾分別擔任東吳大學校長、董事長、太平洋文化基金會董事長、團結自強協進會及中阿文經協會理事長，並膺選執政黨中央評議委員。

端木愷為我國著名法學家，執行律師業務多年，國際間極具盛名。晚年參贊中樞，研議光復大陸大計，並以全力辦理東吳大學，並將其全部積儲、圖書與住宅，全部捐贈學校。

光復大陸設計研究委員會副主任委員端木愷，一生對教育、文化事業貢獻卓越，他病逝的消息傳來，令教育界人士悲痛不已，咸認為失去了一位正直、可敬的長者！

端木愷先生歷經要職，而他最醉心的工作則是教育事業，他於民國五十八年起擔任東吳大學校長，在十四年校長任期中，東吳大學由原來九個系，擴增至今日廿個學系的規模，端木校長竭盡所能充實東吳大學硬體和軟體設施，此一成就有目共睹。

東吳大學現任校長楊其銑表示，端木愷先生經常以一句平易的話自勉、勵人—「一個人做什麼就應該像什麼」，毫無疑問的他已經實踐了這個理念。

端木愷先生自律嚴謹，記憶力極佳，他待人和藹可親，然而公私分明，處理事務則一絲不苟，許多部屬對他非常敬畏。

最值得一提的是端木愷先生陸陸續續將其數千冊藏書捐贈給東吳大學，他的退休金也全部捐出來，做為學生獎學金，這位滿頭華髮，經常含著煙斗的長者，把他能捐的都毫不吝惜地捐出來，嘉惠了無數學子，教育部曾特別頒獎表揚他的德風義行。

端木先生有很堅強的生命力，他在六年前曾因胃癌開刀，醫生把他五分之四的胃切除，剩下的五分之一的胃並非沒有癌細胞，只是不能再切了，當時醫生曾估算他最多只能再活半年，端木愷先生毫不灰心，仍抱持極高昂的意志力、生命力，與病魔對抗。

結果，端木先生不但活過了半年、一年、兩年……，沒有被病魔擊倒，反而堅強地站了起來，醫生看到此一情形，只說了兩個字「奇蹟」。

之後，端木愷先生又罹了喉癌，說話都很困難，癌細胞逐漸轉入了肺部，等於是胃、喉、肺均患癌症。一般人到了這種境地，大都喪失與病魔搏鬥的勇氣了，但是端木先生不同，他依然樂觀，對自己有絕對信心，他的友人也堅信任何困境都無法擊倒他。

端木先生有個美滿和樂的家庭，子女均有很高的成就，尤其難能可貴的是他和夫人鶼鶼情深，六十餘年如一日。去年，端木夫人不幸去世，對其打擊極大，此種心靈的傷痛遠甚於肉體苦楚。

端木愷先生雖然離開人間，但他一生公爾忘私的精神，奮鬪不懈的意志力量，風範足為世人效法。

本報記者 張麗君

《台灣新生報》 民國76年6月3日

端木愷病逝

〔台北訊〕前東吳大學校長、光復大陸設計研究委員會副主任委員端木愷，五月卅日病逝於台北市中山醫院，享壽八十五歲，現正由有關單位辦理治喪事宜。

端木愷字鑄秋，安徽當塗人，生於民前八年四月七日，上海復旦大學文學士，東吳大學法學士，並獲紐約大學法學博士學位，歷任行政院參事，安徽省民政廳廳長，行政院會計長，國家總動員會議副秘書長代理秘書長，國民參政會參政員，立法委員，司法院暨行政院秘書長等職。五十八年起，曾分別擔任東吳大學校長、董事長、太平洋文化基金會董事長、團結自強協進會及中阿文經協會理事長，並膺選執政黨中央評議委員。

先生為我國著名法學家，執行律師業務多年，國際間極具盛名。晚年參贊中樞，研議光復大陸大計，並以全力辦理東吳大學，且將其全部積儲、圖書與住宅，悉予捐贈學校。

《中國時報》　民國76年6月3日

東吳大學前校長
端木愷病逝北市
治學嚴謹・貢獻匪淺
捐贈遺產・師生感恩

〔台北訊〕光復大陸設計研究委員會副主任委員端木愷，日前病逝於台北市中山醫院，享壽八十五歲。

端木愷是我國著名的法學家，自民國五十八年接任東吳大學校長後，銳意改革東吳大學，使東吳大學成為近年來發展最快的大學。

東吳大學法學院院長章孝慈形容老校長端木愷是一位最尊重部屬，也最有原則的長者，以他個人接掌法學院六年來，不僅得到老校長的充份授權，且端木校長在校長任內從不曾干預院內的任何一項行政工作，連其女兒由美返台擬進入東吳大學任教，他也以避嫌為名拒絕了女兒的任教申請。

章孝慈表示，端木愷在担任校長迄今改任董事長不但未領過學校分文薪資，且捐贈無數財產做為擴校基金，連其生前仁愛路百餘坪的住所，在遺囑中也註明捐贈給東吳大學，這種胸襟非常人所能比擬。

東吳大學自由端木愷接事以後，不僅增系增擴展極速。章孝慈認為端木老校長所創立與學生定期直接溝通的餐敘方式，非但可減少學生與校方的隔閡，同時可讓學校能隨時接受學生的建議儘量改革，這種直接溝通的方式讓東吳大學師生有面對面的接觸，也使東吳大學沒有所謂的校園問題。

章孝慈強調，端木老校長在法學及政治上的貢獻毋庸贅言，僅以對東吳大學辦學、治學的成績，就足以讓東吳大學師生永遠懷念。

《自立晚報》　民國76年6月3日

端木愷喪禮 定卅日舉行

【臺北電】光復大陸設計研究委員會副主任委員端木愷的喪禮，將於三十日上午在臺北市第一殯儀舘景行廳舉行。

蔣總統經國先生特頒「宿望嘉猷」輓額，以悼忠藎；嚴前總統及李副總統也分別頒「勳猷敦淳」、「耆德永昭」輓額，同表悼念。

《台灣日報》
民國76年6月27日

著名法学家端木恺病逝

◇ ◇

本报讯 著名法学家、原东吴大学校长端木恺先生不幸于6月1日晚在台北市病逝。端木先生参加教育事业多年，曾在本市从事律师业务，对我国司法教育事业颇多建树。张承宗、赵祖康闻讯后已去电悼唁。

《文匯報》
1987年6月3日

顯考端木府君諱愷字鑄秋

痛於中華民國七十六年五月卅日八時蒙主寵召壽終臺北市中山醫院距生於民前九年農曆四月十八日享壽八十有五 子傑民 女儀民隨侍在側 子俊民 偉民 女倩民 儷民由港、美等地匍匐奔喪遵禮成服謹擇於七十六年六月三十日（星期二）在臺北市民權東路市立第一殯儀館景行廳上午八時設奠家祭八時五十分舉行安息禮拜九時三十分公祭十一時發引安葬於陽明山中正嶺常安墓園 謹此訃

聞

妻 陳季蘋
子 俊民 偉民 傑民
女 儀民 倩民 儷民 泣
胞弟 端木悌
姪 仲民
孫 劍如 敦如 慫如
孫女 懿如 愈如
曾孫女 守信 啓

鼎惠懇辭 恕不另訃

喪居：臺北市仁愛路四段一三七號九樓之一
電話：（〇二）七七一－五二六四
（族繁不及備載）

中國國民黨中央評議委員
光復大陸設計研究委員會副主任委員
太平洋文化基金會董事長
東吳大學董事長
端木愷先生

於中華民國七十六年五月三十日上午八時病逝臺北市中山醫院謹擇於民國七十六年六月三十日（星期二）上午假臺北市立第一殯儀館景行廳設奠並舉行安息禮拜九時三十分公祭十一時發引安葬於陽明山墓園 謹此奉

聞

端木愷先生治喪委員會

主任委員 薛岳
副主任委員 黃少谷 倪文亞 楊亮功 袁守謙
委員 （從略）
總幹事 吳克英
副總幹事 許少平 喬維和 王鴻瑞 唐輝

聯絡處：光復大陸設計研究委員會第一組
臺北市重慶北路二段二八〇號 電話：五四一－五二三九
東吳大學總務處
士林外雙溪 電話：八八一－九四七一

復旦同學會通告：故校友端木愷先生

本會訂於六月三十日（星期二）上午九時三十分在臺北市民權東路第一殯儀舘景行廳公祭 至希各校友準時前往參加祭典爲荷

《中央日報》 民國76年6月29日

端木愷喪禮 千餘人致祭

【本報訊】中國國民黨中央評議委員、光復大陸設計研究委員會副主任委員、東吳大學董事會董事長、太平洋文化基金會董事長端木愷喪禮，於昨日上午在臺北市立第一殯儀舘景行廳隆重舉行。

執政黨中央委員會、光復大陸設計委員會、東吳大學、太平洋、文化基金會、救國團、復旦大學校友會、衛理女中、新光企業、臺電公司、三民主義統一中國大同盟、中阿文經協會、團結自強協會、世界新專等三十餘單位先後參加公祭。

黨、政、軍首長多人及各方故舊親友一千餘人也前往致祭。

上午十一時，由光復會秘書長郭驥主持啓靈禮，隨即發引安葬於陽明山中正嶺常安墓園。

《中央日報》 民國76年7月2日

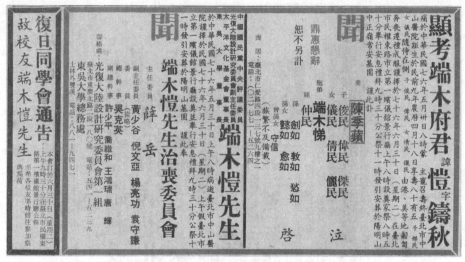

【一位政治家・律師・教育家的風範

——端木愷先生紀念座談會紀錄】

一位政治家·律師·教育家的風範

——端木愷先生紀念座談會紀錄

日　期：九十三年五月六日上午十時

地　點：東吳大學外雙溪校區國際會議廳

與談人：葉明勳（世新大學董事長）

梅可望（台灣發展研究院董事長）

周聯華（台灣世界展望會董事長）

秦孝儀（中正文教基金會董事長·前故宮博物院院長）

梁肅戎（海峽兩岸和平統一促進會會長·前立法院院長）

錢　復（監察院院長）

黃煌雄（監察委員）

主持人：劉源俊校長　　記　錄：黃淑暖、黃久珍

主持人致詞：

王董事長、各位貴賓、端木儀民女士、各位女士、各位先生：

去年為端木故校長百歲誕辰，本校原規劃舉辦追念會，未料因SARS緣故延期。所幸去年與傳記文學雜

誌社合作邀約若干紀念文，刊登於《傳記文學》雜誌，堪以表示追念之心意。今日邀請到端木故校長之故舊齊聚一堂，追述其生平、志業及事蹟，至感欣慰。所談內容將收錄於本校預定七月出版之《端木愷校長紀念集》內。

今日邀請之貴賓已為大家所熟識，不再多介紹。特別要說明的是今日有二位與談人無法出席，一位是孔德成資政，昨日因雙腿不適，不克出席今日座談會；另一位是楊其銑前校長，臨行前因罹患輕微中風之故不克返國，我曾與楊校長通過電話，得知目前正在靜養中。

本座談會時間有限，先請台上長者每人發言十分鐘，之後請台下多位與端木校長熟識的前輩們發言。首先請世新大學葉明勳董事長發言。

葉明勳先生：

各位先進、女士、先生：

今天這個場合由我先發言，可能因為我年齡虛長幾歲。

我到台灣已快六十年，今天第一次來到東吳大學，令我想起兩件事情，與座談會主題無關，卻與東吳大學有關。第一件事是抗戰時期，福州協和大學淪陷，該大學遷至福建北部邵武。邵武靠近武夷山，福建、江西、浙江三省交界，為軍事重地。提到此地乃因當年美國有一位親華眾議院議員周以德到邵武傳教，周以德在邵武創辦衛理中學、醫院、校舍。民國三十一年，蘇州東吳大學及杭州之江大學奉美以美教會令撤退到邵武，三個大學在同一校園，當時我在協大負責訓導，就在此時與東吳建立關係。

第二，本人比端木鑄秋先生早到台灣幾年，民國四十三年，在漢口街成立東吳補習班，曾任東吳法學院長呂光先生來看我，說東吳要在台灣復校，外雙溪有些土地為林柏壽先生所有，希望我去拜訪他，請他捐出土地給東吳復校，後來捐地情形如何我已不太清楚。現在談到本題。

去年《傳記文學》刊登許多名作家及家屬所寫有關鑄秋先生的生平及對國家的貢獻，昨日中國時報刊登謝政諭教授所寫的文章，我詳細看了兩遍，這篇文章總結很多敘述鑄秋先生生平的內容，我就不再贅述，僅略述個人與鑄秋先生的關係。早年新聞界的朋友如程滄波先生等人經常至北投海運大亨楊管北先生家聚會，程滄波先生文墨才學上乘，但脾氣不好，喜歡挑剔、批評，然而對鑄秋先生卻是讚許有加，其原因在於鑄秋先生總能在程老大肆評論時，以幽默的口吻逗得程老開懷大笑。

另外一點，本人當年曾擔任《文星雜誌》發行人，社長為蕭孟能先生，總編輯夏承楹先生，副總編輯為林海音女士。《文星雜誌》走高格調路線，不談論政治，雜誌創辦後，本人即離開台灣前往美國。創辦一年多，固然銷路不好，但各方批評不錯。本人回國後，新任總編輯李敖因寫文章批評《中華雜誌》負責人胡秋原，引起胡先生不滿而提起訴訟，我身為發行人需負法律責任，故成為被告。我與胡先生原為舊識，法庭相見誠屬無奈，此案經過端木先生居中協調，請我與胡先生至家中吃飯，才讓胡先生撤回告訴。

本省有某一大老過世，喪禮前二星期，爆發桃色事件，女方委請律師向家屬提出無理要求，哀家透過本人向鑄秋先生請求調解，鑄秋先生應允請事務所王善祥律師來處理，很快就解決這場風波。

端木先生因兩航事件遭開除黨籍，卻無任何怨言，逆來順受的性格，值得欽佩！聖經說：「爾乃世之光」，鑄秋先生就是光，其一生博愛、犧牲、服務的精神，照耀世界每個角落。我發言時間已超過，到此為止，請各位指教！謝謝！

主持人：

謝謝葉董事長的講話。接下來請台灣發展研究院董事長梅可望先生。

梅可望先生：

劉校長、各位老大哥：

今日有機會來報告對端木先生的景仰，感到非常榮幸！

六〇年代釣魚台事件，中共在美國發動統戰活動，在美的華裔學人倒向中共，經國先生很著急，要行政院青年輔導委員會研訂辦法，遂於民國六十一年召開國家建設會議，經國先生特別指示要邀請端木先生參加。經過這次會議後，在美的華裔學人又恢復支持中華民國，我想，在國家建設會議中挽救頹勢的一定是端木先生。

民國六十七年，本人任東海大學校長，該校每年收入僅七千多萬，負債卻有五千二百多萬，我找端木校長商量，端木校長以幽默的口吻說：「東海不好搞，已經有許多人到東吳來了，還有好幾個也要來」。我的回答是：「你說這個對我沒好處，剛當校長就跑掉了，我想請你開示開示！」端木校長送給我四個字：「自立更生」。他說：「不要期望美國人（創辦東海的聯合董事會），東吳沒有錢，我就把房子賣掉」。我說：「報告老師，我還沒有買房子，哪有房子可賣呀！」，他說：「沒有房子可賣，那就自己想辦法，不要靠美國人。」我受到端木先生的激勵，積極經營，三年之後債務已償清。

有一次，端木先生請我到家裡吃飯，餐桌旁有專門的廚師服務，這樣的排場令我吃驚！端木校長說明找我來的理由是亞洲基督教高等教育聯合會將於後年選舉會長，他已擔任二年的會長，不能再選，但台灣應要有人出來競選會長。聯合會以日本大學校長居多，日本校長瞧不起台灣的校長，我們不可以讓日本人瞧不起。又說聯合會沒有經費，完全靠美國，日本大學經費較充裕，你當選會長後，成立基金會，我來支持你，讓日本大學出些經費。我照他的指示當選會長後，積極成立基金會，卻遭日本大學反對，端木校長二、三句話就說服他們了。基金會募款目標原訂十萬美金，最後募到十五萬美金。端木校長說我們應該讓日本人知道中華民國的校長比他們有辦法。由此可見端木校長無時無刻不在維護國家民族的自尊心。

最後還有一個有趣的故事。二十年前，俞國華先生說私立大學有學店，端木校長感嘆地說：「東吳大學是學店嗎？東海大學是學店嗎？」他說他年紀大了，不便表示意見，要我為私立大學爭取與公立大學一樣的平等地位。當時總統在各大學秋季開學前請各大學校長座談。在教育部上車前，中興大學校長李崇道表示他要向經國先生表達教育部對他的不公平待遇，大家都為他鼓掌叫好。座談時，經國先生僅問李校長學校漏水問題修好了沒即結束對話。但談了二小時後輪到我了，經國先生問我有沒有什麼意見，我將端木校長的那一套搬上來，指出公私立大學不平等、私立大學沒有經費等等。我慷慨激昂地講了二十分鐘，經國先生說：「梅校長講得很對，學校分公立、私立，學生是不分公立、私立的」，隨即指示行政院孫院長要公平待遇私立大學。

我們公推端木校長為召集人，為求取私立大學公平待遇研擬出十七點建議。十二月七日，孫院長召集私立大學校長開會，孫院長進入會議室後一臉不悅，於是端木校長站起來，吆喝說：「各位同仁，孫院長今天身體不大舒服，我們走了。」孫院長馬上站起來，鞠躬九十度說：「報告端木校長，我身體很好，沒有生病，請各位不要走。」後來，孫院長對我們所提的意見大部分都接受了，現在每一年編了一百多億的預算給私立大學，都是端木校長的功勞。

以上三個小故事，說明了端木校長的高瞻遠矚、自立更生的堅強及充分表現的愛國心，這位長者是我的老師，也是大家的老師，我們永遠懷念他，謝謝！

主持人：

謝謝梅董事長，他道出了一段我們不知道的秘辛。下面請台灣世界展望會董事長周聯華先生。

周聯華先生：

今天我坐在上面非常惶恐，因為在座都是端木先生的同事、同志、朋友，而我是他的部下。我一生認為最大的光榮，是端木先生做過我半年的上司，這半年的上司就變成了終身的上司。他在任何時候，把我當作他的部下，他真正是我的上司。我的生涯中祇有過兩位上司，一位是端木先生，還有一位最大的就是耶穌。

據我聽來的消息，蔣委員長想請端木先生擔任國家總動員會議秘書長時，知道他很會花錢，曾與孔祥熙院長商討如請端木先生擔任公職，該如何維持其生活水準？孔院長是中國興業公司董事長，他便告訴委員長會讓端木先生擔任其公司總稽核職務，可多領一份薪水。曾有人說我像端木先生一般活躍，便介紹我給端木先生。從那時起，端木先生便一直把我當作他的部下。總稽核的工作很空閒，又沒有下屬，所以端木先生就帶著我去上班，因為這個緣故，所以我得到了很大的幫助。半年後我離職繼續深造，一直到今天還認為他是我的上司。即使是離職後，遇到任何困難只要打通電話，都可從端木先生處獲得幫助與解答。當我有機會到東吳來演講，端木先生總要親自來介紹，我總稱他為上司，他卻稱我是他的同事。後來我進入東海大學，此時端木先生不再把我當部下，而是一位牧師，他曾對我表示其一生身為基督徒，對教會的貢獻不多，在人生的最後階段，將全職擔任東吳大學校長，算是對主耶穌基督交代。我們兩個談了很久，我鼓勵他擔任東吳大學校長，尤其是因著主耶穌基督，果然端木先生在校長任內成就非凡。

今天諸位感覺到我穿得很時髦、很正經，我不敢不時髦，因為每一次看見端木先生的時候，假如我穿得不太整齊，他就會說：「聯華，你這個衣服要換換了。」他不知道他是大律師，我是小傳道呀！可是今天來參加這個追思會，我當然要穿得整齊一點，省得他要跟我說：「聯華，你要去換換你的衣服了。」謝謝！

主持人：

謝謝周聯華先生。下面請中正文化基金會董事長、前故宮博物院院長秦孝儀先生。

秦孝儀先生：

今年是鑄秋先生一百零一歲冥誕，事實上鑄秋先生已經去世十七個年頭。個人跟鑄秋先生在二、三十年前相識，追懷過去，可以談一談兩件事，跟東吳大學頗有關係。一是當時香港有一位大收藏家胡惠春先生，他收藏了一套恭王府的傢俱，想賣給故宮，然後將所得款項捐給東吳大學，幫助東吳大學發展。因此之故，鑄秋先生陪著胡惠春先生來看我，之後我就跟行政院請了一筆專款，收藏胡惠春先生這套恭王府家具。當時這筆價款由故宮轉到東吳大學作為學校發展基金，鑄秋先生念茲在茲的一直都是發展東吳大學。現在這套傢俱還在故宮專題展示，非常難得，各位如果有興趣的話，可到故宮三樓去參觀參觀。

另外一件事，是鑄秋先生為汪精衛夫人陳璧君擔任律師。端木先生並未取任何律師費，陳璧君過意不去，在牢裡面手抄《雙照樓詩鈔》做為酬勞。後來鑄秋先生欲將《雙照樓詩鈔》轉贈中國國民黨黨史委員會，那時的中國國民黨黨史館在陽明山，地方幽靜，是典藏史料最好的地方，鑄秋先生看過以後，非常滿意，就轉給其時我正任黨史委員會主任委員的黨史館收藏。研究歷史的人，都把這份詩鈔視為頗為難得的史料。鑄秋先生心繫東吳的發展和史料的保存，這份用心非常值得我們懷念，這份往事也值得在今天提出來。

主持人：

謝謝！胡惠春先生捐的那筆錢，東吳大學後來成立了「胡筆江先生紀念基金」，是為紀念胡惠春先生的父親。十幾二十年來，東吳大學很多教授出國開會，參加學術活動，都是得到這筆基金孳息補助。下面我們請立法院前院長梁肅戎先生。

梁肅戎先生：

劉校長、王董事長，在座的各位女士各位先生，東吳大學為端木愷先生舉行紀念座談會，囑我前來與會。遙想當年鑄秋先生的君子風範，感念他一生對國家社會，尤其是建立民主法治所作的貢獻，我欣然應命，並藉此表達我對這位法學前輩的崇高敬意。

法律代表公理、正義、公平，但「徒法不足以自行」，法治精神的建立，仍賴具有正義感的人去實踐與堅持，方能建立現代國家所不能或缺的民主法治、保障人權的制度。民國十七年，中國國民黨在蔣中正先生領導下，完成了中國的統一，從而展開了中國現代化的工作。國家現代化最重要的一端，當是社會的法制化，實施至今的民法、刑法、民事訴訟法、刑事訴訟法，都是那時候開始著手訂定的。但是很不幸的，民國二十年，日本帝國主義發動九一八事變，在肅戎的家鄉東北成立傀儡政權——滿洲國。民國二十六年，又發生蘆溝橋事變，中華民國可謂在多難之中成長。日本帝國主義本欲於三個月內結束戰爭，但是在蔣委員長的領導下，日本三月征服中國的美夢沒能實現，反而落得戰敗投降的局面。但是戰場在我國領土，人民所遭受的痛苦、生命財產的損失，可說非常大。

肅戎於民國三十八年隨中央政府來台，端木先生當時是全國區律師公會所選出的立法委員，肅戎是遼寧省區選出的立法委員，我與端木先生相差十七歲，他是我的前輩。我進入立法院時還不滿三十歲，對於立法院的情況是茫然不知。而端木先生從國外取得博士學位後回國，積極投入司法、行政、立法各領域中，可以說是參加國家建設的一個精英，也可說他本身是中國法治化、近代化的一個化身，對於國家建設可說貢獻非常大。

鑄秋先生具有十足的勇氣，為汪精衛家屬及周佛海辯護等，打破傳統禍滅九族、株連後代的觀念，發揮近代法學精髓，這需要很大的勇氣，鑄秋先生是我們的榜樣。

立法院院長孫科先生組閣，延攬鑄秋先生到行政院擔任秘書長，鑄秋先生便辭掉立法委員。所以三十八年來台灣，鑄秋先生已經不是立法委員，從事的是律師職務。國家行憲後施行民主政治，立法院當時有六、七百個立法委員，分成不同的政團，最大的政團就是以黨務工作為中心。陳立夫先生所領導的革新俱樂部，另外以出身黃埔軍系及青年團為核心的新政俱樂部，這是立法院兩個大的政治團體。另外還有個「一四座談會」，它的規模比較小，但成員都是當時的清流，他們大多與行憲前的國民政府關係深厚。鑄秋先生屬於「一四座談會」，我則是革新俱樂部的成員。民國三十七年十一月，孫科先生受命組閣，堅邀鑄秋先生出任行政院秘書長。鑄秋先生本無意於行政職務，但孫院長期盼殷殷，加以王寵惠先生以春秋大義相責，鑄秋先生不得已，只好辭去立法委員職務，到行政院重披官袍。

當時正是中州板蕩之際，孫內閣就職不到四個月就宣告總辭，由何應欽續任行政院長，鑄秋先生乘機離開行政院。

到了台灣，鑄秋先生重執律師業務。那時他已不復為立法委員，但他還是經常到立法院的咖啡室，和過去的老友清談。他並不時在他位於仁愛路的家中，邀請老朋友小敘。客人大抵不外是程滄波、成舍我、齊世英、余井塘、胡建中等舊識，我也常應邀敬陪末座。在這裡我提出一兩件事情，是為大家所不知道的。

民國四十九年九月四日，雷震先生因涉嫌叛亂及《自由中國》雜誌言論有幫助共產黨宣傳之嫌，被警備總部逮捕。之後的某一天，鑄秋先生來找我。鑄秋先生開門見山說雷儆寰先生被捕，他的夫人、監察委員宋英女士，委請鑄秋先生擔任辯護律師。但鑄秋先生在大陸淪陷之初，為了被扣押在香港的「中國航空公司」、「中央航空公司」七十多架飛機，代表這兩家公司跟港英政府打官司。在這期間，鑄秋先生被有心人陷害，以致老蔣總統起了誤會，把鑄秋先生的黨籍給開除了。後來經過中央黨部秘書長唐縱、中央常務委員胡建中的居間解釋斡旋，好不容易誤會澄清，蔣總裁下令恢復鑄秋先生的黨籍。恢復黨籍的命令，不多久之前才生效。

鑄秋先生說：「我剛剛恢復黨籍，現在又要替雷先生辯護，不是太不給總裁面子了嗎？對黨內那些朋友也實在交代不過去。」接著，鑄秋先生又說：「這是一件政治敏感度極高的法律案件，承接的困難必多。肅戎！你有沒有勇氣接這個案子？」

鑄秋先生為什麼會找上我？那是因為在我們往還的過程中，他對我做事情的認真、執著，尤其是對挖掘真相的鍥而不捨，有相當的認識。發生在民國四十五年、震驚全台的「八德鄉滅門血案」，我是法院指定的嫌犯穆萬森的義務辯護律師。穆萬森後來之所以得以無罪開釋，就是肇因於我的鍥而不捨，找到警方起訴證據的重大瑕疵，使得案情急轉直下，終於讓法院判決穆萬森無罪開釋。鑄秋先生對此案的經過，有深刻的理解。

我那時年輕氣盛，不畏挑戰。於是我說明我的看法和立場：「就法律觀點來說，有犯意和犯罪行為這兩種要件，才構成犯罪。由此觀之，我認為雷先生基本上是一個自由主義者，他既沒有共產主義思想，更沒有叛國行動，政府說他是共產黨，有故入人罪之嫌。但如果真的要由我替他辯護，必須基於法理的立場去力爭，而不能拿我當作政治鬥爭的工具。誠如您所說，這件案子的政治敏感度高，如果繼續拿它來作政治宣傳，當局必定不准許。如果不能把握原則，我恐怕居時連申辯的機會都沒有。」

鑄秋先生說：「好，我回去跟他們商量。假如他們同意，到時這件事就麻煩你。」

兩天之後，鑄秋先生告訴我，雷先生同意由我擔任辯護律師，也同意我的觀點和做法。就這樣，因著鑄秋先生之故，我慨然接下此一案件。

我要擔任雷先生的辯護律師的消息傳出之後，最高當局震怒，認為：「中國國民黨的黨員，怎麼可以給共產黨的同路人辯護？」於是透過各種途徑施壓。他們動員了立委黨部全體委員到我家來，要我撤退，我婉轉拒絕。而後，又有軍中士官長寄兩顆子彈給我，威脅說假如我執意替雷震辯護，就要我全家人的性命。我執意不肯退出，當局乃退而求其次，要我先將辯護意旨書呈上去給上級看。對此，我也斷然拒絕。我認為，作為一個律師，必須堅持正義的原則。

壓力會如排山倒海而來，實出乎鑄秋先生意料之外，他覺得實在太牽累我了，於是跟我說：「有無問題？假如太過為難而必須罷手，我們也能諒解。」我說：「還可以扛得住，請放心。」

十月三日，雷震案開庭。開庭當天，中外人士及記者一百多人到場旁聽。在辯護時，我主張「這是言論自由的問題。言論文字批評，難以構成叛亂犯罪」，並指出軍事檢察官對雷震叛亂罪的指控「缺乏積極具體之證據」，因此要求審判官「應慎重採證，對雷震做無罪的判決」。但很遺憾，雷先生最後還是被判了十年徒刑，而且整整坐了十年牢，未曾獲得假釋。

雷震案塵埃落定之後，國民黨在八居三中全會上作了「加強黨內紀律」的決議。根據這項決議，擅自對雷案發表意見的立法委員費希平，首先遭到開除黨籍的處分。至於我這個替雷震辯護的律師，據說最高當局在震怒之餘，原本也準備開除我的黨籍，但陶希聖有不同的意見，他認為：「如果開除了梁某人，反對派會說：『國民黨不但整垮了雷震，就連律師也整了。』如此一來，只恐怕徒然增加反對派的宣傳效果。」軍法局局長汪道淵也替我說話：「梁某人辯護，都是站在法律的立場，沒有牽涉到任何政治上的爭執。」職是之故，雖然還有這個、那個的困擾，但我的國民黨籍總算保住了。

民國四十二年，行政院函請立法院審議「刑事訴訟法」修正草案。我那時擔任司法委員會召集委員，於是偕同何佐治、林樹藝、邵華、曹俊等委員，主張把「嫌犯必須在二十四小時內移送法院」、「自白不得視為犯罪唯一的證據」、「被告得隨時選任辯護人」等規定一併納入修正案，以落實憲法第八條的規定，充分保障人權。在司法、法制兩委員會聯席會議審議過程中，幾乎全院的委員都熱烈參與審查發言。為求周延，審查會並廣徵法學專家暨司法界富有實務經驗人士的高見。這項法案的審查，從民國四十二年十二月二十二日，一直持續到五十四年四月二十二日方始結束。將近十二個年頭，前後召開一百四十四次會議，方才完成條文的增刪。其間，跟全國律師公會關係密切的鑄秋先生，最為熱心，也給了我們最多的寶貴意見。

當時的慣例，立法院所有法案進入院會討論之前，執政黨都先要在中央常務委員會議上討論通過。「刑事訴訟法」修正草案攸關重大，為求其得以順利獲得通過，我在中央常會討論此案之前，特地寫了一封至誠至懇的信，託鑄秋先生面呈當時的考試院孫科院長，希望身為法界前輩的孫院長能在常會中仗義執言。

後來，在常會討論此案時，蔣總裁認為此案立意甚佳，但目前國情不宜，結果未獲通過。近十二年的辛苦努力，卻無結果，我當然大失所望，但鑄秋先生的法學素養以及對待朋友的真誠，仍讓我感動不已。

民國七十一年，行政院為增訂「警察緊急逮捕權」的條文，再度函請立法院修正刑事訴訟法條文。在那不久之前，台北剛發生了喧騰一時的「王迎先命案」，我們一群素來主張人權法治的委員，乃順勢提出「建立刑事辯護制度」的主張。那時我已經在執政黨中央政策會擔任副秘書長的職務，儘管有一些職務上的便利，仍然歷經非常艱辛的過程，尤其是有關「被告在偵查中得隨時選任辯護人」的條文上，當時的法務部長李元簇只同意「被告律師在偵查中得在場觀察」。司法委員會當然無法接受，於是又把「觀察」二字拿掉。行政院孫運璿院長全力支持他的內閣部長，為了「觀察」二字，孫院長幾乎與我翻臉。但這一回，司法委員會委員的態度一致而堅定，最後行政院被迫讓步，「偵查中選任辯護人」的制度終於得以確立下來。這時，距初審「刑事訴訟法」修正草案，已垂三十個寒暑。此時，鑄秋先生的身體狀況也已大不如前，但對於這個案子的通過，仍然興奮不已，認為：「此舉堪稱為中華民國實施民主法治、保障人權，樹立起新的里程碑。」

雷震案塵埃落定後，鑄秋先生似乎對我懷著歉意，想找機會還我人情，故聘請我到東吳大學教書，在東吳任教兩年後，我又至日本進修，結束了教書的生涯，回國後我就待在中策會，可以說我也曾經是東吳的同事。所以今天我講的非常多，提供幾點鮮為人知的故事，作為幾點貢獻。請各位多多指教，謝謝。

主持人：

謝謝。梁院長道出有關雷震先生案件的秘辛。我們只知道端木先生特別把傅正先生，也就是雷震先生的秘書，請到東吳大學政治系教書，用傅中梅的名字。

下面我們請監察院院長錢復先生講話。

錢復先生：

劉校長、端木女士、各位貴賓、各位前輩、各位女士、各位先生：

我比鑄公小很多歲，他是我的長輩，一直對我垂愛有加，三十多年來，有很多機會聽到他的訓誨。

今天因為時間的關係，我跟各位報告兩件小事情。

民國五十三年一月，我國與美國聯合舉辦天兵六號軍事演習，也就是利用降落傘部隊來做軍事演習。過程中有三名美軍在彰化縣埤頭鄉犯下非禮農婦之罪，那時我國對這三名美軍無法行使管轄權，故這三名美軍被送回美國在琉球的第一七三空降部隊受軍事審判。當時政府派我、司法行政部和國防部的代表至琉球觀審，並且為這位受害女士聘了一位法律顧問，就是鑄公。我記得當天是民國五十四年二月七日星期天，當時鑄公因為沒有觀察員的身分，所以不能搭乘美軍的專機，因此那天他搭中午十二點半的西北航空到琉球去。我們這些晚輩很早就在機場恭候，大約從十一點等到十二點都不見其蹤影，非常地緊張。直到十二點二十分才看到鑄公非常瀟灑、從容地走進來。

我們在琉球前後共五天，鑄公因為是被害人的法律顧問，所以在軍事法庭不能出庭辯護。使我們高興的是，那一次的軍事法庭很公正，第一名被告判處五十年的拘役，並且服苦工，所有的待遇通通遭到解除，另外兩名被告分別被判十、二十年。過了一段時間，美國國防部海外賠償委員會又判定賠償受害人新台幣十萬元，對今日的我們來說不算高額，然而那是四十年前的新台幣，現在想起鑄公對於被害人權益的保障都讓我們感到非常的欽佩。

第二件事，我國於民國五十九年開始注意美國國會，曾經不斷地透過邀請訪問，讓很多美國國會議員和助理到台灣來訪問。每一次訪問，收到的成果豐碩，然而後來美國國會覺得，老是受外國政府的邀請恐有不妥，所以開始對於國會議員和助理出國制訂許多限制。民國六十三年教育部與中華航空公司共同出資成立民間團體「太平洋文化基金會」，端木校長一開始就擔任太平洋文化基金會會長，實際工作則交由執行長李鍾桂女士負責。雖然端木校長本身的工作是東吳大學校長，而基金會不過是他的一個兼職，但是他做事非常認真、負責，每一次有代表團來訪，不論是議員或是助理，他一定親自接待，除了宴請之外，還另外花時間與他們談話。次年（民國六十四年）美國爆發了所謂的「朝鮮門」案子，美國認為韓國在美國國會有花錢買議員的事情，便深入調查當時很多國家的邀訪，那時我國也被調查，但是所有來訪的議員皆表示：「對於中華民國你們不必調查，我們去是做一個教育的旅行，因為是由東吳大學的端木校長邀請的，由他給我們講課，我們去中華民國是受教育。」可以說每一位來過此地的美國議員或助理，皆對中華民國有著深厚的友誼，而以後我們能在美國國會擁有那麼多的朋友，現在回想起來，鑄公的貢獻非常之大。

剛才多位先進所談的我都同意，而我不過把這兩個小故事報告出來讓各位知曉，請各位指教。

主持人：

謝謝錢院長，我現在回想那段時間，好幾次陪同端木校長一同接待這些國會議員。所以我們說端木校長，不只是本次座談會名稱上所描述的政治家、律師、教育家，也是一位國民外交家。下面我們請監察委員黃煌雄先生。

黃煌雄先生：

各位先進、各位女士先生：

今天以與談人身分受邀參加端木先生的座談會感到非常意外，更感榮幸。與大家相比，不論是年齡、距離或接觸都是最遠的，所以就以最遠的這個角度來談一點點感受和心得。

端木先生於一九〇三年出生，二十五歲拿到博士學位後學成歸國。以他八十五歲人生歷程當中，按年齡計算其在台灣的時間大約有五分之二，而如果從他拿到博士學位以後開始算起到在台灣工作，他在台灣的時間應該超過五分之三。而這工作歷程上他主要是在政界，也曾在學界服務。從九一八事變至抗戰甚至到國共內戰期間，在這十六年（1933–1949）當中，他擔任過十個職位以上，其中從行政院、國民大會到立法院都有。在大動盪的時代背景下，他能擔任十個以上的公職，我想主要是他個人所具備優越的條件能受到當局的欣賞，才能分別擔任不同重要的職位。但是相對於他到台灣以後，以將近二十年以上的生命關注在學校來論，如果有人問我端木先生是一位律師教育家？還是律師政治家？坦白講我個人比較寧願傾向他是一位律師教育家，因為在他主要的生命中，將近二十年以上的時間關注在大學的教育上，這是第一點我所要表述的觀感。

第二點是我從端木先生的身上感受到中國傳統士大夫那種氣質和品格，我覺得這點是非常寶貴的，尤其對現在這個社會是非常珍貴的精神遺產。他從東吳補習學校當董事開始、然後接任東吳大學董事、校長，再當東吳大學董事長，這個歷程如果相對於世新的成舍我先生來說，他是較接近於權力的，成舍我先生則相對於權力，但是到台灣以後他們兩個都是用畢生的精力在辦校。現在我們看到了東吳是一個見證，他吸收了很多戒嚴體制下，為體制所不敢吸收或是不能吸收的人才，所謂「禮失求諸野」，而這就是劉校長在其引言所說的，東吳有所謂的開放包容的傳統，我想這也是東吳大學在今天能夠受到敬重、受到期待的一個重要傳統。

端木校長在人生最後階段把畢生的生命關注在東吳，而東吳是在台灣的土地上，就等於是關注台灣這塊土地。這塊土地是在中華民國的名義下統治的，故我個人認為在端木先生的身上，我們可以感受到中國傳統士大夫在一個較長期穩定的時代裡，付出並表現士大夫的氣質跟品格，用其生命來培養一代一代的新生命，我覺得這點是值得所有生長在台灣土地上的人民向他致意、表示懷念。這也是今日我受邀後用心閱讀有關他的事蹟，感受到他畢生付出的其中一個特質，為了對端木先生精神表示紀念，我藉此提出一項建議：

一九九六至一九九八年我在哈佛大學擔任訪問學人，我是擔任三居立法委員以後才到哈佛去的，在那兩年中感受最深的是看到哈佛大學的 Kennedy School。我認為台灣缺少像 Kennedy School 這樣的學院，以前大家對於當官的感覺也許是面目可憎，不過當我們國家以更民主化、更法治化的運作走向常態化之後，在學術跟政治間更須有一種正常的管道來交流。Kennedy School 提供了學術與政治一個好的交流管道。今天藉著在紀念端木校長座談會上，非常誠懇地向東吳大學做一個提議，也許東吳大學這個有著傳統士大夫氣質、內涵著對土地的關注的大學，如果能有這樣一個學院存在的話，我想會更加地增添東吳的內涵。這樣的一個學院在公立學校辦的話，恐怕會比較辛苦，但是若在私立學校，也許彈性空間會更大，所以藉著這個機會謹向東吳大學提出建議，謝謝大家。

主持人：

謝謝黃委員的建議，我們會好好思考的。

台上的幾位與談人都發言過了，剩餘一些時間，請台下好幾位年長的長輩也來說幾句話。我們先請丁慰慈老先生，他是中華民國阿拉伯文化經濟協會高級顧問。

丁慰慈先生：

諸位前輩、諸位先生、諸位女士：

鑄秋先生在民國六十六年至七十二年在會員大會當選中華民國阿拉伯文化經濟協會理事長。其時，中東地區，特別是沙烏地阿拉伯，在油價上漲的時侯，對我國一直正常供應，對我國當時經濟起飛幫助非常大。在美國與中共建交時，中東地區的阿拉伯國家也逐漸發生問題，因此政府就請張茲闓先生來組織一個中華民國阿拉伯文化經濟協會，其目的就是希望在還沒有斷交之前，我們能先在中東地區鋪路。當時張茲闓先生是中國石油公司的總經理，後來曾歷任中國石油公司董事長、財政部長、經濟部長。外交、經濟兩部部長，當時敦請張茲闓先生為召集人，邀請國內的知名人士來共同參與會務，鑄秋先生就是受邀者之一。在民國六十六年到七十二年間，鑄秋先生擔任理事長時，我一直在他的領導下擔任秘書長。

在鑄秋先生任理事長時期，積極柬請國外有關石油方面的貴賓前來，其中如美國駐沙烏地前任大使艾金斯(Arkings)來台演講，當時出席的中外來賓就有二百多人。艾金斯(Arkings)大使的演講非常深入，讓大家對於中東的情勢發展更加瞭解。鑄秋先生經常於家中宴請賓客，出席的人並不多，餐會氣氛非常家常化而親切。除此之外，鑄秋先生在當理事長時，致力把中阿協會的基礎打穩，建立制度化，例如在會員大會之中，特別表揚我國在中東地區的績優人士。在當時，我國到中東地區工作的醫藥、工程、農耕、教育、軍事工程等專業人員超過一萬人。對於異國的風土人情，特別是回教的規矩禮數，對一般國人陌生，常由本會在出發前加以扼要的解說。另特別推銷此一地區的貨品名稱，也由本會在英文下加註阿拉伯文。

再談新春聯誼晚會。各位都知道，在中東回教國家中有很多的國家，如敘利亞與伊拉克在兩伊戰爭時並不同調，但當時在我們中阿協會所辦的新春晚會上，這些敵對的阿拉伯國家代表卻相互握手，所以我們的新春晚會，不僅是中阿人士的聯誼，也是阿拉伯各國人士聚首聯歡的機會。新春晚會受邀的有阿拉伯國家的來賓、我國政府首長、有關人士，以及在中東地區工作的人員，出席人數最多曾達到四百多人。

至於中阿協會本身，鑄秋先生推動組織化。第一件事情就是建立幾個委員會，專理個別事務；第二就是邀請曾經到過中東的政府人士到中阿協會講演、寫文章；第三個事情就是印行專書如《勞工法》，發送我國在中東地區，特別對沙烏地阿拉伯工作的萬餘名專業人員。這些資料對我國在中東工作的人員有很大的幫助。以上都是鑄秋先生在中阿協會時的貢獻。

當時政府中的教育部、新聞局或是外交部、國防部請來的外賓，多半會到中阿協會拜訪。而中華民國派到中東地區工作的外交人員、軍事人員，中阿協也會在他們回國時，邀請來談有關中東情況。中阿協會所出版的《中阿文經》雙月刊，是台灣地區研究中東問題唯一的刊物，內容不僅刊載台灣作者的文章，也接受大陸地區研究中東地區的來稿。以上都是鑄秋先生於民國六十六至七十二年，在中阿協會理事長任期內所建立起來的各種制度和貢獻。

主持人：

謝謝，多謝，下面我們請馬大法官。

馬漢寶先生：

劉校長、各位貴賓、各位女士、各位先生：

端木先生與我們馬家是世交，先父馬壽華與鑄秋老伯都是安徽人，也是老朋友。兩人有不少共通的地方，老伯做過司法院秘書長、先父也做過司法院秘書長；老伯曾經被要求擔任行政法院院長，但他未就，先父做過行政法院院長；他們兩位都做過很多年的律師。而我與鑄秋老伯的長子端木俊民相識於台灣大學法律系，我們兩人都是三十九年台大第一居畢業的學生。

剛才幾位發言時，有已提到端木校長具有說服人的能力，是個大和事佬。以下我只想就這方面，補充我個人的一點經驗。

東吳法律研究所創辦時期，梁鋆立教授擔任所長，一開始他就請我去授課，並且常常跟我談有關東吳法學教育的問題。梁所長在法學界的聲名是大家共知的，他曾擔任過聯合國法律部的主任，學問深厚，因此有很多的想法或者理想。不過在國內實踐起來不太容易，端木校長非常尊敬梁所長。有時侯意見不免相左，端木校長就會請梁所長到家裡吃飯，而要我作陪，因為他知道我與梁所長常見面。我們一起吃了很多次飯，每一次，端木校長都能夠把問題解決，這點經驗也就證明端木校長的和事能力的確非常強，謝謝！

主持人：

謝謝！請前衛理女中校長梅翰生女士講幾句話。

梅翰生女士：

劉校長、各位先生、各位女士，大家好！

剛剛聽到大家講端木先生，大多是關於對國家、社會偉大的事蹟與貢獻，但是我同端木先生的認識是不一樣的。我們都是衛理公會的教友，我與他首次會面是一九七〇年，當時衛理公會請他代表台灣去參加美國海外宣教組織委員會，端木校長那時侯已經是東吳大學校長，大概也是衛理公會的副領袖（或叫做副會長），他的英文好、見識廣，於是就推派他代表去做說客。而當時我是小小的衛理女中教務主任，也是被美國衛理公會邀請八個不同國家女性去美國訪問的代表之一，與端木校長參加了同兩個會議，因此有機會認識端木先生。由於我們都是台灣去的，所以他很照顧我。

記得端木校長曾說他自紐約大學得了博士學位後，四十年沒有再去過美國，而我是個土包子，第一次到美國。他說：「美國真是不同了，看那些草地，有好多是人工的塑膠草地」。在台灣我們會認為端木校長是個富有的人，但是他竟不知道可口可樂是什麼東西！在美國的晚上他想要去看秀，有一次，他說：「我請妳去看秀好不好？」我也從來沒看過秀，我說：「好啊！」，但他也不曉得到哪裡去？因為他四十年沒到美國，就請旅館的人介紹一個高尚點的地方。誰知道這秀一開始便出現女生穿很短的裙子來跳舞，於是他說：「那！我們走吧」，我跟他的交往是這樣開始的。

衛理女中於一九六一年開辦，他從一九六三年開始擔任董事，衛理女中有十五位董事大多數為女士，並且都是教會的代表。女性較注意小細節，常為一件事討論來討論去。端木校長是個忙人，我猜想他參加衛理女中董事會或許覺得很浪費時間，不過，每一次他還是熱心地來開會。我於一九七五年擔任校長才有機會參加董事會，也才親眼目睹端木校長很有耐心的聽她們講完後，很快就作了結論，大家也都同意了，所以我盼望每一次衛理女中開董事會時，端木董事都可以出席。

另外，我覺得有一件事情使我很感動，他成為東吳大學校長以後，戒掉抽雪茄的習慣。以前在教堂做禮拜時，他會忍不住跑出去抽雪茄，但是擔任東吳校長以後，他覺得校長要以身作則，就戒掉了抽雪茄的習慣，這令我很佩服！不過當他不做校長以後，就又恢復抽雪茄。

端木校長對於東吳有著深厚的使命感，他認為東吳是教會創辦的，要有教會的傳統，每個禮拜五中午和學生吃飯都會請校牧作陪，請校牧做謝飯禱告，而在各行政會報時也請校牧出席作禱告，我覺得他對學校的事情是非常費心的。端木校長認為東吳是一個正式大學，在人文科目方面應該有所加強，所以他要設立音樂系，想請美國來的黃鳳儀女士當系主任。黃女士起初隻身在台，端木先生非常關心她的生活，經常請她到家裡吃飯，可以和師母聊天，我也常受邀作陪。從這些小事看可以看出他對學校的盡心盡力。

端木校長本來是台北衛理堂的教友，但是他當東吳校長後就到安素堂作禮拜。我常常看到他約住在外雙溪的同事，在作禮拜完畢後跟他們談話，也許因為這些同事住在外雙溪學校的宿舍，禮拜後約會可以節省大家的時間，可見他是個很能夠體諒同事的一位校長。

端木校長工作繁忙，小孩子的事情都是交由師母照顧。抗戰時期在重慶，常常有空襲警報，師母經常是牽一個背一個抱一個，共六個小孩，到防空洞避難。但是端木校長並沒有忽略對師母的關心，得空也會約師母的好朋友到家裡聚聚。剛剛，如周牧師說的，端木校長都是穿得很筆挺的，那是因為有師母在一旁照料，不容許她先生的衣服有一點皺紋，師母是這樣的一個賢內助。端木校長是一位有智慧、愛國、偉大的人物，但其實偉大的人背後有著師母在支持他。

我最欣賞端木校長的這一張照片（會場背景海報），他手裡拿著新舊約聖經，我想這應該是跟著他好幾十年的聖經，他到底讀了幾遍我並不知道，但是這張照片是多麼的可愛啊！我認為端木先生將聖經奉為圭臬，為國家、社會及學校作了很多有意義的事情。

主持人：

請郎萬法會計師講話。

郎萬法先生：

我就利用三兩分鐘講幾句話。蔣委員長老總統曾經在謝冠生院長過世時，一度請端木老作司法院院長，可是他因為東吳大學緣故而不就，東吳校友應以此為榮。端木先生過世時，我曾寫過一篇文字，道出端木先生與「三」字有緣。端木先生在東吳是先做院長、再做校長、然後擔任董事長；曾在中央大學、復旦大學及安徽大學做教授；在南京、上海、台灣擔任律師；曾任司法院、行政院及抗戰時期總動員會議秘書長；又任行政院之參事、會計長、秘書長；家庭方面有三個男公子及三個女公子；過世前曾開過三次刀！最後與「三」有關的是端木先生立德、立功、立言三不朽；他是孔夫子門生子貢的後代。謝謝大家！

主持人：

最後請世新大學前校長成嘉玲女士。

成嘉玲女士：

除了我父親成舍我先生之外，對我人生觀、行事法則影響最大的，當屬端木校長。

我在東吳做了系主任之後，端木校長不歧視女性，他很有膽識和氣魄地讓我成為中華民國第一位大學的女性院長。

我對端木校長印象最深刻的是他以身作則。那時他的辦公室很破舊，夏天熱到真的可用「揮汗如雨」來形容。我問他：「辦公室怎麼不裝個冷氣？」他說：「除非東吳大學每一間辦公室都裝了冷氣，我的校長室才會裝冷氣。」這對我日後當世新大學校長的態度和做法，影響很大。

我已經在《傳記文學》上發表過一篇紀念端木校長的文章，因為時間的關係，在此就不贅言了。

主持人：

今天承蒙大家參加座談會，從大家的發言中知道端木先生的一生精采豐富。他是一位政治家、律師、教育家、國民外交家，更是難得的社會賢達，他的為人有智慧、有勇氣、有愛、有正義感、有包容性，令人佩服！謝謝各位！

今天中午端木儀民女士準備餐會招待大家，請端木女士講幾句話。

端木儀民女士：

今天對我來說是非常愉快的日子，但我還是流眼淚了。我看見父親的照片，看見這麼多人來，說了這麼多的話，我非常高興地掉下淚來。父親對我來說只是一個爸爸，原來他還很偉大！謝謝大家！

附錄一：端木愷先生生平事蹟繫年

求學

一九二〇～一九二五　復旦大學文學士
一九二二～一九二五　東吳大學法學士
一九二五　美國哥倫比亞大學修讀
一九二六～一九二七　美國紐約大學法學博士（J.S.D.）

從政

一九三三　行政院參事
一九三六　國民大會代表選舉總事務所第三組組長
一九三七　安徽省民政廳長
一九四〇　行政院政務巡視團川滇黔主委
一九四一　代理行政院會計長
一九四三　國家總動員會議副祕書長兼代祕書長
一九四五　第四居國民參政會參政員

一九四七　糧食部政務次長
一九四八　第一屆立法委員
一九四八　司法院祕書長
一九四九　行政院祕書長
一九四九　中國國民黨總裁辦公室設計委員
一九五〇　總統府國策顧問
一九七六　中國國民黨第十一屆中央評議委員
一九七九　光復大陸設計研究委員會副主任委員
一九八〇　中央選舉委員會委員
一九八一　中國國民黨第十二屆中央評議委員

執業律師

承接中外重要案例：
一九四七　汪精衛妻陳璧君叛國案、周佛海叛國案
一九四九　中央、中國航空公司產權歸屬案
一九五一　台南工學院院長王〇〇被控幫助殺人案
一九五四　大同公司被控竊盜海軍托管財物案
一九六五　洪炎秋、徐復觀、余紀忠被（李敖）控誹謗案

一九六五　聯合報計算合伙盈餘案
一九六六　瓊瑤小說改拍電影未履約追究案
一九六七　美國百事可樂公司行政訴願案
一九六八　民航航空公司客機失事被控過失致死案
一九六八　高雄青果運銷合作社貪污案（香蕉案）
一九八〇　代表英國政府辦理淡水紅毛城交還我國法律手續

貢獻高等教育

一九二九　安徽大學法學院院長
一九二九　中央政校、中央大學、復旦大學、東吳大學教授
一九五一～一九五五　東吳補習學校董事會董事
一九五八～一九七四　東吳大學董事會董事（一九六四～一九六六、一九七四代理董事長）
一九六九～一九八三　東吳大學校長
一九八四～一九八七　東吳大學董事長

社會服務

一九五〇～　七十餘家公、民營機構常年法律顧問
一九六二　台灣銀行監察人

一九六三～一九七六　中華民國新聞評議委員會委員

一九六九～一九七六　中華基督教衛理公會董事、董事長（一九七四）

一九七一～一九八七　亞洲專利代理人協會理事長

一九七四～一九八七　太平洋文化基金會董事長

一九七七～一九八三　中華民國阿拉伯文化經濟協會理事長

一九八一～一九八三　中華民國團結自強運動協進會理事長

原載：民國九十三年五月六日座談會當天所發資料小冊

附錄二：座談會新聞報導

黃慧敏

東吳追念端木愷　沒有感傷只有懷念

東吳大學今天在外雙溪校區國際會議廳舉行「一位政治家．律師．教育家的風範——端木愷先生紀念座談會」，邀請端木校長的門生故舊、東吳校友、社會賢達齊聚一堂，追念他的志業及事跡。

許多東吳大學教職員工因曾與端木愷共事，也專程趕來參加這項難得的聚會。大家聚首外雙溪，紀念端木愷，沒有感傷，只有懷念。

座談會由校長劉源俊主持，與談人有世新大學董事長葉明勳、台灣發展研究院董事長梅可望、台灣世界展望會董事長周聯華，以及中正文教基金會董事長、前故宮博物院院長秦孝儀，海峽兩岸和平統一促進會會長、前立法院院長梁肅戎和監察院院長錢復和監察委員黃煌雄等人。

與談人從自身與端木愷的關係和共同經歷談起，秦孝儀和梁肅戎不約而同提到端木愷義務擔任汪精衛妻子陳璧君、周佛海叛國案的辯護人，不計毀譽只求公義地做一個稱職的律師，所有人莫不敬佩他的勇氣與膽識。

前東海大學校長梅可望談及端木愷的個性和他的影響力，例如端木愷不認同當時政府對公私立大學不平等的待遇，因此在他的努力下，教育部才開始正視私立大學的角色與功能，逐年編列預算補助私立大學，私校今天能受惠，要感謝端木愷的高瞻遠矚。

秦孝儀談到端木愷的許多小故事，從中可以窺見端木愷端正不阿的為人做事原則。

端木愷生於一九〇三年，一九八七年辭世。他當律師時，總是不遺餘力的為國家為正義奮鬥；在「外交低盪」期，發揮民間的力量並促進中華民國與阿拉伯、太平洋地區各國及美國建立關係，先後擔任「太平洋文化基金會」、「中阿文經協會」等重要民間團體負責人。

在教育志業上，端木愷將自己辭世前最寶貴的十八年及身後的財產家當都給了東吳大學。東吳在台復校，從法學院進展為文理法商俱備的完整大學，育人無數、聲譽鵲起，端木愷奔走經營，奠基厥偉。

原載：民國九十三年五月六日中央社

故舊追思端木愷　流氓教授林建隆感念不已

黃慧敏

東吳大學今天舉行「一位政治家・律師・教育家的風範——端木愷先生紀念座談會」，邀請已故校長端木愷的故舊好友、社會賢達、校友齊聚一堂，追念他的志業和事跡。而有「流氓教授」之稱的林建隆對端木愷當年的提攜更是感念不已。

去年是端木愷一百歲冥誕，東吳大學原計劃在當時舉辦紀念座談會，未料因SARS緣故，延到今天在外雙溪校區國際會議廳舉行。

端木愷生於一九〇三年，一九八七年五月辭世，享年八十五歲。他對於當代中國的貢獻卓著，總在國家需要他時擔負重責，事成後辭官；在律師一職上也是不遺餘力的為國家為正義奮鬥。

一九六九年端木愷出任東吳校長，十四年校長任內，不支領校內任何薪俸，並自備座車，期間培育英才無數，締造辦學佳績，同時贏得社會的認同與支持。

端木愷在治校理念除了重視普遍原則外也留意特殊人才，並在林建隆生命的轉折處扮演重要的導師。目前在東吳大學英文系任教的林建隆回憶，剛考上東吳時曾收到一張紙條，上頭寫著：「一定要排除萬難，堅定地念下去！」

林建隆表示，當時他不曉得端木愷是誰，在東吳念了一年以後還是不知其人，只知拼命地在圖書館裏用功，甚至獲得「圖書館管理員」的稱號。但是，當時的林建隆由於出獄不久，有著太多的煩惱牽絆，加上弟弟隨後也入獄、父親又罹患重病，摯友臥軌自殺身亡種種打擊，讓他遞出了休學申請書。

沒想到，端木愷竟然排除其他會客行程，單獨召見他，問他是否還記得那紙條上寫什麼字嗎？林建隆才恍然大悟。端木愷不但退回林建隆前一年所繳的學費，還免去他未來三年的學費，並且勉勵林建隆：「其實我不只希望你堅定的念下去，我更希望有朝一日，你能回東吳來教書，如果我沒有看錯，我相信你一定能發揮另類的長才…」

果真，林建隆沒有讓端木愷失望。

原載：民國九十三年五月六日中央社

追思端木愷　門生故舊細數掌故
東吳大學紀念座談會　與會者推崇兼具政治家、律師和教育家風範

王超群

被譽為「功著國史、事顯東吳」前東吳大學校長端木愷先生今年一〇一誕辰，門生故舊昨日齊聚東吳，追

思悼念這位集著名大律師、前立委、行政院秘書長身分於一身，最終作育英才，參與東吳在台復校最力的博學鴻儒。出席「端木愷先生紀念座談會」的多位與談人一致推崇先生具政治家、律師和教育家風範。

這場座談會與談者多與端木先生有長年交往或相處，側身觀察先生言行風範，吐露諸多歷史掌故。監察院長錢復說，民國五十三年十一月，美國與台灣舉行「天兵六號」聯合軍演，三美軍在彰化犯下非禮農女之罪，送琉球美軍基地軍審。當時端木先生受託擔任受害人法律顧問，爭取伸張正義，後來加害人分別被判重刑，受害人得到賠償。

前立法院長梁肅戎提及當年雷震案，端木先生與雷震妻子宋英女士有同鄉之誼，從中促成其為雷震辯護，讚揚先生一生追求民主的行誼令人尊敬。

前故宮博物院長秦孝儀記得另一事，證明端木先生不畏權勢。抗戰時期先生在上海執業律師，當時汪精衛夫人陳璧君因漢奸罪入獄。端木先生認為陳璧君有罪但子婿無辜，不可株連，挺身辯護，終使無罪。

世新大學董事長葉明勳認為先生調和鼎鼐功力十足。一位本省籍大老過世前後，為女人之事擺不平，如果引爆，喪家顏面無光。端木先生介入後，一群人幾個月不能解決的事，一下子就沒有問題。端木先生過世後，他任律師的計程車公會司機們為之難過不已，葉明勳說，這是博愛和犧牲的服務精神感動人心使然。

高齡八十七歲的前東海大學校長梅可望提到，釣魚台事件令不少旅美學人倒向中共，政府當年央請端木先生主持華籍學人歸國談話會議，因為先生望重士林、高瞻遠矚，才使局勢翻轉。

原載：民國九十三年五月七日《中國時報》

流氓教授：一生感恩老校長

林建隆教授表示因為他的鼓勵 讓他改變人生

申慧媛

對於現今東吳大學學生而言，知道已故校長端木愷的人已經有限，但對於東吳大學畢業、目前仍任教於東吳大學的「流氓教授」林建隆來說，他卻是一生難忘的恩人，而端木愷校長對學生的關懷與鼓勵，其實也反映在許多東吳人的成就中。

東吳大學為追思前校長端木愷，昨天舉辦一場別開生面的座談會，主持校務已近八年的東吳大學校長劉源俊說，端木校長在任內公開宣布不支領校內任何薪俸，連座車都是自備；特別是在各單位未裝冷氣前，校長室堅持也不裝冷氣，至今東吳大學的物質條件雖已改善許多，但勤樸精神仍舊，例如校長辦公室還是四十多年前的那一間，絕對是台灣各大學中最小、最素樸的。

端木校長對自己小氣，但對學生卻很大方、很關心，他的治校理念重視特殊人才，並曾在林建隆教授生命的轉折處扮演重要的導師，廿多年前這位流氓教授林建隆剛考上東吳大學時曾收到一張紙條，上頭寫著：「一定要排除萬難，堅定地念下去！」林建隆當時並未以為意。

他說，校長問他還記得那張紙條上寫什麼字嗎？有沒有「排除萬難、堅持讀下去？」校長並免去他三年的學費，甚至退回已繳的部分，只為了鼓勵他繼續讀下去，並希望有朝一日他能回東吳來教書，還說「如果我沒有看錯，像你這樣的異端，相信定能發揮另類的長才……」，成為改變林建隆一生的恩人。

原載：民國九十三年五月七日《自由時報》

端木愷先生紀念座談會　追念先生的志業及事跡

《東吳校訊》

本校於五月六日上午在外雙溪校區國際會議廳舉辦「一位政治家・律師・教育家的風範——端木愷先生紀念座談會」，由劉源俊校長主持。座談會的題綱包括端木先生對國家社會的貢獻、端木先生的律師與治校生涯及端木先生的做事與為人，邀請到世新大學葉明勳董事長、台灣發展研究院梅可望董事長、台灣世界展望會周聯華董事長、中正文教基金會秦孝儀董事長、前立法院院長梁肅戎先生、監察院錢復院長、監察委員黃煌雄先生等擔任與談人，本校王紹堉董事長、校友總會陸潤康理事長、唐松章董事、各學院院長、中華民國阿拉伯文化經濟協會高級顧問丁慰慈先生、南開技術學院成嘉玲董事長、中華基督教衛理公會顧問梅翰生先生、救國團李鍾桂主任、陳鶴齡律師、郎萬法會計師、端木先生女公子端木儀民女士及先生的故舊門生與本校教職同仁等近百人與會，一同追念這位早年從政、後來擔任律師都有傑出成就，最後復將人生的最後階段都奉獻於東吳的大人物。

去年五月適逢先生百歲冥誕，本校特與《傳記文學》雜誌社合作，連續在該雜誌五月號及六月號刊出「端木愷百年冥誕紀念專輯」，共收錄了十五篇紀念文章。原本計畫在去年五月於城中校區鑄秋大樓舉辦一場紀念座談會的，卻因 SARS 緣故而延期至今。

為感念先生對於國家社會的貢獻，以及對本校的付出，本校將於今年七月出版《端木愷校長紀念集》，收錄先生個人著作、演講稿、書信、年譜及故舊門生所著紀念文章；本次座談會談話的相關內容也將收錄在內。

這次座談會的與談人多與先生有長年的交往，對先生處世為人的風範知之甚深，道出了許多鮮為人知的軼事，可說非常成功。劉校長在結語時說道，從大家的敘述中，可以了解端木先生是一位極有愛心、有勇氣、有智慧、有風骨、有正義感，又能包容的人；他是成功的政治家、律師、教育家，也是少見的國民外交家與社會賢達。

端木先生生於民國前九年，於民國七十六年辭世，享年八十五歲。曾在抗戰期間擔任國家總動員會議兼代秘書長，在行憲後擔任第一屆立法委員、司法院及考試院的秘書長；來台後擔任律師，承接過許多重要的案子，東吳大學在台復校，他一直擔任董事（兩度代理董事長），民國五十八年被徵召擔任校長，歷十四年，建樹極多；卸任後擔任董事長以迄辭世。

原載：民國九十三年五月三十日《東吳校訊》第二十四期

編後語

二十世紀是個戰亂頻仍、顛沛流離的時代，尤以中國為甚，因之許多資料保存不易。加上那是一個新舊交替的歲月，多少英雄豪傑在世運國情的劇烈轉換與試煉下，懷著生命榮辱是非成敗轉頭空的悵然，許多人陷於所做所為是否值得留下隻字片語，又是否應為賢者諱，或應知無不言的矛盾中。這些複雜的時空因素交織，使二十世紀曾參贊中樞要務者多有不願著書留史的情結，端木愷先生就是這樣一位時代人物。

世紀初在反清的革命同盟會家鄉裡，七歲的端木愷險些喪命。他中學時期曾參與上海地區「五四運動」；「訓政階段」曾任職國民大會選務組長，為預備立憲民主催生；抗戰時期曾任國家總動員會議秘書長，負責人員、物資的調度。後來他又曾膺任行政院、立法院、司法院三院要職。卸任公職後，他執業律師於南京、上海、重慶、台北，辦理民、刑案件無數。當局一度有意徵召他出任司法院長，但他以東吳復校不久，百務待舉，婉謝美意，毅然走出「政治紅氈」，將生命的最後十八年投入「教育杏壇」，將一無財團、企業奧援，百般窘困的學院發展成一所完備的大學。

約二年前，當東吳大學同仁與端木儀民女士四處收集資料，籌備為端木愷校長召開「百歲冥誕追念會」時，即面臨諸多難題。雖然他所參贊的國事不少，所結識的黨國大老、工商鉅子與文化名人何其多！但公餘之暇，他絕口不談政治與公務，相關檔案追查不易或已喪失，相關人事大都已杳然消失。先生一生曾任職八個中央機關、一個省府部門，行蹤遍及南京、上海、安徽、四川、廣州、香港、美國等地，來台後被推舉為負責人之重要民間社團近十個，擔任法律顧問者近百家，接辦法律案件近千件。浩翰之資料，宛如海底撈針，大多已無處尋覓。在過程中得助於一九八八年東吳大學編印的《端木鑄秋先生逝世周年紀念專輯》一書為藍本，以此為本展開輻射式的探訪。

經過劉源俊校長親自領銜的編輯委員會諸位委員，以及端木偉民、端木儀民兩位家屬鍥而不捨的追蹤查訪，部份史料與舊識才日漸浮現。曾請益的法學家有李俊教授；文、史學者有張玉法院士、劉兆祐教授、卓遵宏教授、黃兆強教授、陳啟峰牧師等；查訪的機關有國史館、國家圖書館、中國國民黨黨史館、南京第二檔案館、太平洋文化基金會、中華民國阿拉伯文化經濟協會、中華民國團結自強協會、中華民國基督教衛理公會、中華民國新聞媒體自律協會、台灣高等法院、政治大學國際關係研究中心、東吳大學、世新大學、衛理女中、中央日報、聯合報等。工作階段中，東吳同事余惠芬、黃淑暖、鄭淑芬三人長時間日以繼夜，協助最多；李文儀律師、車守同、李珊瑋、高惠琳四位校友也適時幫忙。部份資料成果及邀訪文章已呈現在《傳記文學》第八十二卷第五期、第六期紀念專輯，中國時報、中央日報多篇專文，九十三年五月六日於東吳大學舉行「一位政治家・律師・教育家的風範——端木愷先生紀念座談會」，以及九十三年六月《東吳校友》半年刊第五期以封面故事摘述這位不平凡的人物。

在追訪資料與人物的過程中，屢有許多驚人與有趣的新收穫，端木先生深厚的學養、高度的幽默、充沛的活力與堅強的毅力等特質，一一躍然展現在他至親好友的言談與文件之中，讓我們有很深的感受。彷彿間，似乎他又出現在念茲在茲的東吳校園，對著視如己出的學子說道：「外雙溪有兩個寶——故宮國寶與各位活寶」，「一個人在社會裡的被利用價值越高，則越被人尊重，四年、五年求學裡要好好培養被利用的價值。」他以一生智慧與財產，無私而完全的奉獻給了東吳。有次端木先生與好友程滄波立法委員相聚，嘆及：「勞勞畢生，竟無一物留傳子女！」程滄老即時揮毫，詩贈先生曰：「絕世才華骨鯁軀，乾坤反覆看榮枯；薪傳何必有餘物，一念無餘月滿湖。」端木家屬秉持的想法是「有錢捐贈是福氣、懂得付出是智慧」。如此簡潔、崇高的理念，以及他一生的風範已融入成為東吳大學優良傳統的一部分，他的風範正是我們這個見利忘義、假公濟私的社會所最需要的一劑清醒劑。

在本紀念集的編輯過程中，共開過四次編輯委員會；編輯及校對的過程備極辛勞。紀念集依規劃收錄歷年曾發表之端木先生個人講演詞、詩文、訪問稿、談話錄及先生故舊、門生、家屬等之紀念文章，加以重新整理、編排。除此之外，李文儀教授「留正氣給天地，遺清名於乾坤——端木愷校長的律師風範」一文，對先生法律人的一面有詳盡真切的描述，增色許多。而「端木（鑄秋）先生年譜簡編」，則為首次有系統地收集、整理先生生平紀事。另外特別值得一提的還有，紀念集中先生於民國四十年四月呈中國國民黨蔣中正總裁之報告，及先生致友人、同僚及子女之信函，亦為首次公開的資料，彌足珍貴。信函多為手稿，惟多數手稿未標示年份，經與相關人士查證，乃以括弧註明年份，以利讀者閱讀。

素負盛名的東大圖書公司願意與東吳大學合作出版，帶給編輯們很大的鼓舞。本書編輯費用承蒙端木校長家屬與多位東吳校友捐助，必須在此誌謝，他們是：無名氏十萬元、蔡鴻賢十萬元、高文津簡麗環伉儷七萬元、李念祖五萬元、陳調鋌五萬元、端木儀民四萬五千元、林秉彬三萬元、林建隆二萬元、謝政諭一萬元。捐資之善舉，自是受到端木先生一生捐資興學精神之感召。

這本紀念集限於人力物力，實在只能呈現端木先生豐富一生的

民國九十三年六月四日，《端木愷校長紀念集》編輯委員會，在東吳大學外雙溪校區舉行第四次會議。

輪廓，編輯同仁們心中懷著無限感激與愧疚，謹此向端木校長在天之靈致敬，祈求他多予諒解，更望社會大眾多方修正，以俟修整於未來。

東吳大學發展處　謝政諭
二〇〇四年六月二十九日